[노동법강좌 1]

중대재해처벌법 연구 I

권창영 집필대표

김민기, 김수연, 김영진, 길소나

문재원, 박상록, 서동주, 신원재

안한열, 이효은, 임청아, 장혜진

정혜원, 하지현, 황용현, 황일혜

공저

서울대학교 대학원 법학과

2022

法 文 社

[The Lecture Series on the Labor Law 1]

THE STUDY ON THE SERIOUS ACCIDENTS PUNISHMENT ACT [I]

by

Dr. Kwon, Chang Young et al.

Seoul National University
Graduate School
Department of Law

2022

BOBMUNSA

Paju Book City, Korea

머 리 말

에이브러햄 매슬로우(Abraham H. Maslow)는 사람의 기본 욕구는 우선순위의 계층(hierarchies of prepotency)을 이루고 있으며, 욕구의 발로가 순차적으로 이루어진다는 욕구단계론을 제창하였다. 그는 사람의 기본욕구로, 생존→안전→소속→존경→자아실현 욕구 등 5개가 있으며, 하위욕구가 어느 정도 만족되어야 차상위 계층의 욕구가 부상된다고 주장하였다. 이에 따르면, 사람은 안전이 확보되지 않으면 자아를 실현할 수 없게 되므로, 안전권은 행복추구권의 실현을 위한 불가결한 전제조건이라는 것을 알 수 있다.

사람이 일을 하거나 사회생활을 하는 과정에서 재해를 당하지 아니하고 무사하게 귀가하는 것은 일상에서 행복을 누리기 위한 최소한의 요건이다. 그러나 과학기술의 발달로 안전한 환경을 구축할 물적 토대가 이미 충분히 마련되었음에도 불구하고 우리는 거의 매일 재해와 사고에 관한 뉴스를 접하고 있는 실정이다.

대한민국 헌법은 모든 재해의 예방과 재해의 위험으로부터 국민을 보호하기 위한 국가의 노력의무를 선언하고 있고, 이를 위하여 국가는 산업안전보건법, 재난 및 안전관리 기본법 등 각종 안전 관련 법령을 제정하여 종사자와 시민의 생명・신체・건강을 보호하고자 노력하였다. 그럼에도 불구하고 산업재해와 시민재해가 빈번하게 발생하였고, 종전의 법과 제도만으로는 국민의 안전권을 실효적으로 보장하는데 한계가 있다는 비판이 지속적으로 제기되었다. 이에 각계의 논의를 거쳐, 종사자와 시민의 생명·신체를 보호하고 중대산업재해와 중대시민재해의 예방을 목적으로 하는 중대재해처벌 등에 관한 법률이 제정되어 2022. 1. 27.부터 시행되고 있다.

그런데 본법 시행 이후에도 해석과 집행과정에서 긍정적인 견해뿐만 아니라 비판적인 견해 또한 다수 제기되어 매우 혼란한 상황에 처해 있다. 이러한 혼란은 외국의 재해형법이나 본법의 제정사, 재해에 대한 법령과 제도의 발전 및 운용실태 등 재해형법 전반에 관한 포괄적인 이해가 부족한 상태에서 본법에 대한 단편적인 해석을 전개하는 과정에서 비롯된 것으로 보인다.

본법과 시행령의 제정 과정을 자세히 살펴 볼 기회가 있었고, 서울대학교 법학전문대학원에서 겸임교수로 재직하고 있던 저자는 2022년 제1학기에 서울대 대학원에서 '재해형법'을 주제로 강좌를 개설하였다. 수강 신청을 확인한 결과, 수강생 전원은 판사, 검사, 변호사, 공인노무사 등 법조 관련 직종에 재직 중이었다. 이에 이번 강의를 계기로 실무가의 관점에서 본법을 체계적으로 연구하고 분석함으로써 본법에 대한 이해를 제고할 필요가 있다고 생각하고, 수강생들과 뜻을 모으게 되었다.

강의를 시작할 때부터 발표문을 모아서 책으로 발간할 의도로 목차와 세부적인 주제를 선정하였다. 그러나 일부 수강생들은 소속 기관의 특성상 논문 공간이 허용되지 않아 소중한 연구성과를 이 책에 수록하지 못하게 되었고, COVID-19로 인한 제약에도 불구하고 충실한 발표와 토론을 위하여 대면수업을 진행한 결과 일부 수강생들이 주제 배정 이후에 수강신청을 철회하였다. 그 결과 책의 구성상 필수적인 다수의 주제가 누락되어, 원래 의도했던 체계와 분량에 미치지 못하게 되었다. 부족한 점은 다음의 연구과제와 출판성과로 미루기로 한다.

이 책에 수록된 글은 모두 공저자의 개인적인 견해이고, 소속 기관의 공식적인 입장과는 전혀 무관하다는 것을 명백하게 밝혀둔다. 서울대 대학원에서 한 학기 동안 논의되고 연구되었던 성과물을 모아서 이와 같이 한 권의 책으로 출간하기까지 많은 분들의 헌신적인 노고가 있었다. 한 학기 동안 성실하게 수업에 참여하여 귀중한 연구성과를 공유하고 치열하게 토론에 참여한 모든 수강생들의 앞날에 무궁한 발전이 있기를 기원한다. 아울러 이 책이 안전권의 법적 지위, 외국의 재해형법, 본법의 제정사, 본법의 해석 등에 관한 소중한 참고문헌이 되어, 본법의 안정적인 집행과 정착에 조금이라도 도움이 된다면 공저자들로서는 더 없는 영광이라고 생각한다.

중대재해처벌법 시행 원년인 2022년 가을 관악산에서
수강생들과 공저자를 대표하여
권창영 識

집 필 자

권창영 [서울대학교 법학전문대학원 겸임교수]
김민기 [부산고등법원 고법판사]
김수연 [서울고등법원 재판연구원]
김영진 [서울고등법원 고법판사]
길소나 [변호사]
문재원 [변호사]
박상록 [변호사, 법무법인(유한) 화우]
서동주 [변호사]
신원재 [법무법인 더프라임 대표변호사]
안한열 [변호사, ASML Korea]
이효은 [서울남부지방법원 판사]
임청아 [공인노무사]
장혜진 [변호사, 법무법인(유한) 강남]
정혜원 [변호사]
하지현 [박사과정 재학]
황용현 [변호사, 법무법인(유한) 태평양]
황일혜 [변호사]

* 가나다 순 [2022. 10. 1. 기준]

차 례

제1장 서 론

제2장 외국의 재해형법 개관

제4장 중대재해처벌법 총론

제5장 중대산업재해

제6장 중대시민재해

참고문헌

■ 단행본

권오성, 「중대재해처벌법의 체계」, 도서출판 새빛(2022)

권창영 · 권오성 · 김희수 · 전형배, 온주 중대재해처벌등에 관한 법률, 로앤비(2022)

김 · 장 법률사무소 중대재해대응팀, 「중대재해처벌법」, 박영사(2022)

노동법실무연구회, 「근로기준법 주해」(제2판) Ⅲ권, 박영사(2020)

법무법인(유한) 바른 중대재해처벌법 대응 특별팀, 「중대재해처벌법 연구」, 법문사 (2022)

송인택 · 안병익 · 정재욱 · 김영철 · 김부권, 「중대재해처벌법 해설」, 박영사(2021)

송인택 · 안병익 · 이태승 · 정재욱 · 윤상호, 「중대재해처벌법 해설과 대응」, 박영사(2022)

신승욱 · 김형규, 「중대재해처벌법」, 박영사(2021)

이상국, 「중대재해처벌법」, 대명출판사(2022)

정진우, 「중대재해처벌법」, 중앙경제사(2022)

■ 논문 · 자료집

강검윤, "중대재해처벌법의 형사재판 실무상 쟁점 토론문", 중대재해처벌법과 재판 실무상 쟁점 발표자료집, 사법정책연구원 · 대한변호사협회 · 한국노동법학회 공동 주최(2022. 7.)

강영기 · 이창대 · 이성남, "중대재해처벌법의 시행에 따른 기업들의 대응방안 등에 대한 검토", 「법과기업연구」 제11권 제2호, 서강대학교 법학연구소(2021)

강태선, "중대재해처벌법 시행에 따른 산업안전보건 행정조직의 과제", 「노동법연구」 제51호, 서울대학교 노동법연구회(2021. 9.)

고용노동부, 「중대재해처벌법 시행령 제정안 주요설명자료」(2021. 7.)

고용노동부, 「해설 중대재해처벌법 －중대산업재해－」(2021. 11.)

고용노동부, 「중대재해처벌법 FAQ : 중대산업재해 부분」(2022. 1.)

고용노동부, 「2022년판 고용노동백서」(2022. 6.)

권오성, "중대재해처벌법의 해석상 쟁점－제6조와 제7조를 중심으로－", 「노동법포럼」 제35호, 노동법이론실무학회(2022. 3.)

권오용, “중대재해처벌법 현황과 문제점에 대한 고찰”, 「한국재난정보학회 논문집」 제18권 제3호, 한국재난정보학회(2022)

권 혁, “중대재해처벌법의 법체계적 지위와 입법정책적 의의 고찰”, 「노동법포럼」 제34호, 노동법이론실무학회(2021. 11.)

김광수, “중대재해 등 처벌에 관한 법률의 구성요건에 대한 소고”, 「법학연구」 제30권 제2호, 경상국립대학교 법학연구소(2022)

김대연, “최근 고용노동부의 중대재해처벌법 해석 · 운용의 문제점”, 「노동법률」 제371호, 중앙경제사(2022. 4.)

김동욱, “중대재해처벌법 ‘안전보건 확보의무’의 해석과 그 위헌성”, 「노동법률」 제357호, 중앙경제사(2021. 2.)

김상민, “중대재해처벌법 쟁점”, 「BFL」 제110호, 서울대학교 금융법센터(2021)

김성룡, “『중대재해 처벌 등에 관한 법률』의 적용을 둘러싼 형사법적 쟁점 검토”, 법학논고 제77호, 경북대학교 법학연구원(2022)

김영국, “중대재해처벌법의 법적 쟁점과 법정책 과제 －기업의 안전보건조치 강화의 관점에서－”, 「입법학연구」 제18권 제1호, 한국입법학회(2021)

김재윤, “형사법적 관점에서 보는 중대재해처벌법의 발전방향”, 「형사법연구」 제34권 제3호, 한국형사법학회(2022)

김정곤 · 김도형 · 채종길, “중대재해처벌법의 범위에 대한 고찰: 중대시민재해를 중심으로”, 한국재난정보학회 정기학술대회 논문집(2021. 11.)

김진영, “중대재해처벌법의 제정과 향후 과제”, 「법이론실무연구」 제9권 제4호, 한국법이론실무학회(2021. 11.)

김한균, “안전 · 보건확보의무의 형법적 부과 －중대재해처벌법과 그 제정의 형사정책적 평가－”, 「형사정책」 제33권 제1호, 한국형사정책학회(2021. 4.)

박다혜, “안전보건법령의 보호대상과 중대재해처벌법 적용의 문제”, 「민주법학」 제79호, 민주주의법학연구회(2022)

박정택 · 권순하, “중대재해처벌법 및 시행령 제정안 주요 쟁점”, 「노동법률」 제363호, 중앙경제사(2021. 8.)

송지용, “중대재해 처벌 등에 관한 법률의 위헌성 검토”, 「형사법의 신동향」 제74호, 대검찰청(2022)

심재진, “중대재해처벌법 제정에 따른 산업안전보건법의 과제”, 「노동법연구」 제51호, 서울대학교 노동법연구회(2021. 9.)

오대영, “중대재해처벌법의 적용상 쟁점에 관한 소고 －중대산업재해를 중심으로－”, 「법조」 제71권 제4호, 법조협회(2022)

이근우, “중대재해처벌법 경과와 제정 법률에 대한 비판적 검토”, 「형사정책」 제32권 제4호, 한국형사정책학회(2021. 1.)

이상협, “중대재해 처벌 등에 관한 법률의 도입에 따른 법적 쟁점에 대한 검토 - 해상기업을 중심으로 -”, 「한국해법학회지」 제43권 제2호, 한국해법학회(2021)

이황희, “중대재해처벌법에 대한 헌법적 검토 - 헌법재판소 판례의 입장에 기초한 위헌여부 판단을 중심으로 -”, 새정부 법조공약 평가 토론회(① 중대재해처벌법에 대한 헌법적 검토) 자료집, 서울지방변호사회 · 한국헌법학회 · 아주경제 공동주최(2022. 4.)

임우택, “「중대재해기업처벌법안」에 대한 경영계 의견”, 국회 법제사법위원회 공청회자료(2020. 12.)

임우택, “중대재해처벌법의 실제 적용과 개선방안 - 제2토론 -”, 새정부 법조공약 평가토론회(① 중대재해처벌법에 대한 헌법적 검토) 자료집, 서울지방변호사회 · 한국헌법학회 · 아주경제 공동 주최(2022. 4.)

정현희, “중대재해처벌법의 형사재판 실무상 쟁점”, 중대재해처벌법과 재판 실무상 쟁점 발표자료집, 사법정책연구원 · 대한변호사협회 · 한국노동법학회 공동 주최(2022. 7.)

전형배, “중대재해기업처벌법 입법안 소고”, 「노동법포럼」 제30호, 노동법이론실무학회(2020. 7.)

전형배, “중대재해처벌법의 해석상 쟁점”, 「노동법포럼」 제34호, 노동법이론실무학회(2021. 11.)

정진우, “중대재해기업처벌법안에 대한 검토의견”, 국회 법제사법위원회 공청회자료(2020. 12.)

정진우, “중대재해처벌법 제정과정에서의 법적 쟁점과 남겨진 과제”, 「과학기술법연구」 제27집 제2호, 한남대학교 과학기술법연구원(2021)

정진우, “중대재해처벌법 실무상의 법적 쟁점 - 중대산업재해를 중심으로”, 「사회법연구」 제46호, 한국사회법학회(2022)

조재호, “중대재해처벌법상 경영책임자등에 관한 검토”, 「노동법연구」 제53호, 서울대학교 노동법연구회(2022)

최정학, “중대재해처벌법안(노회찬 의원안)에 대한 몇 가지 제언”, 「민주법학」 제73호, 민주주의법학연구회(2020. 7.)

최정학, “중대재해처벌법 - 기업 경영자 처벌의 논리 -”, 「노동법연구」 제51호, 서울대학교 노동법연구회(2021. 9.)

최정학, “중대재해범죄와 인과관계”, 「민주법학」 제79호, 민주주의법학연구회(2022)

한국경영자총협회, “「중대재해처벌법」 시행령 개정에 대한 경영계 건의서”(2002. 5.)

한석훈, “중대재해처벌법의 쟁점에 관한 소고(小考) - 중대산업재해의 문제점을 중심으로 -”, 「법조」 제71권 제4호, 법조협회(2022)

한성훈, “중대재해처벌법상 기업의 형사법적 책임에 관한 연구”, 「법과기업연구」 제12

권 제1호, 서강대학교 법학연구소(2022)

홍채은, “소비자 관점에서 본 「중대재해처벌법」에서의 중대시민재해”, 「월간소비자정책동향」 제116호, 한국소비자원(2021)

홍정우 · 이상희, “중대재해처벌법 도입결정과정 분석과 법정책적 시사점”, 「노동법논총」 제55호, 한국비교노동법학회(2022)

황동혁, “중대재해처벌법에 대한 헌법적 고찰 －중대산업재해를 중심으로－”, 「법학연구」 제63권 제2호, 부산대학교 법학연구소(2022. 5.)

제 1 장

서 론

제1절

안전보건권의 지위

권창영*

Ⅰ. 국가의 재해예방의무

인류가 처음 이 세상에 등장한 이래 재해는 끊임없이 인류에게 피해를 입혔고, 과학기술이 발달한 현재에도 인류는 재해로 인하여 위협을 받고 있다. 함무라비 법전(the Code of Hammurabi)[1] 제229조는 "만일 건축가가 시민의 집을 지었는데, 작업이 제대로 이루어지지 않고 그 집이 무너져 집주인이 깔려 죽은 경우에는 건축가를 사형에 처한다."라고 규정하고 있다. 안전에 관한 규정이 이와 같이 고대법전에도 등장하고 있는 것으로 보아 안전의 확보는 매우 중요한 과제였다. 국가는 국민의 생명, 신체, 재산 등을 보호하는 것을 본래의 사명으로 한다.[2] 또한 국가를 비롯한 각종 공동체의 존립과 발전을 위해서는 재해를 예방하고 재해로 인한 피해를 최소화하는 것이 필수적이다.

대한민국 헌법 전문(前文)은 "우리 대한국민은 우리들과 우리들의 자손의 안전과 자유와 행복을 영원히 확보할 것을 다짐하면서 헌법을 개정한다."고 규정하여 헌법상 최고의 목적이 '국민의 안전 확보'임을 천명하고 있다. 헌법 제34조 제6항은 국민의 안전권(安全權) 보장을 위하여 "국가는 재해를 예방하고 그 위험으로부

* 權昌榮, 법학박사, 서울대 법학전문대학원 겸임교수, icaruslex@gmail.com

1) 함무라비 법전은 바빌로니아 제1왕조(BC 1830-1530년)의 제6대 왕이었던 함무라비 왕(재위기간 BC 1792-1750년 또는 1728-1686년)이 메소포타미아 지방에서 전해 오던 여러 법전들을 종합하여 셈(Sem)어의 한 갈래인 아카드(Akkad)어로 기록한 법전이다. 영어번역본 전문은 http://avalon.law.yale.edu/ancient/hamframe.asp 참조.

2) 부산고법 2017. 11. 9. 선고 2017나51825 판결.

터 국민을 보호하기 위하여 노력하여야 한다."고 규정하고 있고,[3] 제36조 제3항은 "모든 국민은 보건에 관하여 국가의 보호를 받는다."고 규정하여,[4] 모든 재해의 예방과 재해의 위험으로부터 국민을 보호하기 위한 국가의 노력의무를 선언하고 있다. 한편 헌법 제32조 제1항에 규정된 근로의 권리는 '일할 자리에 관한 권리'만이 아니라 '일할 환경에 관한 권리'도 함께 내포하고 있고, 후자는 인간의 존엄성에 대한 침해를 방어하기 위한 자유권적 기본권의 성격도 갖고 있어 건강한 작업환경을 요구할 수 있는 권리 등을 포함하고 있다.[5]

이러한 헌법 규정에 따라, 각종 재난으로부터 국민의 생명·신체 및 재산을 보호하기 위하여 제정된 재난 및 안전관리 기본법(이하 '재난안전법') 제2조는 "이 법은 재난을 예방하고 재난이 발생한 경우 그 피해를 최소화하는 것이 국가와 지방자치단체의 기본적 의무임을 확인하고, 모든 국민과 국가·지방자치단체가 국민의 생명 및 신체의 안전과 재산보호에 관련된 행위를 할 때에는 안전을 우선적으로 고려함으로써 국민이 재난으로부터 안전한 사회에서 생활할 수 있도록 함을 기본이념으로 한다."고 규정하고 있다.

재해(災害)는 국민의 생명·신체·재산과 국가에 피해를 주거나 줄 수 있는 현상 또는 사건을 말한다.[6] 재해에는 자연재해대책법에 규정된 자연재해, 재난안전법에 규정된 자연재난과 사회재난,[7] 중대재해처벌법에 규정된 중대산업재해와 중대시

3) 헌법학자들은 위 조항의 '재해'를 '국가적 재앙'으로 해석하거나[성낙인, 헌법학(8판), 법문사(2008), 676면], '자연재해'로 해석하고 있으나[구병삭, 신헌법원론(제3전정판), 박영사(1996), 617면], 위 재해를 이와 같이 좁게 해석할 근거는 없다. 노동법실무연구회, 근로기준법 주해 Ⅲ(제2판), 박영사(2020), 440면.

4) 헌법학자들은 보건권을 '국민이 자신과 가족의 건강을 유지하는 데 필요한 국가적 급부와 배려를 요구할 수 있는 권리'[권영성, 헌법학원론(개정판), 법문사(2008), 705면], '국가에 대하여 건강한 생활을 침해하지 않도록 요구하거나 보건을 유지하도록 국가에 대하여 적극적으로 요구할 수 있는 권리'[김철수, 헌법학개론(제18전정신판), 박영사(2008), 772면], '국민이 자신의 건강생활에 대해서 국가의 보호를 받을 수 있는 것'[허영, 한국헌법론(전정4판), 박영사(2008), 436면]으로 해석하고 있다.

5) 헌법재판소 2007. 8. 30. 선고 2004헌마670 결정.

6) 재해(disaster)는 이상적인 자연현상 또는 인위적인 사고가 원인이 되어 발생하는 사회적·경제적 피해를 말한다(두산백과사전). 최상복, 산업안전대사전, 도서출판 골드(2004)에 의하면, 재해란 일반적으로 인간이 개체(個體)로서 또 집단으로서 어떤 의도(意圖)를 수행하는 과정에서 갑자기 인간의 의지(意志)에 반(反)해서 일시 또는 영구히 그 의도하는 행동을 정지시키도록 하는 현상(event)을 말한다. 이와 같은 현상이 발생되었을 경우 그 결과로서 인간이 상해를 입는 경우와 입지 않는 경우가 있다. Cambridge dictionary에 의하면, '재해(accident)'는 "예상할 수 없거나 의도하지 않은 나쁜 일이 발생하여 종종 물건을 손상시키거나 사람을 다치게 하는 것(something bad that happens that is not expected or intended and that often damages something or injures someone)"으로 정의된다.

7) 헌법 제34조 제6항에 비추어 볼 때, '재난'이라는 용어는 '재해'로 수정하는 것이 타당하다고 생각

민재해, 산업안전보건법에 규정된 산업재해, 산업재해보상법에 규정된 업무상 재해, 선원법에 규정된 직무상 재해와 직무외 재해, 어선원 및 어선 재해보상보험법에 규정된 어선원등의 재해, 공무원재해보상법에 규정된 공무상 재해, 농어업재해보험법에 규정된 농업재해와 어업재해 등과 같이 다수의 법률에 다양하게 규정되어 있다.

그중 종사자와 시민의 생명·신체를 보호하기 위하여 중대산업재해와 중대시민재해의 예방을 목적으로 하는 본법은 2022. 1. 27.부터 시행되었다. 본법의 특징은 사업주가 지배·관리하는 영역에서 부담하는 안전보건확보의무를 위반하여 발생하는 중대재해의 예방을 위하여, 경영책임자등에게 공법상 의무인 안전보건확보의무를 창설적으로 규정하고, 이를 위반하여 중대재해가 발생한 경우에는 경영책임자등을 형사처벌하는 것에 있다. 이는 국가·지방자치단체의 지배·관리영역 밖에서 불가항력적으로 발생하는 자연재난·사회재난에 관하여는 그 재난을 예방하고 재난이 발생한 경우 그 피해를 최소화하는데 중점을 두고 있는 재난안전법과 차이가 있다.[8)]

Ⅱ. 안전·보건에 관한 국제사회의 대응

1. UN[9)]

안전하고 건강한 근로조건은 국제법상 인권으로 인정된다. 세계인권선언(1948)은 모든 사람은 '생명권, 자유권 그리고 안전권'을 갖고 '공정하고 유리한 근로조건'으로 일할 권리도 보장한다. 후자는 경제적, 사회적, 문화적 권리에 대한 국제규약(1966)에서 '공정하고 유리한 근로조건'에 '안전하고 건강한 근로조건'을 포함하고 있다. 그리고 세계보건기구도 "도달할 수 있는 최고 수준의 건강을 향유하는 것이 인종, 종교, 정치적 신념, 경제적 또는 사회적 조건의 구분 없이 모든 인간의 기본적 권리의 하나"라는 원칙에 따라 설립되었다. 이와 유사한 권리가 아

한다. 한편 사회적 참사의 진상규명 및 안전사회 건설 등을 위한 특별법 제1조에서는 "재해·재난의 예방"이라고 규정하여, 두 용어를 병렬적으로 사용하고 있다.

8) 또한 보호법익에 재산권도 포함되어 있다는 점에서, 생명·신체에 관한 법익에 한정된 본법과 차이점이 있다.

9) 오상호, "ILO 산업안전보건 분야의 노동기본권 보장을 둘러싼 법적 논의와 쟁점", 노동법연구 제50호(2021), 54-55면.

프리카 인권 헌장 제15조나 EU 기본권 헌장 제31조 등 다수의 지역 인권기구에서도 인정된다. 또한 세계산업안전보건대회 기간 중 채택된 산업안전보건 서울선언 서문(2008)과 이스탄불선언 서문(2011) 등 최근 선언들은 안전하고 건강한 작업환경을 기본인권으로 인식해야 한다는 것을 지속적으로 상기시켜왔다는 점에 주목할 필요가 있다.

UN 경제, 사회 및 문화권 위원회가 경제, 사회, 문화적 권리에 관한 국제규약 제7조에 대한 2016년 일반 의견(General Comment)(No. 23)에서 업무상 사고와 질병을 예방하는 것이 공정하고 바람직한 근로조건에 대한 권리의 기본적 측면이라고 발표했다. 이와 유사하게 유럽 사회권 위원회(the European Committee of Social Rights)는 유럽 사회헌장에 대한 판례법의 내용을 요약하면서, 안전하고 건강한 작업환경에 대한 모든 노동자의 권리는 개인의 완전성에 대한 권리로부터 직접 파생되어 널리 인정되는 원칙이라고 밝혔으며, 이는 인권의 기본원칙의 하나가 개인의 완전성에 대한 권리임을 강조한 것이다. 마지막으로 UN의 지속가능발전 2030 아젠다에서도 제시된다. 목표 8.8은 "이주노동자, 특히 여성 이주민과 그들의 불안정한 고용을 포함한 모든 노동자를 위한 노동권을 보호하고 안전하고 안심할 수 있는 작업환경을 증진"하기 위함을 지속가능발전 목표로 제시하고 있다.

2. ILO

ILO는 1998년 노동기본권 선언을 노동자의 최소한의 권리를 보장하기 위한 기준으로 삼고, 그중에서도 특별히 중요한 4개 분야를 기본협약(핵심협약)으로 정했다. 기본협약 비준 여부에 관계없이 모든 회원국에 대해 핵심노동기준에 해당하는 노동권의 이행을 요구하기 위해서는 기존의 경직적인 ILO 감시체제를 그대로 이용할 수는 없었다. ILO 감시체제는 협약을 비준한 국가를 전제로 기능하는 것이기 때문에 비준하지 않은 국가에 대해서도 핵심노동기준의 이행을 요구하기 위해서는 새로운 감시체제의 도입이 요구될 수밖에 없었다. 이러한 요구에 부응하기 위하여 등장한 것이 1998년에 ILO 총회에서 채택된 '노동에서의 기본 원칙과 권리에 관한 선언'이다.[10)]

---

10) 이승욱, "ILO 기본협약의 의의와 비준 방향", 노동법학 71호(2019. 9.), 231면.

〈표 1〉 ILO 기본협약 내용 및 비준 현황[11)]

주된 내용	기본협약	비준국 수	한국의 비준연도
결사의 자유와 단체교섭	제87호(1948)	157	2021
	제98호(1949)	168	2021
강제노동 폐지	제29호(1930)	179	2021
	제105호(1957)	176	
고용차별 금지	제100호(1951호)	173	1997
	제111호(1958)	175	1998
아동노동 금지	제138호(1973)	173	1999
	제182호(1999)	187	2001

국제노동기구(ILO)는 2019년 100주년 선언문에서 '산업안전보건은 인간다운 노동의 기본'이고, '안전하고 건강한 노동은 양질의 일자리를 위한 필수조건'이라고 선언하였다. 또한 ILO는 스위스 제네바에서 2022. 6. 10. 제110차 총회를 열고 '안전하고 건강한 노동환경(Safe and healthy working environment)'을 노동기본권에 포함시키기로 결의하였다. 이전까지는 위 표에서 보는 바와 같이, 결사의 자유, 강제노동 금지, 차별 금지, 아동노동 금지 등 4개 분야를 노동기본권으로 보장했는데, 2022년에 안전하고 건강한 노동환경을 5번째 분야로 넣은 것이다. ILO는 구체적인 기본협약으로는 제155호 산업안전보건 협약과 제187호 산업안전보건 증진체계 협약을 채택하였다. ILO 기본선언(1998)이 재확인하고 있듯이, 기본협약에 대한 비준 여부와 무관하게 모든 ILO 회원국들은 회원이라는 사실 자체로 인하여 기본협약이 포괄하는 헌장 상의 기본권리에 관한 원칙을 존중하고 촉진, 실현할 법적 의무를 부담한다. 그러므로 산업안전보건이 노동기본권에 포함되면 회원국들은 협약 비준 여부와 관계없이 재해 예방 정책을 제대로 만들어야 하고 사용자는 재해 방지에 협력해야 한다. 우리나라는 2008. 2. 20. 기본협약으로 채택된 제155호와 제187호를 비준하였다. 기본협약으로 채택된 경우, 비준국이 협약을 제대로 이행하고 있는지 ILO에 보고하는 주기가 6년에서 3년으로 짧아지는 등 엄격한 점검을 받게 된다.

11) 김동현·이혜영, "결사의 자유에 관한 국제노동기구(ILO) 기본협약 비준과 노동법의 쟁점", 사법정책연구원(2022), 40면.

Ⅲ. 산업재해에 대한 국가의 대응

1. 의 의

근로자의 생명·신체·건강은 근로자에게 가장 소중한 것이고, 그것이 근로 제공 과정에서 손상당하지 않도록 하는 것은 노동법의 중요한 과제이다. 근로시간·휴식에 관한 법정기준도 근로자에게 과도한 피로가 축적되는 것을 방지함으로써 건강 장애와 사고 발생을 방지하는 기능을 수행하고, 그 밖의 대우 보장의 체계(최저임금제, 단체교섭권 등)도 근로자 건강의 유지·향상에 간접적으로 이바지하는 것이며, 산업재해보상 책임의 제도화도 산업재해를 억제하는 효과가 있다. 그러나 위와 같은 과제의 중심을 이루는 것은 근로의 장에서 안전·보건[12]을 확보하고, 그에 따라 산업재해를 방지하는 것이다.[13]

2. 일반근로자의 재해에 대한 대응

가. 배 경

근로자는 직무와 관련하여 부상·질병·사망 등 직업상 위험에 항시 노출되어 있다. 많은 경우 이러한 직업상 위험은 근로자 개인의 부주의보다는 생산시설의 결함이나 재해예방을 위한 설비·투자의 미흡, 열악한 근로조건과 과중한 업무, 사업장의 위험 등에 의해 발생한다. 근로자 본인의 주의와 노력만으로는 업무상 재해라고 하는 직업위험을 통제하거나 극복하기 어렵다. 더구나 기술발전에도 불구하고 새로운 직업병은 계속 증가하고 있고, 기계·설비가 대형화·기계화·자동화되어 감에 따라 직업상 사고의 규모도 대형화되거나 근로자의 생명·신체에 미치는 치명도가 더욱 커지고 있다. 다른 한편, 재해는 근로자와 그 가족에 막대한 고통을 초래한다. 노동능력의 감소·상실, 나아가 근로관계의 단절은 가정의 빈곤화와 생활의 파탄으로 이어지기도 한다. 이렇듯 재해는 근로자의 책임과 무관하게 노동생활의 영역에 내재되어 있는 본질적 직업위험이자 근로자와 가족에게 치명적

---

12) 안전(safety)이란 가해주체에 의하여 필수 요인이나 확대 요인의 상호 작용으로 피해 주체에 가해지는 외부적인 위험을 어떤 법칙에 적합한 행동과 방법으로 피할 수 있는 것을 의미하고, 보건(health)이란 근로하는 장소에서 근로자가 접촉하는 물체 또는 환경에 의한 질병의 발생이 필연성을 지니고 있는 경우(이를 '유해'라고 한다) 이러한 유해성을 제거함으로써 질병 방지 등을 꾀하는 것을 의미한다. 노동법실무연구회, 근로기준법 주해 Ⅲ(제2판), 박영사(2020), 460면.

13) 菅野和夫, 일본노동법, 이정 譯, 법문사(2007), 341면.

인 생활위험이기 때문에 그에 따른 적절한 보호가 이루어져야 한다.[14] 근로자에 대한 재해보상제도는 노동조합의 세력증진, 산업재해에 대한 보상으로서 전통적인 손해배상제도의 결함의 인식, 높은 산업재해율에 대한 사회적 관심, 산업안전과 재해근로자의 사회복귀에 대한 동기부여 등의 이유에서 19C 후반부터 생성·발전된 것이다.

나. 우리나라의 산업안전에 관한 역사

근로자의 안전과 보건에 관하여 1953. 5. 10. 제정된 근로기준법은 제64조부터 제73조까지 10개 조문을 두어 위험방지, 안전조치, 특히 위험한 작업, 유해물, 위험 작업물의 취급 제한, 안전위생교육, 병자(病者)의 취업 금지, 건강진단, 안전관리자와 보건관리자, 감독상의 행정조치 등을 규정하였다. 우리나라 산업구조가 1953. 5. 10. 근로기준법 제정 때부터 지금까지 1차 산업 중심에서 2, 3차 산업 중심으로 급격히 고도화되고 근로자의 안전과 보건에 중대한 영향을 끼치는 사업장 내 시설과 환경도 급변하였음에도, 근로기준법이 정한 제6장 안전·보건 규정은 실질적 내용의 개정 없이 1990. 1. 13. 산업안전보건법 개정과 함께 삭제되기 전까지 약 40년가량 그대로 규정되어 있었다. 그리하여 1981. 12. 31. 산업안전법이 제정되기 전까지 근로자의 안전·보건에 대한 법적 규율은 미미하기 그지없어, 적어도 법 제도의 영역에서는 사실상 근로자의 안전·보건은 학설상 고용계약과 근로계약의 해석에만 맡겨진 채 방치되어 있었다고 보아도 과언이 아니었다.

산업안전보건법은 1981. 12. 31. 총칙, 안전·보건관리체제, 유해위험예방조치, 근로자의 보건관리, 감독과 명령, 보칙, 벌칙 등의 체제를 갖추고 제정되었다. 1982. 7. 1. 산업안전보건법이 시행되면서 근로기준법의 제6장 안전보건 규정과 산업안전보건법이 이중적으로 산업안전과 근로자의 안전·보건을 규율하는 체제가 유지되다가, 1990. 1. 13. 개정 산업안전보건법이 시행된 1990. 7. 14.부터는 근로자의 안전과 보건에 관하여는 산업안전보건법이 정하는 바에 의하도록 하여 산업안전보건법 단일 체제로 바뀌었다.

산업안전보건법은 여러 차례 개정되었고, 가장 큰 개정은 2019. 1. 15. 법률 제16272호로 전부개정되어 2020. 1. 16.부터 시행된 것이다(일명 '김용균법'이라고 한다). 김용균법은 산업재해로 인한 사고사망자 수가 연간 천 여 명에 이르고 있고,

---

14) 김유성, 노동법 Ⅰ, 법문사(2005), 220면.

이는 주요 선진국보다 2배 이상 높은 수준으로서 산업재해로 인한 피해는 당사자뿐만 아니라 국가적으로도 큰 손실을 초래하고 있기 때문에, 산업재해를 획기적으로 줄이고 안전하고 건강하게 일할 수 있는 여건을 조성하기 위하여 산업안전보건법의 보호대상을 다양한 고용형태의 노무제공자가 포함될 수 있도록 넓히고, 근로자가 작업을 중지하고 긴급대피할 수 있음을 명확히 규정하여 근로자의 작업중지권 행사를 실효적으로 뒷받침하고자 하였다. 또한, 근로자의 산업 안전 및 보건 증진을 위하여 도금작업 등 유해·위험성이 매우 높은 작업에 대해서는 원칙적으로 도급을 금지하고, 도급인의 관계수급인 근로자에 대한 산업재해 예방 책임을 강화하며, 근로자의 안전 및 건강에 유해하거나 위험한 화학물질을 국가가 직접 관리할 수 있도록 하였다. 그러나 산업재해의 통계에 의하면, 김용균법의 시행 이후에도 산업재해는 전혀 줄어들지 않아,[15] 사업장 단위에서 안전보건체제 구성원에 대한 경미한 형사처벌이나 행정법규 성격의 산업안전보건법 체제만으로는 산업재해 예방에 유의미한 효과가 없다는 비판이 노동계에서 지속적으로 제기되었다.

3. 해사법상 선원 보호의 역사

선원재해보상제도는 근로자에 대한 재해보상제도와 많은 차이점이 있는데, 근로자 재해보상제도와 안전보건확보의무의 내용을 이해하기 위해서는 선원재해보상제도의 연혁을 살펴보는 것이 중요하다.

승무 중 상병을 당한 선원을 보살펴주는 선박소유자의 의무의 기원은 고대로 거슬러 올라가고, 중세 및 근대의 해사법전[16]에도 등장하는데, 이는 대부분 해양국가에서 수세기 동안 승인되었다.[17] 그중 1200년경에 편찬되어 대서양 각국의 공통법으로 형성된 Oleron해법 제6조, 제7조와 14·15세기경 Gothland의 Wisbuy시를 중심으로 한 해사관습을 편찬한 것으로 북해·발틱해의 연안에 적용된 Wisbuy해법 제18조, 제19조는 선원의 재해보상에 관하여 자세히 규정하고 있다.[18]

15) 2020년도 산업재해로 인한 사망자는 882명으로 전년 대비 27명이 증가하였고, 사고사망만인율은 0.46‱으로 나타났다. 고용노동부 "2020년도 산업재해 사고사망 통계발표", 2021. 4. 15. 보도자료.

16) Oleron해법 제6조, 제7조; Wisbuy해법 제18조, 제19조, 제33조, 제62조; Hanse Towns해법 제35조, 제39조, 제45조; Louis 14세 해사칙령 제11조, 제12조, 제15조 각 참조.

17) Steven Bellman/Aileen Jenner/Bari Chase/Joan Loo, Benedict on Admiralty IB -Seamen's Action-, 7th Edition(Revised), Matthew Bender & Co., Inc(1986), 4-5면.

전통적으로 선원의 근로는 어렵고 매우 위험하며, 선원은 가정에서 오랫동안 떨어져서 생활하여야 하고 해양고유의 위험에 노출되어 있다.[19] ILO는 선원의 질병·상해·사망시 선박소유자 책임에 관한 협약[Shipowners' Liability (Sick and Injured Seamen) Convention, 1936, 제55호], 선원에 대한 업무상 재해 방지에 관한 협약[Prevention of Accidents (Seafarers) Convention, 1970, 제134호], 선원의 건강보호·의료보호에 관한 협약[Health Protection and Medical Care (Seafarers) Convention, 1987, 제164호], 선원의 사회보장에 관한 개정협약[Social Security (Seafarers) Convention (Revised), 1987, 제165호], 2006년 해사노동협약(Maritime Labour Convention) 등을 채택하였는데, 이와 같이 선원의 재해에 관하여 특별한 협약이 존재하는 이유는 해양노동의 위험성과 특수성 때문이다. 그중 1936. 10. 24.에 채택된 제55호 협약[20]은 각국의 선원재해보상제도에 지대한 영향을 미쳤다. 위 협약은 종전의 입법례와 마찬가지로 재해발생의 원인을 구분하지 아니하고 고용계약 기간 중 발생한 재해를 보상하도록 규정하고 있다.

ILO는 선원을 위하여 제68호 음식 및 공급(선원)협약[Food and Catering (Ships' Crews) Convention, 1946년], 제92호 선원의 편의시설협약(개정) [Accommodation of Crews Convention (Revised), 1949년], 제133호 선원의 편의시설(보충규정)협약[Accommodation of Crews (Supplementary Provisions) Convention, 1970년], 제134호 재해의 예방(선원)협약[Prevention of Accidents (Seafarers) Convention, 1970년], 제163호 선원의 복지협약(Seafarers' Welfare Convention, 1987년), 제164호 건강보호 및 의료보호(선원)협약[Health Protection and Medical Care (Seafarers) Convention, 1987년] 등을 채택하였다.

---

18) 권창영, "선원법상 재해보상에 관한 연구", 사법논집 제35집, 법원도서관(2002), 615-616면.
19) Schoenbaum, Admiralty and Maritime Law, 5th Edition, West Publishing(St. Paul, 2012), 221면.
20) 1939. 10. 29. 효력발생. 비준국은 Belgium, Belize, Bulgaria, Djibouti, Egypt, France, Greece, Italy, Liberia, Luxembourg, Mexico, Morocco, Panama, Peru, Spain, Tunisia, Turkey, United States 등 18개국이었으나, 2015. 10. 10. 현재 Djibouti, Egypt, Mexico, Peru, Tunisia, Turkey, United States 등 7개국에서만 효력이 있고, 나머지 11개국은 Maritime Labour Convention, 2006 (MLC, 2006)의 비준에 따라 그 효력이 발생하면 제10조에 의하여 위 제55호 협약에서 자동으로 탈퇴하게 된다(http://www.ilo.org).

Ⅳ. 중대재해에 대한 특별법 제정의 필요성

⑴ 현대중공업 아르곤 가스 질식 사망사고, 태안화력발전소 압사사고, 물류창고 건설현장 화재사고와 같은 산업재해로 인한 사망사고가 사회적 문제로 지적되어 왔다. 2015. 4. 28. 세월호 1주기를 맞이하여 국회에서는 '기업책임법(기업살인법) 제정, 미룰 수 없다'라는 주제로 토론회가 개최되었고, 영국, 호주, 캐나다의 입법례가 소개되었다. 산업재해로 인한 사고사망자 수가 연간 천 여 명에 이르고 있고, 이는 주요 선진국보다 2배 이상 높은 수준으로서 산업재해로 인한 피해는 당사자뿐만 아니라 국가적으로도 큰 손실을 초래하였다. 이에 산업재해를 획기적으로 줄이고 안전하고 건강하게 일할 수 있는 여건을 조성하기 위하여, 보호대상을 다양한 고용형태의 노무제공자가 포함될 수 있도록 넓히고, 근로자가 작업을 중지하고 긴급대피할 수 있음을 명확히 규정하여 근로자의 작업중지권 행사를 실효적으로 뒷받침하며, 근로자의 산업 안전 및 보건 증진을 위하여 도금작업 등 유해·위험성이 매우 높은 작업에 대해서는 원칙적으로 도급을 금지하고, 도급인의 관계수급인 근로자에 대한 산업재해 예방 책임을 강화하며, 근로자의 안전 및 건강에 유해하거나 위험한 화학물질을 국가가 직접 관리할 수 있도록 하는 등의 산업안전보건법이 전부 개정되어 2020. 1. 16. 시행되었다. 그럼에도 불구하고 산업재해가 감소되었다고 보기는 어려운 상태가 지속되었다.[21]

⑵ 시민재해와 관련하여, 구포역 열차전복 사고, 서해훼리호 침몰 사고, 성수대교 붕괴사고, 대구지하철 공사장 가스폭발 사고, 삼풍백화점 붕괴 사고, 씨랜드 화재 사고, 대구지하철 화재 사고, 가습기살균제 사건, 세월호 사건 등 계속되는 시민재해의 발생으로 인하여 책임자에 대하여 강력한 처벌을 촉구하는 의견이 지속적으로 대두되었다. 이에 누구라도 피해자가 될 수 있는 안전사고를 근절할 근원적인 대책마련이 필요하다는 사회적 공감대가 형성되었다. 특히 가습기살균제 사건과 4·16세월호 참사의 발생원인·수습과정·후속조치 등의 사실관계와 책임소재의 진상을 밝히고 피해자를 지원하며, 재해·재난의 예방과 대응방안을 수립하

21) 전형배 교수는 산업안전보건법 위반 사건에서 기업에 대한 낮은 양형 이유로, 1) 법관이 참조하는 동종 사건의 판결형량이 지속적으로 낮았던 점, 2) 근로자의 사망의 결과에 대하여 사업주의 책임을 묻는 산업안전보건법 제167조 제1항이 결과적 가중범의 형식을 가지고 있는 점, 3) 산업안전보건법이 2018년 개정되기 이전에는 사망사고에 대한 책임을 묻는 개인의 양형과 법인의 양형이 동일하였던 점 등을 들고 있다. 전형배, "중대재해기업처벌법 입법안 소고", 노동법포럼 제30호(2020. 7.), 258-260면.

여 안전한 사회를 건설·확립하는 것을 목적으로 「사회적 참사의 진상규명 및 안전사회 건설 등을 위한 특별법」이 제정되었다.

(3) 학계에서는 중대재해기업처벌법의 제정 의의에 관하여 다음과 같은 견해가 제기되었다.[22]

첫째, '권한이 있는 곳에 책임도 있다'는 상식적 원리를 실현하는 것이다. 여러 안전사고와 산업재해는 단순히 그 현장에 있었던 노동자나 중간관리자의 잘못이라기보다는 이러한 잘못을 할 수밖에 없게 만드는 구조적인 배경이 있다는 사실이 그동안의 여러 경험에 의해 드러나고 있다. 그렇다면, 현실에서와 같이 다만 직접행위자나 현장관리자에 대해서 뿐만 아니라, 이러한 구조를 만들거나 잘못된 행위가 발생하도록 압력을 가한 사람들 혹은 기업 자체에 대해서도 그 권한에 상응하는 무거운 처벌이 이루어져야 한다. 이것은 발생한 범죄결과에 대한 실질적 책임에 비례하는 처벌이 되어야 한다는 것, 말하자면 공정한 처벌을 주장하는 것이며, 정의를 실현하는 형벌의 응보적 측면을 나타낸다.

둘째, 위에서 말한 범죄의 구조적 측면을 고려하면, 기업과 기업의 경영책임자 등을 처벌하는 것은 이러한 안전사고에 대한 예방효과를 더욱 크게 하리라는 것이다. 그동안 계속된 처벌과 여러 대책에도 불구하고 비슷한 안전사고, 동일한 산업재해가 그치지 않고 반복되는 가장 큰 이유는 바로 이러한 사고의 구조적 원인을 개선하지 못해왔기 때문이다. 반대로 현장의 행위자와 중간관리자에 대한 처벌은, 이들이 주기적으로 교체되어 왔으며 사고 이후에는 당연히 다른 사람으로 바뀔 것이라는 점을 생각하면, 범죄예방에 별 효과가 없는 것이다. 문제는 역시 보다 근본적인 원인을 만든 사람(기업을 포함하여)을 처벌하는 것이며, 이러한 실질적인 형벌이 보다 실질적인 예방효과를 가질 것이라는 점은 분명하다.

V. 중대재해처벌법의 목적

법 제1조는 "이 법은 사업 또는 사업장, 공중이용시설 및 공중교통수단을 운영하거나 인체에 해로운 원료나 제조물을 취급하면서 안전·보건 조치의무를 위반하여 인명피해를 발생하게 한 사업주, 경영책임자, 공무원 및 법인의 처벌 등을 규

22) 최정학, "중대재해 기업처벌법안(노회찬 의원안)에 대한 몇 가지 제언", 민주법학 제73호(2020. 7.), 284-285면.

정함으로써 중대재해를 예방하고 시민과 종사자의 생명과 신체를 보호함을 목적으로 한다."고 규정하고 있다. 이를 분설하면 다음과 같다.

1. 중대재해의 예방

국가는 모든 종류의 재해를 예방할 의무를 부담한다(헌법 제34조 제6항). 본법은 그중 중대산업재해와 중대시민재해에 관하여 사업주와 경영책임자등에게 안전·보건 확보의무를 규정하고, 이를 위반하여 인명피해를 발생하게 한 사업주, 경영책임자, 공무원 및 법인의 처벌 등을 규정하여 중대재해를 예방하는 것을 목적으로 한다.

경영책임자등에게 처벌을 규정함으로서 중대재해를 예방한다는 것은 형벌의 일반예방적 기능을 의미한다. 즉, 자연인인 경영책임자에게 중형을 규정한 것은 형벌의 예고와 시행을 통하여 수범자에게 범죄로 나아가지 아니하도록 함으로써 범죄를 예방하는 작용(형법의 일반예방적 기능)을 고려한 것이다.[23)]

이와 같이, 특정 범죄에 대하여 형벌을 부과하는 방법으로 잠재적인 범죄자에 대한 위하(危嚇)를 통하여 일반예방효과를 극대화하기 위한 법률은 매우 많다. 예를 들면, 특정경제범죄 가중처벌 등에 관한 법률(1990. 12. 31. 법률 제4292호로 개정되고, 2004. 12. 31. 법률 제7311호로 개정되기 전의 것) 제5조 제4항 중 제1호 및 제2호 부분은 금융기관 임·직원의 부정부패로 대형 금융사고가 발생함으로써 국가경제가 어려움이 처하였을 때 제정되었고, 공무원이 아닌 금융기관의 임·직원도 공무원에 버금가는 정도의 청렴성과 업무의 불가매수성이 요구됨을 전제로, 금융기관의 임·직원이 범하는 특정경제범죄를 가중처벌하는 방법으로 잠재적인 범죄자에 대한 위하를 통하여 일반예방효과를 극대화함으로써, 건전한 경제질서를 확립하고 나아가 국민경제의 발전에 이바지할 것을 목적으로 제정된 것이다.[24)]

산업재해와 시민재해의 원인이 되는 사업 또는 사업장, 공중이용시설 및 공중교통수단을 운영하거나 인체에 해로운 원료나 제조물을 취급하는 경우가 점차 증가하고 있고, 재해로 인한 피해규모도 날로 확대됨에 따라 안전법규를 엄격히 지

23) 이는 商鞅의 以刑去刑 사상과도 일맥상통한다. 이에 관하여는 商君書, 靳令篇, 김영식 譯, 홍익출판사(2000), 164면.
24) 헌법재판소 2006. 4. 27. 선고 2006헌가5 결정.

켜야 할 필요성은 더욱 커지는 점, 산업재해와 시민재해가 여전히 빈번하여 그 결과가 참혹한 경우가 많아 대다수의 선량한 종사자 및 시민을 보호하기 위하여 중대재해를 엄격하게 규제하여야 할 필요가 절실한 점 등에 비추어 보면, 중대재해의 발생을 방지할 공익상의 필요는 더욱 중시되어야 하고 중대재해로 인한 형사처벌로 인하여 입게 될 당사자의 불이익보다는 이를 방지하여야 하는 형사정책적 측면이 더욱 강조되어야 한다.

이러한 점을 고려하면, 본법은 산업재해와 시민재해가 반복적으로 발생발생함으로써 중대재해의 예방을 위하여는 종전보다 경영책임자등에게 무거운 형벌을 규정한 새로운 법률제정이 필요하다는 국민의 공감대가 형성되어 장기간에 걸친 논의를 거쳐 국민의 대표기관인 국회에서 여야합의로 제정되었고, 경영책임자등이 안전보건확보의무를 위반하여 중대재해를 발생하게 하는 범죄를 산업안전보건법이나 형법(업무상과실치사상죄)보다 무겁게 처벌하는 방법으로 잠재적인 중대재해 범죄자에 대한 위하(危嚇)를 통하여 일반예방효과를 극대화한 것이므로, 그 입법목적의 정당성은 인정된다.

2. 시민과 종사자의 생명과 신체 보호

중대산업재해의 보호대상은 종사자이고, 중대시민재해의 보호대상은 시민이다. 보호법익은 종사자와 시민의 생명과 신체의 안전에 관한 법익(안전권)이다. 재난안전법이나 제조물책임법에서는 보호법익에 재산권이 포함되어 있는데, 본법은 이와 달리 생명·신체에 관한 법익(안전권)에 한정하고 있다. 이는 본법의 주된 내용이 형사처벌에 관한 것이어서 형벌의 최후수단성을 고려하여 보호법익을 최소한으로 규정한 것이다.

Ⅵ. 이 책의 구성

제1장은 중대재해형법의 서론으로 안전보건권의 지위(제1절), 산업재해의 역사(제2절), 외국의 산업안전보건법제의 개관(제3절), 산업안전보건법상 관리체계와 안전보건조치의무의 개관(제4절), 산업안전보건법의 한계(제5절), 시민재해에 대한 판례의 분석(제6절)을 다룬다.

제2장은 외국의 재해형법의 개관에 관하여 논의하되, 구체적으로는 영국의 법

인과실치사법(제1절), 캐나다의 Westray법(제2절), 호주의 기업과실치사(제3절)을 다룬다.

제3장은 중대재해처벌법의 이해에 필수적인 본법 제정사로, 제20대 국회까지 재해형법 제정을 위한 노력(제1절), 제21대 국회에 제출된 의안들의 내용(제2절), 제21대 국회 법안심사 제1소위원회의 논의(제3절), 중대재해처벌법의 제정과 시행령의 제정(제4절), 중대재해처벌법에 대한 개정 논의(제5절)를 다룬다.

제4장은 총론으로 의의(제1절), 합헌성(제2절), 적용범위와 효력(제3절), 수범자의 개념과 범위(제4절), 손해배상의 특칙(제5절)을 다룬다.

제5장은 중대산업재해에 관하여 안전보건확보의무(제1절), 도급인의 의무(제2절), 양벌규정과 실효성 확보방안(제3절)을 다룬다.

제6장은 중대시민재해에 관하여 다룬다.

제2절

산업재해의 역사

임청아*

Ⅰ. 서 론

1. 개 관

본 절에서는 1750년부터 1900년까지 직업병과 사고에 대한 산업사회 영국의 대응을 역사적으로 탐구한 「산업재해의 탄생」(송병건 저, 2015)을 요약 발제하고자 한다. 영국은 세계 최초로 산업혁명을 경험하였으며, 어느 국가보다 일찍 공업화, 기계화, 도시화, 익명 사회화를 겪었고, 노동자와 사용자간의 갈등의 역사, 노동자 세력화의 역사, 복지정책의 역사, 정치와 행정 개혁의 역사, 공중보건의 역사 면에서도 많은 논쟁과 갈등 과정을 거쳤다. 이는 산업화의 역사가 길고 산업화와 이후 역사 과정에 대한 논의와 분석의 역사가 길다는 것을 의미한다. 그 과정에서 영국이 산업재해 문제에 대해 어떻게 대응하고 해결책을 마련하였는가를 살펴보면, 오늘날 우리나라가 산업안전 선진국으로 도약하기 위해 무엇을 해야하는가에 대한 중요한 시사점을 얻을 수 있을 것이다.

이 책은 영국의 산업혁명이 시작되기 이전부터 20세기가 시작되는 시점까지 영국의 산업재해가 어떤 양상을 띠고 발생하였는지 살펴본다. 굴뚝청소업에서 시작하여 직물공업, 탄광업, 철도업 등 영국의 산업혁명을 대표하는 주요 산업들에서 재해가 발생한 여건(기술, 조직, 노동 과정, 임금과 노동시간 등)을 살펴보며, 재해의 피해자와 피해에 대한 보상에 대해서도 살펴본다.

* 任淸雅, 법학과 박사과정, 공인노무사, dlacjddk111@gmail.com.

또한, 산업재해에 대한 산업별 대중의 인식의 차이, 그 인식의 변화, 그 변화에 영향을 끼친 요인에 대해서 검토한다. 정부와 의회에서 산업재해의 방지와 피해자 보상을 위해 어떻게 정보를 수집하고, 논의를 전개하고, 법률로 만들었는지에 대해서도 살펴본다. 법정에서 산업재해에 대한 담론은 애초에 어떤 구조였는지, 사법적 담론이 시간이 흐름에 따라 어떻게 변화하였는지, 그리고 이런 변화에 노동조합의 성장은 어떤 역할을 하였는지에 대해서도 탐구한다. 마지막으로 시각장애, 티푸스, 폐질환, 콜레라 등 동시대에 사람들을 괴롭힌 여타 질병들에 대해서도 살펴보며, 공중보건의 개선 노력이 어떤 과정을 통해 효과를 가져오게 되었는지도 논의한다.

2. 연구대상 업종[1)]

산업혁명과 관련된 업종이자, 산업재해 논쟁의 주요 대상이 되었던 업종이자, 산업재해에 초점을 두어 다루기에 유용할 만큼의 사료 및 2차 자료가 풍부한지를 기준으로 4개의 업종을 살펴본다.

첫 번째 업종은 굴뚝청소업(chimney sweeping)이다. 석탄을 많이 접하는 직업이라는 점, 도시화의 진전과 관련성이 크다는 점, 당시 사람들이 사회적 문제로 자주 언급하였다는 점에서 관심의 대상이 된다. 또한 사회의 최하층에 속하는 아동들이 담당하였기에 작업장의 노동환경만이 아니라 열악한 주거환경과 부족한 영양 섭취도 부정적인 요인으로 작용하였다. 산업재해가 단순히 작업장 환경의 문제가 아니라 생활양식과도 밀접하게 관련된 문제라는 점을 이 업종이 여실히 보여준다.

두 번째 업종은 직물공업(textile industry)이다. 전통적 직물공업인 모직공업, 마직공업, 견직공업 등은 산업혁명을 거치면서 새로 등장한 면직공업에 우위를 내주었다. 면직공업은 대량생산에 용이할 뿐만 아니라, 기계화와 공장 체제에도 잘 맞아 빠른 속도로 성장을 하였다. 면직공업은 또한 여러 공정에서 여성노동과 아동노동을 많이 고용하였다. 낯선 기계가 가득찬 장소, 여성과 아동이 저임금과 장시간 노동으로 시달린 장소, 고용주의 냉혹한 이윤 추구가 민낯으로 드러난 장소로 동시대인들에게 각인된 것은 당연하였다. 19세기를 통해 여러 차례 '공장법'(Factory Act) 제정과 개정을 거치면서 노동시간과 노동환경의 개선, 작업장 사

---

1) 송병건, 산업재해의 탄생, 도서출판 해남(2015), 47-49면.

고의 방지 등에 성과가 나타난 점을 볼 때, 직물공업 특히 면직공업은 산업재해 연구의 좋은 대상이 된다.

세 번째 업종은 탄광업(coal mining)이다. 산업혁명의 가장 중요한 기술적 기반은 석탄을 이용한 증기기관의 개발이었다. 초기에는 노천광에서 채탄이 이루어졌지만, 시간이 흐르면서 광산의 규모도 커졌고, 갱도는 깊고 복잡해졌다. 그에 따라 몸집이 작은 아동노동이 점점 더 많이 고용되었고, 갱내에 석탄 운반을 위한 설비들이 들어섰고, 다수의 광부가 동시에 작업을 하는 경우가 증가하였다. 이러 변화들은 모두 산업재해의 위험을 높이는 결과를 낳았다. 또한 채택작업에서 발생하는 분진을 오래 호흡한 광부들은 장기간에 걸쳐 각종 호흡기 질환과 암으로 시달려야 했다. 직업병이 가장 본격적으로 드러난 업종이 바로 탄광업이었다.

마지막으로 철도(railroad)산업이다. 철도를 건설하고 운영하는 데에는 엄청난 규모의 인력과 장비가 필요하였고 매일 수많은 승객과 화물이 철도를 이용하였기 때문에, 철도는 산업혁명 시대 교통혁명의 꽃이라고 불릴 수 있었다. 육중한 무게와 빠른 속도가 지배하는 작업현장은 산업재해, 특히 대규모의 참사가 발생하기에 좋은 상황을 조성하였다. 또한 다수의 인력이 상호연관된 작업에 투입되기 때문에, 전체적으로 통제가 조화를 이루지 못할 경우에 사고로 이어지는 경향이 강하였다. 19세기를 통해 빈번하게 발생한 철도사고는 철도노동자뿐만 아니라 승객들도 희생시켰기 때문에 여론의 관심도 매우 컸다. 이런 면에서 철도사고는 산업재해 연구의 주요 대상이 된다.

Ⅱ. 사회적 배경

1. 산업재해 연구의 시대적 변화[2)]

중세 서양인들에게 부상과 질병은 종교적으로는 신의 뜻에 의한 것이며, 세속적으로는 기본적으로 본인의 과오에 의한 것으로 받아들여졌다. 전통사회에서 질병과 사고를 직업과 연결해서 살펴본 사람은 많지 않았고, 세간의 관심을 끌기도 어려웠다. 16세기와 17세기에는 과거에 비해 작업장의 규모가 커지고 많은 수의 노동자가 복잡해진 분업과 협업 체제를 이룬 채 노동에 종사하였기 때문에 노동

2) 송병건, 위의 책, 37-44면.

현장에서 재해가 발생할 위험이 더욱 커졌다. 따라서 이런 변화에 주목한 학자와 의사들 사이에서 서서히 초기적인 산업재해와 직업병의 관념이 자리를 잡기 시작하였다.

그러나 18세기 초가 되어서야 직업과 질병의 관계에 대해 체계적인 관심이 생겨났다. 가장 널리 알려진 인물인 이탈리아의 라마치니(Bernardino Ramazzini)는 1713년 「노동자의 질병에 관하여」를 저술하였는데 산업재해의 두 가지 핵심 원인으로 노동자들이 다루는 물질의 독성과 노동자들이 취하는 자세와 동작을 지적하였다. 라마치니는 노동자의 건강 유지를 위해 법을 제정할 것으로 주장함으로써, 산업재해와 산업보건 분야의 발전에 선구적인 역할을 담당하였다. 18세기 중반부터 영국에서 세계 최초로 산업혁명이 진행되면서 새로운 생산조직으로 등장한 공장은 이전에 보지 못한 노동환경과 생활환경을 만들어냈다. 석탄이 가정용 연료로 사용되면서 굴뚝청소부라는 새로운 직업이 탄생하였는데, 비좁은 굴뚝을 오르내리는 데에 따른 사고 위험을 가지고 있었을 뿐만 아니라, 늘상 온몸에 검댕을 묻힌 채 지내야했다. 포트(Percival Pott)는 이런 작업환경 및 생활환경이 굴뚝청소부에게 특정한 종류의 암을 야기한다는 주장을 폈으며, 그의 연구는 직업과 질병의 관계에 대한 장기적 관찰과 조사가 필요하다는 점을 연구자와 대중에게 강조하는 계기가 되었다. 이 당시 많은 수의 의사들은 산업현장에서 새로운 유형의 사고와 질병을 접하고서 그 원인을 탐구하고 치료법을 찾기 위해 고심하였으며, 의회에서도 이 주제에 관해 체계적인 정보의 수집이 필요하다는 목소리가 높아졌다. 공장법이 개혁되면서 새로 임명된 공장감독관들은 산업현장의 실상을 면밀하게 목격하고 자료를 수집하였다. 이런 과정에서 의학 지식과 행정, 정치가 상호작용을 하는 장이 형성되었고, 산업재해에 대한 인식도 점차 구체화되어 갔다.

19세기 후반 산업재해를 사회적으로 다루어야 한다는 인식이 고조되었다. 같은 시기 노동세력이 성장하고 노동조합운동이 힘을 키워간 것도 이런 변화에 한 몫을 하였다. 직장에서 발생하는 사고와 질병이 개인적 관심에서 공적 관심으로 이전한 때이다.

20세기에는 산업보건이 공중보건 및 예방의학의 한 분야로 자리를 잡기 시작했다. 20세기 후반부터는 과학기술의 발달, 법제적 변화, 공중보건에 관한 인식의 증대 등을 배경으로 산업재해 및 산업보건에 관한 관심이 어느 때보다 높아졌다.

산업의학이 전문적인 학술 분야로서 자리를 잡았고, 관련 학회가 조직되고 전문 학술지와 서적들이 줄을 이어 출간되었다. 기업들도 산업안전의 필요성에 공감하면서 적극적인 지원으로 방향을 잡는 곳이 크게 증가하였다.

2. 다학제적 접근의 필요성[3)]

산업재해의 탄생과 진화에 관한 분석에는 다학제적 접근법이 필수적이다. 재해의 원인이 되는 사고와 질병의 구체적 내용을 파악하기 위해서는 당시의 의학적 진단을 파악하는 것이 필요하고, 현대에 와서는 이에 대해 어떤 의학적 판단으로 하는지 통시적으로 고찰할 필요가 있다. 또한, 산업재해는 재해를 입은 노동자와 그 가족에게 개인적으로 큰 고통과 희생을 강요할 뿐만 아니라, 해당 직종과 산업에는 방호 시설물 설치, 재해방지 교육, 숙련도 제고를 위한 훈련 비용을 낳으며, 사회보장정책의 일환으로 설계되고 집행되는 사회보험은 국가 재정 문제와 밀접한 관련을 가질 수밖에 없어 모두 경제학적 관심의 대상이 된다. 또한, 역사과정에서 여러 사회집단이 어떤 상호작용을 거쳐 오늘날의 산업재해에 대한 인식을 만들어냈는지, 법정에서 인정되는 판례의 변화, 노동조합 성장이 초래한 노동자들의 인식 변화 등 다양한 요소들에 대한 역사적 분석이 필요하다. 의학, 경제학, 역사학적 고려 이외에도 안전공학(안전대책의 강구 측면), 교육학(재해방지 교육 측면), 심리학적(재해에 취약한 인력을 배제하는 측면) 접근 등의 연구도 필요하여 산업재해의 탄생화 진화에 대한 큰 그림을 그리기 위해서는 수많은 줄기의 관심과 지식과 정보와 판단이 상호작용을 해야만 한다.

3. 근대화(시민혁명·산업혁명·근면혁명)가 산업재해에 미친 영향[4)]

'근대화'(modernization)의 원론적 정의는 '전통적 혹은 봉건적인 상태로부터 새로운 상태로 전환하는 과정'이다. 근대화의 정의에 대한 견해대립이 있지만, 근대화가 과거 사회와는 질적으로 다른 사회가 형성되는 근본적이고 구조적인 변화의 과정을 일컫는다는 점에는 별다른 이견이 없으며, '시민혁명'과 '산업혁명'은 근대사회를 이해하는 데 필수적이다.

시민혁명으로 법치주의라는 새로운 정치·사회질서가 확립되었고, 사적 재산권

3) 송병건, 위의 책, 44-47면.
4) 송병건, 위의 책, 53-68면.

에 대한 보호가 보다 철저하게 이루어지게 되었다. 국가의 주요 정책은 의회에서 결정되었으며, 정책 실시에 필요한 재원이 의회의 승인을 통해 조달되었다. 이를 통해 시민혁명은 봉건적 또는 절대주의적 정치 체제와 경제제도를 철폐하고 시민이 자유롭게 경제 활동을 할 수 있는 여건을 조성하였다는 의의를 지녔다. 자본주의적 경제발전은 시민혁명의 필요성을 부각시켰고, 또한 시민혁명은 자본주의가 더욱 발전하는 데에 유리한 기반을 조성하였다.

산업혁명으로 기술혁신과 생산조직의 변화, 인구의 증가, 도시화, 경제적 자유의 확대 등 사회경제적 변화가 발생하였다. 다양한 변화들 가운데 무엇을 산업혁명의 본질로 보아야 하는지에 대해 다양한 학설들이 있지만, 기술의 진보, 산업조직의 변화, 경제의 양적 성장, 시장경제의 발달, 자연통제력의 증대, 맬서스트랩의 탈출, 에너지원의 전환은 모두 산업혁명이 초래하였다고 평가할 수 있는 중대한 역사적 변화들이다.

또한, 산업혁명으로 일인당 국민소득은 두드러지게 증가하였다. 소득의 증가는 소비의 증가만을 초래한 것이 아니었다. 소득이 늘어나면서 소비자의 기호도 변화하였다. 고소득층은 자신만의 유행을 끊임없이 창조해내면서 다른 사람들과 차별화되고자 하였다. 이렇듯 소비욕구에 자극을 받은 대중들은 이전에 가졌던 가치관을 대신하여 새로운 노동윤리를 갖게 되었다. 소비의 열망은 더 많은 돈을 벌기 위해 오랜 시간 힘든 작업을 하는 것을 마다하지 않는 노동자를 양산해냈다. 개인과 가계는 보유한 자원과 노동을 자급자족적 가내소비용이 아니라 시장판매를 목적으로 한 생산에 배분하였고, 학자들은 이를 '근면혁명'(Industrious Revolution)이라는 개념으로 설명하였다. 근면혁명이 이 책의 논의에서 중요한 이유는 노동시간의 증가와 노동강도의 증가가 자연스럽게 사회에 확산되었다는 점 때문이다. 여성과 아동이 노동하게 되는 사례도 증가하였고, 높은 소비 수준을 유지하기 위해 장시간 노동하는 행위는 산업재해의 위험에 취약하게 하였다.

4. 노동운동의 성장과 한계[5)]

영국은 산업혁명으로 세계의 공장으로 부상하면서 노동자의 수가 많아지고 노동자 고유의 계급의식이 점차 강화되었다. 그에 따라 단체교섭과 노동운동의 움직임도 가시화되었다. 정부는 1799년 '결사금지법'(Combination Act)을 제정하여

5) 송병건, 위의 책, 80-83면.

이와 같은 움직임에 제동을 건 바 있지만 노동자 세력의 성장을 원천적으로 막는 것은 불가능하였다. 결국 1824년에는 노동조합의 결성이 합법화되었고, 노동조합 운동은 추동력을 얻었다. 그러나 노동조건 개선 및 임금 상승이라는 노동조합의 목적을 쉽사리 달성하기는 어려웠으며, 노동자의 정치적 지위 향상이 노동자 권리를 강화하는 지름길이라고 파악하여 참정권 쟁취운동인 차티스트 운동(Chartist Movement)을 전개해 나아갔다. 당시 영국의 노동조합운동은 전면적 사회 개혁을 목표로 하기보다 노동자의 경제적 지위를 개선한다는 실용적인 목표를 추구하였다. 이러한 특징은 1850년대 신형조합(New Model)의 온건한 노동운동을 통해 살펴볼 수 있다. 신형조합은 주로 조합원의 상호부조, 파업보다는 우호적 협상 선호, 입법을 통한 노동자 지위 점진 향상에 중점을 두었다. 그러나 1870년대 불황이 이어지자 투쟁적 성격이 강한 노동운동조직인 신조합주의(New Unionism)가 등장하였다. 이 시기 사회주의운동도 본격적으로 등장하였으며 1880년대 페이비언협회(Fabian Society)와 1890년대 노동당(Labour Party)이 사회주의 운동의 특징을 드러낸다.

영국 노동운동 역사의 특징 가운데 하나는 동일 업종 내에서도 직급과 숙련도에 따라 노동자 사이에 차별화가 많이 이루어졌다는 점이다. 어떤 요인에 기인하였든 간에 노동조합이 보수적이고 분단적인 특징은 영국 노동조합이 산업재해의 문제에 대해 통일된 목소리로 해결책을 요구할 수 있는 능력을 제한하였다.

5. 산업재해에 대한 사회적 대응

가. 공장법 개혁운동[6]

19세기 초부터 공장노동의 환경을 규제해야 한다는 여론이 형성되기 시작하였다. 노동환경을 개선하고, 공중보건을 향상시키고, 사회보험제도를 도입하는 것을 크게 세 갈래로 영국사회는 개혁을 모색하였다. 대부분의 공장주는 노동환경의 개선에 소극적이었으며, 1830년대 초 토리(Tory)당이 공장개혁이 앞장서면서 1833년 연소자의 야간노동 금지와 12시간 노동, 9세 미만 아동의 고용 불법화, 아동에 대한 교육, 감독관제의 도입 등을 규정한 공장법이 제정되었다. 이후 공장법은 점진적이고 지속적인 노력으로 서서히 내용을 갖추어갔다. 1844년에는 여성과 아동노동에 대한 보호 강화, 위험한 기계에 대해 방책을 설치할 것을 공장주

6) 송병건, 위의 책, 90-93면.

에게 권고하는 내용으로 공장법이 개정되었으며, 1847년에는 부분적 10시간 노동 원칙 도입되었으며, 1850년과 1856년에는 노동시간 축소 및 어린이와 여성의 노동시간을 제한하였다. 1878년에는 공장규제 규정을 정비하여 통일성을 제고하고, 10세 미만 어린이 고용 불가, 10세까지 의무교육 시행, 10-14세 반일 노동만, 여성은 주56시간 초과 금지하는 내용을 포함하였다. 1891년에는 출산 후 4주 지나지 않은 여성 고용 금지, 어린이 최소 고용 연령을 10세에서 11세로 상향조정하였으며, 1901년에는 어린이 최소 고용 연령 12세로 상향조정하였다.

나. 공중위생 개선 캠페인[7)]

1830년대 후반에 시작된 공중보건 개선운동은 이 책의 논의와 관련하여 매우 중요한 역사적 움직임이었다. 이 운동의 대표적 지도자는 채드윅(Edwin Chadwick)은 1842년 「영국 노동인구의 위생여건에 관한 보고서」(Report on the Sanitary Conditions of the Labouring Population of Great Britain)를 발간하였는데, 이 보고서에서 노동자들의 위생 상태에 대해 매우 상세한 기록을 남겼다. 1848년 '공중보건법'(Public Health Act)제정을 통해 채드윅이 주도한 공중위생 개선운동은 중요한 결실을 거두었다. 이 법은 공중위생을 개선하는 것을 목적으로 하였으며, 구체적으로는 상하수도의 개량과 도로 청소의 의무를 지방정부에 부과하는 정책을 핵심적 내용으로 하였다.

다. 사회보험의 등장[8)]

사회보험은 위험의 분산을 본질로 하는 보험의 특성과 사회적 보호라고 하는 사회보장의 특성이 결합된 것이다. 전형적인 사회보험은 사적 보험과 마찬가지로 가입자들이 위험에 대해 공동부담을 함으로써 위험의 비용을 분산하지만, 사적 보험과는 달리 가입이 강제적으로 이루어지며 가입자에게는 법적인 권리로 인정된다는 차이점을 지닌다.

역사적 발달 과정을 살펴보면 초기에 산업재해를 담당하는 보험은 사회보험이 아니라 사적보험의 형태로 발전하였다. 작업장에서의 사고를 우연적 사고(mishap)로 취급하는 경향으로 고용주에게 공식적 책임을 묻는 일은 흔하지 않았고, 산업재해를 당한 노동자는 사적 보험에 의존하거나 사법적 소송을 통해 피해

---

7) 송병건, 위의 책, 94-96면.
8) 송병건, 위의 책, 103-114면.

보상을 구할 수밖에 없었다. 불문법 체제를 지닌 영국은 보통법(common law)에 의거하였는데, 피해보상에 대한 보통법상의 원칙(<표 1>)은 고용주가 책임을 피하는 데에 결정적인 도움이 되었다.

〈표 1〉 피해보상에 대한 보통법상의 원칙[9)]

보통법상의 원칙	내용
기여부주의의 원칙	재해노동자의 부주의나 과실이 있으면 피해보상을 받을 수 없다.
동료 책임의 원칙	동료 노동자의 부주의나 과실로 재해가 발생하면 재해노동자는 피해보상을 받을 수 없다.
위험전제의 원칙	재해노동자가 자신의 업무에 고유한 위험에 대해

자료: 이인재·류진석·권문일·김진구(2010), Rejda(2011)

세 가지 원칙을 종합하면, 재해노동자가 고용주에 대해 승소하기 위해서는 ① 고용주의 부주의나 과실이 있고, ② 재해노동자는 부주의나 과실을 범하지 않았고, ③ 동료 노동자의 과실이 재해의 원인이 되지 않았으며, ④ 재해노동자가 업무 특유의 위험에 대해 사전에 인지하고 있지 못하였어야 했다. 이로 인해 노동자가 고용주에게 승소하여 보상을 받기는 매우 힘들었다.

1871년 독일은 고용주보상책임법, 1880년 영국은 고용주책임법(Employers' Liability Act), 1885~1910년 미국은 주별로 고용주책임법 제정하였다. 그러나 여전히 고용주에게 유리한 조항과 판례가 많았다. 1884년 독일은 재해보상법을 제정하였다. 관련 지역 산업 종사 고용주들의 집단적 연대책임을 규정하였고, 업종의 범위를 점차 확대해나갔다. 무과실책임에 입각한 고용주 책임 원칙을 법적으로 구현하고, 국가 강제 산재보험 채택한 사례이다.

1897년 영국은 노동자보상법(Workmen's Compensation Act) 제정하였다. 무과실책임주의를 천명하고, 업무 중 재해에 대해 고용주의 책임을 명확히 하였으나, 보험 가입을 강제하지 않았다. 이 노동자보상법은 이후 1946년 영국 베버리지보고서(Beveridge Report)에 따라 국민보험법(National Insurance Act) 제정될 때까지 산업재해에 관한 핵심적 입법례로 남아있다.

9) 송병건, 위의 책, 110면에서 재인용, 표 2-11.

라. 정부와 의회의 정보수집 노력[10)]

사회보험의 관념이 자리 잡기 위해서는 우선 직업별로 산업재해의 위험도가 얼마나 차이가 있는가에 대한 논의가 필요하였고, 영국 정부는 직업별 위험도에 대해 체계적인 조사의 필요성을 절감하게 되었다. 10년 단위로 이루어진 직업센서스가 가장 기본적인 자료수집 경로였고, 그 밖의 자료들로 보충해 영국에서는 1850년대 이후 직업별 사망률을 구성하였다. 총 71개 직업에 종사하는 남성노동자를 대상으로 하여 20세 시점에 예상할 수 있는 기대여명을 측정하였고(<표 2>), 기대여명이 긴 직업은 대체로 산업재해의 위험이 낮은 직업이라고 볼 수 있다.

〈표 2〉 남성 직업별 20세 시점의 기대여명[11)]

(단위: 년)

직업	1860–1861, 1871	1900–1902
성직자 clergyman, priest, minister	46.35	48.99
정원사 gardener, nurseyman, seedsman	45.90	49.49
농부 Famer, grazier, famer's son	45.67	48.37
잡화상 Grocer	44.58	45.49
어부 Fisheman	44.43	42.80
수레바퀴 제작자 Wheelwright	42.98	44.56
실크 제조인 Silk, satin, crape manufacturer	42.82	43.02
맥아 제조인 Maltster	42.76	45.20
종이 제조인 Paper manufacturer	42.51	44.87
톱질꾼 Sawyer	42.45	46.09
석탄 판매인 Coal merchant, coal burner	42.34	45.66
목수 Carpenter, joiner	42.20	44.16
문구 제조인 Stationery manufacturer	41.81	43.83
자가용 마부 Domestic coachman, groom	41.75	44.28
변호사 Barrister, solicitor	41.71	45.26
제화공 Shoemaker	41.48	42.13
모직공 Wool, worsted manufacturer	41.44	41.78
철물상 Ironmonger	41.03	46.16

10) 송병건, 위의 책, 97-100면.
11) 송병건, 위의 책, 99-100면에서 재인용, 표 2-8.

교사 Schoolmaster, teacher	40.78	47.15
양철공 Tin, tinplate manufacturer	40.45	41.12
카펫 제작자 Carpet, rug, felt manufacturer	40.31	41.89
미술가 Artist, engraver	40.27	44.76
과일장수 Fruiterer, greengrocer	39.94	42.84
가구 제작자 Cabinet maker, French polisher	39.86	43.09
제혁공 Currier	39.75	42.67
담배가게 주인 Tobacconist	39.70	42.88
기계공 Engine, machine, boiler maker, millwright	39.68	43.14
방앗간 주민 Miller, cereal food manufacturer	39.62	42.96
시계공 Watch, clock maker	39.58	44.32
제빵사 Baker, confectioner	39.35	43.60
마구 제작자 Saddler, harness maker	39.35	42.43
의사 Physician, surgeon, general prctitioner	39.34	43.16
무두장이 Tanner, fellmonger	39.30	45.24
총기 제작자 Gunsmith	39.30	40.30
도배장이 Paperhanger, plasterer, whitewasher	39.29	41.99
공공배달원 Civil service messenger, workman	39.26	44.81
재단사 Tailor	39.26	41.63
배건조인 Shipbuilder, shipwright	39.15	45.16
염색공 Textile dyer, bleacher, finisher	39.13	40.45
약사 Chemist, druggist	38.89	42.16
밧줄 제작자 Rope, twine, card maker	38.85	43.53
철도원 Railway official, clerk	38.66	45.45
수지 제조인 Tallow, soap manufacturer	38.36	44.35
면직공 Cotton, flax manufacturer	38.28	40.29
석탄 광부 Coal miner	38.27	43.73
마차 제작자 Coach, carriage, railway coach maker	38.09	45.71
화공인 Chemical manufacturer	37.80	42.09
슬레이트공 Slater, tiler	37.79	39.45
포목상 Draper, linen draper	37.76	44.34
정육점 주인 Butcher	37.67	39.68
철광석 광부 Ironstone miner	37.47	45.32
여행업자 Commercial traveller	37.37	41.66

서기 Commercial clerk	37.11	42.56
인쇄업자 Printer	36.95	42.30
모자 제조인 Gatter	36.71	41.97
생선장수 Fishmonger, poulterer	36.57	42.14
유리 제조인 Glass manufacturer	36.57	39.07
사공 Bargeman, lighterman	36.16	37.42
제본업자 Bookbinder	36.07	43.64
미용사 Hairdresser	36.00	39.68
운송업자 Carman, carrier	35.56	39.93
석탄 운반부 Coal heaver	35.33	39.26
여관 주인 Innkeeper, publican	34.49	34.10
주석 광부 Tin miner	33.96	32.01
음악가 Musician, music master	33.50	39.70
법률서기 Law clerk	33.02	43.23
양조업자 Brewer	32.71	37.78
도공 Potter, earthenware manufacturer	32.65	35.36
줄 제작인 File maker	31.87	33.35
굴뚝청소부 Chimney sweep, sot merchant	31.30	37.75
여관 사환 Inn, hotel servant	31.00	33.90
71개 직업의 전체 남성	40.31	41.85
모든 남성	40.40	40.94

자료: Woods(2000), 224-226쪽.

Ⅲ. 업종별 사례 연구

1. 굴뚝청소업

가. 시대적 배경: 도시화와 아동 굴뚝청소부12)

영국은 런던을 중심으로 도시들이 성장하였고, 건물의 수 역시 증가하였다. 건축의 증가는 굴뚝의 증가로 이어졌고, 적은 비용으로 대량 공급이 가능한 석탄을 주로 연료로 사용하였다. 석탄을 연료로 쓰려면 연기가 실내로부터 잘 빠져나가야 했고, 그에 맞게 연통의 크기가 전보다 줄어들었다. 작아진 연통은 검댕으로

12) 송병건, 위의 책, 127-134면.

막히기 쉽고, 화재 위험이 있어 굴뚝을 주기적으로 청소하는 작업이 반드시 필요하였다. 굴뚝 청소부는 도시 유지를 위해 필수불가결한 직업으로 등장하게 되었고, 좁은 연통을 청소하기에는 성인보다 아동이 적합하였다. 더군다나 아동노동은 임금이 저렴하고 열악한 노동환경에 대해 고용주에게 저항하기 어려웠다는 점이 이들의 고용을 촉진시키는 요인으로 작용하였다. 굴뚝청소 작업을 맡은 아동의 수에 대해 직접적인 통계가 존재하지 않지만, 당시의 여러 증언들, 특히 의회보고서에 기록된 증언 등을 통해 개략적 규모를 파악한 수치이다(<표 3>).

〈표 3〉 굴뚝청소 장인과 아동의 수 추계치, 1785~1862년[13]

연도	출처	내용
1785	J. Hanway	런던에서 굴뚝청소 장인 100명이 직인 200명과 아동 400명을 고용 그 밖에 떠돌이 장인 200명, 직인 200명, 아동 500명
1792	D. Porter	런던에 굴뚝청소 장인 200명, 직인 200명, 아동 500명
1817	W. Tooke 의회 위원회	런던에 굴뚝청소 장인 200명, 도제 500명
1841	H. Mayhew	런던에 20세 이상 굴뚝청소부 남성 619명, 여성 44명여, 20세 미만 도제 370명
1862	Children's Employment Commission	전국적으로 5~14세 아동 수천 명, 여아도 다수

자료: Strange(1982), 18-19쪽에서 작성.

나. 제도와 관행: 굴뚝청소 도제[14]

굴뚝청소에 동원되는 아동은 대부분 굴뚝청소 장인의 감독 하에 있었다. 영국에서는 법치주의가 일찍이 자리를 잡았고 국가와 상공업자 조직의 관리망이 촘촘하게 짜여 있어 도제제도가 원활하고 효과적으로 작동하기에 유리한 조건을 갖추고 있었다. 통상 도제계약을 통해 아동의 부모는 장인에게 도제교육에 대한 대가로 수업료를 지불한다. 장인은 아이의 부모로부터 수업료를 받는 대신 자신이 보유한 기술을 아이에게 전수한다. 그리고 아이에게 음식과 숙소와 작업복과 작업도구 및 재료를 제공한다. 전형적인 도제제도와는 달리 굴뚝청소에서의 도제제도 실제 운영 방식은 몇 가지 중요한 차이를 보였다. 빈민법하에서 양육의 능력을

13) 송병건, 위의 책, 133면에서 재인용, 표 3-2.
14) 송병건, 위의 책, 134-138면.

지닌 부모가 없는 경우 해당 교구가 아동에게 도제기회를 찾아주는 이른바 교구도제(parish apprenticeship)제도가 자주 사용되었다. 교구도제하 굴뚝청소 아동은 주로 하층 출신이거나 중류 및 상류층의 혼외출산아동이었다. 일부 빈곤한 부모는 굴뚝청소부에게 일정한 돈을 받고 아동을 넘겨주기도 하였다.

다. 굴뚝청소 노동자의 재해[15)]

굴뚝을 청소하는 아동의 작업 모습을 살펴보면, 수직적 굴뚝을 오르내리기 위해 어깨, 팔꿈치, 허리, 무릎, 발끝에 순차적으로 힘을 주고 빼기를 반복하면서 움직일 공간을 확보하는 동작이 필수적이었고 고된 반복적 훈련이 필요하였다. 연통이 직각으로 꺾인 부분은 특히 위험하였고, 오랜 기간 쌓이거나 청소 중 떨어져 쌓인 검댕은 아동에게 치명적인 작업환경이 되었다. 굴뚝청소 아동은 산업재해 자체와 함께 지냈다고 말할 수 있다. 사고로 인한 사망의 위험이 컸던 것은 물론이고, 각종 부상과 질병에 노출된 채 살아가는 처지였다. 굴뚝을 오르내리는 과정에서 목과 등뼈에 심한 압력이 가해졌으며, 벽돌이 무너져 아래로 추락하기도 하였다. 작업 도중 옷이 말려서 목을 조르는 바람에 질식하기도 하였고, 연통의 뜨거운 열기에 화상을 입거나 기절하기도 하였다. 검댕이 눈에 들어가 눈이 붓고 시력에 장애가 생기는 사례도 빈번하였다.

장인에 의한 가혹행위도 굴뚝청소 아동이 사고나 질병을 얻게 하였다. 1817년 의회의 특별위원회(Select Committee), 1863년 의회에 조직된 '아동고용위원회'(Children's Employment Commission)에 보고된 증언을 통해 굴뚝청소 아동들이 얼마나 가혹한 처우를 받았는지 확인할 수 있다.

1775년 포트(Percivall Pott)는 굴뚝청소업에 종사하는 노동자의 건강을 직업병의 관점에서 파악하였다. 포트는 굴뚝청소에 종사하는 아이들이 특히 음낭암(scrotal cancer)에 잘 걸린다고 지적하였다. 암으로 발전하기 이전에 당시 굴뚝청소부들이 '검댕사마귀'라고 부른 병변이 환부에 생기는 경우가 많았는데 이를 대수롭지 않게 생각하고 칼로 없애기도 하였다. 포트는 음낭의 주름에 낀 검댕이 자극을 일으키고 이것이 악화되어 암으로 발전한다고 보았다. 또한 의사나 환자 자신이 성병으로 오인하여 수은으로 처방하였는데 이 역시 병을 악화시킨다고 주장하였다. 이러한 포트의 주장은 19세기 중반까지 많은 의사들이 받아들였다. 이

15) 송병건, 위의 책, 139-154면.

에 대해 비판적 견해도 있었는데, 굴뚝청소부 중에서도 이 병에 걸리지 않는 사람이 훨씬 많았다는 이유에서였다. 음낭암이 잉글랜드의 굴뚝청소부에게서만 발견되고 스코틀랜드, 유럽 대륙, 미국 등의 굴뚝청소부에게서는 드물었다는 점도 의문점이었다. 여러 자료들을 종합해보면 19세기 말에 굴뚝청소부의 음낭암은 다소 감소하는 추세에 있었던 것으로 보이나, 어떤 요인이 감소를 가져왔는지 아직도 명확한 답을 제시할 수 없다. 굴뚝청소와 암의 연관성에 관해서는 많은 연구가 진행되어 왔다. 굴뚝청소에 종사한 사람은 각종 폐암에 걸리는 비율과 그로 인해 사망에 이르는 비율이 높다는 연구, 흡연과 음주 여부 변수를 통제하여도 굴뚝청소에 종사한 기간과 암 발병률 간에는 유의한 양의 상관관계가 존재한다는 연구 등이 있다.

라. 개혁의 과정과 방식

(1) 초기의 개혁운동[16)]

18세기 후반 굴뚝청소를 둘러싸고 발생하는 많은 문제에 대해 여론을 환기하고 입법운동을 이끈 대표적 인물은 한웨이(Jonas Hanway)였다. 한웨이는 자신의 조사를 바탕으로 1773년에 「굴뚝청소부의 어린 도제들의 상태」(State of Chimney Sweepers' Young Apprentices)를 출간하였다. 조사 결과가 힘을 보태 1774년 '건물법'(Building Act)이 제정되어 다양한 건축물과 굴뚝을 규제하기 시작했는데 굴뚝청소 장인들의 반응은 대체로 냉담하였다. 한웨이는 여론 변화가 필요하다고 판단하여 굴뚝청소 아동의 여건 개선을 목적으로 하는 조직 구성, 언론에 기고, 치안판사들에게 편지를 보내 동조를 구하는 등 왕성한 활동을 벌였다. 이러한 노력 끝에 1788년 의회에 조사위원회(Commission of Inquiry)가 구성되었다. 굴뚝청소 아동들의 열악한 노동조건과 가혹한 처우에 대해 조사가 이루어졌고, 같은 해 '굴뚝청소부법'(Chimney Sweepers' Act)이 제정되었다.

이 법에 따라 8살 이전에는 굴뚝청소 도제계약을 맺지 못하며, 아동의 부모는 도제계약에 명시적 동의를 해야 하며, 장인은 도제아동에게 적절한 의복과 주거 여건을 마련해 주고 일요일에 교회에 나갈 수 있도록 해야 함을 규정하였다. 그러나 현실사회에서 법을 위반하는 사례가 많아 실효성 차원에서 한계가 있었다. 이후 굴뚝청소 아동의 여건을 개선하기 위한 여러 조직과 협회들이 설립되었으

16) 송병건, 위의 책, 154-164면.

며, 굴뚝청소를 위한 청소기구에 대한 정보 확산에 공을 들였으며, 아동노동을 굴뚝청소에 사용하는 것을 전면금지하는 청원서를 제출하기도 하였다.

그러나 반대하는 진영에서는 청소기구의 작업이 불충분해 화재의 위험을 높인다며 거주자의 불안감을 자극하는 전략을 취하거나(그러나 실제 런던소방서가 1863년 의회에 제출한 통계표에서는 청소기구만을 통해 굴뚝청소가 이루어지던 시기에 연통 화재율이 점차 낮아진 것을 볼 수 있다), 아동의 동의 및 치안판사의 승인 절차 도입 등을 제안하며 만만치 않은 영향력을 행사하였다. 수차례에 걸친 좌절에도 불구하고 굴뚝청소 아동의 개혁을 위한 움직임은 계속되었다.

1834년 굴뚝청소 아동의 개혁에 새로운 이정표를 세운 것으로 평가할 수 있는 입법이 있었다. 1828년 새로 개발된 조셉 글래서의 청소기구를 통해 이미 150개의 공공건물에 대해 굴뚝청소가 이루어졌고, 장인들이 어린 도제를 서로 빌려주고, 16세 이후 아이들은 다른 직종에 고용이 불가능해 범죄와 부정에 휩쓸린다는 점 등 의회에서의 증언에 힘입어 서덜랜드 공작(Duke of Sutherland)이 의장을 맡은 특별위원회가 작성한 법안이 통과된 것이다. 이 법에 따라 굴뚝청소 장인은 14세 미만의 아이를 도제로 둘 수 없으며, 한 시점에 6명 넘는 도제를 둘 수 없으며, 도제계약시 아동의 동의를 받고, 치안판사 앞에서 도제계약을 확정하게 하였다.

(2) 1840년 이후의 개혁[17)]

1840년 이후에는 섀프티스베리 경(Lord Shaftesbury)이 개혁운동에 중요한 역할을 하였다. '굴뚝청소부와 굴뚝의 규제에 관한 법률'(Act for Regulation of Chimney Sweeps and Chimneys)이 제정되어 굴뚝이 기구청소에 적당한지 집주인이 확인할 의무가 규정되었다. 그러나 장인이 현장에 없었을 경우 실제 처벌이 어려웠다. 1842년에는 채드윅(Edwin Chadwick)이 노동계급의 위생상태에 관한 보고서를 출간하자 영국 사회는 위생 문제에 큰 경각심을 갖게 되었다. 1846년 '공중목욕탕과 세신소법'(Public Baths and Washhouse Act)이 제정되었다. 수많은 저술가와 언론인이 개혁의 흐름에 동참하였으며 동시대 가장 대중적 인기를 끌고 있던 작가 찰스 디킨스(Charles Dickens)도 개혁에 적극 공감을 표시했다. 그는 여러 강연을 통해 청결의 중요성과 관련 입법의 필요성을 강조하였다.

---

17) 송병건, 위의 책, 164-170면.

1856년부터는 아동노동을 대신해 청소도구를 써서 굴뚝을 청소하도록 규제가 강화되었으며, 1864년에는 섀프티스베리가 제출한 법안이 '굴뚝청소부규제법'(Chimney Sweeps Regulation Act)이라는 이름으로 의회에 통과되어 16세 이하 아동의 굴뚝청소부 고용을 전면금지하였다. 그리고 1875년 이 주제 관련 마지막 법안이 통과되었다. 굴뚝청소는 매년 새로 허가를 받아야 하는 제도로 바뀌고, 매년 감독 대상이 되도록 하였으며, 아동 고용을 금지하는 법안이었다. 1세기 동안 끊임없는 사회적 논쟁의 대상이 되어 온 굴뚝청소 아동고용 문제가 최종적으로 사라지게 되었다.

2. 직물공업

가. 면직공업의 발달[18)]

직물공업은 영국에서 오랜 전통을 가진 산업이다. 1736년 '맨체스터법'(Manchester Act)은 1721년 법이 부과하였던 면직물에 대한 제한을 철폐하였다. 1721년 법은 해외에서 수입되거나 국내에서 생산되는 면직물에 의해 모직공업이 위협을 받는다는 모직공업 생산자들의 청원에 따른 것이었는데, 시대는 규제 중심의 중상주의적 질서를 대신해 경쟁이 강조되는 환경으로 접어들고 있었다. 면직물은 모직물과 비교했을 때 대중 소비재의 성격이 강해 수요의 가격탄력성이 크다는 장점이 있었고, 기존 직물공업에서 볼 수 없었던 기계화와 분업체계가 나타나 대량생산의 총아로 떠오르게 되었다. 수출에서 면직공업이 차지하는 비중이 증가하였으며(<표 4>), 증기기관을 기계의 동력으로 사용하면서 1780년대부터 방적공장의 확산이 본격화되었다. 공장에서 대규모 인력이 필요하자 교구도제를 통해 대도시의 노동자를 집단으로 데려오기도 하였으며, 19세기 전반 역직기의 보급은 면화수확작업의 생산성을 크게 향상시켜 면직공업이 산업혁명의 핵심 산업으로 재탄생하게 되었다.

18) 송병건, 위의 책, 179-186면.

〈표 4〉 수출에서 각 부문이 차지하는 비중, 1794~1856년[19]

(단위: %)

부문	1794~1796	1814~1816	1834~1836	1854~1856
제조업/경제 전체	86	82	91	81
면직/제조업	18	49	53	42
모직/제조업	27	21	17	15
철/제조업	11	2	2	7

자료: Temin and Voth(2013), 154쪽.

나. 노동 고용구조[20]

기계화된 공장에서 공정에 따라 남성, 여성, 아동의 쓰임이 다르긴 했지만, 1834년 의회 보고서를 통해 살펴본 방직공장 고용구조는 남녀불문 11세에서 20세가 가장 높은 비중을 차지하였다. 여성의 경우 11세에서 30세까지 남성의 수를 앞질렀다. 여성과 아동은 남성에 비해 임금이 상대적으로 낮고, 규율하기 용이하다는 장점이 작용하였다. 면공업 부문의 고용구조 및 주급에 관한 통계자료(<표 5>)를 살펴보면 남성과 여성의 임금이 정점을 찍은 연령대에 차이가 있다는 것을 알 수 있다. 남성은 31~36세에 정점을, 여성은 36~41세에 정점을 찍었다. 또한 대부분의 연령대에서 여성이 남성에 비해 절반 내지 그 이하의 임금을 받았다는 점을 확인할 수 있다.

〈표 5〉 랭커셔 면공업 부문의 고용구조, 1832년[21]

연령	남성			여성		
	노동자 수(명)	주급(s. d.)		노동자 수(명)	주급(s. d.)	
11미만	246	2	3½	155	2	4¾
11~16	1,169	4	1¾	1,123	4	3
16~21	736	10	2½	1,240	7	3½
21~26	612	17	2½	780	8	5
26~31	355	20	4½	295	8	7¾
31~36	215	22	8½	100	8	9½

19) 송병건, 위의 책, 180면에서 재인용, 표 4-1.
20) 송병건, 위의 책, 186-199면.
21) 송병건, 위의 책, 191면에서 재인용, 표 4-2.

36~41	168	21	7¼	81	9	8¼
41~46	98	20	3½	38	9	3½
46~51	88	16	7¼	23	8	10
51~56	41	16	4	4	8	4½
56~61	28	13	6½	3	6	4
61~66	8	13	7	1	6	0
66~71	4	10	10	1	6	0
71~76	1	18	0	–	–	–
76~81	1	8	8	–	–	–
합계	3,770			3,844		

자료: PP(1834) (167), 33쪽.

산업혁명 시기에 영국의 공업 부문은 수많은 아동을 고용하고 있었다. 1835년 보고서에 따르면 면직공장에 일하는 총 22만 명의 인력 가운데 13세 미만의 아동이 2만 8,000명이었다. 아동노동이 많이 고용된 데에는 교구도제제도가 영향을 끼쳤다. 자녀에게 충분한 경제적 부양을 제공할 부모가 없는 경우 해당 아동이 속한 교구가 아동에게 기술교육을 시킬 기회를 만들어주어야 했는데, 빈곤 아동에 대한 시선은 매우 차갑고 교구는 열악한 환경의 도제훈련 기회만을 해당 아동에게 제공할 수 있었다. 또한, 수직포공의 몰락, 근면혁명으로 구매력 증대의 욕망 확대, 방직기계의 도입, 낮은 임금수준이 여성 및 아동의 임금노동 참여를 늘리는 계기로 작용하였다.

다. 면직공업의 산업재해[22)]

공장제 초기에는 산업재해가 얼마나 빈번하게 발생하였는지 불분명하다. 19세기에 들어서 본격적으로 찾아볼 수 있는데, 1815년 개혁 공장주 오언(Robert Owen)은 공장지대를 돌아보고 "일부 대형 공장에서 1/4 내지 1/5 아동들이 지나친 노역이나 가혹한 학대에 의해 불구이거나 기형이거나 영구적 부상을 입는다"고 묘사하였으며, 1818년 굴드(N. Gould)는 맨체스터에 있는 한 학교 학생 가운데 106명이 면직공장에서 일을 하는 상태였는데 그중 47명이 크고 작은 부상을 입고 있었다는 목격담을 자신이 발간한 신문에 실기도 하였다. 1818~1819년 의

22) 송병건, 위의 책, 200-206면.

회 보고서에서는 전제 조사 대상 노동자 1,824명 가운데 44.7%가 질병을 앓고 있다고 답하였다. 전반적으로 초기 공장에서 실제 사고가 얼마나 자주, 얼마나 큰 규모로 발생하는지 보여주는 통계는 드물다. 1830년대 이후가 되어서 자료가 풍부해졌다.

면직공장에서 발생한 사고는 다양하지만, 주요 사고는 기계와의 접촉을 통해 일어났다. 각 공정에서 기계들은 동력을 전달하는 벨트에 의해 연결되었는데, 빠른 속도로 돌아가는 기계에 손이 끼거나, 머리카락이나 옷자락이 말려들어가 사고를 입는 경우가 많았고, 기어가 맞물리는 장치에서도 사고가 빈번하게 발생하였다.

1834년 의회 보고서에 실린 랭커셔 면직공장 노동자 대상 병가일수 자료(<표 6>)는 연령대별 및 성별로 조사가 이루어졌고, 노동자 일인당 병가일수와 사고를 입은 환자 일인당 병가일수가 기록되어 있다. 연령별 특징을 일반화하기 어렵지만 대체로 20대와 40대 이상에서 사고를 당해 얻는 병가일수가 많았다. 환자 일인당 병가일수도 유사한 양상을 보였다. 이를 통해 10대는 상대적으로 사고위험이 덜한 작업을 맡아 보조적 업무를 담당하고 성인이 기계장치와 동력을 작동하는 작업을 주로 담당하였던 점과 아동노동자의 노동시간이 더 짧았을 것이라는 점이 추측된다. 여성의 경우 모든 연령대에서 남성보다 더 많은 병가일수를 보였는데, 남성보다 더 반복적인 일을 담당하여 집중도가 쉽게 떨어졌거나 여성의 머라카락과 옷자락이 남성보다 사고를 유발하기 쉬웠거나 여성의 상대적 임금이 낮아 부상시 남성보다 더 오래 쉬면서 소득손실을 감내하기를 선택하였을 것이라고 추측하지만 정확한 원인은 알 수 없다.

〈표 6〉 랭커셔 면직공장 노동자의 병가일수, 1832년[23)]

연령	남성		여성	
	노동자 일인당 연간 병가일수	환자 일인당 연간 병가일수	노동자 일인당 연간 병가일수	환자 일인당 연간 병가일수
11미만	2.46	13.04	8.03	–
11~16	3.81	14.58	4.25	11.98
16~21	4.42	16.43	5.56	12.63

23) 송병건, 위의 책, 204면에서 재인용, 표 4-6.

21~26	4.91	18.27	6.85	16.42
26~31	6.88	22.14	8.62	18.51
31~36	3.85	12.19	9.29	21.77
36~41	4.13	13.75	6.16	19.19
41~46	5.09	14.25	14.67	14.41
46~51	7.18	30.31	20.34	26.43
51~56	3.47	13.10	15.75	21.00
56~61	12.68	11.50	15.75	21.00

자료: PP(1834) (167). 59쪽.

라. 공장법 개혁 과정

(1) 공정법 개혁 역사[24)]

공장제도에 대해 국가가 본격적으로 개입한 역사는 1802년 '도제의 건강 및 덕성 보호법'(Health and Morals of Apprentices Act)의 제정에서 시작되었다. 교구도제제도에 노동시간 12시간 제한과 밤 9시 이후 야간노동을 금지하였는데 강제 규정이 없어서 실질적 효과는 미비했다. 1818년 1월 맨체스터 면직공장에서 발생한 화재로 17명의 여성노동자들이 사망하자 비록 제한된 수준이나마 규제를 강화하는 입법이 이루어졌다. 그러나 역시 강제 규정이 없어 실제로 큰 효과를 거두기는 어려웠다. 초기 공장법들이 관여한 내용은 주로 작업조건의 개선, 고용연령과 노동시간의 제한, 아동에 대한 교육 및 종교의 범위, 공장주의 의무와 처벌, 그리고 준법을 위한 감독 체계 등이었다.

1830년대 초에 토리당(Tory)의 선도에 따라 보다 전면적인 형태로 공장개혁운동이 이루어졌다. 1831~1832년에 발간된 새들러(Richard Sadler)의 의회보고서 「공장규제법 특별위원회 보고서」는 공장노동을 하는 아동들의 참상을 널리 알리는데 큰 기여를 하였다. 그러나 새들러가 지역구에서 낙선하면서 입법 노력이 물거품되었다. 정권이 토리에서 휘그(Whig)로 넘어갔고, 다행히도 휘그당 지도자 앨토프경(Lord Althorp)이 온건해진 공장법을 마련하여 입법화에 성공하였다.

1833년 마련된 공장법은 18세 미만 연소자의 야간 노동 금지 및 12시간 노동, 9세 미만 어린이의 고용 금지, 9~12세 아동의 8시간 노동의 단계적 실시, 아동에

24) 송병건, 위의 책, 208-216면.

대한 교육, 공장감독관의 임명 등을 담고 있다. 고용주는 아동을 채용하기 위해 전보다 높은 비용을 부담해야 했고, 1835년부터 공장감독관이 이 공장법을 강제하기 시작했고, 직물공장에 고용된 아동노동 수는 56,000명에서 33,000명으로 축소되었다. 1833년 공장법은 근대적 복지국가의 초석이 되었다가 평가되며, 현실에서 공장법 적용이 강제되어 고용 실태가 실질적으로 변화하게 되었다는 점이 중요한 지점이다.

(2) 공장법과 산업재해 방지[25)]

공장 내 사고에 대처하는 개혁에 초점을 맞추어 살펴보면, 공장 내 안전 문제를 다룬 법안은 1833년 애쉴리 경이 입안한 '10시간 법안'이었다. 방책이 세워지지 않은 기계로 아동, 청소년 사망시 검시배심원단(coroner's jury)구성하고, 공장주의 중대한 태만으로 사고사가 발생한 경우 검시배심원단의 평결로 공장주는 과실치사(manslaughter) 혐의로 기소되고, 노동자가 노동능력을 상실할 경우 치안판사(Justice of the Peace)는 공장주에게 50파운드 이상 200파운드 이하의 보상을 지급을 명할 수 있는 내용을 담고 있다.

그러나 이 법안은 의회의 강력한 반대에 부딪치고 의회는 자세한 조사를 위해 왕립위원회(Royal Commission)를 구성하였다. 왕립위원회는 새들러의 1831~1832년 보고서를 무력화시키기 위한 시간 끌기 전략으로 이해되어 왔는데, 왕립위원회의 수석중앙공장위원(Chief Central Factory Commissioner)이던 채드윅(Edwin Chadwick)이 공장주에게 방책을 세우고 감독을 받도록 의무화함으로써 안전 문제를 개선할 수 있을 것이라고 주장하면서 공장의 안전문제를 비판하였다. 고용주에게 경제적 부담을 부과함으로써 산업재해를 줄인다는 인식을 반영한 최초의 주장이었다.

애쉴리 경의 법안은 의회의 반대에 철회할 수밖에 없었지만, 1833년 앨토프 경이 마련한 공장법은 공장감독관의 역할을 통해 안전 문제에 대해 최소한의 접근을 할 수 있도록 했다. 이후 1844년 공장법이 산업재해에 관한 최초의 본격적 조항을 담았다. 공장주와 노동자의 계약을 자유의지에 따른 신성한 행위로 이해하던 관행이 균열이 생기면서 사고의 책임을 고용주에게 물을 수 있다는 인식이 생긴 법안으로 평가되고 있다. 그 내용은 공장감독관이 위험기계에 대해 방책 설치

25) 송병건, 위의 책, 216-224면.

명령을 할 수 있고, 위반시 벌금형 규정을 두었고, 방책 미설치로 사망 또는 부상자 발생시 벌금형 규정, 동력전달 장치 등 위험작업에 아동노동 금지, 공장 설비로 사고시 고용주가 노동자에게 보상, 공장감독관이 권고시 정부는 고용주에게 피해자 대신 보상 요구, 정부가 고용주를 대신 기소할 수 있는 규정도 있었다.

이러한 공장법 규정의 실효성에 대해 견해 대립이 있었다. 피코크(A. E. Peacock)는 유죄판결 비율을 근거로 공장입법이 잘 진행되고 있다고 분석하였고, 바트립(Peter Bartrip) 기소건수는 실제 위반이 얼마나 발생하였는가 대해 아무런 증거도 될 수 없다고 지적하였다. 바트립은 당시 치안판사 중에 스스로 공장주인 경우가 많았고 노동자나 공장감독관보다 고용주에게 더 강한 친밀성을 보였으며, 기소된 사례에서도 벌금은 최소금액에 그쳐 공장감독관도 고용주에게 직간접적 방법으로 압력을 가해 일정 수준의 보상을 이끌어내는 방식을 선호하였다고 주장했다. 공장감독관의 선택적 기소 방식을 두고 바트립은 협상된 준수(negotiated compliance)라고 명명하기도 했다.

이 논쟁의 명확한 승자를 판별하기는 어렵다. 안전법규를 위반한 사례에 대한 통계가 존재하지 않고, 부상자 시계열 자료도 존재하지 않는다. 그렇지만 공장법의 영향이 충분하지 않다는 인식 자체는 계속된 것으로 보인다. 이런 인식이 사고의 책임을 노동자로부터 고용주로 옮겨가는 개혁 압력으로 이어졌고 마침내 1880년에 '고용주책임법'(Employers' Liability Act)이 제정되어 산업재해 보상에 대해 획기적 전기가 마련되었고, 1897년 '노동자보상법'(Workmen's Compensation Act)이 마련되어 산업재해 보상에 관한 규정이 더욱 완비되었다.

3. 탄광업

가. 탄광업 발달사[26)]

포메란츠(K. Pomeranz)의 주장에 따르면, 영국이 멜서스 트랩을 벗어나 세계 최초로 근대적 경제성장을 이룰 수 있었던 것은, 석탄이 영국에 대량 매장되어 있었다는 우연적 요인과 영국이 국제무역을 주도하게 되었다는 수세기에 걸친 역사적 성과가 결합한 결과였다. 캘리포니아학파(California School)역시 석탄의 가용성은 영국 산업혁명을 가능하게 한 핵심적 요인으로 삼았다.

본격적으로 채탄 작업이 이루어진 것은 18세기 후반인데, 채굴량이 증가하면서

26) 송병건, 위의 책, 229-233면.

갱도가 깊어져야 했는데 갱도에 고인 물을 퍼내야 하는 기술적 장애에 봉착하였다. 배수 문제는 증기기관을 이용한 펌프의 사용(기압기관)과 기압기관의 효율을 높이기 위해 보일러 옆에 설치된 응축기의 사용으로 해결을 시도하였다. 또 다른 문제는 폭발성 가스였다. 램프 내에 폭발성 기체를 차단하는 막을 설치한 안전램프가 데이비에 의해 개발되어 문제 해결을 시도하였다. 이후 갱목으로 천장을 떠받치는 방식이 개발되어 채탄이 가능한 깊이와 지형이 확대되었고 채탄작업의 효율성도 크게 증가하였다.

나. 노동환경[27)]

채탄량의 증가는 갱도를 과거보다 깊이 파들어가야 한다는 것을 의미하였고, 이는 광산의 구조가 점점 더 복잡하고 거대해진다는 것을 의미하였다. 갱도가 깊어질수록 채탄작업을 할 공간은 제한되고 캐낸 석탄을 옮기는 작업도 더욱 어려워졌으며, 기계의 사용도 쉽지 않았다. 그만큼 광부의 노동은 힘들어졌고, 재해의 위험은 증가하였다.

1842년 아동고용위원회(Children’s Employment Commission)가 발간한 보고서에는 당시 탄광의 구조를 구체적으로 담고 있다. 광맥의 위치와 방향에 따라 그리고 광산주의 경제적 상황과 시설 마련에 대한 의지에 따라 다양한 형태의 광산이 운영되었고, 그 속에서 광부들은 다양한 위험에 노출되었다. 또한 보고서에 수록되어 있는 탄광 내 작업 방식을 살펴보면, 갱도의 형태와 광맥의 위치에 따라 다양한 동작을 취하면서 광부는 곡괭이질을 통해 석탄을 캐냈다. 석탄을 운반하기 위해 허리에 가죽으로 만든 띠를 두르고 쇠사슬로 연결한 바퀴달린 수레를 끌었다. 갱도 안은 덥고 환기가 되지 않는 곳이 대부분이어 광부들은 때때로 옷을 모두 벗고서 작업을 했다.

다. 탄광업 산업재해[28)]

탄광 내에서 개별적인 사고 유형을 살펴보면, 석탄을 운반하는 과정에서 좁은 공간에 끼어 사고를 당하는 사례가 많으며, 운반 도중 석탄덩이가 아래로 떨어져 사고가 발생하는 경우도 있었다. 갱도 천정이 무너져 내리는 사고도 가장 빈번히 발생한 재해였다. 가장 높은 빈도의 사고는 아니지만 가장 극적인 종류는 폭발사

---

27) 송병건, 위의 책, 236-244면.
28) 송병건, 위의 책, 247-256면.

고였다. 탄광 노동자는 외모에서 특징적인 부분이 있었는데 1842년 의회 보고서에서 케네디(J. L. Kennedy)는 가늘고 야위었으며 근육이 기형적으로 발달한 모습으로 묘사하였다.

탄광 노동자가 가장 많이 경험하는 질병은 진폐증(pneumoconiosis)이었다. 진폐증은 폐에 분진이 침착하여 조직 반응이 일어나는 증상이다. 석탄의 분진이 공기 중으로 흩날리는 환경에서 오랜 시간 노동하다보니 폐의 하파꽈리에 도달해 침착하게 된 석탄 분진이 폐 세포에 염증과 섬유화를 유발하였다. 현대 산업의학적 연구에 따르면 진폐증의 발생에는 다수의 요인들이 복합적으로 작용한다. 분진의 크기, 농도, 독성 등이 작용하고, 노동의 강도, 호흡방법, 보호장구의 기능, 개인적 분진 여과능력의 차이 등이 영향을 끼치는 중요한 요인들이다. 현대 산업의학에서는 폐암을 광업과 밀접한 관련이 있는 질병으로 여기지만, 암은 위험도가 높은 물질에 노출된다고 반드시 발병하지 않고, 오랜 기간이 경과한 후에 발병되는 경우가 많아 19세기 탄광업이 폐암을 얼마나 유발하였는가를 정확히 파악하기 어렵다.

라. 개혁의 전개[29)]

탄광업 산업재해에 대한 개혁은 크게 네 방향으로 이루어졌다.

첫째, 사고를 미연에 방지하기 위한 기술적 변화였다. 탄광사고 중 폭발사고는 안전램프의 개발이 가장 유효할 것이고, 추락이나 시설물 붕괴 사고는 시설 확충이 중요할 것인데 이런 기술개발과 새로운 장비의 도입에는 적지 않은 비용이 소요되었다.

둘째, 장시간 노동으로 충분한 수면과 휴식이 어렵고 부상으로부터 회복할 시간이 부족하였고 그로 인해 갱내 사고를 줄이기 어려웠다. 사고 방지를 위한 사전 교육이 불비하거나 부실한 점도 있었다. 산업재해 문제를 근본적으로 해결하기 위해 광부의 노동여건 나아가서 생활환경의 개선이 이루어져야 한다는 대중적 공감을 얻어갔다.

셋째, 사고 발생시 고용주가 담당해야할 사회적, 경제적 부담을 늘리는 것이 재해를 줄이는 효과를 유발할 것이라는 주장이 점차 대두되었다. 이런 방향의 변화는 사회적 여론의 형성과 노동조합의 성장이 있어야 가능한 일이었다. 특히, 중

29) 송병건, 위의 책, 258-266면.

요한 것은 사고의 책임을 둘러싼 법정에서의 공방의 변화였다. 광부들이 주장을 효과적으로 펼칠 수 있는 기회, 배심원과 재판관의 의식 변화, 검시와 관련된 논쟁이 어떻게 흘러가는지 등이 중요하였다.

넷째, 빅토리아 시대의 도덕심도 개혁 움직임을 자극하였다. 탄광의 노동조건이 육체적 사고를 야기할 뿐만 아니라 정신적 타락을 낳는다는 인식은 점차 광범위하게 공유되었다.

1835년 의회에서 특별위원회를 설립하면서 최초로 탄광의 안전 문제를 조사하였다. 광업의 노동조건이 지닌 특성에 대한 지식이 부족하였고 이해가 공유되지 않아 통일된 형태의 기준과 규칙을 만들지는 못했지만, 전국에서 발생한 탄광사고에 대해 체계적으로 자료를 수집하고 분석을 해야 한다고 강조한 것을 최대성과로 삼을 수 있다. 이후 1842년 애쉴리 경이 공장법의 규제를 받지 않는 아동노동 실태를 조사하고자 꾸린 조사위원회를 통해 탄광사고의 문제가 재조명 받게 되었다. 1842년 '애쉴리 경의 광업법'(Lord Ashley's Mines Act)이 제정되었는데 공장법과 마찬가지로 아동노동의 규제에 주된 관심을 보였다. 이 광업법에 안전 관련 조항이 일부 있지만 중요한 개혁이라 보기 어렵고 현실을 크게 바꾸지도 못했다. 이후 1880년 '고용주책임법'(Employers' Liability Act), 1897년 '노동자보상법'(Workmen's Compensation Act) 입법을 통해 산업재해 보상에 대한 제도적 기초가 확립되었다.

사망률 추이를 통해 탄광 개혁의 효과를 살펴보면, 1851-1901년 동안 전체 사망자의 수가 거의 일정하게 유지되었는데, 이 기간 탄광에 고용된 노동자의 수와 석탄생산량이 모두 가파른 증가세를 보였으므로, 사망사고의 실제 비율은 지속적인 감소세를 나타냄을 알 수 있다. 1880년 고용주책임법이 제정된 이후 사망사고의 비율은 이전보다 빠르게 감소한 것으로 보이며, 1897년 노동자보상법은 탄광업의 사망사고를 줄이는 데에 즉각적인 효과를 발생시키지는 않은 것으로 나타났다.

4. 철도업

가. 철도산업 발달사[30)]

18세기 중엽 이후 유료도로인 턴파이크가 곳곳에 건설되어 24,000㎞나 되는

30) 송병건, 위의 책, 271-277면.

유료도로가 전국을 연결하였다. 또, 새로운 도로포장법이 개발되어 무거운 하중을 견디는 양질의 도로가 건설됨으로써 육상교통을 발전시켰다. 도로의 개선은 역마차, 우편마차제도를 발전시켜 정보의 이동속도를 획기적으로 향상시키는 효과를 가져왔다. 도로교통 뿐만 아니라 18세기 후반 운하건설 붐으로 영국의 하천을 거의 모두 연결하는 내륙수로망이 구축되었다. 교통수단 발달의 귀착점은 철도였는데, 증기차를 개발하며 기술적 문제를 해결하고 전국적으로 급속히 구축된 철도망은 수송능력의 획기적 개선과 대규모 고용창출 등 영국의 경제성장에 중요한 역할을 하였다.

1830년을 전후하여 철도의 시대가 개막하였다. 1825년 거품법이 철폐되어 주식회사 설립에 대한 규제가 풀리고 철도회사 설립 붐이 투자 분위기를 이끌었다. 철도는 영국 산업혁명을 촉진한 원동력이자 산업혁명의 위용을 전 세계에 알리는 대표적인 상징물이었다. 1850년까지 영국보다 더 긴 철도를 놓은 국가는 미국뿐이었다.

나. 철도업 산업재해[31)]

철도는 건설현장부터 사고가 발생하기 쉬운 환경이었다. 철도 부설 과정에서는 특히 많은 수의 토목노동자가 힘든 노역을 담당하였는데, 안전시설의 미비와 안전규칙의 부재, 노동자의 부주의와 개별 작업 간의 연계 부족 등이 결합되어 크고 작은 사고가 이어졌다. 철도 부설 현장의 사고는 빈발하였고, 재해에 대해 고용주가 부담하는 비용이 매우 제한적이었다는 특징이 있다. 철도가 완공된 후에도 자동 브레이크 장치가 개발되기 전까지 추돌사고, 화차 연결 분리시 부상 등이 발생하기 쉬운 구조였다. 그 밖에도 보일러가 폭발하는 사고, 증기기관으로부터 불꽃이 튀어 발생하는 사고, 눈과 비로 인해 철로와 기차가 미끄럽게 되어 발생하는 사고 등 빈도가 높은 사고 유형이었다.

1830~1890년 기간에 영국의 주요 철도사고(<표 7>)를 보면, 초기 사고의 빈도와 규모는 제한적이었지만 1850년대부터 사고가 크게 증가한 것을 알 수 있다. 이처럼 철도사고는 빈번하고 심각한 재난으로 인식되곤 했는데, 이와 달리 철도가 대체로 양호한 여건에 운영되었다는 주장도 많았다.

---

31) 송병건, 위의 책, 278-290면.

〈표 7〉 영국의 주요 철도 사고 1830~1890년[32)]

일자	사망자	부상자	사고지점	사고내용, 특이사항
1830.09.15	1	–	Parkside	최초의 철도사고 스티븐의 '로켓'에 치어 사망
1836.12.03	3	?	Wether	탈선
1840.08.07	4	?	Howden	차량에서 떨어진 틀에 뒤에 오던 차량 부딪혀 탈선
1840.10.25	1	4	Faringdon Road	기관사 졸음운행으로 충돌
1841.12.24	8	17	Sonning Cutting	폭우로 산사태 난 곳으로 돌진
1847.05.24	5	16	Dee Bridge	체스터의 교량 붕괴, 그림 자료 참조
1848.05.10	6	13	Srivenham Station	말과 가축 탑재시설과 충돌
1851.04.30	8	30~40	Sutton Tunnel	체셔에서의 대규모 터널 사고
1853.10.05	18	다수	Straffan	바퀴 고장으로 뒷 차량 추돌, 보상 ￡27,000
1857.09.12	7	7	Reading	기관차와 객차 정면 충돌
1857.06.28	11	30	Lewsham	두 기차가 충돌
1858.08.23	14	50	Round Oak	연결부위 고장으로 객차가 분리되어 후진
1860.09.04	11	100	Helmshore	브레이크 고장으로 차량 분리되어 뒷차와 충돌
1861.08.25	23	176	Clayton Tunnel	신호표시 실수로 터널에서 차량 충돌. 재판에서 무죄 판결
1861.09.02	16	?	Kentish Town	신호 오류로 객차와 화물차 충돌, 그림 자료 참조
1862.10.13	15	35	Winchburgh	곡선 궤도에서 정비 중인 차량과 객차 충돌
1865.07.07	11	30	Rednal	철로 정비 경고 사인을 보지 못해 차량끼리 충돌
1865.07.09	10	49	Staplehurst	철로 철거한 교량으로 기차 돌진 작가 디킨스 부상. 그림자료 참조
1868.08.20	33	?	Abergele	역내에서 차량 충돌, 화재로 다수 사망. 그림 자료 참조
1870.06.20	18	?	Newark	차축 고장, 금속피로에 의한 파손
1870.12.12	15	59	Stairfoot	굄목이 빠져 경사로에 있던 차량들이 미끄러져 객차와 충돌

32) 송병건, 위의 책, 282면에서 재인용, 표 6-3.

1873.08.03	13	30	Wigan	바퀴 고장으로 탈선하여 차량이 플랫폼에 충돌
1874.09.10	25	73	Thorpe	단선에서 두 열차가 정면 충돌
1874.12.24	34	69	Shipton	화물차량 타이어 파손과 브레이크 장애로 운하 위 교량에서 탈선. 그림 자료 참조
1876.01.21	14	?	Abbots Ripton	눈 때문에 표시등 고장나서 추돌사고
1876.08.07	15	?	Radstock	휴일 교통량과다, 자격미달 철도원, 시설 미비, 단선에서 정면 충돌
1879.12.28	약 75	0	Tay Bridge	강풍에 교량이 차량 위로 붕괴, 그림자료 참조
1884.06.03	24	60	Penistone	차축 차량 파열로 탈선하여 둑으로 추락
1887.09.16	25	94	Hexthorpe	사인 착오로 역에 들어오는 차량이 정차한 차량과 충돌
1889.06.12	80	260	Armagh	분리해 놓은 화물칸이 미끄러져 위에서 오는 차량과 충돌

주: '그림 자료 참조'는 이 장에 사고에 관한 그림이 실려 있음을 의미
자료: http://en.wikipedia.org/wiki/List_of_rail_accidents_in_the_United_Kindom

무역위원회(Board of Trade)의 공식 통계를 보면 1860년 한 해 동안 총 68건의 철도사고가 발생하여 37명이 사망하고 515명이 부상을 입었다. 철도사고가 빈발하지 않았다는 통계에도 불구하고 철도사고에 대한 대중의 우려는 쉽게 가라앉지 않았다. 통계와 여론 사이의 불일치는 어디에서 올까? 첫째, 언론의 역할이 지적되곤 한다. 당시의 언론은 철도사고의 참상을 매우 상세하게 묘사하고 감정적인 표현을 자주 구사하였다. 둘째, 다른 재해와 달리 철도사고는 많은 사람들에게 잠재적인 위협이 되었고, 다수에게 목격되는 속성이 있었다. 셋째, 철도는 초기부터 규모나 복잡성 면에서 다른 산업과 차별화된 모습으로 대중들에게 인식되었다. 이에 따라 도로사고는 개인적 과실로 보지만 철도사고는 집단적 성격의 재해로 보는 경향이 강했다. 사회와 국가가 안전을 위해 철도업에 관여해야 한다는 인식이 다른 업종보다 훨씬 수월하게 등장할 수 있었던 조건이었다.

다. 개혁의 전개[33]

철도업은 철도노동자 뿐만 아니라 승객도 사고의 피해자가 된다는 특수성으로 초기 재해방지 노력은 승객의 보호를 주된 목적으로 삼았다. 직물공업과 탄광업

33) 송병건, 위의 책, 290-295면.

의 경우 내무부(Home Office)가 주관부서였는데, 철도업의 경우 무역위원회가 이를 담당하였다. 무역위원회는 노동력의 보호보다는 영업규제와 같은 경제적 목적을 우선으로 하였다. 사고를 줄이는 방법 중 고용주에게 금전적 부담을 부과하는 방안이 주목을 받았다.

철도사고에 대한 사회적 인식 변화를 배경으로 1840년에 '철도규제법'(Regulation of Railways Act)이 제정되었다. 이 법은 무역위원회 승인 없이는 철도를 개설할 수 없으며, 철도회사들은 무역위원회에 보고하도록 규정하는 내용을 담고 있다. 또한, 무역위원회에 철도운영 관련 감독 권한을 부여하고, 철도원의 음주 금지와 무단횡단 금지 규정도 담았다. 무역위원회의 관여는 1860년대 후반부터 증가 추세를 보였는데, 패리스(Henry Parris)는 이 시점 이전에는 개인의 기업활동의 자유라는 자유방임적 명제가 더 지배적이었던 데에 비해 이후 국가의 개입에 대한 정당성을 지속적으로 확대해나갔다고 지적하였다. 이를 기술적 개량과 연결지어 설명하는 견해도 있었다. 철도안전에 필수적인 여러 장치들이 충분히 개량되어 현실에서 효과를 거둘 수 있게 되었다는 것이다.

또한 19세기 중후반 노동조합의 성장도 산업재해와 안전조치를 둘러싼 고용자 및 국가와의 역학관계에 중대한 영향을 끼치는 요인이었다. 노동자는 보상의 책임과 범위를 놓고 법적 분쟁이 발생하는 경우 노동조합으로부터 재정적 지원과 더불어 전문적 조언을 얻을 수 있었다. 정리하자면, 기존의 자유방임적 관념을 대신해 사회적 책임을 강조하는 분위기, 다양한 안전기술의 발달, 노동조합의 규모 확대 및 기능 발달로 재해 문제를 두고 노동자의 목소리를 대변할 수 있는 제도적 기반이 마련되었다. 이런 요인들이 상호작용하면서 1870년대 이후 철도업은 복지국가형 체제를 향해 한 발짝 나아갔다.

라. 개혁입법 및 성과[34)]

1842년 제정된 철도규제법은 1970년대부터 본격적으로 개정이 이루어졌다. 철도안전설비의 설치와 운영, 사고 예방과 관련된 규정 보완, 고용주 책임의 범위와 한계 등에 대한 규정이 차례로 마련되었다. 1880년에 제정되어 이듬해 초 발효된 '고용주책임법'도 철도업에 영향을 주었고, 1897년에 제정된 '노동자보상법'도 철도노동자를 보상 대상에 포함시켜 철도재해에 영향을 준 법안이다.

---

34) 송병건, 위의 책, 295-300면.

이러한 입법이 산업재해를 줄이는 데 어느 정도의 효과를 가지고 왔는지 사망사고의 추이를 통해 살펴보면, 우선 1871년 철도규제법이 제정되면서 사망자 수가 급증했는데, 이는 실제 사고사가 증가한 탓이 아니라 보고가 충실해진 탓이라고 보아야 할 것이다. 이후 사망자 수를 고용된 철도노동자의 수가 승객마일과 비교해본다면, 사망사고의 비율은 지속적으로 감소하였다는 결론을 얻을 수 있다. 1880년 고용주책임법과 1897년 노동자보상법만을 따로 떼어 살펴볼 경우, 눈에 띄는 사고사 감소 효과는 나타나지 않았다. 재해의 감소는 법률적 규제의 강화도 영향을 주었지만, 안전기술의 도입, 감독의 실질적 강화, 교육의 향상, 인적 자본 투자의 증대와 같은 다른 요인들도 함께 영향을 끼쳤다.

5. 질병과 공중보건

가. 1851년 직업센서스[35)]

산업재해를 거시적 시각에서 파악하기 위해서는 노동시장 전체의 구조를 파악하는 작업이 필수적이다. 이를 위해서는 국가에 의해 체계적으로 진행된 직업센서스 자료에 의존하는 것이 바람직하다. 산업혁명을 개별 산업 내부의 구조 변화에도 주목하고, 직종의 분화라는 측면에서 파악하는 접근법의 단초 아래 19세기 중반 이래 작성된 여러 자료가 분석의 대상이 되었다. 직업센서스(occupational census)가 가장 대표적이었고, 영업장명부(business inventory), 상속품목명세서(probate inventory), 도제계약서(apprentice indenture), 민병대명부(militia lists) 등이 있다.

영국에서 직업에 관한 본격적 센서스가 처음 이루어진 것은 1841년이었다. 직업이 세분화되었고, 각 직업에 종사하는 인구가 주별, 성별 및 성년자 여부에 따라 조사되었다. 그러나 분류법이나 정확도 등에 있어서 많은 문제점을 지닌 것으로 학자들은 평가하였고, 이에 대한 성찰을 담아 1851년 직업센서스는 보다 체계적인 방식으로 직업을 분류하였고, 각 직업에 종사하는 인구를 주별, 성별, 연령별로 기록하였다.

그러나 1851년 직업센서스는 현대적 자료와는 몇 가지 다른 특성을 지니며, 이 특성에 대한 올바른 이해 없이 부적절한 분석방법을 택하거나 연구 결과를 부적절하게 해석하는 것에 유의해야 한다. 1851년 직업센서스(<표 8>)는 직업분류와

35) 송병건, 위의 책, 305-313면.

해당 직업에 종사하는 인구를 남녀 구분하여 보여준다.

〈표 8〉 1851년 직업센서스의 분류[36)]

항목	(a) 대분류	(b) 소분류(구체적 내용)	(c) 인구 (남/여)	(d) 성별 총인구 대비 비율(%)
(1)	국가의 일반 및 지방정부 업무 종사자	중앙정부직, 지방정부직, 동인도정부직	64,479 2,245	0.7 0.0
(2)	국가방위 종사자	육군, 해군	85,818 0	0.9 0.0
(3)	지식직업(learned profession)종사자	성직자, 법률가, 의사 등	96,358 1,381	1.1 0.0
(4)	문학, 미술, 과학 종사자	문인, 미술가, 과학자, 교사	38,785 67,569	0.4 0.7
(5)	자녀 또는 친척으로서만 관련된 자 및 학생	자녀, 손자손녀, 형제자매, 조카	1,702,231 5,995,654	18.6 65.6
(6)	접대, 의상 마련 및 개인편의 제공업무 종사자	숙박, 시중, 의상 공급	561,681 1,565,940	6.1 17.1
(7)	금전, 주택, 기타 재화의 거래, 유지, 임대업무 종사자	(중개인, 임대업자 등)	131,103 50,246	1.4 0.6
(8)	사람, 가축, 재화, 우편물의 운송업무 종사자	철도, 도로 ,운하, 수로, 창고, 우편	335,743 11,507	3.7 0.1
(9)	토지를 소유 또는 경작하여 곡물, 과일, 채소, 동물 등을 기르는 자	경지와 초지, 삼림, 정원	1,559,762 451,685	17.1 4.9
(10)	동물을 다루는 자	(가축 거래, 수렵 등)	1,630,545 595	17.8 0.0
(11)	공예와 기구제작 종사자	도서, 음악, 조각, 공연, 설계, 주조, 운송수단 제작 등	648,834 15,245	7.1 0.2
(12)	동물 재료를 다루는 자	사료, 기름/뼈/뿔, 가죽, 깃털, 털, 양모, 실크 등	354,881 229,225	3.9 2.5
(13)	식물계에서 추출한 재료를 다루는 자	채식재료, 음료/주류, 기름, 목재, 목피, 가구, 짚, 삼, 면화 등	684,264 394,319	7.4 4.3
(14)	광물을 다루는 자	석탄, 석재/진흙, 도기, 유리, 소금, 물, 보석, 금/은, 동, 주석, 아연, 납, 황동, 철/강 등	773,623 57,037	8.5 0.6

(15)	노동자	노동자, 불특정한 일에 고용된자	338,971 9,582	3.7 0.1
(16)	(타직업에 속하지 않은) 상층 및 자산가	(독립자산가, 연금수령인)	31,261 118,815	0.3 1.3
(17)	직업 언급 없으며 공공 지원을 받는 자	자발적 기금이나 세금에 의존하는 자, 수인, 부랑인	50,769 82,861	0.6 0.9
·	어디에도 속하지 않는 자		60,050 92,478	0.7 1.0
합계			9,149,158 9,146,384	100.0 100.0

주: 소분류항의 괄호에 표시된 구체적 내용은 당 센서스가 소분류를 하지 않았으나 본 논문이 내용설명의 편의상 대표적 사례를 제시한 것임
자료: PP(1852-1853) [1691-I]

이 분류가 보여주는 특징은 첫 번째, 현재의 센서스와는 달리 산업을 분류의 기준으로 삼지 않고 있다는 점이다. 특히, 동물 재료, 식물계 재료를 다루는 자라는 구분은 현대적 관점에서 매우 낯선 기준이지만, 당시 기술 수준을 놓고 보았을 때는 이와 같은 분류가 실제 생산현장의 모습에 더 가까웠을 것이다.

두 번째 특징은 모든 인구가 적어도 한 가지의 분류 항목에 들어가도록 항목을 마련하였다는 점이다. 항목 5와 같이 다른 직업을 적시하지 않고 가족관계로만 대답하게 하는 등 직업 이외의 항목을 마련한 것은 본 연구에 중대적 제약으로 작용한다. 그리고 어디에도 속하지 않는 항목의 인구가 약 15만 명이 되는 점도 기억해야 한다.

세 번째 특징은 한 가지 직업 이상으로 답을 한 경우 센서스 담당자는 응답자에게 어느 직업이 더 의미가 있을지 자의적으로 판단하여 단일직업으로 정리하여 적지 않은 문제점을 안고 있다.

네 번째 특징은 어떤 직업에 종사한다는 응답이 조사시점을 기준으로 한 것인지 아니면 과거의 사실을 답한 것인가가 불확실하다.

1851년 직업센서스를 통해 그 당시 영국 노동시장의 기본적 구조를 파악할 수 있다. 여기에서 도출할 수 있는 중요한 사실은 산업혁명이 완숙기에 접어든 19세기 중반에조차 영국의 고용구조는 전통산업 중심이었다는 점이다. 산업혁명이 산

36) 송병건, 위의 책, 308면에서 재인용, 표 7-1.

업구조 및 직업구조에 중대한 변화를 가져온 것은 맞지만, 산업혁명에 의해 직접 영향을 받았을 직업군(대표적으로 12, 13, 14항목)이 전체 인구에서 차지하는 비중이 제한적이었다. 여성과 남성을 비교해볼 경우 여성도 마찬가지로 전통산업에 종사하는 비중이 비교적 높았다. 또한, 1841년과 1851년의 산업별 여성노동자의 비율(<표 9>)을 살펴보면 산업혁명이 초래한 변화가 제조업에서 확연히 찾을 수 있다. 면공업을 중심으로 여성 노동의 고용 증가가 영향을 끼친 것이다.

〈표 9〉 산업별 여성노동자의 비율, 1841, 1851년[37)]

(단위: %)

산업	1841	1851
농업	33.2	27.4
광업	0.3	0.3
건설업	0.1	0.0
제조업	28.0	39.4
운송업	0.1	0.4
상업	1104	10.3
일반 노동자	0.7	0.3
공공서비스/전문직	2.7	3.8
가사서비스	23.4	17.9

주: 센서스 통계에 아내의 직업을 조정하여 추정한 비율임
자료: Higgs(1987), 표4와 표5

나. 시각장애[38)]

(1) 시각장애의 원인

1830년대, 1840년대 의회보고서를 통해 시력상실 관련 사례를 찾아볼 수 있다. 1842년 광업 고용에 관한 의회 보고서는 어두운 곳과 밝은 곳을 자주 이동하고, 분진을 많이 포함한 탁한 공기와 안질환의 악화를 초래하였다는 의사의 소견을 담고 있다. 1843년 상업과 제조업에 관한 의회 보고서에서는 비좁은 곳에 오래 앉아서 일하는 바느질 종사 젊은 여성의 시력상실이 많이 발견되고 있다는 내용이 담겨 있다. 각종 자료들을 통해 시각장애를 초래하는 대표적 요인들을 열악한 실

37) 송병건, 위의 책, 312면에서 재인용, 표 7-2.
38) 송병건, 위의 책, 313-332면.

내조명, 조도 차이, 사고, 과로, 유독성 재료(중독), 영양 상태로 정리해볼 수 있다.

(2) 직업센서스의 분석

앞서 언급한 1851년 직업센서스 자료를 통해 직업별 실명위험도를 측정하고 실명의 구체적 원인이 무엇이었는가를 논의한다. 자료는 각 직업에 종사하는 실명자의 수를 성별 및 연령별로 제시하여, 전체 인구와 실명자의 인구 구성을 직업별로 구분하여 통계적 비교가 가능하게 하였다. 그러나 실명인 자의 직업은 조사 당시가 아니라 시력을 상실하던 시기에 어떤 직업에 종사하고 있었는가를 나타내며, 어느정도의 시력 상실을 실명으로 정의하였는가도 불분명하다는 특징이 있다는 점을 유의하여 살펴볼 필요가 있다.

1851년 센서스의 직업 분류를 재편하지 않고 그대로 보자. 실명자 수가 너무 적은 경우를 제외하고 총 맹인이 30인 이상인 직업만 추출하여 직업별 실명자 비율을 살펴보자. 총 실명률의 크기가 큰 직업(g)부터 순차적으로 제시한 표(<표 10>)이다.

〈표 10〉 직업별 실명자 비율[39]

(a) 대분류	(b) 직업	총인구 (명)	(d) 총 실명자 (명)	(e) 15~45세 실명자 (명)	(f) 총 실명률 (만 명당) (e/c)	(g) 전체 실명자 중 15~45세 실명자 비율(f/e)	(h) 전체 실명자 중 15~45세 실명자 비율(f/e)	(i) 15~45세 실명률 (만 명당) (f/d)
11	악사	5,248	4.057	300	187	571.6	62.3	460.9
13	바구니제조공(남)	7,371	4,708	379	264	514.2	69.7	560.7
17	무직 피구호자	80,261	15,206	2,276	479	283.6	21.0	315.0
12	편물공	2,528	1,259	69	39	272.9	56.5	309.8
13	방직공(여)	3,749	2,788	55	11	146.7	20.0	39.5
4	음악교사	5,123	4,069	67	47	130.8	70.1	115.5
7	행상	9,230	5,970	46	21	49.8	45.7	35.2
14	동 광부(남)	18,449	13,138	50	28	27.1	56.0	21.3
9	농민	246,982	87,674	405	17	16.4	4.2	1.9
14	채석공	30,577	21,639	40	21	13.1	52.5	9.7

39) 송병건, 위의 책, 322면에서 재인용, 표 7-4.

8	마부	43,710	30387	48	22	11.0	45.8	7.2
14	석탄 광부(남)	183,389	130,751	180	57	9.8	31.7	4.4
14	대장장이	94,214	68,658	84	13	8.9	15.5	1.9
6	제화공	211,000	143,918	182	42	8.6	23.1	2.9
9	농업노동자	952,997	569,471	788	136	8.3	17.3	2.4
6	재봉사	59,403	40,202	48	22	8.1	45.8	5.5
6	재단사	132,715	96,779	95	20	7.2	21.1	2.1
4	교사	89755	64,714	61	28	6.8	45.9	4.3
11	석공	77,688	54,895	52	13	6.7	25.0	2.4
11	목공	156,111	108,287	101	14	6.5	13.9	1.3
6	하인	816,854	671,641	395	73	4.8	18.5	1.1
12	모직의류공	122,256	76,551	49	13	4.0	26.5	1.7
13	면직공	176,867	117,987	36	13	2.0	36.1	1.1
6	여성모자 제조공	234,340	209,128	41	16	1.7	39.0	0.8

가장 핵심적 과제는 실명의 척도로서 어느 지표를 선택하는 것이 바람직 한 것인가 라는 점이다. 총 실명률(g)의 경우 노동 및 주거환경이 수명의 차이에 미치는 영향과 고령에서 나타나는 시력상실을 분석에서 배제하지 않아서 정확한 추정에 이르기 어려운 지표라고 판단된다. 전체 실명자 중 15~45세 실명자 비율(h)의 경우 연령별 전체 인구를 고려하지 않았다는 문제점이 있다. 가령, 전체 맹인 중 20대가 차지하는 비율이 높다면 20대가 실명위험에 더 노출되었을 수도 있지만, 해당 직업에 20대가 특히 많이 고용되어 있을 가능성도 있다.

따라서 이 지표 역시 실명률을 추산하기에는 적당하지 않다. 15~45세 실명률(i)의 경우 생산 활동에 적극적으로 종사하는 연령층에 초점을 맞추어 실명 비율을 추산한다는 점에서 자료의 완전성이 높다는 전제 하에 유력한 지표가 될 수 있다. 다만, 센서스 조사시점에 실명 당시의 직업이 아니라 가족관계나 재산소유 여부라는 직업이 아닌 항목으로 응답하였을 가능성이 꽤 높아 여전히 한계가 있는 지표이다.

1851년 직업센서스는 맹인을 수용하는 기관에서 어떠한 직업훈련을 제공하였는지 제시하고 있다. 바구니, 자루, 망의 제작, 뜨개질, 그리고 음악이 교육되었다고 한다. 이후 1861년 실시된 센서스를 통해 이 시점 실명인구의 전국적 규모를 파악할 수 있었다. 다만, 이 시점에 '실명'으로 분류된 사람의 시각장애가 어떤 수준인지, 지역적 균일성은 있는지, 그리고 1851년 조사와 일관성이 있는지 파악할 방법은 찾기 어렵다.

19세기 후반을 거치면서 안과의학도 상당한 지식과 치료법의 진전을 이루었다. 눈의 구조 및 눈 기능의 작동원리가 파악되었고, 안과 질환을 검사하고 치료하는 장비와 기술이 발달하였다. 또한 세균의 개념이 받아들여지면서 안과 질환의 원인에 대한 이해력이 크게 높아졌다. 이 과정에서 산업재해로서의 안과사고와 질환에 대한 관심도 커졌다. 환기가 잘 되지 않는 공장 근무와 비좁은 실내에 많은 가족이 함께 거주하는 공업지역 노동자의 안과 질환은 쉽게 전염된다라는 점도 안과 질병에 관한 지식을 통해 확인할 수 있다.

다. 티푸스[40)]

1857~1858년 작성된 의회 보고서에 따르면, 1848~1856년의 9년 동안 156,340명이 티푸스로 사망하였다. 연평균 1만 7,371명이나 되는 인구가 이 질병으로 목숨을 잃었다. 티푸스는 사람이 밀집해 거주하는 곳, 특히 위생환경이 나쁜 곳에서 쉽게 발생하며 캠프열, 감옥열, 병원열, 선발열, 기근열, 공장열(factory fever)이라는 수많은 별명이 따른다. 티푸스와 직업의 관련성을 세부적으로 파악하기 위해 지역 단위 대신에 주(county)단위로 분석범위를 좁혀보자(<표 11>). 영국 일부 주의 경우 티푸스에 의한 여성사망률이 남성사망률보다 높은 특성을 보이는데, 이들 주는 공통적으로 제조업에 종사하는 여성인구의 비율이 높다는 특징을 지니고 있다. 이 통계는 여성 티푸스 환자 가운데 많은 수가 작업장에서 질병을 얻었다는 점을 강력하게 시사한다.

〈표 11〉 영국 일부 주의 성별 티푸스 발병 비율과 성별 제조업 종사자 비율, 1848~1854년[41)]

주	여성사망률	남성사망률	여성 제조업 종사자 비율(%)	남성 제조업 종사자 비율(%)
베드퍼드셔	153	122	33.2	5.7
노샘프턴셔	131	106	13.8*	12.6**
버킹엄셔	129	110	22.2	6.4

40) 송병건, 위의 책, 338-345면.
41) 송병건, 위의 책, 341면에서 재인용, 표 7-12.

웨스트 라이딩	93	92	14.8	44.4
체셔	84	84	14.1	28.4

주: *주로 레이스 제조업과 밀짚가공업, **모두 신발제조업
자료: PP(1857~1858) [2415], 101쪽 표 62.

티푸스가 영국에서 '공장열'이라는 별칭을 얻게 된 데에는 타당한 이유가 있었던 것이다. 당시 티푸스를 퇴치하는 데 가장 큰 걸림돌은 티푸스의 발병 원인과 전염경로를 정확히 알지 못한다는 점에 있었다. 비록 티푸스에 대한 병리학적 이해가 충분하지는 않았지만, 이 질병이 빈곤 및 불결함과 긴밀한 연관성을 가지고 있다는 인식은 이 질병에 대한 사회적 해결책의 마련에 중요가 열쇠가 되었다. 주거환경을 청결하게 개선함으로써, 티푸스를 원천적으로 없애지 못해도 어느 정도의 통제는 할 수 있었다.

라. 폐질환[42)]

19세기 중반 호흡기 질환은 많은 환자와 사망자를 초래하였다. 당시 의회 보고서들이 호흡기 질환에 대해 많은 통계 자료를 수집하고 상세한 논의를 한 이유가 여기에 있다. 1848－1854년 영국 지역별 호흡기 질환에 의한 사망률을 살펴보면, 사망률이 높은 두 구역(런던, 북서부)은 공통적으로 납 광산이 있는 곳이다. 이들 지역에서 여성 사망자보다 남성사망자의 수가 현격했는데 그 차이는 호흡기 질환이 남성 중심의 고용구조를 보인 직업과 밀접한 연관이 되어 있음을 강력히 시사한다고 볼 수 있다.

다음으로 범위를 좁혀 1848~1854년 일부 주의 호흡기 질환 사망률 통계자료를 살펴보면, 호흡기 질환으로 인한 사망률이 높은 지역은 인구밀도가 높고, 도시화율이 높으며, 농업의 비중이 낮은 대신 공업과 광업의 비중이 높은 것으로 나타났지만 좁은 의미에서의 업무상 재해인지 자세하게 파악할 수 없다는 한계도 있다. 북부 공업 지역이 남부 농업 지역에 비해 전반적으로 호흡기 질환에 취약하다는 점을 알 수 있을 뿐이다.

호흡기 질환 특히 폐결핵이 직업과 관련되어 있다는 혐의는 광범위하게 받아들여졌다. 육군의 위생상태를 조사하기 위해 조직된 위원회의 보고 내용을 살펴보면, 모든 질병에 의한 사망 가운데 폐질환에 의한 사망의 비율이 육군은 57%,

42) 송병건, 위의 책, 345-354면.

근위병은 68%를 나타냈다. 대도시 거주자에 비해 병사의 평균적 의식주 수준이 결코 낮지 않았기 때문에 이 수치는 매우 놀라운 것이었다. 이에 따라 환기가 잘 되지 않는 비좁은 실내에서 활동하는 시간이 많다는 것이 병사들의 높은 폐질환 사망률의 원인이라는 추측이 설득력을 얻었다. 비결핵성 폐질환들도 재해의 중요한 부분을 이루었는데, 두 종류의 직업군이 비결성 폐질환(주로 폐렴)에 취약한 것으로 인식되었다. 첫째, 공기에 각종 분진이 섞이는 환경을 가진 직업군. 둘째, 기온이 갑작스럽게 변화하는 직업군이다. 19세기 말이 되면 폐질환의 위험성은 과거에 비해 눈에 띄게 감소된 모습을 보인다. 결핵균이 확인되고 백신이 개발되기까지 긴 시간이 소요되었지만, 여러 제도적, 환경적, 교육적 개선을 통해 공중보건과 공장 내 위생 상태가 개선된 효과가 서서히 나타난 것으로 보인다.

마. 콜레라와 공중보건[43)]

콜레라는 엄밀한 의미에서 직업병은 아니다. 오히려 콜레라의 발병과 확산에는 주거환경의 영향이 크다. 콜레라를 무력화하려는 시도는 다양하게 이루어졌지만 질병의 원인이 규명되지 않고 정확한 예방법이나 치료법이 제시되지 못하여 사람들에게 큰 우려의 대상이 되었다. 그러나 많은 시행착오 끝에 콜레라가 전염성이 큰 병이라는 점이 밝혀지고 사회의 대응능력도 한결 높아졌다. 우선 콜레라에 대한 최선의 대응책이 공중위생이라는 점에 많은 사람들이 동의하게 되었다. 특히, 콜레라가 식수와 밀접한 관련이 있다는 사실이 당시의 사망률 통계를 통해 보여주었다. 서로 인접해있는 두 지역을 식수의 품질을 제외하고 주거환경 및 사회적 여건을 거의 동일하게 하였는데 양질의 식수가 공급된 지역의 사망률이 3.5배 낮은 수치를 보여주었다.

19세기 중반 이후 영국 사회는 질병으로 인한 사망률의 장기적 감소를 이루어 냈는데, 질병에 대한 과학적 이해 증가, 개혁입법과 같은 제도 개선을 통해 공중보건의 개선, 사회구성원들의 방역에 대한 인식, 소득증가에 따라 생활수준이 향상되어 면역력이 커진 것, 의료기술 발달의 혜택이 확산된 것 등 다양한 요인이 부분적으로 작용했을 것이다. 핵심 요인에 대한 견해 대립은 있지만 다양한 사회적 대응으로 질병 발생과 사망률이 현저히 감소하였다.

---

43) 송병건, 위의 책, 354면, 360-366면.

Ⅳ. 역사적 해석

1. 전통적 해석들[44)]

가. 휘그적 해석

산업재해의 탄생과 진화 과정에 대한 역사적 해석들을 살펴보면, 가장 대표적인 해석은 '휘그적 역사해석'이다. 이 견해는 영국 사회의 변화를 개인의 권리와 자유가 신장되는 방향으로 이루어진 진보의 과정이라고 본다. 즉, 탄광노동자의 노동조건 개선을 진보를 향한 개혁이라는 관점에서 보았다. 휘그적 해석은 산업혁명이 제반 변화를 이끌게 된 핵심적 동력이며, 산업혁명으로 인해 변화된 환경은 정치 체제에도 변화를 요구하게 되었고, 그에 따라 행정 체제의 개혁 문제가 정치 체제에 더 이상 보조적인 상태로 남지 않고, 본질적인 중요성을 지닌 문제로 부상하게 되었다는 관점이었다. 공장법, 공중보건, 교육 등의 개혁은 이런 변화의 연장선에서 이해될 수 있다.

나. 토리적 해석

'토리적 해석'은 휘그적 역사 해석이 목적론적이고 일원론적이라고 비판을 가한다. 19세기 영국의 사회입법은 사회적 병폐를 해결해야 한다는 인도주의적인 사회 여론이 형성되고 확대된 결과였다고 본다. 즉, 사전에 기획되고 체계적으로 집행된 정책의 결과로 사회 개혁이 발생한 것이라고 볼 수 없으며, 당면한 현실적 문제를 극복하고자 하는 그때그때의 대응이 축적되어 만든 결과라는 것이다. 역사의 과정을 '진보'라고 규정하는 데에 거부감을 가진 토리적 해석은 개별적 개혁이 이루어진 상황적 및 진행 과정상의 특수성을 강조하는 경향이 강하였다.

다. 마르크스적 해석과 이해집단 해석

'마르크스적 해석과 이해집단 해석'은 산업재해 개혁에 대해 계급적인 해석을 제시한다. 가령, 공장법 개혁에 대규모 공장주의 소유주들이 찬성을 표한 사례가 많았는데 공장법 개혁이 아동노동의 고용을 제한함으로써 아동노동에 크게 의존한 소공장주에게 타격을 입힐 수 있으리라 대공장주가 기대하였다고 추정하고 있다. 업종 내에서 이해관계가 다른 집단들이 개혁에 대하여 어떤 의견을 보이고

44) 송병건, 위의 책, 373-382면.

구체적으로 어떤 방식으로 영향력을 행사하였으며 어떤 효과를 보았는지에 관심을 갖도록 하는 장점이 있다. 이익집단 간의 상호작용을 통해 사건의 진행을 분석하는 올슨(Mancur Olson)류의 연구와 통한다고도 볼 수 있다.

라. 통계혁명

이상의 연구들과 다른 새로운 해석으로 19세기 전반에 정부가 운영되는 방식 내지 정부의 지식이 축적되는 방식의 변화에 주목하는 견해도 있다. 이를 '통계혁명의 시각'이라 한다. 사회입법이 이루어지는 방식에 중대한 변화 발생하였고 이는 정부가 작동하는 통치 기제에 변화가 생겼다는 의미인데 특히, 의회가 활동력 자체를 증대시켰다기보다 왕립위원회와 자칭 관료집단의 활동력이 의회에서 압도적 영향력을 발휘한 것으로 보는 것이 타당하다. 이들이 방대한 정보를 수집하고 의회에 이를 체계적으로 보고하는 조직과 기능이 확대되었다는 점을 강조한다. 1830년대 지식이 중앙화되고 새로운 부르주아 전문 관료층이 등장한 것이 중대한 변화이며, 19세기 후반 산업재해 및 공중보건과 관련하여 개혁이 추진될 수 있었던 정부 측면의 원동력이라고 볼 수 있다. 1830년대 전례 없는 규모의 정보수집이 이루어졌고, 중앙정부가 사회조사에 필요한 자원을 지방정부에 의존하지 않고 새로운 기구를 통해 준관료적 전문가를 활용하였고, 정보가 지방정부에서 중앙정부로 옮겨 축적되었다. 이렇게 모인 정보가 입법의 추진동력으로 적극 사용되었고, 의회를 포함해 정부가 작동하는 방식이 본질적으로 변화하였다고 볼 수 있다.

2. 법적 해석과 사회적 담론의 변화[45)]

영국에서는 자유노동(free labor) 관념이 산업재해에 대한 보상을 제도적으로 마련하는 작업이 지연된 중요한 요인 중 하나라고 볼 수 있다. 성인 남성 노동은 자유로운 주체로 간주되어 모든 것을 자기 책임으로 감수해야만 하였다. 즉, 일의 종류와 위험도를 감안해 노동계약을 할 것인지 말 것인지 선택할 수 있으므로, 그에 따른 책임과 의무도 온전히 자신이 짊어져야 한다는 것이었다. 반면에, 여성과 아동은 계약을 맺거나 작업을 하는 데 있어서 완전히 자유롭게 스스로 판단하고 선택하지 못하는 상태에 있다는 것이 당시의 통념이었고, 따라서 연약하고 보호를 필요로 하는 이들에게는 보상도 필요하다는 관념이 사회계층을 막론하고 두

45) 송병건, 위의 책, 383-386면.

루 존재하였다. 여성과 아동의 경우 피해보상을 판결하는 사례가 비교적 이른 시기부터 나타났다.

19세기 중반을 거치면서 사법적 담론의 변화도 엿볼 수 있다. 산업재해 보상을 둘러싼 재판에서 점차 자유노동의 논리가 약화되고, 현실적으로 성인 남성 노동자도 완전한 자유노동을 누리는 위치에 있지 못하다는 인식이 이를 대체하였다(위험전제의 원칙). 동료책임의 원칙에 대해서도 노동과정이 위계적인 지휘 감독 체제를 통해 통제되었는데, 과연 어느 선까지를 동료로 볼 것인지 불분명하였고 19세기 중후반에 누적되는 판례를 통해 점차 동료책임의 원칙을 좁게 해석하는 쪽으로 나아갔다. 기여부주의의 원칙에 대한 논의까지 합류하면서 법관 및 여론은 점차 세 원칙을 무효화하는 방향으로 통일되었다. 1897년 노동자보상법은 바로 이런 변화된 인식의 결과물이었다.

제3절

산업안전보건법상 관리체계와 안전보건조치의무의 개관

하지현*

Ⅰ. 산업안전보건법의 안전보건관리체제

1. 서 론

산업안전보건법(이하 산안법)은 궁극적으로 노무제공자의 안전 및 보건 유지와 증진을 추구하며, 구체적인 목표로는, 산업재해 예방 및 쾌적한 작업환경 조성을 들고 있다(제1조). 산업재해 예방 및 쾌적한 작업환경 조성을 위해서는, 산업재해가 발생한 후에 책임자를 일벌백계하는 것만으로는 부족하다. 산업재해가 발생하기 전에 재해가 발생하지 않도록 지속적이고 종합적인 관리, 예방 시스템을 마련하는 것이 필요하다. 즉, 사업주가 사업장 내, 외부의 적절한 인력과 자원을 활용하여 상시적 계획, 관리체계를 갖추어야 한다. 산안법은 이러한 체계를 '안전보건관리체제'라고 하고, 사업주의 안전보건관리체제 구축을 법적으로 의무화하였다.

한편, 산안법의 안전보건관리체제는 사업장의 안전, 보건 관리 업무를 배분하는 법률상의 모델이기도 하다. 사업장의 안전, 보건관리가 사업주의 의무라고 하더라도, 현실적으로 사업주 또는 법인의 대표이사가 직접 모든 안전, 보건 관리를 담당할 수는 없다. 그런데 사업주가 완전한 재량으로 안전, 보건관리체제를 고안하는 경우, 산업재해의 예방이나 쾌적한 작업환경 조성보다는 사업주의 면책을 주된 목표로 삼고, 형식적인 안전보건관리체제를 구성할 우려가 있다. 예를 들어, 과도하게 적은 인력을 안전보건 업무 수행자로 배정하거나, 전문성이 없는 인력

---

* 河智賢, 박사과정 재학.

을 임의로 배치하여, 실질적으로 안전보건관리체제가 유명무실해질 수 있다. 이에 산안법은 안전보건관리체제가 갖추어야 하는 최소한의 담당 인력을 법률에서 제시하고, 각 인원에게 본질적으로 사업주의 의무인 안전, 보건관리 업무를 배분하고 있다.

2. 이사회 보고 및 승인 (산안법 제14조)

상법 제 170조에 따른 주식회사 중 i) 상시근로자 500명 이상을 사용하는 회사 또는 ii)「건설산업기본법」제23조에 따라 평가하여 공시된 시공능력의 순위 상위 1천위 이내의 건설회사의 대표이사는(「상법」 제408조의2 제1항 후단에 따라 대표이사를 두지 못하는 회사의 경우에는 같은 법 제408조의5에 따른 대표집행임원을 말한다), 회사의 정관에서 정하는 바에 따라, i) 안전 및 보건에 관한 경영방침, ii) 안전·보건관리 조직의 구성·인원 및 역할, iii) 안전·보건 관련 예산 및 시설 현황, iv) 안전 및 보건에 관한 전년도 활동실적 및 다음 연도 활동계획 회사의 안전 및 보건에 관한 계획을 수립하고(산안법 시행령 제13조 제1항, 제2항), 이를 이사회에 보고하고 승인을 받아야 한다(산안법 제14조 제1항). 그리고 대표이사는 안전 및 보건에 관한 계획을 성실하게 이행하여야 한다(산안법 제14조 제2항). 안전 및 보건에 관한 계획을 이사회에 보고, 승인 의무를 위반하는 자는 5천만 원 이하의 과태료 부과대상이 된다(산안법 제175조 제4항 제2호).

상당한 규모를 갖춘 주식회사 또는 건설 회사를 적용대상으로 하고 있으며, 대표이사의 안전, 보건 관리에 대한 책임을 강화하는 내용이다. 대표이사가 안전 및 보건에 관한 경영방침, 인력, 예산, 시설, 계획 등을 수립하여야 하므로, 안전 및 보건에 관한 계획의 미이행 자체에 산안법상 벌칙규정이 없다고 하더라도, 계획의 내용(조직, 예산의 적절성 등) 및 이행 여부는 대표이사의 책임소재에 영향을 줄 수 있다.[1] 또한 대표이사는 이사회에 단순히 보고할 뿐만 아니라, 이사회의 승인까지 받아야 한다.

다만 대표이사가 이사회의 승인을 받아야 한다고 하더라도, 이미 회사의 거버넌스에서 이사회가 대표이사의 감독기구로서 역할을 하지 못한다면 본조는 큰 의미를 갖지 못한다. 대표이사의 안전, 보건관리 업무에 대한 내용통제까지 실질적

1) 정대원, "산업안전조치에 관한 대표이사 처벌 동향 및 전망", 「월간노동법률」, 2020년 11월호 vol. 354.

으로 이루어지기 위하여는, 선결 조건으로 이사회가 실제로 회사의 거버넌스에서 대표이사의 감독기구로서 역할을 담당한다는 점이 뒷받침되어야 할 것이다.

3. 안전, 보건 관리업무 수행 주체

가. 안전보건관리책임자(산안법 제15조)

일정 규모 이상(사업의 종류에 따라 상시 근로자 50명 이상, 100명 이상 또는 300명 이상, 건설업의 경우 공사금액 200억 원 이상) 사업장의 경우, 사업주는 사업장을 실질적으로 총괄하여 관리하는 사람을 안전보건관리책임자로 선임하여야 한다(산안법 제15조 제1항, 산안법 시행령 제14조 제1항, 별표2).

안전보건관리책임자의 업무는 i) 사업장의 산업재해 예방계획의 수립 ii) 안전보건관리규정의 작성 및 변경, iii) 안전보건교육, iv) 작업환경측정 등 작업환경의 점검 및 개선, v) 근로자의 건강진단 등 건강관리, vi) 산업재해의 원인 조사 및 재발 방지대책 수립, vii) 산업재해에 관한 통계의 기록 및 유지, viii) 안전장치 및 보호구 구입 시 적격품 여부 확인, ix) 위험성평가의 실시, x) 근로자의 위험 또는 건강장해의 방지, xi) 안전관리자 및 보건관리자 지휘, 감독 등으로, 대부분의 안전보건관리 업무를 아우르고 있다(산안법 제15조 제1항, 같은 법 시행규칙 제9조).

안전보건관리책임자는 장소적으로는 '사업장' 단위의 안전, 보건 조치의무를 진다. 사업장은, 어떤 사업의 활동이 이루어지는 일정한 장소로, 사업활동의 전부 또는 일부가 이루어지는 곳을 의미한다. 일반적으로 동일한 사업자 여부는 하나의 장소로 묶을 수 있는 범위인가에 따르므로, 개별 공장, 건설현장은 별개의 사업장으로 분류되어, 각 공장장, 현장소장 등이 공장, 건설현장 단위의 안전보건관리책임자가 된다.[2)]

또한 사업을 실질적으로 총괄·관리하는 자라 함은, "공장장이나 작업소장 등 명칭의 여하를 묻지 아니하고" 당해 사업장에서 사업의 실시를 실질적으로 총괄·관리하는 권한과 책임을 가지는 자를 의미한다고 한다(대법원 2004. 5. 14. 선고 2004도74 판결). 산업안전보건법상 안전보건조치를 취해야 하는 이행주체는 사업주이며, 공장장, 현장소장 등을 안전보건관리책임자로 둔다고 하여도, 원칙적으로 사업주의 의무가 면제되는 것은 아니다.[3)] 그렇지만 위반행위자의 처벌의 국면에

---

2) 정진우, 산업안전보건법(개정증보4판), 중앙경제(2022), 136면.
3) 정진우, 위의 책, 137면.

서 보면, 법원은 법인 대표이사가 곧 산안법상 사업주가 아님을 전제로(의정부지방법원 2005. 3. 31. 선고 2004노1726 판결), 기업의 규모, 대표이사의 업무와 현장작업과의 관계, 안전관리책임의 분담주체, 대표이사와 현장소장의 업무분담 관계 등을 고려해 산업안전보건법 위반행위자가 누구인지 판단하고 있다. 그 결과, 현장소장이 안전업무를 담당한 경우에는, 대표이사가 아니라, 공장장, 현장소장 등 안전보건관리책임자가 산업안전보건법 위반행위자로 처벌받는 경우가 많다(대법원 2010. 9. 9. 선고 2008도7834 판결 등).

나. 관리감독자(산안법 제16조)

사업주는 사업장의 생산과 관련되는 업무와 그 소속 직원을 직접 지휘·감독하는 직위에 있는 사람을 관리감독자로 두고(건설업의 경우 직장·조장 및 반장의 지위에서 그 작업을 직접 지휘·감독하는 관리감독자), 안전 및 보건업무를 수행하도록 한다.

그 내용으로는, i) 관리감독자가 지휘·감독하는 작업과 관련된 기계·기구 또는 설비의 안전·보건 점검 및 이상 유무의 확인, ii) 관리감독자에게 소속된 근로자의 작업복·보호구 및 방호장치의 점검과 그 착용·사용에 관한 교육·지도, iii) 해당작업에서 발생한 산업재해에 관한 보고 및 이에 대한 응급조치, iv) 해당작업의 작업장 정리·정돈 및 통로 확보에 대한 확인·감독, v) 사업장의 안전관리자, 보건관리자, 안전보건관리담당자, 안전, 보건관리전문기관, 산업보건의의 지도·조언에 대한 협조, vi) 위험성평가에 관한 유해·위험요인의 파악에 대한 참여, 개선조치의 시행에 대한 참여, vii) 프레스를 사용하는 작업에서 방호장치 점검, 이상 발견 시 필요조치 등 그 밖에 작업의 안전 및 보건에 관한 사항으로서 고용노동부령으로 정하는 사항 등이 있다(산안법 시행령 제15조 제1항, 「산업안전보건기준에 관한 규칙」 제35조). 사업주는 안전보건관리책임자의 경우와 마찬가지로 관리감독자가 업무를 원활하게 수행할 수 있도록 권한·시설·장비·예산, 그 밖에 필요한 지원을 해야 한다(산안법 시행령 제14조 제2항, 제15조 제2항).

안전보건관리책임자가 사업장 전체를 총괄하는 관리자라면, 관리감독자는 조장, 반장 등 현장에서 노무제공자를 직접 지휘, 감독하는 현장감독자를 의미한다.[4] 관리감독자는 현장에서 노무제공자의 행위에 직접 영향을 행사할 수 있으므로, 행위자로서 법인 또는 개인사업주가 사업주 책임으로서 행하여야 할 구체적

4) 정진우, 위의 책, 142면.

인 안전보건조치(예를 들어, 크레인 작업지휘 등)를 실시하여야 한다.[5] 이 의무에 위반한 경우, 관리감독자는 산업안전보건법 위반이나 형법상 업무상과실치사상죄의 책임이 발생할 수 있다(대구지방법원 의성지원 2021. 8. 12. 선고 2021고단59 판결).

다. 안전·보건 관리자(산안법 제17조, 제18조, 제19조)

(1) 안전·보건 관리자

산안법 시행령이 정하는 일정한 업종에서 상시근로자 50명 또는 500명 이상 사업장의 사업주는 안전보건관리책임자의 업무 가운데, '안전, 보건에 관한 기술적인 사항에 관하여' 사업주 또는 안전보건관리책임자를 보좌하고 관리감독자에게 지도·조언하는 업무를 수행하는 안전·보건관리자를 선임할 의무가 있다(산안법 제17조, 제18조, 산안법 시행령 제16조 제1항 별표3, 제20조, 별표5). 건설업을 제외한 사업으로서 상시근로자 300명 미만을 사용하는 사업장의 경우, 안전·보건관리 업무를 전문적으로 수행하는 안전·보건관리전문기관에 안전관리자의 업무를 위탁할 수 있다.

상시근로자 300명 이상의 사업장인 경우[안전관리자는 건설업의 경우에는 공사금액이 120억 원(「건설산업기본법 시행령」 별표 1의 종합공사를 시공하는 업종의 건설업종란 제1호에 따른 토목공사업의 경우에는 150억 원) 이상인 사업장]는 안전관리자 또는 보건관리자를 선임하는 경우, 그 업무만을 전담하도록 하는 것이 원칙이나(산안법 제17조 제3항 및 제18조 제3항), 기업활동 규제완화에 관한 특별조치법」에 따라 일정한 경우에는 겸직이 허용된다(「기업활동 규제완화에 관한 특별조치법」 제29조).

안전관리자는 산업안전지도사, 산업안전기사 등 일정한 자격을 취득한 사람이어야 하며(산안법 시행령 제17조 및 별표4), 위험성평가에 관한 보좌 및 지도·조언, 안전인증대상기계등, 자율안전확인대상기계등 구입 시 적격품의 선정에 관한 보좌 및 지도·조언, 사업장 안전교육계획의 수립 및 안전교육 실시에 관한 보좌 및 지도·조언, 사업장 순회점검, 지도 및 조치 건의, 산업재해 발생의 원인 조사·분석 및 재발 방지를 위한 기술적 보좌 및 지도·조언, 산업재해에 관한 통계의 유지·관리·분석을 위한 보좌 및 지도·조언, 업무 수행 내용의 기록·유지 등을 담당한다(산안법 시행령 제18조 제1항).

---

5) 정진우, "관리·감독자의 역할과 책임", 안전저널, 2020. 6. 1.

보건관리자는 산업보건지도사, 의사, 간호사 등 일정한 자격을 취득한 자로(산안법 시행령 제21조, 별표6), 안전인증대상기계등과 자율안전확인대상기계등 중 보건과 관련된 보호구(保護具) 구입 시 적격품 선정에 관한 보좌 및 지도·조언, 위험성평가에 관한 보좌 및 지도·조언, 물질안전보건자료의 게시 또는 비치에 관한 보좌 및 지도·조언, 「의료법」에 따른 의사인 경우 산업보건의의 직무, 사업장 보건교육계획의 수립 및 보건교육 실시에 관한 보좌 및 지도·조언, 의사 또는 간호사인 경우, 근로자를 보호하기 위한 의료행위(가벼운 부상 치료, 응급처치, 의약품 투여 등), 작업장 내에서 사용되는 전체 환기장치 및 국소 배기장치 등에 관한 설비의 점검과 작업방법의 공학적 개선에 관한 보좌 및 지도·조언, 사업장 순회점검, 지도 및 조치 건의, 산업재해 발생의 원인 조사·분석 및 재발 방지를 위한 기술적 보좌 및 지도·조언, 산업재해에 관한 통계의 유지·관리·분석을 위한 보좌 및 지도·조언, 업무 수행 내용의 기록·유지 등을 담당한다(시행령 제22조 제1항).

(2) 안전보건관리담당자

한편, 안전관리자 또는 보건관리자가 선임 대상 사업장이 아니면서, 그러한 자를 선임한 사실이 없고, 업종이 제조업, 임업, 하수, 폐수 및 분뇨 처리업, 폐기물 수집, 운반, 처리 및 원료 재생업, 환경 정화 및 복원업이며, 상시근로자 20명 이상 50명 미만인 사업장인 경우, 사업주는 사업장에 안전 및 보건에 관하여 사업주를 보좌하고 관리감독자에게 지도·조언하는 업무를 수행하는 안전보건관리담당자를 두어야 한다. 적용 대상 사업장은, 안전보건관리담당자를 1명 이상 선임해야 한다(산안법 제19조 제1항, 제2항, 같은법 시행령 제24조 제1항).

안전보건관리담당자는 안전보건교육 실시에 관한 보좌 및 지도·조언, 위험성평가에 관한 보좌 및 지도·조언, 작업환경측정 및 개선에 관한 보좌 및 지도·조언, 각종 건강진단에 관한 보좌 및 지도·조언, 산업재해 발생의 원인 조사, 산업재해 통계의 기록 및 유지를 위한 보좌 및 지도·조언, 산업 안전·보건과 관련된 안전장치 및 보호구 구입 시 적격품 선정에 관한 보좌 및 지도·조언 등을 수행한다(산안법 시행령 제25조).

라. 산업보건의

사업주는 산안법상 보건관리자를 두어야 하는 사업으로서 상시근로자 50명 이상인 사업장에서는 산업보건의를 선임 또는 위촉할 의무가 있다(산안법 제22조).

의사를 이미 보건관리자로 선임하였거나, 보건관리전문기관에 보건관리자의 업무를 위탁한 경우, 외부에서 산업보건의를 위촉한 경우에는 산업보건의를 사업장에 선임하지 않을 수 있다(산안법 시행령 제29조 제1항). 단 「기업활동 규제완화에 관한 특별조치법」에 따라, 기업은 의무사항은 아니다(「기업활동 규제완화에 관한 특별조치법」 제28조 제1항 제1호).

산업보건의의 직무는 건강진단 결과의 검토 및 그 결과에 따른 작업 배치, 작업 전환 또는 근로시간의 단축 등 근로자의 건강보호 조치, 근로자의 건강장해의 원인 조사와 재발 방지를 위한 의학적 조치, 그 밖에 근로자의 건강 유지 및 증진을 위하여 필요한 의학적 조치 등이 있다(산안법 시행령 제31조).

마. 안전보건총괄책임자

도급인(건설공사발주자는 제외, 산안법 제2조 제7호)은 관계수급인의("도급이 여러 단계에 걸쳐 체결된 경우에 각 단계별로 도급받은 사업주 전부", 산안법 제2조 제9호) 근로자가 도급인의 사업장에서 작업을 하는 경우에는 '그 사업장의 안전보건관리책임자'를 도급인의 근로자와 관계수급인 근로자의 산업재해를 예방하기 위한 업무를 총괄하여 관리하는 안전보건총괄책임자로 지정하여야 한다. 이 경우 안전보건관리책임자를 두지 아니하여도 되는 사업장에서는 '그 사업장에서 사업을 총괄하여 관리하는 사람'을 안전보건총괄책임자로 지정하여야 한다(산안법 제62조).

안전보건총괄책임자를 선임해야 하는 상시근로자 수는, 관계수급인에게 고용된 근로자를 포함한 상시근로자가 100명(선박 및 보트 건조업, 1차 금속 제조업 및 토사석 광업의 경우에는 50명) 이상인 사업이나 관계수급인의 공사금액을 포함한 해당 공사의 총공사금액이 20억 원 이상인 건설업으로 한다(산안법 시행령 제52조). 안전보건총괄책임자의 직무는 위험성평가, 작업중지, 도급 시 산업재해 예방조치, 산업안전보건관리비의 관계수급인 간의 사용에 관한 협의·조정 및 그 집행의 감독 등이 있다(산안법 시행령 제53조 제1항).

2019년 전면개정 이전의 산안법은 사업주가 안전보건총괄책임자를 선임하는 경우를 '같은 장소에서 행하여지는 사업'으로서, '사업의 일부 도급 또는 전문 분야 공사 전부 도급'인 경우에 한하여, "자신이 사용하는 근로자와 수급인이 사용하는 근로자가 '같은 장소'에서 작업을 할 때에 생기는 산업재해를 예방하기 위한 업무를 총괄관리"하도록 하였다(산안법 [시행 2018. 10. 18.] [법률 제15588호, 2018.

4. 17., 일부개정] 제18조 제1항). 이후 개정에 따라, 같은 장소에서 행하는 사업인지, 같은 장소에서 행하는 작업인지 여부를 불문하고, 도급인이 지배, 관리하는 장소에서 관계수급인의 근로자가 작업을 하는 경우에는 안전보건총괄책임자를 선임하여 관계수급인의 산업재해 예방 및 재해발생시 작업중지 등 직무를 수행하도록 하였다.

4. 산업안전보건위원회

산업안전보건체제가 효과적으로 운영되기 위하여는 실제로 산업현장에서 업무를 수행하는 근로자의 의견을 수렴하고 고충을 처리하는 체제가 갖추어져야 한다. 그 일환으로 산안법에서는 산업안전보건위원회를 두고 있다. 사업주는 사업장의 안전 및 보건에 관한 중요 사항을 심의·의결하기 위하여 사업장에 산업안전보건위원회를 구성·운영하여야 한다(산안법 제24조 제1항). 적용 대상 사업장은, 업종에 따라 상시근로자 50명 이상, 100명 이상 또는 상시근로자 300명 이상, 건설업의 경우 공사금액 120억 원 이상인 경우이다(산안법 시행령 제34조).

산업안전보건위원회는 근로자위원과 사용자위원을 동일한 숫자로 하여 노사양측의 활발한 의견교환을 예정한다(산안법 제24조 제1항). 우선 근로자위원은 근로자대표, 명예산업안전감독관이 위촉되어 있는 사업장의 경우 근로자대표가 지명하는 1명 이상의 명예산업안전감독관, 근로자대표가 지명하는 9명 이내의 해당 사업장의 근로자로 구성된다(산안법 시행령 제35조 제1항). 산업안전보건위원회의 사용자위원은(상시근로자 50명 이상 100명 미만을 사용하는 사업장에서는 사업장 부서의 장은 제외할 수 있다) 해당 사업의 대표자(같은 사업으로서 다른 지역에 사업장이 있는 경우에는 그 사업장의 안전보건관리책임자), 안전관리자(안전관리자를 두어야 하는 사업장으로 한정하되, 안전관리자의 업무를 안전관리전문기관에 위탁한 사업장의 경우에는 그 안전관리전문기관의 해당 사업장 담당자) 1명, 보건관리자(보건관리자를 두어야 하는 사업장으로 한정하되, 보건관리자의 업무를 보건관리전문기관에 위탁한 사업장의 경우에는 그 보건관리전문기관의 해당 사업장 담당자) 1명, 산업보건의(해당 사업장에 선임되어 있는 경우로 한정한다), 해당 사업의 대표자가 지명하는 9명 이내의 해당 사업장 부서의 장으로 한다(산안법 시행령 제35조 제2항).

한편, 도급의 경우 관계수급인 및 관계수급인의 근로자 역시 산업안전보건위원회에 참여할 수 있다. 건설공사도급인이 산안법 제64조 제1항 제1호에 따른 안전 및 보건에 관한 협의체를 구성한 경우에는 산업안전보건위원회의 근로자위원으로는, 도급 또는 하도급 사업을 포함한 전체 사업의 근로자대표, 명예산업안전감독관 및 근로자대표가 지명하는 해당 사업장의 근로자, 사용자위원으로는 도급인 대표자, 관계수급인의 각 대표자 및 안전관리자를 포함하여 구성할 수 있다(산안법 시행령 제35조 제3항).

산업안전보건위원회는 사업장의 산업재해 예방계획의 수립에 관한 사항, 안전보건관리규정의 작성 및 변경, 안전보건교육, 작업환경측정 등 작업환경의 점검 및 개선, 근로자의 건강진단 등 건강관리, 산업재해에 관한 통계의 기록 및 유지 등에 대하여 심의, 의결한다(산안법 제24조 제2항). 산업안전보건위원회의 회의는 정기회의와 임시회의로 구분하되, 정기회의는 분기마다 산업안전보건위원회의 위원장이 소집하며, 임시회의는 위원장이 필요하다고 인정할 때에 소집한다. 근로자위원 및 사용자위원 각 과반수의 출석으로 개의(開議)하고 출석위원 과반수의 찬성으로 의결한다(산안법 시행령 제37조 제1항).

산업안전보건위원회의 심의, 의결이 산업안전보건법에서 정하는 내용, 안전보건관리규정이나 취업규칙, 단체협약 등에 우선할 수는 없으므로, 이에 반하는 내용으로 심의, 의결해서는 안 된다(산안법 제24조 제5항).

5. 안전보건관리규정

사업주는 업종과 사업장의 특성을 반영하여, 산안법이나 취업규칙, 단체협약을 준수하는 한도 내에서 별도의 안전보건관리규정을 마련하여야 한다.

업종에 따라 100명 이상 또는 300명 이상의 상시근로자 사업장의 사업주는 안전 및 보건에 관한 관리조직과 그 직무, 안전보건교육, 작업장의 안전 및 보건 관리, 사고 조사 및 대책 수립 등을 포함해 안전보건관리규정을 작성하여야 한다(산안법 제25조 제1항). 또한 사업주는 근로자들이 안전보건관리규정의 내용을 실제로 알 수 있도록, 안전보건관리규정을 각 사업장의 근로자가 쉽게 볼 수 있는 장소에 게시하거나 갖추어 두어 근로자에게 널리 알려야 한다(산안법 제34조). 사업주는 안전보건관리규정을 작성해야 할 사유가 발생한 날부터 30일 이내에 이를 작성하여야 한다(산안법 시행규칙 제25조 제2항). 사업주는 안전보건관리규정을 작성하거나 변경할 때에는 산업안전보건위원회의 심의·의결을 거쳐야 하며, 산업안전보건위원회가 설치되어 있지 아니한 사업장의 경우에는 근로자대표의 동의를 받아야 한다(산안법 제26조).

Ⅱ. 산업안전보건법상 의무의 개요

1. 서 론

사업주는 근로자 및 노무제공자(제77조에 따른 특수형태근로종사자로부터 노무를 제공받는 자와 제78조에 따른 물건의 수거·배달 등을 중개하는 자를 포함한다.)의 안전 및 건강을 유지·증진시키고 국가의 산업재해 예방정책을 따라야 한다. 구체적으로 사업주는 산안법 및 같은 법 시행령에 따른 산업재해 예방을 위한 기준 준수, 근로자의 신체적 피로와 정신적 스트레스 등을 줄일 수 있는 쾌적한 작업환경의 조성 및 근로조건 개선, 해당 사업장의 안전 및 보건에 관한 정보를 근로자에게 제공하고, 안전보건조치의무를 이행하여야 한다(산안법 제5조). 특히 구체적이고 기술적인 내용으로 구성된 안전보건조치의무를 사업주가 이행하는지 여부가 노무제공자의 산업재해 예방에 중요한 요소가 될 것이다.

한편 제조업, 건설공사 등 분야에서 중층적 도급 구조 가운데 수급인 근로자의 사망사고가 증가하고 있다. 전체 산업재해 감축 및 예방을 위하여, 하도급의 증식을 적절히 제한하는 한편, 도급인이 수급인 근로자의 안전, 보건에 대한 책임으로부터 쉽게 면제될 수 없는 의무와 처벌의 체계를 구축하는 것은 최근의 중요한 과제이다. 산안법은 유해성과 위험도가 높은 일부 작업의 도급을 원칙적으로 금지하는 한편, 도급인이 갖는 관계수급인의 근로자에 대한 안전보건조치의무를 확대해오고 있다. 뿐만 아니라, 산안법은 특수형태근로종사자, 고객응대근로자, 배달종사자, 가맹사업자 및 소속 근로자 등 새로운 산업과 고용형태를 산안법에 포함하여 다양한 형태의 노무제공자의 안전과 보건의 확보를 기하고 있다.

2. 사업주의 의무

가. 사업주의 안전보건조치의무

(1) 사업주

사업주가 산안법상 안전보건조치의무를 부담하나, 자연인인 개인 사업주를 제외하면 사업주는 법인이므로, 현실적으로 사업주의 안전보건조치의무의 실행은 안전보건관리체제를 이루는 개인 사업주 또는 법인 대표이사, 안전보건관리책임자, 안전·보건관리자, 관리감독자 등 자연인이 각 담당업무를 수행함으로써 실현된다.

산안법은 사업주의 안전보건조치의무 위반에 대하여 벌칙규정을 두고 있다. 사업주는 안전보건조치의무를 위반하는 경우, 5년 이하의 징역 또는 5천만 원 이하의 벌금(산안법 제168조 제1호), 그 위반으로 근로자가 사망에 이른 때에는 7년 이하의 징역 또는 1억 원 이하의 벌금에 처한다(산안법 제167조 제1항).

사업주의 안전보건조치의무 위반시, 기업의 중층적 의사결정 구조 및 법인의 범죄능력 부존재로 인하여, 사업주의 형사처벌은 양벌규정을 매개로 이루어진다. 법인의 대표자나 법인 또는 개인의 대리인, 사용인, 그 밖의 종업원이 그 법인 또는 개인의 업무에 관하여, 위반행위를 하면 그 행위자를 벌하는 외에 그 법인 및 개인에게도 벌금형을 과(科)하며, 법인 또는 개인이 그 위반행위를 방지하기 위하여 해당 업무에 관하여 상당한 주의와 감독을 게을리하지 아니한 경우에는 면책될 수 있다(산안법 제173조).

양벌규정의 적용을 위하여는 위반행위자를 특정하여야 하는데, 앞서 본 바와 같이 대표이사가 위반행위자로서 형사책임을 지는 경우보다는, 사업주가 지정한 공장장, 현장소장 등 안전보건관리책임자가 안전보건관리의무를 총괄적으로 부담하므로, 그 위반행위자로 형사책임을 지는 경향을 볼 수 있다(산업안전보건법 제15조, 제167조, 제168조, 제173조).

(2) 안전보건조치의무

안전보건조치의무의 내용은, 산안법 시행령, 시행규칙, 「산업안전보건기준에 관한 규칙」에 위임되어 있다. 구체적으로는 기계·기구, 그 밖의 설비에 의한 위험, 폭발성, 발화성 및 인화성 물질 등에 의한 위험, 전기, 열, 그 밖의 에너지에 의한 위험(산안법 제38조), 원재료·가스·증기·분진·흄·미스트·산소결핍·병원체 등에 의한 건강장해 등에 관한 필요조치로(산안법 제39조 등), 각 업종, 작업장, 작업내용에 따른 매우 기술적인 사항으로 구성되어 있다.

만일 사고가 발생하였더라도 해당 사고의 발생 원인이 되는 작위나 부작위가 법령에 규정되어 있지 않는 경우, 죄형법정주의에 의하여 산안법에 따른 형사처벌은 불가하다. 법령에서 정하는 안전조치 의무를 이행하였다면, 추가적인 추락방지망을 설치하는 등 안전조치의무를 취하지 않았더라도 산업안전보건법상 안전조치의무 위반에 해당하지 않는다고 본 경우가 있다(대법원 2009. 5. 28. 선고 2008도7030 판결).

한편, 사업주가 안전보건조치 의무를 이행하지 않은 것만으로 산업안전보건법 위반죄가 성립하는지에 관하여 대법원은, "단지 사업주의 사업장에서 위와 같은 위험성이 있는 작업이 필요한 안전조치가 취해지지 않고 이루어졌다는 사실만으로 성립하는 것은 아니"라고 판시하여 왔다. 법원은 사업주가 사업장에서 안전조치를 취하지 않은 채 작업하도록 "지시"하거나, 그 안전조치가 취해지지 않은 상태에서 위 작업이 이루어지고 있다는 사실을 알면서도 이를 "방치"하는 등 경우에 한하여 사업주의 산업안전보건법 위반죄가 성립한다고 보았다(대법원 2007. 3. 29. 선고 2006도8874 판결, 대법원 2008. 8. 11. 선고 2007도7987 판결 등).

다만, "사업주가 사업장에서 안전조치가 취해지지 않은 상태에서의 작업이 이루어지고 있고 향후 그러한 작업이 계속될 것이라는 사정을 미필적으로 인식하고서도 이를 그대로 방치하고, 이로 인하여 사업장에서 안전조치가 취해지지 않은 채로 작업이 이루어졌다면 사업주가 그러한 작업을 개별적·구체적으로 지시하지 않았더라도 위 죄는 성립한다고 판시한 바도 있다(대법원 2010. 11. 25. 선고 2009도11906 판결 등 참조).

나. 작업중지 및 대피조치, 보고의무

사업주는 법률상 의무로, 산업재해가 발생할 급박한 위험이 있을 때에는 즉시 작업을 중지시키고 근로자를 작업장소에서 대피시키는 등 안전 및 보건에 관하여 필요한 조치를 하여야 한다(산안법 제51조). 또한 사업주는 중대재해가 발생하였을 때에는 즉시 해당 작업을 중지시키고 근로자를 작업장소에서 대피시키는 등 안전 및 보건에 관하여 필요한 조치를 하여야 한다(산안법 제54조 제1항).

아울러, 사업주는 중대재해가 발생한 사실을 알게 된 경우에는 사업장 소재지를 관할하는 지방고용노동관서의 장에게 발생 개요 및 피해 상황, 조치 및 전망 등을 전화·팩스 또는 그 밖의 적절한 방법으로 보고해야 한다(산안법 제54조 제2항, 산안법 시행규칙 제67조). 이는 사업주를 보고를 통하여 지방 및 국가 행정체계에서도 중대재해의 발생사실을 인지하고 원인규명, 재해 확산방지, 예방수립 등을 하기 위함이다.

뿐만 아니라, 사업주는 산업재해가 발생하는 경우 발생사실을 은폐해서는 안된다. 사업장의 개요 및 근로자의 인적사항, 재해 발생의 일시 및 장소, 재해 발생의 원인 및 과정, 재해 재발방지 계획 등을 기록하여 보존하여야 할 의무가 있다(산안법 제57조 제2항, 같은법 시행규칙 제72조). 또한 산업재해로 사망자가 발생하거나 3일 이상의 휴업이 필요한 부상을 입거나 질병에 걸린 사람이 발생한 경우, 사업주는 해당 산업재해가 발생한 날부터 1개월 이내에 산업재해조사표를 작성하여 관할 지방고용노동관서의 장에게 제출하여야 한다(산안법 제57조 제3항, 같은법 시행규칙 제73조 제1항).

다. 위험성 평가

사업주는 산업재해예방을 위하여 미리 시설 및 작업의 위험성을 평가하고 이에 대응할 의무가 있다.

사업주는 건설물, 기계·기구·설비, 원재료, 가스, 증기, 분진, 근로자의 작업행동 또는 그 밖의 업무로 인한 유해·위험 요인을 식별하고, 부상 및 질병 등으로 이어질 수 있는 위험성의 크기를 평가하여야 한다(산안법 제36조 제1항). 또한 사업주는 평가 시에 해당 작업장의 근로자를 참여시켜야 하고, 그 평가결과에 따라 사업주는 근로자의 위험 및 건강장해를 방지하기 위한 법령상, 기타 필요한 추가적인 조치를 취하여야 하며, 평가결과 및 조치사항을 기록하여 보존하여야 한다(산안법 제36조 제2항, 제3항).

라. 고객응대근로자의 건강장해 예방조치

콜센터 등 고객응대근로자에 대한 폭언, 폭행 등으로 해당 근로자의 신체적, 정신적 건강이 위협받는 사례가 자주 발생하여 사업주의 안전보건조치의무를 해당 사업의 특성에 맞추어 구체적으로 정하는 조항이다.

사업주는 주로 고객을 직접 대면하거나 「정보통신망 이용촉진 및 정보보호 등에 관한 법률」 제2조 제1항 제1호에 따른 정보통신망을 통하여 상대하면서 상품을 판매하거나 서비스를 제공하는 업무에 종사하는 고객응대근로자에 대하여 고객의 폭언, 폭행, 그 밖에 적정 범위를 벗어난 신체적·정신적 고통을 유발하는 행위로 인한 건강장해를 예방하기 위하여, 폭언등을 하지 않도록 요청하는 문구 게시 또는 음성 안내, 고객과의 문제 상황 발생 시 대처방법 등을 포함하는 고객응대업무 매뉴얼 마련 등 필요한 조치를 하여야 한다. 만일 업무와 관련하여 고객 등 제3자의 폭언등으로 근로자에게 건강장해가 발생하거나 발생할 현저한 우려가 있는 경우에는 사업주는 업무의 일시적 중단 또는 전환 등 필요한 조치를 하여야 한다(산안법 제41조 제1항, 제2항, 같은 법 시행령 제41조, 같은 법 시행규칙 제41조). 사업주의 의무일 뿐만 아니라, 근로자가 적극적으로 사업주에게 위의 조치를 요구할 수 있고, 사업주는 근로자의 요구를 이유로 해고 또는 그 밖의 불리한 처우를 해서는 아니 된다(산안법 제41조 제3항).

3. 도급시의 안전, 보건조치

가. 유해한 작업의 도급금지

사업주는 근로자의 안전 및 보건에 유해하거나 위험한 작업으로서, 도금작업, 수은, 납 또는 카드뮴을 제련, 주입, 가공 및 가열하는 작업, 허가대상물질을 제조하거나 사용하는 작업은 도급하여 자신의 사업장에서 수급인의 근로자가 그 작업을 하도록 해서는 아니 된다(산안법 제58조). 유해한 작업의 위험성에도 불구하고, 중층적인 도급으로 작업이 이루어지는 경우, 수급인의 근로자에 대한 체계적인 안전, 보건상의 위험 관리, 조치가 어렵기 때문에, 유해작업을 선별하여 원천적으로 도급을 금지하고 있다.

종래에는 유해, 위험작업은 "고용노동부의 인가를 받지 아니하면 해당 '작업만을 분리하여'(안전·보건상 유해하거나 위험한 작업 중 대통령령으로 정하는 작업은 고용노동부장관의 인가를 받지 아니하면 그 작업만을 분리하여) 도급(하도급을 포함한다)을 줄 수 없다"고 규정하고 있었는데, '일부가 유해작업인 경우'에는 도급금지에 해당되지 않는 것인지 논란이 있었다(산안법 [시행 2018. 10. 18.] [법률 제15588호, 2018. 4. 17., 일부개정] 제28조 제1항). 2019년 전면개정에서는 일부 유해작업의 도급도 도급금지 대상이라는 점을 명확히 하였다.

예외로는, 일시·간헐적으로 하는 작업을 도급하는 경우 또는 수급인이 보유한 기술이 전문적이고 사업주(수급인에게 도급을 한 도급인으로서의 사업주를 말한다)의 사업 운영에 필수 불가결한 경우, 고용노동부장관의 승인을 받으면 유해, 위험작업이더라도 수급인의 근로자가 수행할 수 있다(산안법 제58조 제2항).

나. 도급인의 안전보건조치

(1) 도급인

도급인에 대하여는 별도로 산안법에서 정의규정을 두고 있다. 산안법상 도급은 민법상 도급계약과 별도로, "명칭에 관계없이 물건의 제조·건설·수리 또는 서비스의 제공, 그 밖의 업무를 타인에게 맡기는 계약"일체를 의미하며, 도급인은 "건설공사발주자를 제외하고, 물건의 제조·건설·수리 또는 서비스의 제공, 그 밖의 업무를 도급하는 사업주"를 의미한다(산안법 제2조 제7호). 건설공사의 발주자는 일반적으로 건설공사를 주문하는 자로서, 건설공사에 관여하지 않는 자로서 건설공사 도급인의 책임을 부담하지 않는다. 발주자로부터 최초로 건설공사에 관한 도급을 받은 자(원수급인)가 건설공사의 시공을 주도하여 총괄·관리하는 자로서, 산안법에서의 도급인이 된다(산안법 제2조 제10호). 또한 도급인의 사업목적과 직접적 관련이 없더라도, 경비·조경·청소 등 용역서비스, 통근버스·구내식당 등 복리후생시설 운영 등 도급인의 업무는 모두 도급에 해당한다.[6)]

한편 수급인이란 "도급인으로부터 물건의 제조·건설·수리 또는 서비스의 제공, 그 밖의 업무를 도급받은 사업주"를 의미하며, 관계수급인이란 "도급이 여러 단계에 걸쳐 체결된 경우에 각 단계별로 도급받은 사업주 전부"를 말한다(산안법 제2조 제6호 내지 제9호). 고용노동부의 해석지침에 따르면, 산안법상 수급인(또는 도급인)은 근로자를 사용하는 사업주를 전제로 하므로, 근로자를 별도로 사용하지 않는 개인사업자에게 자신의 업무를 맡기는 경우에는 산안법상 도급에 해당하지 않는다고 한다.[7)]

(2) 사업장

도급인의 산업재해 예방책임을 강화하고자, 2019년 산안법 개정 이전에는 도급인의 수급인 소속 근로자에 대한 책임범위를, 도급인의 사업장 내 추락, 토사 붕괴 등 22개 위험장소로 한정하였다(산안법 [시행 2018. 10. 18.] [법률 제15588호, 2018. 4. 17., 일부개정] 제29조 제1항, 제3항). 현행법은 "도급인의 사업장 전체 및 도급인의 사업장 밖이라도 도급인이 제공, 지정 장소로 지배, 관리하는 21개 위험장소"로 책임범위를 확대하였다(산안법 제10조 제2항, 같은법 시행령 제11조, 같은법 시행규칙 제6조). 즉, 수급인의 근로자가 도급인의 사업장에서 작업을 하는 경우에는 원칙적으로 도급인이 안전, 보건조치의무를 부담한다.

고용노동부 지침에 따르면, i) 도급인이 관계수급인 사업장의 부지 또는 공장의 소유자인 경우, ii) 관계수급인의 공장에서 사용하는 장비나 설비 등이 도급인 소유인 경우, iii) 공장이나 설비 등이 관계수급인 소유이지만 실질적인 관리는 도급

6) 고용노동부, 「도급시 산업재해 예방 운영지침」(2020), 12면.
7) 위의 지침, 12면.

인이 행한 경우, iv) 도급인의 근로자들이 관계수급인의 사업장에 수시로 출입하는 경우 등에는 형식적으로는 관계수급인의 사업장이라도 도급인의 사업장으로 평가된다고 한다.[8)]

(3) 안전보건조치

도급인은 관계수급인 근로자가 도급인의 사업장에서 작업을 하는 경우에 자신의 근로자와 관계수급인 근로자의 산업재해를 예방하기 위하여 안전 및 보건 시설의 설치 등 필요한 안전조치 및 보건조치를 하여야 한다. 다만, 보호구 착용의 지시 등 관계수급인 근로자의 작업행동에 관한 직접적인 조치는 제외한다(산안법 제63조). 도급인이 안전보건조치의무를 위반하는 경우, 3년 이하의 징역 또는 3,000만 원 이하의 벌금에 처하며(산안법 제169조 제1호), 이를 위반하여 근로자를 사망에 이르게 한 도급인에게는 사업주의 처벌수준과 동일하게 7년 이하의 징역 또는 1억 원 이하의 벌금을 부과한다(산안법 제167조).

도급인은 관계수급인의 소속 근로자가 도급인의 사업장 기타 도급인이 지배, 관리하는 장소에서 작업을 수행하는 경우, 해당 근로자에 대한 안전, 보건조치 의무를 원칙적으로 부담한다. 다만, 불법파견 등의 분쟁 발생 가능성을 고려하여, 관계수급인 근로자의 작업행동에 관한 직접적인 조치는 제외하며, 수급인에게 시정조치를 하여야 할 의무가 있는 것이 아니라, 권한을 갖는 형태로 규정되었다(산안법 제63조 및 제66조).

다. 도급에 따른 산업재해 예방조치

도급인은 관계수급인에게 산업재해 예방조치, 시설제공 및 교육 등을 일임하여 그러한 이행조치가 형식화되지 않도록, 도급인의 의무로 규정하였다.

구체적인 내용은, 도급인은 관계수급인 근로자가 도급인의 사업장에서 작업을 하는 경우, 도급인과 수급인을 구성원으로 하는 안전 및 보건에 관한 협의체의 구성 및 운영, 작업장 순회점검, 관계수급인이 근로자에게 하는 안전보건교육을 위한 장소 및 자료의 제공 등 지원 및 안전보건교육의 실시 확인, 발파작업을 하는 경우, 화재·폭발, 토사·구축물 등의 붕괴 또는 지진 등이 발생한 경우에 대비한 경보체계 운영과 대피방법 등 훈련, 휴게시설 등 위생시설의 설치 등을 위하여 필요한 장소의 제공 또는 도급인이 설치한 위생시설 이용의 협조, 같은 장소

---

8) 위의 지침, 28-29면.

에서 이루어지는 도급인과 관계수급인 등의 작업에 있어서 관계수급인 등의 작업시기·내용, 안전조치 및 보건조치 등의 확인, 관계수급인 등의 작업 혼재로 인하여 화재·폭발 등 위험이 발생할 우려가 있는 경우 관계수급인 등의 작업시기·내용 등의 조정을 이행하여야 한다(산안법 제64조 제1항).

라. 도급인의 안전 및 보건에 관한 정보제공

도급인이 적어도 작업의 위험에 관한 정확한 정보를 수급인에게 제공하여 수급인 근로자의 산업재해를 예방하려는 목적이다.

도급인은 위험성이 있는 작업의 시작 전에 수급인에게 작업의 유해성, 위험성, 안전·보건상의 주의사항, 유해하거나 위험한 물질의 유출 등 사고 발생 시 필요한 조치의 내용을 제공하여야 한다(산안법 제65조 제1항, 같은법 시행규칙 제83조 제1항). 도급인의 정보제공의무가 발생하는 도급 작업의 유형으로는 폭발성·발화성·인화성·독성 등의 유해성·위험성이 있는 화학물질 또는 그 혼합물을 제조·사용·운반하거나, 그러한 물질을 저장하는 반응기·증류탑·배관 또는 저장탱크 설비를 개조·분해·해체 또는 철거하는 작업, 또는 그 설비의 내부에서 이루어지는 작업, 산소결핍, 유해가스 등으로 인한 질식의 위험이 있는 장소, 토사·구축물·인공구조물 등의 붕괴 우려가 있는 장소에서 이루어지는 작업이 있다(산안법 제65조).

마. 도급인의 관계수급인에 대한 시정조치

관계수급인의 근로자가 '도급인의 사업장에서' 산안법 또는 산안법에 따른 명령을 위반하여 도급 작업을 수행하는 경우, 도급인은 수급인에게 위반행위를 시정하도록 조치할 수 있다. 관계수급인은 정당한 사유가 없으면 그 조치에 따라야 한다(산안법 제66조 제1항). 또한 산안법 제65조 제1항이 적용되는 폭발, 인화, 질식, 붕괴 위험이 높은 작업을 도급하는 경우, 도급인의 사업장에서 작업이 이루어지는지 여부를 불문하고, 도급인은 수급인에게 위반행위의 시정을 조치할 수 있다. 마찬간지로 수급인은 정당한 사유가 없으면 그 조치에 따라야 한다(산안법 제66조 제2항).

도급인의 사업장에서 도급 작업이 이루어지는 경우, 도급인은 관계수급인에게 시정조치를 할 수 있고, 불법파견의 소지가 있어 관계수급인 근로자는 그 대상에서 제외되었다. 또한 도급인의 사업장에서 수급인 근로자가 작업하는 경우 도급인이 안전보건조치 의무를 직접 부담하는 구조에 따라 시정조치 의무는 삭제하되

(산안법 제63조), 수급인에게 시정조치 명령권한으로 규정하였다.

4. 건설공사발주자의 산업재해 예방조치, 공사기간 단축 및 공법변경 금지

도급인의 범위에서 건설공사발주자는 제외되었지만, 발주자도 별도로 산업재해 예방조치를 하도록 명시하였다. 건설공사에서의 발주자가 건설공사의 수행에 직접적으로 관여하는 것은 아니라도, 발주자는 전체 건설공사의 계획과 진행에서 중요한 지위를 갖는다. 이에 따라 산안법은 발주자가 계획, 설계 및 시공단계에서 이행하여야 할 안전, 보건 조치를 규정하고 있다.

이에 따르면, 건설공사 발주자는 i) '계획'단계에서는, 건설공사 시 중점 유해위험과 이를 감소시키기 위한 방안을 담은 '기본안전보건대장'작성하여야 하고, ii) '설계'단계에서는 기본안전보건대장을 설계자에게 제공하고, 유해 위험요인의 감소대책을 담은 설계안전보건대장를 설계자에게 작성토록 하고 설계자의 최종 설계도서 납품 시 이를 확인하도록 하며, iii) '시공'단계에서는 설계안전보건대장을 건설공사를 최초로 도급받은 수급인에게 제공하고, 그 자로 하여금 안전작업계획을 담은 '공사안전보건대장'을 작성하게 하고 이행여부를 확인하여야 한다(산안법 제67조 제1항).

아울러, 건설공사 발주자 또는 발주자의 최초 수급인인 건설공사 도급인은 설계도서 등에 따라 산정된 공사기간을 단축해서는 아니 되고, 공사비를 줄이기 위하여 위험성이 있는 공법을 사용하거나 정당한 사유 없이 정해진 공법을 변경해서는 아니 된다. 이를 위반하는 공사기간 단축이나 공법 변경은 그 자체로 산안법 위반에 해당하며, 1천만 원 이하의 벌금에 처한다(산안법 제69조 제1항, 제171조 제1호).

5. 특수형태근로종사자 등에 대한 안전보건조치, 가맹본부의 산업재해 예방조치

가. 특수형태근로종사자에 대한 안전보건조치

산안법은 근기법상 근로자로 분류되지는 않으나, 실질적으로는 유사하게 노무를 제공하여 업무상의 재해로부터 보호할 필요가 있는 노무제공자를 '특수형태근로종사자'로 분류하여 법적 보호를 제공한다. 특수형태근로종사를 사용하는 자는 산업재해 예방을 위하여 필요한 안전조치 및 보건조치를 하여야 한다(산안법 제77조 제1항).

본조의 특수형태근로종사자에 해당하기 위하여는, i) 대통령령으로 정하는 직종(보험모집, 건설기계 운전, 학습지 방문강사, 교육 교구 방문강사, 골프장 캐디, 집화 또는 배송업무 담당 택배원, 대출 또는 신용카드회원 모집인, 대리운전, 방문판매업, 가전제품 설치 및 수리원, 수출입 컨테이너, 시멘트, 철강재 , 위험물질 운송 화물차주, 소프트웨어 기술자), ii) 주로 하나의 사업에 노무를 상시적으로 제공하고 보수를 받아 생활할 것, iii) 노무를 제공할 때 타인을 사용하지 아니할 것의 요건을 갖추어야 한다.

나. 배달종사자에 대한 안전보건조치

물건의 수거·배달하는 배달종사자 역시 근로자로 분류되어 보호를 받지는 못하나, 교통사고 등 상시적인 산업재해에 노출되어 있음을 감안하여 신설된 조항이다. 이동통신단말장치 유통구조 개선에 관한 법률」 제2조 제4호에 따른 이동통신단말장치로 물건의 수거·배달 등을 중개하는 자는 그 중개를 통하여 「자동차관리법」 제3조 제1항 제5호에 따른 이륜자동차로 물건을 수거·배달 등을 하는 사람의 산업재해 예방을 위하여 필요한 안전보건조치를 하여야 한다(산안법 제78조).

다. 가맹본부의 산업재해 예방조치

프랜차이즈 가맹점 및 종사자가 지속 증가하고 있으나, 대부분 5인 미만 소규모 사업장이기 때문에, 근로자의 산업재해예방이 충분히 이루어지지 못하고 있다. 그래서 가맹점 수가 200개 이상으로 일정한 규모를 갖춘 외식업, 편의점 가맹본부(가맹사업과 관련하여 가맹점사업자에게 가맹점운영권을 부여하는 사업자, 「가맹사업거래의 공정화에 관한 법률」제2조 제2호)로 하여금 가맹점 사업자와 소속 근로자의 산업재해 예방조치를 하도록 하였다.

가맹본부는 가맹점사업자에게 가맹점의 설비나 기계, 원자재 또는 상품 등을 공급하는 경우에 가맹점사업자와 그 소속 근로자의 산업재해 예방을 위하여 가맹점의 안전 및 보건에 관한 프로그램의 마련·시행, 가맹본부가 가맹점에 설치하거나 공급하는 설비·기계 및 원자재 또는 상품 등에 대하여 가맹점사업자에게 안전 및 보건에 관한 정보의 제공을 하여야 한다(산안법 제79조 제1항).

6. 근로자의 의무

근로자는 이 법과 이 법에 따른 명령으로 정하는 산업재해 예방을 위한 기준을 지켜야 한다. 또한 근로자는 사업주 또는 근기법 제101조에 따른 근로감독관, 공단 등 관계인이 실시하는 산업재해 예방에 관한 조치에 따라야 한다(산안법 제6조). 근로자는 근기법의 정의에 따라, 임금을 목적으로 사업이나 사업장에 근로를 제공하는 사람을 의미한다(근로기준법 제2조 제1항 제1호, 산안법 제2조 제3호). 고용노동부령에서 사업주의 안전보건조치의무를 규정하면서 관련된 근로자의 준수의무를 함께 규정하고 있다(근로기준법 제40조, 「산업안전보건기준에 관한 규칙」). 근로자가 산안법상 의무를 위반하는 경우에는 산업재해 발생여부와 관계없이, 300만 원 이하의 과태료를 부과받게 된다(산안법 제175조).

제4절

산업안전보건법의 법리상 한계 (무죄판결의 분석)

김영진*

Ⅰ. 서 설

중대재해 발생 시 사업주, 경영책임자 등에 대한 처벌을 강화하는 「중대재해 처벌 등에 관한 법률」(이하 '중대재해처벌법'이라 한다)이 2021년 제정되었다. 기존의 「산업안전보건법」(이하 '산안법'이라 한다)에 의한 형사규제가 산업재해를 방지하기에는 역부족이었다는 반성적 고려도 중대재해처벌법의 입법에 중요한 배경이 되었다고 볼 수 있다.[1] 이 글에서는 산업재해[2]에 대한 기존 산안법의 형사규제 체계에 어떤 취약점이 있었는지, 특히 산업재해와 관련하여 왜 경영책임자 등에 대한 처벌을 강화하는 새로운 법이 필요하게 되었는지에 대해 법원의 무죄 판결을 중심으로 분석해보고자 한다.

Ⅱ. 산업재해에 대한 산업안전보건법의 형사규제 체계 개관

산업재해에 대한 전형적인 형사법적 대응방안으로 범죄유형의 신설과 법정형의 상향이 이루어져 왔다. 급격한 산업화로 산업재해가 대형화되고 발생빈도가 증가하는 것에 효율적으로 대처하기 위해 근로기준법과 별도의 법률로 1981. 12.

---

* 金煐晋, 전문박사과정 수료, 서울고등법원 판사, yjinkim@scourt.go.kr

1) 전형배, "중대재해기업처벌법 입법안 소고", 노동법포럼 제30호, 노동법이론실무학회(2020), 254면.

2) 산안법 제2조 제1호. "산업재해"란 노무를 제공하는 사람이 업무에 관계되는 건설물·설비·원재료·가스·증기·분진 등에 의하거나 작업 또는 그 밖의 업무로 인하여 사망 또는 부상하거나 질병에 걸리는 것을 말한다.

31. 법률 제3532호로 제정된 산안법은 당초 제44조(벌칙조항)에서 사업주의 안전조치의무(제17조 제3항) 위반에 대하여 2년 이하의 징역 또는 1천만 원 이하의 벌금에 처하도록 규정하였다. 1990. 1. 13. 법률 제4220호 개정에 의해 기존 제44조에서 제67조로 이동한 벌칙조항은 3년 이하의 징역 또는 2천만 원 이하의 벌금으로 상향되었다. 1996. 12. 31. 법률 제5248호 개정에 의해 제67조는 5년 이하의 징역 5천만 원 이하의 벌금으로 상향되었다. 특히, 2006. 3. 24. 법률 제7920호 개정에 의해 안전보건조치의무위반으로 인한 사망의 결과가 발생한 경우를 7년 이하의 징역 또는 1억 원 이하의 벌금으로 처벌하는 제66조의2가 신설되었다.

최근 산안법은 2019. 1. 15. 법률 16272호로 전부 개정되었다.[3] 전부개정에 의해 안전조치의무위반에 대한 벌칙조항은 제168조에, 그 위반으로 사망의 결과가 발생한 경우는 제167조 제1항에 각 규정되었다. 사망의 결과 발생 시 제167조 제2항에서 5년 이내의 재범에 대해서는 형의 1/2까지 가중하도록 하는 규정이 신설되었고, 법인에 대해서는 제167조 제1항 위반의 경우 벌금형의 상한을 10억 원까지로 상향하였다(제173조 제1호). 특히 도급인의 안전보건조치의무를 위반하여 수급인의 근로자가 사망하는 결과가 발생한 경우에도 제167조 제1항의 처벌대상으로 포함됨에 따라 도급인에게도 강화된 처벌규정이 적용되도록 개정되었다. 그리고 위반 행위자에게 산업재해 예방에 필요한 수강명령 및 이수명령 병과제도가 도입된 것도 특징이다(제174조).

이러한 산업안전보건의무 위반에 대한 형사법적 제재의 체계는 안전조치의무를 위반하여 중한 결과가 발생할수록 더 무거운 범죄에 해당하며, 이러한 행위에는 더 중한 형을 부과함으로써 산업재해를 예방하고 근로자의 신체의 완전성이라는 법익침해 결과발생을 방지할 수 있다는 인식을 전제로 한다.[4] 그러나 여기에 대해서는 사업주의 안전보건조치의무위반으로 발생한 결과가 근로자의 사망이 아닌 상해의 경우에는 산업안전보건법이 적용되지 않고, 근로자 아닌 자의 사상이 발생한 경우에는 산안법이 아닌 형법상 과실범에 의한 처벌이 가능할 뿐이므로 형사법적 제재로 산업안전을 도모하려는 정책은 공백이 있다는 비판과 기업 경영진에 대한 책임을 제대로 묻지 못한다는 비판 등이 있었다.[5] 이하에서 자세히 살

3) 2018년 12월 충남 태안화력발전소 협력업체 근로자 김용균 씨의 사망사고를 계기로 입법이 촉진되었다는 점에서 일명 '김용균법'이라고 일컬어지기도 한다.
4) 김호기, "재난발생의 직접적인 원인야기자에 대한 중한 형의 부과를 통한 재난예방 가능성", 형사정책연구 제25권 제4호, 한국형사정책연구원(2014), 92면.

펴본다.[6]

Ⅲ. 행위주체 및 보호대상에 따른 한계

1. 행위주체 측면에서의 한계

가. 행위자의 특정 문제

산안법상 안전·보건조치의무를 취할 주체인 사업주는 근로자를 사용하여 사업을 행하는 자를 말한다(산안법 제2조 제4호). 어떤 사업의 경영주체로서 경영상 손익계산이 귀속하는 자로서 근로자를 사용하여 사업을 영위하는 개인이나 법인이 사업주가 된다.[7] 공사의 경우 사업주는 자신의 계산 및 책임 하에 시공하는 자를 말하므로, 공사를 하도급 받은 회사가 제3자에게 명의만 대여하고 공사에 실질적으로 관여하지 않은 경우 산안법상 사업주에 해당하지 않는다.[8]

그러나 사업주만이 산안법상 안전보건조치의무를 부담하기 때문에 사업주가 아닌 개별 행위자들, 특히 법인의 대표이사 등 경영진의 책임이 문제될 수 있는데, 이와 관련하여 산안법은 제173조에 양벌규정을 두어 법인의 대표자나 법인 또는 개인의 대리인, 사용인, 그 밖의 종업원이 그 법인 또는 개인의 업무에 관하여 산안법 위반행위를 할 경우 그 행위자를 벌하는 외에 법인에게도 벌금형을 과하도록 하고 있다. 대법원은 산안법의 양벌규정이 행위자나 사업자 쌍방을 모두 처벌하려는 것이므로, 양벌규정에 의해 사업자가 아닌 행위자도 사업자에 대한 각 본조의 벌칙규정의 적용 대상이 된다고 본다.[9] 다만, 산안법은 사업장의 안전

---

5) 우희숙, "산업안전과 형법: 산업재해의 예방을 위한 형법의 역할", 형사정책연구 제29권 제1호(통권 제113호), 한국형사법무정책연구원(2018), 375면.

6) 이하에서 인용 법조문과 관련하여 별도의 개정 시기를 부기하지 않고 '구 산안법'이라고 표기한 것은 2019년 전부개정 이전의 법률 조항을 의미하고, '산안법'이라고만 표기한 것은 2019년 전부개정 이후의 것을 의미한다. 특히 이 글에서 인용한 판례들은 모두 구 산안법 시기의 것들이므로, 적용 법조문과 관련하여 주의를 요한다.

7) 심재진, "산업안전보건법의 실효성 증대를 위한 규율방향-영국과 호주의 사례와의 비교-", 노동법연구 제39호, 서울대학교 노동법연구회, 2015, 14면 참조.

8) 대법원 2008. 5. 29. 선고 2006도1868 판결.

9) 대법원 1995. 5. 26. 선고 95도230 판결; 대법원 2004. 5. 14. 선고 2004도74 판결; 대법원 2007. 7. 26. 선고 2006도379 판결; 대법원 2010. 9. 9. 선고 2008도7834 판결; 대법원 2011. 9. 29. 선고 2009도12515 판결; 대법원 2010. 9. 9. 선고 2008도7834 판결; 대법원 2010. 11. 25. 선고 2009도11906 판결 등.
그러나 이러한 판례의 태도에 대해서는 범죄능력이 없는 법인에 대한 형사책임을 지우기 위한 양벌규정을 행위자에게 역적용하는 것이라는 논란이 있다. 논란에 대한 간단한 소개로는, 이순욱,

및 보건에 관한 전문가로서 안전보건관리책임자, 안전관리자, 보건관리자 등을 두도록 하고 있는데, 위 양벌규정에서 말하는 행위자는 보통 안전보건관리책임자 등을 의미하고, 기업을 실제로 운영하는 대표이사 등 최고경영자는 구체적인 기술적 사항에 관한 관리의무를 부담한다고 보기 어려워 직접 행위자로 포섭하기 어려운 한계가 있다.[10] 여기서 안전보건관리책임자는 그 사업을 실질적으로 총괄 관리하는 자여야 하며(산안법 제15조 제1항),[11] 명칭의 여하를 묻지 않고 해당 사업장에서 사업의 실시를 실질적으로 총괄·관리하는 권한과 책임을 가져야 한다.[12] 행위자의 해당범위가 문제된 아래 사례들을 보자.

사례 1

전국 다수 현장에서 전기공사를 수행하는 회사A는 회사B로부터 아파트 신축공사 중 전기 분야를 도급 받았고, 회사A는 현장근로자C에게 어두운 곳에서 식별 가능한 표식 없이 안전난간 일부를 해제하고 덮개를 열어둔 채 조명을 켜지 않고 작업을 하게 하였는데, 근로자C가 아래로 추락하여 사망한 사안이다. 현장에 파견된 도급인 회사B의 현장소장으로서 안전보건총괄책임자인 D는 도급인의 안전조치의무 위반으로 인한 산안법위반, 업무상과실치사의 점이 유죄로 인정되었다. 그러나 대법원은 수급인 회사A의 경우 자신의 현장소장E가 도급인 회사B의 안전보건협의체 회의에 참석하고 근로자를 채용하여 일을 하게 한 반면, 회사A의 대표이사F는 안전보건관리책임자로 되어 있었지만 3개월에 1회 정도만 도급인B의 안전보건협의체에 참석하기 위해 사고현장을 방문하였을 뿐이어서 대표이사F가 현장에서 안전조치를 하지 않은 채 작업이 이루어지도록 지시하였거나 그러한 상태에서 작업이 이루어지는 것을 방치한 행위자로 볼 수 없다고 보아 대표이사F에 대한 구 산안법 제67조 제1호 위반의 점을 무죄로 보고, 나아가 대표이사F의 구 산안법 제67조 제1호 위반죄 성립을 전제로 하는 회사A에 대한 산안법위반의 점 역시 무죄 취지로 판단하였다(대표이사F는 업무상과실치사로는 기소되지 않았다).[13]

"산업안전보건법상 형사처벌 규정에 관한 소고-2019년 이후 개정된 내용을 중심으로-", 법학연구 제62권 제1호, 부산대학교 법학연구소(2021), 322면 등 참조.

10) 전형배, "산업안전보건법의 적용범위 확대와 대표이사에 대한 책임 강화", 노동법포럼 제22호, 노동법이론실무학회(2017), 155면.

11) 2019년 전부개정되기 전 구 산안법 제13조 제1항, 시행령 제9조 제2항에서 안전보건관리책임자의 요건으로 요구하던 것인데, 전부개정을 통해 산안법에 직접 규정되었다.

12) 대법원 2004. 5. 14. 선고 2004도74 판결. 따라서 그 사업을 실질적으로 총괄관리하는 사람이 아닌 자를 안전관리책임자로 임명한 경우 안전관리책임자 미선임으로 인한 산안법위반죄가 성립한다.

13) 대법원 2010. 9. 9. 선고 2008도7834 판결. 한편, 도급인 회사B도 도급인의 안전조치의무 위반으로 인한 산안법위반의 점으로 기소되었지만, 그 현장소장D의 안전조치의무 위반행위를 예상하여 이를 방지하기 위한 상당한 주의를 기울이거나 관리감독을 철저히 할 의무를 게을리 하였다고 볼

사례 2

전력구 공사의 수급인 회사A로부터 터널굴착공사를 하도급 받은 회사B가 터널 천공 작업 중 붕락사고가 발생한 지점을 우회하고자 그 지상에 있는 철로에 가깝게 지하 터널의 선형변경을 하여 공사를 계속 진행하게 되었다. 막장 상단부에서 많은 물이 쏟아져 내리고 있었음에도 발파를 실시하여 암반이 무너지고 지반이 침하되면서 하필 그 위 철로를 달리던 무궁화호가 탈선, 전복되어 78명이 사망하고 176명이 부상한 사안이다. 대법원은 수급인 회사A는 시공관리계약 형태로 전력구 공사를 수급받았으므로 산안법상 사업주에 해당하여 산안법상 안전조치의무위반죄를 부담한다고 보면서도, 그 대표이사C는 사업주에 해당하지 않고 고의로 불량한 작업방법에 기인하여 발생하는 위험을 방지하기 위해 필요한 조치를 취하지 않은 행위자로도 보기 어렵다는 이유로 대표이사C에 대한 산안법위반의 점을 무죄로 판단한 원심을 그대로 확정하였다. 대법원은 또한 도급인의 지중선사업처장, 수급인 회사A의 대표이사, 토목사업본부장, 지원담당이사, 하수급인 회사B의 실경영자는 해당 공사에 대한 일반적이고 추상적인 지휘, 감독책임은 인정되나 공사현장의 기술적인 세부 사항을 일일이 검토하고 안전대책 등을 마련할 구체적이고 직접적인 주의의무가 없다는 이유로 위 피고인들의 업무상과실치사상의 점 등을 무죄로 본 원심을 그대로 확정하였다.[14]

사례 3

백화점신축공사의 시공사로부터 토공사 및 흙막이공사를 하수급 받은 회사A가 소방도로에 그라우팅 작업을 하다가 지하에 매립된 도시가스관을 파손하였고, 누출된 가스가 인근의 지하철공사장으로 유입되어 폭발하여 다수의 사상자가 발생한 사안이다. 항소심은 회사A의 대표이사B는 경영상 중요 사항만 결정하는 등 일반적인 지휘·감독을 하였을 뿐 공사현장의 시공방법, 안전대책 등 전문적·기술적 사항은 각 부서 임원, 안전관리자, 현장소장에게 일임되어 그 의무를 직접 위반한 행위자가 아니라는 이유 등으로 산안법위반의 점을 무죄로 판단하고, 마찬가지 이유로 업무상과실치사상의 점에 대해서도 무죄로 판단하였다. 그러나 대법원은 대표이사B에게 제반 안전조치에 관한 구체적이고 직접적인 주의의무가 없었다고 한 항소심의 판단은 수긍하면서도, 건축법상 요구되는 건설기술자를 공사현장에 파견하지 않은 업무상과실이 사고 발생과 상당인과관계가 있다고 보아 업무상과실치사상의 점에 대해서는 유죄 취지로 파기환송하였다. 한편, 시공사(수급인)의 건설이사C에 대해서는 공사와 관련한 일반적, 추상적인 지휘, 감독책임은 있더라도 하도급업체의 현장소장에 대해 제반 안전조치를 취하도록 할 구체적, 직접적 주의의무는 없다는 이유로 무죄 판결이 확정되었다.[15]

증거가 부족하다는 이유로 무죄로 판단되었다(파기 후 환송심인 춘천지방법원 2011. 6. 22. 선고 2010노651 판결).

14) 대법원 1994. 5. 24. 선고 94도660 판결.

사례 4

버스터미널의 상업시설 지하1층에서 설비 및 인테리어 공사가 진행되었는데, 상업시설 임차인(도급인A)은 배관 등 설비공사를 회사B에 도급을 주었고, 회사B는 그중 가스배관공사 부분을 회사C에 하도급을 주었으며, 회사C는 이를 개인사업자 D에게 재하도급을 주었다. D가 가연물이 있는 건축물 내에서 화기작업을 하는 경우에 필요한 안전조치의무 등을 하지 않은 채 자신의 근로자들로 하여금 용접작업을 하게 하던 중 가스관에서 새어나온 가스에 불이 붙고, 이어서 공사 중이던 천장에 설치된 우레탄으로 불이 옮겨 붙으면서 대량의 유독가스가 발생함에 따라 버스터미널 내에 있던 승객 등 9명이 사망하고, 60명이 유독가스 중독 및 화상을 입은 사안이다. 가스배관공사의 수급인 회사B, 회사B의 현장소장, 재하수급인 D에 대한 안전조치의무 위반으로 인한 산안법위반의 점, 업무상과실치사상의 점과, 하수급인 회사C의 현장소장에 대한 업무상과실치사상의 점은 각 유죄로 인정되었다. 그러나 도급인A의 담당 직원들은 건물의 소방안전관리자로 하여금 방화셔터 전원의 차단 범위를 확인하거나, 가스배관공사와 스프링클러공사의 일정과 구간을 조정하거나, 미리 우레탄폼을 제거하거나 방화·방염처리를 하는 등의 안전조치를 취하도록 지도·감독할 의무를 위반하였다고 인정하기 어렵고, 일부 주의의무 위반이 인정된다고 하더라도 그것과 사상의 결과 사이에 상당인과관계를 증명할 증거가 부족하다는 이유로, 하수급인 회사C의 대표는 현장소장을 지휘·감독하여 가스배관공사에 관한 안전조치를 취하도록 할 구체적이고 직접적인 주의의무가 있다고 볼 수 없고, 현장소장이 현장에 상주할 수 있는 업무환경을 조성하지 않은 주의의무 위반과 화재의 발생 및 확대 사이에 인과관계가 있다고 보기 어렵다는 이유로 위 사람들에 대한 업무상과실치사상의 점은 무죄로 판단되었다(수급인 회사B의 대표 역시 소방기술자를 배치하지 않았다는 업무상과실이 인정되었을 뿐, 공사진행에 관하여는 스스로 관여하지 않았으므로 하수급인에 대한 관리와 관련한 구체적, 직접적 주의의무는 없었다고 판단되었다).[16]

사례 5

반도체회사인 A는 반도체 생산공장의 중앙화학물질 공급장치룸(CCSS룸)에 대한 유지, 보수업무를 회사B에 위탁하였는데, CCSS룸에 설치된 불산탱크에서 불산이 누출되자 회사B는 근로자들로 하여금 밸브를 교체하도록 하였으나 새로 교체된 밸브에서도 불산이 누출되어 회사B의 근로자 1명이 사망하고, 4명이 화학화상을 입은 사안이다. 회사B의 안전보건관리책임자에 대한 근로자 사망으로 인한 산안법위반의 점과 업무상과실치사상의 점, 회사B에 대한 산안법위반의 점, 회사A의 담당 실무자들

---

15) 대법원 1997. 1. 24. 선고 96도776 판결.
16) 대법원 2016. 7. 22. 선고 2016도3749 판결.

에 대한 업무상과실치사상의 점은 유죄로 판단되었다. 그러나 회사A의 인프라기술센터장의 경우 비록 해당 사업장의 공급시설 구축 및 화학 공급업무 등을 담당하기는 하지만, CCSS룸의 업무에 관한 일반적, 추상적 주의의무만 부담할 뿐 구체적, 직접적 주의의무를 부담한다고 보기 어렵다는 이유로 업무상과실치사상의 점에 대해 무죄로 판단되었고, 회사A의 규모, 조직체계 등의 사정에 비추어 해당 사고와 관련한 산안법위반의 행위자에 해당한다고 보기 어렵다는 이유로 산안법위반의 점도 무죄로 판단되었으며, 회사A는 행위자라고 볼 수 없는 인프라기술센터장을 그 행위자로 전제하여 기소되었다는 이유로 무죄로 각 판단되었다.[17]

사례1은 사업주인 법인(회사A)의 대표이사의 업무상과실치사의 점은 기소도 되지 않았고 기소된 산안법위반의 점은 무죄 판단을 받았고, 사례2는 사업주인 법인(회사A)의 대표이사가 산안법위반, 업무상과실치사상 등으로 기소되었으나 모두 무죄 판단을 받은 사안이다. 사례3은 사업주인 하수급인(회사A)의 대표이사의 산안법위반의 점은 무죄로 판단되었으나, 산안법이 아닌 다른 법률에 의해 요구되는 주의의무 위반으로 인한 업무상과실치사상의 점은 유죄로 인정된 사안이다. 현장에서 먼 위치에 있을수록, 직급구조상 상위에 있을수록, 회사의 규모가 클수록 법인의 대표이사 등 고위관리직에 대해서는 현장에서 요구되는 기술적인 안전조치에 관한 구체적이고 직접적인 주의의무가 인정되기 쉽지 않다는 점이 드러난다. 특히 사례2의 경우 회사A의 대표이사 등이 사고 당시 선형변경에 관한 보고를 받지 않은 상태였다는 점이 항소심에서 무죄 판단의 근거 중 하나가 되었는바, 고위관리직일수록 세부적인 작업상황과 안전대책에 구체적인 관심과 주의를 기울이지 않음으로써 오히려 책임을 면하게 될 수도 있는 것이다.[18] 사례3의 경우 하수급인(회사A)의 대표이사의 업무상과실치사상의 점은 유죄로 인정되었으나, 과실의 내용으로 인정된 것은 산안법의 안전조치의무 위반이 아니었다. 사례4의 경우에도 현장의 구체적 시공에 관여하지 않은 하수급인의 대표는 안전조치에 관한 직접적인 주의의무가 인정되지 않았다. 즉, 법인의 대표이사는 일반적·추상적

17) 대법원 2018. 10. 25. 선고 2016도11847 판결.

18) 대법원 2009. 10. 29. 선고 2009도6234 판결에서도 취수문 공사를 하도급 받은 법인사업주의 대표이사는 당시 11곳의 건설현장에서 공사를 진행하면서 문제의 현장에는 1개월에 한두 차례 방문하여 공정을 파악하였을 뿐이며, 따로 현장소장을 파견하여 그로 하여금 안전보건에 관한 협의체에 참석하도록 하였으므로, 취수문 공사 중 안전상 조치를 취하지 아니한 행위자라고 볼 수 없다는 이유로 무죄가 확정되었다.

지휘감독책임은 인정될 수 있으나, 구체적·직접적 지휘감독책임이 없으므로 실제 안전조치의무 위반의 행위자로 인정되기 어려운 측면이 있다.[19] 이와 같이 산안법 양벌규정의 행위자가 되기 위해서는 구체적이고 직접적 주의의무가 있어야 하는데 기업의 규모가 클수록 업무가 분장되고 위계단계의 분화가 심화되므로 대표이사 등 상층부 경영진이 산안법위반과 관련한 행위자가 되기 어렵게 된다.[20] 사례5와 같은 대규모 회사의 사례가 그 대표적인 예이다.

또한, 앞서 본 사례들에 비추어 보면, 법인의 대표자의 처벌 여부는 기업의 규모, 대표자의 업무와 기업의 개별현장에서 행해지는 작업의 관계, 현장소장 등 사고현장을 관리하는 별도의 안전관리책임자의 존부, 대표자와 현장소장 사이의 업무관계 등을 고려하여 판단된다고 볼 수 있는데,[21] 법인의 대표자의 관점에서는 보고체계를 여러 단계로 두고 관리자를 별도로 임명하는 등의 방법으로 안전·보건조치의무 위반의 행위자를 자신이 아닌 다른 근로자로 대체하는 것이 용이한 측면이 있다.[22] 특히 사례5와 관련하여서는, 법원의 판단이 안전보건관리체계를 총괄하는 책임자를 배제한 채 그 지휘를 받아 노무를 제공하는 근로자만을 행위자로 지목하는 것으로서 사고 발생 시 안전보건관리체계의 정책결정권자를 면책하는 변론방향만 제시하는 결과라는 비판도 제기된다.[23] 한편, 행위자로서 책임을 면하기 쉬운 법인의 대표이사에 비하여 개인 사업주의 경우에 행위자로서의 책임은 피하더라도 양벌규정 단서에 있는 예외에 해당하지 않는 한 사업주로서는 산안법위반의 처벌을 피하기 어렵다.[24] 이를 고려하여, 대표이사도 산안법의 의무위반 주체로 해석하거나, 산안법상 사업주의 범위를 근로기준법상 사용자 개념[25]

19) 우희숙, "산업재해와 형사책임-산업안전보건법 제66조의2를 중심으로-", 서울대학교 법학 제54권 제1호, 서울대학교 법학연구소(2013), 146면. 이하에서는 위 글을 '우희숙(2013①)'로 인용한다.

20) 심재진(2015), 앞의 글, 17면. 이와 관련하여 법인의 경우 대외적으로 회사를 대표하고 대내적으로 업무집행을 담당하는 대표이사를 안전보건조치의무 위반의 주체로 해석해야 한다는 견해로는, 우희숙, 안전조치의무위반죄의 성립요건과 형사책임-산업안전보건법 제23조를 중심으로-, 홍익법학 제14권 제1호, 홍익대학교 법학연구소, 2013, 291면[이하에서는 위 글을 '우희숙(2013②)'로 인용한다].

21) 전형배, "산업안전보건법의 양벌규정 개정에 관한 연구-기업경영진의 형사책임을 중심으로", 안암법학 제27권, 안암법학회(2008), 372면 참조.

22) 우희숙(2013①), 앞의 글 147면.

23) 전형배(2020), 앞의 글, 257면. 위 글 255면 이하에서는 이를 '기업 범죄의 근로자 범죄화'로 지칭하며 비판한다.

24) 김재윤, "기업 경영진의 형사책임에 관한 연구-산업안전보건법상 양벌규정의 문제점과 개정안을 중심으로-", 법제연구 제40호, 한국법제연구원(2011), 402면.

25) 사업주 또는 사업 경영 담당자, 그 밖에 근로자에 관한 사항에 대하여 사업주를 위하여 행위하는 자(근로기준법 제2조 제1항 제2호).

정도로 확대하는 내용으로 개정하는 방안을 법인의 대표이사에 대한 형사책임을 확대하는 방법으로 제시되기도 한다.26) 그러나 이는 해석상으로는 무리한 방법이며, 결국 현장에서의 구체적인 안전조치 등에 직접 관여하지 않는 법인의 대표자 등 경영진에 대해서는 산안법상 형사처벌 체계가 그다지 예방효과를 거두기 어려웠다.27)

한편, 일정한 종류의 사업 및 사업장 규모에 해당하는 사업주는 안전보건관리책임자를 선임해야 하고(현행 산안법 제15조), 이를 보좌할 안전관리자(제17조), 보건관리자(제18조)를 두어야 할 의무 등을 부담하는데, 해당 의무를 위반한 경우 500만 원 이하의 과태로 부과 대상이 된다(현행 산안법 제175조 제5항). 이에 대해서는 위와 같은 안전보건관리체제에 관한 의무들은 구체적인 안전보건조치에 관한 기준 위반으로는 대기업의 대표이사 책임을 묻는 것이 현실적으로 어려운 점에 착안하여 이를 해결하는 방안으로 마련된 것인데, 그 의무 위반에 대해 과태료만 부과하는 것으로는 실질적 위하력이 부족하다는 지적이 있다.28)

대규모 기업과 같이 사회적, 기술적 시스템을 갖추고 사업을 진행하는 경우 시스템의 설계, 설계에 따른 적정한 시스템의 구축, 구체적인 위험관리업무의 수행, 설계 및 운영과정에서 준수하여야 하는 안전기준의 마련, 위험관리의 적정성에 대한 감독과 같이 위험관리가 기능적으로 세분화되어 서로 다른 구성원이나 조직에 의하여 이루어지게 되며, 이와 같이 위험관리기능이 분화되어 수행되고, 다층적 위험관리구조가 갖춰진 시스템 위험의 경우에는 어느 개인이 위험창출이나 위험실현을 지배할 가능성이 제한된 범위에서 인정된다.29) 재난은 해당 재난을 방지하려는 시스템 위험관리가 실패한 경우에 현실화되므로, 시스템 중 특정 영역에 대한 지배가능성을 보유한 개인에게 시스템 위험관리 실패에 대한 모든 책임을 부담시키는 것은 온당하다고 보기 어렵다.30) 산업재해와 관련한 산안법의 형사규제는 사업장의 현실적인 기술적 안전조치와 관련한 행위자를 중심으로 규제가 이루어지므로, 시스템 위험관리의 측면에서 그 시스템을 설계·구축하고 위험관리의 적정성을 관리·감독하는 법인의 의사결정권자는 산안법의 산업재해에 관

26) 우희숙(2013①), 앞의 글, 147면.
27) 김재윤, 앞의 글, 403면 참조.
28) 정진우, "산업안전보건법의 입법체계상 문제점과 개선방안", 노동법포럼 제16호, 노동법이론실무학회(2015), 88면.
29) 김호기, 앞의 글, 103면.
30) 김호기, 앞의 글, 108면.

한 행위자에 해당하지 않을 가능성이 크다. 그러나 그 의사결정권자가 사업장의 안전보건상태를 확보할 수 있는 역할을 충분히 하지 않은 것이 산업재해의 중대한 원인이 될 수도 있음에도, 산안법의 행위자는 이러한 자들까지 포섭하기 어려운 한계가 있다.

나. 법인 사업주의 책임 문제

법인은 사법상 의무주체가 될 뿐 일반적으로 범죄능력이 없지만,[31] 법률이 목적 달성을 위해 특별히 규정하는 경우에만 행위자를 벌하는 외에 법률효과가 귀속되는 법인에 대해 벌금형을 과할 수 있다고 보는 것이 판례의 태도이다.[32] 따라서 법인은 산업안전과 관련한 사상의 결과가 발생하더라도 형법상 업무상과실치사상죄의 주체가 될 수 없다. 양벌규정에 의하여 사용자인 법인 또는 개인을 처벌하는 것은 형벌의 자기책임원칙에 비추어 위반행위가 발생한 그 업무와 관련하여 사용자인 법인 또는 개인이 상당한 주의 또는 관리감독 의무를 게을리 한 선임감독상의 과실을 이유로 양벌규정에 의한 사용자인 법인 또는 개인을 처벌한다.[33] 한편, 산안법의 양벌규정 제173조도 역시 단서에서 사업주인 법인 또는 개인이 그 위반행위를 방지하기 위하여 해당 업무에 관하여 상당한 주의와 감독을 게을리 하지 아니하는 경우에는 형사책임을 부담하지 않는 것으로 하고 있다.[34]

---

31) 대법원 1984. 10. 10. 선고 82도2595 전원합의체 판결. "형법 제355조 제2항의 배임죄에 있어서 타인의 사무를 처리할 의무의 주체가 법인이 되는 경우라도 법인은 다만 사법상의 의무주체가 될 뿐 범죄능력이 없는 것이며 그 타인의 사무는 법인을 대표하는 자연인인 대표기관의 의사결정에 따른 대표행위에 의하여 실현될 수밖에 없어 그 대표기관은 마땅히 법인이 타인에 대하여 부담하고 있는 의무내용대로 사무를 처리할 의무가 있다 할 것이므로 법인이 처리할 의무를 지는 타인의 사무에 관하여는 법인이 배임죄의 주체가 될 수 없고, 그 법인을 대표하여 사무를 처리하는 자연인인 대표기관이 바로 타인의 사무를 처리하는 자, 즉 배임죄의 주체가 되는 것이라고 새겨야 할 것이다."

32) 대법원 1994. 2. 8. 선고 93도1483 판결; 대법원 2018. 8. 1. 선고 2015도10388 판결 등.

33) 대법원 2011. 7. 14. 선고 2009도4975 판결; 대법원 2018. 8. 1. 선고 2015도10388 판결 등.

34) 양벌규정 단서의 "다만, 법인 또는 개인이 그 위반행위를 방지하기 위하여 해당 업무에 관하여 상당한 주의와 감독을 게을리 하지 아니한 경우에는 그러하지 아니하다."라는 부분이 2009년 규정되기 전에도 대법원은 "구체적인 사안에서 법인이 상당한 주의 또는 관리감독 의무를 게을리 하였는지 여부는 당해 위반행위와 관련된 모든 사정 즉, 당해 법률의 입법 취지, 처벌조항 위반으로 예상되는 법익 침해의 정도, 그 위반행위에 관하여 양벌규정을 마련한 취지 등은 물론 위반행위의 구체적인 모습과 그로 인하여 실제 야기된 피해 또는 결과의 정도, 법인의 영업 규모 및 행위자에 대한 감독가능성 또는 구체적인 지휘감독 관계, 법인이 위반행위 방지를 위하여 실제 행한 조치 등을 전체적으로 종합하여 판단하여야 한다."라고 하여 법인의 관리·감독상 책임을 요구하고 있었다. 대법원 2010. 9. 9. 선고 2008도7834 판결; 대법원 2010. 12. 9. 선고 2010도11343 판결; 대법원 2011. 6. 24. 선고 2008도12177 판결; 대법원 2011. 7. 14. 선고 2010도1120 판결; 대법원 2011. 7. 28. 선고 2009도6303 판결 등.

사례 6

아파트신축공사 현장에서 시공사A의 현장소장B가 공사현장의 안전보건총괄책임자로서 어두운 곳에서 식별 가능한 표식 없이 안전난간 일부를 해제하고 덮개를 열어둔 채 조명을 켜지 않은 상태에서 수급업체 소속 근로자에게 배선 작업을 하도록 하였다가, 해당 근로자가 추락하여 사망한 사안이다. 대법원은 현장소장B는 안전보건총괄책임자로서 구 산안법 제71조의 행위자에 해당하여 구 산안법 제68조 제1호 위반죄 및 업무상과실치사죄가 성립하지만, 그 사용자인 시공사A가 상당한 주의 또는 관리감독 의무를 게을리 하였는지 여부를 별도로 심리하여 유죄 여부를 다시 판단해야 한다는 취지로 원심을 파기환송하였다.[35] 파기 후 환송심은 시공사A가 자신의 현장소장B의 위와 같은 안전조치의무 위반를 예상하여 이를 방지할 상당한 주의를 기울이거나 관리감독을 철저히 할 필요가 있었음에도 그 의무를 게을리 하였다고 보기 어렵다는 이유로 시공사A를 무죄로 판단하였다.[36]

2006년 구 산안법 제66조의2가 도입됨으로써 근로자가 사망하는 산업재해가 발생한 경우 법인인 사업주에게 직접 형사책임을 지울 수 있게 되었는데, 벌금형의 상한이 1억 원으로 행위자나 법인에게 모두 동일하여 규모가 있는 법인 사업주에 대해서는 위하력이 부족하다는 비판이 있었다.[37] 이에 2019년 전부개정된 산안법은 안전보건조치의무 위반으로 근로자 사망의 결과가 발생한 경우(즉 제167조 제1항 위반) 법인인 사업주에 대해서는 개인사업주에 비해 10배의 금액, 즉 10억 원을 벌금형의 상한으로 부과할 수 있도록 하였다(산안법 제173조 제1호). 법인인 사업주에 대한 책임을 강화했다는 측면에서는 긍정적이고, 개인사업주는 징역형의 위험도 부담한다는 점을 고려해야 하긴 하겠으나, 법인인 사업주가 반드시 개인사업주보다 더 규모가 큰 것은 아니므로 사업주의 규모 등을 고려하지 않고 법인이라는 이유만으로 벌금형의 상한을 개인사업주와 비교할 때 10배까지 차이가 나도록 하는 것이 균형상 타당한지는 다소 의문이다.

다. 도급인의 책임 문제

구 산안법 제29조 제1항은 같은 장소에서 행하여지는 사업으로서 도급인이 사

35) 대법원 2010. 9. 9. 선고 2008도7834 판결.
36) 춘천지법 2011. 6. 22. 선고 2010노651 판결(미상고 확정).
37) 심재진(2015), 앞의 글, 27면 등.

업의 일부를 분리하여 도급을 주어 하는 사업, 사업이 전문분야의 공사로 이루어져 시행되는 경우 각 전문분야에 대한 공사의 전부를 도급을 주어 하는 사업의 경우에는 도급인인 사업주에게도 그가 사용하는 근로자와 수급인이 사용하는 근로자가 같은 장소에서 작업을 할 때에 생기는 산업재해를 예방하기 위한 조치를 취할 의무를 부과하였다.[38] 종래에는 같은 장소에서 행하여지는 사업의 일부를 도급주어 하는 사업주만 도급사업 시의 안전·보건조치의무를 부담하도록 하고 있었으나(2011. 7. 25. 법률 제10968호로 개정되기 전의 산안법 제29조 제1항),[39] 이후 사업의 일부를 분리하여 도급을 주는 경우에 더하여 사업이 전문분야 공사로 이루어져 시행되는 경우 각 전문분야에 대한 공사 전부를 도급주어 하는 경우의 도급사업주도 도급인으로서 안전·보건조치의무를 부담하는 것으로 개정되어 도급업체인 사업주의 책임이 강화되었다(2011. 7. 25. 법률 제10968호로 개정된 산안법 제29조 제1항 제2호). 특히, 구 산안법 제29조 제3항은 수급인이 사용하는 근로자가 토사 등의 붕괴, 화재, 폭발, 추락 또는 낙하 위험이 있는 장소 등 산업재해 발생위험이 있는 장소에서 작업을 할 때에는 도급인인 사업주로 하여금 안전·보건시설의 설치 등 고용노동부령으로 정하는 산업재해 예방을 위한 조치를 취하도록 하고 있었다. 그러나 구 산안법에서는 도급인의 제29조 제3항 위반행위는 제68조 제3호에서 처벌 대상으로 삼고 있으나, 이는 제66조의2의 기본범죄로는 포함하지 않고 있어 입법의 미비라는 지적이 있었다.[40] 이러한 구 산안법의 도급인의 책임에 관한 규율은 수급업체가 소속 근로자에 대한 기본적인 안전보건조치를 취하는 것을 전제로 도급사업주에게 부수적 보조적 안전보건조치치의무를 부과하며, 도급사업주에게 부과되는 것으로서 수급업체와 동일한 수준의 기본적인 안전보건조치의무가 요구되는 경우는 붕괴, 화재, 폭발, 추락, 낙하 등 산업재해 발생위험이 있는 장소에 한정되었다(구 산안법 제29조 제3항).[41]

---

38) 한편, 도급인이 자신의 근로자로 하여금 수급인의 작업을 감시·감독하도록 한 경우, 그 감시·감독 작업 자체에 안전상 위험성이 있는 경우에는 사업주로서 해당 근로자에 대해 산안법 제23조 제1항의 안전조치의무를 부담한다. 대법원 2014. 5. 29. 선고 2014도3542 판결.

39) 따라서 사업 전부를 도급에 의하여 행하는 사업의 사업주는 구 산안법 제29조의 의무를 부담하는 사업주에 해당하지 않는 것으로 보았다. 대법원 2008. 5. 29. 선고 2006도1868 판결; 대법원 2008. 7. 10. 선고 2007도5782 판결; 대법원 2009. 5. 14. 선고 2008도101 판결; 대법원 2009. 5. 28. 선고 2008도7030 판결; 대법원 2009. 10. 29. 선고 2009도6234 판결; 대법원 2011. 7. 14. 선고 2010도1120 판결; 대법원 2011. 7. 28. 선고 2009도6303 판결; 대법원 2011. 9. 29. 선고 2009도12515 판결 등.

40) 최정학, "산업안전보건법 제66조의2의 처벌규정에 관한 연구", 일감법학 제36호, 건국대학교 법학연구소(2017), 348면.

대법원은 도급계약의 경우 원칙적으로 도급인에게는 수급인의 업무와 관련하여 사고방지에 필요한 안전조치를 취할 주의의무가 없지만, 예외적으로 법령에 의하여 도급인에게 수급인의 업무에 관하여 구체적인 관리·감독의무 등이 부여되어 있거나, 도급인이 공사의 시공이나 개별 작업에 관하여 구체적으로 지시·감독하였다는 등의 특별한 사정이 있는 경우에는 도급인에게도 수급인의 업무와 관련하여 사고방지에 필요한 안전조치를 취할 주의의무가 있다고 보았다.[42] 대법원의 이러한 태도는 원칙적으로 수급인에 대한 도급인의 책임을 부정함으로써 수급인의 근로자에 대해서는 도급인을 산안법위반으로 처벌하기 어려운 강력한 면책 근거를 제공한다고 비판된다.[43] 그러나 도급인은 도급 또는 지시에 관하여 도급인에게 중대한 과실이 있는 경우가 아니면 수급인이 그 일에 관하여 제3자에게 가한 손해를 배상할 책임이 없는 것이 원칙이라는 점에서(민법 제757조) 대법원의 위와 같은 태도 자체는 도급의 기본 구조상 부득이한 것으로 생각한다.

한편, 도급인의 안전보건조치의무를 규정하는 구 산안법(2013. 6. 12. 법률 제11882호로 일부개정되기 전의 것) 제29조 제1항[44]은 사업의 일부를 도급한 발주자 또는 사업의 전부를 도급받아 그중 일부를 하도급에 의하여 행하는 수급인 등 사업의 전체적인 진행과정을 총괄하고 조율할 능력이나 의무가 있는 사업주에게 그가 관리하는 작업장에서 발생할 수 있는 산업재해를 예방하기 위한 조치를 하여야 할 의무를 규정한 조항으로, 구 산안법 제29조 제1항의 '같은 장소에서 행하여지는 사업'은 사업주와 그의 수급인이 같은 장소에서 작업을 하는 사업을 의미하고, 장소적 동일성 외에 시간적 동일성까지 필요하다고 볼 수 없다는 것이 판례의 태도이다.[45]

사례 7

건설기계 대여사업을 하는 주식회사 A가 무게가 45톤에 이르는 중장비의 바퀴 볼트 교체작업을 외부 수리업자B에게 도급을 주었는데, 수리업자B가 위 중장비 임차인

41) 심재진(2015), 앞의 글, 8면.
42) 대법원 2009. 5. 28. 선고 2008도7030 판결; 대법원 2016. 3. 24. 선고 2015도8621 판결 등.
43) 전형배, "산업안전보건법상 도급인 사업주의 책임구조: 영국 법제와의 비교 연구", 강원법학 제48권, 강원대학교 비교법학연구소(2016), 12면.
44) ① 같은 장소에서 행하여지는 사업으로서 다음 각 호의 어느 하나에 해당하는 사업 중 대통령령으로 정하는 사업의 사업주는 그가 사용하는 근로자와 그의 수급인이 사용하는 근로자가 같은 장소에서 작업을 할 때에 생기는 산업재해를 예방하기 위한 조치를 하여야 한다.
45) 대법원 2016. 3. 24. 선고 2015도8621 판결.

의 사업장 내에서 타이어 내부 공기압을 제거하지 않은 채 볼트 해체작업을 하다가 공기압에 튕겨져 나온 타이어에 해당 작업을 지켜보던 회사A의 직원C와 수리업자B가 사망하는 사고가 발생한 사안이다. 회사A 및 그 대표이사D는 직원C에게 볼트 교체작업을 지시하면서 안전모 등을 지급하지 않은 안전조치의무 불이행으로 인한 산안법위반과 업무상과실치사 부분은 유죄로 인정되었으나, 대법원은 수리업자B와 관련하여서는 B가 중장비 수리 전문업자로서 타이어 공기압력을 빼고 볼트 해체작업을 해야 하는 것은 수리업자로서 당연히 알아야 할 안전수칙이고, 옆에서 작업을 지켜보던 회사A의 직원C가 작업과 관련하여 구체적으로 어떤 역할을 하였는지 알기 어렵다는 사정을 종합하면, 회사A의 대표이사D로서는 볼트 해체작업과 관련하여 수리업자B에게 작업을 구체적으로 지시·감독할 지위에 있지 않고 작업상 요구되는 안전조치를 강구할 구체적이고 직접적인 주의의무가 없다는 이유로 대표이사D의 수급인인 수리업자B에 대한 업무상과실치사의 점은 무죄로 판단하였다.[46)]

사례7과 앞서 본 사례4, 사례5의 경우를 보면, 도급인의 경우 도급관계에 의해 안전보건조치의무가 필요한 현장과 한 번 더 절연되고, 수급인의 전문적인 조치를 신뢰하고 그에게 구체적, 직접적으로 작업방법을 지시하지 않은 이상 산업재해로 인한 수급인의 근로자의 사상의 결과에 대한 책임을 부담시키기 쉽지 않고, 특히 법인인 도급인의 경영진에 대하여 형사책임을 부담시키는 것은 더욱 어렵다는 점을 알 수 있다.

한편, 앞서도 언급하였지만, 구 산안법 제66조의2는 도급인인 사업주의 안전조치의무, 보건조치의무 위반으로 수급인의 근로자가 사망한 경우를 처벌대상으로 삼지 않았으나, 2019년 전부개정 산안법 제167조는 이 경우까지 처벌대상에 포함하는 것으로 확대하는 등 도급인의 산업재해에 대한 형사책임을 대폭 강화하였다. 도급인의 산안법상 책임 인정에 소극적으로 보였던 판례에도 개정법에 따라 변화가 예상된다. 다만, 수급인의 근로자에 대한 도급인의 안전보건조치의무를 수급인의 그것과 거의 동일하게 규정하는 것에 대해서는 근로자와 가장 가까운 위치에서 근로자의 작업을 직접 지휘·감독하는 수급인으로 하여금 일차적으로 안전보건의무를 부담하게 하는 것이 효과적인데, 도급인에게 수급인과 유사한 의무를

46) 대법원 2015. 10. 29. 선고 2015도5545 판결. "법령에 의하여 도급인에게 수급인의 업무에 관하여 구체적인 관리·감독의무가 부여되어 있거나 도급인이 공사의 시공이나 개별 작업에 관하여 구체적으로 지시·감독하였다는 등의 특별한 사정이 없는 한, 도급인에게는 수급인의 업무와 관련하여 사고방지에 필요한 안전조치를 할 주의의무가 없다."는 법리를 전제로 판단하였다.

부담시키면 장기적으로 수급인의 관리능력, 책임의식을 높이지 못하게 되며, 도급인으로서도 어디까지가 자신의 의무인지 불명확하여 죄형법정주의 원칙 측면에서도 문제가 있으며, 도급인이 수급인의 근로자에게 전면적인 지휘감독을 하게 하면 파견법과 충돌할 가능성도 있다는 우려[47]에도 주의를 기울일 만하다.[48]

현 산안법 제62조는 일정 규모 이상의 사업을 하는 도급인에게 도급인의 근로자와 관계수급인의 근로자의 산업재해를 예방하기 위한 업무를 총괄하여 관리할 안전보건총괄책임자를 지정하도록 규정한다. 그러나 여기에 대해서는 안전보건총괄책임자의 직무[49]가 사업장의 전체적인 제도 운영을 협의·조정·감독하는 정도의 업무로 규정되어 있으므로, 현행 제도만으로는 고위 관리자가 임명되는 안전보건총괄책임자에게 여전히 산업재해 발생 시 그 구체적 책임을 묻기 어렵게 설계되어 있다는 비판이 있으나,[50] 산안법 시행령 제53조 제1항 3호에서 "법 제64조에 따른 도급 시 산업재해 예방조치"를 안전보건총괄책임자의 직무로 하고 있으므로, 위와 같은 비판을 그대로 수긍하기는 어렵다.

2. 보호대상 측면에서의 한계

산안법은 안전보건조치의무를 이행할 기본적인 주체를 '사업주'로 정하고(산안법 제2조 제4호), 그 근로자를 보호객체로 한다. 여기서 근로자는 근로기준법상 근로자를 말한다(산안법 제2조 제3호). 이는 산안법이 근로기준법을 그 출발점으로 하였던 것[51]과 관련이 있다고 보인다. 현행 근로기준법 제76조는 근로자의 안전과 보건에 관하여는 산안법에서 정하는 바에 따르도록 하고 있다(근로기준법 제76조).

---

47) 정진우, 앞의 글, 96-98면.

48) 2019년 이후 개정된 산안법령상으로도 건설공사와 관련하여 현장에서 안전보건조치 의무의 대상이 누구이고, 재해 발생 예방책임은 누구에게 어디까지 있는지 불분명하다는 비판이 있다. 조흠학·장유리, "개정 산업안전보건법령의 현황과 문제점", 노동법논총 제46집, 한국비교노동법학회(2019), 61면.

49) **산안법 시행령 제53조(안전보건총괄책임자의 직무 등)**
① 안전보건총괄책임자의 직무는 다음 각 호와 같다.
1. 법 제36조에 따른 위험성평가의 실시에 관한 사항
2. 법 제51조 및 제54조에 따른 작업의 중지
3. 법 제64조에 따른 도급 시 산업재해 예방조치
4. 법 제72조제1항에 따른 산업안전보건관리비의 관계수급인 간의 사용에 관한 협의·조정 및 그 집행의 감독
5. 안전인증대상기계등과 자율안전확인대상기계등의 사용 여부 확인

50) 전형배(2020), 앞의 글, 269면.

51) 우희숙(2013②), 앞의 글, 299면; 조흠학, "산업안전보건법의 위반과 처벌제도", 동아법학 제69호, 동아대학교 법학연구소(2015), 155면 참조.

산안법의 1차적 의무부담 주체인 사업주와 근로자의 관계에 대해 판례는 근로기준법상 근로자성 판단 기준과 마찬가지로 '실질적인 고용관계'가 있어야 된다고 봄으로써, 근로의 실질이 고용관계에 해당함에도 계약의 형식을 위임, 도급 등으로 하여 사업주가 산안법상 의무를 회피하는 것을 방지하는 법리를 적용하여 왔다.[52] 근로자 아닌 자에게 상해 또는 사망의 결과가 발생하더라도 해당 사업주에게 산안법 위반의 점은 적용되지 않지만,[53] 실질적인 고용관계는 사업주와 사망에 이른 근로자와 사이에 있으면 되는 것이고, 직접 가해행위를 한 사람에 대해서까지 이를 필요로 하는 것은 아니다.[54] 대법원은 업무상과실치사상과 관련하여 원칙적으로 수급인의 업무에 관하여 사고방지에 필요한 안전조치를 취할 주의의무가 없으며, 예외적으로 특별한 사정이 있는 경우에만 도급인에게도 수급인의 업무와 관련하여 사고방지에 필요한 안전조치를 취할 의무가 있다고 판단하였다.[55] 구 산안법의 이러한 규정체계에 의하면, 사업주는 수급인의 근로자에 대해서는 제한된 안전보건조치의무만을 부담하고, 특수형태근로종사자에 대해서는 직접 안전조치의무, 보건조치의무를 부담하지 않기 때문에 그 보완이 필요하다는 지적이 제기되어 왔다.[56] 한편, 사업주가 고용한 근로자가 타인의 사업장에서 근로를 제공하는 경우 그 작업장을 사업주가 직접 관리·통제하고 있지 아니한다는 사정만으로 사업주의 재해발생 방지의무가 당연히 부정되는 것은 아니다. 타인의 사업장 내 작업장이 밀폐공간이어서 재해발생의 위험이 있다면 사업주는 당해 근로관계가 근로자파견관계에 해당한다는 등의 특별한 사정이 없는 한 법 제24조 제1항 제1호에 따라 근로자의 건강장해를 예방하는 데 필요한 조치를 취할 의무가 있다.[57] 다만, 파견법 제35조는 근로자의 파견근로에 관하여는 사용사업주를 사업주로 보도록 함으로써, 파견근로자와 직접 고용관계가 없는 사용사업주의 산안법상 의무가 배제되지 않도록 한다.[58]

---

52) 대법원 2002. 8. 27. 선고 2002도27 판결; 대법원 2010. 6. 24. 선고 2010도2615 판결; 대법원 2019. 6. 13. 선고 2018도20566 판결; 대법원 2020. 9. 24. 선고 2017도4192 판결 등.
53) 대법원 2010. 6. 24. 선고 2010도2615 판결.
54) 대법원 2009. 5. 14. 선고 2008도101 판결.
55) 대법원 1996. 1. 26. 선고 95도2263 판결; 대법원 2009. 5. 28. 선고 2008도7030 판결; 대법원 2010. 11. 11. 선고 2010도2887 판결 등.
56) 전형배(2017), 앞의 글, 148면; 최정학, 앞의 글, 347면.
57) 대법원 2020. 4. 9. 선고 2016도14559 판결; 대법원 2021. 3. 11. 선고 2018도10353 판결.
58) 전형배(2017), 앞의 글, 140면 참조.

사례 8

건설회사가 작업하는 날마다 임차료를 지급하기로 하는 일일 임대차계약으로 덤프트럭을 기사와 함께 임차하여 현장소장의 지휘감독하에 작업을 하게 하였는데, 우천으로 작업하지 않는 날에 기사가 현장소장의 요청을 받지 않고 임의로 덤프트럭을 점검하던 중 사고가 발생한 사안이다. 대법원은 사고 당시 임차인 회사와 기사 사이에 실질적 고용관계가 성립하였다고 볼 수 없다는 이유로 회사 및 현장소장은 안전조치의무를 부담하지 않는다고 보아 구 산안법 제67조 제1호, 제23조 제3항 위반의 점을 무죄로 판단하였다.[59)]

사례 9

건설회사가 건설공사 중 타워크레인 설치작업을 전문업자에게 도급을 주어 타워크레인 설치작업이 진행되던 중 사고가 발생한 사안이다. 대법원은 위 건설회사가 도급인으로서의 재해발생을 방지하기 위해 필요한 산안법상 조치를 취하지 않았다고 볼 수 없고, 크레인장비 임차인이 아닌 도급인이므로 임차인으로서의 주의의무까지 이행할 것을 요구할 수는 없다는 이유로 구 산안법 제70조, 제29조 제3항 위반의 점을 무죄로 판단한 원심을 수긍하였다.[60)]

사례 10

놀이동산 운영자가 놀이동산 해체작업을 전문업자에게 도급을 주어 해체작업이 진행되던 중 사고가 발생한 사안이다. 대법원은 도급인인 놀이동산 운영자는 작업현장을 감독하지 않았고 해체작업을 감독할 경험이나 지식도 없어 해체작업을 하는 근로자들을 구체적으로 지휘·감독하여 통제할 지위에 있지 않았으며, 산안법상 도급인의 안전조치의무의 내용에 구체적인 작업순서까지 포함되어 있다고 보기 어렵다는 이유로 업무상과실치상의 점을 무죄로 판단한 원심을 수긍하였다.[61)]

결국, 산안법상 보호대상은 사업주와 직접적인 관계가 있고, 그 관계가 사용종속관계에 해당하는 근로자로 한정되므로 이중적으로 제한된다.[62)] 그러나 사업주와 직접적인 사용종속관계를 맺지 않은 종사자라고 하더라도 사업주의 사업수행 과정에서 해당 종사자의 건강과 안전에 영향을 미칠 수 있고, 사내하도급이 활발

59) 대법원 2004. 6. 25. 선고 2004도1264 판결.
60) 대법원 2005. 9. 9. 선고 2005도3108 판결.
61) 대법원 2006. 9. 8. 선고 2006도3857 판결. 산안법위반으로는 기소되지 않은 사안이다.
62) 심재진(2015), 앞의 글, 6면.

하게 이루어지는 국내 현실에 비추어 볼 때 보호대상을 사업주의 근로기준법상 근로자로 제한하는 산안법의 보호대상은 그 범위가 매우 제한적이라고 볼 수 있다.[63)]

이러한 문제점과 관련하여, 산안법의 보호대상을 근로자로만 한정하는 제도는 특수형태근로종사자 등에 대해 근로기준법상 근로자성 인정에 소극적인 대법원의 태도와 맞물려 산안법상 보호대상의 확대에 한계가 있다는 지적과 함께 '사업장의 위험과 관련된 업무를 수행하는 자'라면 산안법상 보호대상에 해당하여야 한다고 보는 견해도 있다.[64)] 한편, 비록 산안법이 근로기준법의 기본구조를 수용하여 제정되었더라도, 사업장에서 근로자의 안전과 건강을 확보하고 산안법의 입법취지를 고려하여 모든 일하는 사람에 대해 적용하는 방향으로 나아가야 한다는 견해도 있다.[65)] 이러한 비판들이 일부 반영되어, 2019년 전부개정된 산안법은 사업주의 일부 특수형태근로종사자에 대한(산안법 제77조), 이동통신단말장치로 물건의 수거·배달 등을 중개하는 자의 배달종사자에 대한(산안법 제78조) 안전조치 및 보건조치 의무를 신설하였다. 다만, 사업주의 해당 의무 위반으로 특수형태근로종사자 또는 배달종사자에게 사망의 결과가 발생하더라도 이는 2019년 전부개정 산안법 제167조의 처벌대상에 포함되지는 않는다. 한편, 2020. 3. 31. 법률 제17187호 개정에 의해 현장실습생에게도 사용자의 제38조의 안전조치의무, 제39조의 보건조치의무 및 도급인의 제63조의 안전조치 및 보건조치의무가 확대 적용되었으며, 위와 같은 의무위반으로 현장실습생이 사망하는 경우 제167조의 벌칙 규정도 적용된다.

Ⅳ. 범죄의 특성에 따른 한계

1. 기술기준의 열거적 규율방식에 의한 한계

산안법 제168조, 제38조, 제39조 위반의 점은 사업주가 안전보건조치의무를 위반하는 것을 객관적 구성요건으로 한다. 산안법은 사업주가 취하여야 할 안전조치의무, 보건조치의무의 구체적인 사항은 고용노동부령으로 정하도록 하고 있다

63) 심재진(2015), 앞의 글, 13면.
64) 우희숙(2013①), 앞의 글, 148면.
65) 조흠학, 앞의 글, 159면.

(제38조 제4항, 제39조 제2항). 이에 따라 고용노동부령인 「산업안전보건기준에 관한 규칙」(이하 '안전보건규칙'이라 한다.)은 재해 사례를 바탕으로 과거에 발생한 일정한 행위유형이나 미래에 발생할 일정한 행위유형을 규정하고 있으나, 장차 발생 가능한 모든 행위유형을 열거할 수 없는 한계가 있다. 사전에 모든 상황을 가정하여 의무 사항을 정할 수는 없고, 특히 작업방식이나 작업환경의 다양성과 급격한 기술변화 등으로 인하여 장차 발생할 재해를 모두 예상하여 신속하게 규칙에 반영하기 더욱 어렵게 되기 때문이다.[66] 즉, 산안법의 안전보건조치의무는 행정법규에서 요구하는 기술기준의 준수의무라고 볼 수 있다.[67]

사례 11

안전관리책임자가 화물엘리베이터 내부의 비계해체 작업을 할 때 작업에 방해된다는 이유로 근로자에게 안전망을 모두 철거한 후 해체 작업을 하도록 지시하였는데, 근로자가 비계 해체 작업 중 추락하여 사망한 사안이다. 대법원은 안전보건규칙에 추락방지망 등을 설치할 의무가 따로 규정되지 않았고, 규칙상 요구되는 다른 안전조치는 이루어졌다는 이유로 산안법위반의 점에 대해 무죄 취지로 판단하였다.[68]

사례 12

교량기초케이슨 및 교각제작공사의 철근조립작업을 하는 하도급업체의 근로자가 철근지지대 수량부족 등으로 넘어진 수직철근에 머리를 부딪쳐 사망한 사안이다. 대법원은 철근지지대의 설치 개수나 설치 순서 등의 작업방법을 미리 정하지 않은 것은 안전보건규칙이 요구하는 안전조치의무위반에 해당하지 않는다는 이유로 하도급업체와 그 현장소장에게 구 산안법 제66조의2, 제23조 제3항의 위반죄가 성립하지 않는다고 판단하였다.[69]

사례 13

고등학교 교실에 에어컨설치공사를 실시하면서 에어컨 총판사업자로부터 설치업무 일부를 하도급 받은 사업주의 근로자가 에어컨 설치를 위한 배관 작업 중 누전으로 천장 금속지지대에 전기가 흐르는 사실을 발견하고 학교 직원에게 배선차단기를 내려달라고 요청하여 전기가 차단되었으나, 이후 다시 전원이 공급되었음에도 그 사정을

66) 우희숙(2018), 앞의 글, 381면.
67) 우희숙(2013①), 앞의 글, 148면 참조. 이러한 측면에서, 산안법은 '기술법'이라는 선입견에 기술자의 영역으로 치부되는 경향이 존재하였고, 법학적 접근이 매우 부족하였다는 지적도 있다. 정진우, 앞의 글, 106면.
68) 대법원 2009. 5. 28. 선고 2008도7030 판결.
69) 대법원 2010. 11. 11. 선고 2009도13252 판결.

알지 못한 해당 근로자가 작업을 계속하려고 금속지지대에 몸을 기대었다가 감전되어 사망한 사안이다. 대법원은 배관파이프 용접작업은 전기공사가 아니어서 특수한 절연장갑, 절연피복을 지급하지 않는 것이 일반적이고 안전보건규칙상 절연용 보호구 착용이 요구되는 경우라고 보기 어렵고, 사고발생은 에어컨 설치공사를 총괄하는 에어컨 총판사업자와 작업자들 사이의 원활한 의사소통체계가 확보되지 않았고, 설치장소 전기시설의 설치 및 관리상 하자, 전원을 공급한 설치장소 고등학교 직원의 과실 등이 경합하여 발생한 점을 고려하여, 사업주의 산안법위반의 점, 업무상과실의 점을 모두 무죄로 판단한 원심을 그대로 확정하였다.[70)]

사례 14

플라스틱 용기 제조업을 하는 사업주가 사업장 내 진공성형기로 플라스틱 용기를 제조하는 작업을 하도록 하면서 기계의 작동과 연동되는 구조를 가진 게이트가드(기계문을 열면 자동으로 멈추도록 하는 장치) 등에 의한 방호장치를 하여야 함에도 이를 설치하지 않아 작업을 하던 근로자가 제품 불량 여부를 확인하기 위해 기계문을 열고 내부를 살피던 중 중심을 잃고 기계 내부에 머리를 부딪치면서 협착되어 사망한 사안이다. 대법원은 '진공성형기는 근로자의 신체 일부가 말려 들어갈 우려가 있어 게이트가드 등 방호장치가 필요한 기계'로 볼 수 없어 사업주의 게이트가드 미설치 등으로 인한 산안법위반의 점을 무죄로 보고, 아울러 근로자가 작업 중 제품의 불량 여부를 확인하기 위해 진공성형기의 문을 열고 안을 살펴보거나 스스로 중심을 잃고 머리를 부딪칠 것까지 예견할 수 없었다는 이유로 업무상과실치사의 점도 무죄로 판단하였다.[71)]

사례 15

공사현장에 골재를 공급하는 사업주에 소속된 덤프트럭 운전기사가 굴삭기조종면허 없이 임의로 굴삭기를 조종하여 자신의 덤프트럭 적재함 문을 수리하던 중 적재함 내에서 수신호를 보내던 다른 근로자를 굴삭기로 충격하여 사망하게 한 사안이다. 대법원은 안전보건규칙에 '사업주는 차량계 건설기계를 사용하여 작업을 하는 때에는 운전 중인 당해 차량계 건설기계에 접촉되어 근로자에게 위험을 미칠 우려가 있는 장소에 근로자를 출입시켜서는 아니 된다'는 취지 등으로 규정하고 있으나, 이는 사용자로 하여금 근로자가 임의로 다른 근로자를 그러한 위험한 장소로 출입시키는 등의 행위까지 방지할 의무를 부여하는 취지가 아니며, 사업주가 위와 같은 사고를 예견할 수 있었다거나 그 사고를 방지할 구체적, 직접적 주의의무까지 있다고 보기 어려우며, 굴삭기 조종면허 없이 굴삭기를 운전하면 안 된다는 점은 별도의 교육 없이도 알 수 있는

70) 대법원 2007. 7. 27. 선고 2006도2700 판결.
71) 대법원 2008. 1. 10. 선고 2007도7154 판결.

것이므로 이러한 사항을 교육하지 않은 행위와 사고 사이에 인과관계도 없다는 이유로 사업주의 산안법위반의 점, 업무상과실치사의 점을 무죄 취지로 판단하였다.[72)]

사례 16

하수관거 관로공사 중 굴착 등 작업을 하여 인근의 노후담장에 피로하중이 누적되어 약화된 상태였음에도 현장소장이 이를 보강하는 등 조치를 취하지 않아 결국 담장이 붕괴되면서 근로자를 덮쳐 사망케 한 사건이다. 대법원은 안전보건규칙 제52조 본문 제1호[73)]는 구축물 또는 이와 유사한 시설물의 인근에서 굴착·항타작업 등으로 침하·균열 등이 발생하여 붕괴의 위험이 예상되는 경우에 '안전진단 등 안전성 평가를 하여 근로자에게 미칠 위험성을 미리 제거하여야 한다'고 규정하고 있으므로, 안전성 평가 외에 그 밖에 위험성 제거에 관한 안전조치를 추가로 취할 의무까지 규정한 것으로 보기는 어렵다고 보아 사업주가 안정성 평가를 실시한 이상 위 제52조 제1호에서 정한 안전조치를 취하지 않은 경우에는 해당하지 않는다고 판단하였다(그러나 안전보건규칙 제341조 제1항의 조적벽 등 파손에 의한 위험방지의무를 위반하였다는 점은 인정되었다).[74)]

이와 같이 대법원은 일관되게 안전보건조치의무 위반으로 인한 산안법위반죄는 안전보건규칙에서 정한 안전조치를 취하지 않은 채 작업을 지시하거나, 그와 같은 안전조치가 취해지지 않은 상태에서 작업이 이루어지는 사실을 알면서도 이를 방치하는 등 그 위반행위가 사업주에 의하여 이루어졌다고 인정되는 경우에 한하여 성립하는 것이고, 규칙에서 정한 안전조치 외의 다른 가능한 안전조치가 취해지지 않은 상태에서 위험성이 있는 작업이 이루어졌다는 사실만으로 산안법위반죄가 성립하지는 않는다고 보아 왔다.[75)] 안전보건규칙에 명시된 안전조치는 예시사항이 아니라 열거사항이라는 태도이다.[76)] 따라서 사업주가 안전보건규칙에

---

72) 대법원 2008. 9. 25. 선고 2008도5707 판결.

73) 제52조(구축물 또는 이와 유사한 시설물의 안전성 평가) 사업주는 구축물 또는 이와 유사한 시설물이 다음 각 호의 어느 하나에 해당하는 경우 안전진단 등 안전성 평가를 하여 근로자에게 미칠 위험성을 미리 제거하여야 한다.
   1. 구축물 또는 이와 유사한 시설물의 인근에서 굴착·항타작업 등으로 침하·균열 등이 발생하여 붕괴의 위험이 예상될 경우

74) 대법원 2014. 8. 28. 선고 2013도3242 판결.

75) 대법원 2009. 5. 28. 선고 2008도7030 판결; 대법원 2010. 11. 11. 선고 2009도13252 판결; 대법원 2014. 8. 28. 선고 2013도3242 판결; 대법원 2014. 8. 28. 선고 2013도3242 판결 등.
한편, 사업주가 안전조치의무 이행에 필요한 조치를 취하지 않은 이상 이로 인하여 실제 재해가 발생하였는지 여부에 관계없이 산안법위반죄는 성립한다(대법원 2020. 8. 27. 선고 2018도10845 판결).

서 정한 안전조치 외의 다른 가능한 안전조치를 위반한 업무상 주의의무를 위반하여 근로자 사망의 결과가 발생하면 산안법위반이 아닌 형법상 업무상과실치사상죄만 성립하게 된다.[77] 새로운 기술수준 등을 반영한 안전보건규칙의 시의적절한 정비와 개정이 중요하다.[78]

안전보건규칙의 열거규정의 준수 여부를 따지는 산안법의 구조와 판례의 태도에 대해서는 사업주가 비용 등 문제로 필요한 안전 및 보건조치를 취하지 않더라도 그것이 안전보건규칙에 정해진 것이 아니라면 결과적으로 산안법상 의무를 회피하도록 하여 산업재해의 예방을 실효적으로 보장할 수 없다는 비판이 제기되어 왔다.[79] 대법원의 이러한 태도는 죄형법정주의 측면에서 문언에 보다 엄격한 해석을 하는 것이기는 하지만, 현실적으로 가능한 모든 기술적 사항을 안전보건규칙에 열거해두기 어렵고 기술발전으로 새로운 안전조치가 신속하게 반영되기도 어렵다는 점에서 산업재해에 대한 산안법의 규율의 허점을 보여준다.[80] 이에 안전보건규칙에 열거된 조치가 적용되기 불가능한 경우 사업주가 대안적 조치를 적극적으로 취할 의무가 있다는 점을 명시해야 한다는 주장도 제시된다.[81]

다만, 최근 산안법상 안전보건의무 위반을 판단하는 기준을 보다 규범적 관점에서 보아야 한다는 법리를 선언한 대법원 판결이 선고되었다. 즉, 대법원 2021. 9. 30. 선고 2020도3996 판결은 "구 산업안전보건법에서 정한 안전·보건조치 의무를 위반하였는지 여부는 구 산업안전보건법 및 같은 법 시행규칙에 근거한 「산업안전보건기준에 관한 규칙」(이하 '안전보건규칙'이라 한다)의 개별 조항에서 정한 의무의 내용과 해당 산업현장의 특성 등을 토대로 산업안전보건법의 입법 목적, 관련 규정이 사업주에게 안전·보건조치를 부과한 구체적인 취지, 사업장의 규모와 해당 사업장에서 이루어지는 작업의 성격 및 이에 내재되어 있거나 합리적으로 예상되는 안전·보건상 위험의 내용, 산업재해의 발생 빈도, 안전·보건조치에 필요한 기술 수준 등을 구체적으로 살펴 규범목적에 부합하도록 객관적으로 판단하여야 한다. 나아가 해당 안전보건규칙과 관련한 일정한 조치가 있었다고 하더

---

76) 심재진(2015), 앞의 글, 23면.
77) 우희숙(2013①), 앞의 글, 144면; 심재진, "중대재해처벌법 제정에 따른 산업안전보건법의 과제", 노동법연구 제51호, 서울대학교 노동법연구회(2021), 66면.
78) 심재진(2021), 앞의 글, 67면.
79) 우희숙(2013①), 앞의 글, 145면. 위 글 151면에서는 안전보건규칙에 기술기준으로 규정되지 않더라도 구 산안법 제23조의 필요한 조치에 해당한다면 산안법위반의 점을 인정해야 한다고 주장한다.
80) 심재진(2015), 앞의 글, 24면 참조.
81) 심재진(2021), 앞의 글, 67면.

라도 해당 산업현장의 구체적 실태에 비추어 예상 가능한 산업재해를 예방할 수 있을 정도의 실질적인 안전조치에 이르지 못할 경우에는 안전보건규칙을 준수하였다고 볼 수 없다. 특히 해당 산업현장에서 동종의 산업재해가 이미 발생하였던 경우에는 사업주가 충분한 보완대책을 강구함으로써 산업재해의 재발 방지를 위해 안전보건규칙에서 정하는 각종 예방 조치를 성실히 이행하였는지 엄격하게 판단하여야 한다"고 선언하였다.

대법원 2020도3996 판결에 따르면, 사업주가 안전보건규칙에서 요구하는 어떤 기술적 조치를 하였더라도 '실질적인 안전조치'에 이르지 못하였다면 안전·보건조치의무를 이행하지 못한 것이 된다. 그리고 그러한 안전조치의 이행에 관한 기준은 산업안전보건기준에 관한 규칙에서 요구하는 안전·보건조치의무는 단순히 기술적 조치를 완료하는 것으로 이행된다고 볼 수 없고, 산안법의 입법 목적, 합리적으로 예상되는 위험의 내용, 안전·보건조치에 필요한 기술 수준 등을 고려하여 규범목적에 부합하도록 판단해야 한다는 것이다.[82] 과거 대법원은 구 안전보건규칙(2011. 7. 6. 고용노동부령 제30호로 전부개정되기 전의 것) 제219조[83]에 따른 작업계획은 제218조의 지형 및 지반상태 등 조사 결과를 고려하여 차량계 건설기계의 종류 및 능력에 따라 그 운행경로, 작업방법 등을 미리 계획하는 것으로서, 그 작업계획에 당해 차량계 건설기계의 사용과 관련하여 발생 가능한 모든 상황이 포

---

82) 대법원 2021. 4. 29. 선고 2019도12986 판결의 사안도 비슷한 관점을 드러낸다. 산업안전보건기준에 관한 규칙 제519조에서 "사업주는 근로자가 진동작업에 종사하는 경우에 인체에 미치는 영향과 증상, 보호구의 선정과 착용방법, 진동 기계·기구 관리방법, 진동 장해 예방방법을 근로자에게 충분히 알려야 한다."라고 규정하고 있다. 위 규정 중 '충분히 알려야 한다'는 부분의 의미에 대해, 대법원은 산업안전·보건에 관한 기준을 확립함으로써 산업재해를 예방하고 쾌적한 작업환경을 조성하여 근로자의 안전과 보건을 유지, 증진하기 위한 산업안전보건법의 입법 취지, 규칙의 문언해석, 수범자 및 주지의 상대방, 법령의 체계적 해석을 종합적으로 고려하면서, 위 부분은 사업주가 진동작업에 종사하는 근로자로 하여금 그 작업을 계속 수행할지 여부를 결정하고, 주지된 내용을 제대로 이행하여 건강장해를 예방할 수 있을 정도로 주지사항을 알려야 하는 것을 의미하고, 이에 해당한다면 반드시 그 방법이 정형화된 교육에 국한되지 않는 것으로 해석된다고 보고, 죄형법정주의의 명확성 원칙에 위배되지 않는다고 판단하였다.

83) **제218조(조사 및 기록)** 사업주는 차량계 건설기계를 사용하여 작업을 하는 때에는 당해차량계 건설기계의 전락, 지반의 붕괴등에 의한 근로자의 위험을 방지하기 위하여 미리 당해작업장소의 지형 및 지반상태등을 조사하고 그 결과를 기록·보존하여야 한다.

제219조(작업계획의 작성) ① 사업주는 차량계 건설기계를 사용하여 작업을 하는 때에는 미리 제218조의 규정에 의한 조사결과를 고려하여 작업계획을 작성하고 그 작업계획에 따라 작업을 실시하도록 하여야 한다.

② 제1항의 작업계획에는 다음 각 호의 사항이 포함되어야 한다.

1. 사용하는 차량계 건설기계의 종류 및 능력
2. 차량계 건설기계의 운행경로
3. 차량계 건설기계에 의한 작업방법

함되어야 한다거나 세부적인 작업 내용의 변경이 발생할 때마다 반드시 작업계획을 수정하여야 하는 것은 아니라고 보았는바,[84] 이러한 대법원의 태도에 의하면 작업계획서의 내용이 다소 부실하게 작성된다고 하더라도 기본적인 내용을 포함하는 이상 규칙에서 요구하는 작업계획서 작성 의무를 불이행한 것은 아니라고 볼 수 있었다.[85] 그러나 규범적 관점의 접근을 강화한 대법원 2020도3996 판결의 취지에 의하면, 부실한 작업계획서의 작성은 작업계획서 작성의무를 불이행한 것에 해당할 가능성이 커지게 된다. 실제로 대법원 2020도3996 판결의 사안은 구 안전보건규칙(2017. 12. 28. 고용노동부령 제206호로 개정되기 전의 것) 제40조[86]에서 크레인 작업을 할 경우 '일정한 신호방법'을 정하여 신호하여야 한다는 규정에 대해, 원심은 복수의 크레인이 작업할 경우 중첩작업 시 충돌을 방지할 별도의 신호방법을 마련할 구체적 의무까지 요구하는 규정이 아니라고 보아 기본적인 신호방법을 정하면서도 중첩작업 시 충돌을 방지할 신호방법을 따로 정하지 않은 사업주의 행위를 무죄로 판단하였다. 그러나 대법원은 구 안전보건규칙의 위 규정은 크레인 등 양중기를 사용하는 작업을 하는 경우 발생할 수 있는 위험을 방지하도록 신호방법을 정하도록 하는 것이고, 사건이 발생한 산업현장의 특성과 유사한 안전사고가 발생하였던 전력을 고려하면 크레인 중첩작업에 따른 충돌 사고 방지를 위한 것도 규정이 정한 일정한 신호방법에 포함되어 있다고 볼 수 있으므로, 사업주가 크레인 단독작업에 따른 일정한 신호방법만 정하는 것으로는 합리적으로 필요한 안전조치 의무를 이행한 것으로 볼 수 없다고 보아 '일정한 신호방법'을 정하여 신호하여야 한다는 안전보건규칙을 준수하지 않은 것에 해당한다고 보았다. 또한, 위 사건에서 사업주로 하여금 '중량물의 취급 작업'을 하는 경우 근로자의 위험을 방지하기 위하여 '추락위험 등'을 예방할 수 있는 안전대책을 포함한 작업계획서를 작성하도록 되어 있는 구 안전보건규칙 제38조[87] 및 별

84) 대법원 2010. 2. 25. 선고 2009도3835 판결.

85) 대법원 2009도3835 판결에서도 사업주가 작업계획서에 버킷굴삭기의 종류, 운행경로, 작업방법, 작업지휘자 준수사항, 작업 전 안전점검에 관한 사항들이 기재된 이상 거기에 버킷굴삭기를 이용한 인양작업에 관한 내용이 기재되지 않았더라도 작업계획을 작성하지 않은 것은 아니라고 보았다.

86) **제40조(신호)** ① 사업주는 다음 각 호의 작업을 하는 경우 일정한 신호방법을 정하여 신호하도록 하여야 하며, 운전자는 그 신호에 따라야 한다.
1. 양중기를 사용하는 작업
② 운전자나 근로자는 제1항에 따른 신호방법이 정해진 경우 이를 준수하여야 한다.

87) **제38조(사전조사 및 작업계획서의 작성 등)** ① 사업주는 다음 각 호의 작업을 하는 경우 근로자의 위험을 방지하기 위하여 별표 4에 따라 해당 작업, 작업장의 지형·지반 및 지층 상태 등에 대한 사전조사를 하고 그 결과를 기록·보존하여야 하며, 조사결과를 고려하여 별표 4의 구분에 따른 사

표4와 관련하여, 원심은 중량물 취급작업의 정의가 불분명하고, 크레인간 충돌로 인해 크레인이 떨어지는 경우를 방지하기 위한 안전대책까지 포함하여 중량물 취급작업의 작업계획서를 작성해야 한다는 명시적 규정도 없다는 이유로 위 규칙에 따른 안전조치의무 불이행 부분을 무죄로 판단하였다. 그러나 대법원은 중량물 취급작업 중 발생할 수 있는 각종 사고 위험을 예방할 수 있는 안전대책에 관한 규정이고, 복수의 크레인이 작업하는 산업현장의 특성 등을 종합하면 크레인이 동시에 작업할 때 크레인 사이의 충돌사고를 방지할 구체적 조치까지 작업계획서에 포함하여 작성할 의무가 있었다고 판단하였다. 즉, 대법원 2020도3996 판결은 사업주가 기술적인 관점에서 안전보건규칙이 요구하는 형식적인 사항만 갖추었다고 하여 안전조치의무가 이행되었다고 보지 않고, 더 나아가 안전보건규칙의 규정의 취지와 사업장의 현황, 과거 사고 발생 사례와 같은 사정 등을 종합하여 볼 때 사업주의 조치가 안전보건규칙의 해당 규정이 달성하고자 하는 목적에 부합하는 합리적으로 필요한 안전조치에 해당할 때에야 산안법상 안전보건의무를 이행하였다고 여기는 것으로 평가될 여지가 있다.[88)]

2. 주관적 구성요건의 문제

가. 결과적 가중범

구 산안법 제66조의2는 사업주가 제23조(안전조치의무) 제1항부터 제3항까지 또는 제24조(보건조치의무) 제1항을 위반하여 근로자를 사망에 이르게 하는 결과가 발생된 경우에는 제67조 제1호보다 무겁게 처벌하도록 하였다.[89)] 이와 같이 구 산안법상 제66조의2 위반죄는 사업주가 제23조 및 제24조의 안전조치의무 등을 위반할 때 성립하는 제67조 위반죄라는 기본범죄에 더하여 근로자의 사망이라는 중한 결과가 더해진 결과적 가중범으로 보는 것이 일반적인 견해였고,[90)] 이러한 해석은 2019년 전부개정된 산안법 제167조 제1항 위반죄에도 마찬가지로 적

항을 포함한 작업계획서를 작성하고 그 계획에 따라 작업을 하도록 하여야 한다.
11. 중량물의 취급작업

88) 이와 같이 보게 되면, 대법원 2021. 9. 30. 선고 2020도3996 판결은 안전보건규칙을 비롯한 사업주의 안전보건조치의무에 관한 산안법규의 해석, 적용에 관한 기존 판례 법리를 실질적으로 변경하는 것이므로 전원합의체에 의하였어야 하는 것은 아닌지 의문인데(법원조직법 제7조 제1항 제3호), 위 판결은 소부에서 선고되었다.

89) 대법원 2014. 8. 28. 선고 2013도3242 판결.

90) 우희숙(2013①), 앞의 글, 139면; 김성룡(책임연구원) 외, 산업안전보건법 위반사건 판결 분석 연구, 고용노동부 연구 용역 자료, 사단법인 한국비교형사법학회, 고용노동부(2018), 214면.

용될 수 있다. 2019년 전부개정 산안법은 도급인의 안전보건조치의무(제63조) 위반도 기본범죄로 추가하였다는 점은 앞서 언급한 바와 같다.

산안법 제168조(구 산안법 제67조) 위반죄가 사업주의 과실로 안전조치의무 등을 위반한 경우에도 인정될 수 있는지 먼저 문제된다. 대법원은 "법 제67조 제1호, 제23조 제3항 위반죄는 사업주가 자신이 운영하는 사업장에서 산업안전기준에 관한 규칙이 정하고 있는 안전조치를 하지 않은 채 제23조 제3항에 규정된 안전상의 위험이 있는 작업을 하도록 지시하거나 안전조치를 하지 않은 상태에서 위 작업이 이루어지고 있다는 사실을 알면서도 이를 방치하는 등 그 위반행위가 사업주에 의하여 이루어졌다고 인정되는 경우에 한하여 성립하는 것이지, 단지 사업주의 사업장에서 위와 같은 위험성이 있는 작업이 필요한 안전조치를 하지 않은 채 이루어졌다는 사실만으로 성립하는 것은 아니다."[91]라고 보고 있는바, 판례의 태도는 산안법 제168조 위반죄를 고의범으로 보고 있다고 여겨진다.[92][93] 행정상 단속을 주안으로 하는 법규라 하더라도 명문규정이 있거나 해석상 과실범도 벌할 뜻이 명확한 경우를 제외하고는 형법의 원칙에 따라 고의가 있어야 벌할 수 있으므로,[94] 과실범 처벌 규정이 없는 산안법 제168조는 고의범이라고 봄이 타당하다.[95]

산안법의 안전보건조치의무 위반으로 근로자의 사망이라는 결과가 발생할 때에 관한 산안법 제167조 제1항을 결과적 가중범으로 보게 되면, 사업주가 과실로 안전조치의무 등을 위반한 경우에는 비록 근로자 사망의 결과가 발생하였다고 하더라도 산안법 제167조 제1항 위반죄의 기본범죄가 인정되지 않으므로 그 성립을

---

91) 대법원 2007. 3. 29. 선고 2006도8874 판결; 대법원 2010. 9. 9. 선고 2008도7834 판결; 대법원 2008. 9. 25. 선고 2008도5707 판결; 대법원 2010. 9. 9. 선고 2008도7834 판결; 대법원 2010. 11. 11. 선고 2009도13252 판결; 대법원 2011. 6. 24. 선고 2008도12177 판결 등.

92) 최정학, 앞의 글, 335면.

93) 미필적 고의도 역시 산안법위반의 고의에 포함된다. 대법원 2010. 11. 25. 선고 2009도11906 판결 "사업주가 사업장에서 안전조치가 취해지지 않은 상태에서의 작업이 이루어지고 있고 향후 그러한 작업이 계속될 것이라는 사정을 미필적으로 인식하고서도 이를 그대로 방치하고, 이로 인하여 사업장에서 안전조치가 취해지지 않은 채로 작업이 이루어졌다면 사업주가 그러한 작업을 개별적·구체적으로 지시하지 않았더라도 위 죄는 성립한다." 대법원 2011. 9. 29. 선고 2009도12515 판결, 대법원 2021. 3. 11. 선고 2018도10353 판결도 같은 취지이다.

94) 대법원 2010. 2. 11. 선고 2009도9807 판결; 대법원 1986. 7. 22. 선고 85도108 판결.

95) 김성룡(책임연구원) 외, 앞의 글, 214면. 그러나 이에 대해서는 산안법상 사업주의 책임을 노동현장에서 근로자의 안전과 보건을 위한 조치를 취할 의무를 부담하는 포괄적이고 강제적인 것으로 보아 구 산안법 제67조 제1호는 과실범도 처벌하는 규정으로 해석해야 한다는 견해가 있다. 최정학, 앞의 글, 338면.

인정할 수 없게 되고, 형법상 업무상과실치사죄만 성립할 수 있게 된다. 산안법상 안전조치의무 위반에 관한 고의의 내용을 앞서 본 판례의 태도처럼 보게 되면, 사업주가 구체적으로 위험성 있는 작업을 하도록 지시하거나, 안전조치 없이 작업이 이루어지고 있다는 사실을 알고 있어야만 고의가 인정될 수 있다.[96] 산안법 제167조 제1항의 성립가능성은 고의범인 기본범죄의 성립가능성부터 높지 않게 되는 문제가 있다.

참고로 종래 사망의 결과에 대해 산안법에 별도의 처벌규정이 없던 시기에 안전·보건조치의무위반으로 사망의 결과가 발생한 경우에 형법 제268조의 업무상과실치사죄가 성립하고, 이 경우 업무상과실치사죄와 안전·보건의무위반으로 인한 구 산안법 제67조의 제1호, 제33조 제3항(또는 제34조 제2항)위반죄는 상상적 경합관계에 있다는 것이 판례의 태도이다.[97] 따라서 행위자가 이미 산업안전보건법 위반죄에 대한 벌금의 약식명령이 확정되었다면, 일죄의 관계에 있는 업무상과실치사죄가 추가로 기소되더라도 면소 대상이 된다.[98]

나. 과실의 내용

업무상과실치사상죄에서 말하는 업무상의 과실은 그 업무와 관련하여 다해야 할 구체적이고 직접적인 주의의무를 할 수 있었음에도 하지 아니한 경우를 가리킨다.[99] 업무상과실치사죄와 상상적 경합범 관계에 있는 산안법 제167조 제1항 위반죄의 구성요건 중 근로자 사망이라는 중한 결과에 대한 과실의 내용도 이와 크게 다르지 않다.

사례 17

아파트 균열보수 및 재도장 공사를 도급받은 회사A가 자신의 근로자 2명으로 하여금 스카이 장비 작업대에 탑승하여 외벽 도색작업을 지시하면서 작업대에 안전난간 설치 등 추락방지조치를 취하지 않았고, 근로자 중 1명이 작업 중 발을 헛디뎌 추락사한 사안이다. 회사A 및 그 대표이사로서 안전보건관리책임자인 B에 대해 안전난간

96) 대법원 2007. 3. 29. 선고 2006도8874 판결의 사안의 경우 자동차정비공장을 운영하던 사업주는 평소 폭발 위험성 때문에 연료탱크의 용접작업을 거부하였는데, 공장장이 사업주가 없는 상황에서 임의로 해당 작업을 의뢰받아 폭발, 화재 예방에 필요한 안전조치 없이 용접작업을 하여 폭발사고가 발생한 사안에서 사업주의 안전조치의무 불이행으로 인한 산안법위반의 점이 무죄로 판단되었다.
97) 대법원 1991. 12. 10. 선고 91도2642 판결 등.
98) 대법원 1991. 12. 10. 선고 91도2642 판결.
99) 대법원 2002. 5. 31. 선고 2002도1342 판결; 대법원 2010. 11. 11. 선고 2010도2887 판결.

설치 등 추락방지조치를 하지 않은 부분에 대해서는 산안법위반의 점을 유죄로 인정되었으나, 사망의 결과에 대해서는 예견가능성을 인정하기 어렵다는 이유로 대표이사 B에 대한 업무상과실치사 부분, 추락방지조치위반으로 인한 근로자 사망 부분, 회사 A에 대한 추락방지조치위반 부분은 무죄로 판단되었다.[100)]

사례 18

산림조합이 진행하는 숲가꾸기 사업에 따라 벌목작업이 진행되던 중 벌목된 나무가 역방향으로 쓰러지면서 벌목작업자가 나무에 깔려 사망한 사안이다. 산림조합의 현장 책임자가 사고 당시 대피로나 대피장소를 직접 정해두지는 않았으나, 사고는 피해자가 자르던 나무가 예상과 다른 방향으로 쓰러져 일어난 것으로서 현장책임자였던 피고인이 필요한 안전조치를 다 이행하지는 못했으나 매 작업일마다 대피로 지정 지시를 포함한 안전교육을 실시해 온 점, 대피로나 대피장소를 마련하였다고 하더라도 피해자가 예상하기 어려운 방향으로 쓰러지는 나무를 피하기는 어려웠을 것으로 보이는 점 등을 종합하여 산림조합 및 그 현장책임자의 안전조치 미이행의 과실과 사고의 발생 사이에 인과관계가 있다고 보이지 아니한다는 이유로 사망으로 인한 산안법위반, 업무상과실치사의 점이 무죄로 판단되었다. 한편, 검사는 안전조치의무위반의 점을 별도로 기소하지는 않았는데, 대법원은 피고인들(산림조합, 현장책임자)을 안전조치의무위반의 점으로 처벌하지 않는다고 하여 현저히 정의와 형평에 반하는 것으로 인정되지 않는다는 이유로 피고인들에 대해 직권으로 안전조치의무위반의 점을 유죄로 인정하지 않은 항소심의 판결에 법리오해 등의 위법이 없다고 판단하였다.[101)]

사례 19

고기 패티를 생산하는 회사A의 생산팀 근로자가 패티를 생산하는 성형기의 깔때기 모양 호퍼에 손을 집어넣고 고기반죽을 제거하는 작업을 하던 중 호퍼 하단부에 회전부위에 손가락이 빨려 들어가 손목골절 등 상해를 입은 사안이다. 사업주 회사A 및 대표자B의 경우 성형기의 호퍼 개구부를 통해 작업자가 가동부분에 접촉하여 위해를 입을 우려가 있어 덮개 등 안전장치를 설치할 안전조치의무가 있음에도 이를 위반하였다는 이유로 산안법위반의 점이 유죄로 판단되었다. 그러나 연구소장C는 개발업무를 주로 담당하고 평소 작업장에서 직접 패티 생산작업을 수행하지 않았으며, 생산팀장이 별도로 있었던 상황이었으므로 성형기의 호퍼 안으로 손을 집어넣는 작업방식을

100) 해당 사건의 원심 판결(대구지법 2015. 8. 13. 선고 2014노1871 판결)의 이유 부분에 비추어 보면, 피고인들이 작업 장소에 근로자들을 위한 안전고리를 지급하는 등의 조치를 취하지 않은 사정은 인정되지만, 안전대를 걸기 위한 로프는 설치되어 있었던 점, 추락사고는 근로자가 안전대를 벗어놓은 상태에서 작업을 하다가 발생하였고, 피고인들은 안전대 착용을 위한 안전교육을 실시하였던 점 등에 비추어 대표이사 B로서는 근로자가 임의로 안전대를 벗은 채 작업을 하리라고 예상하기 어려웠다고 판단되었다.

101) 대법원 2016. 4. 28. 선고 2016도2463 판결.

알면서 용인하거나 방치하였다고 보기 어렵고, 당일 휴가를 간 생산팀장을 대신하여 작업을 정리하라는 지시를 하고 작업현장을 떠났더라도 작업반장 등이 남아 있었던 사정 등에 비추어 사고 당시 피해자인 근로자의 신체에 위해를 입지 않도록 관리·감독할 주의의무가 없었다는 이유로 업무상과실치상의 점은 무죄로 판단되었다.[102)]

일부 안전·보건조치의무 위반의 점이 인정된다고 하더라도, 사상의 결과에 대한 과실이 없었다면 사업주나 행위자는 그 결과에 대한 형사책임을 부담하지 않는다. 사례17은 근로자가 임의로 안전대를 벗은 사정이, 사례 18은 나무가 예견치 못한 곳으로 쓰러진 불운이, 사례19는 근로자가 손을 기계 안에 집어넣는 방식으로 위험하게 작업한 사정이 특히 고려되어 피고인들의 사고발생에 대한 예견가능성이 부정되었다. 산업재해는 작업장의 환경 외에도 작업자 개인의 실수와 결합하여 발생하는 경우가 많은데, 작업자의 실수가 사업주의 안전·보건조치의무 위반과 경합하는 경우 사업주로서는 근로자의 이례적인 실수를 예견하기 어렵다는 사정을 들어 사상의 결과에 대해서는 책임을 면할 수 있게 된다.

3. 상당인과관계의 문제

산안법상 안전·보건조치의무 위반이 인정되는 경우라고 하더라도, 그러한 의무위반의 잘못과 상해 또는 사망의 피해가 발생한 사고 사이에 상당인과관계가 인정되어야 한다.

사례 20

경사로에서 레미콘 하역 작업을 하던 중 과부하가 걸려 레미콘 시동이 꺼지게 되었고, 레미콘이 경사로를 굴러 작업을 하던 근로자들을 치사, 치상케 한 사안이다. 공사현장소장에 대해 항소심은 경사로 작업시 고임목을 설치하는 등 사전 조치를 취한 후 작업을 하게 하였어야 함에도 작업계획을 제대로 수립하지 않고 안전교육을 실시하거나 고임목을 준비하지도 않은 등으로 산안법상 안전조치의무위반의 점은 유죄로 판단하면서도, 하역 작업을 담당하던 근로자들이 따로 있어 레미콘 운전기사가 하차할 필요가 없었음에도 작업을 빨리 진행할 욕심에 하차하여 작업을 도왔기 때문에 사고가 발생한 경위에 비추어 현장소장의 안전조치의무 위반과 사고 발생 사이에 상당인과관

102) 대법원 2020. 8. 27. 선고 2018도10845 판결.

계가 없어 업무상과실치사상의 점은 무죄로 판단하였다. 그러나 대법원은 구 산안법 제23조 제2항의 취지는 근로자의 안전의식 결여로 인한 사고를 예방하고자 하는 목적에서 사업주에게 근로자에 대한 안전교육 및 구체적 안전작업지시 등을 시행할 의무를 부과하고 있는 것이라고 보고, 경사로에서 레미콘 하역작업을 할 때 레미콘이 움직여 사고가 날 위험성을 환기시키는 등 위험발생 방지를 위한 안전교육이나 구체적인 안전조치를 취할 의무가 있었으며, 위와 같은 교육이나 조치를 취하였다면 사고가 발생하지 않았다고 볼 자료가 없으므로 현장소장의 산안법위반의 과실은 사고와 상당인과관계가 인정된다고 보아 유죄 취지로 파기환송하였다.[103)]

사례20은 결과적으로 현장소장의 산안법위반의 점, 업무상과실치사상의 점 모두 유죄로 판단되기는 하였으나, 관리자의 산안법상 안전·보건조치의무 위반이 인정된다고 하더라도, 현장 근로자들의 과실이 경합된 경우 관리자의 의무위반과 사고 발생 사이의 상당인과관계는 단절될 가능성이 있다는 점을 보여준다. 앞서 본 사례4의 경우 도급인의 직원들과 하수급인의 대표는 일부 안전조치의무 위반이 인정된다고 하더라도 그 의무 위반과 사상의 결과 사이에 상당인과관계가 인정되지 않았는데, 도급이 여러 단계로 이루어지고 관여자가 다수인 경우 행위자 일부의 안전보건규칙의 위반과 사상의 결과 사이의 인과관계의 규명이 더욱 어렵게 됨을 보여준다. 사례15, 사례18의 경우에도 상당인과관계가 인정되지 않았는데, 작업자의 예견하기 어려운 명백한 과실이 개입하거나(사례14, 사례15), 불운이 개입한(사례18) 경우이다.

103) 대법원 2001. 8. 21. 선고 2001도937 판결. 참고로 이와 유사한 대법원 2007. 11. 29. 선고 2006도7733 판결의 사안은 아래와 같다. 고속도로 건설공사 중 철근콘크리트공사 등을 재하 도급받은 회사 소속 덤프트럭 운전기사가 경사진 곳에 덤프트럭을 주차하고 시동만 끈 채 별다른 조치 없이 운전석을 이탈하였다가 경사로에서 밀려 내려간 덤프트럭에 부딪쳐 사망한 사고가 발생하였다. 대법원은 위 회사의 현장소장으로서는 소속 덤프트럭 운전기사에게 덤프트럭에서 이탈할 때에는 엔진을 정지시키고 브레이크를 걸도록 구체적인 안전작업지시를 하고, 고임목을 준비하여 비치하는 등 구체적인 안전조치의무가 있음에도 아무런 조치를 취하지 않았으므로 구 산안법 제67조 제1호, 제71조, 제23조 제2항 위반죄가 성립한다고 판단하였다. 그리고 이는 무과실의 결과책임을 인정하는 것이 아니고, 위험발생 방지에 아무런 조치를 취하지 않은 그 자체로 산안법위반이 성립하는 것이라고 판단하였다(업무상과실치사의 점은 기소되지 않은 것으로 보임). 대법원 2008. 8. 11. 선고 2007도7987 판결도 같은 취지이다.

Ⅴ. 결 어

형사처벌의 강화가 산업재해 감소 결과를 반드시 가져오는 것은 아니라고 하겠으나,[104] 산업안전을 도모할 지위에 있는 자에게 적절한 책임을 지우는 것이 산업재해 예방에 효과가 있다는 점은 부인하기 어려울 것이다. 산안법상 산업재해와 관련한 형사규제 제도는 그 행위주체, 보호대상이 점차 확대되었고, 도급인의 수급인의 근로자에 대한 책임도 강화되는 방향으로 발전하여 왔다. 그럼에도 기술적 사항에 중점을 두고 의무위반에 대한 구체적이고 직접적인 인식을 필요로 하는 산안법의 규제만으로는 사업주의 규모가 클수록, 법인 사업주일수록, 조직구조상 현장에서 거리가 멀수록 대표이사를 비롯한 경영책임자에 대해서는 산안법상 산업재해와 관련한 형사책임을 묻기가 어려운 한계가 있었다. 결국, 산업재해에 관한 기존 산안법의 형사규제 체계만으로는 대표이사 등 경영진이 사업장에서의 산업안전을 도모할 충분한 위하력이나 유인을 제공하기 어렵다는 인식이 누적되었고, 이는 산안법상 안전보건'조치'의무와 별도로 직접 사업주와 경영책임자에게 안전보건'확보'의무라는 별도의 관리상의 의무를 부과하고 그 의무 위반으로 중대산업재해가 발생한 경우 사업주, 경영책임자를 처벌하는 것을 그 주요 내용으로 하는 중대재해처벌법의 도입으로 이어지게 되었다.

104) 우희숙(2018), 앞의 글, 378-379면. 형벌권 행사가 오히려 시스템 안전 확보를 위하여 필수적으로 요구되는 안전 관련 정보의 소통을 저해하게 된다는 우려도 있다. 김호기, 앞의 글, 115면 이하 참조.

제5절

산업안전보건법의 양형상 한계 (유죄판결의 분석)

황일혜*

Ⅰ. 서 론

「산업안전보건법」은 여러 차례 개정과정을 통해 그 처벌이 강화되었으나 산업재해 발생 예방 효과는 크지 않았다. 산업재해 발생 시 「산업안전보건법」 위반을 이유로 한 형벌의 부과 사례가 드물고, 가사 형벌이 부과되더라도 그 형이 상대적으로 낮게 부과되어 왔음을 부인하기 어렵다. 이러한 문제를 해소하기 위해 「산업안전보건법」상 사업주에 대한 제재로서 형벌을 아예 하한규제방식으로 변경하여, 형벌의 부과가 실효적으로 이루어지도록 하자는 의견이 구체적인 입법안으로도 제출된 바도 있었으나, 「산업안전보건법」 전부개정 과정에서 입법화되지 못했다.[1] 이러한 문제점과 관련하여 하급심판결을 분석하고 어떠한 양형상 한계가 있는지 알아보록 한다. 우선 구 양형기준과 현 양형기준을 살펴봄으로써 양형기준에 대한 문제점과 개선할 점에 대해 알아본 뒤, 개정을 통하여 처벌이 강화되었음에도 산업재해 예방의 효과가 미비한 현실에 대해 알아본다. 그 후 2014년부터 2017년에 선고된 형사판결 중 「산업안전보건법」이 적용법조에 포함된 제1심 사건을 연구한 자료인 2018년 고용노동부 발간 "산업안전보건법 위반사건 판결 분석 연구"와 2020년 대법원 양형위원회 소속 양형연구회가 개최한 "양형연구회 5차 심포지엄 자료집"을 참고하여, 2014년부터 2017년 선고 판결들의 형종과 형량

---

* 黃一惠, 변호사, 박사과정 재학, ilhye88@gmail.com

1) 권혁, "산업안전보건법상 산업재해 예방 기능강화를 위한 실효적 제재 방안: 과징금 제도를 중심으로", 법학연구, 제62권 제1호, 2021, 343면.

의 결정, 그리고 양형이 어떠한 특징을 가지는지 살펴보도록 한다. 그 후에는 2021년 고용노동부가 발간한 “산업안전보건법 위반 범죄에 대한 판례 분석”을 참고하여, 2019년 1월 15일 「산업안전보건법」의 전면개정되고 2021년 7월 1일에 수정 양형기준이 시행된 이후의 선고형량 및 양형인자를 분석해 봄으로써 법령개정과 양형기준 수정이 얼마나 효과가 있는지에 대해 살펴본다. 마지막으로는 제재의 실효성을 확보하기 위하여 어떤점을 개선해야 할지에 대해서 알아본다.

Ⅱ. 양형기준

1. 양형기준

법관이 합리적인 양형을 도출하는 데 참고할 수 있도록 법원조직법 제8편에 따라 설립된 양형위원회가 설정한 기준이 양형기준이다(법원조직법 제81조의6 제1항).[2] 양형기준은 형종 및 형량 기준과 집행유예 기준으로 구성된다. 형종 및 형량 기준은 범죄군별로 범죄유형을 구분한 다음 각 유형별로 감경, 기본, 가중의 3단계 권고 형량범위를 제시하고 있으므로 법관은 양형기준을 적용함에 있어서 해당 범죄유형을 찾아 권고 형량범위를 결정한 다음 최종 선고형을 정하게 된다. 이어 선고형이 3년 이하의 징역 또는 금고에 해당하는 경우에는, 실형이 권고되는 경우, 집행유예가 권고되는 경우, 어느 쪽도 권고되지 않는 경우(실형과 집행유예 중에서 선택 가능)를 구분하고 있는 집행유예 기준에 따라 법관은 집행유예 여부를 결정하게 된다.[3]

양형인자 평가원칙과 관련하여, 특별양형인자는 일반양형인자에 비하여 양형에 대한 영향력이 큰 인자로서 일반양형인자보다 중하게 고려된다. 특별양형인자는 3단계 권고 영역 자체를 변동시킬 수 있도록 한 반면, 일반양형인자는 결정된 권고 영역 내에서 선고형을 정할 때 고려되도록 함으로써 양자의 영향력과 그에 따른 역할을 구분하였다. 복수 특별양형인자가 있을 경우의 평가원칙은 크게 두 가지로 요약할 수 있다. 하나는 ‘행위인자 우월 원칙’이고, 다른 하나는 ‘같은 성격의 특별양형인자 동등 원칙’이다. 즉, 양형의 대원칙인 ‘행위책임의 원칙’을 실현

2) https://sc.scourt.go.kr/sc/krsc/criterion/explan/introduction/introduction_01.jsp (최종방문일: 2022. 3. 30.)

3) https://sc.scourt.go.kr/sc/krsc/criterion/explan/introduction/introduction_03.jsp (최종방문일: 2022. 3. 30.)

하기 위해 원칙적으로 행위인자를 행위자/기타인자보다 중하게 취급하고, 같은 행위인자 상호 간 또는 같은 행위자/기타인자 상호 간에는 특별감경인자와 특별가중인자를 동등하게 보아 개수를 기준으로 상쇄되도록 하였다. 다만, 살인, 성범죄, 강도, 횡령·배임, 약취·유인, 사기, 절도, 공무집행방해범죄 등에 있어서는 행위자/기타인자 중 피해자 또는 유족의 '처벌불원'을 행위인자와 동등하게 평가하도록 하는 예외를 인정하였는데, 이는 피해 회복을 통해 피해자 보호라는 형사정책적 목적을 달성하기 위한 것이다.[4)]

집행유예 기준과 관련하여, 주요참작사유는 집행유예 여부 결정에 큰 영향을 미치는 요소로서 직접적으로 실형을 권고하거나 집행유예를 권고하는 기능을 갖는다. 반면, 일반참작사유는 그 자체만으로는 실형을 권고하거나 집행유예를 권고하는 기능을 갖지 못한다. 다만, 주요참작사유에 의하여 실형이 권고되거나 집행유예가 권고되는 경우에 이를 실형 또는 집행유예를 선택할 수 있는 경우로 변경하는 역할을 수행할 수 있다.[5)]

2. 구 과실치사상범죄 양형기준[6)]

가. 구 과실치사상범죄 양형기준

산업안전보건범죄 양형기준은 제5기 양형위원회(2015. 4. 27.~2017. 4. 26.)가 양형기준을 설정한 6개 범죄군 중 하나였다. 최초의 산업안전보건범죄 양형기준은 과실치사상범죄군에 포함되어 있었으며, 이 양형기준은 2016년 7월 1일부터 2021년 6월 30일까지 시행되었다.

4) https://sc.scourt.go.kr/sc/krsc/criterion/explan/stand/standard_04.jsp (최종방문일: 2022. 3. 30.)
5) https://sc.scourt.go.kr/sc/krsc/criterion/explan/probation/probation_03.jsp (최종방문일: 2022. 3. 30.)
양형위원회는 <집행유예 참작사유 평가원칙>으로 권고되는 형이 징역형인 경우 그 집행 여부를 판단함에 있어 주요참작사유는 일반참작사유보다 중하게 고려함을 원칙으로 하되, 아래와 같은 권고 기준을 제시하고 있다.; ① 주요긍정사유만 2개 이상 존재하거나 주요긍정사유가 주요부정사유보다 2개 이상 많을 경우에는 집행유예를 권고한다. ② 주요부정사유만 2개 이상 존재하거나 주요부정사유가 주요긍정사유보다 2개 이상 많을 경우에는 실형을 권고한다. ③ 위 ① 또는 ②에 해당하나 일반부정(긍정)사유와 일반긍정(부정)사유의 개수 차이가 주요긍정(부정)사유와 주요 부정(긍정)사유의 개수 차이보다 많은 경우이거나, 위 ① 또는 ②에 해당하지 않는 경우에는 집행유예 참작사유를 종합적으로 비교·평가하여 집행유예 여부를 결정한다.
6) 고용노동부 용역과제, 「산업안전보건법 위반 범죄에 대한 판례 분석」, 2021. 12. 15., 12-16면.

〈표 1〉 구 과실치사상범죄 양형기준[7]

유형	구분	감경	기본	가중
1	과실치사	~8월	6월~1년	8월~2년
2	업무상과실·중과실치상	~6월	4월~10월	8월~2년
3	업무상과실·중과실치사	4월~10월	8월~2년	1년~3년
4	산업안전보건법위반	4월~10월	6월~1년 6월	10월~3년 6월

* 징역형 또는 금고형

구분		감경요소	가중요소
특별 양형 인자	행위	피해자에게도 사고 발생 또는 피해 확대에 상당한 과실이 있는 경우 사고 발생 경위에 특히 참작할 사유가 있는 경우 경미한 상해가 발생한 경우(2유형)	중상해가 발생한 경우 (2유형) 주의의무 또는 안전·보건조치 의무 위반의 정도가 중한 경우
	행위자/ 기타	농아자 심신미약(본인 책임 없음) 처벌불원(피해 회복을 위한 진지한 노력 포함)	동종 누범
일반 양형 인자	행위		중상해가 아닌 중한 상해가 발생한 경우 (2유형)
	행위자/ 기타	상당 금액 공탁 보험 가입 진지한 반성 형사처벌 전력 없음	사고 후 구호조치를 취하지 아니한 경우 범행 후 증거은폐 또는 은폐 시도 이종누범, 누범에 해당하지 않는 동종전과

2021년 6월 30일까지 시행된 산업안전보건범죄의 양형기준은 산업안전보건법을 위반하는 모든 범죄를 양형기준의 적용대상으로 삼은 것이 아니라 구 「산업안전보건법」 제23조 제1항부터 제3항까지의 안전조치의무 또는 제24조 제1항의 보건조치의무를 위반하여 근로자를 사망에 이르게 한 사업주만을 그 적용대상으로 하였다.[8]

7) https://sc.scourt.go.kr/sc/krsc/criterion/past/homicide_2016/homicide_01.jsp (최종방문일: 2022. 3. 30.)

8) 고용노동부 용역과제, 앞의 글, 15면.

나. 구 과실치사상범죄 양형기준에 대한 지적사항

우선 위 양형기준은 공소장에 의하여 공소제기된 사건들 중 법관이 피고인에게 유죄를 인정하여 징역형을 선고하기로 선택한 경우에 한하여 적용할 수 있으므로 구약식 사건에서는 양형기준이 적용되지 않고, 공소장에 의하여 공소제기된 사건이라도 법관이 피고인에게 벌금형을 선고하는 경우에는 양형기준이 적용되지 않는다. 산업안전보건법 위반사건에 대하여 공소제기된 사건 중 징역형이 선고되는 경우가 매우 적은 현실에 비추어보면 위 양형기준이 산업재해 사망사건의 예방에 기여하는 정도는 미미할 수밖에 없다는 지적이 존재한다.[9]

가장 큰 지적사항은 산업안전보건범죄의 구 양형기준(2016. 7. 1.~2021. 6. 30. 적용)에 따른 권고형량구간이 터무니없이 낮다는 점이다. 양형위원회가 안전보건조치의무위반치사죄의 권고형량구간을 업무상과실치사죄의 그것보다 낮게 설정하고 있는 배경은 양형위원회가 양형기준을 설정할 당시 오로지 규범적인 관점에서 형량의 범위를 설정한 것이 아니라 양형실무에 대한 통계분석을 기초로 종전 양형실무의 70%~80%를 반영하여 형량의 범위를 설정하는 것을 원칙으로 하였기 때문이다.[10] 그렇다면 안전보건조치의무위반치사죄의 피고인에 대하여 선고해온 형량이 그 만큼 낮았다는 것을 방증하는 것이기도 하다.[11]

마지막으로 양형기준상 특별양형인자 중 감경요소는 6개이나, 가중요소는 3개로 그 불균형이 심하고, 가중요소 3개 중 하나는 '동종 누범'으로 산업안전보건법 위반사건에 대하여 공소제기된 사건 중 징역형이 선고되는 경우가 매우 적은 현실에 비추어보면 거의 적용되기 어렵다는 지적도 있다.[12]

다. 권고형량에 대한 인식 조사 내용[13]

산업안전보건연구원 위탁연구용역에서 2019년 8월 5일부터 8월 15일까지 일반국민 1천명을 대상으로 하여 온라인 패널조사방식으로 '산업안전보건법상 위반사

9) 이진국, 산업안전보건법 위반 사업주에 대한 처벌 강화의 쟁점과 함의, 2018, 9면.
10) 이진국, 양형의 이론과 실제, 2018, 138면.
고용노동부 용역과제, 앞의 글, 16면.
11) 이진국·김성룡·양승국, 산업안전보건법 위반 범죄의 문제점과 개선방안, 산업안전보건연구원 보고서, 2018, 25면; 고용노동부 용역과제(2021), 앞의 글, 16면.
12) 양형연구회, "산업안전보건법위반죄 양형기준의 재검토 발표문", 양형연구회 제5차 심포지엄(기업불법 통제와 양형) 자료집, 2020. 11. 23., 4면.
13) 이진국, "산업안전보건법 위반 사업주에 대한 처벌 강화의 쟁점과 함의", 안전보건 이슈리포트, 제1호, 2018, 10면.

건의 제재에 대한 인식조사'가 실시되었다. 이 중에서 산업안전보건법 양형기준의 적정성에 대한 질문에 양형기준이 적정하다는 응답은 41.1%, 적정하지 않다는 응답은 58.9%로 조사되었다. 적정하지 않다고 응답한 58.9% 중 91.7%는 양형기준을 더 높여야 한다는 의견이었다. 사업주의 안전의무 위반으로 인해 근로자가 사망한 사건에 대한 양형에 대한 질문에서는 응답자의 24.3%가 사업주의 안전의무 위반으로 근로자가 사망한 사건에 대해 벌금 700만 원을 선고한 양형이 적정하다고 인식하였고, 75.7%는 적정하지 않다고 응답하였다. 적정하지 않다고 응답한 75.7%의 89.4%는 더 중한 형을 부과할 수 있어야 한다는 의견이었다.

3. 현 과실치사상·산업안전보건범죄 양형기준[14)]

구 양형기준은 산재예방이라는 사회적 기대에 부합할 수 없었으며, 국민의 법감정에 반한다는 지적과 비판에 직면하자 양형위원회는 2021년 3월 29일 산업안전보건범죄에 대한 양형기준을 1차 수정하였고, 수정된 양형기준은 2021년 7월 1일 시행되었다.

양형위원회는 종래와 같이 양형기준에서 산업안전보건법 위반사건을 과실치사상범죄와 같이 취급하면서도 산업안전보건법 위반범죄를 과실치사상 범죄에서 분리시켜 별도의 군으로 설정하고 있다. 현재에는 2021년 12월 6일 수정되어 2022년 3월 1일부터 시행된 과실치사상·산업안전보건범죄 양형기준이 적용된다. 현재의 양형기준은 아래와 같다.

〈표 2〉 현 과실치사상·산업안전보건범죄 양형기준[15)]

유형	구분	감경	기본	가중
1	도급인의 안전·보건조치의무위반	~6월	4월~10월	8월~1년 6월
2	사업주의 안전·보건조치의무위반	4월~8월	6월~1년 6월	1년~2년 6월
3	안전·보건조치의무위반치사	6월~1년 6월	1년~2년 6월	2년~5년

14) 고용노동부 용역과제(2021), 앞의 글, 16-18면.
15) https://sc.scourt.go.kr/sc/krsc/criterion/criterion_38/accidental_homicide_01.jsp (최종방문일: 2022. 6. 10.)

▸ 3유형 범죄 확정 후 5년 이내 3유형 범죄를 다시 저지른 경우, 형량 범위의 상한과 하한을 1.5배 가중

구분		감경요소	가중요소
특별 양형 인자	행위	사고 발생 경위에 특히 참작할 사유가 있는 경우	안전·보건조치의무 위반의 정도가 중한 경우 유사한 사고가 반복적으로 발생한 경우 다수의 피해자가 발생한 경우(다수범죄 처리기준이 적용될 때는 제외)
	행위자/기타	청각 및 언어 장애인 심신미약(본인 책임 없음) 처벌불원 또는 실질적 피해 회복(공탁 포함) 자수, 내부고발 또는 조직적 범행의 전모에 관한 완전하고 자발적인 개시	동종 누범
일반 양형 인자	행위		
	행위자/기타	위반 사항을 시정한 경우 보험 가입 진지한 반성 형사처벌 전력 없음 상당한 피해 회복(공탁 포함)	사고 후 구호조치를 취하지 아니한 경우 범행 후 증거은폐 또는 은폐시도 이종누범, 누범에 해당하지 않는 동종전과 합의 시도 중 피해 야기(강요죄 등 다른 범죄가 성립하는 경우는 제외)

수정된 산업안전보건범죄의 양형기준의 특징은 다음과 같다.

첫째, 구 양형기준에서는 산업안전보건범죄의 양형기준이 과실치사상범죄의 양형기준에 포함되어 있었으나 수정된 양형기준에서는 산업안전보건범죄의 양형기준이 과실치사상범죄의 양형기준에서 떨어져 나와 독자적으로 설정되었다. 이로써 산업안전보건범죄도 양형기준의 적용대상으로 된다는 점을 명확하게 하고 있다.

둘째, 수정된 양형기준에서는 산업안전보건범죄를 구체적으로 도급인의 안전보건조치의무위반, 사업주의 안전보건조치의무위반, 안전보건조치의무위반치사 등 3가지 유형으로 구분하였는데, 구 양형기준에는 없던 안전보건조치의무 위반죄에 대한 양형기준이 신설되었다는 점이 특징이다.

셋째, 수정된 양형기준에서 안전보건조치의무위반치사죄의 권고형량구간을 보면, 구 양형기준에서는 기본형량구간이 6월~1년 6개월, 감경할 경우에는 4월~10월, 가중할 경우에는 10월~3년 6월에 불과하였으나, 수정된 양형기준에서는 기본

형량구간이 1년~2년 6개월, 감경할 경우에는 6월~1년 6개월, 가중할 경우에는 2년~5년으로 설정하여 기본형량구간을 더 중하게 설정하였다.

양형위원회가 산업안전보건범죄의 양형기준을 전향적으로 수정한 것은 일선 재판실무에서 안전보건조치의무와 안전보건조치의무위반치사죄에 대한 보다 엄중한 대응을 주문한 것으로 평가할 수 있다.

Ⅲ. 유죄판결분석 (대상: 2014년부터 2017년까지의 하급심 판례)[16)]

1. 분석대상 판례

앞서 '구 과실치사상범죄 양형기준'(2016. 7. 1.~2021. 6. 30.)과 '현 과실치사상·산업안전보건범죄 양형기준'(2022. 3. 1.~현재)을 보았다. 이하에서는 2016년 7월 1일 '구 과실치사상범죄 양형기준'이 시행되기 전 2014년, 2015년 판결, 그리고 '구 과실치사상범죄 양형기준'이 시행된 후 이 양형기준의 형량범위 권고를 따르고 있는 2016년, 2017년 판결을 분석해 본다. 이하 2014년부터 2017년 판결은 2018년 고용노동부가 발간한 "산업안전보건법 위반사건 판결 분석 연구"와 2020년 대법원 양형위원회 소속 양형연구회가 개최한 "양형연구회 제5차 심포지엄 자료집"중 "산업안전보건법위반죄 양형기준 개선 방향 토론문"의 내용을 정리하였다.

2. 2014년 선고 하급심 판례[17)]

가. 의정부지법 2014. 12. 23. 선고 2014고정2576 판결

(1) 사실관계

피고인은 사업주인 ○○건설 주식회사가 시공하는 주택 신축공사의 현장소장으로서 소속 근로자의 안전보건관리에 대한 총괄책임이 있는 자이다. 피고인은 공사현장 내 건물이 10m 이상의 높이이며, 작업도구 등이 떨어질 위험이 있음에도 방지망 등을 설치하지 않았으며, 건물 내부 1층에서 4층으로 올라가는 계단의 높이가 1m 이상 임에도 안전난간을 설치하지 않았다. 또한 피고인은 근로자가

16) 고용노동부, 산업안전보건법 위반사건 판결 분석 연구, 2018, 42-130면; 양형연구위원회, "산업안전보건법위반죄 양형기준 개선 방향 토론문", 양형연구회 제5차 심포지엄 자료집, 2020, 59-72면의 내용을 요약·정리한 것임.

17) 고용노동부(2018), 앞의 글, 77-89면.

추락할 위험이 높은 건물 뒤편 4층에 작업발판을 설치하지 않았으며, 옥상 입구로 나가는 바닥 단부가 개방되어 있어 근로자가 추락할 위험이 있는 장소임에도 안전난간 등을 설치하지 않았다.

(2) 양형이유

안전조치를 이행하지 않은 것에 대하여, 「산업안전보건법」 [법률 제11882호] (이하 '구 「산업안전보건법」') 제67조는 5년 이하의 징역 또는 5천만 원 이하의 벌금에 처한다고 규정하고 있다. 본 사안의 경우, 인명의 사상이라는 피해자는 없었으며 법원은 안전조치를 이행하지 않은 부작위에 대하여 피고인에게 벌금 150만 원을 부과하였다.

(3) 벌금형의 현실화 필요성

법원은 피고인에게 벌금 150만 원을 부과하였는데 이는 법정형 5년 이하의 징역 또는 5천만 원 이하의 벌금형의 법문을 무색하게 하는 소액의 벌금이다. 위 안전조치를 취하는데 벌금보다 많은 비용 필요할 것으로 보이는 바, 이는 사업자가 안전조치를 취하는 선택하는 대신 운이 나빠 산업재해가 발생할 경우 벌금을 내는 것을 감수하겠다고 생각하도록 하게 하는 유인이 될 수 있다. 이는 산업재해를 경제적인 문제로 생각하도록 하게 하며 산업재해의 재발을 예방하는 효과는 미비할 것으로 보인다.

나. 전과사실이 있어도 과실범으로 본 사건

(1) 사실관계

피고인 손○○은 주식회사 ○○리조트의 전무이사로서 ××골프장 관리자이고, 피고인 김○○은 주식회사 ○○리조트의 대표이사로서 ××골프장의 안전보건관리책임자이다. 피고인 손○○은 피해자로 하여금 청소기계 작업을 하도록 할 경우, 사고를 미연에 방지하여야 할 업무상 주의 의무가 있음에도 덮개 등이 설치되지 않은 상태에서 작업을 하게 하여 피해자의 작업복이 동력전달부에 말려 들어가면서 피해자가 회전축에 끼어 사망에 이르게 하였다. (「형법」 제268조) 사업주인 피고인 김○○은 청소기계의 동력전달부 회전축에 부착된 키·핀 등의 기계요소를 묻힘형으로 하거나 덮개를 설치하지 아니한 채 피해자에게 작업하도록 하여 피해자를 위와 같이 사망에 이르게 하였다. (구 「산업안전보건법」 제23조 제1

항 제1호, 제66조의 2) 또한 피고인 김○○은 코드와 플러그를 접속하여 사용하는 탁상용 드릴과 연삭기에 대하여 접지를 하지 아니하여, 감전 위험을 방지하기 위한 필요 조치를 취하지 아니하였다. (구 「산업안전보건법」 제23조 제1항 제3호, 제67조 제1호)

(2) 양형이유

법원은 산업안전보건법상 안전조치의무가 없는 피고인 손○○은 금고로, 안전보건총괄책임자인 피고인 김○○에게는 징역으로 각 6월을 확정했으나, 2년간 형의 집행이 유예되었고, 법인은 500만 원의 벌금을 선고 받았다. 양형의 사유는 다음과 같다.

"이 사건 발생에 피해자의 과실도 일부 존재하는 것으로 보이는 점, 유족에게 위로금을 지급한 후 합의하였고, 피고인들이 잘못을 반성하고 있으며, 벌금형 이외 범죄 전력이 없고, 사후 시정조치를 충분히 한 것으로 보이는 점 등을 유리한 정상으로 참작한다. 그러나 피고인 김○○과 주식회사 ○○리조트의 경우 2011년 '협착방지를 위한 동력 전달 벨트 방호 덮개 미설치, 감전 위험 있는 부위 노출 등'의 안전조치의무 위반 등 산업안전보건법 위반으로 벌금 200만 원의 약식명령을 받은 적이 있음에도 다시 안전조치를 소홀히 하여 흡사한 내용의 안전조치의무위반으로 이 사망사고를 야기하였다는 점에서 과실 정도 및 죄책이 가볍지 않다. 그 밖에 피고들의 나이, 성행, 환경, 안전의무위반 정도, 범행 전후 정황 등 기록에 나타난 양형조건들을 참작하여 주문과 같이 형을 정한다."

다. 창원지법 2014. 7. 15. 선고 2013고단2091 판결

(1) 사실관계

피고인 주식회사 ○○테크는 주식회사 △△정밀로부터 철 구조물 및 판넬 보수공사를 도급받아 시공하는 시공사이고, 피고인 유○○은 주식회사 ○○테크의 직원이자 위 공사현장의 현장소장으로서 공사의 안전보건관리책임자이며, 피고인 김○○는 45톤 크레인의 운전기사로서 크레인 조작업무를 담당하고 있다. 피고인 유○○은 주식회사 ○○테크 근로자인 피해자에게 크레인을 이용하여 바닥에 있는 판넬을 지붕 위로 올려주는 작업을 하도록 하면서, 안전모를 지급하거나 크레인 붐대를 조작할 때 피해자를 붐대 밑에서 벗어나게 하는 방법으로 안전한 거리를 확보하도록 하지 아니하여, 피해자는 크레인이 전도되면서 낙하한 붐대에 깔려 사망하게 되었다(구 「산업안전보건법」 제23조 제3항, 제66조의 2, 「형법」 제268조). 피고인 김○○는 크레인의 운전기사로 업무상 주의의무가 있음에도 불구하고 받침목의 강도 등 상태를 점검하지 아니한 채 붐대 밑에 피해자가 있는 상태에서 크레인을 조작한 업무상 과실로 피해자를 사망에 이르게 하였다(「형법」 제268조). 또한 피고인 김○○는 건설기계조종사면허 없이 위 크레인을 조종하였다(「건설기계관리법」).

(2) 양형이유

법원은 피고인 유○○과 피고인 김○○에 징역 10개월을 선고하였으나 2년간 형의 집행이 유예되었고, 피고인 주식회사 ○○테크에는 양벌규정에 따라 벌금 500만 원을 선고하였다. 양형의 이유는 다음과 같다.

"피고인 유○○, 김○○의 업무상 과실 및 피고인 주식회사 ○○테크의 위험방지 조치 미이행으로 피해자가 사망하는 중한 결과가 발생하였고, 피해자의 유족들이 피고인들의 엄벌을 탄원하고 있어 그 죄책이 가볍지 않다. 그러나 피고인 유○○, 김○○가 잘못을 인정하며 반성하고 있는 점, 피해자의 유족들에게 산재보험금이 지급된 점, 피고인 유○○과 김○○에 벌금형을 넘는 전과가 없는 점 등을 유리한 정상으로 참작하고, 그 밖에 사고 발생 경위, 피고인 유○○과 김○○의 성행 및 환경 등 양형의 조건이 되는 제반사정을 고려하여 주무과 같이 형을 정한다."

본 사안의 경우 피해자의 유족이 엄한 처벌의사를 가지고 있었음에도 집행유예한 점에 비추어, 피해자의 유족이 처벌불원 의사를 가지고 있어 집행유예를 결정했다는 대부분의 판결례에서 등장하는 양형인자는 그 의미가 상실될 수 밖에 없을 것으로 보인다.

(3) 양형인자로서의 산업재해보상보험가입

현 산업안전보건범죄 양형기준에서는 '보험가입'을 일반감경양형인자(행위자), 집행유예의 일반참작사유의 긍정적 요소로 규정하고 있다. 현 양형기준의 양형인자 '보험가입'의 정의 규정에서는 피보험자의 사고로 인한 손해배상금 전액 또는 상당 금액을 보상하는 보험 또는 공제 가입(자동차종합보험, 산업재해보상보험 등)을 예시로 들고 있다.[18] 그러나 근로자를 사용하는 모든 사업주는 산업재해보상

---

18) https://sc.scourt.go.kr/sc/krsc/criterion/criterion_38/accidental_homicide_01.jsp (최종방문일: 2022.

보험법에 따른 사업재해보상보험에 가입하여야 하고, 다만 위험률·규모 및 장소 등을 고려하여 대통령령이 정하는 일부 사업에 대하여만 예외를 두고 있다(「산업재해보상보험법」 제6조). 산업재해보상보험은 강제보험으로서 사업주의 최소한의 의무이다. 이러한 의무를 이행하였다고 하여 이를 감경사유로 삼는 것은 타당하지 않다.[19]

보험가입의무가 있는 사업주가 의무를 해태한 경우에 이를 가중요소로 삼거나, 보험가입의무가 없음에도 근로복지 공단의 승인을 받아 산업재해보상보험에 가입한 경우 이를 감경요소로 삼거나, 산업재해보상보험금 외에 피고인이 피해자에게 별도의 합의금을 지급하여 피해자의 피해를 회복한 경우에 이를 감경양형인자로 고려하는 것이 타당할 것이다.

3. 2015년 선고 하급심 판례[20]

가. 울산지법 2015. 12. 23. 선고 2015고단1204 판결

(1) 사실관계

피고인 고○○은 주식회사 ○○○○의 대표이사로 안전관리책임자로 사고 발생을 방지하기 위한 조치를 하도록 지휘, 감독하여야 할 업무상 주의의무가 있었다. 그럼에도 이를 게을리하여 개구부에 추락 방지장치를 설치하지 않은 채 건설기계 면허가 없는 피해자로 하여금 지게차를 운행하도록 하고, 피해자 인근에 보조자를 배치하지 않아, 피해자가 지게차를 운전하여 후진을 하던 중 지게차가 개구부에 추락하는 사고가 발생하여 사망하였다(구 「산업안전보건법」 제23조 제3항, 제66조의 2 위반, 형법 제268조 위반).

(2) 양형이유

법원은 피고인 고○○에 징역 6개월을, 피고인 주식회사 ○○○○에는 양벌규정에 따라 벌금 7백만 원을 선고하였다. 양형의 이유는 다음과 같다.

“피고인 고○○은 여러 안전조치의무를 제대로 이행하지 아니하였고 그 결과 피해자가 사망하는 무거운 결과가 발생한 점에서 죄질이 무겁다. 그럼에도 피해

6. 5.)

19) 양형연구회, “산업안전보건법위반죄 양형기준의 재검토 발표문”, 양형연구회 제5차 심포지엄 자료집, 2020, 55면.

20) 고용노동부(2018), 앞의 글, 90-97면.

자 유족과 합의되지 아니하여 피고인의 엄벌을 탄원하고 있다. 반면 사건 당시 피고인 주식회사 ○○○○은 폐업 후 공장설비를 처분하고 피해자가 유일한 소속 근로자로서 정리작업을 하는 등 정상운영상태가 아니었던 점, 범행 자백을 하는 점, 피고인 고○○은 동종의 범행으로 처벌받은 전력 및 자격정지 이상의 형으로 처벌받은 전력이 없는 점, 피해자 유족을 위하여 1,000만 원을 공탁한 점은 유리한 정상이다. 그 밖에 피고인들의 의무위반 정도, 피고인 고○○의 연령 등 제반사정을 참작하여 주문과 같이 형을 정한다."

(3) 양형인자로서의 공탁

구 과실치사상범죄 양형기준에서 일반양형인자 중 감경요소로 "상당 금액 공탁"을 정하고 있는 것에 대하여 합의가 없음에도 공탁을 한 것만으로 형을 감경하는 것은 타당하지 않다는 비판이 존재하였으며 이에 2021년 1차 수정된 양형기준에서는 삭제 되었다. 현 양형기준에서 특별양형인자 중 감경요소로 "처벌불원 또는 실질적 피해 회복(공탁 포함)"을 일반양형인자 중 감경요소로 "상당한 피해 회복(공탁 포함)"을 정하고 있다. 양형인자로서 "실질적 피해 회복(공탁 포함)"은 피고인이 피해 회복을 위한 진지한 노력 끝에 합의에 준할 정도(재산적 피해만 발생한 경우에는 그 손해액의 약 2/3 이상)로 피해를 회복시키거나 그 정도의 피해 회복이 확실시되는 경우를 의미한다고 설명한다.[21]

가해자가 공탁마저 하지 않는다면 피해자는 피해를 회복할 길이 없다는 점에서 "상당 금액 공탁"을 감경요소에서 아예 삭제하는 것은 문제가 있어 보인다. 이론적으로는 피해자가 민사소송을 통하여 피해 회복을 할 수 있겠지만, 민사소송의 경우 시간과 비용이 많이 소모되며, 집행에도 상당한 시간과 비용이 든다는 한계가 존재한다. 합의에 도달하지 못하더라도 가해자가 상당한 금액을 공탁할 경우 피해자의 피해가 일부 회복되는 현실을 고려할 때 양형인자(감경요소)로 정하는 것이 타당해 보인다.

나. 창원지법 2015. 12. 23. 선고 2015고단2360 판결

(1) 사실관계

피고인 ×○건설산업 주식회사는 ○○초등학교에서 외벽 도장작업을 시공하는

21) https://sc.scourt.go.kr/sc/krsc/criterion/criterion_38/accidental_homicide_01.jsp (최종방문일: 2022. 6. 5.)

사업주이고, 피고인 손○×는 위 피고인 ×○건설산업 주식회사의 대표이사로서 위 공사현장의 안전보건관리책임자이다. 피고인 손○×는 소속근로자인 피해자로 하여금 고소작업대를 이용하여 학교 외벽의 도장작업을 하도록 하였다. 피고인 손○×는 추락 예방 대책을 포함한 작업계획서 작성 및 소속 근로자에 대한 보호구 착용 등의 감독의무를 소홀히 한 업무상 과실로 피해자로 하여금 스카이 차량 탑승함 펜스 뒤쪽의 10.5미터 아래 바닥으로 추락하게 하여 사망에 이르게 하였다(구 「산업안전보건법」 제23조 제3항, 제66조의 2, 형법 제268조). 피고인 ×○건설산업 주식회사는 피고인의 대표자인 손○×가 안전보건조치의무를 이행하지 아니함으로써 피해자를 사망에 이르게 하였다(구 「산업안전보건법」 제71조).

(2) 양형이유

법원은 피고인들에게 각 벌금형을 선고하였다. 양형의 이유는 다음과 같다.

"이 사건 범행으로 인하여 근로자가 사망에 이른 점에서 그 결과는 중하나, 피고인 손○×가 잘못을 반성하고 있는 점, 피고인 손○×는 음주운전으로 2회, 폭행으로 1회 벌금형으로 처벌받은 것 외에는 다른 범죄 전력이 없는 점, 유족들과 원만히 합의한 점, 그 밖에 이 사고 발생 경위, 안전조치 위반의 내용, 피고인 손○×의 연령, 환경 등 제반 양형 조건들을 참작하여 주문과 같이 형을 정한다."

(3) 징역과 벌금형의 구별 기준

본 사건은 하도급과는 무관하게 사업주의 피고용인이 추락하여 사망한 사건이다. 본 사건에서는 근로자가 사망에 이르렀음에도 피고인에게 250만 원 벌금형이 선고되었다. 위 양형이유를 살펴보면, '반성하고 있다', '합의했다', '벌금 이상의 형으로 처벌된 전과가 없다'는 것이 결국 사망에 이르게 한 불리한 정황을 압도하는 것으로 보인다. 이는 사업주나 안전보건관리책임자들에게 산업재해가 경제적인 문제이며, 금전적 손해와 이익의 문제라는 메시지를 전달할 위험이 있어 보인다. 아래의 사례(판례 다.)와 비교하여 무엇이 징역과 벌금형을 구별하게 하는지 추단해보도록 한다. 판례 다.에서 집행유예를 선고하면서 그 이유에 나열한 것을 보면 바로 본 판결에서 언급된 것과 다를 바 없음에도 본 판결에서는 벌금형을 아래 판례 다.에서는 단기 자유형과 집행유예로 다른 결과가 도출되었다. 이러한 결과를 볼 때 징역과 벌금형을 구별하는 예측 가능한 기준이 있는지가 의문이며, 이러한 결과를 단순히 법관의 재량만으로 충분히 설명할 수 있을지에 대해서는 납득하기 어려워 보인다.

다. 부산지법 2015. 12. 23. 선고 2015고단6121 판결

(1) 사실관계

피고인은 도매업을 하는 사업주로서 사업장에서 근무하는 소속 근로자들의 안전보건에 관한 책임자이다. 피고인은 소속 근로자인 피해자에게 라벨 부착작업을 지시하였다. 라벨 부착작업은 물류창고 내 2.3m 높이의 중층에서 이루어지므로 전후 양면이 개방된 리프트를 이용해야 하여 추락의 위험이 있었다. 그럼에도 피고인은 안전모를 지급하여 착용하도록 하거나 리프트의 개방된 면에 안전난간 등의 방호 조치하여 사고를 예방해야 할 산업안전보건법상 조치의무와 업무상 주의의무를 다하지 아니하여 피해자가 리프트에서 추락하여 사망하였다(구 「산업안전보건법」 제23조 제3항, 제66조의 2, 「형법」 제268조).

(2) 양형이유

법원은 피고인에게 징역 4월을 선고하고 1년간 형의 집행을 유예하였다. 양형의 이유는 다음과 같다.

“피고인이 범행을 시인하고 반성하는 태도를 보이는 점, 망인의 유족과 원만히 합의하여 이들이 피고인의 처벌을 원하지 아니하는 점, 아무런 범죄 전력이 없는 점 등 참작”

(3) 양형인자로서의 합의와 자백

위 판결에서는 피고인이 범행을 시인하고 피해자인 망인의 유족과 합의하여 이들이 피고인의 처벌을 원하지 아니하는 점을 유리한 양형인자로 고려하고 있다. 피고인의 자백은 심리절차를 매우 간단하게 한다는 점에서 국가사법자원낭비를 예방할 수 있으므로 실제 재판실무에서 자백이 있는 경우에는 자백이 없는 경우에 비해서 형량을 낮게 선고하게 된다.

피해자 또는 피해자의 가족과 합의가 되지 않을 경우 이들로 인해 촉발되는 시위, 언론 활동, 정치 활동 등에 대해 법관은 현실적으로 심리적인 압박을 받을 수 밖에 없을 것으로 보이며, 합의가 이루어져 여론의 압박이 없는 경우와 비교했을 때 그 처분이 쉽지 않다고 하겠다. 이러한 점을 고려하였을 때 피해자와의 합의 또한 중요한 양형인자로 볼 수 있겠다.

4. 2016년 선고 하급심 판례

'구 과실치사상범죄 양형기준'(2016. 7. 1.~2021. 6. 30.)이 시행된 후 양형기준의 형량 범위 권고를 따르고 있는 2016년 판례를 살펴본다. 2016년 판례들을 보면 양형기준이 제공되었다고 해서 기존의 판결 실무 특히 형종의 선택과 양형에서 어떤 변화가 있었다고 보기 어렵다는 것을 잘 보여주고 있다. 물론 양형기준 자체가 기존의 관행을 규정화한 측면이 있기 때문에 당연한 귀결일 수도 있다.

가. 서울남부지법 2016. 7. 18. 선고 2014고단2499 판결[22)]

(1) 사실관계

2013년 서울 강서구 방화대교 남단에서 방화동을 잇는 접속도로 공사현장에서 도급인 A회사의 안전보건관리책임자는 ① 도급인 사업주로서 수급인 근로자에 대한 안전조치 미이행(구 산안법 제29조 제3항, 제68조 제2호), ② 붕괴·추락위험 등에 대한 안전조치 미이행(구 산안법 제23조 제1항)하였으며, 수급인 갑회사의 안전보건관리책임자는 붕괴, 도괴, 전도 등으로 인한 근로자의 위험예방을 위한 안전조치 의무를 위반하고 시공한 탓에 교각 구간 철골과 콘크리트 상판이 무너져 근로자들이 매몰되는 사고가 발생하여 근로자 2명이 사망하고, 1명이 부상을 당하였다.(구 산안법 제23조 제3항, 제66조의2)

(2) 양형이유

도급인 A회사의 안전보건관리책임자에 대해서는 사고 결과에 대해 도급인으로서 책임이 큼을 인정하였으나 피해자들과 합의한 점을 양형이유로 들어 징역 2년(집행유예 3년) 및 사회봉사 120시간을 선고하고, 양벌규정에 따라 사업주인 A회사는 벌금 2천만 원이 선고되었다.

수급인 갑회사의 안전보건관리책임자는 붕괴, 도괴, 전도 등으로 인한 근로자의 위험예방을 위한 안전조치 의무를 위반하여 근로자를 사상에 이르게 하였지만 위 사고는 설계자의 측량의무 불이행, 시공사 측의 부실시공과 감리사 측의 부실감리가 중첩적으로 작용한 결과인데 그중 수급인의 책임이 가장 낮음을 양형이유

---

22) 양형연구회, "산업안전보건법위반죄 양형기준의 재검토 발표문", 양형연구회 제5차 심포지엄 자료집, 2020, 64-65면.

로 하여 징역 6월(집행유예 1년)이, 양벌규정에 따라 사업주 갑회사는 벌금 3백만 원이 선고되었다.

나. 울산지법 2016. 12. 15. 선고 2016고단3679 판결[23)]

(1) 사실관계

피고인 ○○자동차 주식회사는 자동차제조업을 운영하는 사업주이고, 피고인 송○○는 ○○자동차 주식회사 울산공장 2공장의 사업부장으로 위 공장의 안전관리책임자이다. 피고인 송○○은 직원인 피해자 김○○ 등 3명으로 하여금 중량물 약 20.9t 가량의 금형을 크레인으로 인양하여 프레스 장비로 운반하는 작업을 하도록 지시하였다. 송○○은 근로자 위험 방지를 위한 사전조사를 실시하지 않고 사업계획서를 작성하지도 않았으며 위험을 방지하기 위한 필요한 조치를 하지 않아 크레인으로 들어 올리던 금형이 기울어져 피해자가 이에 끼어 사망하게 되었다(구 「산업안전보건법」 제23조 제2항, 제66조의 2). 또한 송○○은 피해자 김○○을 포함한 근로자 3명이 지급된 안전모를 착용하지 않는 행위를 방치하였다(구 「산업안전보건법」 제23조 제3항, 제67조 제1호).

(2) 양형이유

법원은 피고인 송○○에 징역 8월을 선고하고 2년간 형의 집행을 유예하였고, 피고 ○○자동차 주식회사에는 양벌규정에 따라 벌금 1,000만 원을 선고하였다. 양형의 이유는 다음과 같다.

"본 사고의 작업과 관련하여 작업계획서를 작성하여 근로자들에게 숙지시킴이 없이 작업을 하게 하거나 작업자들 사이에 별다른 신호체계도 마련되지 않은 상태에서 본 건 작업을 수행하도록 하였고, 피고인들의 이와 같은 안전조치 의무위반으로 피해자가 사망하여 결과가 중하다. 한편 피고인들은 피해자의 유족들에게 상당한 보상을 하였고 이에 피해자의 유족과 합의하여 피해자의 처가 피고인들에 대한 선처를 탄원하고 있으며, 피고인 송○○은 아무런 전과 없는 초범이다. 이와 같은 각 정상 및 피고인들의 연령, 성행, 환경 등 모든 양형의 조건을 참작하여 주문과 같이 형을 정한다."

---

23) 고용노동부(2018), 앞의 글, 98-102면.

(3) 법원의 양형 관행 (벌금형 또는 단기 자유형에 대한 집행유예 선고 경향)

「산업안전보건법」상 사업주의 형사책임은 의무위반에 수반된 위험성의 정도에 따라 차등화되지 않고 규정되어 있어 판례는 그 해석 및 적용에 있어 소극적인 태도를 보이고 있다.[24] 법원실무상 양형인자를 보면 결국, 초범인가, 합의했는가, 보상했는가, 피해자가 선처를 원하는가라는 기준이 피해자가 사망했는지, 의무위반이 중한지, 사상자의 수가 몇인지 등 범죄가 발생시킨 결과보다 더 결정적인 양형인자가 되고 있음을 알 수 있다. 아주 예외적으로 다수의 인명피해가 발생하는 경우를 제외하면 산업안전보건법 위반 사건의 형벌은 벌금형이 아니면 단기 자유형에 대한 집행유예로 귀결되는 것으로 보인다.

5. 2017년 선고 하급심 판례[25]

가. 수원지법 2017. 12. 21. 선고 2017고단4431 판결

(1) 사실관계

피고인은 '○○건설중기'라는 상호로 건설업을 영위하는 개인 사업주로 ××회관 신축공사를 도급받아 상시근로자 5명을 사용하여 시공하였던 사람이다. 피고인은 위 공사현장에서 피해자인 근로자 김○○으로 하여금 피고인과 함께 중량 약 680kg 상당의 파이프 다발을 굴삭기를 이용하여 화물차에 적재하는 작업을 하도록 함에 있어, 피해자에 안전모를 지급하지 아니하여 작업을 하도록 하고 작업계획서 작성 없이 작업하게 하였으며, 굴삭기를 굴착작업과 같은 주된 용도가 아닌 운반 용도로 사용하면서 피고인이 굴삭기에서 내리다가 피고인의 옷에 의해 굴삭기가 오작동 되어 회전함으로써 매달려 있던 파이프 다발이 피해자의 머리 부위를 충격하여 사망에 이르게 하였다.

(2) 양형이유

법원은 피고인에게 징역 1년을 선고하고 형의 집행을 2년간 유예하였다.

"피고인의 이 사건 범행으로 피해자는 무엇과도 바꿀 수 없는 생명을 잃었다. 피고인은 눈앞의 이익에 급급하여, 근로자에게 안전모조차 지급하지도 않고, 굴착

---

24) 우희숙, "산업재해와 형사책임: 산업안전보건법 제66조의2를 중심으로", 서울대학교 법학, 제54권 제1호, 2013, 135면.

25) 고용노동부(2018), 앞의 글, 102-124면.

기의 사용 및 조작에 적정한 주의를 기울이지도 않아 이 사건 범행에 이른 것으로 보인다. 피해자는 안면골절로 인하여 상당한 고통을 느끼면서 사망하였을 것으로 보인다. 그러나 피고인은 피해자의 유족들을 위하여 3,000만 원을 공탁한 바 있고, 피해자의 가족들과 합의하기 위하여 가족들에게 사죄하는 등 상당한 노력을 기울인 것으로 보인다. 피고인은 이 사건 범행을 반성하고 있다. 그 밖에 피고인의 나이, 성행, 범행의 동기와 경위, 수단과 결과, 범행 후의 정황, 범죄 전력 등 이 사건 변론과 기록에 나타난 모든 양형조건을 참작하여 주문과 같은 형을 정한다."

(3) 법원의 양형 관행 (종래 판결 양형 고려 경향)

본 판결에서는 양형기준의 기본형량구간을 선택(징역 6월 이상 1년 6월 이하)하고, 그중 평균치 정도, 즉 1년을 선택한 후, 합의, 사죄, 공탁, 배상 등을 중요 양형인자로 하여 집행을 유예하였다는 것으로 보인다. 특별 양형인자가 없다는 판시에서 알 수 있듯이 기본형량범위의 중간지점을 선택한 것으로 보인다. 또한 '피고인의 나이, 성행, 범행의 동기와 경위, 수단과 결과, 범행 후의 정황, 범죄 전력 등'의 모든 양형조건을 참작한다고 하여, 앞에서 이미 고려된 양형요소인지를 불문하고 여러 요소들을 종합적으로 나열하는 것은 물론, 거의 관행적으로 법문의 표현을 옮기고 있는 듯한 느낌을 준다.

이와 유사하게 많은 다른 판결에서도, 사망 사건의 경우라고 하더라도 통상 기본형량범위를 선택하고, 특별양형인자(처벌불원)를 고려하여 해당 구간의 최하형인 징역 6월을 선택한 후에 또 다시 집행유예 사유에서 고려되는 긍정적 요소, 즉 처벌불원, 피해회복 노력, 진지한 반성 등의 인자를 들어 집행을 유예하는 형태를 보이고 있다.

6. 소결 (양형상 한계)

실무상으로 안전·보건조치미이행치사죄에 대하여 집행유예 선고가 대부분인 것에 대해 과실범에 관한 법원의 양형 관행에서 이유를 찾는 의견이 있다. 예를 들어 과실범인 업무상과실치사죄나 교통사고처리특례법위반(치사)죄의 경우, 피해자 측과 합의가 되거나 상당 부분 공탁이 이루어지는 등 피해의 회복을 위하여 노력한 경우에는 벌금 또는 집행유예가 선고되는 경우가 많다. 이는 '고의가 아닌 행위에 대하여 합의가 이루어졌음에도 감옥에 가게 하는 것은 가혹하다'는 법감정에 기초한 판단이라고 볼 수 있는데, 안전·보건조치미이행치사죄 경우에도 이와 같은 양형 관행의 연장선에서 집행유예 선고가 다수 이루어지고 있는 것으로 보인다.[26] 법원재판실무상 단독사건의 경우 한 기일에 20−30건에 대해 선고하게 되는데, 같은 기일에 선고하는 다른 고의범 사건(폭처법, 특가도주, 사기죄, 음주운전)과 산업안전보건법 위반 사건을 비교해 볼 때 산업안전보건법의 죄질이 가볍게 느껴지기에 엄한 형을 선고하기에 법관이 현실적으로 심적인 부담을 느끼기 쉬울 것으로 보이며, 이러한 이유에서 산업안전보건법 위반 사건에 대하여 비교적 약한 형을 선고하게 되는 경우가 많아 보인다.

산업재해의 경우 안전·보건조치미이행이 존재하기는 하였지만 피해자 또는 실제 행위자의 과실이 마지막 단추가 되어 산업재해가 발생하는 경우가 다수 있다. 특히 피해자가 사망하는 사건의 경우, 관계인들은 본인 면책을 위하여 사망한 피해자의 과실에 책임을 떠넘기는 식의 진술을 하는 경우가 많다. 이러한 경우에 피해자 또는 실제 행위자의 과실이 없었다면 산업재해가 발생하지 않았을 것이라는 점에서 사업주 등에게 사망에 대하여 엄한 형을 선고하는 것이 가혹해 보이는 측면도 존재한다. 이러한 경우에도 집행유예가 선고되는 경우가 많은 것으로 보인다.[27]

또한 지금까지 선고되어온 산업안전보건법 위반 범죄에 대한 양형을 보았을 때 특별한 양형인자가 존재하는 경우가 아니라면 종래의 판결의 양형을 고려하여 선고하는 한계가 존재한다. 산업재해는 인재(人災)이며, 충분히 예방이 가능하다. 그러나 예방의 노력을 충분히 하지 아니하여 산업재해가 발생할 경우 그 결과는 처참하다. 이제는 산업재해에 대한 인식의 변화가 필요한 시점이다. 성범죄의 경우 과거 죄질에 비해 약한 형이 선고되어 사회적 문제가 된 대표적인 범죄였으나 이를 개선하기 위한 사회적 운동이 펼쳐지고 관련법이 제·개정되는 등으로 인해 사회적 인식 변화되어 현재 중형이 선고되고 있다. 산업재해의 경우에도 이러한 인식의 변화가 필요하다. 산업현장에서 근로자 또는 행위자의 과실이 있더라도 산업재해를 예방할 수 있도록 하는 조치가 필요하며 이러한 조치를 강제하고 감독할 수 있는 시스템이 필요하다. 이러한 조치를 취하지 아니하거나 시스템이 마

26) 양형연구회, "산업안전보건법위반죄 양형기준의 재검토 발표문", 양형연구회 제5차 심포지엄 자료집, 2020, 33면.

27) 양형연구회, "산업안전보건법위반죄 양형기준의 재검토 발표문", 양형연구회 제5차 심포지엄 자료집, 2020, 34면.

련하지 아니하여 예방할 수 있었던 산업재해가 발생한 경우에는 사업주에게 무거운 책임을 물어야 할 필요가 있다.

Ⅳ. 양형기준 강화에 따른 선고형량 및 양형인자 비교분석

2021년 7월 1일자로 '과실치사상·산업안전보건범죄 1차 수정 양형기준'이 시행되었다. 수정된 양형기준에서는 세부적으로 도급인의 안전·보건조치의무위반, 사업주의 안전·보건조치의무위반, 안전·보건조치의무위반치사 등 3가지 유형으로 구분하고 있다. 이하에서는 2021년 고용노동부가 발간한 "산업안전보건법 위반 범죄에 대한 판례 분석"의 내용 중 수정된 양형기준 이전과 이후의 선고형량 추이에 대한 내용을 정리하여 수정된 양형기준이 선고형량에 어떠한 영향을 미쳤는지에 대해 알아보도록 한다.

1. 수정된 양형기준 이전·이후의 선고형량 추이 내용[28)]

고용노동부, "산업안전보건법 위반 범죄에 대한 판례 분석"에서 다루고 있는 2021년 선고 판결문 192건 중 2021년 7월 이전 선고된 판결은 123건이며, 수정된 양형기준이 적용되는 7월 이후 선고 판결은 69건이다. 2021년 선고된 판결은 수정된 양형기준 적용 여부가 다르므로, 이를 구분하여 비교하여보고자 한다.

<표 3>에 따르면 수정된 양형기준이 적용되기 이전 자연인 피고인에 대한 자유형 선고 비율은 47.7%임에 반해 수정된 양형기준이 적용된 이후 자연인 피고인에 대한 자유형 선고 비율은 51.0%로 나타났다. 이는 2013년 이래로 처음 자유형 선고비율이 50%를 넘어선 것이다.

〈표 3〉 자연인 피고인에 대한 자유형과 벌금형 선고 비율 (단위: 명)

연도	자유형 비율 (집행유예포함)	벌금형 비율	자유형 (집행유예포함)	벌금형
2020	49.4%	49.0%	220	218
2021.7 이전	47.7%	49.4%	83	86
2021.7 이후	51.0%	48.1%	53	50

28) 고용노동부 용역과제,(2021). 앞의 글, 55-60면을 정리한 내용임.

<표 4>에 따르면 자유형이 선고된 경우 양형기준 수정 전 징역형은 평균 7.45월, 금고형은 평균 7.14월이 선고되었으며, 양형기준 수정 후에는 징역형은 평균 7.24월, 금고형은 평균 7.73이 선고되어 유의미한 변화를 찾을 수 없었다. 다만, 수정된 양형기준이 적용된 시기 자유형의 선고비율이 높아진 점과 관련지어 분석해 본다면, 종래에는 벌금형이 선고되던 사안이 자유형으로 선고되며 형량이 다소 줄어서 평균형량이 감소한 것으로 나타난 것이라 평가하고 있다.

〈표 4〉 자유형 선고 시 처벌 수준 (징역 및 금고기간)

선고년도	징역 (실형 및 집행유예 포함)			금고 (실형 및 집행유예 포함)		
	빈도	평균	최소/최대	빈도	평균	최소/최대
2020	184	7.54	4/36	36	7.61	4/18
2021.7 이전	69	7.45	4/18	14	7.14	4/12
2021.7 이후	42	7.24	4/12	11	7.73	3/12

양형기준의 수정으로 인한 변화를 확인할 필요가 있는 부분 중 하나는 안전보건조치의무위반치사죄가 성립한 경우의 선고형량 변화이다. 그러나 <표 5>에 따르면 2021년 안전보건조치의무위반치사죄가 성립한 경우 자유형의 형량에는 큰 변화가 발견되지 않았다. 조치의무위반치사죄가 성립하는 경우 수정 전 양형기준은 기본구간이 6월~1년 6월, 감경 시 4월~10월, 가중 시 10월~3년 6월로 설정되어 있었다. 이를 참고하면 평균 징역형 형량이 약 7월이라면 이는 기본구간에 해당하는 형량이다. 수정된 양형기준이 기본구간 1년~2년 6월, 감경 시 6월~1년 6월, 가중 시 2년~5년으로 설정되었다는 점을 고려하면 통상 2021년 7월 이후 선고된 판결에서 징역형의 평균 형량은 1년 이상으로 나타나야 함에도 불구하고 이전과 비슷한 평균 7.26월로 나타난다는 것은 실무에서 수정된 양형기준이 제대로 적용되고 있지 않다는 것을 의미한다.

〈표 5〉 안전보건조치의무위반치사죄 성립 시 선고형량 평균

선고년도	자연인			법인
	징역형	금고형	벌금형	벌금형
2020	7.62월	–	5,446,429원	6,000,000원
2021.7 이전	7.54월	–	5,930,233원	7,088,235원
2021.7 이후	7.26월	10월	8,380,952원	7,139,535원

양형기준의 수정으로 인한 변화를 확인할 필요가 있는 두 번째 부분은 사업주의 안전보건조치의무 위반행위에 대한 형종 및 형량의 분석이다. <표 6>에 따르면 2021년 안전보건조치의무위반죄가 성립한 피고인 중 자연인 36인에 대하여 벌금이 선고된 피고인이 34인, 징역형 2인으로 나타났다. 사업주의 안전보건조치의무 위반에 대하여 법정형이 5년 이하의 징역 또는 5,000만 원 이하의 벌금으로 규정하여 적용하고 있는 취지가 무색하게 자유형의 선고비율이 매우 낮으며, 벌금형 또한 평균 165만 원으로 매우 적은 액수가 선고되었다. 징역형을 판결한 2건은 모두 징역 6월, 집행유예 1년이 선고되었다.

산업안전보건법상 고용노동부 특별감독관은 사업주의 안전보건조치의무 위반행위에 대하여 과태료를 별도로 부과하고 그중에서 일부를 선별하여 검찰로 송치하게 된다. 따라서 피고인에게 벌금형이 선고될 경우 피고인은 과태료와 벌금을 모두 내게 되는데, 이는 이론적으로는 이중처벌은 아니지만 피고인 입장에서는 감정적으로, 경제적으로 이중으로 처벌을 받는다고 느끼기 때문에 현실적으로 많은 액수의 벌금형을 선고하기 힘든 면이 존재하는 것으로 보인다. 이러한 이유로 사업주의 안전보건조치의무 위반행위에 대하여 적은 액수의 벌금형이 선고되는 것으로 보여진다.

〈표 6〉 조치의무 위반 성립 시와 업무상 과실치사죄 성립 시 벌금액

선고 년도	조치의무 위반 성립				조치의무위반 및 업무상과실치사상 성립			
	징역		벌금		징역		벌금	
2021	2인	6월	34인	165만 원	9인	6월	3인	566만 원
2021.7 이전	1인	6월	20인	164만 원	6인	6.3월	3인	566만 원
2021.7 이후	1인	6월	14인	166만 원	3인	5.3월		

양형기준의 수정으로 인한 변화를 확인할 필요가 있는 세 번째 부분은 도급인의 안전보건조치의무 위반행위에 대한 형종 및 형량의 분석이다. 개정된 「산업안전보건법」 제63조에서는 도급인의 안전보건조치의무를 규정하고 있으며 이를 위반하는 경우 제169조에 따라 3년 이하의 징역 또는 3천만 원 이하의 벌금에 처하도록 규정하고 있다. 그리고 수정된 양형기준에서는 도급인의 안전보건조치의무 위반에 대하여 별도로 양형기준을 신설하였다. 즉 도급인의 안전·보건조치의무위반이 있는 경우 기본 4월~10월, 감경 시 6월까지, 가중 시 8월~1년 6월로

양형기준을 규정하였다. <표 7>에 따르면 2021년 피고인 중 제169조가 적용된 8인의 자연인 피고인 중 4인은 징역형, 4인은 벌금형이 선고되었다. 징역형은 각 4월, 6월, 10월, 12월이 선고되었으며, 벌금은 평균 225만 원이 선고되었다. 수정된 양형기준이 적용되지 않던 2020년의 경우 도급인의 안전보건조치의무위반죄가 성립한 19인의 피고인에 대하여 주로 벌금형이 선고되었으나, 수정된 양형기준이 적용된 2021년 7월 이후에는 징역형이 선고되는 비율이 절반을 차지하였으며 그 형량도 양형기준에서 설정한 범위에서 선고되고 있음이 확인된다.

〈표 7〉 도급인의 안전보건조치의무위반에 대한 선고

선고년도	조치의무위반 및 업무상과실치사상 성립			
	징역		벌금	
2020	2인	4월	17인	347만 원
2021	4인	8월	4인	225만 원

2. 검 토

현재 산업안전보건법 위반범죄에 대한 양형기준에서 '권고형량구간' 그 자체를 이전시키는 효과를 가져오는 특별양형인자를 살펴볼 때, 특별감경인자에서 가장 중요한 양형인자는 바로 '처벌불원'(즉 합의)이다. 실제로 양형기준에 명시되어 있는 특별감경인자 5가지 중에서 실무에서 활용할 수 있는 양형인자는 '처벌불원' 외에는 거의 찾아볼 수 없을 것이다. 이에 반해 특별가중인자는, 안전· 보건조치 의무 위반의 정도가 중한 경우, 유사한 사고가 반복적으로 발생한 경우, 다수의 피해자가 발생한 경우 등 다수의 양형인자를 포함하고 있다. 그렇다면 단순히 산술적으로만 고찰해보아도 산재사망사고가 발생한 사건에서 피고인에게 형량이 가중될 것으로 보인다. 그렇지만 재판실무에서는 피고인에게 형량이 가중된다기보다는 오히려 '처벌불원'이 있음을 이유로 형량이 감경되는 것이 일반적이다.[29)]

앞서 2019년 산업안전보건연구원의 조사결과를 살펴보았듯이 일반 국민들은 양형상 권고형량이 가볍다고 생각하고 있으며, 산업재해 예방의 실효성이 미미한 것에 대한 문제의식을 반영하여 「산업안전보건법」도 여러 번의 개정을 통하여 그 법정형을 강화하였다. 앞서 2021년 양형기준이 수정된 후의 추이를 살펴보았으나

29) 고용노동부 용역과제(2021), 앞의 글, 64면.

뚜렷한 효과는 보이지 않는 것으로 보인다. 이는 앞서 언급한 다른 고의범과 구별하여 산업안전보건법 위반범죄의 경우 과실범에 관한 법원의 양형 관행에 따르는 경향, 산업재해에 피해자 또는 실제 행위자의 실수가 개입되는 경우가 많아 사업자에게 무거운 형을 선고하는 것에 대한 심적인 부담감, 피해자가 사망한 산업재해의 경우 조사대상인 자들도 근로자이며 또 다른 피해자라는 인식 등의 이유 때문인 것으로 보인다.

Ⅴ. 결 론

「산업안전보건법」 위반이 문제 되었던 2014년부터 2017년까지의 판례 들을 살펴봄으로써 법원실무에서 형종과 형량의 결정, 양형의 특징 등을 살펴봄으로써 양형상 어떠한 한계점이 존재하는지에 대해서 구체적으로 살펴보았다. 사회적으로 여러 가지 한계점이 지적되어 2019년 1월 15일 「산업전보건법」이 전면개정되었고, 2021년 7월 1일부터 산업안전보건범죄의 양형기준이 수정되어 시행되었다. 아직 개정 법률과 수정 양형기준이 시행되고 많은 시간이 지나지 않은 시점이기에 단언하기는 어렵지만, 법률이 개정되고 양형기준이 수정되었음에도 뚜렷한 변화는 없어 보인다. 산업재해 예방 효과를 높이기 위해 어떤 점을 개선할 필요가 있는지 또는 현재의 법 구조와 양형기준에 대해 어떤 점이 문제인지에 대해 알아볼 필요가 있다.

1. 기업에 대한 벌금형의 현실화

산업재해 예방 효과를 높이기 위해 기업에 대한 벌금형의 현실화가 필요하다는 의견이 있다. 2019년 1월 15일에 개정된 「산업안전보건법」 제173조에 의하면 안전·보건조치 의무를 위반하여 근로자가 사망에 이른 경우 법인 사업주에 대하여 10억 원 이하의 벌금형에 처할 수 있도록 하여 벌금형의 상한을 대폭 상향한 바 있다. 고용노동부 설명자료에 의하면 “기업 규모, 개인이냐 법인이냐 구별 없이 동일한 처벌 수준을 규정하고 법인의 대표자나 근로자가 위반행위를 한 경우 그 행위자와 법인에게 부과되는 벌금형의 법정형도 같아서 법인에 대하여 실제 선고되는 벌금액이 법인 사업주에게는 형벌의 효과가 크지 않으므로 형벌의 예방적 기능을 실질적으로 수행할 수 있도록 법인인 사업주에게 벌금형을 상향할 필요가 있다."고 개정이유를 설명하고 있다.[30] 반면 「산업안전보건법」을 적용하여 형사처벌을 하는 실제 사례에서 가장 문제가 되는 것은 이 법률의 위반죄를 기업범죄로 보지 않고 근로자의 범죄로 이해하는 법원 실무라는 지적도 존재한다.[31] 산업재해 예방 효과를 높이기 위해 기업에 대한 벌금형의 현실화가 필요하다는 의견은 산업안전보건법위반은 기본적으로 기업범죄의 성격을 가지고 있고, 기업에 대한 제재는 벌금형이 유일하므로 행위자에 대한 징역형을 강화하는 것 보다, 기업의 매출액에 따라 현실적인 벌금형을 부과하여 기업의 인식 변화를 유도하고 법의 규범력을 확보하는 것이 효과적일 것이라 주장한다.[32] 벌금형의 현실화는 비단 기업에 대한 문제만은 아니다. 현재 법규정이 무색할 정도로 소액의 벌금을 선고하는 경향에 의해 사업주가 안전·보건조치를 취하는 것을 선택하는 대신에 산업재해 발생 시 벌금을 낼 것을 감안하고 안전·보건조치를 취하지 않는 것을 선택하도록 한다는 문제점을 앞에서 지적한 바 있다. 따라서 개인과 법인 양자 모두에 대한 벌금형을 현실화하여 산업재해가 경제적인 문제가 아니라는 점에 대해 확실히 하고, 무거운 결과에 대한 적정한 처벌을 통하여 제재의 실효성을 높일 필요가 있다.

2. 누범규정의 실효성 미비

2019년 「산업안전보건법」 전부개정 시 안전·보건조치미이행치사죄의 법정형 상한을 기존의 7년에서 10년으로 조정하는 정부안을 채택하지 않고 누범규정(현 산업안전보건법 제167조)을 둔 것과 관련하여, 누범의 가중은 법정형의 장기를 가중하는 것으로 법정형의 하한은 그대로 유지되는 것이며, 일반적으로 법원이 형을 선고할 때 상한 부근이 아닌 하한 부근에 있는 형기를 선고한다는 점을 고려할 때, 누범규정의 도입에도 불구하고 과거와 동일한 형량을 선고할 가능성이 크기에 누범규정 도입의 본질적인 산업재해 예방효과는 미비할 것이라는 지적이 있다.[33]

30) 이순욱, "산업안전보건법상 형사처벌 규정에 관한 소고: 2019년 이후 개정된 내용을 중심으로", 법학연구, 제62권 제1호, 2021, 318-319면.
31) 전형배, "중대재해기업처벌법 입법안 소고", 노동법포럼, 제30호, 2020, 255면.
32) 양형연구회, "산업안전보건법위반죄 양형기준의 재검토 발표문", 양형연구회 제5차 심포지엄 자료집, 2020, 57면.
33) 이진국, 산업안전보건법 위반 사업주에 대한 처벌 강화의 쟁점과 함의, 7-8면.

3. 산업재해에 대한 인식 변화 필요

「산업안전보건법」은 1981년 12월 31일 법률 제3532호로 제정된 이후 안전·보건조치의무 불이행에 대한 법정형은 계속 상향되어 왔으며, 발주자, 도급인 등 산업재해 예방을 위한 책임주체를 확대하여 왔다.[34] 또한 양형위원회가 2016년 3월 28일 과실치사상범죄의 양형기준안을 의결하여 산업안전보건범죄 양형기준이 2016년 7월 1일 시행된 이후로 계속 상향되어 왔으며, 구체화되어 왔다. 문재인 정부는 2017년부터 사망재해를 절반으로 감소시키겠다는 의지를 표명하며 여러 감소대책을 마련하였지만 2016년 0.53이던 사망사고 만인율[35]은 2018년 0.51로 소폭 감소하는데 그쳤다.[36] 2021년 판결 분석 결과를 보아도 실제 산업안전보건법위반범죄에 대한 선고형량과 국민이 적정하다고 생각하는 선고형량 사이의 괴리는 좁혀지지 않는 것으로 판단된다. 이는 법 정형 상향 및 양형기준 수정만으로는 문제의 해결이 힘들다는 것을 의미한다.

산업재해 예방의 실효성을 높이기 위해서는 양형에 있어서 산업재해가 가지는 고유한 사회적 의미 즉 생계를 위해 유해하고 위험한 일을 하지 않을 수 없는 근로자의 상황적 현실을 고려하여야 한다. 이러한 점을 고려할 때 기업 또는 기업경영책임자에게 산업재해에 관한 사회적 책임부담을 높여야 하며 실질적으로 산업재해예방을 위한 제반 조치를 취하도록 시스템을 보안해야 한다.[37] 산업현장은 위험이 항상 존재하기 때문에 근로자의 과실이 있더라도 산업재해를 예방할 수 있는 시스템을 갖추는 것이 중요하다. 안전·보건조치의무 불이행과 피해자의 과실이 결합되어 산업재해가 발생한 경우, 피해자의 과실이 없었다면 산업재해가 발생하지 않았을 것이라고 생각할 것이 아니라 이러한 상황에서도 산업재해를 예

---

34) 오정용, "개정 산업안전보건법에 관한 소고", 원광법학, 제34권 제2호, 2018, 110-111면.

35) 전형배, "제4차 산재예방 5개년 계획의 평가와 과제: 산업안전보건법 개편을 중심으로", 노동법연구, 제39호, 2015, 98면.
"우리나라의 사망사고만인율은 높은 편이다. 2013년 우리나라의 사망사고만인율(0.71)은 일본이나 서구의 국가와 비교하면 매우 높다. 산안규제가 비교적 느슨한 국가로 인정되는 미국(0.38)과 비교하여 보아도 2배가량 차이가 나고, 산업구조가 우리나라와 비슷하다고 판단되는 일본(0.22)과 비교하여 보면 더욱 그 차가 크게 난다."
2013년에 비해 사망사고만인율이 감소하기는 하였지만, 아직까지도 2013년 미국과 일본에 비교하여 볼 때 우리나라의 사망사고만인율이 높다는 것을 알 수 있다.

36) 박찬임, "산업안전보건법 전면개정안 통과와 남은 과제", 월간 노동리뷰, 제11월호, 2019, 44면.

37) 권혁, "산업안전보건법 상 산업재해 예방 기능강화를 위한 실효적 제재 방안: 과징금 제도를 중심으로", 법학연구, 제62권 제1호, 2021, 343면.

방할 수 있는 시스템을 마련하지 못한, 조치를 취하지 못한 사업주에게 무거운 책임을 물어야 한다.

제6절

시민재해에 대한 판례의 분석

황용현*

Ⅰ. 들어가며

사람들은 사회생활을 하면서 과학기술의 발전으로 인하여 많은 위험원들을 다루고 관리하게 되었고, 그 과정에서 잘못이 있을 경우 생명이나 신체 또는 다른 법익을 침해하는 결과가 초래된다. 이러한 결과의 대부분은 과실범 문제로 다루어지게 된다.[1] 위험한 안전보건환경으로 무고한 시민(市民)에게 사상의 결과가 발생한 경우를 통칭하여 '시민재해'라고 할 수 있는데, 「중대재해 처벌 등에 관한 법률」(이하 '중대재해처벌법')이 제정되기 전까지 대부분의 시민재해는 업무상과실치사상죄(형법 제268조)에 따라 그 처벌여부가 결정되었다.

그러나 업무상과실치사상죄의 경우 구성요건 성립단계에서 요구되는 구체적인 주의의무의 특성과 과실범이 갖는 양형상 한계 등의 사유로 인해 시민재해 발생을 야기한 실질적인 책임자를 처벌하고, 중대시민재해를 예방하는데 상당 부분 한계가 있었다. 시민재해의 발생은 통상적으로 안전보건 시스템의 미비와 관련자들의 부주의 등 복잡한 메커니즘 하에서 여러 원인이 유기적으로 결합하여 발생하는데, 업무상과실치사상죄는 안전보건 시스템의 책임자가 아니라 해당 사고와 직접적 구체적으로 관련된 주의의무를 위반한 사람들에게만 적용될 수 있기 때문이다.

---

* 黃龍炫, 박사과정 재학, 법무법인(유한) 태평양 변호사

1) 이용식, "과실범이론의 변화에 관하여: 과실의 개념내용", 서울대학교 법학 44권 제2호, 서울대학교 법학연구소(2003), 227면.

중대재해처벌법은 이와 같은 배경에서 시민과 종사자의 생명과 신체를 두텁게 보호하기 위해 안전보건 조치의무를 위반하여 인명피해를 발생하게 한 '사업주, 경영책임자, 공무원 및 법인'에 대한 처벌을 규정하고 있다. 중대재해처벌법은 사업주 또는 경영책임자등에게 생산·제조·판매·유통 중인 원료나 제조물의 설계, 제조, 관리상의 결함이나 공중이용시설 또는 공중교통수단의 설계, 설치, 관리상의 결함으로 인한 그 이용자 등의 생명, 신체의 안전을 위하여 안전보건관리체계 구축 조치를 하는 등 안전 및 보건 확보의무를 부담하게 한다(제9조). 나아가, 사업주 또는 경영책임자등이 위와 같은 안전 및 보건 확보의무를 위반하여 중대시민재해에 이르게 한 경우 사업주와 경영책임자등, 그리고 이들이 속한 법인과 기관을 처벌하도록 규정하고 있다(제10조).

중대재해처벌법이 규정하는 시민재해에 관한 내용이 법의 목적(중대재해를 예방하고 시민의 생명과 신체를 보호)을 달성하기 위한 실질적이고 유효한 수단이 될 수 있을지는 향후 동법의 적용과 집행 과정을 통해 확인될 것이다. 이하에서는 중대재해처벌법의 적용과 해석에 참고가 될 수 있도록 과거 발생한 여러 사건 중 중대시민재해에 해당한다고 볼 수 있는 주요 판례들을 ① 원료나 제조물의 결함, ② 공중이용시설의 결함 ③ 공중교통수단의 결함의 유형에 따라 나누어 분석하고자 한다. 이를 통해 과거에 발생한 여러 시민재해 사례에 중대재해처벌법이 적용될 경우 어떠한 결론이 도출될 수 있을지도 함께 살펴보도록 할 것이다.

Ⅱ. 시민재해에 대한 판례의 분석

1. 원료·제조물 결함으로 인한 시민재해 사례

가. 가습기 살균제 사건

(1) 사건의 경위

2011년 11월경부터 영유아들을 위주로 원인미상의 폐질환이 발생하기 시작하였고, 2012년 2월경 폐질환 발생의 원인이 가습기살균제로 인한 것임이 확인되었다. 옥시, 홈플러스, 롯데마트 등 가습기살균제를 제조, 판매한 기업들은 제품을 제조, 판매하는 과정에서 가습기 속의 세균의 번식과 물때 발생을 예방할 목적으로 화학물질인 PHMG(Polyhexamethylene guanidine) 및 PGH(ethoxyethyl guanidin)를 사용하였는데, 질병관리본부의 역학조사 결과 위 성분이 피해자들의 사망과 상해를 초래한 원인으로 밝혀진 것이다. 소비자들이 가습기 내의 미생물 번식을 예방하고 청결을 유지하기 위해 사용한 가습기 살균제가 역설적으로 수 백 명이 넘는 사망자와 수 천 명의 폐질환 등의 상해를 야기한 것으로, 대표적인 중대시민재해 사건으로 볼 수 있다.[2)]

(2) 법원의 판단

이 사건에서 법원은 가습기살균제 제품에 들어 있는 PHMG와 PGH 원료물질이 신체에 유해함에도 불구하고 피고인들이 제품의 개발, 제조 및 판매 과정에서 원료물질에 대한 흡입독성 시험 내지 제품에 대한 안전성 검사 등을 철저히 하지 아니하였으며. 이와 같은 피고인들의 업무상 주의의무 위반과 피해자들의 사망 내지 상해의 결과 발생 사이에 인과관계가 인정된다고 판단하여 유죄(업무상과실치사상죄)를 선고하였다.[3)]

항소심 법원은 피고인들에 대하여 "가습기살균제를 사용하는 소비자의 생명·신체에 대한 위험을 방지하기 위하여 원료물질의 안전성을 철저히 검증하고, 가습기살균제에 존재하는 결함으로 발생할 가능성이 있는 위험을 제거·최소화하여야 할 공동의 주의의무를 부담한다."고 판시하였다. 가습기살균제 제품을 제조, 판매한 회사의 대표이사와 연구소장, 연구소 부장 등에게 징역 4년 내지 6년(옥시 대표이사)의 형이 선고 및 확정되었고, 각 회사에 대하여는 벌금 1억 5천 만 원이 선고되었다.

(3) 판결에 대한 분석

가습기살균제 사건은 중대재해처벌법 제정의 배경이 된 주요 사건으로 '원료 또는 제조물의 결함'이 원인이 되어 발생한 시민재해의 대표적인 경우라고 할 수 있다. 수사 및 재판과정을 통해 확인된 바에 따르면, 이 사건에서 옥시의 임직원

---

2) 한편, 다른 화학물질인 CMIT(chloromethylisothiazolinone)/MIT(methylisothiazolinone) 화학물질을 원료로 사용한 가습기살균제 제품 회사 관계자들에 대한 사건은 1심에서 원료물질의 위해성이 입증되지 않았다는 이유로 무죄가 선고되었고(서울중앙지방법원 2021. 1. 12. 선고 2019고합142.388(병합).501(병합) 판결), 검사의 항소로 현재 항소심에서 재판이 계속 중이다.

3) 서울중앙지방법원 2017. 1. 6. 선고 2016고합527, 575(병합), 683(분리)(병합), 1076-1(분리)(병합) 판결 등; 서울고등법원 2017. 7. 26. 선고 2017노242 판결 및 서울고등법원 2017. 8. 17. 선고 2017노243 판결; 대법원 2018. 1. 25. 선고 2017도13628 판결 및 대법원 2018. 1. 25. 선고 2017도12537 판결.

들인 피고인들은 가습기살균제 제품을 개발, 제조, 판매하는 과정에서 필수적으로 이행하여야 할 원료물질 및 제품에 대한 안전성 검사를 이행하지 아니하였고, 후발주자로서 제품을 벤치마킹하여 출시한 홈플러스, 롯데마트 임직원들은 최초로 가습기살균제 제품을 개발, 제조하여 판매한 옥시의 제품을 그대로 벤치마킹하여 판매하면서 제품에 들어 있는 원료물질의 위해성이나 완성된 제품의 안전성 검사를 제대로 이행하지 아니하였다. 또한, 피고인들은 제품의 제조를 영세한 하청업체에 전적으로 위임하였고, 하청업체가 제품을 제조하는 과정에서 원청이 취하여야 할 최소한의 관리감독도 하지 아니하는 잘못을 범하였다. 이와 같은 피고인들의 주의의무 위반은 분업적 구조 하에 업무가 진행되는 대규모 회사에서 발생할 수 있는 구조적인 안전보건시스템의 결함과 밀접하게 연관되어 있다.

피고인들의 잘못으로 발생한 인명피해는 이루 말할 수 없이 무거움에도 불구하고, 피고인들에게 부과된 양형은 최대 징역 6년에 불과하며 회사에 부과된 벌금의 액수도 1억 5천만 원에 그치고 있다.[4] 이 사건에서 옥시의 전 대표이사 중 1인에 대하여는 구체적 주의의무 위반이 합리적 의심의 여지없이 입증되지 않았음을 이유로 무죄가 선고되었고,[5] 홈플러스의 경우 대표이사가 아닌 상품본부장까지만 기소 범위에 포함되었다.

만약, 가습기살균제 제품의 설계 및 제조상의 결함이 개별 회사 경영책임자 등의 안전보건확보 의무위반으로 인한 것이고 소비자들이 입은 피해가 이와 인과관계가 있음이 판명될 경우, 각 회사의 경영책임자등은 중대재해처벌법위반으로 처벌될 가능성이 높을 것으로 판단된다. 특히, 이 사건에서는 원료와 제조물의 위험성에 대한 최소한의 자체적인 안전성 평가와 검증이 이루어지지 않았으므로, 제품의 개발과 제조를 담당한 회사의 경영책임자등이 안전보건확보의무를 제대로 이행하지 않았다고 판단될 것으로 보인다.

나. 크림빵 사건

(1) 사건의 경위

크림빵을 제조하는 A식품회사가 서울 시내 초등학교들에 아동급식용 크림빵 공급을 하게 되었다. A회사는 크림빵 제조 과정에서 지켜야 할 여러 주의의무를

---

4) 개별 회사에 대하여는 표시 및 광고의 공정화에 관한 법률 위반에 따라 벌금형이 선고되었다.
5) 이 사건에서 옥시의 대표이사 2인이 함께 기소되었고, 1인에 대하여는 무죄가 선고되었다.

태만히 한 채 크림빵을 제조하였고, 아이들에게 크림빵을 제공하면서 먼저 제조한 빵을 먼저 배식하도록 하는 이른바 선입선출의 원칙을 어기고 먼저 제조한 빵을 나중에 배식하였다. 그 결과 크림빵을 먹은 수 천 명의 아이들이 식중독에 걸리고 다수의 아이들이 사망하였다.

검사는 A회사의 대표이사와 판매과장, 공장장 등을 업무상과실치사상죄 및 보건범죄단속에관한특별법위반 혐의로 기소하였다. 수사 결과 A식품회사가 공급한 크림빵 속 슈크림에서 포도상구균이 검출되었고, 회사는 계란과 우유 성분이 포함되어 부패하기 쉬운 크림빵을 섭씨 25도의 상온에서 50시간 이상 놔뒀다가 화물트럭 짐칸에 실어 수송하였다는 점이 밝혀졌다.

(2) 법원의 판단

법원은 이 사건에서 A회사의 대표이사와 공장장 등 피고인들이 의사연락 하에 주의의무를 위반하여 범죄가 되는 결과가 발생하였다고 보아 피고인들에게 업무상과실치사상죄의 성립을 긍정하였다.[6] 법원은 피고인들의 주의의무 위반과 피해자들의 사상의 결과 사이에 상당인과관계가 있고, 피고인들은 상호 의사연락 아래 그와 같은 과실을 저질러 범죄되는 결과를 발생케 하였다고 판단하였다. 항소심 법원은 이 사건에서 A회사 대표이사 등에게 최대 금고 1년의 실형을 선고하였고, 대법원은 쌍방의 상고를 기각하여 이를 확정하였다.

(3) 판결에 대한 분석

위 사안 역시 제품의 원료 또는 제조물의 제조, 관리상의 결함으로 인해 다수의 시민들이 사상의 피해를 입게 된 사건으로 중대시민재해 사례로 볼 수 있다. 이 사건에서 A회사의 대표이사는 크림빵의 제조과정에 상당 부분 직접적으로 관여하여 사고 발생과 관련된 구체적 주의의무 및 그 위반이 인정되었었다. 다만, 피고인들의 과실로 인하여 다수의 아이들이 사망하였음에도 불구하고 이들에 대한 처벌은 최대 금고 1년의 형에 그치고 있어 업무상과실치사상죄의 양형상 한계를 보여주는 사례라고 할 수 있다.

---

6) 서울고등법원 1978. 7. 5. 선고 78노477 판결; 대법원 1978. 9. 26. 선고 78도2082 판결.

2. 공중이용시설 결함으로 인한 시민재해

가. 성수대교 붕괴 사건

(1) 사건의 경위

1994년 10월 21일 오전 7시 30분경 성수대교가 제5번과 제6번 교각 사이의 에스트러스 수직재가 끊어져 한강으로 붕괴되었다. 이로 인해 그 곳을 지나가던 자동차 6대가 한강으로 떨어져 피해자 32명이 사망하고 17명이 부상을 입었다. 성수대교는 1979년 완공되었는데, 완공 후 약 15년이 지난 1994년에 붕괴된 것이다.

사고 발생 후 확인된 사실에 의하면, 성수대교는 시공과정에서 수직재의 용접부위를 엑스자형 용접으로 하였어야 함에도 불구하고 아이(i)자형 용접이 이루어졌고, 용접도 불충분하게 이루어져 불량한 상태였다. 또한, 핀플레이트 강판이 설계도와 다르게 사용되었고, 트러스 일부 부재의 볼트가 부족하게 체결되는 등 안전성에 결함이 존재하였다. 한편, 교량건설의 발주청인 서울특별시 현장감독공무원들은 트러스 제작 과정에서 자격을 갖춘 용접공이 용접을 실시하는지 여부, 트러스가 설계도에 따라 조립되는지 여부 등을 확인하여야 함에도 불구하고 충분히 현장감독을 하지 아니하였다. 성수대교의 유지 및 관리, 보수를 담당하는 서울특별시 도로국 산하 동부건설사업소장 및 보수과장 등은 다리에 대한 점검을 철저히 실시하지 못하여 교량의 균열 및 부식상태를 발견하지 못하였고, 서울특별시에 안전진단을 요청하지 못하는 등의 과실이 확인되었다. 또한, 서울특별시 도로국 도로시설과장 등은 성수대교를 정밀안전진단을 받을 수 있는 중점관리대상으로 선정해 달라는 건의공문을 받고도 이를 받아들이지 아니하였음이 밝혀졌다.

검사는 성수대교 교량의 시공을 맡은 동아건설의 기술이사, 건설부장, 현장소장, 교량건설에 대한 발주청인 서울특별시의 현장감독공무원들과 도로국 산하 동부건설사업소장 등[7]을 업무상과실치사상 등 혐의[8]로 기소하였다.

---

7) 참고로 성수대교가 붕괴되기 9일 전 국정감사 과정에서 서울시는 성수대교에 문제가 있지 않냐는 국회의원들의 추궁에 대해 전혀 문제가 없다는 취지로 답변하기도 하였고, 여론의 분위기에 따라 서울특별시장에 대한 책임추궁도 이루어졌으나 시장의 경우 최종적으로 검찰의 기소범위에는 포함되지 않았다.

8) 업무상과실치사상죄, 업무상과실일반교통방해죄, 업무상과실자동차추락죄.

(2) 법원의 판단

법원은 이 사건에서 "교량과 같은 건조물이 그 수명을 유지하기 위하여는 건설업자의 완벽한 시공, 감독공무원들의 철저한 제작시공상의 감독 및 유지·관리를 담당하고 있는 공무원들의 철저한 유지·관리라는 조건이 합치되어야 하는 것"이라고 판시하며 교량 건설회사의 트러스 제작 책임자와 교량공사 현장감독, 발주관청의 공사감독 공무원 및 서울시 유지·관리 담당 공무원들에게 업무상과실치사상죄 등이 성립한다고 판단하였다.[9]이 사건에서 피고인들은 최대 금고 2년의 실형을 선고 받았고(현장소장과 동부건설사업소장), 그 외에는 대부분 집행유예를 선고 받았다.

(3) 판결에 대한 분석

이 사건은 단순히 교량의 설계 및 시공, 제작 과정에 관여한 사람들뿐만 아니라 유지, 보수에 책임이 있는 감독공무원들에게까지 교량 붕괴에 따른 업무상과실치사상죄를 인정하였다는데 그 의의가 있다[10]. 건축물과 관련된 안전사고로 다수의 이용자들이 사상한 경우이므로 '공중이용시설의 설계, 제조, 설치의 결함을 원인으로 하여 발생한 시민재해'의 대표적인 사례로 볼 수 있다.

실제 이 사건에서는 교량의 설계 및 시공, 제작, 유지 및 보수 업무에 직접적이고 구체적으로 관여한 사람들에 대하여 업무상과실치사상죄가 적용되었는데, 만약 중대재해처벌법이 적용된다면 교량의 설계 및 시공, 제작 등에 관여한 건설회사, 설계회사 등의 경영책임자등도 처벌될 가능성이 있으며, 유지 보수 업무에 책임이 있는 감독공무원들의 총괄책임자에 대하여도 안전보건확보의무의 이행여부가 문제될 수 있다.

나. 삼풍백화점 붕괴 사건

(1) 사건의 경위

1995년 6월 29일 서울 서초구에 있는 삼풍백화점의 한 동이 붕괴되어 수 백

---

9) 서울지방법원 1995. 4. 20. 선고 94고단8278 판결; 서울지방법원 1997. 6. 11. 선고 95노2918 판결; 대법원 1997. 11. 28. 선고 97도1740 판결.

10) 다만, 피고인들의 주의의무의 내용이 매우 상이하고, 시기적으로도 10년 이상 동떨어져 있는데, 이러한 경우까지 업무상과실치사상죄의 공동정범으로 의율하는 것은 과실범의 공동정범의 법리에 비추어 무리한 확장해석은 아닌지 의문이 있다.

명의 사망자가 발생하였다. 사고 발생 며칠 전부터 백화점 벽면에 균열이 생기는 등 붕괴의 조짐이 있었고, 사고 발생 당일 오전에는 천정이 내려앉기 시작하다가 오후 6시경 약 20초 만에 백화점 건물이 완전히 붕괴되었다. 이 사고로 500여 명이 사망하였고 900여 명이 상해를 입었다.

수사 및 재판과정에서 밝혀진 사실관계에 따르면 삼풍건설의 대표이사와 전무가 쇼핑센터 용도의 건물로 건축계획을 수립하여 설계를 의뢰하여 놓고서도 백화점의 용도로 사용하기 위하여 건축면적을 임의로 증가시켜 새로운 시공용 설계도를 작성하도록 하면서, 수시로 구조계산을 추가하여 설계에 반영되게 하였고, 골조시공 중에도 수시로 용도변경 등을 요구하여 시공자로 하여금 전반적인 부실시공을 초래한 것이 확인되었다. 또한, 당초 운동시설이던 5층을 전문식당가로 용도변경하면서도 충분한 보강공사를 진행하지 아니한 점 등이 사고 발생의 원인으로 지적되었다.[11)]

(2) 법원의 판단

이 사건에서 검사는 삼풍백화점을 시공한 건설회사의 대표이사, 사장, 건축부장, 설비부장, 그리고 백화점의 설계 및 감리 담당자, 건설회사로부터 골조공사를 도급받은 회사의 건축기사, 철근반장과 형틀반장 등을 업무상과실치사상죄등의 혐의로 기소하였다. 법원은 이들에 대하여 유죄를 선고하면서 아래와 같이 판시하였다.

"일반적으로 건물은 설계, 시공, 유지 관리의 세 가지 요소가 결합되어 건축되고 사용되는 것이며, 따라서 일시적인 용도에 제공하기 위하여 건축되는 임시건축물 등 특별한 경우를 제외하고는 위 설계, 시공, 유지 관리에 관여하는 모든 사람들은 그 건물이 용도에 따라 안전하게 건축되고 사용되어 그 수명을 확보하도록 한다는 공동의 목표와 의사연락 하에 있는 것이고, 한편, 건물이 그 수명을 유지하기 위하여는 설계자의 빈틈없는 계획 및 설계, 건설업자의 완벽한 시공, 건축주에 의한 철저한 건물의 유지, 관리라는 세 가지 조건이 합치되어야 하는 것이

11) 이 사건에서 설계 및 감리 담당자는 구조설계도면 작성 시 변경된 구조계산을 설계도면에 반영하지 아니하고, 운동시설이던 5층을 전문식당가로 용도변경함에 있어서 구조계산을 의뢰하여 이를 설계도면에 반영하는 조치를 취하지 아니하여 시공자로 하여금 고정하중을 초과하여 시공하도록 만들었으며, 기초 공사시부터 건물 완공시까지 공사감리를 제대로 하지 아니하였다. 한편, 골조공사를 도급받은 회사의 건축주임, 건축기사는 시공에 참여하는 인부들을 제대로 지휘·감독하지 못하여, 슬래브의 상부인장철근이 정상보다 가라앉은 상태로 시공되게 하고 지판부분 슬래브 두께를 정상 두께보다 얇게 시공되게 함으로써 슬래브의 내력을 떨어뜨린 업무상 과실이 인정되었다.

므로, 위 각 단계에서의 과실이 그것만으로는 붕괴원인이 되지 못한다 하더라도 그것이 합쳐지면 건물이 붕괴된다는 점은 쉽게 예상할 수 있다. 이 사건 사고는 건축계획의 수립, 건축 설계, 건축공사 공정, 완공 후의 유지관리 등에 여러 영역에 있어서 피고인들의 과실이 중첩되어 발생하였다"[12)]

이 사건에서 삼풍건설의 대표이사 겸 회장은 징역 7년 6월을 선고받았고, 그 외의 피고인들은 그 이하의 징역 및 금고형 등을 선고받았다.

(3) 판결에 대한 분석

삼풍백화점 붕괴 사건은 성수대교 붕괴사건과 함께 공중이용시설과 관련된 대표적인 중대시민재해 사례이다. 이 사건에서 법원은 백화점의 시공과 설계의 영역에 관여한 사람들뿐만 아니라 건물이 완공된 이후 유지관리에 관여한 사람들에게까지 건물의 붕괴에 대한 책임을 부과하였다. 즉, 해당 건축물의 안전을 위해서는 여러 영역에 걸친 주의의무의 이행이 필요하다고 설명하면서, 건축계획의 수립과 건축설계 및 건축공사 공정 그리고 건물완공 후의 유지관리의 업무에 책임 있는 자들을 모두 업무상과실치사상죄의 공동정범으로 처벌한 것이다.[13)]

이 사건 역시 설계 및 시공, 유지 관리 등 건축물의 시공 및 유지에 관한 일련의 안전보건시스템이 제대로 작동되지 않아 발생한 사고이므로, 중대재해처벌법이 적용된다면 사고의 결과 발생과 직접적으로 관련되어 있는 안전보건확보의무 미이행이 문제되는 회사의 경영책임자등은 처벌을 피해가 어려울 것으로 보인다. 나아가 건축물의 완공 이후 유지보수 및 관리 업무를 담당한 사람들에 대하여도 중대재해처벌법이 적용되어 안전보건확보의무를 충실히 이행하였는지가 문제될 것이다.

다. 공연장 환풍구 추락 사건

(1) 사건의 경위

2014년 10월 17일 성남시 분당구 판교테크노밸리 야외광장에서 개최된 축제공연이 진행되던 중 인기 걸그룹의 축하공연이 시작되자, 시민들이 인접한 화단 등

12) 서울지방법원 1995. 12. 27. 선고 95고합764 판결; 서울고등법원 1996. 4. 26 선고 96노118 판결; 대법원 1996. 8. 23 선고 96도1231 판결.
13) 이승호, "과실범의 공동정범에 관한 판례의 검토와 학설의 정립", 형사법연구 제23권 제2호, 한국형사법학회(2011), 155면.

을 통하여 아무런 제한이나 제지 없이 환풍구 덮개 위로 올라서서 축하 공연을 관람하였다. 그 결과 이 사건 환풍구의 하중을 받는 지지대가 붕괴되어 한풍구 그레이팅 위에서 공연을 관람하던 사람들이 수직낙하통로 아래 시멘트바닥으로 추락하였다. 이로 인하여 16명이 사망하였고 11명이 상해를 입게 되었다.

수사 및 재판과정에서 확인된 사실관계에 따르면 이 사건 환풍구는 보행자 통로에 화단과 함께 위치하여 사람들이 쉽게 올라갈 수 있도록 설치되었고, 상세도면과 다르게 설계가 변경되어 원래의 시공도면에 따라 시공되었을 경우보다 현저히 낮은 하중에도 붕괴될 수밖에 없도록 시공되었다. 또한, 행사가 준비되고 진행하는 과정에서 이 사건 환풍구에 관한 접근 차단 등 안전조치도 전혀 이루어지지 않았음이 밝혀졌다.

(2) 법원의 판단

이 사건에서 검사는 행사를 공동으로 주관한 회사의 본부장 및 국장, 환풍구를 시공한 원청업체의 현장소장과 하도급업체 대표, 시공과정에서 감리를 담당한 건축사 등에 대하여 업무상과실치사상죄를 적용하여 기소하였고, 법원은 유죄를 인정하며 다음과 같이 판시하였다. “시공관련 피고인들은 이 사건 환풍구의 위치, 주변환경(다수의 사람들이 모이는 일반광장의 경계지점에 있음), 높이 및 위험성(지면으로부터 지하18.55m 수직낙하통로의 구조로서 매우 위험한 시설), 일반인의 의식 등에 비추어 건축물의 일상적 또는 비일상적인 사용에 따른 구조안전 등을 위하여 안전하게 시공하거나 안전조치를 충분히 취할 주의의무가 있고, 행사관련 피고인들 역시 이 사건 행사처럼 대규모의 사람들이 모이는 행사를 개최함에 있어 그 행사장 내에 포함될 수 있는 이 사건 환풍구의 일상적 또는 비일상적 사용으로 인한 위험발생 방지 등 안전조치를 취할 주의의무가 있다고 할 것임에도, 위 피고인들은 공동으로 이와 같은 주의의무를 위반하였고, 이러한 주의의무위반이 경합하여 이 사건 사고가 발생하였다고 할 것이다.”

피고인들에게는 최대 금고 2년 이하의 실형 및 집행유예를 선고되었다.[14] 한편, 위 축제의 대행을 맡은 회사의 총괄이사에 대하여는 무죄가 선고되었는데, 총괄이사가 용역받은 업무 중에는 안전관리에 관한 부분이 포함되어 있지 않았다는 점이 무죄의 이유가 되었다.

14) 수원지방법원 성남지원 2016. 1. 11. 선고 2015고단367 판결.

(3) 판결에 대한 분석

이 사건에서 추락한 환풍구는 충분한 안전기준을 충족하지 못한 채 시공되었고, 감리과정에서도 이와 같은 문제가 시정되지 않았으므로, 환풍구의 시공 및 감리를 담당한 관계자들에게 사고와 관련하여 업무상과실치사상죄가 성립한다는 점에는 문제가 없다. 다만, 축제행사를 주관하여 축제행사의 진행과 관련된 업무를 담당한 피고인들에게 공연장소 밖에 위치한 환풍구가 부실하게 설치되었을 경우까지 예상하여 이를 회피할 것을 요구하는 것은 업무상과실치사상죄의 주의의무의 범위를 과도하게 확장한 것은 아닌지 의문이 있다. 위 사안에 중대재해처벌법이 적용된다면 현장소장 및 감리를 담당한 건축사를 넘어 시공 및 감리회사의 경영책임자등에 대한 처벌 여부가 문제될 것이며, 축제행사를 주관한 주관사의 경영책임자등이 안전보건확보의무를 다하였는지도 쟁점이 될 것이다.

이와 유사한 사건으로 2005년 경상북도 상주시에서 열린 MBC 가요콘서트 공영장에서 콘서트 공연을 관람하려는 관중들이 행사장에 한꺼번에 입장하려다가 연쇄적으로 넘어지는 바람에 11명이 사망하고 145명이 상해를 입은 사건이 있다. 이 사건에서 법원은 상주시장이자 축제 추진위원장과, 콘서트 공개녹화공연 담당 프로듀서, 상주시 행정지원국장 등에 대하여 업무상과실치사상죄를 인정하였다.[15]

라. 경주 마우나리조트 붕괴 사건

(1) 사건의 경위

2014년 2월 경주에 소재한 마우나 리조트 내 체육관 지붕이 폭설로 쌓인 눈의 무게를 이기지 못하고 무너지면서 강당 안에 있던 10명이 사망하고, 200여 명이 부상을 당하였다. 사고 이후 확인된 사실에 의하면 이 사건 리조트 체육관은 설계과정에서 구조안전에 필요한 사항이 누락되어 부실한 시공의 원인이 되었고, 시공과정에서도 패널과 중도리의 부실한 결합, 저강도 부재 사용 등의 문제가 발견되었으며 공사 과정에 대하여 제대로 된 감리가 이루어지지 못했다. 또한, 리조

---

15) 대법원 2006. 10. 26. 선고 2006도5388 판결.
"피고인 甲, 乙에게는 앞서 본 바와 같은 안전관리에 관한 지휘·감독 등의 과실이 인정되고, 다른 피고인들의 과실이 합쳐져서 이 사건 사고의 한 원인이 되었으며, 한편 피고인들은 문화방송 가요콘서트 프로그램의 공개녹화공연을 사고 없이 안전하게 실행하여야 한다는 공동의 목표와 의사연락이 있었다고 보아야 할 것이므로, 피고인들 사이에는 이 사건 업무상과실치사상등의 죄에 대하여 형법 제30조 소정의 공동정범의 관계가 성립한다고 보아야 할 것이다."

트 측 관계자들은 폭설로 인하여 체육관 지붕에 상당한 무게의 눈이 쌓이고 있었음에도 제설작업이나 일체의 출입제한 조치를 하지 않았다.

(2) 법원의 판단

검사는 마우나리조트 임직원 및 리조트 체육관의 설계·감리를 담당한 건축사, 체육관의 설계 과정에서 체육관의 구조안전을 확인하는 업무를 담당한 건축구조기술사 등을 업무상과실치사 등 혐의로 기소하였다. (항소심)법원은 "건물이 그 수명을 유지하기 위해서는 안전성이 확보된 설계, 설계에 부합하는 시공, 완공 후의 철저한 유지관리라는 조건이 합치되어야 하므로, 위 각 단계에서의 과실 그것만으로 붕괴원인이 되지 못한다고 하더라도, 그것이 합쳐지면 건물이 붕괴될 수 있다는 점은 쉽게 예상할 수 있고, 따라서 위 각 단계에 관여한 자는 전혀 과실이 없다거나 과실이 있다고 하여도 건물 붕괴의 원인이 되지 않았다는 등의 특별한 사정이 있는 경우를 제외하고는 붕괴에 대한 공동책임을 면할 수 없다"고 판시하며 이들 모두에 대하여 유죄를 인정하였다. 피고인들에게는 최대 징역 1년 6월(패널시공업자)이 선고되었고, 그 외의 피고인들에 대하여는 집행유예가 선고되었다.[16)]

(3) 판결에 대한 분석

이 사건에서 법원은 리조트 체육관의 설계, 시공, 감리를 담당한 피고인들뿐만 아니라 마우나 리조트 운영팀장(지배인)[17)] 등 관계자들에 대하여도 업무상과실치사상죄의 성립을 인정하였다. 피고인들에게 인정된 주의의무 위반은 중도리와 패널 간 미결합, 저강도 부재 사용, 제설 조치 미흡 등이고 이러한 피고인들의 과실과 사고 발생 사이의 인과관계도 인정되었다.

이 사건에서 리조트 지붕이 붕괴하게 된 근본적인 원인은 체육관의 불완전한 설계 및 시공과정으로 인한 건물의 불안전성으로 볼 수 있다. 이러한 원인은 현장에서 근무하는 개별 피고인들의 주의의무 위반으로 인한 것이라기보다는, 설계 및 시공을 담당한 회사의 안전보건시스템에 존재하는 문제로 볼 수 있다. 따라서 중대재해처벌법이 적용된다면 관계 회사의 경영책임자등에게 안전보건확보의무

---

16) 대구지방법원 경주지원 2014. 9. 5. 선고 2014고합23 판결; 대구고등법원 2015. 4. 2. 선고 2014노517 판결; 대법원 2015. 7. 9. 선고 2015도5512 판결.

17) 사고발생 원인이 체육관의 부실한 시공과 사후 안전관리 미흡에 있다는 점에서 리조트 지배인에 불과한 피고인에게 사고의 결과에 대한 형사상 책임을 추궁할 수 있는지 의문이 있다.

미이행에 따른 책임이 추궁될 것으로 판단된다.

3. 공중교통수단 결함으로 인한 시민재해 – 세월호 침몰 사건

가. 사건의 경위

2014. 4. 16. 인천에서 제주로 향하던 여객선 세월호가 전남 진도군 해상에서 침몰하여 승객 304명이 사망·실종되고 152명이 상해를 입는 등 막대한 인명피해가 발생하였다. 사고 이후 밝혀진 사실관계에 따르면 무리한 선체 개조, 과적 및 부실한 고박 등으로 인한 선박의 복원성 약화, 미숙한 조타 등의 원인이 사고 발생에 복합적으로 작용한 것으로 확인되었다. 이에 더하여 당시 해경이 출동하였음에도 불구하고, 세월호의 선장 및 선원들이 승객들에 대한 구조 조치를 취하지 아니한 채 세월호에서 퇴선하여 승객들이 입은 인명피해는 더욱 커졌다.

나. 법원의 판단

이 사건에서 검사는 세월호의 항해와 관련하여 세월호의 선장 및 항해사, 조타수, 기관사 등을 살인, 업무상과실선박매몰 등의 혐의로 기소하였다. 1심 법원은 세월호 선장 등이 최초 세월호 전복 직후 제주 및 진도 VTS와 교신하면서 구조 요청을 하고 해경 구조정이 10분에 도착한다는 소식을 사무부원에게 알려주었으며, 선장 등이 퇴선할 당시에는 구조 헬기, 해경 경비정이 도착하여 인명구조 작업을 개시하였으므로 해경이 구조할 것으로 기대하였을 수 있다는 등의 이유로 살인에 대한 미필적 고의가 없다고 판시하였다.[18] 위 판결에서 법원은 세월호의 불법 증·개축으로 인해 선박의 불감항 상태가 발생하였고, 선장이 이와 같은 사실 수 차례 지적하며 그 시정을 요구하였음에도 청해진해운의 간부, 물류팀 및 안전관리담당자가 이를 묵살하고 시정하지 않은 점, 청해진 해운의 관계자들이 평소 세월호 선원들에게 비상시에 대비한 훈련을 제대로 실시하지 않은 점, 선박의 안전운항과 관련된 시스템의 불완전이 사고 발생의 원인이 되었다고 판시하였다. 나아가 이와 같은 안전관리 시스템의 구조적인 문제가 사고 발생의 원인이 된 이상 세월호 사고에 관한 책임을 전적으로 선원들에게만 지울 수는 없다고 판단하였다.

한편, 항소심 법원은 선장인 피고인에 대하여는 자신의 행위로 승객 등이 사망

---

18) 광주지방법원 2014. 11. 11. 선고 2014고합180, 384(병합) 판결.

에 이를 수도 있다는 가능성을 인식한 것을 넘어서 이를 용인하는 내심의 의사가 있었다고 할 수 있다고 판단하여 살인죄의 성립을 긍정하였다. 이와 달리 1등 항해사, 2등 항해사, 기관장은 승객들의 사망을 용인하는 내심의 의사가 있었다고 단정하기 어렵다고 판단하였다, 그리고 조타수인 피고인들에 대하여는 유기치사상의 고의가 충분히 인정된다고 판단하여 유기치상죄의 성립을 인정하였다. 이에 선장에 대하여는 무기징역이 선고되었고, 1등 항해사의 경우 징역 12년이 선고되었다.[19]

한편, 세월호의 항해에는 직접 관여하지 아니하였으나 업무상 과실이 인정된 청해진 해운의 대표이사, 상무, 해무팀장, 물류팀장 및 물류팀 차장, 그리고 청해진 해운과의 계약에 따라 세월호의 화물적재 및 고박업무를 담당한 회사의 직원들에 대하여는 업무상과실치사 등의 죄가 인정되었다. 법원은 이들에 대한 혐의를 인정하면서 "세월호와 같은 여객선이 안전하게 항해하고 비상시 승객들이 무사히 구조되기 위해서는 선사의 철저한 선박 관리 및 선원들에 대한 교육 실시, 규정에 맞는 화물선적 및 고박, 선장 및 선원들의 안전 항해 및 비상시 구호조치 이행 등의 조건이 합치되어야 하므로, 각 단계에서의 과실만으로 승객들이 사망하거나 상해를 입는 것에 대한 원인이 되지 못한다고 하더라도, 그러한 과실들이 합쳐지면 선박이 전복되어 승객들이 사망하거나 상해를 입을 수 있다는 점은 예상할 수 있다. 따라서 선박 안전운항의 각 단계에 관여한 사람은'전혀 과실이 없다거나', '과실이 있다고 하여도 선박 전복의 원인이 되지 않았다는' 등의 특별한 사정이 있는 경우를 제외하고는 선박 전복 및 승객들의 사망에 대한 공동책임을 면할 수 없다."고 판시하였다.[20] 청해진 해운의 대표에게는 징역 7년이 선고되었다.

다. 판결에 대한 분석

이 사건은 중대시민재해 중 '공중교통수단의 관리상의 결함'을 구성요건으로 하는 대표적인 사례로 볼 수 있다. 중대재해처벌법 제정의 주요 배경이 된 세월호 사건은 현재까지도 사고 발생의 원인이 무엇인지에 대해 다툼이 계속되고 있다. 다만, 청해진 해운 임직원들과 사고 당일 세월호를 직접 운행한 선장 및 항해사, 조타수들, 그리고 화물 적재 및 고박업무를 담당한 회사의 관계자들 등 여러 피

19) 광주고등법원 2015. 4. 28. 선고 2014노490 판결; 대법원 2015. 11. 12. 선고 2015도6809 판결.
20) 광주지방법원 2015. 2. 11. 선고 2014고합436 판결; 광주고등법원 2015. 4. 12. 선고 2014노509 판결; 대법원 2015. 10. 29. 선고 2015도7703 판결.

고인들의 복합적이고 총체적인 주의의무 위반이 사고발생에 복합적으로 작용하였던 것으로 보인다. 한편, 이 사건에서 선장과 일부 항해사들에 대하여는 살인죄의 성립이 긍정되었는데, 이는 업무상과실치사죄 등 과실범 처벌규정만으로는 그 양형기준상 한계로 인해 피고인들에게 엄중한 처벌을 가하기 어려웠기 때문으로 생각된다.

선원들에 대한 사건을 판단한 1심 법원의 설시[21]와 같이 위 사건은 단순히 일부 선원들의 운전 미숙, 조타수들의 주의의무 위반으로 발생한 것이 아니라 세월호의 운행과 관련된 전반적인 안전보건시스템이 제대로 구비되어 있지 않았기 때문에 발생하였다고 볼 수 있다. 이러한 사고 발생을 예방하고 재발을 방지하기 위해서는 시스템 차원의 개편이 필요하며, 안전보건시스템을 개편할 수 있는 실질적인 권한과 책임을 가지고 있는 경영책임자등에 대한 최소한의 규제는 필요한 측면이 있다. 이러한 점에서 중대재해처벌법이 상당 부분 긍정적인 기능을 할 것으로 예상한다.

Ⅲ. 마치며

이상과 같이 중대시민재해와 관련된 몇 가지 주요 판례를 살펴 보았다. 공통적으로 중대재해처벌법이 시행되기 전까지는 대규모 인명피해가 발생한 사고임에도 불구하고 그 사고가 과실에 의하여 발생하였다는 이유로 사고의 결과에 상응하는 마땅한 처벌법규가 없기 때문에 업무상과실치사상 등 낮은 법정형이 선고될 수밖에 없는[22] 한계가 있었다.

특히, 업무상과실치사죄의 경우 사고발생과 관련된 직접적이고 구체적인 주의의무를 요구하고 있기 때문에, 회사 관계자들의 직위가 높으면 높을수록 실질적으로 구성요건에 해당하기 어려운 한계가 있었다. 현대 기업의 특성상 안전보건관리 인력은 다양한 직급으로 세분화되어 있고 업무영역도 분업화되어 있기 때문에 실질적인 의사결정권자인 경영책임자에게 업무상과실치사상죄를 적용하는데에는 상당한 어려움이 있다. 그러나 중대재해의 경우 대부분 구조적인 시스템에 존재하는 문제가 원인이 되어 발생하기 때문에, 사고의 발생과 재발을 방지하기 위

---

21) 광주지방법원 2014. 11. 11. 선고 2014고합180, 384(병합) 판결.

22) 이동명, "과실범처벌의 현대적 과제 -기업범죄와 관련하여-", 법과정책 21-1, 제주대학교 법과정책연구소(2015). 247면.

해서는 시스템에 대한 개선이 필수적이다. 중대재해처벌법은 이러한 배경 아래 반복되는 산업재해, 시민재해에 대응하여 기업의 시스템, 조직문화 등의 구조적 차원에서 대책을 마련하기 위해 제정되었고, 기업의 안전보건에 관한 실질적인 의사결정권한을 가진 경영책임자등을 처벌함으로써 재해를 예방하고자 하는 것이다.

중대재해처벌법은 안전보건확보의무를 사업주 내지 경영책임자등에게 직접적으로 부과하고 있기 때문에, 회사의 시스템 차원에서 사고의 발생을 예방하기 위한 노력이 이루어질 것으로 예상된다. 따라서 기존에 피고인들에게 구체적인 주의의무가 존재하는지 및 그 위반이 인정되는지 여부의 논의에서 한 걸음 나아가 재해 발생을 예방할 수 있는 구조적인 환경을 갖추고 있는지 여부가 중대재해처벌법의 주요 쟁점이 될 것이며, 이와 같은 안전보건확보의무의 이행과 사고 발생 사이의 인과관계 문제가 주요 이슈가 될 것으로 보인다.

이상 살펴본 바와 같이 기존의 시민재해 사례들은 업무상과실치사상죄로 의율되어 안전보건 시스템 구비에 관한 실질적인 권한과 책임을 가지고 있는 사람들에게 적절한 규율이 이루어지지 못한 한계가 있었다. 또한, 이 과정에서 가벌성을 확장하기 위해 법리적인 관점에서 일정 부분 무리한 법적용으로 형법상 책임주의 원칙과도 맞지 않는 법해석이 도출되어 온 측면도 있다. 중대재해처벌법의 도입으로 회사의 경영책임자등에게 실질적인 안전보건확보의무가 부여된 이상, 시스템 차원에서 시민재해 발생을 예방하기 위한 노력이 기울여질 것으로 생각된다.

제 2 장

외국의 재해형법 개관

제1절 영국의 법인과실치사법 _ 권창영
제2절 캐나다의 Westray Law _ 김수연
제3절 호주의 기업과실치사법 _ 김수연

제1절

영국의 법인과실치사법

권창영* 편집

Ⅰ. 2007년 이전 산업안전 형사법제

1. 서 론

가. 20세기 초반까지 기업의 형사책임의 부정[1)]

19세기 중반까지 영국에서 살인죄는 자연인에 의해서만 실행 가능한 범죄로 간주되었다. 그 근거로는 대체로 ① 살인죄 등의 정식기소를 필요로 하는 범죄를 심리하는 순회재판소(circuit court)에서는 피고인 자신이 법정에 출정할 것이 요구되었다는 점, ② 당시 판례는 법인이 실행 불가능한 범죄에 살인죄가 포함되는 것으로 해석하고 있었다는 점, ③ 당시 영국에서는 사람의 생명의 침해를 야기한 무생물(inanimate)이나 동물은 기소되지 않는 한편, 속죄를 위한 몰수에 관한 법률에 근거하여 신에게 공물로서 이용하기 위해 왕에 의한 몰수의 대상으로 간주되었기 때문에 살인죄의 주체를 자연인으로 한정할 필요가 있었다는 점을 언급할 수 있다. 이러한 근거 가운데 ①과 ②는 기업의 형사책임을 부정하던 당시의 일반적 사정을 반영한 것이고, ③은 기업에게 살인죄의 형사책임을 인정하는지 아닌 지의 문제라는 고유한 사정이었다고 한다.

그러나 이러한 사정은 19세기 중반부터 서서히 변화되었다. 우선 1846년에는

---

* 權昌榮, 법학박사, 서울대 법학전문대학원 겸임교수, icaruslex@gmail.com

1) 김재윤, “영국의 법인과실치사법에 대한 고찰과 시사점”, 형사정책연구 제25권 제4호(2014년 겨울), 186-187면.

속죄를 위한 몰수에 관한 법률이 폐지되었고, 1925년에는 형사재판법 제33조에 의해 순회재판소에서 법정대리인의 출정이 인정됨으로써 앞의 ①과 ③의 문제가 해소되었다. 다만 이 시기의 판례는 여전히 "기업은 그 성질상 살인죄를 실행할 수 없다."는 입장[2)]을 유지하고 있었다.

나. 1944년 동일성의 원리의 채택[3)]

영국은 1944년부터 판례를 통해 '동일성 원리(principle of identification)'[4)]가 채용되기 시작하였다. 이에 의해 주관적 불법구성요건(mens rea)을 성립요건으로 하는 범죄에 대해서도 기업에게 형사책임을 묻는 것이 가능해졌다. 여기에는 당연히 살인죄도 포함된다고 보았고, 이렇게 하여 이론적으로는 기업에게도 살인죄에 대해 형사책임을 물을 수 있다는 견해가 일반적으로 인정되었다.

이러한 변화는 기업에게 살인죄의 적용이 문제된 1965년 Northern Star Mining 건설사 사례[5)]에서 보다 명확하게 나타났다. 위 사건의 개요는 다음과 같다. 피고 기업인 Northern Star Mining 건설사는 노후화한 철교의 해체공사를 하청받았지만 해체작업 중 철교가 붕괴하여 지시에 따라 작업을 진행하던 용접기사가 익사하였다. 이에 대해 Northern Star Mining 건설사가 살인죄로 기소되었다. 본 사건에서 최종적으로 Northern Star Mining 건설사는 무죄가 선고되었다. 그러나 법정변호사뿐만 아니라 법관도 살인죄로 해당 기업의 기소가 가능하다는 점에 어떠한 의문을 가지지 않았으며, 피고인의 변호인도 기업을 살인죄로 기소할 수 있다는 전제 하에서 변호를 실시했다고 여겨진다. 이와 같이 판례는 이론적으로 기업에 대해 살인죄의 형사책임을 부과하는 것은 가능하다는 태도를 취하게 되었다.

이와 같이 1940년대 이후 이론적으로는 기업에게 살인죄의 형사책임을 부과하는 것이 가능하다고 생각되었다. 그러나 실제로 그 적용 여부가 재판에서 다투어

---

2) Queen v. Great North of England Railway Co. [1846] 9 QB 315, 326.
3) 김재윤, 앞의 글, 187-188면.
4) 동일성 원리('확인의 원리'로 번역하는 견해도 있다)란 일정한 법인 구성원의 범죄행위를 곧 법인의 범죄행위로 간주함으로써 법인의 형사책임을 인정하는 이론을 말한다. 이 이론에 따르면 법인의 구성원을 두뇌에 해당하는 자와 수족에 해당하는 자로 나누고, 타인의 지시를 받지 않고 독자적인 판단에 따라 행동하는 법인의 경영진(directing mind)의 귀책사유와 행위는 곧바로 법인의 귀책사유와 행위에 해당한다고 본다. 따라서 경영진의 범죄행위가 있으면 법인도 곧 그에 대하여 형사책임을 부담하여야 한다고 한다.
5) Northern Star Mining Construction Co. Ltd., The Times, 1 February 1965, pp.2-3 and 5.

졌던 Northern Star Mining 건설사 사례 이후 20년 이상 그와 같은 사례는 더 이상 없었다. 이와 같이 Northern Star Mining 건설사 사례 이후 기업 살인죄에 대한 대응과 관련된 눈에 띄는 움직임이 없었던 이유로 i) 기업에게 살인죄를 부과하려는 사회적인 요구가 높지 않았다는 점, ii) 기업에게 살인죄의 형사책임을 부과하는 것이 이론상 가능해도 실제로 적용하려면 많은 부담을 느끼는 실무관계자가 많았다는 점 등이 지적되고 있다.

다. 산업안전보건법위반죄

영국에서는 2007년 법인과실치사법(the Corporate Manslaughter and Corporate Homicide Act)이 제정되기 전에 산업현장에서 발생하는 안전 보건 관련 형벌은 1974년 산업안전보건법(Health and Safety at Work Act 1974)과 형법에 의해 규율되었다.

1974년 산업안전보건법은 근로자 등에 대한 사용자의 안전배려의무를 규정하고(산안법 제2조~제4조), 이를 위반할 경우 벌금형 등의 형벌을 부과하였다(제33조, 부칙 3A조). 여기에서 형벌을 부과하는 대상은 법인이나 개인 사업주 등의 사용자를 말한다. 법인의 안전배려의무 위반이 이사, 담당자 등의 동의나 묵인 또는 과실로 발생한 경우 그 이사나 담당자 등도 함께 처벌된다(제37조).

라. 보통법상 과실치사죄

사업장에서 사망사고가 발생하는 경우에는 보통법상 중과실치사죄(manslaughter by gross negligence)가 성립한다. R v. Adomako 사건[6]에서 법원은, 피고인이 희생자에 대한 배려의무를 위반했는지 여부를 판단하기 위해서 개인중과실치사죄에 대하여는 보통법상 과실불법행위에 관한 법리(the law of negligence)를 적용하여야 한다고 판시하였다. 과실불법행위에 관한 법리를 적용한 과실치사죄의 성립요건은 다음과 같다.

i) 피고인은 희생자에 대해 배려의무(duty of care)를 부담하여야 한다. ii) 피고인이 배려의무를 위반하여야 한다. iii) 배려의무 위반이 희생자의 사망에 상당한(substantial) 원인이 되어야 한다. iv) 위반행위(부작위 포함)는 모든 상황을 고려하여 범죄에 해당할 정도로 중대한 과실이 있어야 한다. 어느 정도로 과실이 있어야 중대한 과실인지 여부는 배심원이 결정할 문제이다.

6) [1995] 1 AC 171.

2. 과실치사죄의 문제점

안전사고와 관련하여 과실치사죄는 이사 등 회사의 임원에 대한 처벌에 대해 다음과 같은 사정 때문에 어려움이 있었다.

(1) 보통법은 회사가 배려의무를 갖는다는 사실로부터 회사의 이사가 그 의무를 갖는다는 것을 의미하지는 않는다고 보고 있다. 이사에게 개인에 대한 배려의무를 부과하는 것은 상대적으로 특별한 상황에서만 가능하다.

(2) 보통법은 개인이 행동하여야 할 적극적인 법적 의무가 없으면, 개인의 부작위(omission or failure to act)는 형사적 책임의 기초가 될 수 없다고 본다. 이는 이사들에 대한 혐의는 대부분 부작위와 관련되고, 이사들은 회사의 안전과 관련하여 행동하여야 할 법적인 의무가 없기 때문에 위 법리는 더욱 더 중요하다. 이와 같은 법리 때문에 2006년 기준으로 그때까지 오직 9명의 이사 또는 소유주들이 과실치사죄로 유죄판결을 받았다.

(3) 과실치사죄는 원래 개인에 대해 적용되는 것이었으나 사업장 안전사고와 관련하여 법인에 대해 적용할 수 있는지 여부가 문제되었다. 비록 과실치사죄에 대해서는 아니지만 Tesco v. Nattrass 사건[7]에서 법인이 처벌받을 수 있는 요건을 확립하였다. 법인이 과실치사의 책임이 있기 위해서는 법인 내에서 법인의 의사를 결정할 수 있는 자연인이 확인되고, 위 자연인이 과실치사죄를 저지를 수 있을 것을 입증하는 것이 필요하다. 특정의 자연인의 행위가 법인의 행위와 동일시 되어야 한다는 의미에서 이러한 법인의 처벌 요건은 동일성의 원리(identification principle)라고 한다. 자연인은 회사의 규정상 권한을 행사할 수 있도록 권한이 부여된 사람을 일컫는다. 구체적으로 이사회의 이사 또는 이에 준하는 회사의 다른 고위 임원들을 말한다. 자연인 각자가 배려의무에 중대한 위반이 있어야 하고, 각 자연인에 대해서는 배려의무에 대한 중대한 위반을 찾을 수 없으나, 다수의 자연인들의 행위의 총합(aggregation)으로서 중대한 위반이 인정되는 경우에는 과실치사죄에 해당하지 않는다.[8] 아래에서 보는 바와 같이 영국 법원은 법인이 처벌받을 수 있는 동일성의 원칙을 법인과실치사죄에도 그대로 적용하였다.

---

7) [1972] AC 153.
8) Attorney General's Reference (No 2 of 1999) [2000] 2 Cr App R 320.

3. 법인과실치사죄의 적용 문제[9)]

가. 법인과실치사죄의 문제점

법인과실치사죄의 요건인 동일성의 원칙 때문에 과실치사죄로 대규모의 기업이 처벌되는 것은 거의 불가능에 가깝다. 왜냐하면 기업의 규모가 크고 복잡한 조직일수록 책임질 개인을 특정하기가 어렵기 때문이다. 즉, 업무가 세분화되고 다단계로 분장된 조직에서는 자신이 과실치사의 유죄가 인정되면서 동시에 법인의 의사를 결정할 정도로 충분하게 고위직에 있는 자연인을 찾기가 대단히 어렵기 때문이다. 실제로 1994년에 최초로 법인과실치사죄의 유죄판결이 선고된 이래 2005년까지 이 죄에 대해서 총 6건의 유죄판결이 있었고, 이들 모두는 소규모 기업이었다.

나. Southall 역 기차 충돌사고

(1) 사실관계

위 사고는 1997년 Southall 역에서 대기업인 Great Western Trains Company가 운영하는 철도에서 발생하였다. 기차는 1997. 9. 19. 오전에 Swansea에서 London Paddington으로 운행하고 있었다. 기차는 선두의 동력차량(lead power car), 7개의 일반차량, 후미의 동력차량(trailing power car)으로 구성되어 있었다. 당시 기차에는 약 180여 명의 승객과 직원들이 있었다.

이 기차는 당시 51세의 기관사가 운전하고 있었는데 그는 상당한 경험이 있었고, 운전하는 노선과 기차의 형태에 대해 매우 익숙했다. 기관사는 선두의 동력차량에 혼자 있었으나, 시속 110마일 이상의 기차에서의 2인 근무체계가 1996. 9. 26. 폐지되기 전까지는 보조기관사가 함께 있었다. 동력차량에는 정지신호무시 진행(S.P.A.D. Signal Passed at Danger)의 상황을 방지하기 위한 두 가지의 안전장치가 있었고 이 안전장치는 기관사와 무관하게 작동된다. 이 두 안전장치는 보통 기관사가 멈춰야 하는 신호에서 진행하는 것을 막지만 그렇게 하지 못했다.

첫 번째 장치는 자동경보장치(Automatic Warning System: AWS)로 불리고 1950년 도입된 이후에 영국에서 흔하게 사용되었었다. 그러나 기차에서는 이 장치가

---

9) 심재진, “사업장 중대안전사고의 규율: 영국의 2007년 법인과실치사법 사례”, 노동정책연구 제15권 제1호(2015), 175-178면.

작동되지 않았다. 이 장치는 간헐적인 결함이 있어 운행 중에 고의적으로 전원을 꺼두었다. 그리고 이 결함은 차량점검반이 전날에 행한 차량점검에서 발견되지 못했다. 이것이 올바르게 작동되었다면 이 장치는 충돌을 예방할 수 있었을 것이다.

두 번째 장치는 자동기차보호(Automatic Train Protection: ATP)라고 불리는데 이 철도회사는 이 장치를 시범적으로 운행하고 있었고, 이 기차에도 이 장치가 설치되었다. 이 장치 또한 전원이 꺼져 작동이 되지 않았으며, 올바르게 작동되었더라면 충돌을 피했을 것이다. 기관사는 안전장치 두개 모두 작동이 되지 않는다는 것을 알고 있었다.

열차는 런던으로 운행 중 Southall 역에서 역선로를 지나는 화물차량과 충돌하였다. Southhall 역은 충돌 전에 화물차량이 움직이고 있다는 사실은 올바르게 신호로 전달되었다. 이 올바르게 전달된 신호는 녹색, 이중 노랑, 단일 노랑 그리고 적색으로 연달아 표시된 것이었다. 기관사는 이 역을 통과하기 전에 녹색으로 표시된 것을 보았고, 런던 도착을 준비하며 짐을 싸면서 다시 보았을 때는 적색으로 바뀌었다. 적색을 보는 순간 최대한 강하게 제동을 걸었지만, 기차는 이때 충돌 지점으로부터 3,600m에 걸쳐 평균 시속 116마일로 운행을 하고 있어서 너무 늦었다. 기관사가 화물차량을 보았을 때 충돌은 불가피하고 깨닫고 자리를 떠서 엔진 뒤쪽으로 움직였다. 충돌의 힘은 엄청나서 동력차량은 위로 세워졌으며 일반차량 몇몇은 탈선했고, 차량들의 오른쪽은 뜯겨져나갔다. 이 충돌로 6명의 승객이 현장에서 사망하고, 부상당한 1명은 병원에서 숨졌다. 151명이 부상당했는데 이 중 36명은 중상이었다.

이 충돌의 원인은 두 가지였다. 첫째는 기관사가 최종의 적색신호 전의 이중노랑이나 단일 노랑의 신호를 보지 못한 것이었다. 기관사는 기차의 진행 방향을 보지 않았던 것으로 보인다. 둘째로 이 철도회사가 기관사와 무관하게 작동되는 안전장치의 전원이 꺼졌고, 기관실에 오직 1인만이 있는 상태로 기차가 운행되도록 야기하거나 허용한 것이었다.

(2) 검사의 주장

검찰은 위와 같은 사실에 근거를 두어 다음과 같이 주장하였다. 검찰은 회사가 승객들의 안전에 대해 합리적인 배려를 할 의무가 있었다고 보았다. 검찰의 시각에서 이러한 배려의무는 모든 예측가능한 위험을 평가하고 다루는 것이다. 검찰은 이러한 위험 중에 기차가 위험신호를 지나치는 것을 야기하는 1인 기관사의 과실을 포함하였다. 만약 당일 기차에서처럼 기관실이 그러한 문제를 겪을 때 다음의 세 가지 행위 중의 하나를 하도록 지시하는 것이 가능하였다고 본다.

첫째, 기차가 첫 번째 중간역에서 멈추고 다른 기차가 승객들을 태우도록 하는 것이었다.

둘째, 기차가 Swangea에서 방향을 바꾸어 돌아가는 것이었다.

셋째, 보조기관사가 기관사와 함께 운행하거나 그 기차가 안전경보장치가 작동할 때까지 운행하는 것을 허용하지 않는 것이었다.

검찰은 회사가 위 3가지 가운데 어느 것도 하지 않았고, 결국 이러한 회사의 배려의무 위반은 중대한 과실에 해당된다고 보았다.

(3) 재판의 경과

검찰은 위와 같은 이유로 충돌사건에 대해 기차를 운행한 기관사를 기소함과 동시에 철도회사를 과실치사 혐의로 기소하였다. 기관사에 대한 기소는 그후 기관사의 건강상 이유로 취하되었고, 법원에서는 철도회사에 대한 과실치사죄가 성립될 수 있는지 여부가 다투어졌다. 1심 법원[10)]은 앞의 동일성의 원칙을 이유로 철도회사에 대해 과실치사죄가 적용될 수 없다고 결정했다. 즉 법원은 회사 자체가 유죄로 인정되기 위해서는 지휘하는 정신에 해당하는 개인에 대해 중과실이 인정되어야 한다는 이유로 회사에 대해 과실치사죄의 적용을 거부하였다.

이에 검찰은 1인 이상의 여러 자연인들이 중과실에 미치지 못하는 과실행위(failings)의 총합에 의해 '동일성의 원칙'이 충족될 수 있다고 주장하였다. 그러나 1심 법원과 항소심 법원은 자연인 1명의 중대한 과실만이 법인에 과실치사죄를 책임을 지울 수 있다는 것이 동일성의 원칙임을 분명히 하였다.

이 점으로 보아 왜 검찰이 이 철도회사의 담당이사를 과실치사죄로 기소하지 않았는지가 추정된다. 이 회사와 같은 대규모 회사에서는 책임이 이사들 간에서도 수평적으로 나뉘고, 여러 단계의 위계체계를 갖기 때문에, i) 안전 문제와 관련하여 특정이사에게 책임을 귀속시키기 어려웠을 수 있고, ii) 책임을 귀속시킬 수 있다고 하더라도 이것이 중대한 과실에 이르지 않았을 것이다.

결국 회사는 이 사건으로 1974년 산업안전보건법 제3조 제1항 위반으로 150만 파운드의 벌금형을 선고받았다. 그러나 피해자 가족들은 위 벌금액이 회사의 총

---

10) R. v. Great Western Trains Company Limited(27/7/1999).

매출 3억 파운드의 0.5%에 해당하는 적은 금액이라고 비판하였다.

Ⅱ. 법인과실치사법의 제정 경위

1. 사회적 배경[11)]

1980년대 중반까지 영국에서는 기업에게 살인죄의 적용은 이론상 문제에 지나지 않고 실제로 적용된 예는 없었다. 그 때문에 이 문제에 대한 사회적인 관심도 낮았다. 그러나 1980년대 후반 이러한 상황이 변화하여 기업에게 살인죄의 적용 여부가 주목을 끌게 되었다. 이러한 상황의 변화의 요인으로 다음의 두 가지 점이 언급될 수 있다.

첫째, 1980년대 후반 기업의 과실로 발생한 대규모 공공재해가 연이어 발생함에 따라 많은 인명이 사망하거나 부상을 입게 되어 기업의 형사책임에 대한 사회적 관심이 매우 높아지게 되었다. 예를 들어 1987년 지하철 King's Cross역 화재사고로 31명이 사망, 1988년 북해 Piper Alpha 유정굴착기지 폭파사고로 167명이 사망, 1989년 Thames강에서 레저보트와 준설선의 충돌사고로 레저보트 승객 51명이 사망하였다. 사고 후의 조사에 따르면 이러한 재해는 회피 불가능한 천재지변이 아니라 관리자의 과실이나 안전관리시스템의 미비 등이 중첩되어 발생하였음이 지적되었다. 그러나 King's Cross역 화재사고에 대해서는 어떠한 형사소추도 이루어지지 않았다. 또한 Piper Alpha 유정굴착기지 폭파사고에서도 기업의 형사책임을 묻지 않았다. 더욱이 1989년 Thames강 레저보트의 충돌사고에서도 검찰청장의 명령에 의해 기업에 대한 기소는 중지되었다. 이러한 일련의 대응을 배경으로 영국에서는 기업이 관련된 대규모 공공재해에 대해 기업의 형사책임의 문제를 다루어야 한다는 사회적 요구가 급속히 높아지게 되었다.

둘째, 노동현장에서 산업재해의 심각한 실태가 밝혀졌다. 예를 들면, 영국 산업안전보건위원회(Health and Safety Commission)의 연간보고서에 의하면 영국에서 1983년부터 10년간 5,774명이 근로 중에 사망하였고, 1992/1993년도에는 1년간 379명이 사망하였다고 한다. 또한 같은 해에 직장 내에서 중대한 상해를 입은 사람은 28,924명이었다. 게다가 다양한 직업상의 질병으로 인해 사망하는 사람은

---

11) 김재윤, 앞의 글, 189-190면.

영국 국내만으로도 매년 약 1만 명에 달한다는 추산도 있다고 한다. 이러한 수치는 일반적인 예측을 훨씬 웃도는 것으로 산업안전보건위원회의 보고서는 그 대부분이 기업의 적절한 산업안전보건 관리의 실시에 의해 회피 가능했음을 지적하고 있다. 그리고 이 중 1972년 산업안전보건법(Health and Safety at Work etc. Act 1974) 위반으로 산업안전보건청에 의해 기소된 사안은 40%에 달하나, 기소된 대부분은 약식기소 절차가 이용되어 낮은 벌금에 의해 처리되었다.

이러한 종래의 대응에는 사회적인 요구와의 사이에 커다란 격차가 있는 것으로 노동현장에서 산업재해의 원인이 된 기업의 관리 소홀을 단순히 1972년 산업안전보건법상의 의무 위반으로 파악하여 산업안전보건청에 의해 단속하는 것은 불충분하며, 살인죄라는 무거운 범죄로 파악함으로써 검찰이 단속하여 그 책임을 기업에게 물을 필요가 있다는 견해가 다수 제기되었다.

2. 법인과실치사법 초안의 발표[12)]

위와 같은 경과를 거쳐 동일성의 원칙이 검찰 측에 과도한 입증책임을 지우는 것이라는 비판이 강해짐에 따라, 정부의 요청을 받은 법률위원회(Law Commission)는 비모살 규정의 개혁의 일환으로서 법인에 의한 비모살에 대해서도 검토 대상으로 하게 되었다. 본 위원회는 1996년에 보고서 '형사법전의 제정: 비고의살(非故意殺)'을 발표하고, i) 비고의살을 미필적 고의에 의한 살인(Reckless killing)과 중과실에 의한 살인(Killing by gross carelessness) 2종류로 구분할 것과 ii) 법인에 대해 후자에 대응하는 법인 과실치사죄를 신설할 것을 권고하였다.

1997년에 정권을 잡은 노동당은 같은 해 10월의 당대회에서 관련 법제를 개혁할 것이라는 계획을 발표하였다. 그러나 그 후 계획이 좀처럼 진전되지 않다가 2000년 5월에서야 비로소 정부는 법안에 대한 제안서인 '비고의살에 관한 법률의 개혁(Reforming the Law on Involuntary Manslaughter: the Government's Proposals)'을 발표하였다.[13)] 이 제안서는 법률위원회의 제안에 동의한다는 내용과 함께 규정을 기업뿐만 아니라 정부기관을 제외한 모든 고용기관(법인격이 없는 것을 포함)까지 확대하는 내용, 법인조직뿐만 아니라 운영책임자를 포함한 법인의

12) 정진우, "사망재해 발생 기업에 대한 형사책임 강화 - 영국의 '법인과실치사법'을 중심으로-", 한국산업위생학회지 제23권 제4호(2013), 376-377면.

13) Home Office. Reforming the Law on involuntary manslaughter: The Government's Proposals. 2000.

임원을 처벌대상으로 하는 내용 등도 제안하고 있었다. 그런데 제안서는 법인의 임원에 대한 처벌은 경영자격을 정지하는 제안에 머물러 있었다. 구금형 적용에 대한 신중한 자세는 과거 사건의 유족, 노동조합 등을 실망시켰다.

그 후 협의에 큰 진전이 없는 상태에서 2001년에 총선거가 실시되었다. 노동당은 공약에서 법인과실치사의 법률 제정을 제안하고, 2003. 5.이 되어 같은 해 가을에 초안을 제출한다고 발표하였다. 그러나 제출기일이 2004년 봄으로, 그리고 2004년 겨울로 계속 연기되다가, 2005. 3. 23. 마침내 '법인과실치사법 초안(Corporate Manslaughter: the Government's Draft Bill for Reform)'을 포함한 공개협의서가 제출되기에 이르렀다.[14)]

초안은 2000년 제안서의 제안과 달리 국왕의 기관을 포함한 모든 정부기관을 법인과실치사의 기소대상으로 하였다. 한편, 역으로 비법인격의 조직은 기소대상에서 제외하였다. 경찰은 감사를 담당하는 경찰관리위원회(Policy authority)는 법인격의 조직이지만 실무를 담당하는 경찰서는 비법인격의 조직구조를 가지고 있어 초안에서 경찰서는 기소대상으로 지정되지 않았다. 정부는 경찰서도 법인과실치사의 기소대상으로 되어야 한다고 생각하였고, 과제는 공개협의 후로 넘겨지게 되었다.

초안이 규정하는 법인과실치사의 정의는 법률위원회가 권고한 것과 비교하여 종래의 동일시 원칙에 보다 근접한 것으로 보인다. 법률위원회의 권고에서는 위험이 명백한 것과 피고인이 그것을 예상하여 알 수 있었는지는 고려되지 않고, 근로자 또는 기타의 자의 안전에 관계되는 법인 활동의 운영에 사망재해를 일으킬 결함이 있었는지 여부가 고려된다. 한편, 초안에는 운영책임자가 건강 및 안전에 관한 법 위반이 사망재해로 연결될 가능성을 알고 있었는지 또는 알아야 하였는지, 그리고 그 위반에 의해 이윤을 추구하려고 하였는지를 고려할 필요가 규정되어 있었다. 그리고 최고경영자 등 운영책임자의 개인책임을 묻는 규정은 결국 채택되지 않았다. 이 점에 대해서 정부는 운영책임자의 직접책임이 현저할 때는 종래의 보통법상의 비모살에 관한 규정을 이용하면 족하다고 판단하였다.

---

14) Home Office. Corporate Manslaughter: The Government's Draft Bill for Reform. 2005.

3. 법인과실치사법 초안에 대한 반향[15)]

종래 법인의 과실치사에 대해서는, 비교적 벌금이 약하였고, 일반적으로 범죄 취급되지 않는 건강 및 안전에 관한 법 위반을 기소하는 방법이 기소의 성공률이 높았다. 정부는 초안의 규정이 상한이 없는 벌금을 부과하고 있고 유죄로 된 것을 공중에 알리는 것에 의한 신용도의 저하라고 하는 측면으로부터 억지효과를 발휘할 수 있다고 생각하였다. 초안의 문제점으로서 다음과 같은 점이 지적되었다.

첫째, “운영책임자에 의한 업무의 운영 또는 조직이 사망재해의 원인이 된 것”이라고 규정되어 있어, 이것이 책임 회피를 위한 운영의 분권화를 유발하게 되고, 이 규정으로는 모회사와 자회사의 관계를 망라할 수 없는 점.

둘째, 주의의무의 중대한 위반을 판단하는 데 있어서, 위반에 의한 이윤추구의 목적을 고려하는 내용이 규정되어 있지만, 실제로 그 증거를 입수하는 것이 곤란한 점.

셋째, 운영책임자 개인의 형사책임을 묻는 것이 아니라면, 자금력이 있는 대기업에 대해서 억지력이 충분하지 않을 가능성이 있는 점.

넷째, 독점적 공적 직무(Exclusively public function)의 수행 및 공공정책에 관한 판단이 적용에서 제외되어 공공기관에 관해서 이윤추구의 목적을 증명하는 것이 대체로 곤란한 점. 즉 국왕의 기관에 대한 기소의 면책이 실질적으로 유지되고 있는 점.

영국노동조합총연맹(Trade Union Congress, TUC)은 초안의 제출을 대체로 환영하면서도 세 번째 문제점에 대해서 이의를 제기하고 공개협의 과정에서 운영책임자 개인의 책임을 추급하는 규정의 도입을 적극 촉구해 나갈 의사를 분명히 밝혔다. 이에 대해 경영자단체인 CBI는 경영자 개인책임을 묻는 규정이 도입되지 않은 것을 환영하면서 상기 네 번째 문제점에 대해 이의를 제기하였다.

2000년의 제안서에 대하여, CBI는 새로운 법률이 경영자의 기소에 대한 위험회피적인(Risk averse) 행동을 유발한다고 주장하면서 경영자 개인에 대한 책임추급에 반대하였다. 그리고 언론에서는 초안이 개인 소추의 규정을 포함하고 있지 않은 점 등을 들어 정부가 경영계의 압력에 굴복하였다는 비판도 나왔다.

산업계로부터의 개인책임 추급에 대한 반대는 개인책임 추급이야말로 법인과

15) 정진우, 앞의 글, 377-378면.

실치사에 의해 최고의 억지력이 발휘될 수 있다는 것을 증명하는 것이라는 지적도 있다. 시민단체인 Centre for Corporate Accountability는 영국의 기업 운영책임자의 표본으로 추출된 120명 중 3분의 2가 개인책임 추급이 사업주에게 직업에 수반된 위험을 경감시키려는 노력을 촉진한다고 회답하였다는 연구결과를 인용하면서 이 방법의 유효성을 호소하고 있다.

4. 법인과실치사법안 발표와 심의과정[16)]

초안에 대한 공개협의와 2005. 5. 5. 총선거를 사이에 두고 2005~2006 회기 말인 2006. 7. 20.에 마침내 법인과실치사법안(Corporate Manslaughter and Corporate Homicide Bill)[17)]이 하원에 제출되었다. 명칭이 변화된 것은, 잉글랜드 및 웨일즈에만 적용될 예정이었던 본 초안이 법안에서 북아일랜드 및 스코틀랜드로 확장되었기 때문이다.

법안에서는 첫째에서 넷째에서 지적된 문제점에 대하여 얼마간의 개선이 이루어졌다. 먼저 첫째에 대하여, 운영책임자 개인이 주의의무의 위반을 알고 있었는지, 알아야 할 입장에 있었는지가 아니라, 조직체의 관리 시스템의 미비나 구조상 결함이 위반을 조장하였는지 여부가 형사입건의 요건이 되어 동일성의 원칙이 후퇴하였다. 또한 위반 단체에 의한 이윤추구의 목적을 증명하는 요건이 삭제되고, 유죄 선고율의 제고와 공공기관 소추의 용이화가 도모되었다. 다만, 셋째의 운영책임자의 형사책임을 묻지 않는 것 등은 법안에 그대로 남겨졌다.

2006. 10. 10. 제2독회를 통과한 법안은 10. 19.부터 31일까지 상임위원회의 7회에 걸친 심의를 마치고 11. 8.의 회기종료를 맞이하였다. 법안은 계속심의의 대상으로 지정되어 차기회의가 소집된 11. 16.에 다시 제출되었고, 12. 4. 하원의 심의를 통과한 후 다음 날 상원의 제1독회에 제출되었다. 그리고 법안은 2006. 12. 19. 상원의 제2독회를 마치고 2007. 1. 11.부터 18일까지 상원 대위원회에서 4회에 걸쳐 심의되었다. 본 법안은 2. 5.의 상임위원회 보고를 거쳐 2007. 2. 28. 제3독회를 마쳤다. 그러나 여기에서부터 상원과 하원의 비판이 약 5개월간 계속된다. 문제의 초점이 된 것은 신병구속이 된 자의 사망재해이다. 이들에 대한 사

16) 정진우, 앞의 글, 378-379면.
17) Home Office. Corporate Manslaughter and Corporate Homicide: A Regulatory Impact Assessment of the Government's Bill. 2006 Jul 20.

망 책임을 감시하는 시민단체(INQUEST)에 의해 제공된 통계에 의하면, 경찰에 의해 체포되어 구류 중의 용의자가 사망한 자와 교도소에서 자살·타살에 의해 사망한 자는 2006년 기준으로 각각 31명, 154명이었다. 당시의 영국에서는 이런 종류의 사건이 문제되고 있었고, 상원에서는 이러한 사건을 기소대상으로 하여 야 한다는 의견이 강하였다.

정부, 특히 법안 담당부처 책임자였던 당시 내무부장관은 이와 같은 법 개정안이 상원에서 채택되면 법안을 파기할 것이라는 강경한 발언을 하였다. 이에 대한 의회의 반발은 컸는데, 특히 보수당의 한 의원은 법률이 내무부의 관할에 적용되는 것을 회피하기 위한 것이라고 비난하는 등 국회에서 정부의 입장에 대한 비판이 강하였다. 결국 상원은 2. 5.의 위원회 보고에서 223 대 127로 개정안을 채택하였다. 결국 정부는 동 법안을 폐기한다는 입장을 철회하였지만 상원 개정안을 수용하는 입장도 아니었다. 이러한 상태에서 법안은 7월까지 상원과 하원을 4번 왕복하게 되었다. 7. 19. 마침내 법무부장관이 상원안을 수용하는 의사를 밝히고, 7. 26.에 법률이 성립되기에 이르렀다.

Ⅲ. 구성요건

1. 의 의

2007년 법인과실치사법은 보통법상 법인과실치사죄를 폐지하고(제20조), 성문법상의 법인과실치사죄를 제정한 것이다. 이를 통해 보통법상의 법인과실치사죄의 적용상의 문제점을 개선하고자 하였다. 그래서 법적용의 기본 틀과 요건은 보통법상의 법인과실치사죄를 바탕으로 하되 몇 가지 점에서 이를 수정하였다. 제1조 제1항에서 단체의 활동이 관리되거나 조직되는 방식이 한 사람의 사망을 야기하고, 그 조직이 그 사망자에게 지고 있는 관련 배려의무를 중대하게 위반할 때에 법인과실치사죄가 인정된다고 규정한다. 사망과의 인과관계(①)를 필요로 하고, 배려의무의 중대한 위반(②)이 있어야 하는 점에서 이전의 보통법상의 과실치사죄와 동일하다. 관련 배려의무는 보통법상의 과실불법행위법(the law of negligence) 아래 조직이 갖고 있는 의무를 말하는 것이다(제2조). 이렇게 보면 이 부분도 보통법상의 개인과실치사죄와 동일한 것이다. 개인과실치사죄와 다른 점은 개인과실치사죄가 개인의 행위(부작위 포함)와 사망과의 인과관계를 필요로 하지만 법인과실치사법에서는 특정한 개인의 행위를 문제 삼는 것이 아니라 '조직의 활동이 관리되거나 조직되는 방식'을 문제 삼고 있다는 점이다. 2007년 법인과실치사법은 이러한 방식으로 보통법상의 법인과실치사죄를 적용할 때 발생하는 문제점을 극복하고자 한 것이다.

2. 단체(organisation)

이 법의 적용 대상이 되는 단체는 법인, 부칙 1에 열거되어 있는 정부부서 또는 이에 준하는 조직, 경찰, 사용자가 되는 조합(partnership), 노동조합 또는 사용자단체에 적용된다(s. 1(2)). 부칙 1에서는 총 48개의 정부부서 등이 열거되어 있다. 따라서 법 명칭과 달리 법인과실치사법은 법인에 한정되지 않고, 훨씬 광범위하게 적용됨을 알 수 있다.

3. 단체의 활동이 관리되거나 조직되는 방식

'단체의 활동이 관리되거나 조직되는 방식'과 관련하여 법인과실치사법은 그 방식이 제1조 제1항을 위반한다는 것의 의미를 다시 규정한다. "그 조직의 활동이 고위경영진(senior management)에 의해 관리되거나 조직되는 방식이 제1항에서 언급된 위반에 상당한(substantial) 사유"일 때만 그 조직은 제1조 제1항의 법인과 실치사죄의 위반이 된다. 그리고 고위경영진은 "ⓐ 그 활동의 전부 또는 상당한 부분이 어떻게 관리되고 조직되는지 대한 의사결정이나 ⓑ 그 활동의 전부 또는 상당한 부분의 실제적인 관리나 조직에서 중요한(significant) 역할을 수행하는 사람"을 말한다(제1조 제4항 (c)). 영국 법무부(Ministry of Justice)는 이러한 고위경영진에는 중앙집중된 본부뿐만 아니라 운영상의 관리역할(operational management role)을 담당하는 사람도 포함한다고 해석한다.

이러한 접근은 고위경영진 전체를 대상으로 한다는 점에서 과실치사의 혐의가 인정되는 이사라는 개인을 찾아야 하는 동일성의 원칙과 다르다. 그렇지만 고위경영진이 이사보다 더 아래까지 확대될 여지가 있다고 하더라도 이러한 접근은 어느 정도는 일군의 개인들의 상대적 기여에 대한 평가를 요구하는 것이어서 회사 자체에 대한 책임을 인식하는 좀 더 전체적인 접근(holistic approach)과는 거리가 있다고 평가된다. 이러한 의미에서 보통법상에서 채택되지는 않았지만, Southall 기차 충돌사고 사건에서 검찰이 주장했던 내용과 유사하게 여러 개인들의 행위가 총합되어 회사에 의한 중대과실이 될 수 있다는 총합원리의 제한된 버전이라고 보는 견해가 있다.

그렇기 때문에 이전 보통법상 동일성의 원칙에서 나타난 문제와 유사한 문제가 발생할 가능성이 있다. 예를 들어, 큰 회사의 경우 경영진 사이에서 책임이 분산될 수 있는데 이 경우 고위경영진의 기여를 각각 따로 보아 '상당성'을 판단해야 하는 것인지 아니면 전체로 보아야 하는지의 문제가 발생한다. 또한 만약 회사의 안전보건 정책을 하위 직급의 직원에게 완전히 맡겨두고 있는 경우 책임을 회피할 수 있다고 해석될 수도 있다. 다수의 학자들이 이러한 점을 우려하고 있으나 아직까지 법원의 결정에서 이러한 해석상의 쟁점이 분명히 해결되고 있지 않다.

영국 법무부는 산업안전보건 책임을 위임함으로써 고위경영진이 이 법의 적용을 피해갈 수 있을 것인가에 대해 부정적으로 본다. 이런 경우에 영국 법무부는 산업안전보건 문제의 부적절한 위임을 통해서 하는 것을 포함하여 산업안전보건을 적절하게 고위경영진이 관리하지 못하면 법인과실치사죄에 위반될 수 있다고 본다. 한편 산업안전청(HSE)이 회사의 이사를 대상으로 하여 발간한 지침을 보면, 이사회 결정에 핵심 경영위험으로 건강과 안전문제를 포함하도록 권고하고 있다. 이러한 맥락에서 안전관련 요구조건을 이행하지 못할 경우에 2007년 법인과실치사법에 따라 무제한의 벌금과 유죄판결사실 공표명령이 가능하다고 언급하고 있다.

4. 관련 배려의무

관련 배려의무란 이 법이 적용되는 단체와 관련하여 보통법상의 과실불법행위법리(law of negligence)하에 단체가 갖는 다음과 같은 의무를 말한다. 그 의무는 (a) 단체가 소속 근로자 또는 단체를 위하여 일하는 다른 사람 또는 단체에 대해 용역을 제공하는 사람에게 갖는 의무, (b) 건물의 점유자로서 갖고 있는 의무, (c) i) 단체에 의한 재화나 용역의 공급과 관련하여 ii) 단체에 의한 건설, 수리의 수행과 관련하여 iii) 단체에 의한, 상업적 기반에서 하는 다른 활동의 수행 iv) 단체에 의한 공장, 교통수단 그리고 다른 것의 사용과 유지와 관련하여 갖는 의무, (d) 제2항의 개인이라는 것을 이유로, 단체가 그 안전에 대해 책임이 있는 개인에게 갖는 의무를 말한다(제2조 제1항). 제2항의 개인은 관련 기관(교도소, 소년원 등)이나 법원이나 경찰서에 구금되어 있거나, 이민자보호센터나 단기보호시설에

억류되어 있거나, 죄수나 이민자 호송 과정에서 교통수단으로 이동되고 있거나, 건물에 보호되거나, 안정된 숙박시설에서 살고 있거나, 강제로 보호되는 환자이면 제2항의 개인이 된다.

그러나 이러한 배려의무는 정부기구나 몇몇 공공기관에는 제한적으로 적용된다(제3조). 또한 군대가 갖는 의무는 위의 관련배려의무로 보지 않는다. 테러리즘 또는 폭동 등에 대한 경찰의 작전 또는 작전을 위한 훈련 등과 관련된 배려의무도 위의 관련배려의무로 보지 않는다(제5조). 병원, 소방서가 응급상황에서 갖고 있는 배려의무도 제한적으로만 관련배려의무로 인정된다(제6조). 법에 의한 아동보호나 보호관찰과 관련해서도 제한적으로만 인정된다(제7조).

보통법상 과실불법행위법리에서 배려의무가 있는지는 다음과 같은 세 가지의 심사를 통해서 결정된다. 첫째는 손해가 합리적으로 예측가능한가이다. 둘째는 배려의무관계가 있다고 주장하는 당사자들 사이에 '근접성(proximity)'이 있는지이다. 셋째는 배려의무를 부과하는 것이 공정하고, 정당하며 합리적인가이다. 논리적으로 법인과실치사법상 관련 배려의무가 있는지를 보기 위해서는 예를 들어, 근로자와 사용자 관계에서 다시 과실불법행위법리의 세 가지 심사 기준에 의해 사용자가 근로자에게 배려의무를 갖는지를 살펴보아야 하는 것처럼 해석될 수 있다. 그러나 이미 보통법상의 과실불법행위법리는 근로자와 사용자관계에 대해 일반적으로 배려의무가 있는 것으로 본다. 따라서 제2조 제1항의 (a)에서 (d)로 열거한 관계들은 보통법상의 과실불법행위법리에 의해 관련배려의무를 갖는 것으로 인정된다고 볼 수 있다.

5. 중대한 위반

배려의무의 중대한 위반이라 함은 "조직의 행위가 그 상황에서 합리적으로 기대될 수 있는 수준을 훨씬 밑도는 것"을 말한다(제1조 제4항). 그 위반이 중대한 위반인지에 대한 판단은 전적으로 배심원이 한다(s.8(1)(b)). 2007년 법인과실치사법은 배심원이 이러한 판단을 할 때 의무적으로 고려해야 할 사유를 제시한다. 배심원은 증거가 문제되는 조직이 위반의 혐의와 관련한 안전보건법령을 준수하지 않았다는 것이 입증되는지를 그리고 입증된다면 그 미준수가 얼마나 심각한 것인지를 보여주는지를 고려하여야 한다(제8조 제2항). 다음으로 2007년 법인과실치사법은 배심원이 고려할 수 있는 사유를 제시한다. 그것은 앞의 미준수를 장려하거나, 그것에 대한 관용을 만드는 조직 내의 태도, 정책, 제도 또는 수용된 관행이 있다는 것이 입증되는 정도와 이러한 위반에 관련된 산업안전보건지침이다(제8조 제3항). 이처럼 중대한 위반에 대한 해석에 있어 보통법상 과실불법행위법리에 근거를 두고 있음에도 불구하고, 관련 산업안전보건법령의 준수 여부와 준수 정도 그리고 그와 관련된 회사의 문화를 고려하게 함으로써 산업안전보건법령의 내용은 법인과실치사죄의 성립에 있어 사실상 중요한 사유가 된다고 볼 수 있다.

Ⅳ. 처 벌[18]

1. 형벌의 종류와 내용

단체에 대한 형벌의 종류는 벌금, 구제명령(remedial order), 유죄인정사실 공표명령이다. 가장 주된 것은 벌금으로 그 한도에는 제한이 없다(제1조 제6항). 벌금액수 및 고려 사유에 대해서는 다음 항에서 별도로 자세히 다루고, 여기에는 구제명령과 유죄판결사실 공표명령에 대해 간단히 언급한다.

'구제명령'은 과실치사의 유죄가 확정된 단체가 이 법의 위반, 이 위반이나 사망의 원인이 된 것으로 보이는 문제, 단체의 정책, 체계, 관행의 문제에 대해 특정한 조치를 취하도록 요구하는 명령이다. 법인과실치사법은 법원이 유죄가 확정된 단체에 이러한 명령을 내릴 수 있는 권한을 부여하고 있다(제9조). 이 구제명령은 검찰이 명령의 내용을 특정하여 신청하여야만 발령될 수 있다. 검찰이 구제명령 신청을 하기 전에 그 위반의 성격과 관련하여 적절한 그러한 집행기관과 협의하여야 한다. 이 구제명령을 이행하지 않을 경우 처벌되며 그 처벌은 벌금부과이다.

벌금과 함께 법원이 내릴 수 있는 '공표명령'은 단체가 유죄판결사실을 공표하도록 요구하는 명령이다. 이 공표는 특정된 방식으로 유죄판결사실과 그 죄의 세부적 사항, 부과된 벌금액수 그리고 내려진 구제명령의 내용을 담아야 한다. 법원이 공표명령의 내용에 대해 결정할 때 법원은 앞의 집행기관의 의견을 확인하여야 한다. 이 공표명령을 이행하지 않는 단체는 벌금형에 처해진다.

18) 심재진, 앞의 글, 184-187면.

2. 벌금액수 및 고려 사유

가. 벌금액수

법인과실치사법상 벌금액수에는 제한이 없다(s.1(6)). 1974년 산업안전보건법도 그 벌금액수에는 제한이 없다. 양형지침(Sentencing Guidelines)은 관련되는 심각성의 정도와 피고인 단체의 상황의 차이 때문에 산업안전보건법 위반보다 벌금액의 범위가 더 넓을 것으로 본다. 그래서 양형지침은 벌금은 피고인단체에 영향을 줄 만큼 징벌적이고 충분해야 한다고 밝힌다. 구체적으로 법인과실치사가 중과실을 요구하기 때문에 산업안전보건법 위반보다 더 큰 심각성이 있다고 본다. 그리하여 양형지침은 벌금의 범위를 50만 파운드보다 적은 경우가 드물고, 수백만 파운드도 될 수 있다고 본다. 사망사고의 경우 산업안전보건법상의 벌금은 10만 파운드보다 적은 경우가 드물고, 수십만 파운드도 될 수 있다. 양형지침은 유죄 인정의 경우 적절한 정도로 벌금이 감액될 수 있다고 본다.

나. 벌금액 산정의 고려 사유

벌금액 산정의 중요 고려 사유인 '심각성'의 정도를 판단하기 위해 양형지침은 세부적인 고려 사유를 제시하고 있다.

(a) 사고가 어느 정도로 예견가능했는지?(예견가능성이 높을수록 그 범죄는 중대해진다)

(b) 피고인은 적용가능한 기준에 어느 정도로 미달했는가?

(c) 그 조직에서 이런 종류의 위반은 얼마나 자주 일어나는가?(미준수가 얼마나 광범위한 것인가? 그 위반은 일회적이었는지 아니면 피고인의 운영 전반에 걸쳐 좋은 관행과는 거리가 먼 제도적인 결함이었는지?)

(d) 그 위반은 조직의 어느 단계까지 가는가?(위반의 책임이 높은 단계에 있을수록 그 위반은 더 심각해진다)

다. 가중사유

다음의 사유는 그 위반을 더 심각하게 만드는 예시적 사유들이다.

(a) 사망자가 한 사람 이상이거나 사망자 이외에 심각한 부상자가 있는 경우

(b) 감독관이나 근로자(특히 산업안전 대표자) 또는 다른 사람이든 간에 경고나

조언에 주의를 하지 않거나, 유사한 상황에서 발생하는 사고에 대해 간신히 피했을 정도로 대응을 적절하게 못한 경우

(c) 안전문제의 비용 삭감

(d) 적어도 허가의 과정에 산업안전 책임을 가진 독립적 기관에 의해 어느 정도의 통제, 평가 또는 관찰이 있는 경우 관련 허가를 고의적으로 얻지 못하거나 준수하지 않은 것

(e) 취약한 사람들에 대한 부상(여기에서 취약한 사람은 개인적 환경이 착취 또는 혹사당하기 쉬운 사람들을 포함한다)

라. 감경사유

다음의 사유는 벌금액수를 감경할 수 있는 예시적 사유들이다.

(a) 즉각적인 책임의 인정

(b) 항상 예상되는 정도를 넘어서서 조사에 대한 높은 수준의 협조

(c) 결함을 시정하기 위한 진정한 노력

(d) 좋은 산업안전기록

(e) 전문가 조언, 조직의 활동에 영향을 받는 근로자나 다른 사람들과의 협의

마. 단체의 규모, 성격, 재정상황

양형지침은 벌금액수를 산정할 때 단체의 규모와 성격을 고려하도록 하고 있다. 그렇지만 벌금과 매출액 또는 벌금과 이익 사이에 고정된 상관관계를 적절하지 않다고 양형지침은 밝힌다. 재정적 상황을 고려하여 벌금액을 늘리거나 줄일 수 있는데, 재정적 상황이 좋은 단체는 그렇지 않는 단체보다 더 큰 액수의 벌금을 내야 한다고 보며, 벌금은 고통스런 형벌을 부과하도록 의도되어 있지만, 피고인 단체가 몇 년에 걸칠 수 있는 기간에 납부할 능력이 있는 것이어야 한다고 제시한다.

바. 재정적 결과의 예측

벌금 부과의 재정적 결과를 예측할 때 다음과 같은 사유를 고려하도록 양형지침은 제안한다.

(a) 무고한 사람의 고용에 대한 영향이 관련되는지 여부

(b) 주식 소유자에 대한 영향은 관련이 없다. 투자한 사람은 경영이 재정적 손

실을 낳을 것이라는 위험을 갖는다.

(c) 이사(directors)에 대한 영향은 관련이 없다.

(d) 적어도 그 피고인이 공고서비스의 독점적 공급자가 아니면, 피고인에 (고객에게) 청구하는 가격이 결과적으로 상승될 위험이 있다는 것도 보통은 관련이 없다.

(e) 공중에 대한 서비스 공급에의 영향은 관련이 있다.

(f) 민사상의 보상에 대한 책임은 보통 관련이 없다.

(g) 시정명령을 준수하는 데에 드는 비용은 관련이 없다.

(h) 벌금이 피고인이 사업을 운영하지 못하도록 하는 효과를 갖는 것은 관련이 있다(악성 사건에서는 이것은 수용가능한 결과가 될 수 있다).

법원은 벌금액수 산정을 위해 사망사고가 있었던 해를 포함하여 3년간의 정보를 요구하도록 양형지침은 제안한다. 양형지침은 매출액, 세전이익, 이사의 보수, 채무와 연금 규정, 자산 등 법원에 제공되어야 하는 재정정보의 목록을 양형지침의 부속문서에서 제시한다. 만약 단체가 관련 정보를 제공하지 않으면 그 재정상황에 대해 단체에 불리한 추정을 하는 것이 정당화되고 때로는 그렇게 하는 것이 의무가 될 수 있다.

Ⅴ. 구체적 사건의 검토

이하에서는 기존의 연구성과에 의하여 소개된 6건의 사건에 관하여 간략하게 살펴보기로 한다.[19)]

1. R. v. Cotswold Geotechnical Holdings

가. 사건의 개요

Cotswold Geotechnical Holdings는 근로자 8명을 고용하는 작은 회사이다. 이 회사는 3.5m 깊이의 시험광구에서 샘플을 채취하고 토양전단시험을 수행하고 있었다. 이 사건은 이 회사의 근로자는 시험광구에서 혼자서 샘플을 채취하고 토양전단시험(shear vane test)을 하다가 광구가 붕괴되어 사망하였다.

검찰은 이러한 깊이의 광구는 흙막이(shoring) 공사나 업무 지원이 필요로 했

19) 이하의 자료는 심재진 교수님의 동의를 받고 심재진, 앞의 글, 188-199면을 요약한 것이다. 자료의 인용을 허락하여 주신 심재진 교수님께 이 지면을 통하여 깊이 감사드린다.

는데, 이 회사는 그러하지 못해서 회사가 소속 근로자에게 갖고 있는 배려의무를 중대하게 위반한 것이라고 주장하였다. 검찰에 따르면 1.2m 이상의 시험광구에 들어가는 것은, 이것이 흙막이 공사나 그 목적으로 이용가능한 다른 수단에 의해 안전하게 되기 전까지는, 엄격하게 금지되었어야 하였다.

회사는 배려의무위반이 있었다고 하더라도 그 위반은 중대하지 않았다고 주장했다. 또한 배려의무위반이 중대하였다고 하더라도 사망의 원인은 그 근로자가 시험광구에 지켜봐 줄 다른 사람이 있을 때가 아니면 들어가지 않아야 한다는 회사의 관행에 반하여 들어갔다는 사실이라고 회사는 주장했다. 이에 대해 검찰은 이 근로자와 함께 일했던 회사의 대표이사 또한 이 광구에 비슷한 깊이의 유사한 광구 3곳에 혼자 들어간 적이 있어, 죽은 근로자 또한 같은 이유로 혼자 들어갔다고 주장했다. 검찰은 죽은 근로자가 위험하고, 지원인력이 없는 광구에 들어간 것이 회사의 관행인 근무제도(system of work)가 있었다고 주장했다.

회사는 산업안전보건법 위반으로 동시에 기소되었고, 이 회사의 대표이사는 과실치사죄와 산업안전보건법 제37조(양벌규정)로 기소되었다. 그런데 대표이사에 대한 기소는 대표이사가 암에 걸려 재판을 수행하기가 어렵다는 이유로 중단되었다. 그리고 회사의 산업안전보건법 위반에 대해서는 법인과실치사법과 산업안전보건법이 각기 다른 입증책임을 부여하고 있어 배심원에게 혼선을 줄 수 있다는 이유로 검찰이 후자를 포기하였다.

나. 판결 내용

이 사건의 법원은 회사가 활동을 수행하는 방식이 심각한 부상뿐만 아니라 사망을 초래할 수 있다는 것은 예측가능했다고 보았다. 그리고 배심원은 회사가 배려의무에 미달한 정도가 중대하였다고 평결하였다. 또한 회사가 이전에 광구에 들어가도록 요구받은 다른 근로자가 제기했던 진정에 대한 조사에서 산업안전청(the Health and Safety Executive)이 했던 권고와 지침(guidance)에 주의를 기울이지 않았다는 사실도 고려되었다(이때 회사의 대표이사는 미래에는 안전한 흙막이 공사가 될 것이라고 약속했었다).

1심 법원은 회사의 위반행위의 심각성을 고려한 후 회사의 재정적 상황에 대해 검토했다. 회사는 위태로운 상태로 대표이사인 Eaton에 의해 계속 운영되었고, 겨우 적자를 면하는 수준이었다. 대표이사가 아파서 회사의 전망도 밝지 않았다.

또한 법원은 상당한 정도의 벌금이 그 회사를 파산시키고 근로자들의 일자리를 빼앗을 것이라는 점도 인식하였다. 파산이 되면 대표이사의 가족에게도 타격이 되리라는 점도 인식하였다. 이러한 점을 고려하여 연 매출액의 250%에 달하는 385,000파운드의 벌금형을 선고했다. 상대적으로 작은 규모의 회사에서 이 정도의 벌금은 그 위반의 심각성을 나타내고, 안전한 근무장소를 제공하여야 할 의무에 사용자들이 일반적으로 주의를 기울일 필요에 관한 메시지를 전달하기에 충분한 액수라고 보았다. 법원은 이 벌금형의 결과로 벌금이 10년 동안 분할하여 납부된다고 하더라도 회사가 파산될 것이라는 점을 인식하였다. 회사는 이러한 액수의 벌금형이 과도하다고 항소를 제기했지만 항소법원은 이 항소신청을 거부했다. 이 항소법원 법원에 따르면 이 벌금 때문에 회사가 파산하더라도 이것은 불행하지만 피할 수 없고 필연적이다. 실제로 위 회사는 항소신청이 거부되고 몇 주 후에 임의파산절차(voluntary liquidation)에 들어가 2013년 최종적으로 청산되었다.

2. R. v. JMW Farm Limited

가. 사건의 개요

근로자 Wilson은 사고 당일인 2010. 11. 15. 지게차(forklift)의 포크에 놓여 있는 큰 금속통의 안을 세척하고 있었다. 이를 위해 근로자는 다른 장치, 즉 포대압착기(bale compactor) 위에 서 있었다. 그런데 그 금속통이 반대쪽으로 움직이면서 근로자는 이 통의 측면으로 점프했고, 그 통은 쓰러졌다. 그가 땅에 떨어지고 금속통이 근로자 위로 떨어져 사망하였다. 보통 그 금속통의 아래에 있는 양쪽 공간으로 지게차의 포크가 끼워져서 금속통이 기울지 않고 포크로부터 통이 떨어질 위험이 전혀 없었다. 사고 당시 통이 움직였다는 것은 제대로 끼워져 있지 않았다는 것을 보여준다. 이 지게차는 원래 사용하던 것에 대체용이었는데 금속통과 규격상 크기가 맞지 않았는데도 이러한 사실이 무시된 채 사용되고 있었던 것이었다. 회사의 위험평가보고서에는 이러한 위험성이 적혀져 있었고, 이는 회사가 이러한 위험을 알고 있었다는 것을 보여준다. 그럼에도 불구하고 대체용 지게차가 왔을 때 지게차의 포크와 금속통의 공간사이의 맞춤에 대해 어떠한 평가도 이루어지지 않았다.

나. 판결 내용

이 사건에서는 회사가 유죄 인정을 함에 따라 법인과실치사죄의 성립 여부보다는 어느 정도의 벌금이 부과되어야 하는가가 판결 내용의 주를 이룬다. 이 사건의 법원은 앞서 언급된 법인과실치사죄 양형 가이드라인을 이용해서 벌금형의 액수를 책정했다.

먼저 양형을 위한 심각성을 판단해서, 법원은 앞에서 언급한 위험을 다루지 못한 것이 중대한 부상으로 이어지고 그 결과는 치명적일 수 있다는 것은 명확하게 예견 가능했다고 보았다. 회사는 그러한 운영과 관련하여 예상되는 기준에 훨씬 못 미치게 운영되었다. 이러한 운영이 상당기간 계속되는 것이 허용되었지만 이것이 회사의 운영 전반에 좋은 관행으로부터 체계적인 이탈을 나타낸다는 증거는 없다. 회사의 이사는 근로자에 대한 배려의무의 이행에 대해 완전히 책임이 있다. 이 사건에서는 이사가 이 지게차를 통제하고 있었기 때문에 책임은 회사의 최고위층까지 올라갔다.

양형가중 사유와 관련해서 법원은 경고나 조언에 주의를 기울이지 않았다는 증거나, 안전을 희생해 비용을 절감했다는 증거나, 관련 인가를 고의적으로 획득하지 않았다는 어떠한 증거도 발견하지 못했다고 판단했다. 양형완화사유에 관련해서는 회사가 책임을 인정했다는 점을 고려했다. 그리고 이 회사는 산업안전 기록이 좋았으며, 회사의 위험평가보고서로 보아 근로자들에 대해 합리적인 태도를 보였다. 그럼에도 불구하고 이 사고는 심각한 위반으로 발생한 것으로 받아들이기 어렵다고 보아 이 사건 법원은 회사의 책임을 반영하고 근로자에 대한 사용자들의 배려의무가 일상에서 지속되고 그 의무의 불이행은 적절한 벌금으로 처벌될 것이라는 메시지를 모든 사용자에게 보내기 위해 상당한 벌금이 부과될 것이 요구된다고 보았다.

이 사건에서 법원은 양형지침에서 제시한 바대로 회사의 재정 상황을 살펴보았다. 회사는 매우 이윤이 많은 회사여서 법원이 책정한 벌금이 회사의 상업적 생존능력, 특히 다른 근로자들의 고용에 영향을 미치지 않을 것으로 판단하였다. 이 회사는 당기순이익이 1,379,737파운드이고, 이사들의 순보수총액이 112,824파운드이며, 주주에 대한 배당액이 200,000파운드이었다.

이러한 점을 종합하여 법원은 감경 사유를 감안하기 전에 250,000파운드의 벌금액을 상정하여 유죄 인정의 감경 사유로 25%를 삭감하여 187,500파운드의 벌금을 부과했다. 법원은 이 벌금액이 2011년 9월까지 6개월간 분할하여 납부되는 것을 허용하였다.

3. R. v. Lion Steel Equipment

가. 사건의 개요

이 사건은 공장에서 설비관리 근로자가 물이 새어 틈이 있는지 살펴보기 위하여 지붕에 올라간 후 섬유유리의 천장창으로 떨어져 13m를 추락하여 사망한 사건이다. 회사의 이사는 근로자가 이러한 일을 하러 올라간다는 사실을 알고 있었다. 검찰이 보기에, 지붕은 수리가 필요한 상태로 근무용 안전벨트(safety harness)나 안전통로선의 확보 등과 같은 충분한 안전조치 없이는 근무를 위한 출입이 허용되지 않았어야 했다. 그러나 지붕 출입구에는 출입을 제한하기 위한 장치나 출입제한 내용의 어떠한 안내문도 게시되어 있지 않았다.

검찰은 회사에 대해 2007년 법인과실치사법과 1974년 산업안전보건법 위반(제2조, 제33조), '2005년 고소작업 시 안전규정(Work at Height Regulations, 2005)'으로 각각 기소했고, 기업의 이사(director) 3명은 산업안전보건법 제37조(양벌죄규정)와 보통법상 중과실치사죄로 각각 기소했다. 재판 도중 배심원 심리 전의 법원결정('half-time' submission of no case to answer)을 통해, 이사 1명은 산업안전보건법과 중과실치사죄에 대해 무죄로 인정되고, 다른 1명은 중과실치사죄에 대해 무죄가 인정되고, 산업안전보건법 위반에 대해서는 여전히 기소 상태이었다. 이 법원 결정 이후 피고인과 검찰 사이에 협상이 진행되었다. 그 결과로 회사는 법인과실치사죄에 대해 유죄를 인정하는 조건으로 나머지 이사들에 대한 기소를 포기하였다.

나. 판결 내용

회사의 유죄 인정으로 인해 이 사건은 배심원의 평결 없이 법원이 판결을 했다. 법원은 이 근로자가 일반 설비관리 근로자로서 지붕에서의 작업에 대해서는 전혀 훈련받지 못했다는 점을 강조했다. 법원은 지붕에서의 작업은 올바른 훈련을 받은 사람만이 할 수 있다는 검찰의 주장을 인정했다. 따라서 법원은 이 근로자가 근무 중에 어떠한 보호장치 없이 혼자 지붕에 있었다는 것은 수리를 다루는 시스템이 부적합했다는 것을 보여준다고 보았다.

다음으로 법원은 지붕을 통해 추락할 위험성이 명백했다고 보았다. 관련 산업안전청(HSE)의 지침이나 행동준칙(code of practice)에는 취약한 지붕의 위험성을 경고하고 있었고, 회사가 2006년 산업안전청 감독에서 취약한 지붕에 접근하지 못하도록 경고안내판이 세워져야 한다고 주의를 받았다는 점도 감안했다. 이러한 이유들로 법원은 요구되는 것보다 훨씬 적게 이러한 위험에 대처하는 조치를 취해, 회사가 배려의무를 중대하게 위반하였다고 결론을 내렸다.

법원은 위에서 언급한 양형 가이드라인에 따라 먼저 양형을 위한 범죄의 심각성을 판단하기 위한 고려사유를 살펴보았다. 네 가지의 고려사유 중 먼저 위험의 예상가능성에 대해서 보면, 취약한 지붕에서의 사고는 13m 아래로 추락으로 이어질 것이라는 사실을 감안하면 중대한 부상 또는 사망의 위험은 명백하다고 판단했다. 전문가의 증언을 받아들여 법원은 회사의 대처는 위험을 다루는 조치가 일부 있었지만, 위험을 다루기 위해 요구되는 기준에 미치지 못했다고 보았다. 회사 전체적으로 안전의 기준은 사고 당시에 일반적으로 합리적이었지만, 사고가 일어난 공장에서 위험평가와 훈련에 대한 주의가 부족했다고 보았다. 사고가 일어난 공장의 이사에게 그 위반의 책임이 있다고 결정했다.

양형지침의 양형가중사유와 감형사유에 대해 판단했다. 법원이 보기에 앞서 언급한 사실 이외에 양형가중사유는 없었다. 감형사유는 먼저 회사가 산업안전 기록이 합리적이었다. 그리고 사고 이후에는 지붕 보수에 관련해서는 자신의 근로자를 더 이상 사용하지 않았다. 과거에 다른 공장에서는 산업안전 관련 조언을 수용하여 여러 조치를 한 점도 고려했다. 또 하나 감형사유로 사고가 2008년에 발생했는데도 불구하고 소송이 검찰의 문제로 많이 지체되었다는 점도 감안하였다. 그리고 법원은 회사의 유죄 인정도 감안하였다.

법원은 양형지침에 따라 회사의 재정 상황을 고려하였다. 재정 상황과 관련되어 회사는 법원에게 최근 3년간의 정보를 제공하였으며, 법원은 또한 이에 대해 전문회계사의 보고서를 받았다. 회사는 142명의 근로자를 고용하고 있고, 연 매출액이 1,000만 파운드이다. 세전이익은 187,000파운드에서 317,000파운드 사이이다. 회사의 이사들은 최근 두 해에 걸쳐 각각 336,000파운드가 지급되었고, 이사들 중 가장 높은 연봉은 88,000파운드이었다. 회사의 현금 흐름을 보면 회사가 가진 현금은 대출이자, 세금 지급, 임대료 지급 등에 사용되었고, 배당금은 최근

3년 동안 지급되지 않았다. 장부상 회사의 전체 자산은 167만 파운드였고, 판결 당시에 283,000파운드의 채무가 있었다. 이러한 상황으로부터 법원은 회사가 재정적으로 자신의 힘으로 운영되고 있지만 계속 유지되기 위해서는 대출과 현금 흐름에 의존해야 한다고 보았다. 그리고 회사가 낭비하고 사치하는 회사는 아니라는 점은 분명하다고 보았다.

결국 법원은 혐의를 인정한 점을 고려하여 600,000파운드 벌금을 20% 감액하여 3년에 걸쳐 480,000파운드 벌금형을 선고했다. 법원은 또한 회사가 142명을 고용하고 있고, 회사의 경제적 사정을 고려하여 2012. 9. 30.부터 2015. 9. 30.까지 분할하여 납부하도록 하였다. 법원은 총 소송비용 140,000파운드 중 60%인 84,000파운드의 소송비용을 회사가 내도록 하였다.

4. R. v. Murray and Sons

가. 사건의 개요

2012. 2. 28.에 근로자인 Norman Porter는 동물사료의 다양한 재료를 혼합하기 위해 사용되는 배합기 근처에서 근무하고 있었다. 그런데 이 다양한 재료가 투입되는 배합기 상단은 열려져 기계의 중심부가 모두 노출되어 접근가능한 상태이었다. 5,000파운드보다 더 적은 돈으로 상단의 보호장치를 마련할 수 있었는데도 회사는 그렇게 하지 않았다. 이러한 상태에서 근로자는 이 배합기로 몸이 들어가 사망하였다. 이에 검찰은 기업과실시사법위반 혐의로 회사를 기소하였다. 회사는 보통법상 임원들의 과실치사죄에 대해 기소를 하지 않는다는 조건으로 법인과실치사죄에 대해 유죄를 인정하였다.

나. 판결 내용

법원은 피고인 회사에 의해 변형되어 운영된 기계가 결코 안전하지 않았고, 상대적으로 그렇게 비싸지 않은 장치를 설치하여 그러한 사고가 일어나지 않을 수 있었던 점을 인정하였다. 근로자의 사망은 회사의 최고위층까지 포함하여 회사에 전적으로 책임이 귀속될 수 있다고 보았다. 이사가 잠시만 생각하였어도 근로자를 사망으로 이르게 할 수 있다는 것이 명백했을 정도로 회사의 배려의무위반은 명백하고 중대했다고 보았다. 회사는 16명의 근로자를 고용하는 소규모 회사이었다. 법원은 공인회계사가 회사의 재정 상태를 검토하게 한 후 회사의 재정 상황이 최근 4년간 이익을 내지 못했다는 보고를 받았다. 회사의 재산은 토지와 건물로 감가상각이 되어 33,000파운드에 달했다. 회계사는 회사가 온건한 벌금만을 감당할 수 있을 것이라는 의견을 제시하였다.

법원은 앞서 언급한 양형지침에 따라 벌금액수를 산정하였다. 법원이 보기에 심각한 부상의 위험은 명백하고, 회사의 대처는 요청되는 기준에 훨씬 미달했다. 회사의 위반은 회사 경영진의 최상층 차원까지 귀속시킬 수 있었다. 법원은 양형가중사유는 없고, 즉각적인 책임의 인정, 1967년 이후 산업안전 기록에 별다른 문제가 없었고, 유죄 인정을 한 점을 감형사유로 보았다.

다음으로 법원은 회사가 그렇게 번창하고 있지 않으며, 어려운 경제적 상황에서 농촌에서 상당한 고용을 제공하고 있기 때문에 회사가 문을 닫는 것을 희망하지 않는다고 피력했다. 그럼에도 불구하고 법원은 양형지침은 회사에 영향을 가질 정도로 징벌적이고 충분해야 한다는 점을 함께 고려하였다. 이런 모든 사정들을 감안해 법원은 100,000파운드 벌금을 5년에 걸쳐 납부하도록 결정하였다. 또한 이와 더불어 소송비용 10,450파운드를 회사가 지급하도록 결정하였다.

5. R. v. Princes Sporting Club Limited

가. 사건의 개요

스포츠클럽 회사가 운영하는 고무보트를 타고 있던 11살 소녀가 호수로 떨어져 보트에 치어 사망하였다. 이 보트의 운전기사는 뉴질랜드 출신으로서 5년여의 수상스키용 보트 운전사로서 경험이 있었지만 영국이 인정하는 어떠한 자격도 없었다. 재판에서 산업안전에 대해 느슨한 태도가 있었다고 직원들은 증언했다. 전직 직원과 고객들은 어떤 사람이 물에 빠지면 운전기사에게 주의를 줄 '안전지킴이(spotter)'가 없었다고 증언했다. 보트는 불필요하게 급격히 회전을 했으며, 아동이 입고 있던 안전장비의 색깔이 물에 빠졌을 경우 인식하기 쉽지 않았다. 소녀가 빠졌을 때 아동들 몇몇의 부모가 이를 보고 운전기사에게 알리려고 했으나 운전기사는 이를 알아차리지 못했다. 회사는 법인과실치사죄를 범했다는 것을 부정했으나 나중에 유죄 인정으로 그 태도를 바꾸었다. 검찰은 회사의 이사에 대해 산업안전보건법상 양벌규정(제37조의 '과실')으로 기소했으나 이후 기소를 포기했다.

나. 판결 내용

법원은 135,579.69파운드의 벌금을 부과하였는데 이 액수는 회사의 자산총액이었다. 법원은 "이 회사가 가진 모든 자산에 대해 벌금을 부과한다. 법원은 벌금을 부과하는 것 이외에 다른 것을 할 수 있는 권한이 없다. 법원은 그 자산총액과 동일한 액수의 벌금을 부과한다."라고 판시하였다. 법원은 회사가 지불능력이 있다면 파산으로 이르도록 더 큰 금액을 부과했을 것이라고 하였다. 한편 법원은 유죄 판결의 상세사항을 공표하도록 하는 공표명령(publicity order)도 함께 내렸다. 이미 회사는 운영을 하고 있지 않았지만 다른 수상스포츠 운영자에게 경고를 주기 위해 공개명령을 내리는 이유라고 법원은 밝혔다.

6. R. v. Mobile Sweepers (Reading) Limited

가. 사건의 개요

사고를 당한 근로자는 청소회사인 Moblie Sweepers 회사에 근무하고 있었다. 사고 당시 근로자는 거리용 청소차에 대한 보수작업을 하고 있었다. 이 작업 도중에 올려진 호퍼가 근로자 위로 떨어져 근로자가 사망하였다. 조사 결과 호퍼의 무게를 감내하도록 설계된 버팀목은 호퍼가 위로 들어 올려졌을 때 사용할 수 없었다. 그 이유는 정비가 부실했기 때문이었다.

나. 판결 내용

법원은 회사의 잘못이 법원이 겪을 수 있는 사건 중에서 가장 심각한 것이라고 보았다. 이 회사는 회사 재산으로 12,000파운드밖에 남아 있지 않은 상태에서 법원은 법인과실치사죄 위반으로 6,000파운드의 벌금과 4,000파운드의 소송비용을 선고했다. 그리고 법원은 2개의 지방신문에 유죄판결을 상세하게 공표하도록 명령했다. 그리고 동시에 법원은 회사의 유일한 이사에 대해 1974년 산업안전보건법 위반으로 183,000파운드의 벌금과 소송비용 8,000파운드를 부과했고, 5년간 회사 이사직을 수행하지 못하도록 자격을 박탈하였다. 이와 같은 판결이 내려지게 된 배경은 다음과 같이 설명되고 있다. 이 회사는 사고 이후 사업을 중단했고, 회사는 껍데기만 남아 있었다. 그래서 검찰은 혐의가 인정될 수 있다고 보아 산업안전보건법의 양벌규정에 의해 개인을 함께 기소했다.

7. 논의의 요약

(1) <표 1>에서 보는 바와 같이, 유죄판결을 받은 회사들은 Lion Steel Equipment를 제외하고는 상당히 영세 규모이다. Lion Steel Equipment 회사조차 대기업이라기보다는 중 또는 소기업으로 볼 수 있다. 다음으로 표가 보여주는 것은 유죄판결을 받은 6개 회사 중 3개 회사가 사고 이후 벌금액에 의해 파산에 이르렀다는 점이다. 양형지침에서 회사를 운영하지 못할 정도의 벌금액수는 피했어야 하는 것으로 제시되었지만 덧붙여 악성사건의 경우 재정 상황을 고려하여 이러한 액수가 수용가능한 결과가 된다고 밝혔다. 법원들은 이 점을 고려하여 세 회사에 대해서는 이러한 악성사건에 해당한다고 판단한 것으로 보인다.

〈표 1〉 유죄판결 회사의 벌금액 등

회사명	회사 규모 등	벌금액수	비고
Cotswold Geotechnical Holdings	· 근로자 수 8명 · 연 매출액 154,000파운드	385,000파운드 연 매출액 250%	· 항소 신청 기각 후 파산
JMW Farm Limited	· 근로자 수 60명 · 당기순이익 1,379,737파운드	187,500파운드	
Lion Steel Equipment	· 근로자 수 142명 · 연 매출액 1천만 파운드	480,000파운드	
Murray and Sons	· 근로자 수 16명 · 회사 자산 33,000파운드	100,000파운드	· 2011년 파산
Princess Sporting Club Limited	· 자산 총액 135,580파운드	135,580파운드 (공표명령 포함)	· 판산
Mobile Sweepers (Reading) Limited	· 자산 총액 12,000파운드	6,000파운드 (공표명령 포함)	· 사업 중단 및 파산 · 산안법 위반에 대해 이사 개인에 중과

(2) 유죄판결이 있었던 회사 중 Cotswold Geotechnical Holdings를 제외하고는 모두 회사가 유죄인정을 하였다는 점이다. 이 유죄인정은 자발적이라기보다는 회사와 검찰의 협상의 결과이었다. 즉 회사와 검찰은 이사 등의 개인에 대한 과실치사죄의 기소를 철회하는 대신에 회사가 법인과실치사죄에 대해 유죄인정을 하도록 합의를 본 것이었다.

(3) 2007년 법인과실치사법의 문제점으로 '고위경영진에 의해 법인의 활동이 관리되고 조직되는 방식'에 대한 해석 문제를 들었다. 이 해석과 관련하여 유죄판결된 사건은 별다른 도움을 주지 않는다. 이 사건들에서 문제되는 회사들은 모두 소규모이어서 관련 이사들이 직접적으로 사망사고가 발생한 회사의 활동에 관여하고 있는 점이 분명하였기 때문이다. 그렇기 때문에 이 사건들의 재판에서 앞의 해석 문제가 전혀 쟁점이 되지 않았다. 이와 관련하여 학자들 중에는 유죄판결이 나온 사건들 대부분이 기존의 보통법상의 법인과실치사죄를 적용하더라도 유죄판결이 나올 수 있었다고 보기도 한다. 그리고 Lion Steel Equipment는 유죄판결을 받은 다른 회사에 비해 상대적으로 큰 기업이지만, 이 사건에서도 회사가 유죄인정을 하여 이러한 해석상의 문제가 재판에서 쟁점이 되지 않았다.

제2절

캐나다의 Westray Law

김수연*

Ⅰ. 서 론

캐나다에서는 1992년 26명의 목숨을 앗아간 웨스트레이 탄광 폭발 사고 이후로 산업재해와 기업의 형사적 책임에 대한 사회적 관심이 높아졌고, 10여 년간의 지속적인 논의 끝에 2004년 세칭 「웨스트레이 법(Westray Law)」이 시행되었다. 웨스트레이 법의 공식 명칭은 「Bill C-45, An Act to Amend the Criminal Code of Canada(Criminal Liability of Organizations)」인데, 그 명칭에서 짐작할 수 있듯이 캐나다에서는 개별법을 제정하는 대신 형법을 개정하는 방식을 택하였다. 이하에서는 웨스트레이법의 도입 배경, 주요 내용, 적용 사례 등을 살펴본다.

Ⅱ. 웨스트레이법의 도입 배경

1. 웨스트레이 탄광 폭발 사고

1992년 5월 9일 캐나다 노바스코샤주 플리머스 지역(Plymouth, Nova Scotia) 소재 웨스트레이 탄광 갱내에서 메탄가스 폭발 사고가 발생하여 광부 26명이 사망하였다. 이 사고로 인해 폭발지점에서 1마일 이상 떨어진 탄광 입구가 무너져 내리고, 인근 마을에서 집이 흔들리고 창문이 깨지는 등의 현상이 보고되기도 하였다. 현장 여건이 지나치게 위험하고 열악했던 탓에 구조대마저도 희생자 26명

* 金秀姸, 법학박사과정 재학, 서울고등법원 재판연구원, sooy.kim121@gmail.com

가운데 15구의 시신만을 수습한 채로 철수해야 했다.[1]

웨스트레이 탄광 폭발 사고는 예방 가능한 인재(人災)였다는 평가를 받았다. 노바스코샤주 정부는 사고 발생 직후 웨스트레이 탄광 폭발 사고의 원인 규명을 위한 공공조사(public inquiry)에 착수하였고, 그로부터 5년 후 공공조사 결과보고서를 발간하였다. 위 보고서에 의하면, 웨스트레이 탄광 경영진은 사업장 안정보건 조치의무 위반으로 50개가 넘는 경고를 받았으나 모두 묵살하였다. 탄광 경영진은 이 사고가 발생하기 불과 열흘 전에도 노동부 조사관(Department of Labour inspector)으로부터 탄진 폭발을 예방하기 위해 사업장을 청소하지 않을 시 처벌을 받게 될 것이라는 내용의 명령을 발령받았는데, 그 명령에서 정한 14일의 유예기간이 경과하기 이전에 이 사고가 발생하였다.[2]

이 사고와 관련하여 노바스코샤주 검사는 웨스트레이 탄광 소유주인 Curragh 자원개발 주식회사(Curragh Resources Inc.)에 대하여는 산업안전보건법(Occupational Health and Safety Act, OH&S)위반죄 적용을, 웨스트레이 탄광의 관리자였던 Gerald Philips와 Roger Parry에 대하여는 형법상 과실치사죄(criminal negligence and manslaughter) 적용을 검토하였으나, 결국에는 이들 모두 혐의없음(증거불충분)의 불기소처분을 받았다.[3]

2. 웨스트레이법 도입 이전의 산업재해 관련 규제 및 그 한계점

캐나다에서는 웨스트레이법 도입 이전에 「산업안전보건법」과 「형법」을 통해 산업재해에 관한 문제를 규율해 왔다.

먼저 「산업안전보건법」에서는 산업안전보건 관련 요건, 기준, 절차 등을 규정하고, 이를 준수하지 않는 경우 정부기관 소속 조사관 등이 명령, 지시를 발령하거나 산업안전보건법위반죄로 처벌함으로써 산업안전보건법을 집행하는 것을 목적으로 한다. 산업안전보건법위반죄는 규제적 범죄(regulatory offence)[4]에 해당한

1) Steven Bittle, *Still Dying for a Living – Corporate Criminal Liability after the Westray Mine Disaster*, UBC Press, Vancouver, 4면.

2) Steven Bittle, 앞의 책, 4-5면.

3) Brian Bergman, "Westray Charges Stayed", *The Canadian Encyclopedia*, Historica Canada, Toronto, Retrieved from https://www.thecanadianencyclopedia.ca/en/article/westray-charges-stayed

4) [역자 주] 규제적 범죄(regulatory offence)란, 고속도로 교통법(「Highway Traffic Act」)상 제한속도 위반행위(speeding), 식약품법(「Food and Drugs Act」)상 의도적으로 식품성분, 원산지 등을 실제와 다르게 표시하는 행위(food fraud) 등과 같이 규제를 준수하지 않는 범죄를 가리키는 것으

다.[5)]

다음으로 「형법」을 적용하고자 하는 경우에는 해당 산업재해 사고와 관련하여 기업 또는 책임관리자에게 과실치사(criminal negligence causing death, 제220조[6)]), 과실치상(criminal negligence causing bodily harm, 제221조), 불법적 행위에 의한 과실치사(manslaughter by unlawful act, 제222조 제(5)(a)항) 또는 불법적 행위에 의한 과실치상(unlawfully causing bodily harm, 제269조)의 죄책을 물을 수 있는지 여부가 쟁점이 되었다.

주목할 점은 '단체는 죄를 범할 수 없다(societas delinquere non potest)'는 라틴 법원칙에 더 철저한 프랑스, 독일 등의 대륙법계 국가들에서와 달리, 캐나다에서는 1985년경부터 '동일성의 원리(identification doctrine)'에 부합하는 경우 기업의 형사적 책임을 인정해 왔다.[7)] 동일성의 원리란, 고위 경영진(directing mind)에 의한 행위가 다음의 3가지 요건을 충족하는 경우, 즉 i) 자신의 직무범위 내의 행위이고, ii) 회사에 대한 배임행위가 아니며, iii) 적어도 일부라도 회사의 이익을 위한다는 의사로써 한 행위이거나 결과적으로 회사의 이익을 위한 행위가 되는 경우[8)], 고위 경영진에 속한 자연인의 범의와 행위를 기업에 귀속시켜 기업에 그 행위에 대한 형사적 책임을 지우는 법리를 말한다. 그리고 The Rhone v. The Peter A.B. Widener 판결에서는 "고위 경영진(directing mind)과 평사원을 구별하는 가장 핵심적인 요소는, 단순히 실무적인 관점에서 사내정책을 집행하는 것이 아니라 사내정책(corporate policy)과 관련된 사안에서 의사결정권한을 행사할 수 있는 자격이 있는지 여부이다.[9)]"라고 설시하였다.

하지만 여러 사업장을 두고 다양한 사업을 영위하는 대기업을 상정해 보면, 특

로, 이러한 유형의 범죄에서는 대체로 범의보다는 위반사실 자체가 더 중요한 요소로 고려된다.

5) Norm Keith & James Ferguson, "Bill C-45 and the Canadian Petroleum Industry", Alberta Law Review, Vol. 43, No. 1, The Alberta Law Review Society, Edmonton, 170-171면.

6) [역자 주] Part는 '장', Section은 '조', Paragraph는 '항'으로 번역하였다. 이하 같다.

7) Canadian Dredge and Dock Co. v. The Queen [1985] 1 S.C.R. 662. 캐나다 대법원이 영국 판례법(common law)의 '동일성의 원리(identification principle, '확인의 원리'라고 번역하는 견해도 있다)'를 최초로 받아들여 피고인 회사에 유죄를 선고한 사안이다.

8) Canadian Dredge and Dock Co. v. The Queen [1985] 1 S.C.R. 662. [원문] (a) was within the field of operation assigned to him; (b) was not totally in fraud of the corporation; and (c) was by design or result partly for the benefit of the company

9) The Rhone v. The Peter A.B. Widener [1993] 1 S.C.R. 497, at 526. [원문] The key factor which distinguishes directing minds from normal employees is the capacity to exercise decision-making authority on matters of corporate policy, rather than merely to give effect to such policy on an operational basis...

정 사업장이나 특정 사업부문과 관련하여서는 중간 간부가 사내정책을 해석·적용하거나 심지어 중간 간부가 사내정책을 결정하는 경우도 찾아볼 수 있다. 그럼에도 고위 경영진의 행위에 대하여만 기업의 형사적 책임을 물을 수 있다면 사실상 중하위 간부들에 의한 기업의 행위를 면책시키는 결과가 될 수 있는바, 동일성의 원리에 의한 판례법리는 규모가 크고 복잡한 오늘날의 대기업을 규제하는 데에는 실효성이 거의 없다는 비판을 받고 있다.[10] 이러한 문제의식에서 웨스트레이법 도입이 논의되기 시작하였다.

3. 웨스트레이법의 도입 경과

캐나다에서는 웨스트레이 탄광 폭발 사고 이전부터 기업과실치사상죄 도입에 관한 논의가 있었다. 가령 1987년 캐나다 법률개정위원회(Law Reform Commision of Canada)에서 작성한 보고서 「형사법 개정에 관하여(Recodifying Criminal Law)」와 1993년 캐나다 법무부에서 발간한 「백서(Government White Paper, 행정부에서 발간하는 정책 제안서)」에서 동일성의 원리를 고수하되 고위 경영진(directing mind)의 범위를 확장하는 방안 등이 검토되었다.

그러나 웨스트레이법 도입 논의가 본격화된 것은 1997년 노바스코샤주에서 공공조사 결과보고서 「웨스트레이 탄광 폭발 사고: 예방할 수 있었던 재난(The Westray Story: A Predictable Path to Disaster)」를 발간한 이후이다. 위 결과보고서는 연방정부 차원에서 산업안전과 관련된 기업과 기업 간부들의 형사적 책임 문제에 관하여 연구하고 필요 시 이를 가능케 하는 입법을 추진하여야 한다고 제언하였다. 위 결과보고서가 발간된 이후 여러 의원발의 법안이 제출되었는데, 그 법안들은 고위 경영진의 행위뿐만 아니라 중간 간부의 행위에 의하여도 기업의 형사적 책임을 인정할 수 있도록 기업에 책임을 귀속시킬 수 있는 자연인의 범위를 확장하거나, 거증책임을 전환하여 과실치사상죄의 적용가능성을 확장하는 방안, 안전한 근로환경을 제공하지 못한 행위를 범죄로 새로이 규정하는 방안 등의 내

---

10) Darcy L. Macpherson, "Extending Corporate Criminal Liability?: Some Thoughts on Bill C-45", Manitoba Law Journal, Vol. 30, No. 3, Faculty of Law, University of Manitoba, Winnipeg, 254-255면; David Goetz, "Legislative Summary Bill C-45: An Act to Amend the Criminal Code(Criminal Liability of Organizations)", Law and Government Division, 2d Sess. 37th Parl.(2003. 7.), 4면; Department of Justice, Government of Canada, "Corporate Criminal Liability-Discussion Paper", Retrieved from https://www.justice.gc.ca/eng/rp-pr/other-autre/jhr-jdp/dp-dt/bkgr-cont.html

용을 담고 있었다.

이처럼 1992년 발생한 웨스트레이 탄광 폭발 사고 이후 10여 년간 산업재해에 관한 기업과 기업 간부들의 형사적 책임이 지속적으로 논의되어 온 끝에, 현행 웨스트레이법의 기초가 된 법안이 2003년 재가(Royal Assent)를 받고 2004년부터 시행될 수 있었다.[11)]

Ⅲ. 웨스트레이법의 주요 내용

1. '단체'로의 적용대상 확대

캐나다 형법[12)]
제2조 해석[13)]
정의
단체(organization)라 함은
(a) 공공단체, 법인, 협회, 기업, 파트너십, 노동조합, 지방자치단체, 또는
(b) 사람들의 모임 가운데
(i) 공동의 목적을 가지고 있고,
(ii) 일정한 조직을 갖추고 있으며,
(iii) 공개적인 것을 말한다.
모든 사람, 모든 이 또는 이와 비슷한 표현은 여왕 폐하(Her Majesty)와 단체(organization)를 포함하여 이르는 말이다.

캐나다에서는 웨스트레이법을 도입하면서 형법총칙 규정에 해당하는 형법 제2조의 정의 규정 중 일부를 위와 같이 개정하였다. 이에 따라 기업, 사법인뿐만 아

---

11) David Goetz, 앞의 글, 5-8면; Steven Bittle, 앞의 책, 22-31면.
12) Criminal Code, R.S.C., 1985, c. C-46(이하 같다).
13) Section 2. Interpretation
Definitions
organization means
(a) a public body, body corporate, society, company, firm, partnership, trade union or municipality, or
(b) an association of persons that
(i) is created for a common purpose,
(ii) has an operational structure, and
(iii) holds itself out to the public as an association of persons;
every one, person and owner, and similar expressions, include Her Majesty and an organization;

니라 공조직, 협회, 파트너십(동업체) 등에도 웨스트레이법을 적용할 수 있게 되었다.[14)]

2. 형법상 안전배려의무 신설

> **타인의 업무를 지시하는 자의 의무**[15)]
> **제217.1조** 타인의 업무 또는 과업 수행에 관하여 지시하는 사람 또는 지시할 권한을 가진 사람은 해당 업무 또는 과업으로 인하여 이를 수행하는 사람 또는 제3자가 상해를 입지 않도록 적절한 예방조치를 취할 법적인 의무가 있다.

나아가 형법상 타인의 업무를 지시하는 자의 안전배려의무 조항을 신설하였다(제217.1조).

웨스트레이 법안에서는, 이는 새로운 형법상 의무를 창설하는 규정이 아니라 이미 존재하는 법적 의무를 확인하는 규정이고, 위 조항을 둠으로써 산업재해와 관련하여 기업이나 책임관리자에 대하여 과실치사상죄를 적용하는 논리적 기반이 공고해질 것이라고 설명하고 있다.[16)]

한편 위 조항은 죄형법정주의의 관점에서 비판을 받고 있기도 하다. 제217.1조는 산업재해에 관한 과실범 성립의 근거가 되는 규정임에도 지나치게 추상적이고 모호한 표현을 사용하고 있어 위 조항에서 부과하는 의무의 내용이나 위 조항의 수범자를 명확히 알기 어렵다는 것이다. 예컨대 '적절한 조치(take reasonable steps)'라는 모호한 표현으로 인해 안전배려의무의 구체적인 내용을 파악하기 어려울 뿐 아니라, '타인의 업무를 지시하는 자(persons directing work)'라는 표현 역시 너무나 추상적이어서 기업의 고위 관리자가 아닌 평사원이 타인에게 업무지시를 하는 경우 평사원도 위 조항에서 정한 안전배려의무를 부담하는지, 만약 적용된다면 고위 관리자와 평사원이 같은 정도의 의무를 부담하는 것인지 여부를 모두 불분명하게 만들었다는 지적을 받고 있다.[17)]

---

14) Goetz, 앞의 글, 9면.

15) **Duty of persons directing work**
217.1 Every one who undertakes, or has the authority, to direct how another person does work or performs a task is under a legal duty to take reasonable steps to prevent bodily harm to that person, or any other person, arising from that work or task.

16) Goetz, 앞의 글, 12면.

17) Norm Keith & James Ferguson, 앞의 글, 165-166, 171면.

3. '단체'의 형사상 책임 및 처벌에 관한 규정들

가. 단체에 대한 형사상 책임 귀속

과실(negligence)에 의한 범죄 — 단체[18)]

제22.1조 검사가 과실을 증명해야 하는 범죄의 경우, 다음과 같은 경우 단체가 그 범죄를 범한 것으로 본다.

그들의 직무권한 내의 행위로써 단체의 대표자(representative) 중 1인이 범죄행위를 하였거나, 단체의 대표자 중 2인 이상이 작위 또는 부작위로, 결합하여 범죄가 되는 행위를 한 경우

단체 내부에서 범죄와 관련 있는 부문의 관리자(senior officer)가 또는 여러 관리자들이 준수하였더라면 그 단체가 범죄자로 되는 것을 방지할 수 있었을 것이라고 합리적으로 기대되는 주의의무(또는 주의기준, standard of care)에서 현저히 벗어나 있었던 경우

고의에 의한 범죄[19)] **— 단체**

제22.2조 검사가 고의를 증명해야 하는 범죄의 경우, 관리자 중 1인이 단체의 이익을 위한다는 의사로써 다음과 같은 행위를 한 경우, 단체가 그 범죄를 범한 것으로 본다.

---

18) Offences of negligence — organizations

22.1 In respect of an offence that requires the prosecution to prove negligence, an organization is a party to the offence if

(a) acting within the scope of their authority

(i) one of its representatives is a party to the offence, or

(ii) two or more of its representatives engage in conduct, whether by act or omission, such that, if it had been the conduct of only one representative, that representative would have been a party to the offence; and

(b) the senior officer who is responsible for the aspect of the organization's activities that is relevant to the offence departs－or the senior officers, collectively, depart－markedly from the standard of care that, in the circumstances, could reasonably be expected to prevent a representative of the organization from being a party to the offence.

Other offences — organizations

22.2 In respect of an offence that requires the prosecution to prove fault－other than negligence－an organization is a party to the offence if, with the intent at least in part to benefit the organization, one of its senior officers

(a) acting within the scope of their authority, is a party to the offence;

(b) having the mental state required to be a party to the offence and acting within the scope of their authority, directs the work of other representatives of the organization so that they do the act or make the omission specified in the offence; or

(c) knowing that a representative of the organization is or is about to be a party to the offence, does not take all reasonable measures to stop them from being a party to the offence.

19) [역자 주] 우리 형법체계와 비교하여, 영미법에서는 행위자의 주관적 상태를 훨씬 더 세세하게 분류한다. 제22.2조에서 'other offences'라고 명명한 까닭은 negligence(단순 과실) 이외에 criminal intent(고의), recklessness(미필적 고의) 등에 의한 범죄를 통칭하기 위함인 것으로 보이는바, 이해의 편의상 '고의에 의한 범죄'라고 번역하였다.

> 자신의 직무권한 내의 행위로 범죄를 범하였거나, 자신의 직무권한 내에서 고의로 단체의 다른 대표자의 업무를 지시하여 그가 작위 또는 부작위로 범죄를 구성하는 행위를 하게 하였거나, 단체의 대표자 중 1인 이상이 범죄에 실행하고 있거나 실행할 예정이라는 사실을 인식하고 있으면서, 범죄를 범하는 것을 막기 위한 모든 합리적인 조치를 취하지 않은 경우

웨스트레이법을 도입하면서 신설된 형법 제22.1조와 제22.2조는 앞서 살펴 본 기업의 형사상 책임에 관한 판례법 법리를 일부 변형하여 명문화한 결과물이다. 요컨대 종래 판례법과 비교하여 크게 두 가지 측면에서 단체에 행위와 심리상태의 귀속이 인정될 수 있는 임직원의 범위가 확대되었다.

첫째, 종래 판례법에서는 사내정책과 관련하여 의사결정권을 행사하는 고위 경영진(directing mind)에 의해서만 기업의 형사적 책임이 인정될 수 있었으나, 웨스트레이법에서는 단체의 '대표자(representative)', '관리자(senior officer)'라는 용어를 사용하여 단체에 대하여 행위와 심리상태를 귀속시킬 수 있는 자연인의 범위를 대폭 넓혔다. 웨스트레이 법안에서는 여기의 '대표자(representative)'란 임원, 간부뿐만 아니라 직원, 수급인 등 해당 단체에서 근무하거나 해당 단체와 어떠한 형태로든 연관이 있는 사람을 거의 모두 포함하는 개념이라고 설명하고 있는바, 실질적으로 단체의 대표라기보다는 대리인에 가까운 개념이라 할 수 있다. 한편 '관리자(senior officer)'란 사내정책 및 단체 활동(organizational activities)에 있어서 중요한 역할을 하는 사람들을 가리키며, 예시로는 CEO, CFO, 이사(director)가 제시되어 있다. 경우에 따라 위 두 개념은 중첩될 수 있다. 즉 특정 개인이 단체의 대표자인 동시에 관리자인 경우가 있을 수 있다.[20]

둘째, 종래 판례법의 동일성의 원리에 따르면, 고위 경영진에 속하는 특정 개인이 과실치사상죄 등으로 유죄 판단을 받을 수 있는 경우에만 기업에 형사상 책임을 물을 수 있다. 반면 웨스트레이법 하에서는, 과실범(offence of negligence)의 경우 2인 이상의 대표자의 행위를 결합하여 그 결합된 행위에 대하여 단체를 유죄로 인정할 수 있다.[21] 다시 말해 단체 내의 여러 유관부서 직원들의 실수가 중첩되어 산업재해 사고가 발생하였다면, 이들의 행위와 심리상태를 합하여(aggregate) 단체에 대하여 과실치사상죄를 인정할 수 있다. 그러나 웨스트레이법에서도 고의

20) Goetz, 위의 글, 10-11면.
21) Goetz, 위의 글, 11면.

등(intent or recklessness)에 의한 범죄의 경우에는 '행위와 심리상태의 총합'을 허용하지 않고 있다.

나. 형의 선고 – 징역(개인), 벌금 및 보호관찰(probation)

(1) 산업재해로 인한 형사상 책임이 인정되는 경우 대체로 개인에게는 징역형이, 단체에는 벌금형이 선고된다. 한편 법원은 개인 또는 단체에 대하여 보호관찰처분(probation order)을 할 수도 있다.

웨스트레이법에서는, 산업재해로 인해 단체에 벌금형을 선고함에 있어 경범죄(summary conviction[22]) 사건의 경우 벌금액수의 상한을[23] 25,000달러에서 100,000달러로 상향 조정해 놓았고, 중범죄(indictable conviction[24]) 사건의 경우 벌금액수의 상한을 두지 않았다.[25]

〈표 1〉 산업재해와 관련하여 적용되는 캐나다 형법상 범죄의 법정형

죄명	개인	단체
과실치사(제220조)	최대 무기징역 (범행에 총기가 사용된 경우 4년 이상의 징역)	벌금형 (금액은 법원의 재량)
과실치상(제221조)	10년 이하의 징역	벌금형 (금액은 법원의 재량)
불법적 행위에 의한 과실치사 (제222조 제(5)(a)항)	최대 무기징역 (범행에 총기가 사용된 경우 4년 이상 징역형)	벌금형 (금액은 법원의 재량)
불법적 행위에 의한 과실치상 (제269조)	10년 이하의 징역 (경범죄의 경우 18개월 이하의 징역)	벌금형 (금액은 법원의 재량)

22) [역자 주] 피고인에게 배심원에 의한 재판 또는 공판을 받을 권리가 인정되지 않는, 약식으로 형사소송을 진행할 수 있는 유형의 범죄. 피해금액 5,000달러 이하의 절도, 경미한 수준의 강제추행 등의 경범죄가 이에 속한다.

23) 캐나다 달러(CAD), 이하 같다.

24) [역자 주] summary conviction과 달리, 반드시 공판절차를 거쳐야 하고 배심원에 의한 재판을 진행할 수도 있는 유형의 범죄. 피해금액 5,000만 원 초과 절도, 주거침입, 강간, 살인 등의 중범죄가 이에 속한다.

25) Department of Justice, Government of Canada, "Criminal liability for workplace deaths and injuries-Background on the Westray Law", Retrieved from https://www.justice.gc.ca/eng/rp-pr/other-autre/westray/p3.html

(2) 한편 웨스트레이법의 도입으로 신설된 형법 제718.21조는 단체에 형을 선고하는 경우에 추가적으로 고려할 사항들을 기술하고 있다. 이는 형법 제718조 내지 제718.2조(형 선고의 목적과 일반 원리)를 보완하는 역할을 한다.[26)]

> **제23장 형의 선고**[27)]
> **단체**
> **추가적인 고려요소**
> **제718.21조** 단체에 대하여 형을 선고하는 경우 법원은 다음과 같은 요소를 고려하여야 한다.
> 범죄로 인하여 단체가 얻은 이익
> 범행의 계획성 및 복잡성, 범죄 실행기간
> 단체가 벌금을 납입할 수 없거나 피해회복을 할 수 없음을 보이기 위해 단체의 재산을 은닉하거나 빼돌리려고 시도하였는지 여부
> 형의 선고가 단체의 경제적 지속가능성(economic viability)과 직원들의 지속적인 고용에 미칠 영향
> 범죄에 대한 수사와 공소제기에 소요된 비용
> 범죄의 기초가 된 행위에 관하여 단체나 단체의 대표자에 가하여진 행정제재(regulatory

---

26) Goetz, 앞의 글, 12-13면.

27) Part XXIII. Sentencing
Organizations
Additional factors
718.21 A court that imposes a sentence on an organization shall also take into consideration the following factors:
any advantage realized by the organization as a result of the offence;
the degree of planning involved in carrying out the offence and the duration and complexity of the offence;
whether the organization has attempted to conceal its assets, or convert them, in order to show that it is not able to pay a fine or make restitution;
the impact that the sentence would have on the economic viability of the organization and the continued employment of its employees;
the cost to public authorities of the investigation and prosecution of the offence;
any regulatory penalty imposed on the organization or one of its representatives in respect of the conduct that formed the basis of the offence;
whether the organization was—or any of its representatives who were involved in the commission of the offence were—convicted of a similar offence or sanctioned by a regulatory body for similar conduct;
any penalty imposed by the organization on a representative for their role in the commission of the offence;
any restitution that the organization is ordered to make or any amount that the organization has paid to a victim of the offence; and
any measures that the organization has taken to reduce the likelihood of it committing a subsequent offence.

penalty)
단체나 단체의 대표자들 중 범죄에 연루된 사람이 동종 전과 또는 해당 범죄와 유사한 법령위반행위로 인한 행정제재를 받은 전력이 있는지 여부
단체가 대표자에게 범죄에서의 그의 역할과 관련하여 부과한 제재(penalty)
단체가 받은 배상명령 또는 단체가 범죄피해자에게 지불한 배상금
단체가 후속 범행의 가능성을 낮추기 위해서 취한 조치

(3) 단체에 대한 보호관찰 처분과 관련하여, 웨스트레이법에서는 다음과 같은 조건을 부가할 수 있다고 규정하고 있다. 이러한 조건을 부가함으로써 법원과 산업안전보건 유관부처가 유죄판결을 선고받은 단체의 향후 활동, 정책 방향 등을 더 바람직한 방향으로 유도할 수 있다.[28)]

보호관찰(Probation)
제732.1조[29)]
임의적 조건 — 단체

---

28) Goetz, 앞의 글, 13면; Norm Keith & James Ferguson, 앞의 글, 167-170면.
29) 732.1
Optional conditions — organization
(3.1) The court may prescribe, as additional conditions of a probation order made in respect of an organization, that the offender do one or more of the following:
make restitution to a person for any loss or damage that they suffered as a result of the offence;
establish policies, standards and procedures to reduce the likelihood of the organization committing a subsequent offence;
communicate those policies, standards and procedures to its representatives;
report to the court on the implementation of those policies, standards and procedures;
identify the senior officer who is responsible for compliance with those policies, standards and procedures;
provide, in the manner specified by the court, the following information to the public, namely,
(i) the offence of which the organization was convicted,
(ii) the sentence imposed by the court, and
(iii) any measures that the organization is taking—including any policies, standards and procedures established under paragraph (b)—to reduce the likelihood of it committing a subsequent offence; and
comply with any other reasonable conditions that the court considers desirable to prevent the organization from committing subsequent offences or to remedy the harm caused by the offence.
Consideration — organizations
(3.2) Before making an order under paragraph (3.1)(b), a court shall consider whether it would be more appropriate for another regulatory body to supervise the development or implementation of the policies, standards and procedures referred to in that paragraph.

(3.1) 단체에 보호관찰 처분을 하는 경우에 부가적인 조건으로서, 법원은 해당 단체에 다음 중 하나 이상의 조건을 이행하도록 할 수 있다.
피해자들이 범죄로 인하여 입은 손해를 배상할 것
단체가 후속 범죄를 실행할 가능성을 낮추어 주는 정책(policies), 기준(standards), 절차(procedures)를 마련할 것
위 정책, 기준, 절차를 회사의 대표자(representative)들에게 전달할 것
법원에 위 정책, 기준, 절차의 시행에 관하여 보고할 것
위 정책, 기준, 절차가 준수되도록 관리하는 책임자(senior officer)를 선임할 것
재판에서 정하여진 방식으로, 공중에게 다음의 정보를 제공할 것
해당 단체가 유죄판결을 받은 범죄,
해당 단체에 선고된 형벌의 내용,
단체가 후속 범죄를 실행할 가능성을 낮추기 위하여 취하고 있는 조치들(제(b)항에 의하여 마련된 정책, 기준, 절차 포함)
법원의 관점에서 해당 단체가 후속 범행을 실행하는 것을 예방하거나 범죄로 인하여 발생한 손해를 배상하는 데 유익하다고 판단되는 다른 합리적인 조건을 이행할 것

고려요소 — 단체
(3.2) 위 제(3.1)(b)항의 조건을 명하기 전, 법원은 다른 행정관청이 제(3.1)(b)항에 따라 정책, 기준, 절차를 마련하고 시행하는 것을 감독하는 데 더 적합한지 여부를 고려하여야 한다.

Ⅳ. 구체적 사건의 검토

1. 웨스트레이법 도입 그 이후

웨스트레이법이 시행된 2004년부터 2022년까지 사이에 웨스트레이법을 적용하여 공소제기가 이루어진 사건은 총 30건이다. 23건의 산업재해 사고와 관련된 총 30건 중 13건은 기업을 피고인으로, 나머지 17건은 개인을 피고인으로 하는 사건이었다. 2022년 상반기까지 웨스트레이법으로 유죄판결이 선고된 사건은 총 9건인데(퀘백주 4건, 온타리오주 4건, 브리티시콜롬비아주 1건), 그중 7건은 기업에 대한, 2건은 개인에 대한 유죄판결이었다.[30] 이하에서 그중 5건을 간략하게 살펴보고자 한다.

30) United Steel, Paper and Forestry, Rubber, Manufacturing, Energy, Allied Industrial and Service Workers International Union, “Corporate Criminal Liability 2004-2022”, 2022, 5-7면.

2. 유죄 판결례

가. R v. Transpavé[31)]

(1) 사안의 개요

Transpavé는 캐나다 퀘백주에 소재한 포석(鋪石, 포장용 돌), 콘크리트 슬래브 등을 제조하는 업체이다. 그 당시 23살이었던 직원이 컨베이어에 끼인 이물질을 제거하던 중 팔레트 트럭(지게차의 일종)에 치여 사망하는 사고가 발생하였다. 사고 당시 안전장치가 작동하지 않았는데, 회사 간부들은 이 사실을 모르고 있었다.

(2) 법원의 판단[32)]

(1) Transpavé는 캐나다 역사상 웨스트레이법으로 유죄판결을 받은 첫 번째 기업이 되었다. 퀘백주 법원은 Transpavé에 대하여 100,000달러의 벌금형을 선고하고 $10,000의 피해자 지원 부과금(victim surcharge) 납부를 명하였다.

(2) 법원은 Transpavé사의 임직원들이 컨베이어에 끼인 이물질을 사전에 발견하고 제거하지 못하여 산업재해 사고를 예방하지 못한 점, 안전장치가 사고 당시에는 물론 약 5년 동안 작동하지 않고 있었음에도 이를 알지 못하고 방치한 점 등의 과실을 인정하여, Transpavé의 과실치사 혐의를 유죄로 판단하였다. 다만 피해자가 사망하였다는 점에서 사안이 중대하나, Transpavé가 사고와 관련된 사실을 은폐하지 않고 수사에 적극 협조한 점, 사고 이후에 안전사고 재발방지에 750,000달러 이상을 투자한 점, 이 사건 이전의 산업안전보건 조치의무를 위반한 사실이 없는 점 등의 감경사유를 참작하여 벌금액을 위와 같이 정하였다고 덧붙였다.

---

31) R v. Transpavé, 2008 QCCQ 1598.

32) Marie-Claude Perreault & Vicky Lemelin, “The Transpavé Inc. Case: a Quebec Company Pays for its Negligence”, In Fact and In Law, Lavery de Billy LLP, May 2008, Retrieved from https://www.lavery.ca/DATA/PUBLICATION/965_en~v~the-transpave-inc-case-a-quebec-company-pays-for-its-negligence.pdf; The Canadian Press, “Que. company fined $110,000 for employee’s death”, CBC, March 18, 2008, Retrieved from https://www.cbc.ca/news/canada/montreal/que-company-fined-110-000-for-employee-s-death-1.773240

나. R v. Scrocca[33)]

(1) 사안의 개요

Pasquale Scrocca는 1976년 조경 사업에 사용할 백호우(포크레인)를 구입하였다. 약 30년이 지난 2006년 6월경, 조경 프로젝트를 의뢰받은 Scrocca는 경사면에서 백호우로 작업을 하고 있었는데, 갑자기 브레이크가 작동하지 않으면서 백호우가 경사면 아래로 굴러 내려가기 시작했다. 그 과정에서 그의 직원 1명이 백호우 버킷에 맞아 인근 벽면에 내동댕이쳐지면서 크게 다쳤고, 그 직원은 결국 사망하였다.

(2) 법원의 판단[34)]

⑴ Scrocca는 과실치사죄(criminal negligence causing death)로 2년의 조건부 징역형(conditional sentence)[35)]을 선고받았다.

⑵ 캐나다 형법에서는 형사상 과실(criminal negligence)에 의한 범죄가 성립하려면 피고인이 '타인의 생명과 안전을 무분별하게 또는 무모하게 경시하였음(wanton[36)] or reckless disregard for the lives and safety of other persons)'이 인정되어야 한다. 이 사건에서 전문가의 감정 결과에 따르면, Scrocca 소유의 백호우는 30년간 단 한 번도 유지보수 받지 않았으며, 브레이크 오일이 바닥나있고 상용 브레이크와 비상 브레이크가 모두 작동하지 않는 상태였다. 법원은 위와 같은 점에 비추어 Scrocca가 타인의 생명과 안전을 무분별하고 무모하게 경시하였다고 보아, 사망한 직원에 대한 과실치사죄를 유죄로 인정하였다.

2012. 6. 12.자 토론토 스타(Toronto Star) 뉴스 기사

33) R v. Scrocca, 2010 QCCQ 8218.
34) Saman Wickramasinghe, Indira Stewart & Parmbir Gill, 앞의 글, 4-5면.
35) [역자 주] 캐나다 법에서 conditional sentence란, 징역형을 선고받되 교도소에서 복역하는 것이 아니라 수형자의 집 등의 공간에 구금되는 것을 말한다. House arrest라고도 한다.
36) [역자 주] 거의 의도적인, 악의가 있다고 보아도 무방할 정도의 중대한 과실을 의미한다.

다. R v. Metron,[37] R v. Kazenelson[38]

(1) 사안의 개요

Metron Construction은 온타리오주, 토론토에 소재한 건설회사이다. Metron은 토론토에 있는 고층 건물의 발코니 공사를 수주하였고, Vadim Kazenelson은 Metron과 계약을 체결하고 위 공사의 프로젝트 매니저로 근무하게 되었다.

2009년 12월 24일, Kazenelson을 포함하여 7명의 Metron 직원들이 그날의 공사업무를 마치고 지상으로 내려오기 위해 13층에서 스윙스테이지(swing-stage, 공사현장용 간이 승강기)에 올라탔다. 2인승이었던 스윙스테이지는 하강하기 시작한 지 얼마 지나지 않아 붕괴되었고, 5명이 추락하여 그중 불완전하게나마 구명밧줄(lilfeline)을 착용하고 있었던 1명은 크게 다치고, 나머지 4명은 전부 사망하였다.

(2) 재판의 경과

Metron사, Metron사의 대표이자 단독 주주인 Joel Swartz, 위 공사의 프로젝트 매니저였던 Vadim Kazenelson은 모두 형법상 과실치사상죄 및 산업안전보건법 위반죄로 공소 제기되었다.

(가) Metron사에 대한 재판의 경과

(1) 제1심 법원은 Metron사의 과실치사죄를 유죄로 인정하여 200,000달러의 벌금형을 선고하였다. 이는 검사가 구형한 1,000,000달러의 벌금형과 비교하여 확연히 적은 액수인데, 판사는 Metron사가 빨리 유죄를 인정한 점, 이 사건 이전에 산업안전보건법을 잘 준수해 왔던 것으로 확인되는 점, 스윙 스테이지 붕괴의 1차적인 책임은 현장 감독에게 있는 점을 감경사유로 적시하였다.

(2) 그러나 항소심 법원은 벌금을 750,000달러로 증액하면서, 검사의 항소를 인용하는 이유를 다음과 같이 밝혔다.

“피항소인(Metron사)은 대단히 중대한 범죄로 유죄판결을 받았다. 과실치사죄는 산업안전보건법위반죄와 질적으로 다른 범죄일 뿐만 아니라 산업안전보건법위반죄보다 훨씬 중한 범죄이다. 현장 감독의 역할이 이 범죄의 중대성을 절하하는(diminish) 요소가 되어서는 아니 된다. 웨스트레이법의 입법취지는 기업 관리자

37) R v. Metron Construction Corporation, 2013 ONCA 541.
38) R v. Kazenelson, 2015 ONSC 3639; 2018 ONCA 77.

(representative)가 감독에 앞장서고, 기업이(직원이 사망에 이르게 된) 행위에 대하여 책임을 질 것을 촉구하고자 함이다.[39]"

(나) Swartz에 대한 재판의 경과

Swartz는 산업안전보건법위반 혐의를 시인하고 90,000달러의 벌금과 그 25% 상당의 피해자 지원 부과금(victim fine surcharge)을 납부하기로 하는 대신에 형법상 과실치사상 혐의에 관한 공소는 취소되었다.

(다) Kazenelson에 대한 재판의 경과

(1) Kazenelson은 혐의를 부인하였으나, 제1심 법원은 5개 혐의(4개의 과실치사죄와 1개의 과실치상죄)를 모두 인정하여 징역 3년 6개월을 선고하였다. 법원은 Kazenelson에게 스윙스테이지에 올라탄 6명의 직원에 대한 지휘·감독권한이 있었던 점, Kazenelson은 사고 발생 훨씬 전부터 스윙스테이지에 구명밧줄이 2개만 비치되어 있다는 사실을 알고 있었으면서도 스윙스테이지의 최대 적재량을 정확히 알지 못하는 상태에서 7명이 동시에 건설 장비까지 소지한 채로 스윙스테이지에 승차하도록 한 점 등에 비추어, Kazenelson이 '직원들의 생명과 안전을 무모하게 경시(reckless disregard for the lives and safety of the workers)'하였다고 보기에 충분하다는 취지로 판단하였다.

(2) 항소심 법원은 Kazenelson의 항소를 기각하였다.[40]

라. R v. Fournier[41]

(1) 사안의 개요

Sylvain Fournier는 'S. Fourniers 굴착(S. Fournier Excavations)'이라는 상호로 굴착업 등을 영위하던 자로서, 2012년 4월경 그의 직원 Gilles Levesque와 함께 상하수도관 교체 공사를 하고 있었다. 이 공사를 하는 과정에서 Fournier는

---

39) R v. Metron, 2013 ONCA 541 at para 118. [원문] The respondent [Metron] was convicted of a very serious offence. It is a different and more serious offence that those found under the OHSA. As mentioned, the site supervisor's role should not serve to diminish the gravity of the offence. The intent of Bill C-45 is to trigger responsibility by the corporation for the conduct and supervision of its representative.

40) Saman Wickramasinghe, Indira Stewart & Parmbir Gill, "Concurrent Criminal and OHSA Prosecutions: Legal and Practical Considerations", Developments in Health and Safety Law 2020, 5-6면.

41) R v. Fournier, [2016] QCCS 5456.

도랑을 깊게 파낸 다음 「퀘백주 건설산업안전법(Quebec Safety Code for the Construction Industry)」에서 정하고 있는 바에 따르지 않고 도랑의 경사면을 고정하지 않은 채 작업을 진행하였다. 결국 도랑이 무너져 내려 Levesque는 토사에 깔려 사망하고, Fournier는 토사에 반쯤 묻혀 다리뼈가 골절되었다.

(2) 법원의 판단

⑴ 법원은 Fournier에 대하여 불법적 행위에 의한 과실치사죄(manslaughter by unlawful act)를 인정하여 징역 1년 6개월의 형을 선고하였다.

⑵ 「퀘백주 건설산업안전법」 제3.15.3조 제(1)항은 '고용주(employer)는 도랑의 경사면이 고정될 수 있도록 흙막이 공사(shored)를 하여야 한다'는 취지로 규정하고 있고, 퀘백주 안전보건청(CNESST) 조사관(inspector)에 의하면, 공사현장 관행상으로도 도랑의 깊이가 4피트가 넘어가면 흙막이 공사를 하는 것이 보통인데, 이 도랑은 깊이가 약 8피트에 달함에도 불구하고 흙막이 공사를 하지 않은 채 다른 작업을 진행하였다. 또한 같은 법에서 '도랑을 만들면서 파낸 흙은 도랑에서 최소 1.2m 이상 떨어진 곳에 두어야 한다'고 규정하고 있는데, Fournier는 흙을 도랑 경사면 가까이에 쌓아두어 흙을 무너지기 쉬운 상태로 방치하였다. 법원은 Fournier의 이러한 건설산업안전법 위반행위가 '불법적 행위(unlawful act)'에 해당한다고 판단하였다.42)

3. 총 평

웨스트레이법이 시행된 지 약 20년이 지난 오늘날, 캐나다 사회는 웨스트레이법 도입 이후의 상황에 대하여 우려와 실망감을 나타내고 있다.

⑴ 1993년부터 현재까지 계속해서 매년 약 1,000명의 캐나다인이 산업재해로 사망하고 있음에도 불구하고 실제로 웨스트레이법이 적용된 사례는 많지 않다. 웨스트레이법으로 유죄판결이 선고된 사건들에서도 처벌 수위는 비교적 낮은 편이었다. 캐나다의 산업안전보건 분야 전문 변호사인 Norm Keith는 그 원인으로 i) 경찰이나 검찰이 비교적 최근에 시행된 웨스트레이법 적용에 아직 숙련되지

42) Department of Justice, Government of Canada, "Criminal liability for workplace deaths and injuries-Criminal Code Offences and their Application by the Courts", 2019, Retrieved from https://www.justice.gc.ca/eng/rp-pr/other-autre/westray/p2.html; Cavalluzzo LLP. "Criminal Liability for Health and Safety Violations in R v. Fournier", 2018, Retrieved from https://www.cavalluzzo.com/resources/blog/post/item/blog-post-placeholder

않은 점, ii) 산업재해 사건 수사의 초기 단계를 경찰이나 검찰이 아닌, 수사경험이 없는 산업안전보건 공무원이나 소방대원, 구급대원들이 맡게 되는 점, iii) 캐나다 사회가 화이트칼라 범죄 단속에 있어서는 상대적으로 느슨한 기준을 가지고 있는 점 등을 꼽았다.[43)]

(2) 또한 산업재해 사건이 발생하였을 때 기업은 재빠르게 유죄를 인정하고, 그 대신 해당 기업의 소유자나 경영자는 불기소처분을 받는 경우가 빈번하게 발생하였다. 이 현상을 두고 오타와대학교(University of Ottawa)의 범죄학자 Steven Bittle은 "'누군가'의 과실로 사람이 죽은 사건에서, 기업이 그 '누군가'를 대신하여 책임을 뒤집어쓰는 현실이 많은 사람들을 우려하게 만들고 있다."고 하였다.[44)]

(3) 결국 산업재해 사고가 발생하더라도 웨스트레이법을 적용하여 공소제기하는 경우도 많지 않고, 공소제기가 이루어진다고 하더라도 기업의 대표나 관리자는 법망을 빠져나가고 기업에 대하여 그리 많지 않은 액수의 벌금형이 선고되고 있는 실정인바, 입법자들의 기대와는 달리 웨스트레이법의 범죄 위하효과는 크지 않은 것으로 평가되고 있다.

---

43) Norm Keith, "After 10 years, Bill C-45 yields few prosecutions", Opinion, Canadian Occupational Safety, April 23, 2014, Retrieved from https://www.thesafetymag.com/ca/news/opinion/after-10-years-bill-c-45-yields-few-prosecutions/187302

44) Eric White, "Sudbury case shows Westray not working, says labour law expert and union leader", CBC News, February 14, 2019, Retrieved from https://www.cbc.ca/news/canada/sudbury/sudbury-rainbow-concrete-workplace-death-westray-1.5017513

제3절

호주의 기업과실치사법

김수연*

Ⅰ. 호주의 기업과실치사법 개관

1. 호주의 기업과실치사법 입법 현황

호주의 행정구역은 6개의 주(state)와 2개의 준주(territory)로 구성되어 있고, 모든 주에 적용되는 연방법과 해당 주에만 적용되는 주법(州法)이 있다. 연방법에는 기업과실치사 관련 제도가 없으며, 4개주[오스트레일리아수도준주(ACT), 퀸즈랜드주, 노던준주, 빅토리아주]의 주법에서 기업과실치사죄를 규정하고 있다. 한편 시드니가 위치한 뉴사우스웨일스주에서는 2021년 11월경 뉴사우스웨일스주 산업안전보건법에 기업과실치사 제도를 신설하는 내용의 2021년 산업안전보건법 개정안 [Work Health and Safety Amendment (Industrial Manslaughter) Bill, 2021]이 상원을 통과하였다. 위 개정안이 재가(assent)를 받을 시 뉴사우스웨일스주는 호주 내에서 5번째로 기업과실치사 제도를 도입한 주가 된다.

호주는 「산업안전보건법(Work Health and Safety Act)」에 기업과실치사 제도를 규정하고 있다. 오스트레일리아수도준주에서 2004년 호주 최초로 기업과실치사 제도를 도입하였을 때에는 이를 「형법[1]」에 포함시켰으나, 2017년 퀸즈랜드[2], 2020년 노던준주[3], 빅토리아주[4]에서 기업과실치사 제도를 「산업안전보건법」에 신

* 金秀姸, 법학박사과정 재학, 서울고등법원 재판연구원, sooy.kim121@gmail.com

1) Crimes Act 1900, 2A Industrial Manslaughter

2) Work Health and Safety Act 2011, 2A Industrial Manslaughter

3) Work Health and Safety Act 2011, 2.6 Industrial Manslaughter

설하였고, 오스트레일리아수도준주에서도 2021년 8월경 이를 「산업안전보건법[5]」에서 규정하는 것으로 법률이 개정되었다.

호주 4개주에서 운영되는 기업과실치사 제도는 처벌 수위에 차이가 있을 뿐, 처벌 대상과 범죄성립 요건 등의 핵심내용은 대동소이하므로, 이하에서 오스트레일리아수도준수의 기업과실치사법을 살펴보기로 한다.[6]

2. 오스트레일리아수도준주(ACT)의 기업과실치사법[7]

가. 구성요건

(1) 기본 범죄성립 요건

오스트레일리아수도준주 산업안전보건법 제34A조 제(1)항은 다음과 같이 규정하고 있다.

> **제34A조 기업과실치사(Industrial Manslaughter)[8]**
> (1) 다음의 경우 행위자가 기업과실치사죄를 범한 것으로 본다.
> 사업체를 운영하는 사람이거나(person who conducts a business or undertaking, PCBU) 사업체를 운영하는 사람의 직원(officer)일 것
> 그 사람에게 안전배려의무가 있을 것

---

4) Occupational Health and Safety Act 2004, 5A Workplace Manslaughter
5) Work Health and Safety Act 2011, 2.6 Industrial Manslaughter
6) 최수영, "해외사례 비교를 통한 중대재해 처벌법 향후 정책방향", 건설관리(한국건설관리학회지), 제22권 제2호(2021), 23-24면; Dennis Miralis, Kartia Zappavigna and Pranamie Mandalawatta & Nyman Gibson Miralis, "Business Crime and Investigations in Australia: Overview", Thomson Reuters Practical Law, 2021, Retrieved from https://uk.practicallaw.thomsonreuters.com/w-033-8871?transitionType=Default&contextData=(sc.Default)&firstPage=true
7) Dennis Miralis, Kartia Zappavigna and Pranamie Mandalawatta & Nyman Gibson Miralis, 앞의 글
8) 34A Industrial Manslaughter
(1) A person commits an offence if—
the person conducts a business or undertaking, or is an officer of a person who conducts a business or undertaking; and
the person has a health and safety duty; and
the person engages in conduct; and
the conduct results in a breach of the health and safety duty; and
the conduct causes—
(i) the death of a worker; or
(ii) an injury to a worker and the injury later causes the death of the worker; or
(iii) the death of another person; and
the person is reckless or negligent about causing the death of the worker or other person by the conduct.

> 그 사람이 행위를 하였을 것
> 그 행위가 안전배려의무를 위반한 것일 것
> 그 사람의 행위로 인하여 다음 중 하나의 결과가 발생하였을 것
> 해당 직원이 사망함
> 해당 직원이 상해를 입고 그 상해로 인하여 사망하게 됨
> 제3자가 사망함
> 그 사람에게 해당 직원 또는 제3자의 사망에 대한 미필적 고의나 과실(recklessness or negligence)이 있을 것

(2) 법인에 대한 범죄성립 요건

위 규정은 자연인에게 적용되는 것과 동일한 방식으로 법인에 적용된다.

법인에 대하여 기업과실치사죄가 성립하기 위해서는, 범죄행위가 법인의 피용자(employee), 대리인(agent) 또는 직원(officer)이 실제로 또는 외형상 그의 권한 내에서 사무집행행위를 함으로써 실행되어야 한다(ACT 2002 형법 제2.5장 제50조).

귀책사유(또는 행위자의 심리상태, fault element)는 법인이 범죄행위의 실행을 명시적, 묵시적, 함축적으로 승인하였거나 허락한 경우에 법인에 귀속될 수 있다.

나. 형의 선고

자연인은 20년 이하의 징역, 법인은 16,500,000달러 이하의 벌금에 처한다.

다. 보석

2021년 산업안전보건법 개정안[Work Health and Safety Amendment Bill 2021 (ACT)]에 의하여 「보석법[Bail Act, 1992 (ACT)]」도 개정되었다. 개정 보석법 하에서는 기업과실치사 혐의를 받는 피고인에 대하여는 필요적 보석의 원칙이 적용되지 않는다. 이는 보석을 불허한다는 뜻이 아니라, 기업과실치사 사건에 있어서는 보석 예외사유가 없는 경우에도 법원이 피고인과 관련된 여러 사정을 고려하여 보석 허가 여부를 결정여야 함을 의미한다.

Ⅱ. R v. Brisbane Auto Recycling(BAR) (2020. 6. 11. 선고)[9]

이하에서는 호주에서 최초로 기업과실치사죄로 공소 제기되어 유죄가 선고된

---

9) R v. Brisbane Auto Recycling Pty Ltd & Ors [2020] QDC 113

판결일 뿐만 아니라, 유죄판결을 받은 기업에 대하여 호주에서 산업안전보건법 위반죄로 부과된 벌금으로서는 가장 큰 액수인 3,000,000달러[10]의 벌금이 부과된 사건인 R v. Brisbane Auto Recycling 판결을 살펴보기로 한다.

1. 사실관계

(1) Barry Willis는 틸트 트레이 견인 트럭을 이용하여 고객들의 자동차를 Brisbane 폐차장(Brisbane Auto Recycling, BAR)으로 운반해 주던 직원이었다. Willis는 2019년 5월 17일 BAR 폐차장에서 자동차 타이어를 트럭 트레이에 고정시키고 있었는데, 인근에서 작업 중이던 지게차가 급작스럽게 후진하다가 Willis를 치어 병원으로 이송되었으나 8일 만에 사망하였다. 위 지게차를 운전하던 직원은 지게차 등 고위험 장비를 운전할 수 있는 면허(high-risk work license)가 없는 사람이었다.

(2) BAR 폐차장은 젊은 관리자 2명에 의해서 운영되고 있었는데(Asadullah Hussaini, 25세; Mohammad Ali Jan Karimi, 23세), Hussaini는 구급대원에게 Willis가 지상 1m 높이의 트럭 트레이에서 떨어져서 다쳤다고 거짓말을 했고, 그 후 조사관들에게도 Willis를 친 지게차 운전자의 신상에 관하여 허위진술을 하여 수사에 혼선을 빚게 하였다. 아마도 지게차를 운전하였던 직원이 무면허인 사실을 숨기기 위해서였던 것으로 보인다.

한편 Karimi는 Willis의 딸에게 'Willis가 트럭 트레이에 자동차를 제대로 고정하지 못해서 그 자동차가 트럭에서 떨어지면서 Willis를 치었다'고 거짓말을 하였으나, 결국 Willis의 딸이 지게차가 후진하면서 Willis를 치는 CCTV 영상을 확보하여 경찰에게 전달하였다.[11]

---

10) 오스트레일리아 달러(AUD), 이하 같다.

11) Victorian Chamber of Commerce and Industry, "Australia's first industrial manslaughter conviction: Queensland business handed record $3 million fine, directors sentenced", 2020, Retrieved from https://www.victorianchamber.com.au/news/australias-first-industrial-manslaughter-conviction; Aaron Dearden, Jessica Luker & Stevie Bladen, "Australia's first ever industrial manslaughter conviction: what are the implications for employers?", Hall & Willcox, 2020, Retrieved from https://hallandwilcox.com.au/thinking/australias-first-ever-industrial-manslaughter-conviction-what-are-the-implications-for-employers/

2. 법원의 판단

(1) 퀸즈랜드주 지방법원(Queensland District Court)은 BAR폐차장에 대하여는 산업안전보건법위반(기업과실치사)죄를 인정하여 벌금 3,000,000달러, Hussaini와 Karimi에 대하여는 산업안전보건법위반(1급 과실치사상[12])죄를 인정하여 각 징역 10개월에 집행유예 20개월[13]을 선고하였다.

(2) 조사 결과 BAR폐차장 사업장에 명문의 안전관리지침이 없었던 점, 사업장에 지속적인 차량 통행이 있음에도 교통지도를 전혀 하지 않은 점, 직원들의 면허 소지 여부, 업무수행능력 등을 제대로 확인하지 않고 현장에 투입한 점, 산재보험에 가입되어 있지 않고 산재보험에 필수적으로 가입해야 한다는 사실을 알지 못했던 점 등이 확인되었고, 이러한 점이 BAR폐차장과 그 대표들의 책임을 인정하는 주된 근거가 되었다.

이 사건을 담당한 판사는 Hussaini와 Karimi의 도덕적 비난가능성(moral culpability)이 매우 높다고 보았고, 이를 양형사유로서 중요하게 고려하였다. 이들은 BAR 폐차장의 사업장 환경이 직원들의 안전을 위협하고 있음을 알고 있으면서도 이를 의식적으로 외면해 왔고, 그러한 환경은 일시적으로 또는 사업장의 일부분에 나타난 것이 아니라 오랜 기간에 걸쳐 조성된 것이며, 이들은 사고가 발생한 이후에도 사고를 은폐하기 위해 구급대원, 조사관, 피해자의 유족에게 거짓 진술을 하였다. 이러한 사정들이 위와 같은 판단의 근거가 되었다.[14]

---

12) reckless conduct-category 1
13) [역자 주] 집행유예를 선고한 것은 이들이 아프가니스탄 출신 난민으로 교도소에서 복역하는 경우 즉시 추방될 수 있는 지위에 있음을 고려한 것이라는 평가를 받고 있다.
14) Dearden, Jessica Luker & Stevie Bladen, 앞의 글.

제3장

중대재해처벌법 제정사

제1절

제20대 국회까지 재해형법 제정을 위한 노력

서동주*

Ⅰ. 중대재해처벌법 제정 논의의 사회적 배경

1. 서 론

대한민국의 눈부신 경제발전의 이면에는 산재공화국이라는 오명이 늘 따라온다. '매일 김용균이 있었다. 오늘도 3명이 퇴근하지 못했다.' 어느 기사의 헤드라인이다. 2016년부터 2018년까지의 기간 동안 OECD 국가의 근로자 10만 명당 치명적 산업재해 수를 살펴보면 한국은 3위 정도를 차지하고 있다. 인근 국가인 일본과 비교해 보면, 2016년 일본의 근로자 10만 명당 치명적 산업재해 수는 2명인데 비해 한국은 5.3명으로 두 배 이상임을 확인할 수 있다.[1)]

우리나라는 해방 이후 개별 법령에서 근로자의 근무 환경 및 작업조건 등에 대하여 규정하다가 1953년 「근로기준법」을 제정하면서 「근로안전관리규칙」과 「근로보건관리규칙」을 제정하고 산업재해에 대처해 오던 중, 중화학공업의 발전 등 급속한 산업화로 대형 산업재해가 빈발하고 작업환경이 다양해짐에 따라 새로

---

* 徐東珠, 서울대 행정대학원 석사과정, 변호사, philoseophie@gmail.com

1) 통계청 국가통계포털 근로자 10만명당 치명적 산업재해 수(OECD) https://kosis.kr/statHtml/statHtml.do?orgId=101&tblId=DT_2KAA308_OECD (최종방문일: 2022. 6. 12.)
통계포털 자료에 따르면, 치명적 산업재해는 사고 발생일로부터 1년 이내에 사망이 발생한 산업사고의 결과로, 재해도수율, 재해강도율, 사망십만인율 등이 있는데, 노동·임금 분야 통계는 각 국가마다 조사방법 및 작성기준이 상이하므로 국제비교시 유의를 요한다. 참고로, 적지 않은 수의 기사에서 대한민국을 'OECD 국가 중 산재사망률 1위'로 표현하고 있으나 통계청 자료를 고려하면 이는 정확한 데이터에 근거한 표현이 아닌 것으로 판단된다.

운 산업환경에 적합한 산업재해 예방을 위하여 1981. 12. 31. 「산업안전보건법」을 제정하여 근로자의 안전 및 보건을 증진하기 위한 본격적인 조치를 취하기 시작했다.[2)]

「산업안전보건법」은 이후에도 수차례 개정을 거쳤는데, 가장 큰 개정은 2019. 1. 15. 법률 제16272호로 전부개정되어 2020. 1. 16.부터 시행된 것이다. 산업재해로 인한 사고사망자 수가 연간 천여 명에 이르고 있고, 이는 주요 선진국보다 2배 이상 높은 수준으로서 산업재해로 인한 피해는 당사자뿐만 아니라 국가적으로도 큰 손실을 초래한다는 점을 지적하며, 산업재해를 획기적으로 줄이고 안전하고 건강하게 일할 수 있는 여건을 조성하기 위하여 법의 보호대상을 다양한 고용형태의 노무제공자가 포함될 수 있도록 넓히고, 근로자가 작업을 중지하고 긴급 대피할 수 있음을 명확히 규정하여 근로자의 작업중지권 행사를 실효적으로 뒷받침하고자 하였다. 또한, 근로자의 산업 안전 및 보건 증진을 위하여 도금작업 등 유해·위험성이 매우 높은 작업에 대해서는 원칙적으로 도급을 금지하고, 도급인의 관계수급인 근로자에 대한 산업재해 예방 책임을 강화하며, 근로자의 안전 및 건강에 유해하거나 위험한 화학물질을 국가가 직접 관리할 수 있도록 하였다.

그런데 「산업안전보건법」 전면개정안이 산업재해 사고 발생률을 낮추는데 효과가 있는지 여부를 파악하기도 전인 2020. 6, 정의당 강은미 의원은 「중대재해에 대한 기업 및 책임자 처벌 등에 관한 법률안」을 발의하며 중대재해처벌법에 대한 논의에 불씨를 지피기 시작했다. 이하에서는 근로자의 안전 및 보건을 위한 법률이 이미 존재하고 있음에도 왜 중대재해처벌법이 필요했는지, 노동계, 정부부처, 국회에서는 법 제정을 위해 어떤 노력을 했는지를 살펴보고자 한다.

2. 중대재해처벌법 논의의 기폭제가 된 사건

가. 산업재해 사고

(1) 구의역 스크린도어 사고

2016. 5, 서울시 지하철 구의역에서 스크린도어를 수리하던 작업자가 달려오는 열차에 목숨을 잃었다. 조사 결과 서울메트로의 작업수칙에 규정되어 있는 2인 1조 작업은 이루어지지 않았고, 오히려 2인 1조 작업이 현실적으로 불가능하다는

---

2) 송인택 외 4명, 중대재해처벌법 해설, 박영사(2021), 22-23면 참조.

것을 묵인해왔다는 점이 밝혀졌다.

서울메트로는 시설관리를 외주 주고, 외주사에서는 스크린도어 정비보수를 다시 외주로 준다. 스크린도어 관리자는 열차 운행의 책임이 없으면서 스크린도어를 수리하게 되고, 수리 과정에서 필연적으로 스크린도어를 열고 안에서 수리를 하다가 들어오는 열차를 피하지 못하고 사고를 당하게 된다. 사고를 당하게 되면 사업주에게 안전보건조치를 못 한 책임을 물어 법적 책임을 묻게 되는데 여기서 사업주는 사고를 당한 근로자의 고용주가 된다. 외주업체 또는 2차 외주업체가 법적 책임 당사자가 되는 것이다.[3] 관련하여, 2019. 8. 서울동부지법은 당시 하청업체인 은성PSD 대표에게 징역 1년에 집행유예 2년을 선고했다. 전 서울메트로 대표는 대법원 상고를 거쳐 벌금 1천만 원이 확정되었다.

19세의 어린 청년 노동자가 작업현장에서 사망했고, 집으로 돌아오지 못했다. 노동자 개인의 과실이라기보다는 2인 1조 작업 환경이 마련되지 않아 발생한 사고임에도 원청과 하청업체 모두 비교적 가벼운 형을 선고받고 사건이 종결되었다. 솜방망이 처벌을 내렸다는 비난과 함께 인명피해를 일으킨 산업재해가 발생한 경우 형사처벌 대상에 사업주와 경영책임자를 포함함으로써 사고 예방을 해야 한다는 인식이 널리 퍼지게 되었다.

제21대 국회에서 「중대재해에 대한 기업 및 정부 책임자 처벌법안」을 발의한 이탄희 의원은 본인이 발의한 법안이 통과된 것을 전제로 구의역 사건에 대한 모의재판을 진행했다. 모의재판부는 원청에 위험의 외주화 책임을 물어 벌금 15억 원을 부과했으며, 사고 직후 사퇴한 원청 전 대표에게는 징역 2년과 벌금 2억 원, 집행유예 2년을 선고했다. 하청업체 대표에게는 직접적인 관리책임을 물어 징역 1년과 벌금 5천만 원을, 하청업체에는 도급계약에 묶인 구조적 한계를 인정해 벌금 8억 원을 선고했다[4]. 실제 사건에서의 선고형과 비교하면 엄청난 차이가 있음을 알 수 있다. 누구라도, 만약 구의역 사건이 발생하기 전에 이처럼 강력한 처벌이 뒤따르는 법률이 있었다면 업무에 관여한 모든 담당자들이 조금 더 경각심을 갖고 업무를 처리하고, 안전에 주의를 기울였을 것이라고 생각할 것이다. 그렇다면 이처럼 안타까운 사고는 발생하지 않았을 것이다. 이러한 생각으로부터 중대재해처벌법 제정 논의는 시작된다.

---

3) 강성규, 안전사고가 산업보건에 주는 교훈, 산업보건, 338, 2016, 3면.

4) 채윤태, '이럴 수도 있었다. 구의역 김군 원청업체에 벌금 15억 원을 선고한다', 한겨레신문, 2021. 7. 21. https://www.hani.co.kr/arti/society/society_general/1001785.html (최종방문일: 2022. 4. 8.)

(2) 태안 화력발전소 압사사고

2018. 12. 10.에서 11.로 넘어가던 밤, 한국발전기술 소속의 김용균 노동자가 한국서부발전(주) 태안화력발전소 석탄이송용 벨트컨베이어 밀폐함 점검구에서 컨베이어 설비 상태를 점검하던 중 벨트와 롤러 사이에 협착하여 사망하는 안전사고가 발생했다.[5] 서부발전은 '매뉴얼에 없는데 김용균이 자발적으로 운전 중인 점검구에 들어갔다'라고 말했지만, 거짓이었다. 진상규명을 위한 특별조사위원회는 '작업지시 매뉴얼을 다 지키다 죽었다'고 발표했다.[6]

2016. 5. 구의역 스크린도어 사고 이후 「산업안전보건법」 개정에 대한 필요성이 대두되어 여러 개정안이 발의되었으나 기업들의 반발로 2년 동안 국회에서 계류되고 있었는데, 그러다 김용균 사망사고가 일어나며 법안 개정의 목소리가 다시 높아졌고 2018. 12. 27. 국회 본회의를 통과하게 되었다.

앞서 언급한 바와 같이 「산업안전보건법」의 보호대상을 다양한 고용형태의 노무제공자가 포함될 수 있도록 넓히고, 근로자가 작업을 중지하고 긴급대피할 수 있음을 명확히 규정하며, 유해·위험성이 매우 높은 작업에 대해서는 원칙적으로 도급을 금지하고, 도급인의 관계수급인 근로자에 대한 산업재해 예방 책임을 강화하며, 근로자의 안전 및 건강에 유해하거나 위험한 화학물질을 국가가 직접 관리할 수 있도록 하는 것을 주요 골자로 하여 개정되었다.

그런데 「산업안전보건법」 위반 혐의로 처벌을 받는 대상은 사업주 개인 내지 산업재해 발생과 관계된 임직원 개인에 국한되고, 그마저도 사업주가 직접 처벌을 받는 경우는 흔하지 않다. 중대재해 내지 산업재해가 발생한 기업이 해당 재해가 발생하였다는 사실로 인해 재해 발생에 대한 책임을 기업 차원에서 직접 부담하거나 이로 인해 기업 운영에 실질적인 지장을 초래할 정도의 제재를 받을 것을 예정하는 법률규정은 양벌규정 외에는 존재하지 않는다. 중대재해 시 노동자에게 발생하는 피해의 정도와 회복불가능성에 비해 책임의 대상 범위가 협소하고, 그 책임의 구체적인 내용을 살펴보더라도 실질적인 처벌 효과와 예방 효과 모두 기대하기는 어렵다고 할 수 있다. 양벌규정에 따라 법인에게 일정한 책임을

5) 고 김용균 사망사고 진상규명과 재발방지를 위한 석탄화력발전소 특별노동안전조사위원회, 「고 김용균 사망사고 진상조사결과 종합보고서」, 2019, 요약문 11면.

6) 김종훈, '산업재해 김용균씨 사망 사건-2018', 오마이뉴스. http://www.ohmynews.com/NWS_Web/Event/20th/at_pg.aspx?CNTN_CD=A0002611490 (최종 방문일: 2022. 4. 8.)

부과하는 방식은, 개별 행위자의 위법 행위를 전제로 이에 대한 지휘·감독상의 책임을 지우는 것이다. 중대재해처벌법이 제정되면 적어도 매해 반복되는 산재사고와 사망을 줄이는 노력을 할 수 있도록 기업들에 동기부여를 할 수 있는, 노동안전을 중심가치로 삼을 수 있는 최소한의 전제조건이 될 수 있을 것[7]이라는 목소리가 점점 커지게 되었다.

(3) 이천 물류센터 공사장 화재 사건

2020. 4. 경기도 이천시 물류센터에서 화재로 인해 38명이 사망하는 참사가 있었다. 정부는 「건설현장 화재안전대책」을 발표했다. 개정 산업안전보건법의 법정형 상향의 실효성 확보, 산업안전보건법 위반사건에 대한 검찰의 구형기준 개선을 추진, 경영책임자에게 사업장 안전관리에 대한 보고 규정 등 신설, 법인에 대한 경제적 제재 강화 방안(예: 과징금 제도 등)을 마련하여 기업과 경영책임자의 노동안전 경각심을 제고하도록 하겠다는 주요 내용으로 한다. 뿐만 아니라, 다중이용시설, 산업재해 등으로 다수 사망자 발생 등 다중인명피해범죄에 대한 처벌을 강화하는 것을 내용으로 하는 「다중인명피해범죄처벌 등에 관한 특례법」 제정을 추진하겠다고 밝혔다.[8]

하지만 노동계가 주장해온 징벌적 손해배상제도 및 중대재해 기업 처벌법에 대해서는 선을 그었다. 「산업안전보건법」에 이미 책임자에 대해 가중처벌까지 가능한 벌칙 조항이 있고, 향후 법을 개정해 과징금을 부과하면 반드시 형사처벌하지 않더라도 사업주가 안전 조치를 무시하기 어려울 만큼 충분한 부담을 줄 수 있다는 논리다. 그러나 법무부가 추진하고 있는 특례법에 대해 중대재해기업처벌법을 대표발의한 정의당 강은미 의원실은, "말단 담당자 꼬리 자르기로 이어질 수 있다"고 우려하며 "산업안전 분야가 충분히 포괄되고, 책임있는 기업 경영자 처벌까지 가능하기는 어렵다고 본다"며 "중대재해기업처벌법처럼 처벌 범위를 경영책임자, 실질적으로 기업 경영에 영향을 미치는 자까지 폭넓게 포괄해야만 하청업체 종사자 등을 보호할 수 있다"고 강조했다.[9]

---

7) 고 김용균 사망사고 진상규명과 재발방지를 위한 석탄화력발전소 특별노동안전조사위원회, 「고 김용균 사망사고 진상조사결과 종합보고서」, 2019, 522-523면 참조.

8) 국토교통부 보도자료, 건설현장 화재안전 대책_발표(건설안전과) http://www.molit.go.kr/USR/NEWS/m_71/dtl.jsp?id=95084023 (최종방문일: 2022. 4. 8.)

9) 김민재, "'이천 화재' 대책에선 빠진 중대재해기업처벌법, 왜?", 노컷뉴스, 2020. 6. 20. 참조 https://nocutnews.co.kr/news/5364426?msclkid=a68087a7b6ac11ecb0e7cdc2b8fc720f (최종방문일: 2022. 4. 8.)

나. 시민재해 사고

(1) 가습기 살균제 사건

2006년경부터 원인불명의 폐질환 환자가 서울 소재 큰 병원들에 잇따라 찾아왔고, 2011년 질병관리본부의 역학조사가 실시되었다. 그 결과 가습기살균제가 원인으로 판명되어 수거명령 등의 행정조치가 이루어졌다.[10] '세계 최초의 바이오사이드 사망사건', '안방의 세월호'라고 불리는 가습기살균제 사건은 2011년 정부조사로 알려졌지만 문제가 해결되지 않다가 2016년 초 검찰수사로 옥시레킷벤키저가 김앤장을 내세우고 대학교수를 매수해 동물실험 증거를 조작하고 은폐한 사실이 드러나면서 큰 사회문제로 떠올랐다. 전국적으로 옥시제품 불매운동이 벌어졌고 국회가 국정조사를 실시했지만 전체 피해규모 조차 제대로 드러나지 않은 사건이다.[11]

2016. 11. 8. 기준 총 5,117명이 정부기관에 가습기살균제로 인한 폐질환 등 피해를 신고했고, 그중 사망자는 1,064명에 이르렀다. 여기에 가습기살균제로 인한 폐렴 사망자가 2만여 명에 가깝다는 연구결과와 우리 국민 20%가 가습기살균제를 사용했을 것이라는 여론조사 추정치 등을 더하면 피해규모는 가늠하기 어려운 수준이어서, 가습기살균제 피해자에 대한 신속한 구제 및 지속가능한 지원 대책을 마련하고자 「가습기살균제 피해구제를 위한 특별법」이 제정되기도 하였다.[12]

(2) 4·16 세월호 사건

2014. 4. 16. 인천에서 제주로 향하던 여객선 세월호가 진도 인근 해상에서 침몰하면서 승객 304명(전체 탑승자 476명)이 사망 또는 실종된 대형 참사다. 검경합동수사본부는 2014. 10. 세월호의 침몰 원인에 대해 화물 과적, 고박 불량, 무리한 선체 증축, 조타수의 운전 미숙 등이라고 발표했다. 이후 2017. 3. 「세월호 선체조사위원회의 설치 및 운영에 관한 특별법」이 국회를 통과하여 시행되면서 세월호 선체조사위원회가 출범했고, 이에 세월호 인양과 미수습자 수습·수색 등이 이뤄졌다.[13]

---

10) 한국환경법학회 외 1명, 환경판례백선, 박영사(2019), 4면 참조.
11) 최예용 등, "가습기살균제 참사의 진행과 교훈 (Q&A)", 한국환경보건학회지 43.1, 2017, 2면.
12) 「가습기살균제 피해구제를 위한 특별법」 제정 이유 참조.
13) 시사상식사전 참조. https://terms.naver.com/entry.naver?docId=2119309&cid=43667&categoryId=43667 (최종방문일: 2022. 6. 12.)

2015. 4. 28, 세월호 1주기를 맞이하여 국회에서는 '기업책임법(기업살인법) 제정, 미룰 수 없다'라는 주제로 토론회가 개최되었다. 재해사고가 발생하면 대개 하급직 노동자나 중간관리자를 처벌하는 수준에서 형사처벌이 마무리 되어 왔고, 산업안전보건법에 의해 법인을 처벌하더라도 벌금에 그치는 경우가 대부분이기 때문에 기업에 대하여 안전의무를 준수하도록 압박하는 효과적인 정책이 되지 못한다는 점을 지적하며 기업과 경영책임자 모두를 처벌하는 기업책임법이 제정되어야 한다는 논의가 개진되었다.[14]

3. 중대재해처벌법 입법을 위한 노동계 캠페인

노동건강연대는 2002년부터 "산재사망은 기업의 살인이다"라는 슬로건을 가지고 대중 캠페인을 시작했고, 2003. 5. 기업살인법팀을 만들어 중대재해처벌법의 초기 형태의 법이라고 할 수 있는 '기업살인법' 논의를 시작했다. 법의 명칭과 관련하여 노동건강연대는 초기부터 줄곧 이 법을 '기업살인법'으로 명명했는데, 영국 법의 명칭이 "기업의 과실치사 및 살인에 관한 법(Corporate Manslaughter and Corporate Homicide Act)"이었기 때문이기도 하지만, 산재사망에 대한 논의 프레임의 변화를 위해 '기업살인'이라는 개념을 대중화시킬 필요가 있다는 의식적 판단 때문이기도 했다.[15]

2005. 4, 민주노총, 한국노총, 노동건강연대, 매일노동뉴스, 민주노동당은 '산재사망 대책마련 공동 캠페인단'을 발족했다. 캠페인단은, "연간 3,000여명, 하루 8명꼴로 죽지 않아도 될 노동자들이 죽어가고 있음에도 이 죽음에 대해 책임을 지지 않는다는 데 문제의 심각성이 있다"며 "기업은 개인의 부주의를 거론하며 책임을 노동자 개인에게 떠넘기고 있고, 정부는 이러한 기업의 철면피한 행위에 대해 어떠한 제재도 가하지 않고 있다"고 기업과 정부 모두에 대해 질타를 가했다.[16]

캠페인단은 산재사망은 노동자의 실수나 불가피한 사고가 아닌, 기업의 살인 행위라는 인식을 확산하기 위한 여론화 사업을 중점적으로 진행하며, 매년 '최악의 살인기업'을 선정하여 산재사망에 대해 기업이 책임을 부담하고 대책을 마련해야 한다는 인식을 확산시켰다. 이에 멈추지 않고, 제20대 국회에서는 반드시 중

14) 이호성, 기업책임법(기업살인법) 도입 취지와 법안 발표, 4·16연대 등 주최 '기업책임법(기업살인법) 제정 미룰 수 없다' 토론회 자료집, 2015, 2면.

15) 이상윤, 중대재해 기업처벌법 제정 운동의 성과와 과, 시민과세계, 2021, 233면.

16) 최미라, '산재사망 대책마련 공동 캠페인단, 산재에 대한 기업 책임 강조', 프로메테우스, 2005. 4. 8. http://laborhealth.or.kr/1694 (최종방문일: 2022. 4. 8.)

대재해기업처벌법을 제정하고 고용구조 변화에 맞추어 「산업안전보건법」을 개정해야 한다는 목소리를 내는 등 중대재해처벌법 제정운동을 꾸준하게 전개해왔다.[17)]

Ⅱ. 행정부의 입법 노력

1. 법무부의 「다중인명피해범죄의 경합범 가중에 관한 특례법」

가. 법률안 제정 이유

2014. 6. 법무부는 「다중인명피해범죄의 경합범 가중에 관한 특례법」에 대한 입법예고를 했다. 사람의 생명은 인간의 존엄과 가치를 인정하는 자유민주주의 사회에서 가장 중요한 전속적 법익임에도 현행 형법상 경합범 규정에 의하면 다수의 생명 침해를 야기하는 중대 범죄가 발생한 경우에도 상상적 경합은 가장 중한 죄로 흡수되어 처벌되고, 실체적 경합은 가장 중한 죄의 2분의 1만이 가중 처벌되어 책임에 상응하는 엄정한 형벌 부과가 어려운 측면이 있음을 지적하였다. 특히, 대규모 인명피해를 야기한 범죄의 경우 그 불법 및 책임이 현저히 증가하므로 다수인의 사망의 결과를 야기한 범죄의 경우 경합범의 처벌에 관한 특례를 규정하여 가중 처벌함으로써 국민이 안전하게 생활할 수 있는 사회를 만드는데 기여하는 것을 법 제정 이유로 밝히고 있다.[18)]

나. 주요 내용

'다중인명피해범죄'를 고의 또는 과실로 2인 이상의 사망의 결과를 야기한 범죄로 정의하였고, 고의에 의한 살해와 과실에 의한 치사를 모두 포함하여 모든 유형의 인명침해범죄를 포괄할 수 있도록 하였다.

다중인명피해범죄의 경합범을 동시에 판결하는 경우에, 각 죄에 정한 형이 사형, 무기징역 또는 무기금고 이외의 동종의 형인 때에는 각 죄에 정한 형의 장기 또는 다액을 합산하여 가중함으로써 책임에 상응하는 형벌이 선고될 수 있도록

---

17) 구태우, [산재사망대책마련 공동캠페인단 좌담회] "11돌 맞은 살인기업 선정 중대재해기업처벌법 제정으로 이어 가야", 매일노동신문, 2016. 4. 28
https://www.labortoday.co.kr/news/articleView.html?idxno=137883 (최종방문일: 2022. 4. 8.)

18) 법제처 입법예고 참조.
https://www.moleg.go.kr/lawinfo/makingInfo.mo?mid=a10104010000&lawSeq=19929&lawCd=2000000134168&lawType=TYPE5 (최종방문일: 2022. 6. 12.)

규정하고, 다중인명피해범죄와 다중인명피해범죄 이외 범죄의 경합범을 동시에 판결하는 경우에, 각 죄에 정한 형이 사형, 무기징역 또는 무기금고 이외의 동종의 형인 때에는 다중인명피해범죄에 정한 형의 장기 또는 다액을 합산한 형과, 다중인명피해범죄를 포함한 모든 죄에서 가장 중한 죄에 정한 형의 장기 또는 다액에 2분의 1까지 가중한 형을 비교하여 그중 더 중한 형으로 처벌하도록 하여 사안에 따른 구체적 타당성을 고려하였다.

1개의 행위로 다중인명피해범죄를 저지른 경우에, 각 죄에 정한 형이 사형, 무기징역 또는 무기금고 이외의 동종의 형인 때에는 각 죄에 정한 형의 장기 또는 다액을 합산하여 가중함으로써 책임에 상응하는 형벌이 선고될 수 있도록 규정하고, 1개의 행위가 다중인명피해범죄와 다중인명피해범죄 이외의 다른 범죄에 해당하는 경우에, 각 죄에 정한 형이 사형, 무기징역 또는 무기금고 이외의 형인 때에는 다중인명피해범죄에 정한 형의 장기 또는 다액을 합산한 형과, 다중인명피해범죄를 포함한 각 죄에서 가장 중한 죄에 정한 형을 비교하여 그중 더 중한 형으로 처벌하도록 규정하였다.

이 법에 따라 유기징역 또는 유기금고에 대하여 형을 가중하는 경우에는 100년까지 선고할 수 있도록 함으로써 대규모 인명 피해 범죄의 경우 엄정한 처벌을 할 수 있도록 규정하는 것이 가장 큰 특이점이다.

다. 진행 경과

고의 또는 과실로 2명 이상이 사망하는 모든 유형의 인명침해범죄에 대하여 최대 100년 까지 형을 선고할 수 있다는 점에서 사회적 관심을 끌었으나, 본 법률은 제19대 국회의 임기만료를 이유로 2016. 5. 29. 폐기되었다.[19)]

2. 검찰의 「기업책임법(가칭)」

가. 검찰의 「기업책임법(가칭)」 입법을 위한 준비

대검찰청 형사부는 2014. 11, 특정기업의 주요 사업 과정에서 인명피해가 발생했을 경우 책임자를 처벌하는 것을 비롯해 해당 기업도 형사 처벌할 수 있도록 한다는 내용을 담고 있는 「기업책임법(가칭)」 도입을 위한 안전사고 관련 법령

19) 국민참여입법센터 참조. https://opinion.lawmaking.go.kr/gcom/nsmLmSts/out/1911020/detailRP (최종방문일: 2022. 6. 12.)

검토 결과를 법무부를 통해 국무총리실에 제출했다.[20] 관련하여, 대검찰청 산하 검찰미래기획단은 법인의 형사책임에 대한 논의를 정리하고 해외의 법제를 분석, 연구하여 그 내용을 국내의 현행법제로 도입할 수 있는 가능성 및 도입 방법을 검토하는 정책연구를 시행하였다.[21] 이하에서는 해당 정책연구 내용을 살펴보고자 한다.

나. 기업책임법제 도입의 필요성 및 가능성

(1) 기존 법제의 한계

기존 법제에서의 양벌규정은 실제 위법행위를 한 자연인으로서의 종업원이 처벌되는 것을 매개로 사용자인 기업도 처벌되는 형태인바, 본질적으로 기업에 대한 직접적인 형사처벌규정이 아니라는 점, 경제력을 갖춘 법인에게 자연인과 동일한 벌금형을 규정하고 있어 범죄예방효과를 기대하기 어려운 점, 종업원에 대한 감독책임을 양벌규정의 법인책임이 전제로 함으로 인해 법인 스스로의 범행을 인정할 근거가 없다는 것을 넘어 법인격이 부여되지 않은 단체에 대한 처벌이 불가능하다는 문제가 있는 점, 실제 양벌규정이 적극 활용되지 않고 상당수의 사건이 약식명령으로 처리됨으로써 제도적 실효성이 의심된다는 점이 기존 법제의 한계로 지적되었다.[22] 이러한 기존 법제의 한계로 인해 기업책임법제 도입의 필요성이 더욱 대두되었다.

(2) 기업책임법제 도입의 필요성

세월호 사건이 발생한 이후 대한민국은 기업의 이윤추구활동 과정에서 발생하는 대형 안전사고로 인해 국가적·사회적으로 얼마나 심각한 피해가 발생할 수 있는지 뼈아프게 경험하였다. 그 어느 때 보다 이러한 사고를 유발하는 기업에 대한 처벌의 필요성에 대해 국민들의 광범위한 공감대가 형성되었다. 그러나 사안의 심각성에도 불구하고 기계 설비 등에 의한 위험방지조치 미이행 등 「산업안전보건법」 위반으로 인하여 사상의 결과가 발생한 경우 양벌규정으로 기업을 처벌할 수 있는 외에는 기업 자체에 대한 형사처벌이 불가능한 것이 현행법의 실정이

---

20) 김지혜, '인명피해 낸 기업 처벌 '기업책임법' 도입 추진', 시사포커스, 2014. 11. 3. http://www.sisafocus.co.kr/news/articleView.html?idxno=109961 (최종방문일: 2022. 6. 12.)

21) 정책연구관리시스템 PRISIM '외국의 기업책임법제 및 도입가능성 연구' https://www.prism.go.kr (최종방문일: 2022. 6. 12.)

22) 사단법인 한국형사법학회, 외국의 기업책임법제 도입 가능성, 대검찰청 연구용역보고서, 2014, 6-10면 참조.

기에 기업 혹은 법인에 대하여 독립된 형사책임을 인정하는 법제 연구가 필요한 상황이었다.[23]

(3) 기업책임법제 도입의 가능성

해당 정책연구는 비교법적 검토[24] 끝에 기업(법인, 단체)의 형사법적 책임법제의 가능하고 다양한 다수의 모델이 있다는 점을 밝히며 i) 기업의 구성원으로서 개인(자연인)이라는 매개물을 거치지 않고, 직접적이고 독립적으로 기업의 행위(작위와 부작위)에 대한 형사책임을 확보하는 조직모델을 이론적 근거로 하여, ii) 법인의 형사법제를 현행법체계내로 수용하기 위해서 특별법의 형식을 빌려, iii)독일, 오스트리아, 프랑스의 법제와 같이 법인이 책임을 져야 하는 범위를 명시하는 방식으로, ⅳ)원칙적으로 모든 범죄행위의 주체로 기업이 긍정될 필요가 있다고 결론을 맺는다.[25]

다. 주요 내용

대검찰청이 제안한 「기업책임법(가칭)」의 주요 내용을 살펴보면 "기업 등 상위경영진에 의해 관리되고, 구성된 활동으로 사람의 사상을 초래하거나 주의의무위반 등으로 사상의 결과에 대해 기여한 경우, 기업의 구성원의 책임 여부와 관계없이 기업 자체에 대해 처벌 규정을 마련"하고, 이때 "기업 등 상위경영진은 조직의 경영활동을 하며, 총괄적으로 중요부분의 의사결정을 할 수 있는 자를 말하고, 조직경영 및 활동에서 실제적인 총괄을 담당하는 자를 말하며, 주의의무는 근로자 등 기업을 위하여 일하는 사람에 대한 의무, 재화나 서비스의 조직에 의한 공급관계에서 발생하는 의무 등 기업 활동과 관련된 주의의무를 말한다"고 한다. 그리고 기업에 대한 형사제재로 "벌금형의 상한을 1년 매출의 일정액(예를 들어 2.5%~10%)으로 설정함으로써 기업의 활동으로 발생한 대형안전사고에 대한 책임을 강화할 필요"가 있다고 한다.[26]

라. 진행 경과

그러나 이후 입법예고 등을 통한 진행 경과를 살펴볼 수 없다는 점으로 미루

---

23) 위의 글, 1면 참조.
24) 미국, 영국, 프랑스, 오스트리아, 스웨덴, 스코틀랜드, 이탈리아, 네덜란드, 독일의 법제 검토.
25) 위의 글, 113-116면 참조.
26) 김재윤, "영국의 기업과실치사법에 대한 고찰과 시사점", 형사정책연구 25.4, 2014, 207-208면 참조.

어 보아 대검찰청의 주도로 「기업책임법(가칭)」을 입법하려는 내부적인 프로젝트는 잠정중단 또는 종료된 것으로 보인다.

Ⅲ. 제19대 국회의 입법 노력

1. 제19대 국회의 기업처벌 강화 입법안

심상정 의원은, 2013. 6. 26. 「산업안전보건법」의 법 위반 사항 중 노동자가 사망에 이르는 행위를 범죄행위로 간주하여 「산업안전보건법」상 처벌보다 가중해 처벌할 수 있는 「산업안전보건범죄의 단속 및 가중처벌 등에 관한 법률안」을 발의하였다.

같은 해 12. 24. 김선동 의원은 「산업안전보건법」과 「형법」상 업무상 과실치사죄로는 사업주 과실로 인한 산재사고에 대한 처벌 강화가 어렵고, 산재사고 감소를 위한 효과적인 규제방안이 되지 못한다고 하며 「기업살인처벌법안」을 발의하였다. 「산업안전보건법」을 위반하여 근로자에게 중대재해를 야기하는 행위를 '기업살인범죄'로 정의하였고, 법인의 대표자나 법인 또는 개인의 대리인, 사용인, 종업원 등이 그 법인 혹은 개인과 관련한 업무로 인해 기업살인범죄를 저지른 경우, 행위자 외에 해당 법인과 개인에게도 과징금을 부과하는 것을 주요 내용으로 하고 있다. 그러나 두 의원안 모두 제19대 국회의 임기만료로 2016. 5. 29. 폐기되었다.

2. 제19대 국회의 기업처벌 강화 입법안에 대한 검토

심상정 의원이 발의한 「산업안전보건범죄의 단속 및 가중처벌 등에 관한 법률안」은, 기업처벌과 관련해서는 기존의 양벌규정 방식을 그대로 유지하면서 벌금을 가중하는 방식을 채택하였다(동 법안 제6조). 김선동 의원이 대표발의한 「기업살인처벌법안」도 양벌규정의 골격을 유지하면서 기업에 대해서는 벌금이 아니라 과징금을 부과하도록 하면서 그 액수를 대폭 높이는 방안을 채택하고 있다. 이에 대하여는, 산업재해 외에 시민재해를 야기한 기업을 처벌하기 위하여는 별도의 입법이 다시 필요하다는 점과, 양벌규정이라는 틀을 유지하는 한 벌금액 상한을 높이는 것 외에는 입법적으로 해결할 수 있는 방안이 거의 없다는 점에서 부족함이 있었다.[27] 기업 및 경영책임자에게 직접적인 형사처벌을 묻기 위해서는 범죄행위와 처벌을 별도로 정하는 특별법이 제정되어야 한다는 목소리가 커지게 되었다.

Ⅳ. 제20대 국회의 입법 노력: 노회찬 의원의 「재해에 대한 기업 및 정부책임자 처벌에 관한 특별법안」

1. 제안 이유

노회찬 의원은 2017. 3. 31. 중대재해 기업처벌법을 입법발의 하기 위한 간담회를 가졌고, 2017. 4. 14. 시민과 노동자 재해에 대한 기업과 정부 책임자를 처벌해야 한다는 특별법을 최초로 발의했다. '제2의 세월호 참사', '제2의 가습기살균제 참사'를 막기 위해 한국판 기업살인법인 「재해에 대한 기업 및 정부 책임자 처벌에 관한 특별법」을 발의한다고 발의 목적을 밝혔다.[28]

제안 이유에서는, i) 오늘날 대부분의 대형재해 사건은 특정한 노동자 개인의 위법행위의 결과가 아니라, 기업 내 위험관리시스템의 부재, 안전불감 조직문화 등이 복합적으로 작용한 결과라고 밝히며, 이 같은 '현대형 중대재해'를 예방하기 위해서는 기업 등이 조직적·제도적으로 철저한 안전관리를 하도록 유도하는 입법이 필요하고, ii) 현행 형사법체계는 기업의 안전관리시스템을 관할하고 지배하는 경영자가 재해의 위험을 평가절하 하도록 유도하는데, 이는 결국 사회 전체적으로 재해사고의 위험이 높아지는 결과를 가져온다고 하며, 영국·캐나다 등 여러 해외 입법사례를 참고해 인명사고에 대해 경영책임자와 기업의 형사책임을 묻는 '기업살인법'이 필요하며, iii)나아가, 기업의 안전의무 위반으로 인한 재해사고에는 '관피아'로 불리는 공무원의 의식적 직무 방임이 수반되는 경우가 빈번하므로 공무원에 대한 처벌규정도 필요하다는 점을 이유로 들고 있다.

2. 주요 내용

사업주 및 경영책임자 등은 사업주나 법인이 소유·운영·관리하는 사업장, 공중이용시설, 공중교통수단에서 사람이 생명·신체의 안전에 위해를 입지 않도록 위

---

27) 이호성, 앞의 글, 20-21면 참조.
28) 노회찬 재단, 노회찬아카이브 <3> 기록을 통해 본 중대재해기업처벌법, 2020. 12. 31. http://hcroh.org/notice/235/ (최종방문일: 2022. 4. 8.)

험을 방지할 의무와 사업장에서 취급하거나 생산·제조·판매·유통 중인 원료나 제조물로 인해 사람이 생명·신체의 안전 또는 보건상의 위해를 입지 않도록 위험을 방지할 의무를 부담한다. 사업주나 법인이 제3자에게 임대·용역·도급 등을 행한 경우, 그 사업주나 법인(원청사업주)과 제3자는 공동으로 안전조치의무 및 보건조치의무를 부담한다. 사업주 및 경영책임자가 이 법에 따른 안전조치의무 및 보건조치의무를 위반하여 사람을 사상에 이르게 한 경우, 사업주 및 경영책임자를 형사처벌 하며, 해당 법인에게도 벌금을 부과한다. 법령상 사업장이나 공중이용시설에 대한 감독의무 또는 인·허가 권한을 가진 공무원이 직무를 유기하여 사람을 사상에 이르게 한 경우 1년 이상의 징역이나 3천만 원 이상 3억 원 이하의 벌금에 처한다.

3. 진행 경과

하지만 노회찬 의원 발의안은 2017. 9. 19. 법제사법위원회 회의록에 적힌 '법인에 독자적 범죄능력을 인정하고 있지 않고, 양벌규정이 있는 경우에 한해 법인을 처벌하도록 한 현행법 입법 태도 등을 고려해서 판단할 사안'이라는 짧은 검토내용만 남긴 채 제대로 논의되어보지도 못하고, 20대 국회 종료와 함께 임기만료 폐기로 처리되었다.

제2절

제21대 국회에 제출된 의안들의 내용

서동주*

Ⅰ. 「중대재해 처벌 등에 관한 법률」 제정에 이르기까지의 흐름

앞서 살펴본 바와 같이 제19대 국회의 법률안 및 제20대 국회에서 노회찬 의원이 발의했던 「재해에 대한 기업 및 정부책임자 처벌에 관한 특별법안」은 제대로 논의도 되지 못한 채 임기만료로 폐기되었다. 그러나 정의당이 제21대 국회에 들어 1호 법안으로 「중대재해에 대한 기업 및 책임자 처벌 등에 관한 법률안」을 발의하며 중대재해처벌법에 대한 논의는 급물살을 타게 되었다.

국회	의안명	대표 발의자	발의일	경과
제19대	산업안전보건범죄의 단속 및 가중처벌 등에 관한 법률안	심상정	13.06.26.	임기만료 폐기
	기업살인처벌법안	김성동	13.12.24	임기만료 폐기
제20대	재해에 대한 기업 및 정부책임자 처벌에 관한 특별법안	노회찬	17.04.14.	임기만료 폐기

* 徐東珠, 서울대 행정대학원 석사과정, 변호사, philoseophie@gmail.com

제21대	중대재해에 대한 기업 및 책임자 처벌 등에 관한 법률안	강은미	20.06.11.	각 법안을 통합하여 위원회 대안을 제안하기로 함
	중대재해에 대한 기업 및 정부 책임자 처벌법안	박주민	20.11.12.	
	중대재해에 대한 기업 및 정부 책임자 처벌법안	이탄희	20.11.17.	
	중대재해 예방을 위한 기업의 책임 강화에 관한 법률안	임이자	20.12.01.	
	중대재해에 대한 기업 및 정부 책임자 처벌법안	박범계	20.12.14.	
	중대재해 처벌 등에 관한 법률안(대안)	법제사법 위원장	21.01.	21.01.08. 국회 본회의 의결

제21대 국회에 들어 중대재해처벌법 관련 법률안 다섯 건이 나왔는데 하나의 법사위 대안으로 통합되는 과정에 관한 상세한 논의는 다음 절에서 다루고 있으므로, 본 절에서는 각 발의안의 주요 내용을 위주로 살펴보고자 한다.

Ⅱ. 발의안의 내용

1. 제안 이유

제21대 국회에 들어 중대재해처벌법을 처음으로 발의한 강은미 의원은, 세월호 참사 및 가습기 살균제 피해, 구의역 스크린도어 사망 사고와 석탄화력발전소 김용균 사망사고 등은 개인의 실수에 의한 사고가 아니라 기업이 위험을 제대로 예방하고 관리하지 않았기 때문에 발생하는 기업범죄임을 지적하며 입법의 필요성을 주장한다. 사고가 발생하더라도 기업의 결정권자인 경영책임자에게 「산업안전보건법」상의 책임과 「형법」상 업무상과실치사죄를 적용하는 데도 어려움이 있고, 법인의 경우에는 「산업안전보건법」에 의해 과태료나 벌금을 부과할 수 있으나 애초에 인명피해에 대한 처벌을 예정한 규정이 아니어서 피해에 비해 형벌이 극히 과소하다는 점을 지적한다. 나아가 기업의 안전의무 위반으로 인한 재해사고는 공무원의 의식적 직무 방임이 수반되는 경우가 빈번하므로 공무원에 대한 책임을 물을 필요가 있으나 현행법으로 공무원에게 형사책임을 물은 사례는 찾아보기 어렵다는 점을 추가로 지적하며, 이러한 문제를 해결하고 중대재해사고를 사전에 방지하기 위해 특별법을 제정할 필요가 있다고 하며 법안을 발의하였다.

이후 박주민 의원, 이탄희 의원, 임이자 의원, 박범계 의원이 추가로 중대재해처벌법을 발의하였으며, 제안이유는 강은미 의원의 제안이유와 크게 다르지 않다.

2. 각 법률안의 주요 내용

가. 중대재해의 정의

(1) 강은미 의원 법률안

중대산업재해와 중대시민재해를 구분하고 있지 않으며, “중대재해”를 「산업안전보건법」 제2조 제2호에 준하는 재해로 정의하고 있다. 「산업안전보건법」 제2조 제2호 및 동법 시행규칙 제3조상 중대재해는, ① 사망자가 1명 이상 발생한 재해, ② 3개월 이상의 요양이 필요한 부상자가 동시에 2명 이상 발생한 재해, ③ 부상자 또는 직업성 질병자가 동시에 10명 이상 발생한 재해다. 다만, 아래 ‘나. 사업주와 경영책임자의 의무’에서 살펴보는 바와 같이 사업주와 경영책임자에게 그들이 소유·운영·관리하는 사업장, 공중이용시설, 공중교통수단에서 종사자나 이용자가 위해를 입지 않도록 할 의무와 그들이 취급하거나 생산·제조·판매·유통 중인 원료나 제조물로 인하여 종사자나 이용자가 위해를 입지 않도록 방지할 의무가 있다고 정하고 있는바, 별도 정의는 없지만 산업재해 외에 시민재해가 발생하더라도 본 법의 적용을 받을 수 있도록 규정한 것으로 보인다.

(2) 박주민 의원 법률안

박주민 의원은 중대재해를 중대산업재해와 중대시민재해로 나누었다. “중대산업재해”는 ① 사망자가 1명 이상 발생한 재해, ② 장해등급 중증요양자(1-3급) 1명 이상 발생한 재해, ③ 6개월 이상 요양이 필요한 부상자 또는 직업성 질병자가 2명 이상 발생한 재해, ④ 고의로 재해를 은폐하거나 부상자 또는 질병자가 발생하여 사회적 물의를 일으킨 재해다. “중대시민재해”는 사망 등 재해 정도가 심하거나 다수의 재해자가 발생한 경우로서 ① 사망자가 1명 이상 발생한 재해, ② 부상자 또는 질병자가 동시에 10명 이상 발생한 재해로 정의한다. 장해등급 중증요양자가 1명만 발생하더라도 중대산업재해로 분류한다는 점에서 「산업안전보건법」상의 중대재해보다 더욱 엄격한 기준을 제시했다고 볼 수 있다.

(3) 이탄희 의원, 박범계 의원 법률안

중대재해의 정의규정에 있어, 박주민 의원과 이탄희 의원, 박범계 의원의 법률안 내용이 동일하다.

(4) 임이자 의원 법률안

중대재해의 정의규정은 강은미 의원 법률안과 동일하다. 임이자 의원의 법률안도 시민재해에 대한 정의규정을 별도로 두고 있지 않으나, 사업주와 경영책임자에게 자신이 관리하는 공중이용시설, 공중교통수단 및 제조물에 대한 점검 의무를 부과하였다는 점에서 강은미 의원 법률안과 유사하다.

나. 사업주와 경영책임자의 의무

(1) 강은미 의원 법률안

사업주를 자신의 사업을 영위하는 자, 타인의 노무를 제공받아 사업을 하는 자, 물건의 수거·배달 등을 중개하는 자와 이에 준하는 자로 정의한다.「산업안전보건법」 제5조의 사업자와 유사하다. 경영책임자는, 법인의 대표이사 및 이사, 중앙행정기관의 장, 지방자치단체의 장, 「지방공기업법」에 따른 지방공기업의 장,「공공기관의 운영에 관한 법률」 제4조부터 제6조까지에 따라 지정된 공공기관의 장, 법인의 대표이사나 이사가 아닌 자로서, 해당 법인의 의사결정에 실질적으로 영향력을 행사하는 자로 정의한다.

사업주(개인사업주에 한함)와 법인 또는 기관의 경영책임자 등은 사업주나 법인 또는 기관이 소유·운영·관리하는 사업장, 공중이용시설 또는 공중교통수단에서 그 종사자 또는 이용자가 생명·신체의 안전 또는 보건위생상의 위해를 입지 않도록 유해·위험을 방지할 의무를 부담한다. 이에 더하여 사업주와 경영책임자 등은 사업주나 법인 또는 기관이 소유·운영·관리하는 사업장에서 취급하거나 생산·제조·판매·유통 중인 원료나 제조물로 인하여 그 종사자 또는 이용자가 생명·신체의 안전 또는 보건위생상의 위해를 입지 않도록 유해·위험을 방지할 의무를 부담한다.

(2) 박주민 의원, 이탄희 의원 법률안

사업주는 자신의 사업을 영위하는 자, 타인의 노무를 제공받아 사업을 하는 자를 말한다. 경영책임자에 대한 정의는 강은미 의원 발의안과 유사하다.

사업주 또는 경영책임자 등은 사업주나 기관 또는 법인이 소유, 운영, 관리하거나 발주한 사업 또는 사업장에서 종사자의 생명, 신체의 안전 또는 보건상의 위해를 입지 않도록 위험을 방지할 의무가 있고, 위 안전조치 및 보건조치의무의 경우 사업주나 법인 또는 기관이 제3자에게 임대, 용역, 도급 등을 행한 경우 또는 법령에 따라 해당 시설이나 설비 등이 위탁되어 수탁자가 그 운영, 관리책임을 지게 된 경우에는 해당 제3자 또는 수탁자와 그 사업주나 경영책임자 등이 공동으로 안전조치 및 보건조치의무를 부담한다. 사업주 또는 경영책임자 등은 소유, 관리, 또는 운영하는 사업장에서 생산, 제조, 판매, 유통 중인 원료나 제조물로 인한 공중위험의 발생 또는 공중이용시설 및 공중교통시설에서의 공중 위험의 발생 방지 의무를 부담한다.

(3) 임이자 의원 법률안

사업주와 경영책임자에 대한 정의는 강은미 의원안과 유사하다. 사업주와 경영책임자는 사업장의 안전 및 보건에 관하여, ① 안전보건 조치에 필요한 조직과 인력, 예산을 편성하고 그 운영을 정기적으로 점검해야 하고, ② 「산업안전보건법」 제155조에 따른 근로감독관의 권한에 따라 시행된 감독의 지적사항을 확인하고 이행해야 하며, ③ 자신이 관리하는 공중이용시설, 공중교통수단 및 제조물에 대한 점검 의무를 부담한다.

사업주와 경영책임자에게 안전보건 조직, 인력, 예산을 편성할 의무를 부과하여 기업이 안전관리체계를 강화하도록 유도했다는 점에서 다른 법률안과 차별화된다.

(4) 박범계 의원 법률안

사업주와 경영책임자에 대한 정의, 이들의 의무는 박주민 의원안과 기본적으로 유사하다. 그러나 사업주와 경영책임자에 대한 의무를 보다 명확하게 규정할 필요가 있다고 지적하며, 사업주 등이 이행하여야 하는 안전 또는 보건 관련 의무를 '안전·보건조치 등 의무'로 규정하고 그 내용을 '각종 안전·보건상의 위험을 방지하기 위하여 제정된 이 법 또는 각 개별법에서 정하고 있는 안전 또는 보건을 위한 관리, 조치, 감독, 검사, 대응 등의 의무'로 규정하여 사업주 등이 하여야 하는 안전 또는 보건 관련 의무의 내용을 다른 법률안에 비하여 보다 명확하게 규정했다.

다. 사업주와 경영책임자에 대한 처벌 및 법인에 대한 처벌 등

(1) 강은미 의원 법률안

사업주 및 경영책임자 등이 법에 따른 유해·위험방지의무를 위반하여 사람을 사상에 이르게 한 때에는 사업주 및 경영책임자 등을 형사처벌 하는데, 사망사고의 경우 3년 이상의 유기징역 또는 5천만 원 이상 10억 원 이하의 벌금에, 상해에 이르게 한 때에는 7년 이하의 징역 또는 1억 원 이하의 벌금에 처한다.

법인의 경우, ① 법인 또는 기관의 경영책임자 등이 유해·위험방지의무(도급과 위탁 관계에서의 의무 포함)를 위반한 때, ② 법인 또는 기관이 소유·운영·관리하는 사업장, 공중이용시설 또는 공중교통수단에서 그 법인 또는 기관의 대리인, 종사자, 사용인이 업무상 과실 또는 중대한 과실로 인하여 사람을 사상에 이르게 한 때, ③ 법인 또는 기관의 대리인, 종사자, 사용인이 업무상 과실 또는 중대한 과실로 원료를 취급하거나 결함이 있는 제조물을 제조하여 사람을 사상에 이르게 한 때 해당 법인 또는 기관에는 1억 원 이상 20억 원 이하의 벌금을 부과할 수 있다. 다만, 법인 또는 기관이 그 사상 사고를 방지하기 위하여 해당 업무에 관하여 상당한 주의와 감독을 게을리하지 아니한 때에는 면책될 수 있다. 법인 또는 기관의 경영책임자 등이 명시적 또는 묵시적으로 사람의 생명·신체의 안전 또는 보건위생상의 유해·위험방지의무를 소홀히 하도록 지시하거나 이를 조장·용인·방치한 경우에는 해당 법인의 전년도 연 매출액 또는 해당 기관의 전년도 수입액의 10분의 1의 범위에서 벌금을 가중할 수 있다.

(2) 박주민 의원, 이탄희 의원, 박범계 의원 법률안

사업주 또는 경영책임자 등이 안전조치 및 보건조치의무를 위반하여 사람을 사망에 이르게 한 경우에는 2년 이상의 유기징역 또는 5억 원 이상의 벌금에 처하고, 사망을 제외한 중대산업재해에 이르게 한 경우에는 3년 이하의 유기징역 또는 1억 원 이하의 벌금에 처한다. 사업주 또는 경영책임자 등이 사업주, 법인 또는 기관의 종사자에게 사람의 생명·신체의 안전 또는 보건위생상의 유해·위험방지의무를 소홀히 하도록 지시한 때에는 5년 이상의 유기징역에 처한다.

이 경우 해당 법인에게 1억 원 이상 20억 원 이하의 벌금을 부과할 수 있는데, 법인 또는 기관이 그 사상 사고를 방지하기 위하여 해당 업무에 관하여 상당한 주의와 감독을 게을리하지 아니한 때에는 면책될 수 있다. 경영책임자 등이 명시적 또는 묵시적으로 사람의 생명·신체의 안전 또는 보건상의 위험 방지 의무를 소홀히 하도록 지시한 경우에는 해당 법인의 전년도 연 매출액 또는 해당 기관의 전년도 수입액의 10분의 1의 범위에서 벌금을 가중할 수 있다.

사업주 및 경영책임자 등이 중대시민재해 중 사망의 결과를 야기한 때에는 2년 이상의 유기징역 또는 5억 원 이상의 벌금에, 중대시민재해 중 부상 또는 질병의 결과를 야기한 때에는 2년 이하의 유기징역 또는 1억 원 이하의 벌금에 처한다. 법인에 대한 처벌은 중대산업재해와 동일하다.

박범계 의원 법률안은 사업주 등의 의무를 다른 법률안에 비해 보다 명확하게 규정하고 있다는 점에서 차이가 있으나, 형벌 부과 정도에 있어서는 박주민 의원, 이탄희 의원 법률안과 동일하다.

(3) 임이자 의원 법률안

사업주와 경영책임자가 안전 및 보건 의무를 위반하여 사람을 사망에 이르게 한 때에는 5년 이상의 유기징역 또는 1억 원 이하의 벌금에 처하고, 사람을 상해에 이르게 한 때에는 5년 이하의 징역 또는 7천만 원 이하의 벌금에 처한다. 사업주 또는 경영책임자가 법상 의무를 위반하여 사람을 사망에 이르게 한 경우, 기업은 10억 원 이상 30억 원 이하의 벌금에 처할 수 있다. 한편, 안전 및 보건 의무를 위반하여 3명 이상의 사망자가 발생한 사업주 또는 경영책임자, 기업에게 100억 원 이하의 과징금을 부과할 수 있도록 정하고 있다. 법률안 중 유일하게 과징금 규정을 두고 있다.

라. 도급인의 의무

(1) 강은미 의원, 박주민 의원, 이탄희 의원, 박범계 의원 법률안

사업주나 법인 또는 기관이 제3자에게 임대·용역·도급 등을 행한 때에는 사업주 및 경영책임자 등은 제3자와 공동으로 유해·위험방지의무를 부담하며, 법령에 따라 해당 시설이나 설비 등이 위탁되어 수탁자가 그 운영·관리책임을 지게 된 경우에는 수탁자와 사업주나 경영책임자 등이 공동으로 안전·보건조치의무(강은미 의원안의 경우 유해·위험 방지의무)를 부담한다.

(2) 임이자 의원 법률안

사업주나 기관이 그 사업장 내에서 제3자에게 자신의 사업 일부를 도급(여러 차례 이상 도급이 이루어진 것을 포함한다) 등을 행한 때에는 사업주는 제3자인 사업주나 경영책임자와 공동으로 산업 안전 및 보건 의무를 부담한다.

마. 공무원에 대한 처벌

(1) 강은미 의원 법률안

법령상 사업장이나 공중이용시설 및 공중교통수단에 대한 유해·위험방지 감독 또는 건축 및 사용에 대한 인·허가 권한이 있는 기관의 장 또는 상급자로서 해당 직무를 게을리 하거나 의무를 위반하여 사람이 사망 등 중대재해에 이르게 하는 데 기여한 공무원은 1년 이상 15년 이하의 징역 또는 3천만 원 이상 3억 원 이하의 벌금에 처한다.

(2) 박주민 의원, 이탄희 의원, 박범계 의원 법률안

박주민 의원안과 이탄희 의원안은, 사업 또는 사업장이나 공중이용시설 및 공중교통수단에 대한 위험의 예방 및 안전관리와 보건관리 의무의 준수 여부의 감독, 공중이용시설 및 공중교통수단의 건축 및 사용에 대한 인·허가, 사업 또는 사업장에서 취급하거나 생산·제조·판매·유통 중인 원료나 제조물의 안전·보건조치 의무와 관련된 감독 및 인·허가 업무의 결재권자인 공무원(중앙행정기관의 장 및 지방자치단체의 장을 포함)이 그 권한과 관련된 주의의무를 위반하여 중대재해를 야기한 때에는 1년 이상의 징역 또는 3천만 원 이상 3억 원 이하의 벌금에 처한다고 정하고 있다. 동일한 법 위반 행위에 대하여 박범계 의원은, 7년 이하의 금고 또는 5천만 원 이하의 벌금에 처하는 것으로 정하고 있다.

(3) 임이자 의원 법률안

임이자 의원안은 공무원 처벌 규정을 별도로 두지 않고 있다.

바. 인과관계의 추정

이탄희 의원과 박주민 의원 발의안의 경우, "당해 사고 이전 5년간 사업주 또는 경영책임자 등이 제3조(안전조치 및 보건조치의무)가 정하고 있는 의무와 관련된 법을 위반한 사실이 수사기관 또는 관련 행정청에 의해 3회 이상 확인된 경우” 또는 “사업주 또는 경영책임자 등이 당해 사고에 관한 증거를 인멸하거나 현장을 훼손하는 등 사고 원인 규명, 진상조사, 수사 등을 방해한 사실이 확인되거나 다른 사람으로 하여금 이러한 행위를 하도록 지시 또는 방조한 사실이 확인되는 경우”에는 사업주 또는 경영책임자 등이 위험방지의무를 위반한 행위로 인하여 중대산업재해가 발생한 것으로 추정하는 인과관계의 추정 조항이 있다.

강은미 의원, 임이자 의원, 박범계 의원 발의안은 인과관계의 추정 조항을 두고 있지 않다. 관련하여, 박범계 의원은 형사재판에서 공소가 제기된 범죄사실에 대한 증명책임은 검사에게 있는 것이 형사소송에 있어서의 대원칙이므로, 인과관계 추정 규정은 그 도입을 신중하게 검토할 필요가 있다고 하며, 해당 규정을 삭제하였다고 밝혔다.

사. 작업중지의 조치 및 영업정지의 요청

박주민 의원, 박범계 의원, 이탄희 의원 법률안은, 고용노동부장관은 중대산업재해가 발생한 경우에는 중대산업재해가 발생한 작업 및 그 작업과 동일한 작업에 대하여는 지체 없이 그 작업의 중지를 명해야 한다는 내용의 장업중지 조치를 규정하고 있다. 뿐만 아니라 사업주 또는 경영책임자 등이 중대산업재해를 발생시킨 경우에는 관계 행정기관의 장이나 「공공기관의 운영에 관한 법률」 제4조에 따른 공공기관의 장에게 관계 법령에 따라 해당 사업의 영업정지나 그 밖의 제재를 할 것을 요청하여야 한다는 내용의 영업정지 요청 규정도 두고 있다.

아. 양형절차의 특례

(1) 강은미 의원, 박주민 의원, 박범계 의원 법률안

사업주 및 경영책임자 등이 유해·위험방지의무를 위반하여 사람이 사망 등 중대재해에 이르게 한 데 대하여 범죄의 증명이 있는 때에는 적정한 형의 선고를 위해 유죄 판결과 별도로 형의 선고를 분리하는 양형 절차에 관한 특례 조항을 두고 있다.

(2) 이탄희 의원 법률안

산재사고와 관련 판사들이 선고하는 양형은 국민들의 법감정에 비해 턱없이 낮은 상황임을 지적하며, 법정형의 상·하한을 상향하더라도 판사가 법정형에 맞게 선고하지 않으면 처벌 강화 효과가 실현되지 않는다고 주장한다. 이에 중대재해 등이 발생한 경우 국민의 상식·법감정에 부합하는 객관적이고 공정한 양형이 이뤄지도록 공판절차 이분화와 국민양형위원 지정 등 양형절차를 개선할 필요가 있다고 하며, 사업주 또는 경영책임자 등이 안전조치 및 보건조치의무를 위반하여 사람을 사망에 이르게 하거나 공무원이 그 권한과 관련된 주의의무를 위반하여 중대재해를 야기한 때에는 유죄 선고 뒤 따로 형의 선고를 위한 선고 기일을 지정하고, 법원이 양형심리를 위한 국민양형위원을 지정해 심의에 회부하게 하는 등 공판절차 이분화와 국민양형위원 지정 절차를 마련하고 있다.

(3) 임이자 의원 법률안

임이자 의원안은 양형 절차의 특례 조항을 별도로 두지 않고 있다.

자. 손해배상

(1) 강은미 의원 법률안

사업주나 법인 또는 기관의 경영책임자 등, 대리인, 종사자, 또는 사용인이 고의 또는 중대한 과실로 생명·신체의 안전 또는 보건위생상의 유해·위험방지의무를 위반하여 사람을 사망 등 중대재해에 이르게 함으로써 해당 사업주, 법인 또는 기관이 피해자에 대하여 손해배상의 책임을 지는 때에는 그 손해액의 3배 이상 10배 이하의 범위에서 배상할 책임을 지며, 이 경우 입증책임은 사업주, 법인 또는 기관이 부담한다.

(2) 이탄희 의원, 박범계 의원 법률안

사업주나 공무원, 경영책임자 등, 대리인, 사용인, 종사자가 고의 또는 중대한 과실로 생명·신체의 안전 또는 보건위생상의 유해·위험방지의무를 위반하여 중대산업재해 또는 중대시민재해를 야기하여 해당 법인 또는 기관이 손해배상의 책임을 지는 경우 배상액은 그 손해액의 5배에 해당하는 금액을 최저한도로 한다. 다만, 사업주나 법인 또는 기관이 고의 또는 중대한 과실이 없음을 증명한 경우에는 최저 5배 손해배상책임을 면할 수 있다. 입증책임이 전환되는 것은 아니다.

(3) 임이자 의원 법률안

임이자 의원안은 손해배상 관련 조항을 별도로 두지 않고 있다.

Ⅲ. 결 어

각 법률안에서 어떤 부분이 채택되고, 어떤 부분은 채택되지 않았는지 그리고 그 이유는 무엇인지 알아보기에 앞서 법률안의 내용을 세부적으로 살펴보았다. 산업이 고도로 발전했음에도 불구하고 우리 사회에 산업재해 사고는 끊임없이 발생하고 있다. 사회적 규제로서 산업안전규제정책의 경우 정부가 문제의 해결을 위하여 개입해야 한다는 데에는 별다른 논란이 없지만, 어떤 측면에 중점을 두어 어떤 전략을 사용하는 것이 바람직할 것인지는 매우 중요한 문제이다.[1]

학계에서는 중대재해처벌법의 제정 의의에 관하여, ① 안전사고와 산업재해는 단순히 노동자나 관리자의 잘못이라기보다는 이러한 잘못을 할 수밖에 없게 만드는 구조적인 배경이 있으므로 이러한 구조를 만들거나 잘못된 행위가 발생하도록 압력을 가한 사람들 혹은 기업 자체에 무거운 처벌이 이루어져야 한다는 점(형벌의 응보적 측면), ② 이러한 범죄의 구조적 측면을 고려하면, 기업과 기업의 경영책임자 등을 처벌하는 것은 안전사고에 대한 예방효과를 더욱 크게 하리라는 점(형벌의 범죄 예방적 측면)을 들고 있다.[2]

반면, 범죄를 행한 결과로 처벌을 받게 될 것이라는 위협은 사람들로 하여금 죄를 짓지 않게 한다는 것이 억제이론 혹은 합리적 선택이론의 핵심[3]인데, 산업재해사고는 규모가 작고 영세하여 법정 수준의 안전설비를 갖추지 못한 사업장에서 더 쉽게 발생하고, 이러한 영세 사업장은 사실상 법을 해석할 능력도 부족하기 때문에 산업재해사고 예방 효과가 미미할 것이라는 우려 또한 존재한다. 관련하여, 대기업은 20억 원을 들여 법률 컨설팅을 받으며 처벌을 피할 수 있는 방법을 강구하고 있으나 이러한 컨설팅 보고서에는 구체적인 산업안전 예방책은 찾아보기 힘들다는 지적과 함께 보여주기식 정책에 급급하지 말고 산업안전 행정력을 늘리는 등, 중장기적으로 산업안전 보건 수준을 끌어올리는 정책을 고민해야 한다는 의견도 있다.[4]

생각건대, 중대시민재해가 발생하는 산업 영역인 여객업, 항공업, 제조업 등은

1) 김홍주 등, "산업안전규제 정책대상 집단의 불응 요인에 관한 연구: 건설 산업 근로자를 중심으로", 한국행정연구, 2009, 198면.
2) 온주 중대재해처벌법(권창영 집필),
3) 연성진, 처벌의 범죄억제 효과에 관한 연구, 형사정책연구원 연구총서, 2003, 11면.
4) 강기헌, '중대재해법, 대기업은 20억 컨설팅…중소기업은 법해석도 못 해', 중앙일보, 2022. 1. 25. 참조 https://www.joongang.co.kr/article/25042947#home (최종방문일: 2022. 6. 12.)

비교적 규모가 있는 기업이 영위하기 때문에 기업들이 중대재해처벌법의 리스크를 피하기 위하여 최대한의 노력을 기울일 것으로 예상되고, 그 결과로 사고 발생률 또한 낮아질 것으로 기대된다. 그러나 산업재해의 경우는 약간 다를 수 있다. 산업재해 사망사고의 경우, 전체 사고의 80% 이상이 50인 미만의 소규모 사업장에서 발생한다.[5] 이러한 작은 사업장은 앞서 언급한 바와 같이 법 문언을 해석할 능력도 부족할뿐더러 사고 방지를 위해 투입할 인력 또한 부족하다. 따라서 처벌 강화가 실제 사고 발생률을 낮추는데 있어 얼마나 효과가 있을지는 의문이다.[6]

중대재해처벌법은 졸속 입법에 졸속 개정이라는 비난을 받기도 하지만, 기업처벌법 논의는 제19대 국회부터 있어왔다. 오랜 시간, 많은 이들의 눈물과 염원이 모여 만들어진 법이다. 부디 이 법이 만들어진 목적에 맞는 역할을 할 수 있길 바란다. 더 나아가서는, 이와 같은 법적 규제가 없이도 모두가 일터에서 안전하게 퇴근할 수 있는 나라, 안전하게 이동하고, 안전에 대한 걱정 없이 물건을 소비할 수 있는 나라가 오길 바란다.

5) 고용노동부 보도자료, '21년 산업재해 사고사망 현황 발표' https://www.moel.go.kr/news/enews/report/enewsView.do?news_seq=13330 (최종방문일: 2022. 6. 12.)

6) 참고로, 법 시행 당시 개인사업자 또는 상시근로자가 50명 미만인 사업 또는 사업장의 경우 법 적용이 2024. 1.로 유예되었기 때문에 중대재해처벌법이 소규모 사업장에서의 산재사고 발생율을 낮추는 데 기여했는지 여부를 실증적으로 밝히는 것은 2025년도 이후에나 가능할 것으로 보인다.

제3절

제21대 국회 법안심사 제1소위원회의 논의

박상록*

Ⅰ. 중대재해처벌법 입법 과정에 관한 검토 필요성

중대재해 발생 예방을 위하여 경영책임자 등에게 일정한 의무를 부과하고, 이를 위반하여 중대재해가 발생한 경우 강력하게 처벌하는 것을 주요 내용으로 하는 「중대재해 처벌 등에 관한 법률」(이하 '중대재해처벌법'이라 함) 및 같은 법 시행령이 2021년 제정되었다. 이는 「산업안전보건법」(이하 '산안법'이라 함)에 의한 규율에도 불구하고 반복되는 중대산업재해 문제를 구조적으로 해결하고 시민들의 안전에 중대한 해가 되는 사고들을 예방하기 위해 영국 등의 입법례를 참고하여 실질적 권한이 있는 최종 책임자에게 관련 의무를 부과하고, 위반 시 처벌함으로써 국민의 생명과 신체를 보호하기 위한 취지의 입법이었다. 다만 중대재해처벌법은 강력한 처벌을 예정하고 있기 때문에 그 구성요건이 되는 의무가 무엇인지 수범자들이 명확하게 이해할 수 있어야 하는데, 본 법률은 새롭게 제정된 것이고 이와 유사한 입법례를 찾기도 어려운 상황이므로, 결국 법률 제정 과정에서 입법자의 의도를 명확하게 파악하는 것이 중대재해처벌법 각 조항에 대한 올바른 이해를 위해 매우 중요하다. 따라서 이하에서는 제21대 국회 법제사법위원회 법안심사 소위원회에서의 논의 과정을 중심으로 중대재해처벌법의 구체적 내용들을 분석해보고자 한다.

* 朴相綠, 법무법인(유한) 화우 변호사, tkdfhr0530@snu.ac.kr

Ⅱ. 법제사법위원회 법안심사 제1소위원회 논의 배경 및 경과

2020년 말까지 제21대 국회에는, 중대재해기업 처벌 등과 관련하여 고 김용균 씨의 어머니인 김미숙 외 100,000인의 '안전한 일터와 사회를 위한 중대재해기업 처벌법 제정에 관한 청원'과 강은미, 박주민, 이탄희, 임이자, 박범계 의원이 각 대표발의한 5건의 법률안이 발의되어 있었다. 국회 법제사법위원회는 위 5건의 법률안과 청원을 본회의에 부의하지 아니하기로 하고, 각 법률안의 내용을 통합하여 위원회 대안을 제안하기로 결정하였다.

이에 따라 2020년 말부터 제383회 국회(임시회)에서 6차에 걸친 법안심사 제1소위원회 논의가 진행되었고,[1][2] 정부 측에서는 기본적으로 법무부가 박주민 의원안을 토대로 하여 각 부처의 의견들을 정리하여 전달하였고 후반부 회의에는 법무부, 고용노동부, 중소벤처기업부의 차관 및 교육부, 국토교통부, 소방청 등의 실무자들이 참석하여 각 부처의 의견을 개진하였으며, 법원 측에서는 법원행정처 차장이 참석하여 각 쟁점들에 대한 법원의 의견을 전달하거나 대안을 제시하였다.

결과적으로 수차례에 걸친 소위원회 논의 과정을 거치며 위원회가 합의한 대안은 최초의 의원안들과 비교하여 정의 규정, 적용 범위, 처벌 수위 등에서 많은 차이가 발생하였다. 또한 소위원회에서 마련된 대안은 2021. 1. 8. 법제사법위원회 전체회의에서 수정 없이 원안대로 가결되었고, 동일한 내용으로 국회 본회의를 통과하여 현재 시행되고 있다. 따라서 현행 중대재해처벌법의 각 조항들이 무엇을 의미하고, 구체적 상황에 어떻게 적용될 것인지 파악하기 위해서는 현행 조문들의 문언과 입법취지 등을 위원회 단계에서의 구체적 논의 내용을 바탕으로 분석해볼 필요가 있다.

---

1) 제1차 회의(2020. 12. 24.), 제2차 회의(2020. 12. 29.), 제3차 회의(2020. 12. 30.), 제4차 회의(2021. 1. 5.), 제5차 회의(2021. 1. 6.), 제6차 회의(2021. 1. 7.)

2) 더불어민주당 소속의 백혜련, 송기헌, 김용민, 박주민, 김남국 의원과 국민의힘 소속 김도읍, 유상범, 전주혜 의원이 위원으로 논의에 참여하였다.

Ⅲ. 법안심사 소위원회에서의 쟁점별 논의내용

1. 법률의 목적 및 제명

중대재해처벌법 제1조[3]는 시민과 종사자의 생명·신체 보호를 최종적인 목적으로 규정하되 이를 달성하기 위한 핵심적 수단으로 형사처벌을 명시하고 있다. 물론 위원회 논의 과정에서 안전에 관한 정부의 책임을 사업주나 경영책임자등에게 전가하는 것은 부당하다는 지적[4]에 따라 정부의 지원 의무 등을 규정하기도 하였지만, 본 법률의 내용 대부분은 안전·보건 확보 의무 및 위반 시 처벌에 관한 규정들로 구성되어 있다. 또한 「중대재해 처벌 등에 관한 법률」이라는 법명에서도 그 핵심이 추상적인 산업재해 예방이 아니라 경영책임자등에 대한 처벌에 있다는 점이 명확히 드러나고,[5] 법명을 확정하는 과정에서도 예방을 위한 구체적 조치는 국회 환경노동위원회에서 논의될 영역이라는 점이 지적되어 법제사법위원회가 주관하는 본 법률은 처벌에 초점을 맞추도록 하였다. 물론 처벌 외의 내용이 일부 규정되어 있다는 점을 고려하여 법명에 '등'이라는 문구를 추가로 삽입하기는 하였으나, 근본적으로 본 법률이 특별형법적 성격을 가진다는 점을 부정하기는 어려워 보인다.[6][7]

2. 제2조 정의규정 관련 논의

가. "중대산업재해"의 정의

중대재해처벌법 제2조 제2호는 산안법 제2조 제1호에 따른 산업재해 중 ① 사망자가 1명 이상 발생, ② 동일한 사고로 6개월 이상 치료가 필요한 부상자가 2명 이상 발생, ③ 동일한 유해요인으로 급성중독 등 대통령령으로 정하는 직업성

---

3) 「**중대재해 처벌 등에 관한 법률**」 **제1조(목적)** 이 법은 사업 또는 사업장, 공중이용시설 및 공중교통수단을 운영하거나 인체에 해로운 원료나 제조물을 취급하면서 안전·보건 조치의무를 위반하여 인명피해를 발생하게 한 사업주, 경영책임자, 공무원 및 법인의 처벌 등을 규정함으로써 중대재해를 예방하고 시민과 종사자의 생명과 신체를 보호함을 목적으로 한다.

4) 소위원회 전반에 걸쳐 주로 김도읍 위원이 처벌을 통한 안전조치 확보를 위해서는 정부 차원의 충분한 지원과 시스템 구축이 전제되어야 하고, 그렇지 않은 경우 이러한 입법은 안전에 대한 정부의 책임을 경영책임자등에게 전가하는 것에 지나지 않는다는 점을 지적하였다.

5) 전형배, 중대재해처벌법의 해석상 쟁점, 노동법포럼 제34호, 노동법이론실무학회, 2021, 270-271면.

6) 제383회 국회 법제사법위원회회의록(법안심사제1소위원회) 제5호, 국회사무처, 81면 등 참조.

7) 온주 중대재해처벌법 '중대재해처벌법 전론', (권창영 집필), 온주편집위원회, 2022. 4. 25.

질병자가 1년 이내에 3명 이상 발생한 경우를 "중대산업재해"로 정의하고 있다. 이 중 ①은 사람이 사망한 경우로서 중대산업재해의 전형적인 경우에 해당하고, 소위원회 논의 과정에서도 별다른 이견 없이 합의가 이루어졌다.[8]

②의 경우에는 "동일한 사고"의 구체적 의미를 파악하기 위해 논의 내용을 살펴볼 필요가 있다. 소위원회 논의 당시 법무부는 형벌의 구성요건을 명확히 할 필요가 있다는 측면을 고려하여 "동일한 원인 또는 동시에"라는 문구를 제안하였고, 위원들은 산업현장에서 발생하는 사고를 방지한다는 입법취지를 더 명확히 하면서도 법문을 간명하게 하기 위해 "동일한 사고"라는 문구를 제안하였다. 다만 이에 대해 박주민 위원은 동일한 원인으로 다른 시점에 사고가 발생하는 경우도 중대재해에 포함될 필요성을 주장하였다.[9] 다만 위와 같은 주장에 대해서는 얼마의 간격을 두고 동일한 원인으로 사고가 발생하여야 중대재해로 처벌할 수 있는 것인지 상당히 모호하다는 등의 비판이 제기되었고, 결과적으로 수용되지 못하였다. 이러한 논의 내용들을 고려하면 결국 "동일한 사고"란 동일한 시간, 장소에서 발생한 하나의 사고로 해석하는 것이 타당할 것이다.[10]

한편 ③의 경우 질병의 특성상 동일한 원인이 있더라도 시간적 간격을 두고 각자에게 발병하는 것이 일반적이므로, 이시 발생을 전제로 법문언이 정해졌다.[11] 다만 형사처벌과 연결되기 때문에 시기를 일정 범위로 제한할 필요성이 제기되었고, 고용노동부는 "1년에 3건 정도면 저희들이 통계적으로 관리할 수 있는 영역"이라고 판단하여 실무적인 관점에서 1년을 기준으로 제시하였고 해당 부처 의견이 받아들여졌다.[12]

나. "중대시민재해"의 정의[13]

중대재해처벌법 제2조 제3호는 특정 원료 또는 제조물, 공중이용시설 또는 공

---

8) 제383회 국회 법제사법위원회회의록(법안심사제1소위원회) 제2호, 국회사무처, 29면.
9) 앞의 회의록 제2호, 31면.
(박주민 위원) "6개월 이상의 요양이 필요한 부상자가 예를 들어서 사다리 같은 것이 부실한 이유로 한 번 났어요. 그런데 사업주가 거기에 대해서 보수나 이런 것을 안 하고 있다가 그 동일한 사다리가 부실하다는 이유로 또 1명이 6개월 이상 부상을 당했다는 말입니다. 그러면 만약에 이것을 단일한 사고, 하나의 사고라는 말로 좁혀 버리면 중대재해가 아닌 재해가 돼 버립니다. 그래서 그럴 경우에는 우리가 얘기하는 산업재해를 줄이고 뭔가 사업주들이 산업현장을 개선하게 만들겠다는 이 법의 입법취지가 좀 약해지는 것 아니냐는 말씀을 드리는 겁니다."
10) 전형배(2021), 앞의 글, 275면.
11) 앞의 회의록 제2호, 33-34면.
12) 앞의 회의록 제5호, 42면.
13) 앞의 회의록 제2호, 38-40면.

중교통수단의 설계, 제조, 설치, 관리상의 결함을 원인으로 하여 발생한 재해 중 ① 사망자가 1명 이상 발생, ② 동일한 사고로 2개월 이상 치료가 필요한 부상자가 10명 이상 발생, ③ 동일한 원인으로 3개월 이상 치료가 필요한 질병자가 10명 이상 발생한 경우를 "중대시민재해"로 정의하고 있다. 전반적으로 위 "중대산업재해" 조항과의 균형을 고려하여 사망, 동일한 사고로 부상자 발생, 동일한 원인으로 질병자 발생의 구조를 취하게 되었다. 또한 중대시민재해 부분에서도 사람이 사망한 ①의 경우는 특별한 이견 없이 합의가 이루어졌다.

다만 ②, ③의 경우와 관련하여 부상 및 질병의 정도를 제한하지 않으면, 예를 들어 식당에서 음식이 잘못되어 손님들 다수에게 단기적인 장염이 발생하는 등 사안이 경미한 경우까지 사업주가 형사처벌을 받는 부당한 상황이 발생할 수 있으므로, 부상 및 질병의 정도를 기준으로 적용 범위를 일부 제한하였다. 또한 유상범 위원이 "부상은 치료기간이 좀 집중적이고 일반 질병 같은 경우에는 장기간 치료를 요하니까 그 기간의 차이를 좀 두는 것도 합리적"이라고 의견을 제시하는 등 대체로 질병이 부상에 비해서는 장기간 치료가 필요하다는 점에 대한 합의가 이루어져 양자 사이에 2개월과 3개월로 차등을 두는 쪽으로 결정되었다.[14]

다. "공중이용시설"[15]의 범위

중대시민재해 관련 안전 및 보건확보의무 대상인 공중이용시설의 구체적 범위를 정하는 과정에서는 각 정부 부처들의 실무적인 의견이 많이 반영되었고, 결과적으로는 박주민 의원안 등 당초 법률안의 규정과 비교하여 많은 예외들이 인정되었다.

---

14) 앞의 회의록 제5호, 47-48면.

15) **「중대재해 처벌 등에 관한 법률」 제2조(정의)** 이 법에서 사용하는 용어의 뜻은 다음과 같다. (1.-3. 생략)

4. "공중이용시설"이란 다음 각 목의 시설 중 시설의 규모나 면적 등을 고려하여 대통령령으로 정하는 시설을 말한다. 다만, 「소상공인 보호 및 지원에 관한 법률」 제2조에 따른 소상공인의 사업 또는 사업장 및 이에 준하는 비영리시설과 「교육시설 등의 안전 및 유지관리 등에 관한 법률」 제2조제1호에 따른 교육시설은 제외한다.

가. 「실내공기질 관리법」 제3조제1항의 시설(「다중이용업소의 안전관리에 관한 특별법」 제2조제1항제1호에 따른 영업장은 제외한다)

나. 「시설물의 안전 및 유지관리에 관한 특별법」 제2조제1호의 시설물(공동주택은 제외한다)

다. 「다중이용업소의 안전관리에 관한 특별법」 제2조제1항제1호에 따른 영업장 중 해당 영업에 사용하는 바닥면적(「건축법」 제84조에 따라 산정한 면적을 말한다)의 합계가 1천제곱미터 이상인 것

라. 그 밖에 가목부터 다목까지에 준하는 시설로서 재해 발생 시 생명·신체상의 피해가 발생할 우려가 높은 장소

중소벤처기업부의 경우 소상공인들의 어려운 여건 등을 고려하여 이들에 대해서는 중대시민재해 규정이 적용되지 않아야 한다고 주장하여 제2조 제4호 단서에 반영되었고,[16] 교육부의 경우 「교육시설 등의 안전 및 유지관리 등에 관한 법률」 제2조 제1호의 교육시설(유치원, 초·중·고등학교 등)의 경우, 안전 의무를 이행하지 않아 인명사고가 발생한 경우 해당 법률에 따라 교육시설의 장에게 5년 이하의 징역형이 부과된다는 점을 고려하여 중대시민재해 대상 시설로까지 포함되는 것은 적절하지 않다는 의견을 제시하였고, 이 역시 법 제2조 제4호 단서에 반영되었다.[17]

또한 법 제2조 제4호 각 목과 관련하여, 소방청의 의견을 반영하여 바닥면적 1,000㎡ 미만의 영업장은 제외하였고,[18] 환경부의 의견에 따라 「실내공기질 관리법」 적용 시설 중 다목과 중복되는 다중이용업소를 제외하였으며,[19] 국토교통부의 의견을 반영하여 사적 거주 공간이고, 입주자대표회의 외에는 경영책임자를 특정하기도 어려운 공동주택을 대상에서 제외하였다.[20] 다만 가목 내지 다목만으로는 재해가 발생할 수 있는 공중이용시설을 완벽히 포괄하기 어렵다는 법원행정처의 의견을 반영하여 법 제2조 제4호 라목에 일반규정을 두도록 결정하였다.[21]

라. "공중교통수단"의 범위

공중교통수단의 구체적 범위를 정하는 과정에서는 중대시민재해를 방지하려는 본 법률의 입법취지상 불특정 다수가 이용하는 교통수단들만 포함되면 충분하다는 국토교통부, 해양수산부 등의 의견이 반영되었다.[22] 당초 박주민 의원안 제2조

---

16) 제383회 국회 법제사법위원회회의록(법안심사제1소위원회) 제4호, 국회사무처, 72면.
(중소벤처기업부 차관) "저희들 입장은 소상공인에 대해서는 기본적인 관리 능력이 취약하고 그리고 대부분 개인사업자인 점을 고려하고, 그래서 만약 문제가 생겼을 때 폐업으로 갈 수밖에 없지 않습니까. 그런 부분, 그리고 소상공인이 지금 코로나19 때문에 아시다시피 생존의 상황에 처해 있는 그런 상황적인 측면 등을 고려해서 중대시민재해는 당연히 면제를 해 주십사 하는 것이고요. 더 나아가서 중대산업재해까지도 적용을 제외해 주시기를 요청하는 것이 저희 중기부 입장입니다."

17) 앞의 회의록 제5호, 5면 및 40면 참조.

18) 앞의 회의록 제4호, 72면.
(소방청 화재예방과장) "다중이용업소들이 전국에 18만 개 업소가 있는데 대부분이 영세한, 완전 영세한 것은 아니지만 이 법의 취지에 부합하기에는 좀 의문스러운 그런 규모들입니다. 그래서 어느 정도 기준을 설정해서 일정 규모 이상을 규제 대상으로 하는 것이 옳지 않은가 하는 게 저희들 판단이고, (중략) 일반적으로 건축물의 위험도 기준을 구분할 때 많이 등장하는 게 1000㎡고, 1000㎡ 이렇게 다른 입법례들이 많이 있습니다."

19) 앞의 회의록 제5호, 4면.

20) 앞의 회의록 제4호, 71면.

21) 앞의 회의록 제5호, 16면 등 참조.

제5호 각 목에서는 철도차량, 선박, 항공기 등으로 대상을 넓게 규정하고 있었으나, 불특정 다수의 시민들이 이용하지 않는 교통수단은 그 특성상 중대시민재해 개념에 부합하지 않는다고 보아 이를 제외하는 방향으로 수정이 이루어졌다.

구체적으로 소위원회는 「철도산업발전기본법」에 따른 철도차량 중에서 화차 및 특수차를 제외하고 동력차·객차만을 대상으로 명시하였고, 업체가 자신의 수요에 의해서 회사 내에 철도 궤도를 깔고 시멘트, 유류 등을 수송하는 "전용철도"도 대상에서 제외하였다. 선박의 경우 화물선, 경찰선박, 군함 등을 제외하는 취지에서 「해운법」상 여객선으로 대상을 한정하였으며, 항공기의 경우 사업에 활용되는 항공기 중 조종사만 탑승하여 농약살포, 사진 촬영 등의 업무를 수행하는 "항공기 사용사업"을 위해 사용되는 항공기와 자가용 항공기는 제외하였다.[23)]

한편 여객자동차와 관련하여서는 「여객자동차 운수사업법 시행령」 제3조 제1호 라목에 따른 노선 여객자동차운송사업에 사용되는 승합자동차, 즉 시외버스로 대상을 한정할 것인지가 주로 논의되었다. 박주민 의원안에서는 시외버스만을 대상으로 규정하고 있었으나[24)] 법원행정처는 택시가 제외되는 것은 타당하지만 시내버스나 마을버스의 경우 위험성 측면에서는 시외버스와 다르지 않다는 의견을 제시하였다.[25)] 다만, 이후 회의에서 시내·마을·농어촌버스는 대부분 소기업인 데다가 적자 상태에 처해 있는 사정 등이 주로 논의되었고,[26)] 결국 시외버스에 비해 위험성이 상대적으로 적고 대중교통 수단의 재정난과 안전문제에 대해서는 정부의 책임도 크다는 점 등이 고려되어 최종적으로는 시외버스만 적용 대상으로 남게 되었다.

---

22) 제383회 국회 법제사법위원회회의록(법안심사제1소위원회) 제1호, 국회사무처, 12-14면 등 참조.

23) 위의 회의록 제1호 14면 및 앞의 회의록 제5호 50면 등 참조.

24) 이근우, 중대재해처벌법 경과와 제정 법률에 대한 비판적 검토, 형사정책 제32권 제4호, 2021. 1., 222-223면.
이에 대해 철도, 선박, 항공 등은 거의 대부분의 유형이 너무 광범위하게 규정되어 문제인데 반대로 버스는 너무 좁게 규정되어 문제가 된다고 지적하며, 이의 특별한 이유를 찾기 어렵고 강은미 의원안 등 관련 입법에서 참조한 법률의 규정을 그대로 붙여넣은 결과로 보인다고 지적하고 있다.

25) 앞의 회의록 제2호, 45면 등 참조.

26) 앞의 회의록 제5호, 49면.
(국토교통부 기술안전정책관) "시내·농어촌·마을버스가 소기업이 대부분이고요 98~100%가 중소기업에 해당되게 되겠습니다. (중략) 시내버스인 경우에 대중교통 현황조사를 통해서 조사를 했는데 자산, 부채, 자본총계에서 대부분이 운송수익하고 운송원가가 제각각 적자인 상태로 지금 파악이 되었고요. 그렇게 하다 보니까 이제 업계에서는 이번 중대재해법의 적용을 확대하는 데 대해서 조금 반대를 하고 있는 실정입니다."

마. "종사자"의 범위

중대재해처벌법은 중대재해의 피해자이자 보호 대상에 대해 "종사자"라는 개념을 도입하고 있는데, 이와 관련하여 고용노동부는 현재 산안법이 근기법상 근로자 보호에서 더 나아가 특수형태근로종사자에 대한 보호를 규정하고 있고, 새롭게 등장하는 고용형태 등을 고려하여 특수형태근로종사자보다도 더 보호 범위를 넓혀가고 있는 추세임을 강조하였다.[27] 또한 소위원회 논의의 기초가 된 박주민 의원안도 이러한 점을 고려하여 종사자 개념을 넓게 정의하고 있었다. 이러한 사항들을 바탕으로 논의한 결과, 종사자의 범위를 특수형태근로종사자 이상으로 넓게 설정한다는 점을 명확히 하기 위하여 법안 제2조 제7호 나목에서 박주민 의원안의 "계약의 형식에 관계없이"라는 표현을 유지하였고, 임금보다 더 넓은 개념인 "대가"라는 표현을 활용하여 법문을 보완하였다.[28]

바. "경영책임자등"의 범위

중대재해처벌법 제2조 제9호는 경영책임자등의 한 유형으로 "사업을 대표하고 사업을 총괄하는 권한과 책임이 있는 사람 또는 이에 준하여 안전보건에 관한 업무를 담당하는 사람"을 규정하고 있다. 또한 중대재해처벌법은 법 전반에 걸쳐 "법인 또는 기관"의 경영책임자등에게 의무를 부과하고, 징벌적 손해배상이나 형사처벌까지 예정하고 있으므로 "법인 또는 기관"의 경영책임자등의 구체적 범위가 중요한 문제가 된다.

우선 "사업을 대표하고 총괄하는 권한과 책임 있는 사람"이 경영책임자등이 되는바, "사업"의 의미와 구체적 범위가 문제될 수 있다. 당초 박주민 의원안은 "법인"을 기준으로 규정을 만들었으나 비영리법인까지 규율대상에 포함시키는 것은 적절치 않다는 반대의견을 고려하여 "사업"이라는 용어가 제안되었고, 법원행정처는 영리 행위를 하는 상법상 회사나 공기업만을 규율대상으로 삼는 것이 타당하다고 보아 "기업"이라는 용어를 제안하기도 하였다.[29] 다만 이후 논의 진행 과정에서 비영리법인, 공법인, 비법인사단, 민법상 조합 등도 모두 규율대상에 포함될 필요가 있다는 방향으로 의견이 모아졌고,[30] "사업"이라는 용어가 이러한 대상

27) 앞의 회의록 제2호, 51-53면.
28) 앞의 회의록 제2호, 50-52면.
29) 앞의 회의록 제2호, 54-55면.
30) 앞의 회의록 제3호, 13-15면.

들을 포괄하여 규율할 수 있는 개념임을 고려하여 법문에 "사업"이라는 개념을 도입하게 되었다.[31] 이와 같은 입법 논의 과정을 고려하면 법인 또는 기관의 경영책임자등에는 법인의 대표이사, 비법인사단의 대표자, 비법인재단의 이사장, 노동조합의 위원장, 종중의 회장, 교회의 담임목사, 민법상 조합의 업무집행조합원 등이 포함된다고 볼 수 있다.[32] 또한 소위원회는 안전과 관계없는 업무를 담당하는 이사 등에게 안전 관련 책임을 묻는 것은 부당하다는 비판[33]을 고려하여 전술한 최종 책임자에 "준하여 안전보건에 관한 업무를 담당하는 사람"에 한하여 경영책임자등으로서 안전 및 보건 확보의무와 책임을 부담하도록 규정하였다.[34]

한편 위 조항의 실제 적용 과정에서 "또는"이라는 표현의 해석이 문제될 수 있다. 박주민 의원안은 기업의 대표이사가 면책되는 상황을 우려하여 "대표이사 및 이사"라는 규정을 두었는데, 이에 대해서는 두 사람이 언제나 함께 처벌될 수 있어 책임주의 원칙에 반한다는 비판이 강하게 제기되었고 다른 한편에서는 "또는"으로 연결되는 경우 사업을 실질적으로 대표하는 사람이 면책되는 상황이 발생할 수 있어 중대재해처벌법의 입법목적을 달성하기 어렵게 될 수 있다는 우려도 제기되었다. 다만 관련된 논의 결과 중대재해처벌법에 의해 부과되는 의무는 사업을 실질적으로 지배하고, 운영할 권한이 있는 사람의 의무이기 때문에 해당 문언을 "또는"으로 유지하더라도 산안법 사례와 같이 대표이사가 쉽게 면책되는 상황은 발생하지 않을 것이라고 의견이 모아졌고,[35] 실질적으로 권한이 없는 경우까

---

31) 앞의 회의록 제3호, 14-15면.
(고용노동부 차관) "노동법에는 다 사업이라는 개념을 가지고 써 있습니다. 그게 어떤 조직체, 어느 법에 근거한 어떤 조직을 가지고 하느냐에는 구애받지 않고 다만 다른 사람의 노무를 제공받아서 그 노무를 사용해서 사업을, 일정한 조직을 지속하고 이런 개념으로 그냥 씁니다."
(소위원장 백혜련) "그렇게 합시다. 그게 제일 모든 것을 포괄하기는 아무 문제가 없을 것 같습니다. '경영책임자 등이란 사업을 대표하고 사업을 총괄하는 권한과 책임이 있는 사람 또는 안전 보건에 관한 업무를 담당하는(…)"

32) 온주 중대재해처벌법 '제2조 제9호: 경영책임자등', (권창영 집필), 온주편집위원회, 2022. 4. 25.

33) 이근우(2021), 앞의 글, 225면. 박주민 의원안에 대해 이와 같은 문제를 지적하고 있다.

34) 앞의 회의록 제2호, 14면 등 참조.

35) 앞의 회의록 제5호, 57-58면.
(고용노동부 차관) "또는으로 둬도 저는 결론적으로는 무방하다고 생각을 하는데 그렇게 한다고 해서, 예를 들어서 안전담당이사가 노동부의 지적에 따라서 뭐뭐뭐 조치를 해야 됩니다라고 하는데 대표이사가 거기에 반하는 의사결정을 합니다. 그러면 거기에 관한 권한을 내부적으로 안전담당이사한테 다 맡길 수도 없을 뿐더러 거기에 반하는, 예를 들어서 안전조치에 필요한 예산을 뭐뭐뭐를 조치를 해야 됩니다라고 건의를 했을 때 대표이사가 그에 반하는 의사결정을 하고 그 결과로써 중대산업재해가 발생하면 내부적인 권한 분배에도 불구하고 대표이사가 이 법에 의한 책임을 면할 수 있겠는가 하는 이런 측면도 있다고 생각을 합니다, 해석의 여지가 있겠습니다마는, 그래서 '또는'으로 두고서 법을 운영해 보시면 어떠실까 그렇게 생각을 합니다."

지 함께 책임지도록 하는 것은 명백히 부당하다는 점을 고려하여 "및"이 아니라 "또는"이라는 문구를 사용하기로 결정하였다.

이러한 결정은 실질적으로 안전 및 보건 확보의무를 이행할 사람이 누구인지를 개별 사안에서 구체적 사정을 고려하여 판단하여야 한다는 취지이므로, "또는"으로 연결된 양자를 선택적 관계로 해석하는 것은 타당하지 않다.[36] 이러한 해석은 소위원회 회의록 외에도 법 제정 후 고용노동부가 배포한 중대재해처벌법 시행령 제정안 주요내용 설명자료에서도 분명하게 확인할 수 있다.[37]

3. 중대산업재해 관련 조항에 관한 논의

가. 안전 및 보건 확보의무의 성격

중대재해처벌법상 경영책임자등의 안전 및 보건 확보의무와 관련된 소위원회 논의를 살펴보면 해당 의무는 개별 법률에서 부과된 구체적인 안전 및 보건 규정을 준수할 의무가 아니라, 법령 준수에 필요한 조치를 할 의무 및 관리·감독 의무, 즉 경영책임자등에게 고유하게 부여되는 의무임을 확인할 수 있다. 법무부 및 고용노동부는 산안법 등에 규정된 구체적 조치들을 경영책임자등이 일일이 확인하도록 하는 것은 현실에 맞지 않고 타당하지도 않으므로 경영책임자등의 권한 또는 역할에 적합한 형태의 책임을 부과해야 한다는 점을 명확히 하였다.[38]

(법무부 차관) "바지사장에 대한 걱정 때문에 그러실 거라고 저는 생각을 하는데 그것은 사실관계 수사의 문제입니다. 바지사장이 모든 것을 다 할 수 있는, 그렇게밖에 밝혀지지 않는 구조라면 그게 사업을 대표하고 총괄하는 권한이 있는 사람일 것입니다. 그런데 쫓아가면, 바지사장이 그럴 수밖에 없는 이유가 뒤에 숨어 있는 실질사장에 의한 것이었다라는 게 쫓아가면 결국 그 사람이 등장을 하는 거겠지요."

36) 김진영, "중대재해처벌법의 제정과 향후 과제", 「법이론실무연구」 제32권 제9권 제4호, 한국법이론실무학회, 2021. 11., 49면.

37) 고용노동부, "중대재해처벌법 시행령 제정안 주요내용 설명자료", 2021. 7., 12면.

38) 앞의 회의록 제1호, 15-16면.

(법무부 차관) "구체적으로 경영책임자에 대해서 의무를 부과하고 책임을 물으려면 경영책임자들이 이행할 수 있는 의무를 물어야 되는데 실제로 지금 산안법이나 시행규칙상의 의무들은 현장관리자들의, 안전보건책임자들의 세세한 의무들이 규정되어 있거든요. 그런데 그것을 가령 안전 담당 이사한테 책임을, 그런 의무를 이행해라 라고 하는 것은 체계가 안 맞는 상황, 현장하고는 좀 안 맞는 측면이 있습니다. (중략) 적어도 대표이사나 이사 또는 중앙행정기관의 장 또는 지방자치단체의 장 정도가 책임을 져야 된다라면 그 사람들이 책임을 져야 될 의무가 뭐냐라는 것을 따져서 여기다 집어넣어 줘야 되는 것이 맞지 않느냐라는 생각을 갖고 있습니다."

(고용노동부 기획조정실장) "저희가 구체적인 어떤 조치의무를 아무리 대통령령에 위임한다고 하더라도 그 조치의무에 대한 개별적인 내용들이 정말 구체적이기 때문에 그것들 중에서 일부를 골라내서 CEO의 책임이다, 경영책임자의 책임이다 이렇게 규정하기는 현실적으로 상당히 어렵고 그런 구체적인 조치의무에 대한, CEO가 전체적인 어떤 관리책임, 전체적으로 안전·보건운영체제의

결과적으로 정부 측의 이러한 의견이 위원들의 동의를 얻었고, 결국 산안법상 구체적 의무를 포함시켜 규정한 박주민 의원안 방식은 채택되지 못하였고, "경영책임자가 조직과 인력, 예산의 편성과 운영의 점검 그리고 근로감독상의 지적 사항을 확인하고 이행할 의무"를 규정하였던 임이자 의원안의 형태에 가깝게 수정의견이 제시되어 현재의 안전 및 보건 확보의무 조항으로 이어졌다.[39] 위와 같은 논의 과정을 종합하면 경영책임자등의 의무는 산안법상의 의무와는 별개의 독립적인 의무이고, 다만 안전·보건 확보의무는 입법취지상 산안법의 의무가 잘 이행될 수 있도록 경영책임자로서 조치를 취하는 것이어서 산안법과 긴밀하게 연결되어 있다는 특징이 있다.[40]

나. 도급, 용역, 위탁 등의 관계에서의 안전·보건 확보의무

도급계약 관계에서 산안법 위반에 대한 도급인의 책임과 관련하여, 대법원은 "원칙적으로 도급인에게는 수급인의 업무와 관련하여 사고방지에 필요한 안전조치를 취할 주의의무가 없으나, 법령에 의하여 도급인에게 수급인의 업무에 관하여 구체적인 관리·감독의무 등이 부여되어 있거나 도급인이 공사의 시공이나 개별 작업에 관하여 구체적으로 지시·감독하였다는 등의 특별한 사정이 있는 경우에는 도급인에게도 수급인의 업무와 관련하여 사고방지에 필요한 안전조치를 취할 주의의무가 있다."라고 판시하고 있고,[41] 형사책임 인정에 있어서의 판례의 엄격한 태도는 도급인에게 강력한 면책 근거를 제공하고 있다고 비판받기도 한다.[42]

위와 같은 판례의 태도를 고려하여 법원행정처도 소위원회 논의 과정에서 법률을 통해 도급인 등에게 직접 의무를 부과하는 규정이 중대재해처벌법 제정 시 필요할 수 있다고 보았고, 다만 중한 형사처벌이 예정된 규정임을 고려하여 대상자를 적절히 제한할 필요가 있다는 의견을 제시하였다.[43] 이러한 논의를 바탕으

유지·관리라든지 안전·보건계획의 수립·이행 감독 또 감독기관의 지적사항에 대한 사후조치, 안전·보건 조직, 인력, 예산 등에 관련한 전반적인 관리감독책임을 좀 명시해서 규정하시는 것이 실질적으로 경영책임자에게 의무 이행을 할 수 있는 부분과 또 사회적 비난 가능성 등을 형량해서 처벌하실 수 있는 내용이 아닐까 이렇게 생각합니다."

39) 심재진, "중대재해처벌법 제정에 따른 산업안전보건법의 과제", 「노동법연구」 제51호, 서울대노동법연구회, 2021., 46-50면.

40) 심재진(2021), 위의 글, 54면.

41) 대법원 2009. 5. 28. 선고 2008도7030 판결.

42) 전형배, "산업안전보건법상 도급인 사업주의 책임구조: 영국 법제와의 비교 연구", 강원법학 제48권, 강원대학교 비교법학연구소, 2016., 12면.

로 도급, 용역, 위탁 등을 행한 경우에 경영책임자등에게 의무를 부과하는 조항을 신설하여 종전 산안법 사건들에서 도급인 등이 처벌되지 못하였던 한계를 극복하고자 하였고, 다만 단서에 "실질적으로 지배·운영·관리하는 책임"이 있는 경우에만 위 의무가 부과되는 것으로 규정함으로써 적용대상을 한정하였다.

한편, 중대재해처벌법 시행의 유예기간 관련 논의에서도 본 조항이 문제되기도 하였다. 박주민 의원안 등에서는 원청이 하청의 의무를 "공동으로" 부담한다고 규정하였는데, 법률 부칙에서는 상시 근로자수 50인 미만 사업장 등에 법 적용을 2년 유예하고 있으므로 50인 미만 사업장에서 중대재해가 발생한 경우 해당 하청업체는 법률상 의무가 없어 면책되고, 이때 하청업체의 의무 자체를 인정할 수 없다면 원청업체에도 책임을 묻기 어려운 상황이 발생할 수 있다는 점이었다. 이 경우 원청 업체들이 영세한 하청을 활용하여 법망을 피해가는 상황이 우려되었고, 이러한 결과를 막기 위해 원청에게 하청에서 중대산업재해가 발생하지 않도록 조치할 의무를 명시적으로 규정하되 하청에 대해 실질적 지배가 인정되는 경우로 범위를 한정하는 수정의견이 제시되어 최종적으로 해당 내용으로 법이 제정되었다.[44] 이러한 논의 내용을 고려하면 법 제5조의 의무는 법률에 의하여 도급 등을 행한 경우 사업주 또는 경영책임자등이 제3자의 종사자에게 중대산업재해가 발생하지 않도록 조치해야 하는 고유의 의무로 보는 것이 타당하다.

---

43) 앞의 회의록 제1호, 18면.
(법원행정처 차장) "이것은 좀 신중하게 검토를 해야 된다고 말씀을 드리지만 반대한다는 건 아닙니다. 지금 판례는 이런 직접적인 의무 부과 조항이 없는 상태에서 나온 판례이기 때문에 지금 판례에서 안 되기 때문에 이런 조항을 두면 안 된다는 것은 말이 안 되고요. 아까도 말씀드렸듯이 이것을 안 두면 이 법을 만들 필요가 없다고 봅니다 저는. 그냥 산업안전보호법에 특례를 두고 처벌 규정을 올리면 되지, 이게 저는 핵심이라고 보기 때문에 이것은 들어갈 수는 있다. 그런데 이것을 지금 안 처럼 이렇게 아무 조건이나 제한 없이 두면 결국은 안전·보건의무를 부과하는 대상자가 너무 과도하게 확대될 수 있다. (중략) 따라서 범위를 약간 제한하고 조건을 가해서 그렇게 둔다면 당연히 둬야 될 조문이라고 저는 생각합니다."

44) 앞의 회의록 제5호, 25면.
(박주민 위원) "원청과 하청이 공동으로 의무를 지게 하는데 반면에 부칙에서는 하청을 받은 업체에 대해서 이 법 적용이 유예되기 때문에 그 상태로는 원청에 대해서조차도 책임을 지울 수 없게 된다라고 법무부차관님이나 법원행정처 차장님 또 고용노동부차관님께서 말씀하셔서 그렇다면 입법취지를 좀 살리기 위해서 하청을 줄 때 하청받은 업체에서 중대산업재해가 발생하지 않도록 하는 내용의 의무를 원청에게 별개로 부여하되 다만 그 경우에 무조건적으로 책임을 지는 게 아니라 원래 있었던 단서를 살려서 지배 또는 운영 또는 관리하는 책임이 있는 경우에만 원청이 책임을 지는 식으로 수정안을 한번 만들어 봤습니다."

다. 중대산업재해 처벌규정 관련 논의

현행 중대재해처벌법 제6조 제1항은 사업주 또는 경영책임자등이 법률상의 의무를 위반하여 사람이 사망하는 중대산업재해가 발생한 경우 1년 이상의 징역 또는 10억 원 이하의 벌금에 처하고, 징역과 벌금을 병과할 수 있도록 규정하고 있다. 당초 박주민 의원안은 2년 이상의 징역 또는 5억 원 이상의 벌금으로 여타 입법례에 비해 상당히 중한 형벌을 예정하고 있었고, 하한만을 규정하였다는 점이 특징적이었다.

소위원회에서는 중대재해 사건이라 하더라도 징역형의 하한이 너무 높게 규정되는 경우 사안에 따라서는 과도한 처벌로 부당한 결론에 이를 수 있는 점, 상한을 규정하지 않는 경우 최대 30년까지 징역형 선고가 가능하여 심각한 피해가 발생한 경우 중한 처벌도 가능한 점 등을 고려하여 1년의 하한만을 규정하여 개별 사안에서 법원이 판단할 수 있는 재량 범위를 넓히는 방향으로 대안을 제시하였다. 한편 벌금의 경우에는 개인의 경제적 상황에 따라 효과가 상이할 수 있어 하한을 상향하는 것은 신중할 필요가 있는 점, 상한을 정하지 않은 벌금형 입법례를 찾아볼 수 없다는 점, 그럼에도 최대치가 너무 적으면 위하력이 약해진다는 점 등을 종합하여 10억 원 이하로 결정하였다. 나아가 사안에 따라 징역형, 벌금형이 갖는 실질적 효과에 차이가 있고 때로는 양자를 병과함으로써 강하게 제재해야 하는 상황도 존재할 수 있으므로, 임의적 병과 규정을 추가하여 개별 사안에서 법원이 폭넓은 재량을 행사할 수 있도록 조문을 구성하였다.[45)]

다음으로 부상 또는 질병이 발생한 경우의 처벌은 사망이 발생한 경우보다는 일반적으로 경한 처벌이 이루어질 필요가 있고, 형법상 업무상과실치사상이 5년 이하의 징역, 산안법 위반이 7년 이하의 징역을 예정하고 있으므로 이들과의 균형을 고려하여 최종적으로 7년 이하의 징역 또는 1억 원 이하의 벌금을 규정하게 되었다.[46)] 또한 소위원회는 산안법에서 형을 선고받아 확정된 후 5년 이내에 다시 같은 죄를 저지른 경우 형의 2분의 1까지 가중하는 규정[47)]을 참조하여, 중대

---

45) 제383회 국회 법제사법위원회회의록(법안심사제1소위원회) 제4호, 국회사무처, 1-17면 참조.

46) 위의 회의록 제4호, 7면 등 참조.

47) 「**산업안전보건법**」 **제167조(벌칙)**
① 제38조제1항부터 제3항까지(제166조의2에서 준용하는 경우를 포함한다), 제39조제1항(제166조의2에서 준용하는 경우를 포함한다) 또는 제63조(제166조의2에서 준용하는 경우를 포함한다)를 위반하여 근로자를 사망에 이르게 한 자는 7년 이하의 징역 또는 1억 원 이하의 벌금에 처한다. <개정 2020. 3. 31.>

산업재해가 발생한 이후 재발하는 상황을 방지하기 위해 이와 유사한 가중처벌 규정을 중대재해처벌법에 도입하기도 하였다.[48] 다만 중대산업재해 방지라는 입법목적에 충실하려면 형 확정 시점이 아니라 사고 발생 시점을 기준으로 설정했어야 한다는 지적도 존재하나,[49] 사고가 발생하였더라도 의무 위반, 인과관계 등을 고려하여 형이 확정되기 전까지는 무죄로 추정되는 것이 원칙이므로 소위원회가 산안법의 선례를 그대로 차용한 것이 특별히 부당해 보이지는 않는다.

라. 중대산업재해 양벌규정 관련 논의

양벌규정의 필요성에 대해서는 전반적으로 동의가 이루어졌고, 소위원회에서는 구체적인 벌금액의 한도가 주로 논의되었다. 정부가 법인에 대해서는 개인에 대한 벌금액의 2배 정도 액수를 제시하는 등 구체적 액수와 관련된 다양한 논의가 오갔으나, 현실에서 다양한 법인들이 존재할 수 있고 사건의 유형도 다양할 수 있다는 점을 고려하여 이 부분도 법원에 폭넓은 재량을 부여하는 방향으로 결론지어졌다. 또한 구체적인 범위는 법원행정처의 의견에 따라 사망의 경우 50억 원 이하의 벌금, 부상 또는 질병의 경우 10억 원 이하의 벌금으로 규정되었다.[50]

마. 상시 근로자수 5인 미만 사업장 적용 배제 관련 논의

소위원회 논의 과정에서 중소벤처기업부는 상시 근로자 5인 미만의 사업장은 대체로 소규모 자영업자에 해당하므로 안전 확보를 위해 경영자를 처벌하는 본 법률의 취지에 부합하지 않는다고 강조하였다. 이에 대해 연간 산업재해 사망자의 상당 수가 5인 미만 사업장에서 발생하고 있어 사업 규모만으로 완전히 제외하는 것은 부당하다는 반대의견도 있었으나, 재정상 어려움 등 영세 사업장의 안전보건 현실, 사고 발생 시 5인 미만 사업장이더라도 산안법상 형사처벌은 가능한 점, 소규모 사업장은 사업주가 직접 처벌받는 경우가 많아 실질적 책임자를

---

② 제1항의 죄로 형을 선고받고 그 형이 확정된 후 5년 이내에 다시 제1항의 죄를 저지른 자는 그 형의 2분의 1까지 가중한다.

48) 앞의 회의록 제4호, 17-18면.

49) 이근우(2021), 앞의 글, 239면.

50) 앞의 회의록 제4호, 20면.
(유상범 위원) "법원행정처 차장님이 말씀하신 것처럼 어차피 법원의 양형 재량에 맡겨 놓는 게 가장 합리적인 것 같습니다. 똑같은 형태로 상한만 규정하고 하한은 없애 가지고 법원에서 양형에 맞춰서 합리적으로 판단하게 벌금형을"
(법원행정처 차장) "저는 하한을 없애고 상한을 올리자는 거지요. 그래서 5조 1항의 경우는 50억 원 이하, 5조 3항의 경우는 10억 원 이하 이 정도 해 놓으면 괜찮지 않을까 싶습니다."

처벌하려는 본 법률의 입법취지에 완전히 부합하지는 않는 점 등을 근거로, 결국 5인 미만 사업장에 대해서는 중대산업재해 관련 안전보건 확보의무 및 처벌규정의 적용이 배제되었다.[51] 다만 이러한 결정은 결국 안전조치가 필요한 사업장임에도 재정적 이유를 들어 적용 유예 등의 과도기적 조치를 넘어 책임을 완전히 면제해주었다는 점에서 비판을 피하기는 어려워 보인다.[52]

한편 해당 조항의 실제 적용과 관련하여 상시 근로자 수에 대한 구체적 판단기준이 문제될 수 있는데, 중대재해처벌법은 "상시 근로자"의 개념에 대해 별도의 정의규정을 두고 있지 않으며, 입법 과정에서도 이에 대하여는 특별히 논의가 진행되지는 않은 것으로 보인다. 결국 법이 시행되고 있는 현 시점에서도 상시근로자 수 산정과 관련하여 근로기준법상 산정 기준[53]을 동일하게 적용해야 한다는 견해, 근로기준법상 산정 방법을 따르되 파견근로자는 포함해야 한다는 견해,[54] 하나의 사업장 안에서 노무를 제공하는 방식이 무엇이든 동일한 사고 위험에 노출되어 노무를 제공하는 사람 수를 기준으로 넓게 판단해야 한다는 견해 등이 대립하고 있다.[55] 상시 근로자 수는 중대재해처벌법의 적용 여부와 직결되고, 이의 해석에 따라 중한 형벌이 부과될 수 있는 대상이 결정되므로 법 적용상의 불확실성을 줄이기 위해 이 부분에 대해서는 추가적인 논의와 입법적 개선 등이 필요하다고 생각된다.

4. 인과관계 추정조항 도입 여부

박주민·이탄희 의원안은 관련법 위반 사실이 3회 이상 확인되었거나 진상조사 등을 방해한 경우에는 위험방지의무 위반행위로 인하여 중대재해가 발생한 것으로 추정하는 규정을 두고 있었다. 그러나 인과관계의 추정이란 원인행위와 결과발생 사이의 인과관계를 합리적 의심 없는 정도로 입증하기 어려운 경우에 상당한 개연성만으로도 입증된 것으로 추정하되 상대방에게 이러한 입증을 깨는 반증을 허용하는 것인데, 박주민·이탄희 의원안의 경우 당해 사건과는 무관한 사실들을 처벌의 조건으로 설정하고 있어 문제가 되었다.[56] 소위원회 논의 과정에서도

---

51) 앞의 회의록 제5호, 29-33면.
52) 최정학, "중대재해처벌법(기업 경영자 처벌의 논리)", 「노동법연구」 제51호, 서울대노동법연구회, 2021., 18-22면. 한편 이근우(2021), 앞의 글, 238면 역시 이와 유사한 비판을 제기하고 있음.
53) **「근로기준법 시행령」 제7조의2(상시 사용하는 근로자 수의 산정 방법)**
54) 고용노동부, 중대재해처벌법 해설(최종본) -중대산업재해 관련-, 2021. 11., 33-34면.
55) 전형배(2021), 앞의 글, 276면.

법원행정처, 법무부 등은 인과관계 추정 조항에 대해 위와 같은 이유로 무죄추정의 원칙에 반하고, 책임주의 원칙에 반할 수 있다며 반대의견을 명확히 제시하였다.[57] 다만 법안에서 상정하고 있는 상황들을 규율할 필요성 자체에 대해서는 일부 공감대가 형성되어 별도의 처벌 규정으로 만드는 방향이 검토되었는데, 조사 및 수사 방해에 관한 부분은 일반 형법에 따라서도 충분히 규율이 가능하다고 보아 별도의 처벌 규정을 신설하지 않았고, 5년 간 3회 이상 관련 법 위반이 확인된 경우 부분은 5년 이내에 다시 동일한 죄를 범한 경우 가중처벌하는 조항을 신설하는 데에 영향을 주었다.[58]

5. 중대시민재해 관련 조항의 내용 및 형식

중대시민재해와 관련된 경영책임자등의 의무에 대해 이는 중대산업재해에서의 경영책임자등의 의무와 거의 다르지 않고 양자의 차이는 결국 피해자가 누구인지에 따라 산업재해와 시민재해로 나뉜다는 의견이 있었고,[59] 이러한 의견이 많은 부분 받아들여져 중대산업재해에서 정한 안전 및 보건 확보의무 관련 조문의 형식과 내용을 그대로 차용하여 중대시민재해 방지를 위한 의무규정들이 정해졌다. 다만, 중대시민재해의 경우 일반 시민들 다수의 피해를 예방하기 위한 안전 점검이 특히 강조되었으며,[60] 이러한 의견들을 반영하여 대안 제9조 제1항 제1호와

---

56) 이근우(2021), 앞의 글, 229면.

57) 앞의 회의록 제1호, 18-19면.
(법원행정처 차장) "이 안에서 나오는 인과관계 추정 사유들은 사실 구성요건과 관련된 사실들이 아니라 그 이전의 어떤 범죄 전력, 종전 전력 또는 당해 사고에 대해서 수사를 방해한 사실 등등 구성요건과는 무관한 사실들을 전제로 한 것이라서 이를 통해서 인과관계 추정하는 것은 매우 조심스러운 접근이 필요하다는 의견입니다."
(법무부 차관) 환경범죄를 예로 들며 "오염물질이 이러이러한 유의 질병을 유발시킬 가능성이 있다라는 게 입증이 되면 인과관계를 추정하는, 그런데 그것은 반대 입장에서는, 피고인의 입장에서는 또 다른 반증이 가능하거든요. 다른 원인에 의해서 질병이 유발되었다라는 반증이 가능한 인과관계의 추정인데 이것은 구성요건에 해당하지 않은 사실을 가지고 범죄사실을 추정해 버리는 것이기 때문에 문제가 생기는 겁니다."

58) 앞의 회의록 제5호, 63-64면.

59) 앞의 회의록 제4호, 27면.
(유상범 위원) "산업재해와 시민재해의 차이는 경영책임자가 어떤 안전의무를 지는 게 있고 중간의 안전관리담당자가 안전의무를 이행하지 못해서 근로자가 다치느냐 근로자가 아닌 다른 사람이 다치느냐 이 차이에 불과하지 거기에서 경영책임자나 사업자가 지켜야될 주의의무가 그로 인해서 바뀌지는 않아요. 그러니까 피해자가 시민인 경우를 고려해서 주의의무가 달라질 수는 없단 말이지"

60) 앞의 회의록 제4호, 28면.
(박주민 위원) "직장 내에서의 산업재해를 막기 위한 의무하고 이용자가 공중교통수단을 이용함에 있어서 안전할 수 있도록 하는 의무는 내용상 구분이 가능할 것 같고 또 구분이 필요하다고 생각을

같은 조 제2항 제1호에는 "점검"이라는 용어가 추가되었는바 중대시민재해 관련 의무를 판단할 때에는 이러한 차이를 유념할 필요가 있다.

한편 중대시민재해에서의 의무 위반에 대한 처벌규정, 양벌규정에 대해서도 처벌 수위 등에 대해 다양한 논의가 오갔으나, 결과적으로는 중대산업재해와 중대시민재해를 일률적, 일반적으로 비교하기 어렵고 중대시민재해 안에서도 다양한 사례들이 존재할 수 있다는 점이 고려되었다. 이러한 생각을 바탕으로 결국 중대산업재해 때의 논의와 마찬가지로 처벌 규정의 범위를 넓게 설정하고 법원이 개별 사안에 따라 적절한 판단을 내릴 수 있는 길을 열어주는 형식을 취하게 되었으며,[61] 결과적으로 중대산업재해에서의 관련 조문들과 동일한 내용과 형식으로 규정되게 되었다.[62]

6. 공무원 처벌 특례 도입 여부

소위원회 논의 전까지 제21대 국회에서 발의되었던 의원안 중 임이자 의원안을 제외한 나머지 법률안에는 공무원이 감독이나 인·허가 과정에서 주의의무를 위반하여 중대재해를 야기한 경우 처벌하는 특례 조항들이 규정되어 있었다.[63] 이에 대해 정부에서는 형법 제122조 직무유기의 죄를 범해서 중대재해를 일으킨 경우에 처벌하는 수정안을 제시하여 이를 바탕으로 논의가 진행되었다.

논의에 참여한 위원들 다수가 공무원 처벌 특례에 대해서는 부정적인 입장이었는데, 현실적으로 공무원의 인·허가권 행사와 중대재해 사이의 인과관계를 입증하기 매우 어려울 것이고, 형법상 직무유기로 인정되기 어려운 정도임에도 중한 처벌을 가하는 법률 규정은 책임주의에 반하는 부당한 입법이 될 우려가 있다는 점이 주로 지적되었다. 또한 법원행정처도 현실에서 인·허가 시점과 결과 발

하거든요. 특히 이 안전점검이라는 것도 버스를 예로 든다면 버스를 운전하시는 분에게는 전혀 위험하지 않은 부분이 있을 수 있습니다. 예를 들어서 승강대나 이런 부분은 버스 운전하시는 분에게는 크게 안전에 문제가 안 생길 수 있음에도 불구하고 버스를 이용하시는 분들은 위험할 수 있거든요. 그래서 그런 것들을 점검하도록 하는 그런 의무를 부과할 수는 있다고 생각하거든요."

61) 앞의 회의록 제4호, 36면.
(박주민 위원) "저는 이게 중대산업재해보다 좀 가볍게 처벌되어야 된다기보다는 다양한 케이스가 있으니까 그냥 상한을 열어 두고 사안에 따라서 법원이 판단할 수 있도록 하는 것이 맞지 않을까 싶은데요. 아까 산업재해에 대해서도 처벌 수위를 논할 때 비슷한 취지로 논의가 됐던 것으로 기억합니다."

62) 앞의 회의록 제4호, 34-37면.

63) 더불어민주당 소속 의원들의 법률안 명칭은 '중대재해에 대한 기업 및 정부 책임자 처벌법안'이었고, 법률안 제명에서 정부 책임자 처벌이 법 제정의 주된 목적 중 하나였음이 드러난다.

생 시점 사이의 차이가 큰 경우가 많아 시효 등 여러 문제가 복잡하게 결부되어 있고, 이런 입법으로 인해 공무원들이 인·허가에 매우 소극적으로 임하는 경우 행정소송이 증가할 부작용도 예상되므로, 필요한 경우 건축법 등 개별 법률에서 관련 공무원의 의무를 구체적으로 규정하는 것이 더 적절하다는 의견을 제시하기도 하였다. 결국 공무원에 대해서는 직무유기나 업무상과실치사상의 죄책을 묻되 필요한 경우 가중 처벌을 하는 특례를 두는 정도가 가능하다고 정리되었고, 이러한 의견들을 바탕으로 중대재해처벌법에서 공무원의 인·허가 행위와 중대재해를 연결하여 공무원을 처벌하는 특례를 신설하지는 않는 쪽으로 결론내려졌다.[64]

7. 심리절차의 특례 관련 논의

박주민 의원안 등은 중대재해처벌 사건의 경우 전문가와 국민들의 의견이 충분히 반영될 수 있도록 하려는 취지에서 유무죄 선고절차와 형량결정 절차를 이원화하고 법관이 아닌 사람으로 구성된 위원회 심사를 통해 구체적인 형량을 결정하도록 하는 내용을 규정하고 있었다. 그러나 이에 대해 정부와 법원은 형 선고 이전까지는 무죄로 추정되는 우리 형사소송 체계를 근본적으로 바꾸는 것이므로 도입을 매우 신중하게 검토할 필요가 있고, 도입하더라도 법체계상 일반법인 「형사소송법」을 개정하는 것이 타당하다는 의견을 제시하였으며, 대다수의 위원들 역시 별도의 양형절차를 도입하는 것은 어렵다고 판단하여 해당 부분은 대안 마련 과정에서 삭제되었다.[65]

그렇지만 중대재해 처벌 과정에서 법관이 해당 사건의 피해자 또는 전문가의 의견을 충분히 청취할 필요가 있다는 점에 대해서는 공감대가 형성되었다. 이 부분에 대해 법원행정처는 피해자의 의견을 청취할 수 있는 절차는 이미 「형사소송법」에 잘 규정되어 있으므로,[66] 중대재해의 특성 등을 고려하여 피해자의 신청이 없더라도 법원이 직권으로 신문할 수 있는 특례를 도입하는 것을 제안하였고, 소위원회에서 법원행정처의 안이 수용되었다.[67]

---

64) 앞의 회의록 제4호, 37-47면.
65) 앞의 회의록 제1호, 35-39면.
66) 「**형사소송법**」 **제294조의2(피해자등의 진술권)** ① 법원은 범죄로 인한 피해자 또는 그 법정대리인(피해자가 사망한 경우에는 배우자·직계친족·형제자매를 포함한다. 이하 이 조에서 "피해자등"이라 한다)의 신청이 있는 때에는 그 피해자등을 증인으로 신문하여야 한다. 다만, 다음 각 호의 어느 하나에 해당하는 경우에는 그러하지 아니하다. (이하 생략)
67) 앞의 회의록 제4호, 53-59면.

8. 징벌적 손해배상의 구체적 범위

중대재해 발생 시 경영책임자등의 손해배상과 관련하여 강은미 의원안은 손해액의 3배 이상 10배 이하의 범위 내에서, 박주민·이탄희·박범계 의원안의 경우 손해액의 5배 이상을 배상하도록 징벌적 손해배상 규정을 예정하고 있었다. 소위원회 논의 당시 박주민 위원, 김용민 위원은 3배 내지 5배의 상한액만을 규정한 다른 선례들의 경우 실제로 법원에서 인정되는 액수는 손해액의 1배 수준에 수렴하고 있다는 점을 지적하면서 반드시 하한을 규정해야 하고 이 부분에 있어서는 법원의 재량이 줄어들 필요가 있다고 주장하였다.[68] 그러나 우리 손해배상체계의 근본 원칙은 실손해의 배상인 점, 타입법례에 비추어 배상액의 하한을 규정하는 것은 이례적인 점, 경영책임자등에 대한 형사처벌 도입 등 다른 제재수단들을 고려하여 징벌적 손해배상의 수준을 정할 필요가 있는 점 등을 고려하여 결과적으로는 법원행정처의 의견에 따라 손해액의 5배를 넘지 않는 범위 내에서 배상책임을 지는 것으로 정리되었다.[69]

9. 시행일 및 유예기간

중대재해처벌법 시행 시점에 대해서는, 우선 사업주와 법인 등에게 안전 및 보건 확보를 위한 적절한 조치를 준비할 기간을 제공하고, 정부 주도의 법령에 대한 교육 및 홍보, 재정적·기술적 지원 등이 반드시 선행되어야 한다는 점을 고려하여 법률의 시행일을 공포 후 1년이 경과한 날로 규정하되 법 제16조 지원 등 조항은 공포한 날부터 바로 시행되도록 하였다. 한편 정부는 본 법률 시행의 영향을 고려하여 50인 이상 100인 미만 사업장은 2년 유예,[70] 50인 미만 사업장은 4년 유예안을 제안하였으나, 소위원회는 이미 정의규정 등에서 본 법률의 적용범위가 대폭 축소되었고, 법원이 매우 넓은 재량을 가지게 되어 사안별 특수한 사정들을 충분히 고려할 수도 있다는 점 등을 고려하여 최종적으로는 50인 미만 사업장(건설업의 경우 공사금액 50억 원 미만의 공사)에 대해서만 2년을 유예하여 공포 후 3년이 경과한 날부터 시행되도록 규정하였다.[71]

---

68) 위의 회의록 제4호, 65면.
69) 앞의 회의록 제1호 39면 및 회의록 제4호 64-69면 등 참조.
70) 앞의 회의록 제5호, 74면. 중소벤처기업부는 기준인원을 300인으로 설정하는 안을 제안하였다.
71) 위의 회의록 제5호, 74-79면.

10. 중대재해처벌법 위반 시 법원 관할(부칙 제2조)

법원행정처에서는 사망사고의 경우 1년 이상의 징역, 부상 또는 질병의 경우에는 7년 이하의 징역으로 규정되어 있어 법원 관할이 합의·단독으로 일률적으로 나뉘는 부분이 실무상 문제가 될 수 있다고 지적하였다.[72] 경우에 따라서는 사망사고가 오히려 단순할 수도 있고 부상이라 하더라도 중대한 사고인 경우도 있을 수 있으며, 중대한 사고가 발생하는 등의 경우에는 재정합의를 통해 합의부에서 판단할 수 있다는 점들이 주로 논의되었다. 이에 더해 중대재해 사건이 일률적으로 합의부 사건이 되는 경우 법원 합의부의 업무 과중이 예상되는 점 등을 고려하여 소위원회는 「법원조직법」의 합의부 심판권에 관한 예외에 중대재해처벌법을 위반하여 사망사고가 발생한 경우를 추가하게 되었다.[73]

72) 앞의 회의록 제5호, 80-81면.

73) 「**법원조직법**」 **제32조(합의부의 심판권)** ① 지방법원과 그 지원의 합의부는 다음의 사건을 제1심으로 심판한다.

3. 사형, 무기 또는 단기 1년 이상의 징역 또는 금고에 해당하는 사건. 다만, 다음 각 목의 사건은 제외한다.

아. 「중대재해 처벌 등에 관한 법률」 제6조 제1항·제3항 및 제10조 제1항에 해당하는 사건.

제4절

중대재해처벌법의 제정과 시행령의 제정

박상록

Ⅰ. 중대재해처벌법의 제정 및 시행

위와 같은 논의 과정을 거쳐 마련된 법제사법위원원회의 중대재해처벌법 대안은 동일한 내용으로 국회 본회의를 통과하여 현재 시행되고 있다. 중대재해처벌법은 중대산업재해와 중대시민재해의 개념을 정의하고, 법률을 통해 사용자 또는 경영책임자등에게 안전 및 보건 확보의무라는 고유한 의무를 부과하면서 형사처벌, 징벌적 손해배상 등 강력한 제재 수단을 함께 규정하고 있다. 이러한 변화는 기존에 산안법으로 충분히 대응하기 어려웠던 구조적인 안전 문제들에 대해 보다 적극적으로 대응할 수 있는 기반을 마련하였다는 점에서 긍정적으로 평가할 수 있을 것이다. 그러나 한편으로는 소위원회 단계에서 관계부처들의 다양한 이해관계 등을 반영하면서 당초 발의된 법률안들과 비교하여 법률의 적용 범위가 크게 축소되고 제재 수단도 많이 약화되었다는 비판도 존재하는데,[1] 과연 중대재해처벌법이 중대재해의 감소라는 법 제정의 근본적 목표를 어느 정도 달성할 수 있을 것인지 법 시행의 경과를 지켜볼 필요가 있다. 또한 중대재해처벌법은 법 적용대상 및 경영책임자등의 의무의 내용 일부를 대통령령에 위임하고 있으므로, 제정법이 현실에서 구체적으로 적용되는 양상 등을 파악하기 위해 우선 이하에서 중대재해처벌법 시행령의 구체적 내용들을 살펴보고자 한다.

1) 이근우(2021), 앞의 글, 238면.

Ⅱ. 중대재해처벌법 시행령 제정 및 주요 내용

1. 중대재해처벌법의 위임 사항

중대재해처벌법은 ① 직업성 질병자가 1년에 3명 이상 발생한 경우 중대산업재해로 판단하며 그 직업성 질병의 구체적 범위를 대통령령으로 정하도록 위임하고 있고(법 제2조 제2호 다목), ② 공중이용시설과 관련하여 법 제2조 제4호 각 목에 규정된 시설을 합리적으로 제한하도록 위임하고 있으며(법 제2조 제4호 본문), ③ 중대산업재해 및 중대시민재해를 방지하기 위한 사업주 또는 경영책임자등의 의무 중 1. 재해예방에 필요한 인력 및 예산 등[2] 안전보건관리체계의 구축 및 그 이행에 관한 조치, 2. 안전·보건 관계 법령에 따른 의무이행에 필요한 관리상의 조치가 무엇인지 구체화하도록 대통령령에 위임하고 있다(법 제4조 제2항 및 제9조 제4항). 한편 법률에서는 중대산업재해가 발생한 경우 ④ 경영책임자등에게 안전보건교육 수강 의무를 부과하고, ⑤ 고용노동부 장관으로 하여금 중대산업재해 발생사실을 공표하도록 규정하고 있는데, 이들의 구체적 시행에 관한 내용도 대통령령에서 정하도록 위임하고 있다(법 제8조 제1항·제3항 및 제13조 제2항).

위와 같은 위임 규정에 따라 2021년 2월부터 법무부, 고용노동부를 중심으로 관계부처 간 협의가 진행되었고, 정부는 전문가 TF를 구성하여 각 쟁점들을 법률적으로 검토하였다. 또한 2021년 3월부터 6월까지 각종 토론회, 면담 등을 통해 시행령안 관련 의견을 청취하고, 2021년 7월에는 이해관계자 대상 간담회(노동계 1회, 경영계 1회)를 개최하기도 하였다.[3] 이러한 과정을 통해 정부는 2021년 10월 5일 중대재해처벌법 시행령을 제정하였고, 2022년 1월 27일부터 시행되고 있다.

2. 중대재해처벌법 시행령의 주요 내용

가. 급성중독 등 직업성 질병의 범위

중대재해처벌법은 "급성중독 등 직업성 질병"의 범위를 대통령령으로 정하도록 위임하였고, 이에 따라 정부는 급성중독 등에 해당하는 질병들을 구체적으로 시행령에 규정하였다. 시행령 제정을 위한 의견수렴 과정에서 이 부분에 대해 한국

2) 중대시민재해의 경우 '점검'을 추가로 명시하고 있다.
3) 법무부, 중대재해 처벌 등에 관한 법률 시행령 규제영향분석서, 2021. 7., 15면 추진경과 등 참조.

경총은 직업성 질병의 중증도를 통한 구분이 필요하다는 의견을 제시하였고 노동계에서는 뇌심혈관계질환 등까지도 범위에 포함되어야 한다는 의견을 제시하였다.[4] 정부는 이러한 의견들에 대한 검토를 바탕으로 인과관계 명확성(급성), 사업주의 예방가능성, 피해의 심각성 등을 고려하여 최종적으로 급성중독에 해당하는 질병 13개와 이에 준하는 질병들 11개를 더해 총 24개의 질병을 시행령 제2조 별표1에 열거하여 규정하였다.[5]

나. 안전보건관리체계의 구축 및 이행에 관한 조치(중대산업재해)

법률은 범죄의 구성요건을 명확히 하고, 현장의 혼란을 줄이기 위해 시행령에서 안전보건관리체계의 구축 및 이행에 관한 조치가 구체적으로 어떤 조치인지 구체화하도록 위임하였다. 이와 관련한 의견수렴 과정에서 한국경총, 중소기업중앙회, 건설협회 등은 법률 용어들이 불명확하고 의무 내용이 구체적이지 않아 문제된다는 의견을 제시하였고, 민주노총은 산안법상 전문인력 외에 신호수 배치, 위험작업 2인 1조 근무 등 재해예방에 필요한 적정한 인력이 명시되어야 하고, 전문인력 산정 기준은 고용된 근로자가 아니라 중대재해처벌법상 종사자 수를 기준으로 판단하여야 한다는 등의 의견을 제시하였다.[6] 정부는 중대재해처벌법의 입법취지와 각계의 의견들을 종합하여, 경영책임자등의 의무는 단순히 "보고"받는 것으로 충분하다고 볼 수 없고 지속적으로 안전보건 확보가 될 수 있도록 체계를 만들고 유지·관리할 의무가 있다고 판단하여 아래의 내용들을 시행령에 규정하였다.[7]

시행령에 규정된 구체적 의무의 내용으로는 ① 사업 또는 사업장의 안전보건 목표와 경영방침 설정, ② 상시근로자 수 500인 이상, 시공능력 상위 200위 이내의 건설회사는 안전 및 보건 전담 조직을 둘 것, ③ 사업장 특성을 고려해 유해·위험요인을 점검하고 개선할 수 있는 업무처리 절차를 마련하며 이행상황을 점검할 것, ④ 안전 및 보건에 관한 인력, 시설, 장비 등을 갖추기에 적정한 예산을 편성하고 용도에 맞게 집행되는 체계를 구축할 것, ⑤ 안전보건 관리책임자등에게 업무 수행에 필요한 권한과 예산을 주고, 이들의 업무 수행을 평가·관리할 것,

4) 법무부, 위의 글, 75-88면 참조.
5) 고용노동부, 앞의 시행령 제정안 설명자료, 3면.
6) 법무부, 앞의 글, 2-16면 참조.
7) 고용노동부, 앞의 시행령 제정안 설명자료, 5-6면 참조.

⑥ 안전관리자, 보건관리자, 안전보건관리담당자 또는 산업보건의를 산업과 규모에 따라 산안법상 규정된 수 이상으로 배치할 것, ⑦ 안전 및 보건의 확보 및 개선에 관한 종사자 의견을 주기적으로 청취하고 의견을 반영한 개선방안을 마련할 것, ⑧ 중대산업재해 발생의 급박한 위험이 있는 경우에 작업중지 등 대응절차를 마련하고 반기 1회 이상 확인·점검할 것, ⑨ 도급 시 재해예방의 능력과 기술이 있는 수급인을 선정하고, 수급인이 안전 및 보건에 적정한 비용 등을 부담하는지 평가하기 위한 기준과 절차를 마련할 것을 규정하고 있다. 또한 시행령 제4조는 제6호 등에서 조치의 내용 중 세부적인 사항 일부를 고용노동부 고시[8]로 위임하여 산업 현장의 특성을 유연하게 반영할 수 있도록 규정하였다.

다. 안전보건관계법령에 따른 의무 이행에 필요한 관리상의 조치(중대산업재해)

시행령 제5조 제1항은 "안전보건관계법령"에 대해 해당 사업 또는 사업장에 적용되는 것으로서 종사자의 안전·보건을 확보하는 데 관련되는 법령이라고 규정하였는데, 이러한 규정만으로는 여전히 준수되어야 하는 안전보건관계법령이 무엇인지 구체적으로 파악하기는 어렵다는 문제가 지적될 수 있다. 이에 대해 고용노동부는 중대재해처벌법 제4조 제2항이 위임한 것은 "조치"의 구체적인 내용이며, 안전보건관계법령의 구체적 범위를 정하는 것은 법률에 의해 위임된 사항이 아니라고 설명하고 있다.[9] 법률의 위임 범위와 관련한 법리적 부분도 문제가 되었겠으나, 사실 안전·보건이라는 개념에 포섭되는 다양한 영역의 수많은 법령을, 사업장의 특수성을 무시하고 일률적으로 나열하는 것은 가능하지도, 타당하지도 않았을 것이라 생각된다. 다만 고용노동부는 관계법령 전부를 특정하지는 못하더라도, 법률의 목적과 안전·보건 관련 규정을 종합적으로 판단할 때 「산업안전보건법」, 「광산안전법」, 「원자력안전법」, 「선원법」 등을 예시로 들 수 있다고 제시하고 있다.[10] 실제로도 중대재해 사건에서 적용되는 법령은 주로 「산업안전보건법」, 「화학물질관리법」 등 사업주를 수범자로 하는 안전과 보건 관리를 내용으로 하는 법령일 것으로 예상된다.[11]

8) 「**안전·보건에 관한 업무 수행시간의 기준 고시**」 [시행 2022. 1. 27.] [고용노동부고시 제2022-14호, 2022. 1. 18., 제정]
9) 고용노동부, 앞의 시행령 제정안 설명자료, 18면.
10) 고용노동부, 위의 시행령 제정안 설명자료, 18면.
11) 전형배(2021), 앞의 글, 282면.

시행령 제5조 제2항은 위 안전·보건 관계법령에 따른 의무이행에 필요한 관리상의 조치로서, ① 반기별 1회 이상 안전보건 관계 법령에 따른 의무이행을 점검하고 결과를 보고받을 의무, ② 위 의무가 이행되지 않을 경우 이행이 가능하도록 인력배치, 예산 추가편성 등 필요한 조치를 취할 의무, ③ 유해 위험작업에 필요한 안전보건교육 실시 여부에 대한 반기 1회 이상 점검 의무, ④ 교육이 실시되지 않은 경우 이행 지시, 예산 확보 등 필요한 조치를 할 의무를 구체적으로 명시하여 규정하고 있다.

라. 중대산업재해 발생 시 안전보건 교육의 수강

법률은 중대재해가 발생한 경우 경영책임자등에게 안전보건교육을 이수하도록 규정하고, 구체적 운영에 관한 내용을 시행령에 위임하였다(법 제8조 제1항). 이와 관련하여 교육의 시기 및 방식에 대해 중대산업재해가 발생한 사업장의 경영책임자등은 곧바로 20시간 내외의 교육을 이수하는 안과 형이 확정된 후 교육을 실시하되 교육시간은 20시간보다 더 많은 시간으로 하는 안이 검토되었다. 한국경총, 중견기업연합회 등은 형이 확정된 이후 교육 실시가 바람직하다는 입장이었으나,[12] 정부는 형 확정 후 교육을 이수하도록 하면 산업현장에서의 재발방지 효과가 낮을 뿐만 아니라 법률에서 법원의 수강명령 형태로 교육의무를 규정하지 않은 취지를 고려하면 형 확정 여부에 관계없이 안전교육을 실시함으로써 경각심을 환기하고 사고 재발을 방지하려는 데에 초점이 맞춰져 있다고 보아야 한다고 판단하였다.

이에 따라 시행령은 형이 확정되지 않았더라도 중대재해에 해당하는 사고가 발생한 경우, 경영책임자등에게 안전보건경영방안, 안전보건관계법령의 주요 내용 등이 포함된 교육을 이수할 의무를 부과하였고, 다만 통상 형 확정 시 약 40시간의 수강명령이 이루어지는 점을 고려하여 그보다는 짧은 20시간 이내의 교육으로 구성하였다.[13] 또한 정당한 사유 없이 안전교육을 이수하지 않는 경우 최근 1년 내 위반 횟수에 따라 최대 5천만 원의 과태료가 부과될 수 있도록 제재 수단도 함께 규정하였다.

---

12) 법무부, 앞의 글, 52면.
13) 법무부, 위의 글, 51-53면 참조.

마. 중대산업재해 발생사실의 공표

중대재해처벌법은 제6조 제3항에서 5년 이내 형이 확정되었던 적이 있었던 사업주나 경영책임자등에 대해서는 가중처벌하고, 제4조 제1항 제2호에서 재해발생 시 재발방지 대책을 수립하는 것을 안전보건 확보의무의 내용으로 규정하고 있는 등 중대산업재해의 반복적 발생 방지를 입법의 중요한 목표로 강조하고 있다. 그러나 중대산업재해가 반복적으로 발생하더라도 사업주 또는 경영책임자가 다른 사람인 경우 가중처벌 대상에는 해당되지 않아 판결 결과를 통해서는 일반국민이 해당 사업장의 중대산업재해 반복 발생 여부를 정확히 확인하기는 어렵다는 문제점이 있다. 따라서 일반국민들이 취업, 투자 등 중요한 의사결정에 참고할 수 있도록 법률에서 중대산업재해 발생 사업장을 "공표"하도록 하였고, 시행령에서는 이러한 취지를 고려하여 국민들에게 중대산업재해 발생사실에 대한 정확한 정보를 제공할 수 있도록 구체적 사항들을 규정하게 되었다.[14]

한편 시행령 제정을 위한 의견청취 과정에서 경총 등 5개 경제단체는 동일한 중대재해로 산안법에 따라 이미 공표된 경우 제외가 가능하도록 제안하였고, 민주노총은 확정판결이 아니라 적어도 1심 종국판결 이후에는 공표되어야 하며 공표 내용에 원청 기업의 명칭이 명시되어야 한다는 등의 의견을 개진하였다.[15] 정부는 위와 같은 입법 취지와 각계의 의견 등을 종합적으로 고려하여 안전 및 보건 확보의무를 위반하여 중대산업재해가 발생한 사실에 대해 법원의 확정판결이 있는 경우에 해당 사업장의 명칭, 소재지, 발생 일시 및 장소, 재해자 현황, 재해의 내용과 원인, 의무 위반사항, 5년 내 중대산업재해 발생 여부를 공표하도록 시행령에 규정하였다. 또한 공표 대상에게는 일정한 소명기회를 부여하는 절차를 두고, 공표는 관보 또는 고용노동부나 한국산업안전보건공단 홈페이지에 게시하는 방법으로 정하였으며, 홈페이지 게시의 경우에는 공표 기간을 1년으로 규정하였다.

바. 중대시민재해 관련 규정

시행령 제8조 내지 제11조는 원료·제조물 및 공중이용시설·공중교통수단 관련 시민재해를 방지하기 위해 경영책임자등이 해야 하는 조치들을 규정하고 있다.

---

14) 법무부, 위의 글, 67면.
15) 법무부, 위의 글, 68면.

해당 조문들은 세부적인 내용에서 차이가 있기는 하지만 대체로 중대산업재해 관련 안전보건관리체계의 구축 및 이행조치, 안전보건 관계 법령에 따른 의무이행에 필요한 관리상의 조치의 형식과 내용을 유사하게 따르고 있다.

다만 안전보건 관리체계 구축 및 이행에 관한 조치와 관련하여 시행령 별표5에서 정한 원료 또는 제조물[16]에 대해서는 특별한 조치를 취하도록 별도로 규정하고 있고, 주무부처의 전문성 등을 고려하여 원료·제조물 부분은 필요한 구체적 조치 중 일부를 환경부고시로 위임[17]하고, 공중이용시설·공중교통수단 부분은 구체적 조치 중 일부를 국토교통부 고시[18]로 위임하고 있다. 한편 안전보건 관계법령에 따른 의무이행에 필요한 관리상의 조치에 대해서도, 시행령은 각 영역의 특성을 고려하여 "안전·보건 관계 법령"을 각각 "해당 사업 또는 사업장에서 생산·제조·판매·유통 중인 원료나 제조물에 적용되는 것으로서 그 원료나 제조물이 사람의 생명·신체에 미칠 수 있는 유해·위험 요인을 예방하고 안전하게 관리하는 데 관련되는 법령"(시행령 제9조 제1항), "해당 공중이용시설·공중교통수단에 적용되는 것으로서 이용자나 그 밖의 사람의 안전·보건을 확보하는 데 관련되는 법령"(시행령 제11조 제1항)으로 구체화하고 있다. 물론 이 부분 역시 중대산업재해에서 논의한 것과 마찬가지로 법률의 위임내용이나 수많은 관계 법령을 일률적으로 열거하기 어렵다는 점 등을 고려하여 법률의 규정을 다소 구체화하는 정도의

---

16) 1.「고압가스 안전관리법」 제28조제2항제13호의 독성가스
2.「농약관리법」 제2조제1호, 제1호의2, 제3호 및 제3호의2의 농약, 천연식물보호제, 원제(原劑) 및 농약활용기자재
3.「마약류 관리에 관한 법률」 제2조제1호의 마약류
4.「비료관리법」 제2조제2호 및 제3호의 보통비료 및 부산물비료
5.「생활화학제품 및 살생물제의 안전관리에 관한 법률」 제3조제7호 및 제8호의 살생물물질 및 살생물제품
6.「식품위생법」 제2조제1호, 제2호, 제4호 및 제5호의 식품, 식품첨가물, 기구 및 용기·포장
7.「약사법」 제2조제4호의 의약품, 같은 조 제7호의 의약외품(醫藥外品) 및 같은 법 제85조제1항의 동물용 의약품·의약외품
8.「원자력안전법」 제2조제5호의 방사성물질
9.「의료기기법」 제2조제1항의 의료기기
10.「총포·도검·화약류 등의 안전관리에 관한 법률」 제2조제3항의 화약류
11.「화학물질관리법」 제2조제7호의 유해화학물질
12. 그 밖에 제1호부터 제11호까지의 규정에 준하는 것으로서 관계 중앙행정기관의 장이 정하여 고시하는 생명·신체에 해로운 원료 또는 제조물

17)「**원료 및 제조물로 인한 중대시민재해 예방에 필요한 인력 및 예산 편성 지침**」 [시행 2022. 1. 27.] [환경부고시 제2022-26호, 2022. 1. 27., 제정]

18)「**공중이용시설 및 공중교통수단의 재해예방에 필요한 인력 및 예산 편성 지침**」 [시행 2022. 1. 27.] [국토교통부고시 제2022-55호, 2022. 1. 24., 제정]

방식을 택한 것으로 생각된다.

3. 중대재해처벌법 시행령에 대한 평가

중대재해처벌법 시행령은 법률에서 위임받은 부분들에 대해 규정함으로써 법 시행 시 적용 범위, 의무의 내용, 중대재해 발생 시 공표 및 교육제도 운영 등을 보다 구체화하였으나 제정법령의 내용 중 아래의 세 가지 부분은 법령 시행 과정에서 논란이 계속될 것으로 생각된다.

첫째로 시행령에서는 중대재해 대상이 되는 직업성 질병 24가지를 정하였는데, 해당 규정은 사고성 재해처럼 특정 질병 유발 요인이 업무로 인한 것임이 명백하게 드러나는 질병들로 범위를 한정하여 이미 적용대상이 많이 축소된 중대재해처벌법의 적용을 시행령을 통해 한층 더 축소시켰다는 비판이 예상된다.[19] 물론 이에 대해 고용노동부는 사고성 재해 방지가 중대재해처벌법의 입법취지이고, 해당 질병이 처벌과 연계되기 때문에 너무 넓게 규정하게 되면 오히려 해당 질병 발생 가능성이 높은 사람들의 채용을 위축시키거나 회사가 업무상 재해를 더욱 소극적으로 인정할 우려가 있어 인과관계가 명확한 질병들로 한정한 것이라 설명하고 있다.[20] 다만 앞으로도 시행령에 규정된 24가지 외의 질병이 문제되는 실제 사례들을 중심으로 어떤 질병이 대상에 포함되어야 하는지 계속해서 논란이 이어질 것으로 보인다.

둘째로 시행령은 사업주 또는 경영책임자등의 의무와 관련하여 여전히 "필요한", "충실히" 등 불명확한 개념들을 많이 사용하고 있어 형사책임 부과 과정에서 죄형법정주의 및 명확성의 원칙이 문제될 수 있다.[21][22] 사실 중대재해처벌법이 전 영역에 걸쳐 일반적으로 적용되는 법률이기 때문에 어쩔 수 없는 측면이 존재하고, 구체적 내용은 결국 각 산업 분야별로 개별 기업의 특성 등을 고려하여 정해질 수밖에 없다고 판단된다. 그렇지만 사업주나 경영책임자등으로서는 과연 어느

19) 노동법률단체 2021. 7. 15.자 성명서, '중대재해기업 처벌하지 않고 보호하겠다는 시행령(중대재해처벌법 시행령 제정안에 관하여)', 민주법학 제77호, 2021. 11., 334-336면.

20) 고용노동부, 위 시행령 제정안 설명자료, 14면.

21) 정진우, "중대재해처벌법 시행령 입법예고안에 대한 비판적 고찰(중대산업재해를 중심으로)", 한국산업보건학회지 제31권 제4호, 2021., 421-422면.

22) 노동법률단체(2021), 앞의 글, 335면. 같은 문제에 대해 노동계는 추상적 규정은 결국 구체적 내용을 기업들이 정할 수 있도록 하여 오히려 기업을 면책시키는 쪽으로 악용될 수 있다고 비판하기도 한다.

정도가 적정한 것인지 예측하기 어렵고, 자의적 법 집행에 대한 우려도 존재할 수 있으므로 추후 실무적인 차원에서라도 정부의 유권해석, 공식 지침 등을 통해 구체적 기준을 형성해갈 필요가 있다.

마지막으로 안전보건 관계법령의 구체적 범위도 실제 사건들에서 계속해서 문제될 수 있다고 생각한다. 종사자들이 준수해야 하는 법적 의무가 무엇인지 미리 알 수 있어야 경영책임자등이 이의 이행에 필요한 관리상의 조치를 충분히 수행할 수 있을 것이기 때문이다. 따라서 중대산업재해 및 중대시민재해를 담당하는 고용노동부, 환경부, 국토교통부 등 정부 부처는 설명자료 등을 통해 어느 정도 구체적 예시들을 제공하거나 관련 판결 등 실무례를 공유하며, 사업주 단체 등과의 사전 협의를 통하여 사실상 감독이나 수사의 대상이 되는 법령의 범위를 어느 정도 정해두는 것이 필요할 수 있다.[23]

23) 전형배(2021), 앞의 글, 283면.

제5절

중대재해처벌법에 대한 개정 논의

박상록

Ⅰ. 제21대 국회 중대재해처벌법 일부개정법률안[1]

1. 이탄희 의원 대표발의안(의안번호: 10092)

이탄희 의원은 당초 중대재해처벌법 제정법률안 제안 시 법 규정에도 불구하고 현실에서 소위 솜방망이 처벌이 이루어지는 것을 방지하기 위해 법인에 대한 벌금형의 하한선을 규정하고, 유죄 선고와 형 선고를 분리하여 관련 전문가로 구성된 국민양형위원회의 심의를 거쳐 구체적 형을 선고할 필요성을 강조하였다.[2] 그러나 법안심사소위원회 논의 과정에서 중대재해에 해당하더라도 사안에 따라 엄격한 형벌이 오히려 부당한 결론에 이를 수도 있으므로 법원의 재량을 바탕으로 적정한 양형을 할 수 있도록 벌금형의 하한을 규정하지 않는 것으로 의결되었고, 양형절차와 관련하여서는 형사소송법 체계의 중대한 변화를 가져오는 것이므로 신중한 접근이 필요하여 우선 이원화된 절차 대신 심리절차에 관한 특례(현행법 제14조)를 두는 것으로 의결되었다.

본 개정안은 위와 같은 결과에 대해 "기업의 이윤 때문에 사람이 목숨을 잃는 행태를 방지하기 위해 고육지책으로 처벌조항을 두자는 것인데, 법안심의 과정에서 핵심적인 내용이 삭제되면서 알맹이가 다 빠진 실효성 없는 법"이 되었다고 평가하며,[3] 법안 심의 과정에서 삭제되었던 ① 양벌규정에서 벌금형 하한 규정,

1) 2022년 7월 기준, 제21대 국회 중대재해처벌법 일부개정법률안.
2) 이탄희 의원 대표 발의, 중대재해에 대한 기업 및 정부 책임자 처벌법안(의안번호 5421), 2020. 11. 17.

② 위 제정법률안과 같은 내용의 양형특례조항을 신설하도록 제안하고 있다.

2. 김영배 의원 대표발의안(의안번호: 10830)

본 개정안은 제안이유에서 광주광역시 동구 학동 재개발 공사현장에서 해체 중이던 건물이 붕괴되어 일반시민 9명이 사망하고, 8명이 부상을 입은 사고가 발생하였음에도 현행법상 해당 사례를 중대시민재해로 볼 수 없어 엄격한 처벌이 불가하다는 점을 지적하고 있다.[4] 이러한 문제를 해결하기 위해 개정안은 중대시민재해 개념에 "「건설산업기본법」 제2조 제4호에 규정된 건설공사 현장에서의 안전관리, 유해위험 방지의 결함"을 추가하였다. 개정안에 따를 경우 건설 공사 현장에서 근로자가 재해를 입은 경우는 중대산업재해에 해당되고, 건설 공사 현장에서 일반 시민이 재해를 입은 경우는 개정법에 따라 중대시민재해에 해당되므로 두 경우 모두 중대재해처벌법에 따라 엄격한 처벌이 이루어질 수 있다.

3. 이은주 의원 대표발의안(의안번호: 14305)

본 개정안은 최근 현장실습을 받던 직업교육훈련생이 산업현장에서 사망하거나 부상당하는 사례가 빈번하게 발생하고 있음에도 현행 중대재해처벌법은 이들을 "종사자"의 범위에 포함하고 있지 않아 법 적용의 사각지대가 존재한다고 지적한다.[5] 이에 개정안은 "종사자"의 범위에 "「직업교육훈련 촉진법」에 따라 현장실습계약을 체결한 직업교육훈련생"을 추가함으로써 중대재해처벌법을 통해 이들을 보호할 필요성을 강조하고 있다.

4. 강민정 의원 대표발의안(의안번호: 14548)

본 개정안은 현행 중대재해처벌법이 중대재해를 예방하고, 책임자를 처벌하기에는 규율대상, 처벌의 정도 등에서 부족한 부분이 많다는 인식 하에 전반적으로 종전의 박주민 의원안(의안번호 5290), 이탄희 의원안(의안번호 5421) 등에서 제안

---

3) 이탄희 의원 대표 발의, 중대재해 처벌 등에 관한 법률 일부개정법률안(의안번호 10092), 2021. 5. 13. 제안이유 참조.

4) 김영배 의원 대표 발의, 중대재해 처벌 등에 관한 법률 일부개정법률안(의안번호 10830), 2021. 6. 17. 제안이유 참조.

5) 이은주 의원 대표 발의, 중대재해 처벌 등에 관한 법률 일부개정법률안(의안번호 14305), 2022. 1. 7. 제안이유 참조.

되었으나 법률 제정 시 법안심사 소위원회 논의 과정에서 받아들여지지 못하였던 내용들을 재차 제안하고 있다.

개정안의 주요 내용으로는 ① 경영책임자등의 범위에서 안전보건 업무 담당자를 삭제하고, 법인의 대표이사 등 사업을 대표하는 사람이 책임지도록 하는 규정(안 제2조), ② 상시 근로자 5인 미만 사업장 적용 배제 규정 삭제(안 제3조), ③ 사업주의 안전보건 조치 의무에 위험한 작업장에 2인 1조 배치 의무화(안 제4조), ④ 중대산업재해 발생에 대한 인과관계 추정 규정 신설(안 제4조의2), ⑤ 중대산업재해 처벌에 대한 법정형 하한 신설 및 중대산업재해 현장에 대한 훼손, 조사방해에 대한 처벌규정 신설(안 제6조), ⑥ 공무원이 직무유기의 죄를 범하여 중대재해가 일어난 경우 공무원에 대한 처벌 규정 신설(안 제7조의2), ⑦ 양형특례 규정 신설(안 제14조), ⑧ 손해배상 책임 범위를 3배 이상 10배 이하로 규정하여 하한을 신설하고 상한을 상향 규정(안 제15조) 등을 확인할 수 있다.

5. 강은미 의원 대표발의안(의안번호: 14568)

본 개정안 제안이유에서는 중대재해처벌법이 제정되었으나, 당초 발의되었던 여러 제정안에 비해 적용범위가 축소되고, 처벌수위가 낮아지는 등의 이유로 실효성에 의문이 제기되고 있다는 점, 광주 재개발 공사현장에서 발생한 건물붕괴사고나 현장실습생 사망사고 등 중대재해처벌법이 적용되기 어려운 사각지대가 존재하는 점(위 김영배 의원안, 이은주 의원안과 유사한 취지) 등을 강조하며 전반적으로 중대재해처벌법을 더 넓게, 더 엄격하게 적용할 필요성에 대해 이야기하고 있다.

개정안의 주요 내용으로는 ① 원료나 제조물을 수식하는 "인체에 해로운"이라는 표현을 삭제하고 생명·신체 외에 정신건강까지 보호대상에 포함(안 제1조), ② 중대산업재해 중 직업성 질병에 대해 대통령령으로 위임한 범위에서 "급성중독 등"으로 한정한 표현 삭제(안 제2조 제2호), ③ 중대시민재해 범위에 「건설산업기본법」 제2조 제4조에 따른 재해를 포함(안 제2조 제3호), ④ 공중이용시설 범위에 소상공인 사업장, 바닥면적 합계 1천제곱미터 미만 영업장, 학교시설 등을 포함(안 제2조 제4호), ⑤ 공중교통수단 범위를 시외버스뿐만 아니라 「여객자동차 운수사업법 시행령」 제3조 제1호 각 목에 따른 노선 여객자동차운송사업 및 전세버스운송사업에 사용되는 승합자동차로 확대(안 제2조 제5호), ⑥ 종사자 범위에 현장실습을 받는 교육훈련생을 추가(안 제2조 제7호), ⑦ 경영책임자등의 범위를 사업을 대표하고 총괄하는 권한과 책임이 있는 사람으로 한정(안 제2조 제9호), ⑧ 상시 근로자 5명 미만 사업장 적용 배제 규정 삭제(안 제3조), ⑨ 발주자도 제3자의 종사자에게 안전 및 보건확보의무를 부담하도록 규정(안 제5조), ⑩ 법정형 하한 규정 신설 또는 상향(안 제6조 및 제10조), ⑪ 중대재해에 관한 인과관계 추정 규정 신설(안 제12조), ⑫ 공판절차 이분화, 국민양형위원회 심의 등 양형 특례 신설(안 제16조 및 제17조), ⑬ 손해배상 하한을 손해액의 3배 이상으로 규정(안 제18조), ⑭ 공무원 처벌 특례규정 신설(안 제19조), ⑮ 개인사업자 또는 상시근로자 50명 미만 사업장에 대한 유예규정 삭제(부칙 제1조 단서 삭제) 등을 확인할 수 있다.

6. 윤준병 의원 대표발의안(의안번호: 14695)

본 개정안은 고용노동부가 발표한 2020년 산업재해 사고사망 통계를 인용하며 산업재해 사망사고 중 35.4%가 5인 미만 사업장에서 발생하는 현실을 고려하면 5인 미만 사업장을 일률적으로 법 적용 대상에서 제외하는 것이 근로자 보호라는 당초 법 제정 목적에 맞지 않는다는 점을 지적하고 있다.[6] 개정안은 위와 같은 문제점을 고려하여 원칙적으로 모든 사업장에 중대산업재해 관련 규정이 적용되도록 하되 사업 또는 사업장의 안전·보건상 유해 또는 위험의 정도, 사업장의 상시근로자 수 등 구체적 사정을 고려하여 하위 법령에서 법 적용의 예외를 정할 수 있도록 제안하고 있다.

7. 서동용 의원 대표발의안(의안번호: 14951)

본 개정안은 계속되는 직업교육 현장실습생들의 사고를 예방하기 위하여 “종사자”의 범위에 “「직업교육훈련 촉진법」 제2조 제7호에 따른 현장실습을 받기 위하여 현장실습산업체의 장과 현장실습계약을 체결한 직업교육훈련생”을 추가하고, 사업장의 종사자 중 현장실습생이 포함되어 있는 경우에는 상시 근로자 5인 미만 사업장 적용배제 조항이 적용되지 않도록 단서를 신설하고 있다.

---

6) 윤준병 의원 대표 발의, 중대재해 처벌 등에 관한 법률 일부개정법률안(의안번호 14695), 2022. 2. 8. 제안이유 참조.

8. 박대출 의원 대표발의안(의안번호: 16027)

본 개정안은 사업주와 경영책임자등이 적극적으로 중대재해 예방을 위한 조치를 취하도록 유도하기 위하여 법무부장관이 관계부처의 장과 협의하여 중대재해 예방에 관한 기준을 고시하고, 고시된 기준에 적합한 사업장 등에 대하여는 "인증기관"으로 지정할 수 있도록 제안하고 있다. 한편 개정안은 과도한 처벌로 인한 문제를 완화하기 위하여 위와 같이 인증을 받은 경우 중대재해처벌법 위반에 따른 처벌 시에도 그 형을 감경하거나 면제할 수 있도록 규정하고 있다.

Ⅱ. 중대재해처벌법 개정 논의 필요성

기존 산안법에 의한 제재의 한계를 극복하고, 나아가 시민재해 등의 문제에도 적극적으로 대응하기 위한 목적에서 이상의 과정들을 통해 중대재해처벌법 및 같은 법 시행령이 제정되어 2022년 1월 27일부터 시행되고 있다. 해당 법령이 시행된 후 많은 시간이 지나지 않았음에도 제정법령이 산업현장 등 우리 사회에 전반에 큰 영향을 미치고 있는 것은 분명해 보이고, 한편으로는 법령의 모호성, 법령 자체의 타당성 등 다양한 측면에서 많은 논란을 불러일으키고 있는 것도 사실이다.

우선, 중대재해처벌법은 기존의 법체계 및 타입법례에 비추어 다소 이례적인 형태로 중한 처벌을 예정하고 있기 때문에 경영책임자등에게 부과된 의무에 대한 정확한 해석·적용이 구체적인 법집행 과정에서 계속해서 문제될 것으로 예상된다. 물론 현행 법령에 대한 판단 과정에서 입법 경위나 입법자의 의도, 고용노동부 등 관계부처의 유권해석, 사건이 진행됨에 따라 축적되는 법원의 판결례들이 도움을 줄 수 있으리라 생각되지만, 보다 근본적으로는 심도 있는 논의를 바탕으로 법령에 대한 불확실성을 제거할 수 있도록 국회 및 행정 부처의 입법적 개선 검토도 필요해 보인다.

한편 현행 법령이 중대재해로부터 종사자와 시민을 보호하겠다는 입법목적 달성을 위한 적절한 수단을 예정하고 있는지, 혹은 입법목적이 정당하더라도 이를 위해 경영책임자등에게 책임주의에 반하는 과도한 형벌을 부과하는 것은 아닌지 등 법령 자체의 타당성에 대한 비판들도 계속해서 제기되고 있다.[7][8] 특히 현행법은 입법 과정에서 당초 의원들이 발의한 내용과 비교하여 적용 범위가 대폭 축소되고 처벌 가능성 및 수위도 많이 낮아졌는데, 이에 대해 비판적 입장을 가진 쪽에서는 법 적용의 사각지대가 존재하고 예방의 효과가 떨어지는 등의 문제가 드러나고 있다는 점을 지적하고 있다. 또한 이미 발의된 다수의 중대재해처벌법 일부개정법률안들도 대부분 법 적용 대상과 관련된 개정 필요성을 주장하고 있어 5인 미만 사업장의 문제, 현장 실습생 문제, 관련 공무원에 대한 책임 부과 등이 국회에서 주된 쟁점으로 다루어질 것으로 예상되고, 그 밖에 적정한 형벌 수위, 손해배상의 범위, 양형 절차 특례의 도입 여부 등에 대해서도 구체적인 논의가 있을 것으로 예상된다.

결국 중대재해처벌법과 관련하여서는 현행 법령에 대한 정확한 해석·적용의 문제와 더불어 현행 법령 자체의 타당성에 대한 재검토도 계속해서 요구될 것으로 생각된다. 향후 각 쟁점 사안에 대한 실증적인 연구와 심도 있는 법리적, 정책적 검토를 바탕으로 중대재해처벌법 제정 당시 목표로 삼았던 것처럼 구조적 문제를 예방함으로써 실질적인 안전·보건 확보에 기여할 수 있는 방향을 논의하고, 필요한 경우 적절한 입법적 개선을 모색할 필요가 있다고 판단된다.

7) 중소기업중앙회, '중대재해처벌법 시행 100일 중소제조업 실태조사', 2022. 5.
8) 한국경영자총협회, '「중대재해처벌법 시행령 개정」에 대한 경영계 정부제출 건의서', 2022. 5. 16.

제4장

중대재해처벌법 총론

제1절

의 의

길소나*

Ⅰ. 규정 체계

「중대재해처벌법」은 총칙, 중대산업재해, 중대시민재해, 보칙 등 4개의 장으로 구성되어 있다. 제1장에서는 "중대재해"를 "중대산업재해"와 "중대시민재해"로 나누어(제2조 제1호) "중대산업재해"는 산업안전보건법에 따른 산업재해 중 사망 혹은 부상 및 질병의 결과를 야기한 재해로(제2호), "중대시민재해"는 특정 원료 또는 제조물, 공중이용시설 또는 공중교통수단의 설계, 제조, 설치, 관리상의 결함을 원인으로 하여 발생한 재해로서 사망 혹은 부상 및 질병의 결과를 야기한 재해로서 중대산업재해에 해당하는 재해를 제외한 것으로 정의한다(제3호). 또한 현행 노동관계 법령에서 사용하지 않는 '종사자'라는 새로운 개념을 도입하여 근로기준법 상의 근로자 외의 범위까지 보호대상을 확대하였으며(제2조 제7호[1]), '사업주'(제8호) 외에 '경영책임자등'(제9호)의 개념을 창설하여 사업을 대표하고 사업을 총괄하는 권한과 책임이 있는 사람 또는 이에 준하여 안전보건에 관한 업무를 담당하는 사람 등을 포괄한다.[2]

---

* 吉笑那, 박사과정 재학

1) **제2조(정의)** 7. "종사자"란 다음 각 목의 어느 하나에 해당하는 자를 말한다.
가. 「근로기준법」상의 근로자
나. 도급, 용역, 위탁 등 계약의 형식에 관계없이 그 사업의 수행을 위하여 대가를 목적으로 노무를 제공하는 자
다. 사업이 여러 차례의 도급에 따라 행하여지는 경우에는 각 단계의 수급인 및 수급인과 가목 또는 나목의 관계가 있는 자

2) 전형배, "중대재해처벌법의 해석상 쟁점", 노동법 포럼, 34, 노동법이론실무학회(2021), 270-271면.

제2장에서는 중대산업재해를 규정한다. 구체적으로 사업주와 경영책임자등의 안전 및 보건 확보의무를 명시하고(제4조), 사업주나 법인 또는 기관이 제3자에게 도급, 용역, 위탁 등을 행한 경우에는 사업주 또는 경영책임자 등이 그 제3자의 종사자에게 중대산업재해가 발생하지 아니하도록 안전 및 보건 확보조치를 하여야 한다고 하여 원청으로서의 안전 및 보건 확보의무를 명시하고 있다. 다만 이러한 의무는 사업주나 법인 또는 기관이 그 시설, 장비, 장소 등에 대하여 실질적으로 지배·운영·관리하는 책임이 있는 경우에 한정하여 인정된다(제5조). 사업주 또는 경영책임자 등이 이러한 안전 및 보건 확보의무를 위반하여 중대산업재해에 이르게 한 때에는 제6조에 따라 사업주 또는 경영책임자 등을 사망의 경우 1년 이상의 징역 또는 10억 원 이하의 벌금, 부상 및 질병의 경우 7년 이하의 징역 또는 1억 원 이하의 벌금에 처한다. 법인 또는 기관의 경영책임자 등이 그 법인 또는 기관의 업무에 관하여 위반행위를 할 경우 그 행위자를 벌하는 외에 법인 또는 기관에 벌금형을 과하는 양벌규정을 두고 있으며(제7조), 중대산업재해가 발생한 법인 또는 기관의 경우 그 경영책임자 등으로 하여금 대통령령으로 정하는 바에 따라 안전보건교육을 이수하도록 하고 있다(제8조). 한편 상시 근로자가 5명 미만인 사업 또는 사업장의 사업주 또는 경영책임자등에게는 중대산업재해와 관련한 제2장의 규정을 적용하지 아니한다고 규정하여(제3조) 적용예외 범위를 설정하고 있다.

제3장에서는 중대시민재해를 규정하고 있다. 제9조는 사업주 또는 경영책임자 등의 사업주나 법인 또는 기관이 실질적으로 지배·운영·관리하는 ① 사업 또는 사업장에서 생산·제조·판매·유통 중인 원료나 제조물의 설계, 제조, 관리상의 결함(제1항), ② 공중이용시설 또는 공중교통수단의 설계, 설치, 관리상의 결함(제2항)으로 인한 그 이용자 또는 그 밖의 사람의 생명, 신체의 안전을 위한 안전 및 보건 확보의무를 규정하고, 동조 제3항에서는 사업주나 법인 또는 기관이 공중이용시설 또는 공중교통수단과 관련하여 제3자에게 도급, 용역, 위탁 등을 행한 경우에도 동일한 조치의무를 부담한다는 점을 명시하고 있다. 사업주 또는 경영책임자등이 이러한 안전 및 보건 확보의무를 위반하여 중대시민재해에 이르게 한 경우, 사망의 경우에는 1년 이상의 징역 또는 10억 원 이하의 벌금(제10조 제1항), 부상 및 질병의 경우에는 7년 이하의 징역 또는 1억 원 이하의 벌금에 처한다. 또한 중대산업재해의 경우와 마찬가지로 양벌규정을 두어 행위자를 벌하는 외에

그 소속 법인 또는 기관에 벌금형을 과한다(제11조).

제4장은 형 확정 사실의 통보 및 중대산업재해 발생사실의 공표, 심리절차에 관한 특례 및 정부의 사업주 등에 대한 지원·보고 등 관련 내용을 규정하고 있으며, 징벌적 손해배상 규정을 도입하였다. 구체적으로 심리절차와 관련하여 중대재해처벌법 위반 여부에 관한 형사재판에서 법원이 직권으로 피해자 또는 그 법정대리인(피해자가 사망하거나 진술할 수 없는 경우에는 그 배우자, 직계친족, 형제자매를 포함한다)을 증인으로 신문할 수 있도록 하여(제14조 제1항) 피해자 측의 의견이 절차상 반영될 수 있는 절차를 명시하고 있으며, 검사, 피고인 또는 변호사의 신청이 있는 경우 특별한 사정이 없으면 전문가를 전문심리위원으로 지정하여 소송절차에 참여하게 하도록 하여 전문가의 의견이 소송절차 및 결과에 반영될 수 있는 절차를 마련하였다(동조 제2항). 사업주 또는 경영책임자등의 손해배상책임 역시 강화하여 고의 또는 중대한 과실에 의하여 중대재해가 발생한 경우에는 해당 사업주, 법인 또는 기관이 손해액의 5배의 범위에서 배상책임을 지도록 하였다(제15조).

〈표 1〉 중처법 및 시행령의 주요 내용[3)]

조문		법률	시행령
제1장 총칙	제1조	- 목적	
	제2조	- 정의	직업성 질병자의 정의(제2조, 별표1)
제2장 중대산업재해	제4조	- 사업주와 경영책임자등의 안전 및 보건 확보의무	- 안전보건관리체계의 구축 및 이행조치(제4조) - 안전·보건 관계 법령에 따른 의무이행에 필요한 관리상의 조치(제5조)
	제5조	- 도급, 용역, 위탁 등 관계에서의 안전 및 보건 확보의무	
	제6조	- 중대산업재해 사업주와 경영책임자등의 처벌	
	제7조	- 중대산업재해의 양벌규정	
	제8조	- 안전보건교육의 수강	- 안전보건교육의 실시 등(제6조)
제3장 중대시민	제9조	- 사업주와 경영책임자등의 안전 및 보건 확보의무	- 원료·제조물 관련 안전·보건관리체계의 구축 및 이행조치(제8조) - 원료·제조물 관련 안전·보건 관계 법령

3) 대검찰청, 「중대재해처벌법 벌칙해설」, 2022, 21면.

재해			에 따른 의무이행에 필요한 관리상의 조치(제9조) - 공중이용시설·공중교통수단 관련 안전보건관리체계 구축 및 이행에 관한 조치(제10조) - 공중이용시설·공중교통수단 관련 안전·보건 관계 법령에 따른 의무이행에 필요한 관리상의 조치(제11조)
	제10조	- 중대시민재해 사업주와 경영책임자등의 처벌	
	제11조	- 중대시민재해의 양벌규정	
제4장 보칙	제12조	- 형 확정 사실의 통보	
	제13조	- 중대산업재해 발생사실 공표	- 중대산업재해 발생사실의 공표(제12조)
	제14조	- 심리절차에 관한 특례	
	제15조	- 손해배상의 책임	
	제16조	- 정부의 사업주 등에 대한 지원 및 보고	
부칙	제1조	- 시행일	- 시행일, 별표(1~5)
	제2조	- 다른 법률의 개정	

Ⅱ. 법적 성질

1. 「중대재해처벌법」의 입법 목적

중처법은 사업 또는 사업장, 공중이용시설 및 공중교통수단을 운영하거나 인체에 해로운 원료나 제조물을 취급하면서 안전·보건 조치의무를 위반하여 인명피해를 발생하게 한 사업주, 경영책임자, 공무원 및 법인의 처벌 등을 규정함으로써 중대재해를 예방하고 시민과 종사자의 생명과 신체를 보호함을 목적으로 한다(제1조). 이에 따라 본법은 사업주 및 경영책임자등의 안전 및 보건 확보의무를 규정하고, 이를 위반하여 중대재해에 이르게 한 경우 사업주 및 경영책임자등에 징역 또는 벌금을 과하여 처벌한다고 규정하고 있다.

이처럼 본법은 목적 조항에서 '처벌'을 목적으로 명시하여 중처법이 특별형법에 해당함을 분명히 하고 있으며, 구체적인 내용상으로도 처벌 대상이 되는 안전 및 보건 확보의무의 내용을 규정한 뒤 그 위반에 대한 형사처벌을 정하고 있다. 이와 관련하여 제1조의 문언 구조상 중대재해를 예방하고 종사자 및 시민의 생명과 신체를 보호하는 것이 본법의 최종 목적이고 사업주 등의 처벌은 이를 달성하기 위한 수단에 불과하다고 주장할 수 있으나, 법률의 입법 배경 및 제정 과정에서의 논의, 21대 국회에 제출된 의안들의 내용 및 21대 국회 법안심사 제1소위원회의 논의 및 중대재해처벌법의 규정 내용 등을 감안하면 중대재해처벌법의 목적은 추상적인 산업재해 예방이 아니라 구체적인 사업주와 경영책임자등의 처벌에 있다고 볼 것이다.[4)]

2. 기존의 관련 규정 체계

산업재해의 경우 「산업안전보건법」에서 그 예방을 위한 사업주와 안전보건관리책임자 등의 안전·보건 조치의무 등을 규정하고 있다. 산안법의 목적은 산업안전 및 보건에 관한 기준을 확립하고 그 책임의 소재를 명확하게 하여 산업재해를 예방하고 쾌적한 작업환경을 조성함으로써 노무를 제공하는 자의 안전 및 보건을 유지·증진하는 것이다(제1조). 이에 따라 산안법은 안전조치(제38조) 및 보건조치(제39조) 의무 등 산업재해 예방을 위한 세부적인 기준을 규정하여 사업주에게 이를 준수할 의무를 부과하고, 이를 위반하여 근로자를 사망에 이르게 한 자(제167조) 및 이를 위반한 자(168조)를 징역 또는 벌금에 처하는 벌칙규정을 두고 있다.

시민재해의 경우 산안법과 같이 시민재해 전반을 다루는 법률은 없고, 원료·제조물에 대하여는 「화학물질관리법」, 「생활화학제품 및 살생물제의안전관리에 관한 법률」, 「전기용품 및 생활용품 안전관리법」 등, 공중이용시설에 관해서는 「건축법」, 「건축물관리법」, 「시설물의 안전 및 유지관리에 관한 특별법」, 「다중이용업소의 안전관리에 관한 특별법」 등, 공중교통수단에 대하여는 「철도안전법」, 「항공안전법」, 「선박안전법」 등의 개별 행정 규제 법률과 그에 따른 벌칙 조항을 통해 안전·보건 조치의무를 위반한 행위자에 대한 처벌이 이루어졌다.[5)]

3. 법적 성질: 특별형법

이처럼 기존의 안전·보건 관련 법령은 행정규제와 이에 대한 벌칙으로 구성되어 있다.[6)] 중처법의 제정은 이러한 기존의 행정적 책임 기조만으로는 중대재해를

4) 전형배, 앞의 글, 270면-271면.
5) 대검찰청, 앞의 책, 11면.

막을 수 없다는 반성적 고려하에 이루어졌다.[7] 제정사를 살펴보더라도 중대재해가 개인의 실수에 의한 사고가 아니라 위험을 제대로 예방하고 관리하지 않았기 때문에 발생하는 '기업범죄'임을 인식하게 하고, 기업이 사망 등 중대재해가 발생했을 때 부담해야 할 사고처리비용이 예방을 위한 투자비용을 압도하여 기업 등의 경제적·조직적·제도적으로 안전관리를 하도록 유도하기 위해[8] 경영책임자에게 엄중한 형사책임을 물어야 한다는 요청 아래 법 제정에 이르게 되었음을 쉽게 알 수 있다.[9] 따라서 본은 우리 사회 현실에서 종래의 안전보건 관련 법제도의 계속된 실패 및 이로 인한 손해가 축적됨에 따라 특별형법의 개입이 더 이상 유보되기 어려운 상황이 반영된 특별형법이라고 할 것이다.[10]

Ⅲ. 중대재해처벌법 위반죄의 법적 성질

1. 신분범

중처법 제6조 및 제10조의 처벌규정은 모두 "사업주 또는 경영책임자등"을 행위주체로 규정하고 있으며, 동법 제2조 제8호에 따르면 "사업주"란 자신의 사업을 영위하는 자, 타인의 노무를 제공받아 사업을 하는 자를 말하고 제9호에 따르면 "경영책임자등"이란 ① 사업을 대표하고 사업을 총괄하는 권한과 책임이 있는 사람 또는 이에 준하여 안전보건에 관한 업무를 담당하는 사람 및 ② 중앙행정기관의 장, 지방자치단체의 장, 「지방공기업법」에 따른 지방공기업의 장, 「공공기관의 운영에 관한 법률」에 따라 지정된 공공기관의 장을 말한다. 따라서 중대재해처벌법위반죄는 행위자가 위와 같은 법률상의 "사업주 또는 경영책임자"에 해당하는 경우에만 범죄가 성립하는 경우로서 신분범, 그중에서도 신분관계가 인정되는 경우에만 범죄성립이 인정되는 진정신분범에 해당한다고 볼 수 있다. 판례 또한 "신분관계라 함은 남녀의 성별, 내·외국인의 구별, 친족관계, 공무원인 자격과 같은 관계뿐만 아니라 널리 일정한 범죄행위에 관련된 범인의 인적 관계인 특수

6) 대검찰청, 앞의 책, 10면.
7) 박범계 의원 대표발의안 제안 이유 참조.
8) 강은미 의원 대표발의안 제안 이유 참조.
9) 대검찰청, 앞의 책, 제12면.
10) 김한균, "안전보건확보의무의 형법적 부과 - 중대재해처벌법과 그 제정의 형사정책적 평가", 「형사정책」, 33, 한국형사정책학회, 2021, 제113면.

한 지위 또는 상태를 지칭하는 것"이라고 판시하고 있는바,[11] 이러한 판례의 태도에 따르더라도 중처법에 규정한 "사업주 또는 경영책임자"는 신분에 해당하며 중대재해처벌법위반죄는 신분범에 해당한다고 볼 것이다.

따라서 법률 규정에 따른 "사업주 또는 경영책임자"에 해당하지 않는 비신분범은 중대재해처벌법 위반죄의 정범은 될 수 없으나, 형법 제33조에 따라 "사업주 또는 경영책임자"의 행위에 가담한 경우에는 공범관계가 성립할 수 있을 것이다.

2. 부작위범

가. 진정부작위범

형법 규범은 일반적으로 일정한 행위를 금하는 금지규범의 형식을 취하지만,[12] 중처법은 사업주 및 경영책임자등에게 안전 및 보건 확보의무 이행을 요구하는 명령규범을 규정하고 이에 반하여 명령규범을 이행하지 않을 경우를 처벌하는 형식을 취하고 있다. 따라서 중대재해처벌법 위반죄는 그 규정 형식상 부작위범, 그 중에서도 구성요건이 부작위에 의하여만 실현될 수 있는 범죄인 진정부작위범에 해당한다고 볼 것이다.

나. 관련 문제

진정부작위범의 구성요건으로는 일반적으로 ① 구성요건적 상황, ② 작위의무의 존재, ③ 행위가능성이 요구된다.[13]

(1) 구성요건적 상황

진정부작위범의 구성요건 중 '구성요건적 상황'은 작위로 나아가라는 규범적 요구를 의미하며, 진정부작위범의 경우 작위의무를 규정하는 명령규범의 내용이 곧 이에 해당한다고 할 수 있다.[14] 이러한 명령규범의 위반이 곧 형사처벌의 대상이 되므로, 명령규범에 따른 작위의무의 내용은 수범자로 하여금 규범의 의미내용으로부터 자신의 어떠한 행위가 처벌대상이 되는지, 무엇이 금지되는 행위이고 무엇이 허용되는 행위인지를 파악할 수 있도록 명확하게 규정되어야 할 것이다. 중

---

11) 대법원 1994. 12. 23. 선고 93도1002 판결.
12) 이재상·장영민·강동범, 형법총론, 박영사(2022), 130면.
13) 이재상 등, 위의 책, 134면.
14) 이재상 등, 위의 책, 134면.

대재해처벌법의 경우 이러한 구성요건적 상황은 제4조 및 제9조에 따른 안전 및 보건 확보의무와 이를 구체화하는 시행령 제4조 및 제8조 내지 제11조에 규정되므로, 위 규정의 내용으로부터 사업주 및 경영책임자등의 의무사항을 얼마나 구체적으로 해석해낼 수 있는지 여부에 따라 법률의 위헌성이 문제될 수 있을 것이다.

(2) 행위가능성

진정부작위범의 구성요건 중 '행위가능성'은 구체적 행위가능성을 의미하는 것으로서, 일반적 행위능력을 갖춘 행위자가 구성요건적 상황에서 요구되는 작위행위를 의미 있는 방법으로 할 수 있었을 때 인정된다.[15] 구체적으로 요구되는 행위를 할 수 있는 여건이 갖추어져 있고 적절한 자신의 힘을 쓸 수 있어야 하며, 행위자가 요구되는 행위를 자신이 해야 할 일의 하나로 생각하거나, 필요한 주의를 기울였다면 최소한 생각할 수 있는 것이어야 한다.[16] 중대재해처벌법 위반죄의 경우 안전관리체계 구축 등 안전조치를 직접 취하고 이를 확인, 점검하라는 것이 사업주 및 경영책임자등에게 직접 부과된 의무의 내용인바 중처법 상의 안전 및 보건 확보의무는 사업주 및 경영책임자등 자신의 것이라고 할 것이므로,[17] 결국 죄의 성립과 관련하여 구체적인 사안별로 안전 및 보건 확보의무에 따른 특정 조치를 취할 수 있는 여건이 갖추어져 있었는지 여부가 문제될 수 있다. 특히 법률 시행 이후 적절한 안전관리체계를 구축하고 관련 조치를 이행할 수 있는 상당한 시간이 확보되었는지, 기업의 규모에 따른 예산 및 인력 등의 합리적인 투입 가능 한도가 어느 정도인지 등이 문제될 수 있을 것이다.

3. 특수한 형태의 결과적 가중범

가. 문제의 소재

중처법 제6조, 제10조의 규정은 사업주 또는 경영책임자등이 안전 및 보건 확보의무를 위반하여 중대재해에 이르게 한 경우를 처벌의 대상으로 한다. 이 때 중대재해라는 결과 발생에 대하여 과실이 요구된다는 점에 대해서는 이론의 여지가 없을 것이다. 결과 발생에 대한 고의가 인정된다면 이는 「형법」상 상해 및 살

---

15) 이재상 등, 앞의 책, 135면.
16) 이재상 등, 앞의 책, 136면.
17) 최정학, "중대재해처벌법 -기업 경영자 처벌의 논리-", 노동법연구, 51, 서울대학교 노동법연구회, 2021, 8면.

인죄로 다룰 문제이기 때문이다. 한편 사업주 또는 경영책임자등이 고의로 안전 및 보건 확보의무를 위반한 경우가 처벌대상에 포함된다는 점에는 이론의 여지가 없을 것이나, 과실로 안전 및 보건 확보의무를 위반한 경우도 처벌대상이 되는지 여부에는 논란이 있을 수 있다.

나. 산업안전보건법 위반죄에 대한 법원의 판단

관련하여, 동일한 형식의 규정을 두고 있는 산업안전보건법 위반죄에 대한 판결을 참고할 수 있을 것이다. 구 「산업안전보건법」(2007. 4. 11. 법률 제8372호로 개정되기 전의 것) 제23조 제1항[18]은 사업주의 안전상의 조치를 정하고, 제67조 제1호[19]는 제23조 제1항을 위반한 자를 3년 이하의 징역 또는 2천만 원 이하의 벌금에 처한다고 규정하였다. 그 위반이 문제된 사건에서 대법원은 "사업주에 대한 산업안전보건법 제67조 제1호, 제23조 제1항 위반죄는 사업주가 자신이 운영하는 사업장에서 산업안전기준에 관한 규칙이 정하는 바에 따른 안전조치를 취하지 않은 채 산업안전보건법 제23조 제1항에 규정된 안전상의 위험성이 있는 작업을 하도록 지시하거나, 그 안전조치가 취해지지 않은 상태에서 위 작업이 이루어지고 있다는 사실을 알면서도 이를 방치하는 등 그 위반행위가 사업주에 의하여 이루어졌다고 인정되는 경우에 한하여 성립하는 것이지, 단지 사업주의 사업장에서 위와 같은 위험성이 있는 작업이 필요한 안전조치가 취해지지 않고 이루어졌다는 사실만으로 성립하는 것은 아니다"라고 판시한 바 있다.[20] 반면 사업주가 재해 발생 당시 상황에 대해 보고받지 못했거나,[21] 위험한 작업이 진행될 것을 사전에 예상하지 못한 경우[22]에는 고의가 부정되어 범죄가 성립하지 않는다고 판시하였다. 이처럼 산업안전처벌법 위반죄는 고의범에 해당한다는 것이 판례의 일관된

18) **제23조 (안전상의 조치)** ①사업주는 사업을 행함에 있어서 발생하는 다음 각호의 위험을 예방하기 위하여 필요한 조치를 하여야 한다.
   1. 기계·기구 기타 설비에 의한 위험
   2. 폭발성, 발화성 및 인화성 물질 등에 의한 위험
   3. 전기, 열 기타 에너지에 의한 위험

19) **제67조 (벌칙)** 다음 각호의 1에 해당하는 자는 5년 이하의 징역 또는 5천만 원 이하의 벌금에 처한다.
   1. 제23조 제1항 내지 제3항, 제24조 제1항, 제26조 제1항, 제28조 제1항, 제33조 제1항, 제37조, 제38조 제1항 또는 제52조 제2항의 규정에 위반한 자

20) 대법원 2007. 3. 29. 선고 2006도8874 판결.

21) 대법원 2016. 12. 29. 선고 2016도16409 판결.

22) 대법원 2016. 12. 29. 선고 2016도16409 판결.

태도이다.[23)]

다. 고의에 의한 기본범죄를 처벌하지 않는 결과적 가중범

「형법」상 범죄는 원칙적으로 고의범에 한하여 처벌하고 과실에 의한 행위는 별도의 처벌규정을 두지 않은 한 형벌의 대상이 되지 않는데(형법 제14조[24)]), 이는 행정범의 경우에도 동일하게 적용된다고 보아야 할 것이다. 판례 또한 "행정상의 단속을 주안으로 하는 법규라 하더라도 명문규정이 있거나 해석상 과실범도 벌할 뜻이 명확한 경우를 제외하고는 '형법'의 원칙에 따라 고의가 있어야 벌할 수 있다"고 판시한 바 있다.[25)] 그렇다면 별도로 과실범 처벌규정을 두고 있지 않은 중대재해처벌법 위반죄 역시 사업주 또는 경영책임자등이 안전 및 보건 확보의무를 고의로 위반한 경우에 한하여 성립한다고 보는 것이 타당할 것이다.

이에 대하여 중대재해처벌법위반죄를 중대재해라는 결과발생에 대한 주의의무 위반으로 성립하는 과실범으로 파악하고, 그 전제가 되는 안전 및 보건 확보의무 위반은 고의에 의한 것이든 과실에 의한 것이든 무관한 것으로 보는 견해가 존재한다.[26)] 이러한 견해에 따르면 고의의 인식 대상이 명확하게 규정되어야 하는 고의범에 비해 과실범의 경우 주의의무의 구체적인 내용이 명확히 특정되어야 할 필요는 없으므로, 중처법상의 안전 및 보건 확보의무의 내용을 보다 명확하게 규정하여야 할 부담을 피할 수 있게 된다는 장점이 있을 수 있다.[27)] 그러나 중처법 제6조 및 제10조가 명문으로 안전 및 보건 확보의무 위반을 범죄 성립의 전제조건으로 규정하고 있고 유사한 유형의 위반행위에 관하여 관련 법률인 산안법 등에서는 이를 고의범으로 한정하여 해석하는 것이 법원의 확립된 태도이며, 안전 및 보건 확보의무에 대한 과실만이 인정되는 경우에도 처벌대상이 된다고 해석할 경우에는 「형법」의 대원칙상 원칙적으로는 처벌대상으로 삼지 않는 과실범에 대하여 형을 과도하게 가중하였다는 점에서 법 자체의 위헌성이 문제될 수 있다는 점을 감안하면 안전 및 보건 확보의무 위반행위는 고의에 의한 경우로 한정된다고 파악하는 것이 바람직하다고 생각한다.

---

23) 최정학, 앞의 글, 7-8면.
24) **제14조(과실)** 정상적으로 기울여야 할 주의를 게을리하여 죄의 성립요소인 사실을 인식하지 못한 행위는 법률에 특별한 규정이 있는 경우에만 처벌한다.
25) 대법원 2010. 2. 11. 선고 2009도9807 판결, 대법원 1986. 7. 22. 선고 85도108 판결 등.
26) 최정학, 앞의 글, 10면-12면 참조.
27) 최정학, 앞의 글, 10면-12면 참조.

그렇다면 중대재해처벌법 위반죄는 '사업주 또는 경영책임자의 안전 및 보건 확보의무 위반'이라는 고의의 기본 범죄로 인하여 '중대재해'라는 중한 결과가 발생하는 경우를 벌하는 결과적 가중범의 구조를 취하고 있다. 다만 기본 범죄에 해당하는 안전 및 보건 확보의무 위반행위에 대하여는 별도의 처벌규정을 두지 않으므로, 정책적 결단에 의하여 기본 범죄는 따로 처벌하지 않으나 이것이 중한 결과로 이어진 경우에 처벌하는 특수한 형태의 결과적 가중범에 해당한다고 할 수 있다.[28)]

라. 관련문제

중대재해처벌법 위반죄 성립을 위해서는 결과적 가중범의 성립요건에 따라 고의에 의한 안전 및 보건 확보의무 위반, 중대재해라는 결과 발생, 의무위반과 결과발생 사이의 인과관계가 입증되어야 할 것이다.

(1) 사업주 및 경영책임자등의 고의 인정

중처법에 따르면 안전보건관리체계 구축 및 그 이행에 관한 조치와 안전·보건 관계 법령에 따른 의무이행에 필요한 관리상의 조치 등을 직접 이행하라는 것이 사업주 및 경영책임자등에게 부과된 의무의 내용이므로, 사업주 및 경영책임자등이 개별 공정의 진행상황을 알지 못하였다거나, 의무의 미이행 상황을 단순히 보고받지 못했다거나, 안전보건관리책임자의 소관 사항이어서 몰랐다는 등의 사유만으로는 고의가 부정되기 어려울 것이다.[29)]

또한 앞서 살펴본 바와 같이 판례는 산업안전보건법 위반죄에 대하여 미필적 고의에 의한 범죄성립을 인정하였는데, 중처법 상 안전 및 보건 확보의무 위반에 대한 고의 또한 안전보건관리체계가 없거나 부족함에도 인력, 예산 등의 지원 대책 없이 위험한 작업을 강행하거나, 중대재해의 위험성을 알면서도 방치한 경우 미필적 고의가 인정될 수 있을 것이다.[30)]

(2) 인과관계

종래 산업안전보건법 위반죄의 경우에도 조치의무위반과 재해 사고 발생 사이에 인과관계가 부정되어 무죄가 선고된 사례가 다수 존재하는바[31)] 앞으로 중대재

28) 대검찰청, 앞의 책, 14면.
29) 송인택·안병익·정재욱·김영철·김부권, 중대재해처벌법 해설, 박영사(2021), 49면.
30) 대검찰청, 앞의 책, 16면.

해처벌법 위반죄 성립에 있어서도 인과관계의 인정 가부가 쟁점이 될 것으로 보인다.[32] 특히 산안법 관련 사건의 경우 법령상 요구되는 행위는 재해 예방을 위한 구체적인 안전·보건조치이므로, 이를 하지 않을 경우 작업자가 사망하거나 상해를 입을 개연성을 어렵지 않게 인정할 수 있다.[33] 그러나 중처법에서 사업주 및 경영책임자등에게 요구되는 것은 이러한 구체적인 안전 및 보건조치가 아니라 기업의 경영과 관련한 관리상의 책임으로, 현장에서의 세부적인 조치에 비하면 사망 혹은 상해 등의 결과와는 직접적인 연관성이 떨어진다고 판단될 수 있다. 그러나 중처법의 제정 과정 및 입법 배경, 규범의 목적 등을 감안하면, 원칙적으로 관리책임의 해이 자체로부터 중대재해라는 결과 발생의 기본적인 개연성을 인정할 수 있으며 개별 사안에서 섣불리 이를 부정해서는 안 된다고 보는 것이 관계자에 대한 강한 처벌을 통해 궁극적으로 산업재해를 예방한다는 법의 존재의의와 입법취지에 부합하는 해석이라고 할 것이다.[34]

관련하여 「국가배상법」 제2조 제1항에 따른 손해배상책임 성립을 위한 상당인과관계 인정 여부와 관련한 대법원 2008. 4. 10. 선고 2005다48994 판결을 참조할 수 있다. 위 판결에서 법원은 "공무원에게 부과된 직무상 의무의 내용이 단순히 공공 일반의 이익을 위한 것이거나 행정기관 내부의 질서를 규율하기 위한 것이 아니고 전적으로 또는 부수적으로 사회구성원 개인의 안전과 이익을 보호하기 위하여 설정된 것이라면, 공무원이 그와 같은 직무상 의무를 위반함으로 인하여 피해자가 입은 손해에 대하여는 상당인과관계가 인정되는 범위 내에서 국가가 배상책임을 지는 것이고, 이때 상당인과관계의 유무를 판단함에 있어서는 일반적인 결과 발생의 개연성은 물론 직무상 의무를 부과하는 법령 기타 행동규범의 목적이나 가해행위의 태양 및 피해의 정도 등을 종합적으로 고려하여야"한다고 판시하면서, 유흥주점에 감금된 채 윤락을 강요받으며 생활하던 여종업원들이 유흥주점에 화재가 났을 때 미처 피신하지 못하고 유독가스에 질식해 사망한 사안에서 소방공무원이 위 유흥주점에 대하여 화재 발생 전 실시한 소방점검 등에서 구 소

---

31) 대법원 2014. 5. 29. 선고 2014도78 판결; 대법원 2016. 4. 28. 선고 2016도2463 판결; 의정부지방법원 2011. 1. 13. 선고 2010노2384 판결 등.

32) 송인택 등, 위의 책, 53면.

33) 전형배, 앞의 글, 285면.

34) 노회찬 의원의 대표발의안에서 기업 및 경영책임자에게 형사책임을 물어야 하는 근거로 대형재해사건은 특정한 개인의 위법행위의 결과가 아니라, 기업 내 위험관리시스템 부재, 안전불감 조직문화가 복합적으로 작용한 결과라는 점을 제시한 바 있다.

방법상 방염규정 위반에 대한 시정조치 및 화재 발생시 대피에 장애가 되는 잠금장치의 제거 등 시정조치를 명하지 않은 직무상 의무 위반은 현저히 불합리한 것으로서 위법하며, 이러한 직무상 의무 위반과 사망의 결과 사이에 상당인과관계가 존재한다고 보았다.

중처법에 따라 사업주 및 경영책임자등에게 부과된 의무의 내용 또한 단순히 공공 일반의 이익을 위한 것이거나 기업 내부의 질서를 규율하기 위한 것이 아니고 전적으로 종사자 개인의 안전과 이익을 보호하기 위하여 설정된 것이므로, 중대재해처벌법 위반죄의 경우에도 행위자의 안전 및 보건 확보의무 위반과 중대재해 발생이라는 결과 사이의 상당인과관계 여부를 판단할 때에 일반적인 결과 발생의 개연성은 물론 의무를 부과하는 법령 기타 행동규범의 목적이나 위반행위의 태양, 피해의 정도 등을 종합적으로 고려할 필요가 있을 것이다. 특히 중처법의 입법목적은 기업 내 위험관리 시스템 부재, 안전관리 필요성에 대한 안일한 인식 등이 중대재해의 원인이므로 강력한 처벌을 통해 사업주 및 경영책임자등이 안전 및 보건 관리체계를 마련하고 이를 적절하게 관리하게 함으로써 궁극적으로 재해를 예방하고자 하는데 있으므로, 시스템 구축과 관리책임 위반이 인정될 경우에는 기본적으로 상당인과관계가 인정될 수 있다는 전제하에 위반행위의 태양, 손해의 정도 등 제반 사정을 종합적으로 고려하여 인과관계 존부를 판단하여야 할 것이다.

Ⅳ. 다른 법률과의 관계

1. 「산업안전보건법」과의 관계

가. 법률의 규정내용

산안법은 산업 안전 및 보건에 관한 기준을 확립하고 그 책임의 소재를 명확하게 하여 산업재해를 예방하고 쾌적한 작업환경을 조성함으로써 노무를 제공하는 사람의 안전 및 보건을 유지·증진함을 목적으로 한다(제1조). 이를 위해 산안법은 사업주에게 구체적인 안전조치(제38조) 및 보건조치(제39조)를 취하도록 하고, 이를 위반할 자는 5년 이하의 징역 또는 5천만 원 이하의 벌금에 처하고(제168조), 이를 위반하여 근로자를 사망에 이르게 한 자는 7년 이하의 징역 또는 1억 원 이하의 벌금에 처하도록 규정하고 있다(제167조).

(1) 책임 주체의 차이

산안법은 "사업주"란 근로자를 사용하여 사업을 하는 자를 말한다고 정의한다(제2조 제4호). 한편 산안법 제2장 제1절 '안전보건관리체제'에서는 사업장을 실질적으로 총괄하여 관리하는 안전보건관리책임자(제15조), 안전에 관한 기술적인 사항에 관하여 사업주 또는 안전보건관리책임자를 보좌하는 안전관리자(제17조), 보건에 관한 기술적인 사항에 관하여 사업주 또는 안전보건관리책임자를 보좌하는 보건관리자(제18조), 안전 및 보건에 관하여 사업주를 보좌하는 안전보건관리담당자(제19조) 등 안전, 보건을 총괄하여 직접 담당하는 자를 규정하고 있다. 실제 사업장에서도 안전 및 보건조치와 관련된 구체적인 이행책임은 대표이사 외의 임직원에게 위임되어 관리되는 경우가 많고, 산안법상의 안전·보건조치 미이행이 문제된 경우의 판례 또한 산안법의 위반행위자는 산업안전보건법령이 규정한 구체적이고 직접적인 의무를 부담하는 자라고 하여 일반적으로 법인의 대표이사보다는 안전보건관리책임자, 현장소장 등의 임직원을 처벌대상으로 보는 경우가 많다.[35] 반면 중처법은 사업주 및 경영책임자등을 행위책임자로 보고 있고, 법에 따른 안전 및 보건 확보의무는 경영상의 관리책임으로서 사업주 및 경영책임자등에게 직접 부여되는 의무이므로 산업안전보건법과 달리 이를 별도의 담당자에게 위임할 수 없고 구체적인 행위를 위임하더라도 이로써 책임을 면할 수는 없다고 볼 것이다.

(2) 의무 내용의 차이

산안법에 따른 안전 및 보건조치는 산업재해 및 건강장해 등을 예방하기 위하여 필요한 구체적인 조치로, 안전 및 보건과 관련한 체계를 마련하고 이를 점검·감독할 의무를 부여하는 중처법과 그 내용 및 규범 영역을 달리하고 있다. 구체적으로 안전조치를 규정하고 있는 제38조는 ① 기계·기구 및 그 밖의 설비에 의한 위험, ② 폭발성, 발화성 및 인화성 물질 등에 의한 위험, ③ 전기, 열, 그 밖의 에너지에 의한 위험으로 인한 산업재해를 예방하기 위하여 필요한 조치(제1항), 굴착, 채석, 하역, 벌목, 조작, 운반, 해체, 중량물 취급, 그 밖의 작업을 할 때 불량한 작업방법 등에 의한 위험으로 인한 산업재해를 예방하기 위하여 필요한 조치(제2항), ① 근로자가 추락할 위험이 있는 장소, ② 토사·구축물 등이 붕

---

35) 대검찰청, 앞의 책, 112면.

괴할 우려가 있는 장소, ③ 물체가 떨어지거나 날아올 위험이 있는 장소, ④ 천재지변으로 인한 위험이 발생할 우려가 있는 장소에서 작업을 할 때 발생할 수 있는 산업재해를 예방하기 위하여 필요한 조치(제3항) 등을 사업주의 안전조치로 규정하면서, 제4항에서 구체적인 사항은 고용노동부령으로 정하도록 위임하고 있다. 보건조치를 규정하고 있는 제39조는 원재료·가스·증기·분진·흄·미스트·산소결핍·병원체 등에 의한 건강장해, 방사선·유해광선·고온·저온·초음파·소음·진동·이상기압 등에 의한 건강장해, 사업장에서 배출되는 기체·액체 또는 찌꺼기 등에 의한 건강장해, 계측감시, 컴퓨터 단말기 조작, 정밀공작 등의 작업에 의한 건강장해, 단순반복작업 또는 인체에 과도한 부담을 주는 작업에 의한 건강장해, 환기·채광·조명·보온·방습·청결 등의 적정기준을 유지하지 아니하여 발생하는 건강장해를 예방하기 위하여 필요한 조치를 할 것을 규정하면서(제1항), 제2항에서 그 구체적인 사항은 고용노동부령으로 정하도록 위임하고 있다. 이처럼 산안법에 따라 이행이 요구되는 조치의무는 법 및 하위 법령에서 규정한 기술적, 행정적 의무가 대부분이다.[36] 반면 중처법에 따른 안전 및 보건 확보의무는 기업운영에 요구되는 경영, 관리상의 의무로서, 현장에서의 위험을 관리하는 세부적인 이행조치보다는 시스템적으로 중대재해를 예방할 수 있도록 하는 체계와 관련된다.

(3) 처벌상의 차이

산안법은 산업재해 예방을 위한 안전 및 보건조치 의무를 사업주에게 부과하고, 그러한 의무를 위반한 경우를 처벌하는 데 중점을 둔다. 따라서 산안법은 원칙적으로 사업주의 안전 및 보건조치 의무 위반에 따라 산업재해의 결과가 발생했는지 여부와 무관하게, 해당 위반 자체에 대한 처벌규정을 두고 있다(제168조).[37] 때문에 산안법에 따른 안전 및 보건조치 의무를 위반하여 사망 또는 상해의 결과가 발생한 경우에는 산업안전보건법 위반죄 및 「형법」상 업무상과실치사상죄의 상상적 경합으로 처벌하는 것이 종전 판례의 확립된 입장이었다. 반면 중처법은 중대재해의 결과가 발생한 경우를 처벌의 대상으로 삼고, 이러한 결과까지 이어지지 않은 경우 사업주 및 경영책임자등의 단순한 안전 및 보건확보의무 위반만으로는 처벌 대상으로 규정하지 않고 있다.

36) 전형배, 앞의 글, 272면.
37) 단 167조 제1항에서는 제38조 제1항부터 제3항까지, 제39조 제2항 또는 제63조를 위반하여 근로자를 사망에 이르게 한 경우 7년 이하의 징역 또는 1억 원 이하의 벌금에 처하도록 규정하고 있다.

〈표 2〉 산안법과 중처법의 주요 내용 비교[38)]

구분	산업안전보건법	중대재해처벌법
목 적	- 산업 안전 및 보건에 관한 기준을 확립하고 그 책임의 소재를 명확하게 하여 산업재해를 예방하고 쾌적한 작업환경을 조성함으로써 노무를 제공하는 사람의 안전 및 보건을 유지·증진함	- 사업 또는 사업장, 공중이용시설 및 공중교통수단을 운영하거나 인체에 해로운 원료나 제조물을 취급하면서 안전·보건 조치의무를 위반하여 인명피해를 발생하게 한 사업주, 경영책임자, 공무원 및 법인의 처벌 등을 규정함으로써 중대재해를 예방하고 시민과 종사자의 생명과 신체를 보호함
형사책임 주체	- 사업주 ※ 법인의 경우 법인과 함께 법인의 사용인으로서 안전보건관리책임자, 안전관리자로 지정된 자가 형사책임의 주체가 됨	- 사업주, 경영책임자 등
보호대상	- 근로자, 수급인의 근로자, 법정 특수형태 근로종사자	- 근로자, 노무제공자, 수급인, 수급인의 근로자 및 노무제공자
적용범위	- 모든 사업장 ※ 단 안전보건관리체제는 50인 이상 사업장에 적용	- 5인 미만 작업장 적용제외 ※ 50인 미만 사업장은 3년 후 시행
재해의 정의	- 중대재해: 사망자가 1명 이상 발생하거나, 3개월 이상의 요양이 필요한 부상자가 동시에 2명 이상 발생하거나, 부상자 또는 직업성 질병자가 동시에 10명 이상 발생한 산업재해 ※ 산업재해란 노무를 제공하는 사람이 업무에 관계되는 건설물·설비·원재료·가스·증기·분진 등에 의하거나 작업 또는 그 밖의 업무로 인하여 사망 또는 부상하거나 질병에 걸리는 것을 말함	- 중대산업재해: 사망자가 1명 이상 발생하거나, 동일한 사고로 6개월 이상 치료가 필요한 부상자가 2명 이상 발생하거나, 동일한 유해요인으로 직업성 질병자가 1년 이내에 3명 이상 발생한 산업재해 ※ 산업재해의 정의는 「산업안전보건법」에 따름 - 중대시민재해: 특정 원료 또는 제조물, 공중이용시설 또는 공중교통수단의 설계, 제조, 설치, 관리상의 결함을 원인으로 하여 발생한 재해로서 사망자가 1명 이상 발생하거나, 동일한 사고로 2개월 이상 치료가 필요한 부상자가 10명 이상 발생하거나, 동일한 원인으로 3개월 이상 치료가 필요한 부상자가 10명 이상 발생하는 결과를 야기한 재해
의무내용	- 사업주의 안전조치 - 사업주의 보건조치	- 사업주의 안전 및 보건 확보의무

38) 송인택 등, 앞의 글, 59면 참조.

처벌수준	- 사업주, 안전보건관리담당자 등 · 사망의 경우: 7년 이하의 징역 또는 1억 원 이하의 벌금 · 안전·보건조치 위반: 5년 이하의 징역 또는 5천만 원 이하의 벌금 - 법인 · 사망의 경우: 50억 원 이하의 벌금 · 안전·보건조치 위반: 5천만 원 이하의 벌금	- 사업주, 경영책임자등 · 사망의 경우: 1년 이상의 징역 또는 10억 원 이하의 벌금(병과 가능) · 부상·질병의 경우: 7년 이하의 징역 또는 1억 원 이하의 벌금 - 법인 · 사망의 경우: 50억 원 이하의 벌금 · 부상·질병의 경우: 10억 원 이하의 벌금

나. 양 법률의 관계

이처럼 산안법과 중처법은 산업재해라는 유사한 사건에 대하여 형사처벌을 예정하고 있다는 점에서 공통점이 있으나, 구체적인 의무의 내용, 수범자, 처벌방식 등에서 차이를 보인다. 이를 두고 양 법률의 관계에 관하여 중처법을 산안법 혹은 「형법」 등에 대한 특별법으로 보는 견해와 특별법적 성격으로 보지 않는 견해로 나뉜다.[39] 어느 행위자가 중처법과 산안법 및 「형법」상 금지되는 행위를 한 경우, 전자의 견해에 따르면 별도의 범죄는 성립하지 않고 중대재해처벌법 위반죄만 성립하게 되고 후자의 견해에 따르면 별도의 범죄가 성립하고 각 법이 경합하여 적용된다고 보게 될 것이다.[40]

앞서 살펴본 바와 같이 산안법은 산업 및 보건에 관한 기준을 확립하고 그 책임의 소재를 명확하게 하는 것을 주목적으로 하는데 반하여, 중처법은 사업 또는 사업장, 공중이용시설 및 공중교통수단을 운영하거나 인체에 해로운 원료나 제조물을 취급하면서 안전·보건 조치의무를 위반하여 인명피해를 발생하게 한 사업주, 경영책임자, 공무원 및 법인의 처벌을 규정하는 것을 주목적으로 하고 있다. 즉 산안법은 산업 및 보건에 관한 기준 및 책임 소재를 명확하게 하는 것이 1차적인 목적이고 중처법은 안전·보건 조치의무를 위반하여 인명피해를 발생하게 한 사업주 및 경영책임자등을 처벌하는 것이 1차적인 목적으로, 법률의 목적에서부터 차이를 보인다. 이에 따라 산안법과 중처법 상 행위자에게 요구되는 의무 또한 그 내용 및 규율의 차원을 명백히 달리하고 있다. 산안법에 따른 의무는 산업재해 예방을 위해 현장에서 이행되어야 할 구체적이고 기술적인 산업 및 안전조

39) 안요환, "우리나라 중대재해처벌 관련 법제의 개선방안 연구-중대재해처벌법을 중심으로-", 입법과 정책, 13(1), 국회입법조사처, 2021, 74면.
40) 안요환, 위의 글, 74면.

치를 이행하는 것인 반면, 중처법에 따른 의무는 인력 및 예산을 편성하는 등 안전 및 보건과 관련한 체계를 구축하는 것이다. 법률상 의무의 주체 및 처벌의 대상 또한 산안법은 사업주 내지 그로부터 구체적인 안전관리 책임을 위임받아 실질적인 안전·보건조치를 이행하는 자인 반면 중처법은 사업주 및 경영책임자 등으로 차이를 보인다.

그렇다면 중처법과 산안법은 그 규율 목적, 대상, 내용 등을 달리하는 별개의 법률로 보아야 할 것이고, 중처법이 산안법의 특별법이라고 보기는 어렵다고 생각한다. 다만 중처법과 산안법 모두 중대재해를 예방하고자 하는 궁극적인 목적이 동일하고, 중처법의 입법배경 및 과정을 보더라도 산안법과 완전히 별개·독립의 새로운 법률을 창설하고자 하는 목적보다는 기존의 산업재해를 완벽하게 예방하지 못하고 그 사후처리나 처벌에 있어서도 한계를 보이는 산안법에 따른 규율을 보강하여 기업의 산업안전에 대한 의식을 제고하고 궁극적으로는 산업재해를 예방하고자 하였다는 점을 감안하면, 중처법과 산안법이 상호 완전히 무관한 법률이라고 보기는 어렵다. 현재 중처법과 산안법의 관계나 각 법률 위반죄 상호간의 관계 등에 대하여 명문의 규정이 존재하지 않아, 특정한 행위에 대하여 양 법률 위반죄가 모두 성립할 수 있는 경우의 죄수관계 등에 대한 논란도 계속되고 있는 상황이다. 그렇다면 향후에는 법 개정을 통해 이러한 관계를 명문으로 정리하는 것이 법률 체계상으로도 바람직하고, 산업안전 달성이라는 입법목적에도 부합할 것이다.[41]

2. 「화학물질관리법」과의 관계

가. 법률의 규정내용

중처법상의 인체에 해로운 원료나 제조물의 관리와 관련한 별도의 행정규제 중 하나로 「화학물질관리법」을 들 수 있다.[42] 「화학물질관리법」은 화학물질로 인한 국민건강 및 환경상의 위해를 예방하고 화학물질을 적절하게 관리하는 한편,

---

41) 안요환, 앞의 글, 74면.

42) 김형섭, "화학물질관리법의 규율 체계와 개선방안", 법과 정책연구, 19(2), 한국법정책학회, 2019, 56-57면에 따르면, 화학물질과 관련한 규율은 종래 「유해물질관리법」을 통해 관리하던 것을 「화학물질등록평가법」과 「화학물질관리법」으로 나누어 규율하고 있으며, 「화학물질 관리법은 화학물질의 관리에 집중하여 유해화학물질관리, 영업자 및 취급자 관리, 취급시설 관리, 사고예방 및 대응을 관할하고, 「화학물질등록평가법」은 화학물질의 등록 및 평가에 집중하여 사전적인 화학물질 등록 및 유해성, 위해성에 관한 심사 및 평가, 지정에 관한 사항을 규정한다.

화학물질로 인하여 발생하는 사고에 신속히 대응함으로써 화학물질로부터 모든 국민의 생명과 재산 또는 환경을 보호하고자 하는 법률로(제1조), 인체에 해로운 원료나 제조물을 취급하면서 안전·보건 조치의무를 위반하여 인명피해를 발생하게 한 사업주, 경영책임자 등을 처하고자 하는 중처법과 그 목적이 상이하다.

(1) 유해화학물질에 대한 국가 관리체계

법률의 규정내용은 상당 부분 인체에 해로운 화학물질에 대한 국가 차원의 관리 강화와 관련된다. 구체적으로 환경부장관이 유해성, 위험성이 있는 화학물질을 효율적으로 관리하기 위하여 5년마다 화학물질의 관리에 관한 기본계획을 수립하도록 하고(제6조), 환경부장관 소속으로 화학물질관리위원회를 설치하고 화학물질 종합정보시스템을 구축, 운영하도록 하였다(제7조). 유해화학물질 영업을 하려는 자는 환경부장관으로부터 유해화학물질 영업허가를 얻어야 하며(제4장 제1절 유해화학물질 영업구분 및 영업허가), 환경부령으로 유해화학물질 취급시설의 배치·설치 및 관리기준을 마련하여 이를 위반할 경우 환경부장관이 시설 개선명령을 할 수 있도록 하고(제24조, 제25조), 법률상의 조치의무를 위반한 자에 대하여 환경부장관이 개선명령, 영업허가 취소, 영업정지, 과징금 등의 처분을 할 수 있다고 규정한다(제34조의2 내지 제36조).

(2) 화학물질을 취급하는 자 등의 조치의무

화학물질을 취급하는 자는 화학물질로 인한 국민건강상 또는 환경상의 위해가 발생하지 아니하도록 적절한 시설 및 설비를 유지하고, 종업원 교육, 기술개발 및 정보의 교환 등 필요한 조치를 하여야 하며, 화학물질의 적절한 관리를 위한 국가의 시책에 참여하고 협력하여야 하며 취급하는 화학물질의 안전한 관리에 관한 책임을 진다(제5조). 구체적으로 유해화학물질 취급기준(제13조)을 준수하여야 하며 적합한 개인보호장구를 착용하여야 하고(제14조), 유해화학물질의 용기나 포장에 유해화학물질에 관한 표시를 하여야 한다(제16조). 유해화학물질 취급시설을 설치·운영하고자 하는 자는 환경부장관에게 화학사고예방관리계획서를 제출하여야 하고, 이를 성실히 이행하여야 하며(제23조, 제23조의2), 환경부령으로 정하는 배치, 설치, 관리 기준 등을 준수하여야 한다(제24조). 또한 유해화학물질 영업자가 해당 유해화학물질의 취급을 도급하는 경우에는 관련 내용을 신고하여야 한다(제31조). 이러한 화학물질 취급자, 유해화학물질 취급시설을 설치·운영하고자 하는 자, 유해화학물질 영업자의 조치의무는 대부분 유해화학물질 관리와 관련한 구체적인 조치의무로 중처법과 같은 관리상의 책임과는 차이가 있다.

(3) 벌칙규정

벌칙규정에서는 각종 법률상 의무 위반행위에 대한 제재 외에, 업무상 과실 또는 중과실로 화학사고를 일으켜 사람을 사상에 이르게 한 자는 10년 이하의 금고나 2억 원 이하의 벌금에 처한다는 규정을 두고 있다(제57조).

나. 양 법률의 관계

이러한 「화학물질관리법」의 규정내용은 중처법과는 달리 상당부분 화학물질의 관리를 위한 국가의 역할을 다루고 있고, 화학물질을 취급하는 자 등의 의무내용 또한 관리상의 책임이라기보다는 화학물질의 안전한 관리를 위해 필요한 구체적이고 세부적인 조치와 관련된다. 또한 산안법과 유사하게 유해화학물질 취급시설의 안전확보, 유해화학물질의 위해 방지에 관한 직무를 수행할 유해화학물질관리자를 별도로 선임하도록 하고 있어(제32조), 실제 사업장에서 법률상의 안전 및 보건조치와 관련된 구체적인 업무의 이행책임은 대표이사 외의 임직원에게 위임되어 관리되는 경우가 대부분일 것으로 보인다. 화학사고로 인한 사상의 결과에 대한 처벌 또한 법률상 규정된 개별 조치의무 위반을 전제로 하지 않고 단지 사고에 대한 업무상 과실 또는 중과실만을 요구하고 있어 중처법과 구분된다. 그렇다면 「화학물질관리법」과 「중대재해처벌법」 또한 목적 및 규제의 차원을 달리하는 별개의 법률로 파악하여야 할 것이다.

3. 「선박안전법」과의 관계

가. 법률의 규정내용

중처법상의 공중교통수단 중 하나인 여객선(제2조 제5호 라목)과 관련한 별도의 행정규제로 「선박안전법」 등을 들 수 있다. 「선박안전법」은 선박의 감항성 유지 및 안전운항에 필요한 사항을 규정함으로써 국민의 생명과 재산을 보호하기 위한 법률로(제1조), 공중교통수단을 운영하면서 인명피해를 발생하게 한 사업주, 경영책임자등의 처벌을 규정하고자 하는 중처법과는 그 목적을 달리한다.

(1) 책임 주체

「선박안전법」에 따른 선박에서의 안전 및 보건과 관련한 의무는 주로 선박소유자에게, 운항과 관련한 책임은 선장에게 부여된다. 다만 「선박안전법」 제88조는 벌칙을 적용하는 경우에 선박소유자에 관한 규정은 선박관리인을 임명하였을 경우 그 선박관리인에게, 선백임대차의 경우 선박차용인에게, 용선의 경우에는 실질적으로 선박의 관리·운항을 담당하는 자에게 적용하고, 선장에 관한 규정은 선장을 대신하여 그 직무를 행하는 자에게 적용한다고 규정하고 있다. 따라서 산안법의 경우와 마찬가지로, 실제로 선박 내 안전 및 보건조치와 관련한 구체적인 업무는 선박관리인 등에게 위임되어 관리되는 경우가 다수 존재할 것으로 보이고, 이러한 경우 그 업무를 위임받아 실질적으로 선박의 관리·운항 등 직무를 수행하는 자를 처벌대상으로 보는 경우가 많을 것으로 생각된다. 한편 「선박안전법」은 선박소유자 및 선장의 의무를 규정하는 외에 선박검사(제2장), 선박용물건 또는 소형선박의 형식승인(제3장), 컨테이너의 형식승인(제4장) 등 선박의 건조 및 상태 유지, 시설 등에 대한 국가의 관리·감독 책임과 관련한 규정 또한 다수 두고 있다는 점에서도 사업주 및 경영책임자등의 책임을 규정하는 중처법과 구별된다.

(2) 선박소유주 및 선장의 조치의무

「선박안전법」에 따른 선박소유주의 책임은 주로 선박의 구조 및 설비와 관련한 안전조치와 관련되어 있다. 제2장에서 선박의 건조검사 및 정기검사를 비롯하여 선박검사를 받아야 할 의무를 규정하고, 검사 후에 구조배치나 기관, 설비 등을 변경하거나 개조하지 않고 감항성을 유지할 수 있도록 시설이 정상적으로 작동·운영되는 상태를 유지하여야 할 의무(제15조)를 부과한다. 제5장에서는 선박시설에 대하여 적용되는 기준을 해양수산부장관 고시로 정하도록 하는 위임 근거규정을 두고(제26조), 무선설비(제29조) 및 선박위치발신장치(제30조) 등 안전과 관련한 설비를 갖추도록 하고 있다. 항해 시의 선박 내 안전 및 보건과 관련하여 선박소유자는 조타실의 시야를 확보할 수 있는 조치를 취하여야 하고(제33조), 유독성가스를 발생하거나 산소결핍을 일으킬 수 있는 화물을 산적할 경우에는 유독성가스 또는 산소 농도를 측정할 수 있는 기기 및 사용설명서를 선장에게 제공하여야 한다(제37조). 또한 화물의 적재 및 고박과 관련하여 사전에 그 방법을 정한 지침서를 마련할 의무가 있으며(제39조), 산적화물을 운송할 경우 선장에게 관련

정보를 제공하고 필요한 안전조치를 하여야 한다(제40조). 선장은 안전항해와 관련하여 전적인 권한을 가진다(제31조). 이처럼 「선박안전법」에 따른 선박소유자 및 선장의 책임 또한 중처법상과 같은 관리상 책임보다는 산안법과 유사한 구체적인 안전·보건 조치의무에 가깝다고 볼 수 있다.

(3) 처벌 규정

처벌과 관련하여서는 선박검사 후 선박의 상태를 유지할 책임을 고의 또는 중과실로 위반하여 선박을 해양사고에 이르게 한 경우 선박소유자에 대하여 3년 이하의 징역 또는 3천만 원 이하의 벌금에 처하는 벌칙규정(제83조 제3의2호)을 둔 외에는 개별 조치의무 위반행위에 대하여만 처벌규정을 두고 있으며, 이를 위반하여 해양사고에 이른 경우에 대한 별도의 처벌규정을 두지 않고 있다.

나. 양 법률의 관계

산안법의 경우와 마찬가지로, 「선박안전법」 또한 선박소유자 및 선장에 대하여 선박의 전반적인 관리상의 책임보다는 구체적인 안전 및 보건 관련 조치의무의 내용을 규정하는데 중점을 두고 있고, 그 책임을 실질적으로 관련 조치를 이행하는 제3자에게 위임하는 것을 허용하고 있다. 또한 원칙적으로 법률상 요구되는 의무를 다하지 못한 경우에 관하여만 벌칙규정을 두고, 이로써 상해 또는 사망의 결과가 발생한 경우에 대하여 벌칙규정을 마련하지는 않고 있다. 그렇다면 「선박안전법」 또한 「중대재해처벌법」과는 규율의 차원을 달리하는 의무와 관련한 것으로서 양 법률은 별개·독립의 법률에 해당한다고 볼 것이다.

Ⅴ. 죄수관계 등

1. 업무상과실치사상죄와의 관계

가. 기존 행정규제 법률과 관련한 법원의 판단

살펴본 바와 같이 「산업안전보건법」은 개별적인 조치의무를 위반한 경우 원칙적으로 그 위반행위에 대한 벌칙규정만을 두고 있을 뿐 위반행위로 인하여 상해 혹은 사망의 결과가 발생한 경우에 대한 벌칙규정을 두지 않고 있다. 또한 산업안전보건법 위반죄와 「형법」상 업무상과실치사상죄는 그 보호법익 및 구성요건상에도 차이가 있으므로, 산업안전보건법 위반죄와 「형법」상 업무상과실치사상죄를 상상적 경합으로 처벌하는 것이 판례의 확립된 입장이었다.

시민재해와 관련한 다수의 개별 법률들 또한 법 위반행위로 상해 혹은 사망의 결과가 발생한 경우에 대한 벌칙규정을 따로 두지 않은 경우가 다수 존재한다. 앞서 살펴본 바와 같이 「화학물질관리법」의 경우에는 화학사고로 인한 인명피해가 발생한 경우에 대하여 처벌규정을 두고 있으나 이는 사고발생에 대한 업무상과실 혹은 중과실만을 요구하고 법률상 규정된 조치의무의 위반을 전제로 하지 않으며, 「선박안전법」은 개별 조치행위 위반에 대한 벌칙규정만을 두고 있을 뿐 인명피해와 관련한 벌칙규정은 두지 않고 있다. 이 외에 해양사고와 관련한 「해사안전법」, 철도사고와 관련한 「궤도운송법」, 붕괴사고와 관련한 「초고층 및 지하연계 복합건축물 재난관리에 관한 특별법」, 가스 등 사고와 관련한 「수소경제 육성 및 수소 안전관리에 관한 법률」, 산업안전과 관련한 「광산안전법」 등에서 인명피해사고와 관련한 벌칙규정을 별도로 두지 않고 있다.[43] 관련하여 법원은 「선박안전법」 위반으로 인명피해가 발생한 사건에서 선박안전법 위반죄와 「형법」상 업무상과실치사죄의 상상적 경합을 인정한 바 있다.[44]

나. 중대재해처벌법 위반죄와 업무상과실치사상죄

이러한 기존 판례의 입장에 따라 중처법 위반이 문제되는 경우에도 중대재해처벌법 위반죄와 「형법」상 업무상과실치사상죄의 상상적 경합으로 처리할 가능성도 생각해볼 수 있다. 그러나 중처법은 법률상의 안전 및 보건 확보의무를 위반하여 사망 또는 상해에 해당하는 결과가 발생한 경우를 처벌대상으로 삼고 있어, 조치행위 위반행위에 대한 벌칙 규정 외에 사망 혹은 상해의 결과에 대한 처벌규정을 별도로 두고 있지 않은 산안법 및 기타 개별 법률과는 차이가 있다. 또한 중처법의 제정사와 입법목적을 감안하면 중처법은 법률상 의무를 위반하여 중대재해의 결과를 야기한 행위를 처벌하고자 입법된 법률이라고 보아도 과언이 아닐 것이다. 그렇다면 중처법은 법률상 규정된 안전 및 보건 확보의무를 위반하여 중대재해의 결과를 야기한 경우의 처벌에 있어 형법에 대하여 특별법의 지위에 있다고 볼 것이고, 따라서 중대재해처벌법 위반죄의 성립이 인정되는 경우에는 「형법」

43) 김광수, 사회재난 인명피해에 대한 형사법적 대응 연구, 서울대학교 법학박사 학위논문, 서울대학교 대학원, 2021, 32면.
44) 광주지법 해남지원 2020. 8. 13. 선고 2020고정51 판결.

상 업무상과실치사상죄는 별도로 성립하지 않는다고 보는 것이 타당할 것이다.

한편 중처법에 따른 안전 및 보건 확보의무 위반이 인정되지 않는 경우라도, 해당 업무와 관련하여 일반적인 주의의무 위반이 인정된다면 이론상 중대재해처벌법 위반죄는 성립하지 않되 업무상과실치사상죄는 성립할 수 있을 것이다. 다만 안전 및 보건 확보의무는 직접적·구체적인 작위의무가 아니라 관리상의 의무에 해당하며,[45] 중대재해처벌법 위반죄의 구성요건에 해당하지 않는 행위를 「형법」으로 규율하는 것은 법률에 대한 행위자의 신뢰를 배반하여 과도한 처벌로 문제될 수 있으므로 이러한 경우의 업무상과실치사상죄 인정은 매우 엄격하게 판단하여야 할 것이다.

2. 산업안전보건법 위반죄와의 관계

산안법은 '사업주'를 의무주체로 규정하면서 실질적으로는 '안전보건관리책임자등'을 행위자로 처벌하는 반면 중처법은 '사업주 및 경영책임자등'을 행위자로 규정하고 있으므로, 중대재해 발생 시 한 사업장에서 사업주 및 경영책임자등과 안전보건관리책임자가 분리되어 있는 경우에는 책임의 주체별로 대표이사 등 경영책임자등에게는 중대재해처벌법 위반죄가, 안전관리책임자에게는 산업안전보건법 위반죄가 각 성립하게 될 것이다.[46]

한편 경영책임자와 실무자 간에 공모관계가 인정되는 경우에는 중대재해처벌법 위반죄와 산업안전보건법 위반죄가 동시에 성립할 수 있다.[47] 또한 대표이사가 안전관리책임자인 경우와 같이 한 사람이 중대재해처벌법 및 산업안전보건법에 따른 조치의무를 동시에 부담하는 경우에는 중대재해처벌법 위반죄와 산업안전보건법 위반죄가 동시에 성립하게 될 것이다. 이 때 각 법률에 따라 요구되는 구체적인 의무의 내용은 '구체적인 조치행위'(산안법)와 '관리상의 책임'(중처법)으로 실질적인 차이가 있으므로, 원칙적으로 각각 별개의 위반행위로서 실체적 경합 관계에 있다고 볼 것이다.[48]

---

45) 대검찰청, 앞의 책, 116면.
46) 송인택 등, 앞의 책, 55면.
47) 대검찰청, 앞의 책, 115면.
48) 한편 구체적 사례에 따라 중대재해처벌법에 따른 안전 및 보건 확보의무와 산업안전보건법에 따른 안전 및 보건 조치의무에 중첩되는 내용이 있는 경우라면 행위의 동일성이 인정되어 상상적 경합 관계로 볼 수도 있다는 견해도 존재한다(대검찰청, 앞의 책, 115면).

Ⅵ. 수사권한의 문제

1. 검찰의 직접 수사권한

2022. 6. 현재 시행 중인 검찰청법 제4조 제1항 제1호에 따르면 검사가 수사를 개시할 수 있는 범죄는 부패범죄, 경제범죄, 공직자범죄, 선거범죄, 방위사업범죄, 대형참사 등 대통령령으로 정하는 중요 범죄와 경찰공무원이 범한 범죄, 위 죄 및 사법경찰관이 송치한 범죄와 관련하여 인지한 각 해당 범죄와 직접 관련성이 있는 범죄로 규정되어 있다. 한편 검사의 수사개시 범죄에 관한 규정 제2조 제6호에 따르면 "대형참사범죄"란 "「재난 및 안전관리 기본법」 제3조 제1호 나목에 따른 사회재난이 발생한 경우 그 재난과 관련하여 범한 죄"를 말하는데, 「재난 및 안전관리 기본법」 제3조 제1호 나목[49]은 "사회재난" 중 하나로 "화재·붕괴·폭발·교통사고(항공사고 및 해상사고를 포함한다)·화생방사고·환경오염사고 등으로 인하여 발생하는 대통령령으로 정하는 규모 이상의 피해와 국가핵심기반의 마비"를 들고 있다. 위 "대통령령으로 정하는 규모 이상의 피해"란 국가 또는 지방자치단체 차원의 대처가 필요한 인명 또는 재산의 피해 혹은 이에 준하는 것으로서 행정안전부장관이 재난관리를 위하여 필요하다고 인정하는 피해를 의미한다(재난 및 안전관리기본법 시행령 제2조). 따라서 중대재해 중 위 요건을 만족하는 규모 및 종류의 재해에 대하여는 검사의 수사권한이 인정될 가능성이 있는 것으로 해석되었다.[50]

그러나 검사의 직접 수사개시 대상 범죄 축소 등을 주된 내용으로 하는 검찰청법이 2022. 5. 9. 국회 본회의를 통과하여 2022. 9. 10. 시행될 예정이다. 개정 검찰청법에 따르면 검사의 직접 수사개시 대상 범죄는 부패범죄, 경제범죄 등 대통령령으로 정하는 중요범죄, 경찰공무원 및 고위공직자범죄수사처 소속 공무원이 범한 범죄, 위 죄 및 사법경찰관이 송치한 범죄와 관련하여 인지한 각 해당

---

49) **제3조(정의)** 이 법에서 사용하는 용어의 뜻은 다음과 같다.
"재난"이란 국민의 생명·신체·재산과 국가에 피해를 주거나 줄 수 있는 것으로서 다음 각 목의 것을 말한다.
나. 사회재난: 화재·붕괴·폭발·교통사고(항공사고 및 해상사고를 포함한다)·화생방사고·환경오염사고 등으로 인하여 발생하는 대통령령으로 정하는 규모 이상의 피해와 국가핵심기반의 마비, 「감염병의 예방 및 관리에 관한 법률」에 따른 감염병 또는 「가축전염병예방법」에 따른 가축전염병의 확산, 「미세먼지 저감 및 관리에 관한 특별법」에 따른 미세먼지 등으로 인한 피해

50) 대검찰청, 앞의 책, 121면.

범죄와 직접 관련성이 있는 범죄에 한정된다. 즉 “대형참사범죄”가 검사의 직접 수사개시 대상 범죄에서 삭제됨에 따라, 개정 법률이 시행되는 2022. 9. 10.부터는 중대시민재해와 관련하여서도 검사의 직접 수사권이 인정되지 않을 것으로 보인다.

2. 고용노동부 및 경찰의 수사권

구 「사법경찰관리의 직무를 수행할 자와 그 직무범위에 관한 법률」(2022. 1. 4. 법률 제18674호로 개정되기 전의 것) 제6조의2는 「산업안전보건법」 관련 사건에 대한 수사만이 근로감독관의 직무로 규정하였고, 「중대재해처벌법」에도 수사 권한과 관련한 규정은 없었으므로 1차적인 수사 주체를 경찰로 보아야 하는지 혹은 근로감독관으로 보아야 하는지 의견이 대립되었다. 특히 형사소송법 개정으로 검사의 경찰에 대한 수사지휘권이 폐지되면서 1차 수사권한이 경찰에 있다고 보면 이에 대한 검찰의 지휘가 불가능하므로, 중대산업재해 사건에 관하여 산업재해와 관련한 전문성을 갖춘 근로감독관과 관련 법리에 강점을 지닌 검찰이 모두 수사에서 배제되어 부실 수사 등이 문제될 수 있다고 하여 논란이 되었다.[51)]

그러나 2022. 1. 4. 법 개정으로 근로감독관이 사법경찰관의 직무를 수행하는 범죄의 범위에 기존의 「산업안전보건법」 외에 「중대재해처벌법」 제6조 및 제7조에 규정된 범죄 또한 추가되었다(사법경찰직무법 제6조의2 제1항 제18호). 따라서 「중대재해처벌법」에 규정된 “중대재해” 중 “중대산업재해”와 관련한 사건(중대산업재해에 대한 사업주 및 경영책임자등의 처벌, 양벌규정)에 대해서는 근로감독관이, “중대시민재해”와 관련한 사건에 대해서는 경찰이 1차 수사업무를 담당하게 될 것이다.[52)]

한편 검사의 경찰에 대한 수사지휘권이 폐지됨에 따라, 특별사법경찰관리에 대하여는 검사의 수사 지휘가 가능한지에 관하여 여전히 논란이 존재할 수 있다. 그러나 검사의 특별사법경찰관리에 대한 수사지휘 권한을 규정하고 있는 「형사소송법」 제245조의10은 경찰에 대한 검사의 수사지휘권이 폐지된 2020. 2. 4. 형사소송법 개정 당시에 신설되었으며, 특별사법경찰관리의 수사 및 특별사법경찰관

51) ‘(단독)검사 빠진 중대재해사건 수사 제대로 될까’, 법률신문, 2021. 2. 15. 수정, 2022. 4. 28. 접속, https://m.lawtimes.co.kr/Content/Article?serial=167926

52) 대검찰청, 앞의 책, 122면.

리에 대한 검사의 수사지휘에 관한 법무부령인 「특별사법경찰관리에 대한 검사의 수사지휘 및 특별사법경찰관리의 수사준칙에 관한 규칙」에서도 제4절에서 특별사법경찰관리에 대한 검사의 수사지휘 관련 내용을 규정하고 있다. 또한 「근로기준법」 제105조는 근로기준법이나 그 밖의 노동관계법령에 따른 수사는 검사와 근로감독관이 전담하여 수행한다고 규정하고 있다. 이때 "노동관계법령에 따른 수사"에는 위 「사법경찰관리의 직무를 수행할 자와 그 직무범위에 관한 법률」 제6조의2에 따른 「산업안전보건법」 및 「중대재해처벌법」 중 중대산업재해와 관련된 사건에 따른 수사가 포함된다고 볼 것이므로, 중대산업재해 사건에 대하여는 검사와 근로감독관에게 수사권이 있다고 볼 수 있다.[53] 따라서 경찰과 달리 특별사법경찰관리인 근로감독관에 관하여는 일정 범위에서 검사의 수사지휘권이 인정된다고 볼 수 있을 것이다.

53) 대검찰청, 앞의 책, 122면.

제2절

중대재해처벌법의 합헌성

김민기*

Ⅰ. 서 론

중대재해 처벌 등에 관한 법률(이하 '중대재해처벌법', '현행법', '법'이라는 약칭을 병용한다)은 제21대 국회에서 이루어진 입법과정에서 법률안의 기초가 된 5개 의원안[1)]에 관하여 책임 원칙, 과잉금지 원칙(비례 원칙), 평등 원칙, 죄형법정주의의 명확성 원칙, 포괄적 위임입법금지 원칙 등에 위배되는 위헌적 요소가 있다는 주장이 다수 제기되었다.[2)]

국회 법제사법위원회 법안심사제1소위원회의 법률안 심사과정을 거치며 위와

* 金珉岐, 박사과정 수료(노동법), 부산고등법원 고법판사.

1) 발의연월일 순으로 보면 다음과 같다. ① 중대재해에 대한 기업 및 책임자 처벌 등에 관한 법률안(의안번호 377, 발의연월일: 2020. 6. 11., 이하 '강은미 의원안'으로 약칭한다), ② 중대재해에 대한 기업 및 정부 책임자 처벌법안(의안번호 5290, 발의연월일: 2020. 11. 12., 이하 '박주민 의원안'으로 약칭한다), ③ 중대재해에 대한 기업 및 정부 책임자 처벌법안(의안번호 5421, 발의연월일: 2020. 11. 17., 이하 '이탄희 의원안'으로 약칭한다), ④ 중대재해 예방을 위한 기업의 책임 강화에 관한 법률안(의안번호 6019, 발의연월일: 2020. 12. 1., 이하 '임이자 의원안'으로 약칭한다), ⑤ 중대재해에 대한 기업 및 정부 책임자 처벌법안(의안번호 6436, 발의연원일: 2020. 12. 14., 이하 '박범계 의원안'으로 약칭한다).

2) 산업재해 등에 대하여 기업의 형사처벌을 강화하는 데 그치지 않고 현행법과 유사하게 경영책임자등을 형사처벌하는 것을 내용으로 하는 법을 제정하려는 국회 차원의 시도는 제20대 국회에서 처음으로 이루어졌다. 노회찬 의원이 대표 발의한 '재해에 대한 기업 및 정부책임자 처벌에 관한 특별법안'(의안번호 6761, 발의연원일: 2017. 4. 14., 이하 '노회찬 의원안'으로 약칭한다)이 그것이다. 노회찬 의원안에 대하여도 경영책임자등에게 부과되는 의무의 내용이 지나치게 광범위하여 자칫 결과에 따른 무과실책임을 인정하는 취지로 해석될 우려가 있다는 주장이 제기된 바 있다[최정학, "중대재해 기업처벌법안(노회찬 의원안)에 대한 몇 가지 제언", 민주법학, 73호, 민주주의법학연구회(2020. 7.), 293면]. 노회찬 의원안은 2020. 5. 29. 임기만료로 폐기되었다.

같은 비판이 상당 부분 수용되어 위 5개 의원안의 내용을 통합한 위원회 대안을 토대로 2021. 1. 26. 법이 제정되었고,[3] 이후 후속 입법인 중대재해 처벌 등에 관한 법률 시행령(이하 '중대재해처벌법시행령', '시행령'이라는 약칭을 병용한다.)이 2021. 10. 5. 제정되어 각 2022. 1. 27.부터 시행되고 있음에도 여전히 법과 시행령에 관한 위헌 주장은 계속되고 있다.

이하에서는 각 의원안에 대하여 제기된 위헌 주장에 관한 법률안 심사과정의 논의 경과를 살펴본 다음 이어 법과 시행령의 시행 이후 제기되는 위헌 주장에 관하여 검토하기로 한다.

위헌 주장은 크게 세 가지 범주로 나눠볼 수 있다. 책임 원칙에 부합하지 않는다는 주장, 체계정당성의 원리에 비추어 과잉금지 원칙 내지 평등 원칙에 위배된다는 주장, 죄형법정주의의 명확성 원칙에 반한다는 주장이 그것이다. 위 주장들은 상호 밀접한 관련이 있다. 가령 사업주와 경영책임자등에게 부과된 안전 및 보건 확보의무의 내용이 명확성 원칙에 위배될 경우 사업주와 경영책임자등으로서는 자신이 지켜야 할 의무를 정확히 파악하지 못하는 상태에서 의무 위반을 이유로 중대산업재해 내지 중대시민재해라는 결과에 대한 책임을 지게 되며, 이는 책임 원칙 내지 과잉금지 원칙에 반하는 결론에 이르게 된다. 또한, 일반적으로

3) 국회는 2020. 11. 26. 제382회 국회(정기회) 제6차 법제사법위원회 법안심사제1소위원회를 개회하여 그때까지 제21대 국회에서 발의된 강은미 의원안, 박주민 의원안, 이탄희 의원안을 상정함으로써 중대재해처벌법의 입법에 비로소 착수하였다(이하 '2020. 11. 26.자 회의'라 한다). 다만, 위 회의에서는 직후인 2020. 12. 2. 법제사법위원회가 주최하는 '중대재해법 제정에 대한 공청회'가 예정되어 있는 점 등을 고려하여 위 각 의원안의 입법취지 및 체계와 관련하여 법무부와 법원행정처의 의견을 청취하고, 참석 위원들이 원론적인 의견을 개진하는 선에서 간략히 심사를 마쳤다. 이어 법제사법위원회 법안심사제1소위원회는 2020. 12. 24. 제383회 국회(임시회) 제1차 회의를 개회하여 위 각 의원안 및 2020. 11. 26.자 회의 이후 발의된 임의자 의원안과 박범계 의원안, 그리고 고 김용균 씨 어머니인 김미숙 외 10만 인 국민동의로 2020. 9. 22. 국회에 제출된 '안전한 일터와 사회를 위한 「중대재해처벌법」 제정에 관한 청원'을 상정하였고, 이때부터 2020. 12. 29. 제2차 회의, 2020. 12. 30. 제3차 회의, 2021. 1. 5. 제4차 회의, 2021. 1. 6. 제5차 회의, 2021. 1. 7. 제6차 회의까지 6회에 걸쳐 법률안을 심사하였는데[이하 제383회 국회(임시회) 법제사법위원회 법안심사제1소위원회가 개회한 위 각 회의를 칭할 때에는 '제○차 회의'라고만 한다], 제1차 회의에서는 각 의원안을 중심으로 논의가 이루어졌고, 제2차 회의부터는 정부부처 협의안(법무부가 당시까지의 논의를 토대로 정부 관계부처의 의견을 취합하여 2020. 12. 28. 국회에 제출한 것이다)과 주로 박주민 의원안을 대상으로 심사가 이루어졌다는 점에 특색이 있다. 법제사법위원회 법안심사제1소위원회는 제6차 회의에서 위 5개 의원안에 대하여는 본 회의에 부의하지 아니하기로 하고 이를 통합 조정한 위원회 대안으로 '중대재해 처벌 등에 관한 법률안'을 제안하기로 가결하는 한편, 위 청원에 대하여는 당일 법률안을 의결함으로써 청원의 취지가 달성되었음을 이유로 본회의에 부의하지 아니하기로 가결하였다. 위 위원회 대안인 '중대재해 처벌 등에 관한 법률안'은 2021. 1. 8. 법제사법위원회 전체회의에서 수정 없이 가결되었고, 같은 날 제383회 제2차 국회 본회의에서 원안대로 가결되었다.

책임 원칙은 위반행위에 비하여 처벌이 지나치게 중하여서는 안 된다는 과잉금지 원칙을 포함하고 있는데, 그 주요한 논거 중 하나가 체계정당성 원리에 비추어 다른 형벌법규의 체계와 모순되거나 현저히 균형을 상실하였다는 것이다. 그런데 후술하는 바와 같이 헌법재판소는 어떤 법률이 체계정당성 원리를 위반하였다 하여 바로 위헌이 되는 것은 아니고 이로써 과잉금지 원칙이나 평등 원칙 등을 위반하여야만 비로소 위헌이라고 보고 있으므로 과잉금지 원칙과 평등 원칙 역시 비교 대상을 두고 논의되는 경우에는 상호 관련이 있다. 한편, 포괄위임입법금지 원칙은 위임입법의 영역에서 하위 법규범에 입법을 위임하는 수권 법률에 명확성 원칙이 적용되어 구체화된 원칙이라 할 수 있다.

따라서 위헌 주장을 검토함에 있어서는 어느 정도 논의가 중복될 수밖에 없으나, 이 글에서는 이를 가급적 피하면서 편의상 책임 원칙(체계정당성 원리를 논거로 하지 않는 과잉금지 원칙을 포함한다.), 체계정당성 원리에 기초한 과잉금지 원칙 내지 평등 원칙, 명확성 원칙(포괄위임입법금지 원칙을 포함한다.)으로 항목을 나눠 위헌 주장을 살펴보고자 한다.

Ⅱ. 법률안 심사과정의 논의 경과 - 위헌 주장을 중심으로

1. 경영책임자등의 개념

'경영책임자등'의 개념에 관하여는, 강은미 의원안 제2조 제7호 가.목 및 박주민 의원안 제2조 제11호 가.목에서 동일하게 규정한 '법인의 대표이사 및 이사'와 관련하여, 형사책임을 추궁하기 위해서는 중대재해의 원인이 된 사실에 대한 의사결정, 감독의무 등에 기초하여야 함에도 단순히 대표이사 내지 이사라는 특정 '지위'에 있기만 하면 단지 그에 해당한다는 이유만으로 형사책임을 지도록 함으로써 안전업무와 무관하여 결과 발생에 전혀 기여한 바 없는 사람까지 처벌하게 된다는 점에서 책임 원칙에 위배된다는 비판이 있었다.[4)]

법무부와 고용노동부는 제1차 회의에서 특히 법인의 모든 이사를 경영책임자에 포함시키는 것은 과잉 입법의 우려가 있고, 이사에는 사외이사 등 법인의 경

---

4) 이근우, "중대재해처벌법 경과와 제정 법률에 대한 비판적 검토", 형사정책, 32권 4호, 한국형사정책학회(2021. 1.), 22면; 임우택, "「중대재해기업처벌법안」에 대한 경영계 의견", 중대재해법 제정에 대한 공청회 자료집, 국회 법제사법위원회(2020. 12.), 66면.

영을 주도하지 않는 경우도 상당히 있기 때문에 안전·보건을 담당하는 이사 등으로 제한할 필요가 있다는 의견을 제시하였고,[5] 이후 고용노동부는 제2차 회의에서 '대표이사 등 사업을 대표하고 사업을 총괄하는 권한과 책임이 있는 사람 및 안전보건에 관한 업무를 담당하는 이사'로 규정하는 안을 제출하였다.[6]

이를 둘러싸고 회의를 거듭하며 소속 위원들 사이에서 격론이 이어졌는데, 먼저 ① '대표이사'라는 직위를 명시할 경우 아무 권한도 없고 실질적 지배도 하지 않는 명목상 내지는 형식상 대표이사도 책임을 지게 될 수 있다는 우려[7]와 그와 반대로 대표이사는 아니지만 사업 내지 회사 경영방침에 영향을 미치는 사람들이 책임을 면할 수 있다는 우려[8]가 동시에 제기되었다. 그에 따라 '대표이사'라는 직위를 명시하지 않기로 하고, 같은 취지에서 '이사'의 경우도 그 직위를 명시하는 대신 '사람'이라는 표현으로 대체하게 되었다.[9] ② 다음으로 '사업을 대표하고 사업을 총괄하는 권한과 책임이 있는 사람'과 '안전보건에 관한 업무를 담당하는 사람'을 '및'이라는 표현으로 연결하게 되면 공범관계가 성립하는 것은 별론으로 하고 어느 경우에나 책임이 있든 없든 두 사람이 한꺼번에 책임을 지게 되므로 '또는'이라는 용어를 사용하여야 한다는 의견이 제시되었고,[10] 이에 대하여 '또는'이라는 표현을 쓰게 되면 사안에 따라 두 사람이 다 처벌받는 경우가 있을 수 있고 한 사람만 처벌받는 경우가 있을 수 있음에도 선택적으로 가능한 것처럼 보일 우려가 있으며,[11] 오히려 사업을 대표하는 사람이 빠져 나가고 담당 안전관리이사만 처벌을 받게 될 가능성이 있어 '및'으로 연결해야 발의취지에 더 가깝다는 의견[12]이 팽팽히 맞섰으나, 결국 '또는'이라는 표현으로 입법에 이르게 되었는데, 이는 무엇보다 책임 원칙의 기본에 부합하도록 경영책임자등의 개념을 규정하되, 법의 제정 취지가 무색해질 수 있다는 우려는 검찰 및 법원의 법 해석 및 적용과정에서 상당 부분 해결될 수 있을 것이라는 입법자의 판단에 기인한 것으로 보

5) 제383회 국회(임시회) 법제사법위원회회의록(법안심사제1소위원회) 회의록(이하 '회의록'이라 한다) 제1호, 국회사무처, 3-4면.
6) 현재 법률안 심사과정에서 회의자료로 사용된 정부부처 협의안이나 고용노동부 수정의견 등은 국회나 법무부, 고용노동부의 홈페이지에 게시되어 있지 않아 그 전문(全文)을 직접 확인하기는 어려웠고, 제3차 회의에서 소위원장이 발언한 내용을 참조한 것이다(회의록 제3호, 2면).
7) 제2차 회의(회의록 제2호, 55면), 제3차 회의(회의록 제3호. 6면).
8) 제3차 회의(회의록 제3호. 7면).
9) 제3차 회의(회의록 제3호. 14-15면).
10) 제2차 회의(회의록 제2호. 56면).
11) 제3차 회의(회의록 제3호. 9면), 제5차 회의(회의록 제5호, 55면).
12) 제3차 회의(회의록 제3호. 10, 16면), 제5차 회의(회의록 제5호, 55면).

인다.[13] ③ 나아가 법률안 심사과정에서 '안전보건에 관한 업무를 담당하는 사람'에 '이에 준하여'라는 요건을 더함으로써 회사 내에서 '안전보건에 관한 업무를 담당하는 사람'이 단순히 직함만 가지고 있을 뿐이라거나 실제로는 안전보건 업무를 '총괄'하는 권한과 책임이 있지 않은 경우에는 '경영책임자등'에 해당하지 않음을 분명히 하였다.[14] 그렇다면 예컨대 회사 내에 CSO(Chief Safety Officer, 안전

---

13) 제2차 회의(회의록 제2호. 56-57면).

【김도읍 위원】 개별 책임주의에 입각해서 기업 대표이사 등 사업을 대표하고 사업을 총괄하는 권한과 책임이 있는 사람 또는 안전보건에 관한 업무를 담당하는 이사 이렇게 바꿔야 될 것 같아요. '및'이 아니고 '또는'으로.

【김도읍 위원】 그것은 '또는'으로 해 가지고 열어 놓고 수사와 재판에 맡기는 게 맞을 거예요.

제3차 회의(회의록 제3호. 15-16면).

【유상범 위원】 자칫 잘못하면 대표이사가 지지 않는 의무로 인해서 대표이사가 처벌되는 규정으로 가서는 안 되는 부분을 얘기하면서 그 위험성을 (방지)하려면 일단 또는으로 가는 게 맞다.

【김용민 위원】 해석상 논란이 있을 수 있겠지만 만약에 또는이 들어가 버리면 오히려 대표이사가 빠져 나가고 담당 안전관리이사만 들어가는 꼴이 되니까요.

【전주혜 위원】 그렇게 하더라도 우려하시는 그런 사태 발생 안 한다니까요. 책임 있는 사람이 책임을 지는 거잖아요, 이것은.

【전주혜 위원】 그렇지 않다니까요, 그것은.

【전주혜 위원】 이것을 뭐 자꾸만 그렇게 꼼수로, 그런 게 아니라 법 적용이나 법 집행은……

【전주혜 위원】 검찰이나 법원이 하시는 것이기 때문에 그렇게 하는 것은 아니에요.

제5차 회의(회의록 제5호. 57면).

【박주민 위원】 그러면 그 부분에 대해서 실질적으로 어떤 역할을 누가 했느냐를 따져 보자는 말씀이시지 않습니까?

14) 제5차 회의(회의록 제5호, 57-58면).

【송기헌 의원】 안전에 관해서는 대표이사에 준하는 최고경영자를 둘 수가 있단 말이에요, 구조상. 그런 경우를 얘기한다고 하면, 그런 경우를 얘기하면 '또는'이라는 것이 맞는 것이 아닌가 싶은 생각이 들고. …(중략)… 기업에서의 최고경영자한테 안전에 관한 책임을 지운다고 하면 안전에 관한 최고책임을 두는 최고경영자를 대표이사로 하든 아니면 그 사람을 다른, 예를 들어서 CEO로 하든 CFO로 하든 안전경영책임자로 하든 그것은 그 회사가 택할 문제고 결국 그 회사의 안전에 관해서 최고 책임을 지고 있는 사람을 처벌하면 되지 않느냐, 저는 그렇게 생각합니다. 이게 지금 말씀하신 것처럼 해당되는 안전관리이사 뭐 가지고 그 사람한테 책임 지우자는 건 아니거든요, 구성 자체가. 그에 준하는 것이기 때문에 그래서 그걸 써 놓은 거거든요, 그에 준하는 걸 쓴 이유가 여기서 말하는 최고경영자, 대표이사, 우리가 통상적으로 생각하는 대표이사하고 같은 정도의 책임을 갖고 있는 사람을 뜻하는 걸로 해서 했던 것이라고 생각이 되는데,

【법무부차관】 저는 이 가목(경영책임자등의 정의)의 규정 목표는 그 해당 사업 또는 사업장에서 종사자들의 건강, 안전을 지킬 수 있는 최종적인 의사결정을 하는 사람을 어떻게 쫓아가게 만들어 줄 것이냐에 대한 문제라고 생각합니다. 그래서 단순히 '사업을 대표하고 사업을 총괄하는 권한과 책임이 있는 사람'이라고만 적어 놓으면 실제로 내부 분업화 등등의 여러 가지 이유에 의해서 안전·보건에 관한 전문 최종 의사결정자가 따로 있는데 이 사람이 모든 것을 책임질 수 있는 구조가 아니기 때문에 그 사람을 찾아가는 길을 열어 두고 있는 규정이라고 생각을 하거든요. 어차피 이것은 수사입니다. 바지사장에 대한 걱정 때문에 저는 그러실 거라고 저는 생각을 하는데 그것은 사실관계 수사의 문제입니다. 바지사장이 모든 것을 다 할 수 있는, 그렇게밖에 밝혀지지 않는 구조라면 그게 사업을 대표하고 총괄하는 권한이 있는 사람일 것입니다. 그런데 쫓아가면 바지사장이 그럴 수밖에 없는 이유가 뒤에 숨어 있는 실질사장에 의한 것이었다라는 게 쫓아가면 결국 그 사람이 등장을 하는 거겠지요.

보건 담당임원)이 있다 하더라도 그러한 사실 자체만으로 '사업을 대표하고 사업을 총괄하는 권한과 책임이 있는 사람'이 책임을 면할 수는 없고, 수사와 재판 과정에서 CSO에게 안전보건 업무영역에서 '사업을 대표하고 사업을 총괄하는 권한과 책임이 있는 사람'에 준하는 권한을 가지고 있는지 여부를 판단하여 책임의 귀속을 가려야 할 것이다.[15)]

한편, 강은미 의원안 제2조 제7호 다.목은 '법인의 대표이사나 이사가 아닌 자로서, 해당 법인의 의사결정에 실질적으로 영향력을 행사하는 자'를, 박주민 의원안 제2조 제11호 다.목은 '법인의 대표이사나 이사가 아닌 자로서, 해당 법인의 사업상의 결정에 상당한 영향을 미치거나 그러한 결정에 실질적으로 관여하는 지위에 있는 자'를 '경영책임자등'에 포함시켰는데 이 부분은 법률안 심사과정에서 명확성 원칙에 위배될 우려가 있다고 보아 현행법에 반영되지 않았다.[16)]

이상의 논의를 거쳐 현행법 제2호 제9호 가.목에서는 경영책임자등을 '사업을 대표하고 사업을 총괄하는 권한과 책임이 있는 사람 또는 이에 준하여 안전보건에 관한 업무를 담당하는 사람'으로 정의하게 되었다.

---

15) 다만, 사업을 대표하고 사업을 총괄하는 권한과 책임이 있는 사람에 준하여 안전보건에 관한 업무를 담당하는 사람에 해당된다고 인정되는 경우 사업을 대표하고 사업을 총괄하는 권한과 책임이 있는 사람은 중대재해처벌법상의 책임을 면하는 것인지 여부에 관하여는 실무상 면책부정설, 완전면책설, 실질적 판단설 등의 견해 대립이 있으나[각 견해의 내용 및 근거를 상세히 다루고 있는 글로는 김·장 법률사무소 중대재해대응팀, 중대재해처벌법, 박영사(2002), 24-27면; 정현희, "중대재해처벌법의 형사재판 실무상 쟁점", 중대재해처벌법과 재판 실무상 쟁점 발표자료집, 사법정책연구원·대한변호사협회·한국노동법학회 공동 주최(2022. 7.), 16-17면 등 참조], 이는 기본적으로 법 적용 및 해석의 문제이므로 중대재해처벌법의 합헌성을 논하는 이 글에서는 더 나아가 다루지 않는다.

16) 제1차 회의(회의록 제1호. 3-4면).

【법무부차관】 실질적으로 영향력을 행사하는 자, 상당한 영향을 미치거나 그러한 결정에 실질적으로 관여하는 지위에 있는 자라는 내용은 결국 처벌의 구성요건임에도 내용이 불분명해서 명확성의 원칙에 위배될 우려가 있지 않은가 이렇게 보고 있습니다.

【고용노동부 기획조정실장】 경영책임자 중에서 다목 같은 경우에는 처벌 대상이 불분명해서 명확성의 원칙에 위배될 우려가 있지 않은가 이런 판단입니다.

2. 사업주와 경영책임자등의 의무

가. 관련 의원안의 내용

의원안	규정 내용
강은미 의원안	제3조(사업주와 경영책임자 등의 유해·위험방지의무) ① 사업주(개인사업주에 한한다. 이하 같다)와 법인 또는 기관의 경영책임자 등은 사업주나 법인 또는 기관이 소유·운영·관리하는 사업장, 공중이용시설 또는 공중교통수단에서 그 종사자 또는 이용자가 생명·신체의 안전 또는 보건위생상의 위해를 입지 않도록 유해·위험을 방지할 의무가 있다.
박주민 의원안	제3조(사업주와 경영책임자 등의 안전조치 및 보건조치의무) ① 사업주(개인사업주에 한한다. 이하 같다) 또는 경영책임자 등은 사업주나 기관 또는 법인이 소유·운영·관리하거나 발주한 사업 또는 사업장에서 종사자의 생명·신체의 안전 또는 보건 상의 위해를 입지 않도록 위험을 방지할 의무가 있다. ② 제1항에 따른 사업주 또는 경영책임자 등의 위험방지의무는 「산안법」 제38조 제1항부터 제3항까지, 제39조 제1항, 제51조, 제58조 제1항, 제59조 제1항, 제60조, 제63조, 제64조 제1항 및 제2항, 제65조 제1항, 제69조 제1항 및 제2항, 제80조 제1항부터 제3항까지, 제117조 제1항, 제118조 제1항, 「근로기준법」 제76조의2에 따른 의무를 포함한다.
임이자 의원안	제3조(사업주와 경영책임자의 산업 안전 및 보건 의무) ① 사업주와 경영책임자는 사업장의 안전 및 보건에 관한 다음 각 호의 사항을 확인하고 이행하여야 한다. 1. 안전보건 조치에 필요한 조직과 인력, 예산을 편성하고 그 운영을 정기적으로 점검 2. 「산안법」 제155조에 따른 근로감독관의 권한에 따라 시행된 감독의 지적사항 3. 자신이 관리하는 공중이용시설, 공중교통수단 및 제조물에 대한 점검 4. 그 밖의 사항은 대통령령으로 정하는 사항
박범계 의원안	제3조(사업주와 경영책임자 등의 안전·보건조치등 의무) 사업주(개인사업주에 한한다. 이하 같다) 또는 경영책임자 등은 사업주나 기관 또는 법인이 소유·운영·관리하거나 발주한 사업 또는 사업장에서 종사자의 생명·신체의 안전 또는 보건상의 위해를 입지 않도록 안전·보건조치등 의무를 다하여야 한다. 제2조(정의) 7. "안전·보건조치등 의무"란 각종 안전·보건상의 위험을 방지하기 위하여 제정된 이 법 또는 각 개별법에서 정하고 있는 안전 또는 보건을 위한 관리, 조치, 감독, 검사, 대응 등의 의무를 말하되, 구체적인 의무의 종류와 범위는 대통령령으로 정한다.

나. 위헌 주장의 구체적 내용

위 각 의원안에서 사업주와 경영책임자등의 의무를 규정한 조항들에 관하여는 사업주와 경영책임자등에게 광범위하고 불명확한 의무를 부과하고 이를 위반하였다는 이유로 과중한 형사책임을 묻는 것은 책임 원칙, 과잉금지 원칙, 명확성 원칙에 위배된다는 위헌 주장이 다수 제기되었다.[17]

그 주장을 구체적으로 살펴보면, 우선 강은미 의원안의 '유해·위험을 방지할 의무'는 구성요건상 행위의 윤곽이 모호한 개념, 즉 애매하고 불분명하여 신축이 자유로운 개념이고 국가형벌권 행사의 예측가능한 한계선이 지켜질 수 없는 표현이어서 집행기관과 법관의 자의적 해석이 쉽게 개입할 수 있다는 점이 지적되었으며, 나아가 실행가능성, 통제가능성을 따지지 않고 광범위하고 모호하며 불명확한 의무를 부과하고 이를 위반하였다고 하여 형사책임을 묻는 것은 사업주와 경영책임자등에게 사실상 결과책임을 인정하여 책임 원칙 및 과잉금지 원칙에 위배된다는 비판이 있었다.[18]

박주민 의원안에 대하여는, 위험방지의무에 포함된 산안법상의 안전·보건규정은 사업주가 준수해야 할 규정만 673개 조문에 이르고, 조문별 세부기준만 수천 개에 달하는 등 매우 복잡·방대하며 비현실적인 규정들이 적지 않아 현재도 사업주가 이를 완벽히 준수하기가 원천적으로 불가능한데다가, 사업주와 경영책임자등이 현장 단위에서 이뤄지는 기술적·세부적인 안전·보건조치의 이행 여부를 일일이 확인할 수 없고, 현장의 안전관리 및 직장 내 상황을 직접 관리·감독할 수 없음에도 이러한 상황을 고려하지 않고 과도한 의무와 책임을 묻고 있다는 문제가 지적되었다.[19]

임이자 의원안에 대하여도 제3조 제1항 제1호와 제3호의 '점검'에는 다양한 계층과 부서에 의한 수많은 종류가 있을 수 있음에도 이를 모두 사업주와 경영책임자등이 직접 확인하고 이행해야 한다는 취지라면, 이는 현실에서 결코 실행에 옮길 수 없는 매우 비현실적인 규정이라는 비판이 있었다.[20]

한편, 박범계 의원안은 명확성 원칙의 측면에서 강은미 의원안과 박주민 의원안의 '유해·위험방지의무', '안전 및 보건조치의무'의 내용을 법률에서 명확하게

---

17) 이근우, 앞의 글, 226-227면에서는 위 조항들이 언어적으로는 결과발생을 방지할 무제한적 의무, 통상적인 '안전의무(安全義務)'가 아닌, 이를테면 '만전의무(萬全義務)'를 부과하고 있는 것처럼 해석될 수 있으며, 이때의 의무규정이라는 것은 근대 형법이 극복하고 있는 '결과책임'을 은폐하는 장식적 규정일 뿐이라고 비판한다.

18) 정진우, "중대재해기업처벌법안에 대한 검토의견", 중대재해법 제정에 대한 공청회 자료집, 국회 법제사법위원회(2020. 12.), 28면; 임우택(2020), 앞의 글, 67면.

19) 임우택(2020), 앞의 글, 68-69면.

20) 정진우, "중대재해처벌법 제정과정에서의 법적 쟁점과 남겨진 과제", 과학기술법연구, 27집 2호, 한남대학교 과학기술법연구원(2021), 57면.

규정할 필요성이 있음을 고려하여 발의되었으나,[21] 박범계 의원안에 대하여도 제2조 제7호에서 규정한 '개별법에서 정하고 있는 안전 또는 보건을 위한 관리, 조치, 감독, 검사, 대응 등의 의무' 역시 '안전 또는 보건'이라는 개념 자체가 모호하고 막연한 개념이고, '관리, 조치, 대응' 등의 표현 또한 지나치게 광범위하고 애매하고 불명확하며 각 개별법에 어떤 형태로 규정되어 있든 각종 선언적 의무, 추상적 의무, 벌칙이 없는 의무까지도 모두 의무 내용에 포함될 수 있다는 문제점이 지적되었다.[22]

다. 법률안 심사과정에서의 논의

법률안 심사과정에서도 같은 취지의 의견이 제기되었다. 즉, 법무부는 위 각 의원안의 유해·위험방지의무 또는 안전·보건조치의무의 범위가 포괄적이고 불분명한 측면이 있어 명확성의 원칙에 위배될 소지가 있고, 결과적으로는 책임 원칙에 위배될 우려가 있음을 표하였으며, 법원행정처 역시 사업주와 경영책임자등의 의무는 형벌 구성요건의 일부가 되기 때문에 그 의무의 내용이 명확하여야 한다는 의견을 제시하였다.[23]

이러한 문제의식 하에 사업주와 경영책임자등의 의무를 구체화하고 명확히 하고자 법률안 심사과정에서 상당한 논의가 이루어졌다. 주목할 점은 위와 같은 논의를 통해 중대재해처벌법에서 규정한 사업주와 경영책임자등의 의무가 산안법에서 규정한 사업주의 의무와는 그 내용이 다른, 별개의 독립적인 의무로서 설정되었다는 점이 분명해졌다는 것이다.

특히 박주민 의원안 제3조 제2항은 사업주와 경영책임자등의 '안전 및 보건조치의무'에 산안법에서 규정한 사업주의 의무를 모두 포함하고 있는데, 이에 대하여 제1차 회의에서 법무부, 고용노동부, 법원행정처는 공히 산안법상 의무는 매우 구체적인 조치들임에도 이를 경영책임자에게 준수하도록 요구하는 것은 현실적으로 가능하지 않으므로 경영책임자등의 권한과 역할에 부합하는 의무를 부여하는 것이 타당하다는 의견을 제시하였고,[24] 이에 따라 제2차 회의에 현행법 제3조와

21) 박범계 의원안의 제안이유 참조.
22) 정진우(2021), 앞의 글, 57-58면.
23) 제1차 회의(회의록 제1호, 15-16면).
24) 제1차 회의(회의록 제1호, 15-16면).
【법무부차관】 "구체적으로 경영책임자에 대해서 의무를 부과하고 책임을 물으려면 경영책임자들이 이행할 수 있는 의무를 물어야 되는데 실제로 지금 산안법이나 시행규칙상의 의무들은 현장관리자들의, 안전보건책임자들의 세세한 의무들이 규정되어 있거든요. 그런데 그것을 가령 안전 담당 이

유사한 내용의 정부부처 협의안이 제출되었으며, 이를 토대로 한 추가적인 심사를 거쳐[25] 현행법의 규정(제4조, 제9조)에 이르게 되었다.

3. 도급인의 안전 및 보건, 위험방지 등 의무

가. 관련 의원안의 내용

강은미 의원안 및 박주민 의원안 제4조 제1항은 '사업주나 법인이 제3자에게 임대, 용역, 도급(여러 차례 이상 도급이 이루어진 것을 포함한다.), 위탁 등을 행한 때에는 사업주나 경영책임자등은 제3자와 공동으로 제3조의 의무를 부담한다'고 규정하였다.

사한테 책임을, 그런 의무를 이행해라 라고 하는 것은 체계가 안 맞는 상황, 현장하고는 좀 안 맞는 측면이 있습니다. (중략) 적어도 대표이사나 이사 또는 중앙행정기관의 장 또는 지방자치단체의 장 정도가 책임을 져야 된다라면 그 사람들이 책임을 져야 될 의무가 뭐냐라는 것을 따져서 여기 다 집어넣어 줘야 되는 것이 맞지 않느냐라는 생각을 갖고 있습니다. (중략) 핵심적인 의무 또 이행가능한 의무를 집약하자라는게 제 의견입니다.", "기본적인 의무를 부과하자는 것입니다. (중략) (경영책임자에게) 관리책임은 있는 거지요. 거기에 준하는 책임을 묻자는 거지요. 예산편성이 됐느냐, 인건비 예산이 됐느냐에 대한 문제는 부여하자는 거지요. 그런 차원입니다."

【법원행정처차장】 "지금 (법무부)차관님이 말씀하신 것처럼 현실적으로 그 의무 이행을 요구하는 것이 가능한지 여부를 따져서 개별적으로(중략)"

【고용노동부 기획조정실장】 "(산안법과 안전보건규칙의) 조치들은 굉장히 구체적인 조치들입니다. (중략) 그래서 이런 조치의무를 경영책임자에게 부과했을 때 실제로 프레스 덮게 하나, 환기 장치 하나를 경영책임자가 확인한다는 것은 사실상 어렵기 때문에 그런 부분들을, 구체적 조치를 특정하기에는 현실적으로 조금 어렵다 (중략) 경영책임자가 실제로 받을 수 있는 의무가 무엇인지 하는 부분이 어떤 의무를 부과할 것인지 하는 내용들을 고려하셔야 하는데 (중략) 저희가 구체적인 어떤 조치의무를 아무리 대통령령에 위임한다고 하더라도 그 조치의무에 대한 개별적인 내용들이 정말 구체적이기 때문에 그것들 중에서 일부를 골라내서 CEO의 책임이다, 경영책임자의 책임이다 이렇게 규정하기는 현실적으로 상당히 어렵고 그런 구체적인 조치의무에 대한, CEO가 전체적인 어떤 관리책임, 전체적으로 안전·보건운영체제의 유지·관리라든지 안전·보건계획의 수립·이행 감독 또 감독기관의 지적사항에 대한 사후조치, 안전·보건 조직, 인력, 예산 등에 관련한 전반적인 관리감독책임을 좀 명시해서 규정하시는 것이 실질적으로 경영책임자에게 의무 이행을 할 수 있는 부분과 또 사회적 비난 가능성 등을 형량해서 처벌하실 수 있는 내용이 아닐까 이렇게 생각합니다."

25) 제3차 회의(회의록 제3호, 30-31면)

【법무부차관】 "산안법에 관련된 내용들을 그대로 가져오는 것은 그것은 할 수가 없습니다."

【고용노동부차관】 "산안법에 주어진 사업주 등 의무나 행위자에 대한 의무하고 구별해서 명확하게 규정을 하는 게 오히려 대표자(경영책임자등)에 대해서 책임을 묻는 방법이기 때문에"

제4차 회의(회의록 제4호, 5-6면).

【법원행정처차장】 "직접적으로 안전조치를 해야 할 의무를 대표이사가 지는 건 아닙니다. 그러면 직접적으로 그 의무를 부과하는 사람은 현장소장이라고 예를 들면, 그에 해당하는 사람은 현재 산안법에 의해서 처벌하는 것이지요. 그런데 그런 사고가 발생했을 때는 현장소장을 벌하는 외에 대표이사도 똑같이 징역형에 처한다 그렇게 되면 위헌이 되지 않겠습니까? 이 법은 대표이사를 처벌하는 데 주안점이 있는 것인데요. 그러려면 그 대표이사한테 직접 어떤 의무를 부과할 수밖에 없습니다. 그런데 그 안전조치를 직접 취할 의무를 대표한테 부과할 수는 없는 것이고 결국 대표이사한테는 그 안전조치가 제대로 이루어질 수 있도록 관리감독할 의무를 부과할 수밖에 없거든요."

나. 위헌 주장의 구체적 내용

이에 대하여는 현실에서의 사업형태는 매우 다양하여 사외납품(제작도급), 기계·설비의 임대, 단순배달 등과 같이 도급·위탁업체가 수급·수탁업체에 대해 물품의 제조·서비스 과정에 전혀 관여하지 않거나 지배·관리가능성이 없는 경우가 있을 수 있음에도 사업주의 실질적 관리범위 및 계약의 내용·성격에 대한 고려 없이 단지 임대, 도급, 위탁 등을 했다는 이유만으로, 도급·위탁업체에 수급·수탁업체와 공동의 유해·위험방지의무를 부과하고 제3자와 포괄적 공동책임을 지도록 하는 것은 전근대적인 연대책임을 묻는 것으로 책임 원칙, 과잉금지 원칙에 위배된다는 비판이 제기되었다.[26)]

다. 법률안 심사과정에서의 논의

법률안 심사과정에서 법무부는 '법원이 도급인에게 수급인의 업무와 관련한 안전조치의무가 없는 것으로 판시하고 있기 때문에 신중하게 접근할 필요가 있으므로, 도급인에게 책임을 물을 수 있을 정도의 재해가 발생하고 있는 시설·설비 장소를 소유하고 있거나 어느 정도 관리할 수 있는 위치에 있을 때 도급인에게도 책임을 부과할 수 있다'는 취지의 의견을 제시하였고,[27)] 법원행정처 역시 '(위 의원안처럼) 아무 조건이나 제한 없이 두면 결국 안전·보건의무를 부과하는 대상자가 너무 과도하게 확대될 수 있으므로, 범위를 제한하고 조건을 가해야 한다'는 의견을 제시하였다.[28)]

그에 따라 정부부처 협의안에서는 도급 및 위탁관계의 경우 '시설, 설비 등을 소유하거나 장소를 관리하는 책임이 있는 경우에 한한다'는 제한을 두었고, 이에 대하여 제3차 회의에서 고용노동부는 '임대, 소유'라는 용어 대신 '지배·관리'라는

---

26) 임우택(2020), 앞의 글, 70면; 정진우(2021), 앞의 글, 59-60면; 이근우, 앞의 글, 228면에서도 이는 사실상 '연대책임'이라는, 전근대적 형벌부과 방식을 복귀시키려는 것으로서 결과적으로는 전가책임(轉嫁責任)의 부활처럼 보인다고 지적하였다.

27) 제1차 회의(회의록 제1호, 17면). 위 의견에서 '법원의 판시'라고 원용하고 있는 것은 대법원 2009. 5. 28. 선고 2008도7030 판결 등이다. 즉, 대법원은 위 판결 등에서 "원칙적으로 도급인에게는 수급인의 업무와 관련하여 사고방지에 필요한 안전조치를 취할 주의의무가 없으나, 법령에 의하여 도급인에게 수급인의 업무에 관하여 구체적인 관리·감독의무 등이 부여되어 있거나 도급인이 공사의 시공이나 개별 작업에 관하여 구체적으로 지시·감독하였다는 등의 특별한 사정이 있는 경우에는 도급인에게도 수급인의 업무와 관련하여 사고방지에 필요한 안전조치를 취할 주의의무가 있다."라고 보고 있다.

28) 제1차 회의(회의록 제1호, 18면).

용어를 사용하자는 수정의견을 제출하였으며,[29] 위원들의 논의를 거쳐 현행 법 제5조와 같이 "다만, 사업주나 법인 또는 기관이 그 시설, 장비, 장소 등에 대하여 실질적으로 지배·운영·관리하는 책임이 있는 경우에 한정한다."는 단서 조항이 마련되었다.

4. 사업주와 경영책임자등의 처벌

가. 관련 의원안의 내용

사업주와 경영책임자등이 그 의무를 위반하여 사망의 결과에 이르는 중대산업재해가 발생한 경우, 강은미 의원안 제5조 제1항은 '3년 이상의 유기징역 또는 5천만 원 이상 10억 원 이하의 벌금', 박주민 의원안 제6조 제1항은 '2년 이상의 유기징역 또는 5억 원 이상의 벌금'에 처하도록 각 규정하고 있었다.

나아가 강은미, 박주민 의원안은 형법의 경합범 규정에 대한 특례조항을 두었는데 구체적인 규정 내용은 다소 차이가 있다. 즉, 강은미 의원안 제5조 제3항은 '사업주와 경영책임자등이 동시에 또는 순차로 제3조 또는 제4조의 의무를 위반하여 사람을 2명 이상 사상에 이르게 한 때에는 「형법」 제38조 및 제40조에도 불구하고 각 죄에 정한 형의 장기(長期) 또는 다액(多額)을 합산하여 가중'하도록, 박주민 의원안 제6조 제4항은 '사업주 또는 경영책임자등이 동시에 또는 순차로 제3조의 의무를 위반하여 2명 이상에 대하여 사망자 또는 6개월 이상 요양이 필요한 부상자 또는 직업성 질병자가 3명 이상 발생한 경우에는 「형법」 제38조에도 불구하고 각 죄에 정한 형의 장기(長期) 또는 다액(多額)을 합산하여 가중'하도록 각 규정하고 있다.

나. 위헌 주장의 구체적 내용

강은미 의원안과 박주민 의원안의 위 벌칙 조항에 관하여는 과도한 형벌이라는 비판이 제기되었는데, 이러한 비판은 아래와 같은 점을 근거로 하고 있다.

첫째, 강은미 의원안과 박주민 의원안은 앞서 살펴본 것처럼 본조의 범죄구성요건에서 (고의의) 기본행위의 대상인 "유해·위험을 방지할 의무"(제3조 및 제4조의 의무)가 형벌 법규의 구성요건 요소로는 지나치게 광범위하고 불명확하게 규정하고 있음에도 이러한 포괄적 의무위반을 근거로 무거운 형벌을 가하는 것은 경

29) 제3차 회의(회의록 제3호, 34면).

영책임자에게 사실상 결과책임을 인정하게 될 소지가 커 책임 원칙에 반한다는 것이다.[30]

둘째, 산안법상의 의무와 동일한 내용의 의무위반(동일한 범죄구성요건) 및 사망이라는 결과에 대하여 충분한 규범적 근거 없이 산안법의 처벌수준보다 강하게 규정하는 것은 행위의 당벌성, 불법의 정도(죄질의 경중), 비난가능성 등에 비추어 과잉입법으로서 전체 형벌체계상의 정당성과 균형을 상실한 것임을 근거로 든다.[31]

셋째, 과실범 형태의 범죄행위에 대해 하한형을 정한 형벌을 부과하는 것은 불법의 정도, 비난가능성 등에 비추어볼 때 형량 수준이 지나치게 과도하다는 것이다.[32]

넷째, 사업주와 경영책임자등의 통제범위 밖에서 발생한 사고에 대하여 법 위반의 직접 행위자가 아님에도 사업경영을 총괄한다는 이유만으로 법 위반 행위자보다 주의감독(과실)의 책임이 있는 사업주와 경영책임자등을 더 무겁게 형사처벌하는 것은 형벌체계의 균형성을 상실한 것이라고 한다.[33]

또한, 강은미 의원안과 박주민 의원안의 위 벌칙 조항에서 하한형을 설정한 것 역시 과잉금지 원칙에 위배된다는 지적이 있었다. 즉, 징역형의 하한형을 설정하는 것은 고의로 공공의 위험을 발생시킨 방화범이나 고의적으로 사람의 생명이나 신체에 위험을 발생시킨 상해치사죄(3년 이상의 유기징역)에 적용하는 형벌부과방식으로서, 안전보건기준 위반과 같이 위반유형, 위반의 실태와 죄질의 경중, 이에 대한 행위자의 책임 등이 매우 다양한 범죄에 대해 미필적 고의성이 있다 하더라도 사망이라는 결과 발생에 대한 고의성은 없는 범죄에 대한 형벌부과방식으로는 적합하지 않다고 한다.[34] 또한, 벌금의 하한 규정 역시 매우 드물고, 벌금의 하한을 규정한다 하더라도 위반유형이 정형되어 있는 경우에는 입법이 가능하지만, 위반유형이 매우 다양한 안전보건기준 위반에 대하여 하한선을 두는 것은 과잉금지 원칙에 위배될 소지가 있다는 것이다.[35]

한편, 강은미 의원안 제5조 제3항 및 박주민 의원안 제6조 제4항에서 규정한

30) 정진우(2021), 앞의 글, 61면; 이근우, 앞의 글, 230면.
31) 정진우(2021), 앞의 글, 61면.
32) 임우택(2020), 앞의 글, 74면.
33) 임우택(2020), 앞의 글, 75면.
34) 정진우(2020), 앞의 글, 32면.
35) 정진우(2020), 앞의 글, 33면.

형법의 경합범 규정에 대한 특례조항에 관하여는, '동시에' 내지 '순차로'라는 표현은 어느 재해까지가 여기에 해당되는지 예측하기 어려운 모호하고 막연한 것이고, 안전사고에 대해서만 경합범 체계를 달리 하는 것은 전체 형벌체계상의 정당성과 균형을 상실한 것으로서 과잉입법금지 원칙에 위반할 소지가 크며, 고의범도 아니고 과실범의 경우에 피해자의 수는 그 행위자의 책임에 귀속시킬 수 없는 우연에 상당 부분 기인한 것인데 이러한 단순 합산가중은 지나치게 과도한 형벌이라는 비판이 제기되었다.[36]

다. 법률안 심사과정에서의 논의

법 제정을 위해 최초로 개회된 2020. 11. 26.자 회의에서는 원론적인 차원의 간략한 심사가 이루어졌지만, 당시에도 책임에 맞는 처벌이 필요하며 과도한 처벌이 되지 않도록 신중한 검토가 필요하다는 의견이 있었고,[37] 이러한 문제의식하에 이후 법률안 심사과정에서 사업주와 경영책임자등에게 적절한 형벌을 부과하기 위해 정부부처의 의견을 참조하여 위원들 사이에서 상당한 비중의 논의가 이루어졌다.

우선 박주민 의원안의 경우 벌금형의 상한을 두지 않고 있었으나(5억 원 이상의 벌금), 이에 관하여는 '형법이 벌금형 상한에 대한 일반 규정을 두고 있지 않기 때문에 과잉금지 원칙 위반의 문제가 발생할 수 있다'는 법무부의 의견[38]과 '기본적으로 벌금형의 하한만 정하고 상한을 정하지 않은 예는 찾기 어렵다'는 법원행정처의 의견[39]이 반영되어 그 상한을 정하는 것으로 의견이 모아져 현행법 제6조 제1항과 같이 '10억 원 이하의 벌금'으로 규정되었다.

징역형과 관련하여서는 우선 사망 사고에 대하여 '7년 이하의 징역 또는 1억 원 이하의 벌금'에 처하도록 한 산안법 규정과의 형평성 문제가 제기되었다.[40] 이에 대하여는 사안에 따라서는 경영책임자등의 책임이 더 중할 수 있어 일률적으로 결론을 내릴 수 없다는 의견,[41] 이는 기본적으로 누구에게 더 책임이 있는지

---

36) 정진우(2020), 앞의 글, 30면; 임우택(2020), 76면.
37) 제382회 국회(정기회) 법제사법위원회회의록(법안심사제1소위원회) 제6호, 국회사무처, 38-39면.
38) 제1차 회의(회의록 제1호, 25면).
39) 제1차 회의(회의록 제1호, 29면).
40) 제4차 회의(회의록 제4호, 7면).
【전주혜 위원】 "사망사고가 나더라도 결과책임이 더 큰 현장소장보다는 오히려 경영책임자등이 훨씬 더 큰 책임을 질 수밖에 없는, (중략) 그 부분의 형평성은 어떻게 보세요?"
41) 제4차 회의(회의록 제4호, 7면).

에 관한 평가의 문제라는 의견,[42] 중대재해처벌법은 중대산업재해의 개념상 다수의 사망자가 발생하더라도 1죄로 의율하게 되는데 대규모 사망사고에 있어서 징역형의 하한을 설정할 경우 오히려 양형상의 불균형이 초래된다는 의견[43] 등이 오갔고, 이러한 의견들을 종합하되 형이 기본적으로 너무 과도할 경우 오히려 규범력을 상실한다는 점[44]이 고려되어 현행법 제6조 제1항과 같이 '1년 이상의 징역'으로 규정하게 되었다.

한편, 경합범 특례 규정은 형법과의 체계에 부합하지 않는다는 이유로 현행법에 반영되지 않았다.[45]

【법원행정처차장】 "이 법에 따른 처벌 대상은 현장소장을 처벌하는 게 아니지 않습니까? 그러면 대표이사를 처벌하는 걸 보면 경우에 따라서는 이쪽 형이 높을 수도 있고요. 또 사안에 따라서는 반대로 행위자 쪽이 더 높을 수도 있고, 일률적으로 얘기하기는 좀 어려울 것 같습니다."

42) 제4차 회의(회의록 제4호, 7면).
【송기헌 위원】 "기본적으로 우리가 평가할 때 직접적인 과실 원인에 있어서 현장에서 직접 현장을 장악하는 사람한테 과실이 더 있다고 보느냐 아니면 맨 위에서 포괄적인 의무를 지고 있는 사람이 더 의무가 있다고 보느냐는 평가를 해야 될 문제가 있다고 생각을 해요."

43) 제4차 회의(회의록 제4호, 14-15면).
【김용민 위원】 "대형 사고처럼 막 20명, 30명씩 사망하는 사고가 발생해 버리면 이 법으로 지금 말씀하신 10년 이하는 또 지나치게 낮은……", "예상치 못하게 정말 많은 사람들이 사망하는 경우가 발생한다고 그것을 넘는 상한은 열어 두는 게 이 법의 취지에도 맞지 않을까, 저는 그렇게 생각합니다."
【박주민 위원】 "10년 이하처럼 상한을 정해 버리면 (중략) 두세 명의 사망자가 발생한 경우에도 굉장히 가볍게 처벌하게 되는 이상한 결과를 낳을 수 있다고 생각하거든요."
【소위원장 백혜련】 "상한을 정하게 되면 그것은 오히려 나중에 다중 피해자가 발생한 경우에 사망자가 정말 수십 명이 됐을 때 10년밖에 못 한다고 그러면 정말 그것은 국민적인 공분이, 법사위에서 잘못된 논의를 했다 이렇게 될 가능성이 제가 볼 때는 큰 것으로 보이거든요. 오히려 상한은 열어 두는 것이 사안에 따라서 정말로 1년밖에, 그러니까 사망을 했더라도 과실의 정도나 그런 것이 정말로 경하고 참작할 사유가 있을 때는 집행유예가 내려질 수도 있잖아요. 벌금이 나올 수도 있고. 그러니까 많은 사망자가 발생해서 정말로 해야 될 때는 징역 10년이 아니라 더 해야 될 상황이 발생할 수도 있는 거니까 그것은 좀 열어 두는 게 맞지 않나 그런 생각이거든요."

44) 제1차 회의(회의록 제1호, 26면).

45) 병과주의는 경합범을 구성하는 각각의 죄에 대하여 별개의 형을 선고하고 이를 모두 집행하는 방식이다. 영미법계 국가에서는 유기자유형에 대해서 병과주의를 채택하기도 한다. 그러나 이에 의하면 피고인의 생존연령이나 재산을 훨씬 초과하는 형벌이 부과될 수도 있고, 형벌의 효과는 병과에 의하더라도 어느 정도 강화될 수는 있지만 그만큼 누적될 수는 없기 때문에 병과주의는 입법론상 바람직하지 못하다는 이유에서 대륙법계 국가에서는 대체로 가중주의를 원칙으로 하고 있다. 다만, 병과주의의 폐해는 주로 자유형 상호간에서 발생하기 때문에 대륙법계 국가에서도 자유형과 재산형 또는 수 개의 재산형에 대해서는 병과주의를 취하기도 한다[김태명, "경합범의 처벌상 문제점", 21세기의 형벌과 양형: 2006 국제학술회의, 한국형사법학회·한국형사정책연구원(2006), 326면]. 우리나라 형법 역시 동시적 경합범의 처벌에 관하여 이종(異種)의 형에 대해서만 예외적으로 병과주의를 택하고 있으므로(형법 제38조 제1항 제3호), 위 강은미 의원안 제5조 제3항 및 박주민 의원안 제6조 제4항과 같이 동종의 형에 대해서도 병과주의를 규정한 것은 매우 이례적인 것이다. 법률안 심사과정에서도 아래와 같이 이러한 점이 지적되었다.
제1차 회의(회의록 제1호, 27면).

Ⅲ. 책임 원칙의 관점에서 본 중대재해처벌법의 합헌성

1. 헌법재판소의 책임 원칙에 관한 해석 및 판단 기준

가. 책임 원칙의 내용

책임 원칙은 '책임 없으면 형벌 없다', 더 구체적으로는 '책임 없으면 범죄 없고 형벌 없다'는 명제로 표현되고 있다. 범죄와 형벌은 책임을 전제로 하고 책임에 비례하여야 한다는 것이다.[46] 헌법재판소 역시 '형벌에 관한 형사법의 기본원리인 책임 원칙은 두 가지 의미를 포함한다. 하나는 형벌의 부과 자체를 정당화하는 것으로, 범죄에 대한 책임이 인정되어야만 형벌을 부과할 수 있다는 것이고, 다른 하나는 책임의 정도를 초과하는 형벌을 과할 수 없다는 것'이라고 하여 책임 원칙의 이러한 의미를 분명히 밝히고 있다.[47]

나. 책임 원칙에 기초한 위헌 심사기준

헌법재판소는 "어떤 범죄를 어떻게 처벌할 것인가 하는 문제, 즉 법정형의 종류와 범위의 선택은 그 범죄의 죄질과 보호법익에 대한 고려뿐만 아니라 우리의 역사와 문화, 입법당시의 시대적 상황, 국민일반의 가치관 내지 법감정 그리고 범죄예방을 위한 형사정책적 측면 등 여러 가지 요소를 종합적으로 고려하여 입법자가 결정할 사항으로서 광범위한 입법재량 내지 형성의 자유가 인정되어야 할 분야"이나, "우리 헌법은 국가 권력의 남용으로부터 국민의 기본권을 보호하려는 법치국가의 실현을 기본이념으로 하고 있고, 법치국가의 개념은 범죄에 대한 법정형을 정함에 있어 죄질과 그에 따른 행위자의 책임 사이에 적절한 비례관계가 지켜질 것을 요구하는 실질적 법치국가의 이념을 포함하고 있으므로, 어떤 행위를 범죄로 규정하고 어떠한 형벌을 과할 것인가 하는 데 대한 입법자의 입법형성권이 무제한한 것이 될 수는 없다. 형벌의 위협으로부터 인간의 존엄과 가치를

【소위원장 백혜련】 "경합범 규정 같은 경우는 형법체계를 흔드는 방식으로는 제가 봐도 좀 …… 가중처벌 사유로 하는 게 더 낫지 않나, 하려면 그게 나은 것 같아요. 만약에 중대재해법에서 이 경합범 규정 자체가 흔들리는 규정대로 이렇게 가면 모든 개별법에서 그것을 해야 된다는 논의가 나올 것 같습니다. (중략) 형법의 기본 체계에 맞는 형태로 수정해 가지고 하는 방향으로 해 주시면 좋을 것 같아요."

46) 변종필, "형벌조항에 대한 위헌심사와 책임주의", 헌법실무연구, 11권, 헌법실무연구회(2010), 449면.

47) 헌재 2009. 7. 30. 선고 2008헌가10 결정; 헌재 2007. 11. 29. 선고 2005헌가10 결정 등.

존중하고 보호하여야 한다는 헌법 제10조의 요구에 따라야 하고, 헌법 제37조 제2항이 규정하고 있는 과잉입법 금지의 정신에 따라 형벌개별화원칙이 적용될 수 있는 범위의 법정형을 설정하여 실질적 법치국가의 원리를 구현하도록 하여야 하며, 형벌이 죄질과 책임에 상응하도록 적절한 비례성을 지켜야 한다."라고 보고 있다.[48)]

요컨대, 헌법재판소는 책임 원칙에 기초하여 형벌조항에 대한 위헌 심사를 함에 있어 입법자에게 어떤 범죄를 어떻게 처벌할 것인가 하는 문제에 대하여 광범위한 입법재량 내지 형성의 자유를 인정하면서도 범죄와 책임에 상응하는 형벌을 설정함으로써 양자 간에 적절한 비례성을 유지해야 한다고 한다(과잉금지 원칙 내지 비례 원칙). 그리고 이러한 비례관계가 유지되고 있는지 여부에 관해서는 평등원칙이나 비례성 원칙 등에 의해 심사가 이루어지되, 가급적 입법자의 입법형성권이 존중되어야 하고 다만 예외적으로 죄질과 책임에 비해 지나치게 가혹한 형벌을 부과함으로써 형벌체계상의 균형을 잃게 하는 경우나 특정 범죄에 대한 형벌이 형벌의 본래적 목적과 기능을 달성함에 필요한 정도를 넘어선 경우 등 책임 원칙 등의 위배가 '명백한' 경우에 한해서만 위헌으로 판단하고 있다고 할 수 있다.[49)]

2. 현행법 및 시행령에 대한 책임 원칙 위반 주장에 관한 검토

가. 책임이 없음에도 경영책임자등에게 형벌을 과하는 것인지 여부

(1) 위헌 주장의 내용

중대재해처벌법은 경영책임자등의 개념을 신설하여 경영책임자등에게 안전 및 보건 확보의무를 부여하고 이를 위반하여 중대산업재해 내지 중대시민재해가 발생할 경우 경영책임자등을 형사처벌하는 것을 주요 내용으로 하고 있다. 이에 대하여는 경영책임자라는 '개인'을 '책임자라는 이유로' 처벌하는 것이 책임 원칙의 관점에서 합당한지와 관련하여 위헌성 여부에 대한 다툼은 필연적이라는 문제 제기가 있다.[50)]

48) 헌재 1998. 5. 28. 선고 97헌바68 결정; 헌재 2001. 11. 29. 선고 2001헌가16 결정; 헌재 2003. 11. 27. 선고 2002헌바24 결정; 헌재 2017. 7. 27. 선고 2016헌바42 결정; 헌재 2020. 3. 26. 선고 2018헌바206 결정 등.
49) 변종필, 앞의 글, 463-464면.
50) 신승욱·김형규, 중대재해처벌법, 박영사(2021), 71면. 다만, 책임 원칙에 반하여 위헌인지 여부에

한편, 중대재해처벌법 제5조는 경영책임자등에게 제3자와 도급, 용역, 위탁 등 관계에 있을 경우 제3자의 종사자에 대한 안전 및 보건 확보의무를 규정하고 있다. 위 제5조에 관하여는 경영책임자등과 직접 계약관계가 없는 제3자의 종사자에 대해서까지 경영책임자등에게 제3자와 동일한 의무를 부여하고 위반시 동일하게 처벌하는 것은 책임 원칙에 위배된다는 주장,[51] 도급인의 입장에서는 수급인이 전적으로 안전 및 보건 확보의무를 위반하여 도급인 자신의 주의의무 위반이 없음에도 형사처벌을 받게 되어 책임 원칙에 반한다는 주장[52]이 있다. 또한, 위 규정에 중대재해처벌법 제3조의 적용배제 규정과 부칙 제1조 제1항의 경과 규정[53]을 보태어 보면 결국 수급인 등에게는 중대재해처벌법의 적용이 배제되고 도급인 등만이 훨씬 가중된 법정형에 의해 처벌을 받게 되어 책임 원칙, 평등 원칙에 반한다는 주장이 있다.[54]

(2) 검토

(가) 중대재해처벌법의 헌법적 근거

중대재해처벌법은 사업주, 법인 또는 기관 등이 운영하는 사업장 등에서 발생한 중대산업재해와 공중이용시설 또는 공중교통수단을 운영하거나 위험한 원료 및 제조물을 취급하면서 안전 및 보건 확보의무를 위반하여 인명사고가 발생한 중대시민재해의 경우 사업주와 경영책임자 및 법인 등을 처벌함으로써 근로자를 포함한 종사자와 일반 시민의 안전권을 확보하고, 기업의 조직문화 또는 안전관리 시스템 미비로 인해 일어나는 중대재해사고를 사전에 예방하기 위하여 제정되

관한 명시적인 입장을 밝히고 있지는 않다.

51) 임우택, "중대재해처벌법의 실제 적용과 개선방안 - 제2토론-", 새정부 법조공약 평가 토론회(① 중대재해처벌법에 대한 헌법적 검토) 자료집, 서울지방변호사회·한국헌법학회·아주경제 공동 주최(2022. 4.), 48면.

52) 송지용, "중대재해 처벌 등에 관한 법률의 위헌성 검토", 형사법의 신동향, 74호, 대검찰청(2022), 261-262면. 위 견해는 향후 중대재해처벌법 개정 시 법인의 양벌규정의 적용 예외 규정과 "다만, 사업주 또는 경영책임자등이 그 위반행위를 방지하기 위하여 해당 업무에 관하여 상당한 주의와 감독을 게을리하지 아니한 경우에는 그러하지 아니하다"는 등의 규정을 두어 도급인 등 사업주가 행위에 비해 과도한 책임을 지지 않도록 조문을 구체화할 필요가 있음을 제안하고 있다.

53) **법 제3조(적용범위)** 상시 근로자가 5명 미만인 사업 또는 사업장의 사업주(개인사업주에 한정한다) 또는 경영책임자등에게는 이 장의 규정을 적용하지 아니한다.
부칙 제1조(시행일) ① 이 법은 공포 후 1년이 경과한 날부터 시행한다. 다만, 이 법 시행 당시 개인사업자 또는 상시 근로자가 50명 미만인 사업 또는 사업장(건설업의 경우에는 공사금액 50억원 미만의 공사)에 대해서는 공포 후 3년이 경과한 날부터 시행한다.

54) 송지용, 앞의 글, 261면.

었다.[55)]

이와 같은 중대재해처벌법의 제정은 인간의 존엄과 가치 및 행복추구권을 규정한 헌법 제10조, 근로의 권리를 규정한 헌법 제32조 제1항, 재해를 예방하고 그 위험으로부터 국민을 보호할 국가의 의무를 규정한 헌법 제34조 제6항, 모든 국민의 건강하고 쾌적한 환경에서 생활할 권리를 규정한 헌법 제35조 제1항 등에서 그 헌법적 근거를 찾을 수 있다.[56)]

생명과 신체는 인간에게 가장 소중한 것이고 인간존엄성의 기초가 되므로, 국가는 모든 국민의 생명과 신체가 일상생활을 영위하거나 근로를 제공하는 중에 침해당하지 않도록 안전한 환경을 유지하고, 재해를 예방할 책무를 지고 있다.

즉, 헌법 제32조 제1항은 "모든 국민은 근로의 권리를 가진다."고 규정하고 있고, 이때 '근로의 권리'는 '일할 자리에 관한 권리'만이 아니라 '일할 환경에 관한 권리'도 함께 내포하고 있으며, 후자는 인간의 존엄성에 대한 침해를 방어하기 위한 자유권적 기본권의 성격도 갖고 있어 '건강한 작업환경을 요구할 수 있는 권리' 등을 포함한다.[57)] 또한, 헌법은 제35조 제1항에서 "모든 국민은 건강하고 쾌적한 환경에서 생활할 권리를 가진다."고 규정하고 있다. 이때 환경이란 자연적 환경뿐만 아니라 사회적 환경을 포함하며,[58)] 작업환경 또한 근로자가 일상의 대부분을 영위하는 공간으로서 생활환경과 동일한 수준으로 그 안전한 환경이 보장되어야 한다.[59)] 나아가 헌법 제34조 제6항은 "국가는 재해를 예방하고 그 위험으로부터 국민을 보호하기 위하여 노력하여야 한다."고 규정하고 있으며, 이에 국가는 특히 근로자에 대한 재해예방의무와 보건의무를 구체화하기 위하여 근기법과 산안법 등을 제정·시행하고 있는데,[60)] 근로자에 대한 중대산업재해는 물론 일반시민에 대한 중대시민재해의 예방까지를 입법목적으로 하는 중대재해처벌법의 제

---

55) 법제처 제공, 제정이유 참조.

56) 황동혁, "중대재해처벌법에 대한 헌법적 고찰 - 중대산업재해를 중심으로 -", 법학연구, 63권 2호, 부산대학교 법학연구소(2022. 5.), 4면; 김한균, "안전·보건확보의무의 형법적 부과 - 중대재해처벌법과 그 제정의 형사정책적 평가-", 형사정책, 33권 1호, 한국형사정책학회(2021. 4.), 96-97면.

57) 헌재 2007. 8. 30. 선고 2004헌마670 결정; 헌재 2016. 3. 31. 선고 2014헌마367 결정.

58) 성낙인, 헌법학(제22판), 법문사(2022), 1609면.

59) 황동혁, 앞의 글, 4면.

60) 노동법실무연구회, 근로기준법주해(제2판) Ⅲ권, 박영사(2020), 439-440면; 한수웅, 헌법학(제11판), 법문사(2021), 1068면에서는 자연재해를 비롯하여 현대산업사회에서 발생하는 재해의 위험을 방지하고 그 위험으로부터 국민을 보호하는 것이 사회국가의 과제에 속한다고 전제하면서 헌법 제34조 제6항을 산업사회에서 생명과 건강을 위협하는 산업시설로부터 국민을 보호해야 할 국가의 의무를 부과한 규정으로 설명한다.

정은 헌법 제34조 제6항에 의해 부과된 국가의 책무를 다한 결과라 할 수 있다.

(나) 입법의 정당성과 책임 원칙

고용노동부가 발표한 자료에 의하면 산업재해로 인하여 사망한 근로자는 2020년 2,062명, 2021년 2,080명으로[61] 하루 평균 5명 이상에 이른다. 뿐만 아니라 2017년 현대중공업 아르곤 가스 질식 사망사고, 2018년 한국서부발전 태안화력발전소 압사사고, 2020년 38명의 생명이 희생된 한익스프레스 물류창고 건설현장 화재사고, 삼표시멘트 컨베이어벨트 사망사고, 폐자재 재활용품 파쇄기 사망사고 등 중대한 피해를 가져 온 산업재해가 끊임없이 계속되면서 중대산업재해는 지난 수십 년간 고질적인 우리 사회의 문제로 지적되어 왔다.[62]

중대재해처벌법은 위와 같이 지속적·반복적으로 발생하고 있는 중대산업재해가 단순히 해당 업무를 수행하는 근로자 개인의 부주의 내지 안전불감증이나 현장관리자의 위법행위 등에서 기인한 것이라기보다는, 오히려 기업 내 위험관리시스템의 부재, 부실한 안전관리체계, 사업주의 관리 소홀, 안전의식이 결여된 조직문화 등 제도적·구조적인 문제에서 비롯된 것임을 직시하고, 중대산업재해의 원인을 기업시스템 차원의 문제로 인식하여, 위와 같은 제도적·구조적 문제의 원인을 제공함과 동시에 이를 개선하고 시정할 수 있는 실질적인 권한을 가진 경영책임자등에게 기업 전체의 차원에서 실현되어야 할 안전 및 보건 확보의무를 부과하고, 이를 위반하여 중대산업재해가 발생한 경우에는 그 결과에 대해 직접적이고 명시적으로 형사책임을 묻고 있다.[63]

산업재해가 발생한 경우 산안법에 의하더라도 기업의 대표이사 등 경영책임자등에 대한 형사처벌이 전혀 불가능한 것은 아니다. 산안법의 처벌규정은 사업주를 대상으로 하므로 사업주인 법인의 경우 법인 자체가 처벌 대상이 되지만, 양

61) 고용노동부, 2022년판 고용노동백서(2022. 6.), 727면.

62) 박주민 의원안, 제안이유 참조.

63) 최정학(2020), 앞의 글, 284면; 이황희, “중대재해처벌법에 대한 헌법적 검토-헌법재판소 판례의 입장에 기초한 위헌 여부 판단을 중심으로-”, 새정부 법조공약 평가 토론회(① 중대재해처벌법에 대한 헌법적 검토) 자료집, 서울지방변호사회·한국헌법학회·아주경제 공동 주최(2022. 4.), 19-20면. 이와 관련하여 강검윤, “중대재해처벌법의 형사재판 실무상 쟁점 토론문”, 중대재해처벌법과 재판 실무상 쟁점 발표자료집, 사법정책연구원·대한변호사협회·한국노동법학회 공동 주최(2022. 7.), 88면에서는 같은 취지에서 “중대재해처벌법은 ‘중대재해는 근로자의 실수가 아니라 경영책임자의 무관심과 기업의 안전보건관리체계가 제대로 구축되지 않았기 때문에 발생하는 것이다’라는 것을 인식시키는 것입니다. 즉, 안전은 경영책임자의 영역이 아니라는 생각을 바꾸는 것입니다. 기업 DNA를 바꾸어 안전이 경영과 별개의 영역이 아닌 경영체계에 내재화되도록 하기 위한 법입니다.”라고 설명하고 있다.

벌규정의 역적용에 의해 기업의 대표이사 등 경영책임자등을 처벌할 수 있다.[64] 그러나 산안법이 규정한 안전보건 조치의무는 대부분 노동현장에서 준수되어야 할 구체적이고 직접적인 의무이기 때문에 경영책임자등을 산안법상 안전보건 조치의무를 위반한 행위자로 인정하기란 어렵다. 그 결과 산안법상 안전보건 조치의무를 위반하여 산업재해가 발생한 경우에도 주로 현장을 관리하는 현장소장, 공장장 등 안전보건관리책임자(산안법 제15조) 등만이 산안법위반죄로 처벌을 받아왔다.[65] 산안법이 규정한 안전보건 조치의무가 경영책임자등의 지시에 의한 것이거나 경영책임자가 이를 묵인하였다면 경영책임자등도 산안법위반죄의 형법상 공범의 책임을 질 수 있으나, 경영책임자등의 범죄행위 관여 사실이나 고의 등을 증명하는 것 역시 사실상 매우 어렵다.[66] 경영책임자등을 형법상 업무상과실치사상죄로 처벌하는 것도 가능하지만, 업무상과실치사상죄에서의 업무상 과실이란 업무와 관련된 일반적·추상적 주의의무가 아니라 구체적·직접적인 주의의무를 의미하기 때문에 실제 현장의 안전관리에 직접 관여하지 않은 경영책임자등을 형법상 업무상과실치사상죄로 의율하는 것에도 한계가 있다.[67] 이처럼 기존의 법체계 및 실무에서는 중대산업재해가 발생한 경우에도 실제로는 경영책임자등에게 형사책임을 추궁하지 못하였고 이러한 현실에 대한 반성에서 중대재해처벌법의 입법에 이르게 되었다고 할 수 있다.

이와 같은 현장의 안전보건관리책임자 위주의 처벌만으로는 이들에게 최종적인 의사결정권이 부여되어 있지 아니하고, 담당자 또한 주기적으로 교체되고 있다는 점 등을 감안하면 중대산업재해의 발생을 예방하는 데 별 효과를 기대할 수 없음은 분명하다.[68] 중대재해처벌법은 사업을 대표하고 총괄하는 경영책임자등에게 사업 전체를 아우르는 안전보건관리체계를 마련하고, 안전 및 보건에 관한 제

---

64) 양벌규정은 일반적으로 법인의 대표자나 법인의 대리인·사용인 및 기타의 종업원이 위반행위를 한 때에 위반행위자를 처벌하는 외에 법인도 함께 처벌하는 규정이다. 그런데 산안법의 처벌규정은 사업주인 법인만을 대상으로 하므로 법인의 대표자 또는 대리인 등이 산안법상 의무를 위반하는 행위를 한 때에는 위 실제 위반행위자를 처벌할 수 있는지 여부가 문제되었다. 대법원은 2010. 9. 9. 선고 2008도7834 판결 등에서 양벌규정 중 '그 행위자를 벌하는 외에'라는 문언 및 산안법상 위반행위를 법인이 직접 하지 아니하는 경우에는 그 행위자나 법인 쌍방을 모두 처벌하려는 데에 양벌규정의 취지가 있다는 점 등을 근거로, 양벌규정에 의하여 법인이 아닌 위반행위자도 법인에 대한 산안법상 처벌규정의 적용 대상이 된다고 본다. 이를 '양벌규정의 역적용'이라 한다.

65) 권오성, 중대재해처벌법의 체계, 도서출판 새빛(2022), 173면.

66) 김진영, "중대재해처벌법의 제정과 향후 과제", 법이론실무연구, 9권 4호, 한국법이론실무학회(2021. 11.), 54면.

67) 김·장 법률사무소 중대재해대응팀, 앞의 책, 6면.

68) 최정학, 앞의 글, 285면.

반 조치가 제대로 이행될 수 있도록 관리하여야 할 의무를 부과함으로써 중대산업재해를 실질적으로 예방하는 효과를 제고하고자 한다.

또한, 중대재해처벌법 제정을 앞두고 2020. 11.경 시행한 여론 조사 결과 '사업주와 경영책임자등에 대한 처벌 조항을 명시해 법안을 처리해야 한다'는 응답이 58.2%(반대는 27.5%)에 이르렀고,[69] 중대재해처벌법 시행 이후인 2022년 초 한국보건안전단체총연합회가 주최한 산업재해와 중대재해처벌법 대국민 인식도 조사에서 조사 참여자 중 77%는 중대재해처벌법이 산업재해 예방에 도움이 된다고 응답한 사실[70] 등에 비추어 보면 중대재해처벌법의 제정 및 시행에 관한 국민적 공감대 또한 상당 정도 형성되어 있는 상황이었다고 할 수 있다.

위와 같은 입법 당시의 시대적 상황, 입법의 목적과 취지, 국민 일반의 가치관 내지 법감정 그리고 범죄예방을 위한 형사정책적 측면 등을 종합하여 볼 때, 중대재해처벌법의 제정을 통하여 경영책임자등에게 안전 및 보건 확보의무를 부과하고 이를 위반하여 중대재해가 발생한 경우에는 경영책임자등을 형사처벌하는 것 자체는 입법자의 입법재량 내지 형성의 자유 범위 내에 있다고 봄이 타당하다.

(다) 경영책임자등의 책임

중대재해처벌법은 경영책임자등에게 독자적인 성격의 안전 및 보건 확보의무를 규정하고 있다. 산안법은 사업장을 실질적으로 총괄해 관리하는 안전보건관리책임자에게 산업안전보건기준에 관한 규칙상 673개에 이르는 구체적이고 세부적인 안전보건기준 준수의무를 규정하고 있는 반면, 중대재해처벌법은 기본적으로 사업을 대표하고 사업을 총괄하는 권한과 책임이 있는 경영책임자등에게 조직, 인력, 예산 등의 측면에서 안전 및 보건 확보와 관련된 제반 조치가 이행되도록 해야 할 관리상의 조치의무를 규정하고 있다. 이는 시행령에서 경영책임자등의 의무로서 안전 및 보건에 관한 목표, 방침, 절차, 체계 등을 마련하고 그 이행상황을 확인·점검할 것이라는 문구를 여러 차례 사용하고 있음을 통해서도 알 수 있다.[71] 이러한 독자적인 의무 설정은 경영책임자등으로 하여금 자신의 행위에 대해서만 형사책임을 부담하도록 한 것이어서 책임 원칙에 부합한다.[72] 중대재해

69) 경향신문 2020. 11. 12.자 기사, "국민 10명 중 6명 중대재해기업처벌법 처리해야" 참조.
70) 안전신문 2022. 4. 12.자 기사, "안전·산재사고 예방 위해 '책임자 처벌 강화' 여론 높다" 참조.
71) 박정택·권순하, "중대재해처벌법 및 시행령 제정안 주요 쟁점", 노동법률, 363호, 중앙경제사(2021. 8.), 107면.
72) 김대연, "최근 고용노동부의 중대재해처벌법 해석·운용의 문제점", 노동법률, 371호, 중앙경제사

에 대한 경영책임자등의 책임은 대위책임이나 종속적 책임이 아닌 경영책임자 자신의 독자적인 책임을 의미하고,[73] 단지 경영책임자라는 지위에 있다는 이유로 부담하게 되는 결과책임이 아니라 기업의 안전시스템을 유지·관리하여야 하는 직접 행위자로서, 그 자신에게 부과된 고유의 의무를 위반함으로 인하여 발생한 중대재해에 대한 행위책임이다.[74]

(라) 도급인의 안전 및 보건 확보의무

외환위기 이후 고용의 유연성 확보, 생산의 효율성 제고, 이윤의 극대화 등을 도모하기 위해 도급, 용역 등 간접고용 형태를 활용하여 기업활동을 영위하는 이른바 '기업의 외주화'가 급격히 증가하였고, 그 결과 실제 현장에서 수급업체 소속 근로자 등이 유해·위험요인에 노출되어 산업재해의 피해자가 되는 경우가 대부분임에도 그에 대한 도급인의 책임 소재는 불분명하다는 이유로 위 근로자들과 직접 고용관계를 맺고 있는 수급업체만이 책임을 지게 되는 '위험의 외주화'로 이르게 되었다.[75] 이러한 구조하에서 도급인이 적극적으로 산업재해를 예방하고, 수급업체 근로자들의 안전 및 보건을 확보하는 조치를 취할 경제적·법적 유인을 찾기는 어렵다.

중대재해처벌법은 위와 같은 문제를 해결하기 위해 '종사자'의 개념에 사업이 여러 차례의 도급에 따라 행하여지는 경우에는 각 단계의 수급인 및 수급인의 종사자를 모두 포함시키고(제2조 제7호), 법 제4조에서 경영책임자등에게 법인이 실질적으로 지배·운영·관리하는 사업 또는 사업장에서 위 종사자에 대한 안전 및 보건 확보의무를 부과하는 한편, 법 제5조에서 '도급, 용역, 위탁 등 관계에서의 안전 및 보건 확보의무'라는 제목하에 "사업주 또는 경영책임자등은 사업주나 법인 또는 기관이 제3자에게 도급, 용역, 위탁 등을 행한 경우에는 제3자의 종사자에게 중대산업재해가 발생하지 아니하도록 제4조의 조치를 하여야 한다. 다만, 사업주나 법인 또는 기관이 그 시설, 장비, 장소 등에 대하여 실질적으로 지배·운

(2022. 4.), 129면.

73) 황동혁, 앞의 글, 10면.

74) 김진영, 앞의 글, 54면.

75) 김한균, 앞의 글, 108-109면에서는 '위험의 외주화'를 사다리에 비유하여 설명한다. 즉, 재해위험에 대한 부담은 하도급의 사다리를 타고 하청업체로 내려가고 결국 가장 유해하고 위험한 업무는 안전조치의 보호를 받기 어려운 하청 노동자, 비정규직 노동자에게 집중되는 반면, 재해피해에 대한 형사책임의 사다리는 최종책임자에게까지 올라가지 않거나 중간관리업무자에서 끊겨 버림으로써, 원청의 경영책임자등이 부담하는 책임이 하도급을 통해 수급인에게로 '전가' 처리된다고 한다.

영·관리하는 책임이 있는 경우에 한정한다."고 규정하였다.[76)]

중대재해처벌법은 법인 또는 기관이 제3자와 도급, 용역, 위탁 등 관계에 있기만 하면 어느 경우에나 경영책임자등에게 제3자의 종사자에 대하여 안전 및 보건 확보의무를 부담하도록 규정한 것이 아니라, 그와 같은 도급, 용역, 위탁 등 관계가 '실질적으로 지배·운영·관리하는 사업 또는 사업장'에서 이루어진 경우(법 제4조) 내지는 '법인 또는 기관이 제3자의 시설, 장비, 장소 등에 대하여 실질적으로 지배·운영·관리하는 책임이 있는 경우'가 인정되는 경우에 한하여 경영책임자등에게 자신의 고유한 의무로서 제3자 및 제3자의 종사자에 대하여 안전 및 보건 확보의무를 부과한 것이므로 이는 책임 원칙에 부합한다.[77)]

한편, 중대산업재해에 관하여 규율하고 있는 중대재해처벌법 제2장의 규정은 상시근로자가 5명 미만인 사업 또는 사업장의 사업주(개인사업주에 한정한다) 또는 경영책임자등에게는 적용되지 아니하며(법 제3조), 부칙 제1조에 의해 중대재해처벌법 시행 당시 개인사업자 또는 상시근로자가 50명 미만인 사업 또는 사업장(건설업의 경우에는 공사금액 50억 원 미만의 공사)에 대해서는 법 공포 후 3년이 경과한 날(2024. 1. 27.)부터 법이 시행된다. 이는 중대재해처벌법의 적용 범위와 적용 시기에 관한 규정으로서 이에 따라 법 제2장의 적용이 제외되거나 법 시행이 유예되는 규모의 업체가 실제로는 소규모 사업자로서 대부분 수급인의 지위에 있을 가능성이 높다 하더라도 이는 위 규정이 적용된 결과일 뿐, 위 규정들이 도급인인 법인 또는 기관의 경영책임자등에게 부과되는 안전 및 보건 확보의무가 책임 원칙에 부합하는지 여부의 판단을 좌우하지는 않는다. 양자는 별개의 문제로서 논의의 차원을 달리한다.[78)] 법 제3조 및 부칙 제1조가 적용되는 사안에서도 경영

76) 고용노동부는 제4조와 제5조의 관계에 관하여, 제4조는 '개인사업주나 법인 또는 기관이 여러 차례의 도급을 주는 경우에도 그 법인 등이 실질적으로 지배·운영·관리하는 사업 또는 사업장에서 도급 등 업무가 이루어지는 경우 개인사업주와 경영책임자등에게 각 단계의 수급인 및 수급인의 종사자에 대한 안전 및 보건 확보의무를 부과한 것'이고, 제5조는 '개인사업주나 법인 또는 기관이 제3자에게 도급, 용역, 위탁 등을 한 경우 사업 또는 사업장에 대하여 실질적으로 지배·운영·관리하고 있지 않는 경우에도 해당 시설, 장비, 장소 등에 대해 실질적으로 지배·운영·관리하는 책임이 있다면, 개인사업주와 경영책임자등에게 제3자인 수급인과 수급인의 종사자에 대한 안전 및 보건 확보의무를 부과한 것'이라고 설명하고 있다[고용노동부, 해설 중대재해처벌법 -중대산업재해-(2021. 11.), 108면]. 다만, 제5조는 그 문언상 '제3자의 종사자'라고 규정하고 있어 제3자 본인은 보호대상에서 제외되고 있는데, 이에 대하여는 '종사자'라는 새로운 개념을 도입하면서 그에 대한 충분한 검토 없이 입법이 이루어지며 발생한 것으로 보이기는 하나, 법률이 개정되기 전까지는 명문의 규정에 반하지 않도록 제5조의 보호대상을 제3자를 제외한 '제3자의 종사자'로 한정하여 해석하는 것이 불가피하다는 견해로는 김·장 법률사무소 중대재해대응팀, 앞의 책, 124면.

77) 이황희, 앞의 글, 22면; 황동혁, 앞의 글, 16-17면.

책임자등은 앞서 본 법 제4조 내지는 법 제5조에서 정한 요건에 해당하는 경우에 한하여 수급인과 그 종사자에 대하여 안전 및 보건 확보의무를 부담하고, 이를 위반하여 중대산업재해가 발생한 때에 형사처벌을 받게 되는 것이므로 책임 원칙에 위반된다고 볼 수 없다.[79)]

나. 책임과 형벌의 비례를 요구하는 책임 원칙에 위반되는지 여부

(1) 위헌 주장의 내용

중대재해처벌법은 '엄벌주의'를 취하고 있어 책임 원칙에 위반되는 문제가 있다는 지적이 있다.[80)] 이와 관련하여 특히 법 제6조 제1항에서 규정한 중대재해처벌법위반죄(산업재해치사)[81)]의 경우 그 법정형이 지나치게 높아 책임과 형벌의 비례성에 위반되는지 여부가 문제된다.[82)]

나아가 중대재해처벌법 제6조 제3항은 같은 조 제1항의 죄(산업재해치사) 또는 제2항의 죄(산업재해치상)로 형을 선고받고 그 형이 확정된 후 5년 이내에 다시 제1항 또는 제2항의 죄를 저지른 자는 각 항에서 정한 형의 2분의 1까지 가중한다고 규정(이하 '가중처벌 규정'이라 한다.)하고 있는데, 이에 관하여 피해자의 사망이라는 중한 결과가 아닌 수개월 이상의 치료가 필요한 부상자가 수명 이상 발생한 중대재해에 대하여 누범을 적용하는 것은 중대재해처벌법이 예정하는 법정형의 상·하한폭에 비추어 보았을 때 책임의 원칙을 크게 벗어나는 것이고, 형의 장기뿐만 아니라 단기도 2배까지 가중처벌하도록 규정한 것은 중대재해처벌법위반

78) 황동혁, 앞의 글, 16면.

79) 황동혁, 앞의 글, 17면에서는 오히려 대형사업장보다 영세사업장에서 근로자당 재해 발생비율이 높다는 점을 감안하면 국가가 영세사업장 근로자의 신체와 생명에 대한 더 두터운 보호를 하여야 함에도 법 제3조를 규정하여 상시근로자 5인 미만의 사업장의 경우 중대재해처벌법의 적용대상에서 제외한 것이 평등 원칙에 위배되어 위헌이라고 주장한다.

80) 정진우, 중대해재처벌법, 중앙경제사(2022), 238면.

81) 중대재해처벌법위반죄의 죄명 및 처벌규정은 아래와 같다(대검찰청, 공소장 및 불기소장에 기재할 죄명에 관한 예규, 별표5 참조).

죄명	처벌규정
중대재해처벌법위반죄(산업재해치사)	중대재해처벌법 제6조 제1항
중대재해처벌법위반죄(산업재해치상)	중대재해처벌법 제6조 제2항
중대재해처벌법위반죄(시민재해치사)	중대재해처벌법 제10조 제1항
중대재해처벌법위반죄(시민재해치상)	중대재해처벌법 제10조 제2항

82) 중대재해처벌법의 법정형이 과중하다는 위헌 주장의 구체적 논거는 주로 체계정당성 원리에 기초한 것이므로 이에 관하여는 아래 Ⅲ항에서 상세히 살펴본다.

죄의 불법의 정도, 죄질 등을 구체적·개별적으로 고려할 때 책임 원칙에 반하는 과잉처벌로서 위헌이라는 주장이 있다.[83)]

(2) 검 토

(가) 중대재해처벌법위반죄(산업재해치사)의 법정형에 관한 검토

중대재해처벌법 제6조 제1항은 사업주 또는 경영책임자등에 대하여 법상 안전 및 보건 확보의무 위반으로 인하여 사망자가 발생한 경우에는 1년 이상의 징역 또는 10억 원 이하의 벌금에 처하도록 규정하여 상당히 중한 형벌을 정하고 있음은 분명하다.

그런데 헌법재판소는 법정형이 책임과 형벌의 비례에 위반하는지 여부를 판단함에 있어 법관이 책임에 합당한 형벌을 부과할 수 있도록 법정형의 범위가 설정되었는지 여부를 매우 중요한 요소로 고려한다. 동일한 구성요건에 해당하는 행위라 하더라도 개별 사안마다 위반의 정도, 범행에 이르게 된 경과, 죄질의 경중, 행위의 위험성, 비난가능성, 그밖에 형법 제51조에서 규정하고 있는 양형 조건 등이 상이함에도, 그 법정형이 지나치게 높아 법관이 이러한 제반 사정들을 적절히 고려할 때 비교적 경미하다고 판단되는 행위에 대해서도 과도한 형벌을 선고할 수밖에 없다면 이는 책임에 비례하는 형벌이라고 볼 수 없다.[84)]

중대재해처벌법위반죄(산업재해치사)의 법정형이 과도함을 지적하는 견해에서는 위 규정이 특히 징역형의 경우 최장 30년, 가중시에는 최장 45년의 형이 가능하도록 설정하였음을 강조하고 있으나, 사안에 따라 벌금형의 선택이 가능하도록 규정하고 있고, 벌금형의 경우에는 하한을 정하지 않은 점, 징역형의 경우에는 하한이 있다고는 하나 그 자체로 집행유예나 선고유예 형의 선고가 가능한 범위이고, 형의 작량감경도 가능하여 법관이 구체적인 양형 과정에서 책임에 합당한 형량을 결정하는데 심각한 제약이 있다고 볼 수 없는 점,[85)] 중대재해처벌법위반죄

---

83) 송지용, 앞의 글, 264면.

84) 이황희, 앞의 글, 23면.

85) 헌법재판소는 주거침입강제추행죄의 법정형을 주거침입강간죄와 동일하게 규정한 구 성폭력범죄의 처벌 등에 관한 특례법(2010. 4. 15. 법률 제10258호로 제정되고, 2012. 12. 18. 법률 제11556호로 개정되기 전의 것) 제3조 제1항의 법정형(무기징역 또는 5년 이상의 징역형)이 책임과 형벌 간의 비례원칙에 위배되지 않는다고 판단하면서, 그 논거 중 하나로 '법관의 양형으로 불법과 책임을 일치시킬 수 있으면 법정형이 내포하고 있는 약간의 위헌성은 극복될 수 있는 것'이고, 법정형의 하한이 '5년 이상의 징역'이어서 작량감경의 사유가 있는 경우에는 집행유예도 선고할 수 있으므로 법관의 양형을 통하여 그 불법의 정도에 알맞은 구체적 타당성이 있는 형을 선고할 수 있다는 점을 든 바 있다(헌재 2013. 7. 25. 선고 2012헌바320 결정).

(산업재해치사)는 중대산업재해의 개념상 그 구성요건 자체에서 1명 이상의 사망, 즉 수인이 사망한 경우를 예정하고 있어 피해의 규모, 즉 사망자의 수에 관계없이 여러 명이 사망한 경우에도 1죄만이 성립하고 피해자의 수는 양형의 단계에서 고려된다고 봄이 타당한데,[86] 대규모 사망자를 유발하는 중대산업재해의 발생 가능성(실제로 2020년 한익스프레스 물류창고 건설현장 화재사고로 30명의 사망자가 발생하였다.)에 비추어 징역형의 상한을 두는 것이 오히려 적정하지 않은 점 등을 종합하면, 위 처벌조항의 법정형이 책임과 형벌의 비례를 요구하는 책임 원칙에 위반한다고 보기는 어렵다.

무엇보다 "몇 십 년 동안 법제도의 발전과 안전기술의 발전에도 불구하고 여전히 전근대적인 형태의 '사고'가 대량으로 지속된다면 … 이 고질적인 사건과 그 피해의 지속현상에 대해 우리 사회는 '중대재해'라는 의미를 부여한 것이고, 입법자는 그러한 정치적·사회적 각성을 법적으로 구체화한 것이다. … '중대재해 처벌' 법제가 현실화한 '중대성'을 다시 외면해서는 안 된다. 이러한 중대의 의미는 중한 책임과 중한 처벌의 근거가 아니라 하지 못한다. 역설적으로 중대재해처벌법은 중대재해가 되풀이 될 때마다 다짐했던 조치가 실현되지 못했기 때문에 최후수단으로서 중벌을 등장시킨 것으로 이해할 수도 있다.[87] … 우리 형법은 이윤목적으로 생명을 경시하는 행위에 대해 중범죄(重犯罪) 말고는 다른 규정을 알지 못한다."라는 지적[88]이 중대재해처벌법에서 어째서 위와 같이 중한 형벌을 규정한 것인지에 대한 가장 적절한 답변이라 하겠다.

(나) 중대재해처벌법 제6조 제3항의 가중처벌 규정에 관한 검토

중대재해처벌법 제6조 제3항에서 경영책임자등이 안전 및 보건 확보의무를 위반한 결과 중대산업재해가 발생하여 처벌을 받은 전력이 있음에도 다시 안전 및 보건 확보의무를 위반하여 중대산업재해가 발생한 경우를 가중처벌하도록 규정한 것은 형벌의 경고기능을 무시하고 다시 위반행위를 한 경영책임자등의 행위책임이 가중되기 때문이고, 나아가 중대산업재해의 예방이라는 형사정책적 목적을 달성하기 위한 것이므로, 안전 및 보건 확보의무 위반행위의 결과에 따라, 즉 사망자가 발생하였는지 아니면 부상자 내지 질병자의 발생에 그쳤는지를 구별하여 달

86) 권오성, "중대재해처벌법의 해석상 쟁점-제6조와 제7조를 중심으로-", 노동법포럼, 35호, 노동법이론실무학회(2022. 3.), 209면.

87) 김한균, 앞의 글, 99-100면.

88) 김한균, 앞의 글, 106면.

리 가중처벌 여부를 정해야할 당위성을 찾기는 어렵다. 따라서 법 제6조 제2항의 중대산업재해위반죄(산업재해치상)의 경우까지도 재범 시 법 제6조 제3항에 의해 가중처벌하도록 규정한 것은 책임 원칙에 위반된다는 주장에는 동의하기 어렵다.

한편, 형법 제35조 제2항에서 누범의 경우 '형의 장기의 2배까지 가중한다'고 규정한 것과는 달리 중대재해처벌법 제6조 제3항은 '각 항에서 정한 형의 2분의 1까지 가중한다'고 규정하고 있으므로 형의 장기는 물론 단기도 가중된다고 보아야 한다. 그 결과 법 제6조 제1항의 중대재해처벌법위반죄(산업재해치사)의 경우는 '1년 6개월 이상의 징역 또는 15억 원 이하의 벌금', 법 제6조 제2항의 중대재해처벌법위반죄(산업재해치상)의 경우는 '10년 6개월 이하의 징역 또는 1억 5천만 원 이하의 벌금'으로 그 형이 각 가중된다. 그러나 위와 같이 가중된 법정형에 의하더라도 앞서 본 바와 같이 벌금형의 하한은 없는 점, 징역형의 경우 가중 이후에도 그 자체로 집행유예나 선고유예 형의 선고가 가능한 범위여서 법관의 양형을 크게 제약하지 않는 점 등에 비추어 보면, 법 제6조 제3항에서 형의 단기를 2배 가중하도록 규정한 점을 들어 과잉금지 원칙에 위반된다고 보기는 어렵다.

Ⅳ. 체계정당성 원리에 기초한 과잉금지 원칙 내지 평등 원칙의 관점에서 본 중대재해처벌법의 합헌성

1. 헌법재판소의 체계정당성 원리에 관한 해석 및 판단 기준

가. 체계정당성 원리의 의의

체계정당성이란 입법기능에서 존중되어야 하는 원칙으로서 법규범 상호간에는 구조나 내용면에서 서로 상치 내지 모순되어서는 아니 된다는 원리이다.[89] 이에 관하여 헌법재판소는 '체계정당성 원리는 동일 규범 내에서 또는 상이한 규범 간에 (수평적 관계이건 수직적 관계이건) 그 규범의 구조나 내용 또는 규범의 근거가 되는 원칙면에서 상호 배치되거나 모순되어서는 안된다는 하나의 헌법적 요청'[90]이라거나 '체계정당성이라 함은 일정한 법률의 규범 상호간에는 그 내용과 체계에 있어서 조화를 이루고 상호 모순이 없어, 결국 모든 규정의 내용과 체계가 상호 모순과 갈등 없이 그 본래의 입법목적의 실현에 합치되고 이바지하는 것'[91]이

89) 홍완식, "체계정당성의 원리에 관한 연구", 토지공법연구, 29집, 한국토지공법학회(2005), 461면.
90) 헌재 2004. 11. 25. 선고 2002헌바66 결정.

라고 설명한다.

체계정당성 원리는 규범 상호간의 구조와 내용 등이 모순됨이 없이 체계와 균형을 유지하도록 입법자를 기속하는 헌법적 원리이다. 이처럼 규범 상호간의 체계정당성을 요구하는 이유는 입법자의 자의를 금지하여 규범의 명확성, 예측가능성 및 규범에 대한 신뢰와 법적 안정성을 확보하기 위한 것이고 이는 국가공권력에 대한 통제와 이를 통한 국민의 자유와 권리의 보장을 이념으로 하는 법치주의 원리로부터 도출된다.[92]

나. 체계정당성 원리와 과잉금지 원칙 내지 평등 원칙의 관계

어느 법규 내지 법조항이 체계정당성 원리에 위반된다 하여 그것이 반드시 위헌이라고는 단정하기 어렵다. 법질서에는 상하의 위계가 있고, 입법시점을 달리하는 동위의 법규들 상호간에는 어느 정도의 모순 저촉이 있을 수 있으며, 특별법이나 특례규정이 입법되는 경우도 있다. 이러한 경우 법규에는 각각의 규율영역이 있다는 소관사항의 원칙, 상위 법규가 하위 법규에 우선하는 형식적 효력의 원칙, 동위의 법규 사이에 적용되는 후법 우선의 원칙 및 특별법 우선의 원칙 등에 따른 해석을 통하여 상당 부분 해결이 가능하다.[93]

헌법재판소 역시 '일반적으로 일정한 공권력작용이 체계정당성에 위반한다고 해서 곧 위헌이 되는 것은 아니다. 즉, 체계정당성 위반 자체가 바로 위헌이 되는 것은 아니고, 그것이 위헌이 되기 위해서는 결과적으로 비례의 원칙이나 평등의 원칙 등 일정한 헌법의 규정이나 원칙을 위반하여야 한다'[94]고 함으로써 체계정당성 원리를 곧바로 위헌심사기준으로 적용하는 데는 신중한 태도를 취하고 있다.[95]

---

91) 헌재 1995. 7. 21. 선고 94헌마136 결정.
92) 헌재 2004. 11. 25. 선고 2002헌바66 결정.
93) 홍완식, 앞의 글, 473-474면.
94) 헌재 2004. 11. 25. 선고 2002헌바66 결정. 헌법재판소는 민법 부칙(1990. 1. 13. 법률 제4199호) 제12조 제2항이 신뢰보호원칙에 위배되어 재산권을 침해하는지 여부가 문제된 사안에서 '(청구인 측이) 재산권 침해 및 평등 원칙 위배 등의 주장을 하는 전제로서 체계정당성 위배라는 표현을 사용하고 있으나, 이에 대하여는 평등 원칙 위배 주장에 포함하여 판단하므로 별도로 판단하지 아니한다'고 판시하기도 하였다[헌재 2016. 10. 27. 선고 2015헌바203, 361(병합) 결정].
95) 김정현, "체계정당성 원리에 관한 헌법재판소 판례 분석과 입법학적 함의", 입법학연구, 18집 1호, 한국입법학회(2021), 21면에서는 체계정당성 원리를 독자적인 위헌심사기준으로 보아 별도의 기준을 제시한다면 입법자의 입장에서는 지켜야 할 기준이 추가되므로 입법재량이 지나치게 축소될 우려가 있기 때문에, 헌법재판소의 이러한 신중한 입장은 입법의 재량을 넓게 인정하기 위한 것이라고 한다.

한편, 독일 연방헌법재판소는 체계정당성 원리 내에서 결과정합성을 인정하고 있는데,[96] 결과정합성이란 법위반의 효과 등이 동일하지 않아 서로 모순된 법적 결과를 초래해서는 안 된다는 것을 의미한다. 예를 들어 보조금을 받을 수 있는 법적 요건에 해당하지 않음에도 불구하고 보조금을 수령한 경우 형법에서는 최고 3년형의 자유형에 처할 수 있도록 하는 반면 육아보조금법에서는 벌금에만 처할 수 있도록 규정하고 있다면, 같은 행위에 대하여 적용되는 법률에 따라서 법적 결과에 커다란 차이가 발생하기 때문에 이러한 경우에는 결과정합성에 위반된다.[97] 이러한 결과정합성에 대한 위반은 크게 보면 법질서의 모순과 체계 일탈을 의미하는 것이기 때문에 체계정당성 원리에 위배되며 이는 평등 원칙 위반의 결과를 낳게 된다고 한다.[98]

다. 체계정당성 원리와 입법 재량

헌법재판소는 체계정당성 원리와 입법 재량의 관계에 관하여, '입법의 체계정당성 위반과 관련하여 그러한 위반을 허용할 공익적인 사유가 존재한다면 그 위반은 정당화될 수 있고 따라서 입법상의 자의금지 원칙을 위반한 것이라고 볼 수 없다. 나아가 체계정당성의 위반을 정당화할 합리적인 사유의 존재에 대하여는 입법의 재량이 인정되어야 한다. 다양한 입법의 수단 가운데서 어느 것을 선택할 것인가 하는 것은 원래 입법의 재량에 속하기 때문이다. 그러므로 이러한 점에 관한 입법의 재량이 현저히 한계를 일탈한 것이 아닌 한 위헌의 문제는 생기지 않는다'[99]고 하여, 체계정당성 원리 위반을 정당화할 공익적 사유에 관한 입법자의 판단에 폭넓은 재량을 인정하고 있다.

입법자는 특정한 상황을 규율하기 위해서 선택한 가치기준을 하나의 법률 내에서뿐만 아니라, 동일한 규율대상을 갖는 다른 법률에서도 일관되게 준수하여야 한다. 그러나 규율대상이 같다고 해서 해당 규율대상이 속해 있는 법률의 입법목적이 동일한 것은 아니다. 그리고 이와 같은 기존의 입법목적, 의미 및 체계를 벗어나는 것 자체가 입법형성권의 한계를 일탈하는 것이라고 할 수는 없다. 따라서 체계정당성 원리에 위반한다는 것이 헌법적 판단에 있어서 결정적인 것이 아니

96) Kirchhof, Paul, Der Allgemeine Gleichheitssatz, in: Handbuch des Staatsrechts Bd. V, 2000, Rdnr. 231. 홍완식, 앞의 글, 470면에서 재인용.
97) 홍완식, 앞의 글, 470면.
98) Schneider, Hans, Gesetzgebung, 3. Aufl., 2002, S.39. 홍완식, 앞의 글, 470면에서 재인용.
99) 헌재 2004. 11. 25. 선고 2002헌바66 결정.

고, 체계를 벗어남에 있어 공익적 사유, 즉 합리적 근거가 있는지의 문제를 중심으로 검토가 이루어져야 한다.[100)]

라. 체계정당성 원리와 형벌체계의 균형

체계정당성 원리는 주로 형벌규정이 과잉금지 원칙 또는 평등 원칙에 위반되는지 여부를 판단함에 있어 주요한 논거로 기능한다. 오늘날 법규범의 강제력을 확보하기 위해 대부분의 특별형법이나 행정법에 벌칙조항이 규정되어 있다. 그 결과 동일한 행위에 적용될 수 있는 구성요건이 중복되거나 유사한 위반행위에 대하여 처벌의 종류(형벌과 행정벌)나 그 정도(형벌의 법정형)가 상이한 경우가 발생할 수 있다.[101)] 형벌의 체계정당성이란 특정 행위를 형사처벌할 필요가 있거나 형법의 법정형으로는 처벌의 실효성이 없게 된 특정 범죄군에 대하여 특별히 형을 가중할 필요가 있다 하더라도 전체 형벌체계상 통상의 처벌법규, 죄질과 보호법익이 유사한 범죄에 대한 형벌조항, 일반형법의 규정 등과 비교할 때 균형과 비례성을 갖추어야 한다는 것을 의미하며, 이와 같은 형벌체계상의 정당성과 균형을 현저히 잃은 것이 명백한 경우에는 해당 형벌규정은 과잉금지 원칙 또는 평등 원칙에 위반된다.[102)]

이와 관련한 헌법재판소의 판단을 보다 구체적으로 살펴보면, 헌법재판소는 과실로 사람을 치상하게 한 자가 구호행위를 하지 아니하고 도주하거나 고의로 유기함으로써 치사의 결과에 이르게 한 경우 사형, 무기징역, 10년 이상의 징역형에 처하도록 규정한 구 특정범죄가중처벌 등에 관한 법률[103)] 제5조의 3 제2항 제1호에 대하여, '형벌체계상으로 검토하여 보아도 우리나라 형사법의 법정형에는 과실범에 대하여 사형에 처하는 경우를 찾아볼 수 없고, 법정형의 하한이 살인죄의 징역 5년 이상보다 무려 갑절이 되는 징역 10년 이상으로 처벌하도록 규정한 것은 그 죄질에 비하여 그 가중의 정도가 너무 심하여 불평등한 법정형을 설정하고

---

100) 김영삼·전광석·김광수, 사회보험법의 헌법적 문제에 관한 연구, 헌법재판소(2012), 106면. 독일 연방헌법재판소에서 체계정당성의 논거는 오히려 반대해석을 통해서 결정의 대상이 된 법률의 합헌성을 논증하는 이론으로 사용되는 것이 일반적이라고 한다. 즉, 합리적인 체계일탈의 근거가 있다면 체계일탈 자체로 인하여 위헌 판단이 내려질 수는 없다는 것이다. 이에 대해서는 Konrad Hesse, Diskussionsbeitrag in; Christoph Link(편), Der Gleichheitssatz im modernen Verfassungsstaat (Nomos, 1982), 77면 등(김영삼·전광석·김광수, 위의 책, 106면에서 재인용).

101) 김정현, 앞의 글, 25면.

102) 헌재 1992. 4. 28. 선고 90헌바24 결정; 헌재 2004. 12. 16. 선고 2003헌가12 결정 등.

103) 1973. 2. 24. 법률 제2550호로 개정되고 1995. 8. 4. 법률 제4962호로 개정되기 전의 것.

있어 이는 일반형사범의 법정형과 비교하여 지나치게 과중한 것으로 평가되어 형벌체계상 균형을 잃고 있으며, 심지어 고의로 자동차를 가지고 사람을 살해하고 그 사체를 유기한 악랄한 모살의 살인범의 형벌보다 훨씬 무거운 형벌을 과하는 결과를 가져오게 되는 내용의 법규정이 되어 형벌체계상의 정당성 또한 상실하였다'는 등의 이유로, 헌법 제11조의 평등 원칙과 헌법 제37조 제2항의 과잉입법금지 원칙에 위반된다고 판단하였다.[104)]

또한, 헌법재판소는 흉기 기타 위험한 물건을 휴대하여 폭행죄, 협박죄, 재물손괴죄를 범하는 경우 1년 이상의 유기징역에 처하도록 규정한 구 폭력행위 등 처벌에 관한 법률[105)] 제3조 제1항 등 위헌소원 사건에서, 위 조항은 형법 제261조(특수폭행), 제284조(특수협박), 제369조(특수손괴)와 동일한 내용의 구성요건을 규정하면서 징역형의 하한을 1년으로 올리고, 벌금형을 제외하고 있는데, 이처럼 특별히 가중적인 구성요건 표지를 추가함이 없이 동일한 구성요건에 대하여 법정형만을 높이게 되면 법적용을 오로지 검사의 기소재량에만 맡기게 되어 법집행기관 스스로도 법적용에 대한 혼란을 겪을 수 있고 이는 결과적으로 국민의 불이익으로 돌아올 수밖에 없으며, 법집행기관이 이러한 사정을 이용해 자백을 유도하거나 상소를 포기하도록 만드는 수단으로 악용할 수도 있다는 점 등을 이유로 형벌체계상의 정당성과 균형을 상실하여 평등 원칙에 위반된다고 판단하였다.[106)]

2. 위헌 주장의 구체적 내용

먼저 중대재해처벌법의 처벌규정, 특히 법 제6조 제1항의 중대재해처벌법위반죄(산업재해치사)가 체계정당성 원리에 기초하여 과잉금지 원칙, 평등 원칙에 위반된다는 주장이 있다. 이는 산안법의 수범자 및 보호 대상 등과의 비교, 산안법 제

---

104) 헌재 1992. 4. 28. 선고 90헌바24 결정.

105) 2006. 3. 24. 법률 제7891호로 개정되고 2014. 12. 30. 법률 제12896호로 개정되기 전의 것.

106) 헌재 2015. 9. 24. 선고 2014헌바154 등 결정. 헌법재판소는 형사특별법에 의하여 형법상의 처벌을 가중하는 경우와 관련하여 '일반법에 대비되는 특별법은 개념적으로 특별법의 구성요건이 일반법의 모든 구성요건을 포함하면서 그 밖의 특별한 표지까지 포함한 경우를 뜻한다. (형사특별법에 의한) 가중처벌도 단순히 법정형의 가중을 뜻하는 것이 아니라, 일반법 조항의 구성요건 이외에 특별한 구성요건 표지를 추가한 가중처벌의 근거를 마련하는 것을 포함한다고 해석하여야 한다. 만일 구성요건의 표지 추가 없이 법정형만을 가중하려고 한다면 일반법의 법정형을 올리면 되지 따로 특별법을 제정할 필요가 없기 때문이다. 따라서 (형사특별법상의 처벌조항이) 형법조항들보다 법정형을 가중하기 위해서는 범행방법, 신분 등 별도의 가중적 구성요건의 표지를 규정하는 것이 필요하다'고 보고 있다(헌재 2014. 4. 24. 선고 2011헌바2 결정; 헌재 2015. 2. 26. 선고 2014헌가16 결정 등 참조).

167조 1항[107]의 산안법위반죄(이하 '산안법위반죄'라 함은 제167조 제1항의 벌칙규정이 적용되는 경우만을 의미한다.) 또는 형법 제268조의 업무상과실치사상죄의 구성요건 및 법정형과의 비교 등을 전제로 하는데, 구체적 논거에 따라 아래와 같이 크게 네 가지 견해로 나눠 볼 수 있다.

첫 번째 견해는, 중대재해처벌법은 사망이라는 중대한 산업재해에 직접 원인을 제공한 책임자 즉, 해야 할 구체적 안전보건 조치의무를 위반한 사람인 산안법의 처벌대상자보다 간접적인 책임자에 불과한 경영책임자등을 훨씬 무겁게 처벌하고 있다는 것이다.[108]

두 번째 견해는 중대재해처벌법위반죄(산업재해치사)가 과실범임을 전제로 한 주장이다. 즉, 중대재해처벌법에서 제4조 및 제5조의 의무위반 자체에 대하여는 처벌을 하지 않고 있는 점을 고려할 때 법 제6조의 처벌규정은 업무상과실범에 관한 것으로 볼 수 있는데, 형법 제268조의 업무상과실치사상죄의 경우 5년 이하의 금고 또는 2천만 원 이하의 벌금에 처하고 있음을 고려하면 과실범에 대한 처벌로는 중대재해처벌법위반죄(산업재해치사)의 법정형이 1년 이상의 징역형인 것은 지나치게 과도하다는 것이다.[109]

세 번째 견해는, 산안법위반죄와 중대재해처벌법위반죄(산업재해치사)의 구성요건이 실질적으로 동일함을 전제로, 중대재해처벌법 제6조 제1항의 법정형은 '1년 이상의 징역 또는 10억 원 이하의 벌금'으로 특별한 가중적 구성요건 표지 없이 산안법위반죄의 법정형인 '7년 이하의 징역 및 1억 원 이하의 벌금'에 비해 법정형만 대폭 상향하였고, 그 결과 기소재량을 가진 검사의 법리적 판단에 의해 산

---

107) 산안법 제167조 제1항은 산안법 제38조 제1항부터 제3항까지 규정된 사업주의 안전조치[제166조의 2(현장실습생에 대한 특례규정이다)에서 준용하는 경우를 포함한다, 이하 같다], 제39조 제1항에서 규정한 사업주의 보건조치, 또는 제63조에서 규정한 도급인의 안전조치 및 보건조치를 위반하여 근로자를 사망에 이르게 한 자는 7년 이하의 징역 또는 1억 원 이하의 벌금에 처하도록 규정하고 있다.

108) 법무법인(유한) 바른 중대재해처벌법 대응 특별팀, 중대재해처벌법 연구, 법문사(2022), 33면; 임우택(2022), 앞의 글, 52면. 관리책임은 현장 안전확보에 관한 보완적 차원인 점을 고려할 때 현장책임자의 그것보다 더 무거울 수 없다는 주장[한상준, "중대재해처벌법의 실제 적용과 개선방안 - 제4토론 -", 새정부 법조공약 평가 토론회(① 중대재해처벌법에 대한 헌법적 검토) 자료집, 서울지방변호사회·한국헌법학회·아주경제 공동 주최(2022. 4.), 67면]도 같은 취지이다.

109) 임우택(2022), 앞의 글, 52면. 산안법위반죄와 업무상과실치사죄가 상상적 경합관계에 있다고 해석하는 통설과 판례처럼 중대재해처벌법위반죄와 업무상과실치사상죄의 죄수는 상상적 경합관계에 있다고 할 수 있는데, 사업 또는 사업장에서의 중대산업재해로 인한 인명 피해를 예방할 필요성이 있다고 하여 업무상과실범이기도 한 행위를 중대재해처벌법상으로는 고의범이라는 논리로 처벌형량을 극단적으로 상향시킨 것은 문제라는 견해도 넓게 보아서는 같은 취지라 할 수 있다[송인택·안병익·정재욱·김영철·김부권, 중대재해처벌법 해설, 박영사(2021), 71면].

안법위반죄로도 기소가 가능하기에 결국 법 적용 여하에 따라 양형상의 현저한 불균형이 초래되므로 형벌체계의 정당성과 균형을 상실하였다는 주장이다.[110]

위 주장의 전제가 되는 근거로는 중대재해처벌법은 산안법상의 중대산업재해 개념과 사실상 동일·유사한 개념을 사용하고 있으며, 근본적으로 산안법위반죄와 비교할 때 주의의무 위반의 태양과 그로 인하여 발생한 사망이라는 결과가 크게 다를 바 없다는 점,[111] 중대재해처벌법상의 안전 및 보건 확보의무의 대부분은 예컨대 ① 중대재해처벌법 제4조 제1항 제2호에서 규정하고 있는 '재해 발생 시 재발방지 대책의 수립 및 그 이행에 관한 조치'는 산안법 제15조 제1항, 산안법 시행규칙 제72조, 산안법 제57조 등에서, ② 중대재해처벌법 시행령 제4조 제1호에서 규정한 '안전·보건에 관한 경영방침'의 경우 산안법 제14조, 산안법 시행령 제13조 제2항에서 각 이미 규정하고 있으며, ③ 산안법 제15조, 제62조, 산안법 시행령 제14조 제2항, 제53조 제2항에서도 사업주에게 안전보건업무를 원활하게 수행할 수 있도록 권한·시설·장비·예산 그 밖에 필요한 지원조치를 하도록 규정하고 있는 등[112] 산안법과 그 내용, 성격 및 보호법익 등에 있어 질적 차이가 없다는 점[113] 등을 든다.

네 번째 견해는, 중대재해처벌법은 산안법과 비교하여 처벌 수준이 훨씬 높음에도 불구하고 그와 같이 가중된 처벌을 할 충분한 규범적 근거 없이, 처벌 대상을 산안법이 사망으로 한정하고 있는 데 반해(산안법 제167조), 사망 외에도 부상, 질병의 경우까지를 포함하고 있으며(법 제6조), 보호 대상 또한 산안법의 주된 보호 대상인 근로자보다 상대적으로 보호 필요성 내지 사용종속성이 없거나 약한 1인 사업자, 특수형태근로종사자, 노무를 제공하는 사장까지를 포함하여 오히려 산안법보다 훨씬 넓게 규정한 것은 형벌체계의 정당성과 균형을 상실한 것이라는 주장이다.[114]

---

110) 송지용, 앞의 글, 253-254면; 정진우(2021), 81-83면; 정진우, "중대재해처벌법 실무상의 법적 쟁점 - 중대산업재해를 중심으로", 사회법연구, 46호, 한국사회법학회(2022), 521-526면; 임우택(2022), 앞의 글, 47면.

111) 송지용, 앞의 글, 253면.

112) 정진우(2022), 앞의 글, 524-525면. 산안법에서는 이러한 의무를 위반할 경우 과태료를 부과하거나 아무런 벌칙을 부과하지 않고 있는 반면, 중대재해처벌법에서는 이와 동일하거나 유사한 의무 위반에 대해 불법의 정도, 죄질(비난가능성)을 고려하지 않고 아무런 규범적 근거 없이 오히려 무거운 형벌의 대상으로 규정하고 있는 것은 형벌체계의 정당성과 균형을 상실한 것으로서 평등원칙 및 과잉입법금지 원칙에 반한다고 한다.

113) 정진우(2021), 앞의 글, 82면.

114) 정진우(2022), 앞의 글, 521-522면.

다음으로, 중대재해처벌법 제6조 제3항의 가중처벌 규정 역시 산안법의 가중처벌 규정과의 체계 및 양형상의 차이에 비추어 비례의 원칙에 반한다는 비판이 있다. 즉, 산안법 제167조 제2항은 사업주의 안전보건 조치의무 위반으로 인하여 5년 내에 근로자의 사망이라는 중한 결과가 발생하였을 때 가중처벌을 할 수 있도록 규정되어 있는 반면, 중대재해처벌법의 가중처벌 규정은 사망 외에도 질병, 부상이 발생한 중대재해로 인하여 처벌받은 이후 사망, 질병, 부상이 발생한 중대재해로 인하여 다시 처벌받을 때 가중처벌되도록 규정함으로써 기존 산안법에 의하여 사업주가 중한 처벌을 받게 될 경우의 수가 대폭 많아지게 되었고, 사망이라는 중대한 결과를 두 번째 일으켜 가중처벌을 받는 동일한 경우를 상정해 보더라도 산안법의 가중처벌 규정에 의하면 법정형의 상한만 1/2 가중되어 "10년 6월 이하의 징역 또는 1억 5천만 원 이하의 벌금형"에 불과하나, 중대재해처벌법의 가중처벌 규정에 의하면 첫 번째 범행과 두 번째 범행 모두 사망이라는 중한 결과가 발생한 것이 아니라 두 번째 범행만이 사망의 결과에 이른 경우이기만 하면 상·하한이 모두 가중되어 "징역 1년 6월 이상 징역 45년 이하 또는 15억 원 이하의 벌금"에 처해지게 되는데, 이는 산안법상 중대재해와 중대재해처벌법상 중대재해의 의미가 크게 구별되지 않음에도 불구하고 비례의 원칙을 심각하게 벗어날 정도로 법정형의 차이가 커져 심각한 양형 불균형을 초래한다고 한다.[115]

3. 검 토

가. 중대재해처벌법의 처벌규정의 위헌 주장에 관한 검토

(1) 경영책임자등은 중대재해의 간접적 원인 제공자에 불과한지 여부

산안법상의 안전보건 조치의무는 노동현장에서의 구체적인 유해, 위험요소를 제거 또는 방지하기 위해 실행되어야 할 구체적이고 직접적인 의무를 말한다.[116] 반면, 중대재해처벌법이 규정한 경영책임자의 안전 및 보건 확보의무는 '재해예방에 필요한 인력 및 예산 등 안전보건관리체계의 수립 및 그 이행에 관한 조치'(법 제4조 제1항 제1호)로서 사업 또는 사업장의 안전·보건에 관한 목표를 설정하고(시행령 제4조 제1호), 사업 또는 사업장의 특성에 따른 유해·위험요인을 확인, 개선, 점검하며(시행령 제4조 제3호), 재해 예방을 위해 필요한 안전·보건에 관한 인

115) 송지용, 앞의 글, 258면.
116) 대법원 1989. 11. 24. 선고 89도1618 판결.

력, 시설 및 장비의 구비 등에 필요한 예산을 편성하고 그 용도에 맞게 집행하는 (시행령 제4조 제4호) 등 안전 및 보건에 관한 '관리상의 조치 의무'로서 산안법상 안전보건 조치의무와는 구별된다.[117)]

즉, 중대재해처벌법의 핵심은 기업이 '자율적으로 어떠한 유해·위험요인이 있는지를 확인하고 이를 제거·대체 및 통제하는 등 개선조치를 할 수 있는 시스템'을 통한 '현장의 유해·위험요인에 대한 안전보건관리'에 있고,[118)] 이를 통하여 노동현장에서 안전보건관리가 제대로 이루어질 수 있는 인적·물적 기반을 확보하는 데 있다. 중대재해처벌법은 중대재해의 발생 원인을 기업 차원의 시스템 문제로 파악하고, 이를 보다 근본적인 문제로 상정하여 제도적이고 구조적인 해법을 통해 재해의 발생을 예방하고 줄임으로써 근로자 및 시민의 안전과 건강, 생명을 보호하려는 입법자의 정책적 판단에 기초하고 있다.[119)] 이런 의미에서 중대재해처벌법이 규정한 경영책임자등의 안전 및 보건 확보의무는 사업 또는 사업장 전체를 아우르는 기업 전체의 관점에서 볼 때 산안법상 안전보건 조치의무보다 상위의 더 중요하고 더 기본이 되는 의무라고 볼 수 있다.[120)] 만일 경영책임자등이 위와 같은 의무를 위반하여 사업 내 안전보건관리시스템이 제대로 기능하지 않는 경우에는 아무리 주의 깊고 선량한 안전보건관리책임자 등이나 근로자라도 현장에서 중대재해를 예방하기 위한 구체적·직접적 의무를 제대로 이행할 수 있을 것이라고는 기대하기 어렵기 때문이다.[121)]

117) 김상민, "중대재해처벌법 쟁점", BFL, 110호, 서울대학교 금융법센터(2021), 106면. 고용노동부도 '중대재해처벌법상 조치의무는 산안법 등의 안전 및 보건 조치의무와는 별개로 사업주와 경영책임자등의 의무를 새로이 규정한 것으로, 사업주에게 안전 및 보건 관련 조치가 이행되도록 해야 할 관리상의 조치 의무를 부여한 것임. 또한 관리상 조치 의무의 내용은 단순하게 확인하는 것에 그치는 것이 아니라 점검 결과를 보고받아 미이행된 사항이 이행될 수 있도록 필요한 조치를 취하는 것까지를 포함'이라고 하여 중대재해처벌법상 의무는 산안법상 의무와 다르다는 입장을 밝혔다. 고용노동부, 중대재해처벌법 시행령 제정안 주요설명자료(2021. 7.), 16면.

118) 고용노동부, 중대재해처벌법 FAQ: 중대산업재해 부분(2022. 1.), 2면.

119) 이황희, 앞의 글, 27면.

120) 이황희, 앞의 글, 26-27면에서도 '산안법상 의무 위반이 현장에서 발생한 개별 사고에 보다 직접적으로 기여한 원인이라고 볼 수는 있지만, 이들 개별 사고가 기업 차원의 전반적이고 제도적인 안전보건관리체계의 미비 혹은 그 불충분한 이행에서 기인한 구조적 차원의 문제로 본다면 사고 발생의 항상적 조건을 개선하지 못하고 방치한 것이 어쩌면 해당 사고를 야기한 더욱 근본적인 책임일 수도 있다. 중대재해처벌법은 후자의 책임에 대한 보다 깊은 문제의식을 표현한 것이다'라고 한다.

121) 전형배, "중대재해기업처벌법 입법안 소고", 노동법포럼, 30호, 노동법이론실무학회(2020. 7.), 265면.

(2) 중대재해처벌법위반죄(산업재해치사)가 과실범임을 전제로 한 주장에 관한 검토

중대재해처벌법위반죄를 단순한 과실범 특히 업무상과실범으로 보는 견해는 경영책임자등의 행위는 안전조치의무 위반이고 이것은 재해라는 결과를 방지하기 위한 주의의무를 위반한 것으로 볼 수 있으므로 전체적으로 과실범의 성격을 띤다는 점,[122] 중대재해처벌법에서 안전 및 보건 확보의무 위반행위를 처벌하는 명문의 규정을 두고 있지 않은 것은 위 의무 위반을 통해 발생한 과실의 결과 발생만을 처벌하려는 것인 점 등을 근거로 한다.[123]

그러나 중대재해처벌법의 처벌규정(제6조, 제10조)은 '제4조, 제5조, 제9조'를 위반하여 … '중대재해, 치사상의 결과에 이르게'라는 구성요건을 명시적으로 추가하고 있어 단순히 '과실(주의의무위반)'이라는 포괄적 개념을 사용한 일반 과실범과는 명백히 성격이 다른 규정으로 봄이 타당하다.[124] 또한, 형법총칙의 규정은 중대재해처벌법에도 적용되는데(형법 제8조) 형법은 원칙적으로 고의범을 처벌 대상으로 하고(형법 제13조), 과실범은 법률에 특별한 규정이 있는 경우에만 처벌한다(형법 제14조).[125] 중대재해처벌법은 안전 및 보건 확보의무를 과실로 위반하여 중대재해에 이르게 된 경우를 처벌대상으로 특별히 명시하여 규정하고 있지 아니하므로 형법의 기본 원칙에 따라 '고의'가 있는 경우에만 처벌할 수 있다고 보아야 한다.[126] 한편, 중대재해처벌법의 처벌규정과 그 형식이 유사한 산안법위반죄에 대하여 판례는 일관되게 고의범으로 해석하고 있다.[127] 따라서 중대재해처벌법위반죄의 법적 성격은 고의범이라 할 것이므로, 이와 달리 과실범임을 전제로 형벌체계상 정당성 및 균형을 상실하였다는 두 번째 주장은 동의하기 어렵다.[128]

---

122) 최정학, "중대재해처벌법-기업 경영자 처벌의 논리-", 노동법연구 51호, 서울대학교 노동법연구회(2021. 9.), 10면.

123) 김성룡, "「중대재해 처벌 등에 관한 법률」의 적용을 둘러싼 형사법적 쟁점 검토", 법학논고, 77집, 경북대학교 법학연구원(2022. 4.), 164면.

124) 김·장 법률사무소 중대재해대응팀, 앞의 책, 228면.

125) **형법 제14조(과실)** 정상적으로 기울여야 할 주의를 게을리하여 죄의 성립요소인 사실을 인식하지 못한 행위는 법률에 특별한 규정이 있는 경우에만 처벌한다.

126) 김·장 법률사무소 중대재해대응팀, 앞의 책, 228면; 정현희, 앞의 글, 34면.

127) 대법원 2007. 3. 29. 선고 2006도8874 판결; 대법원 2010. 11. 25. 선고 2009도11906 판결 등.

128) 황동혁, 앞의 글, 21면. 한편, 최정학(2021), 앞의 글, 11-12면에서는 중대재해처벌법위반죄를 과실범으로 보더라도 결과의 정도가 중하고 예견가능성이 높거나 예컨대 기업이 비용을 줄이기 위해 안전 예산을 절약하는 경우 등 행위 동기의 비난가능성이 큰 경우, 비슷한 경험이 있음에도 결과가 반복되는 경우 등 구체적 사안에 따라서는 경영책임자등에게 엄격한 형량을 인정하는 것이 가능하다고 한다.

(3) 산안법위반죄와 중대재해처벌법위반죄(산업재해치사)의 각 구성요건이 실질적으로 동일하다고 볼 수 있는지 여부

산안법 역시 산업재해를 예방하고 쾌적한 작업환경을 조성함으로써 노무를 제공하는 사람의 안전 및 보건을 유지·증진함을 목적으로 하고 있어(제1조) 중대재해를 예방하고 시민과 종사자의 생명과 신체를 보호함을 목적으로 하는(법 제1조) 중대재해처벌법와 그 나아갈 바를 같이 한다. 또한, 중대재해처벌법위반죄(산업재해치사)와 산안법위반죄 모두 사망이라는 결과 발생을 요구하고 있다.

그러나 우선 중대재해처벌법위반죄(산업재해치사)와 산안법위반죄는 원칙적인 형사책임대상자, 즉 수범자가 다르고, 구성요건 또한 다르다.129)

먼저 수범자의 측면을 보면, 산안법에서의 안전보건관리가 '사업장' 단위로 이루어진다면 중대재해처벌법은 '사업장 전반'을 관리해야 하는 의무를 부과하고 있다. 따라서 산안법의 원칙적인 수범자는 당해 사업장에서 사업의 실시를 실질적으로 총괄·관리하는 권한과 책임이 있는 사람으로서130) 산안법령에서 규정된 구체적이고 직접적인 안전보건 조치의무를 이행할 책임이 있는 안전보건관리책임자인 반면,131) 중대재해처벌법의 수범자는 사업 또는 안전보건 관련 업무를 대표하고 총괄하는 사람으로서(법 제2조 제9호) 개별 사업이나 사업장에 국한되지 않는 전사적인 안전보건관리계계를 구축해야 할 의무를 부담하는 경영책임자등이다.132)

다음으로 중대재해처벌법위반죄의 구성요건을 구성하는, 사업주나 경영책임자

129) 김동욱, "중대재해처벌법 '안전보건 확보의무'의 해석과 그 위헌성", 노동법률, 357호, 중앙경제사(2021. 2.), 42면; 전형배, "중대재해처벌법의 해석상 쟁점", 노동법포럼, 34호, 노동법이론실무학회(2021. 11.), 270-272면. 김진영, 앞의 글, 48면에서도 중대산업재해는 수범자나 그 요건에 있어 산안법과는 다른 독자적인 개념을 규정하고 있다고 이해한다.

130) 대법원 2004. 5. 14. 선고 2004도74 판결.

131) 대법원 2018. 10. 25. 선고 2016도11847 판결은 S전자 불산 누출사건에서 산안법의 위반행위자, 즉 1차 수범자는 산안법령이 규정한 구체적이고 직접적인 의무를 부담하는 자라고 판시하면서 검사가 위반행위자로 특정한 도급인 소속 전무(경영책임자)는 불산의 관리와 누출시 안전조치 등을 할 구체적·직접적 의무를 부담하지 않으므로 산안법위반죄는 무죄라고 본 원심의 판단을 수긍하였다. 이에 대하여 '이처럼 판례가 산안법위반죄의 적용에서 경영상 판단과 결정을 할 수 있는 고위 임원인 경영책임자는 위반행위자가 아니라고 판단하면서 산안법위반죄는 기업범죄가 아니라 업무를 직접 담당하는 근로자 개인 범죄로 성격이 사실상 바뀌고 말았으나, 중대재해처벌법은 명시적으로 위반행위자, 즉 수범자를 사업주 또는 경영책임자등으로 정함으로써 적어도 중대산업재해의 형사처벌과 관련해서는 기업범죄로서의 성격을 어느 정도 회복시켰다'고 평가한 견해로는 전형배(2021), 앞의 글, 271-272면.

132) 김·장 법률사무소 중대재해대응팀, 앞의 책, 7-8면.

등의 안전 및 보건 확보의무의 내용이 산안법의 그것과 다르다. 산안법의 위반행위자에게 이행을 요구하는 의무는 구체적으로는 산안법과 하위 법령에서 규정한 기술적·행정적 의무인 경우가 대부분이다. 법원이 산안법의 위반행위자를 직접적·구체적인 안전보건 조치의무를 이행하는 사람으로 해석하는 데에는 이러한 규범 구조의 특징도 고려하였기 때문일 것이다. 그러나 중대재해처벌법이 사업주나 경영책임자등에게 요구하는 의무는 안전·보건 관계법령에 따른 의무이행을 위한 '관리상의 조치'이지, '안전·보건 관계법령에 따른 의무' 그 자체는 아니다. 이러한 조치의무는 산안법에 구체적으로 규정되어 있지 않았던 새로운 유형의 의무이며,[133] 산안법상 안전보건 조치의무가 잘 이행되도록 경영책임자등이 관리·감독상의 조치를 취하도록 하는 별개의 독립적 의무로서,[134] 안전보건관리체계의 구축, 인력의 구비, 예산 편성 및 집행 등 기업의 안전관리시스템의 최상위 의무이자 구체적 안전보건조치의 원천이며 근거가 되는 조치를 위한 추상적 의무라고 할 수 있다.[135]

위 세 번째 주장에서 중대재해처벌법상 안전 및 보건 확보의무와 산안법상 안전보건조치의무가 동일·유사하다는 예로 들고 있는 규정들에 관하여 구체적으로 살펴보면, ① 산안법은 제57조 제3항에서 사업주는 산업재해에 대하여 그 발생 개요·원인 및 보고 시기, 재발방지 계획 등을 고용노동부장관에게 보고하여야 한다고 규정하고 있는데, 위 의무는 보고의무이기 때문에 중대재해처벌법 제4조 제1항 제2호에서 규정하고 있는 '재해 발생 시 재발방지 대책의 수립 및 그 이행에 관한 조치' 의무는 이와 직접적인 관련이 없는 새로운 의무를 부여한 것이라 할 수 있고,[136] 위 법 제4조 제1항 제2호에서는 재발방지 대책의 수립에서 더 나아가 그 이행에 관한 조치를 의무의 내용에 추가하고 있다는 점에서도 독자적 의무를 부여한 것이라 할 수 있다.[137] ② 산안법 제14조 제1항은 일정 규모 이상의 주식회사의 대표이사에게 매년 회사의 안전 및 보건에 관한 계획을 수립하여 이사회에 보고하고 승인을 받도록 규정하고 있는데, 위 안전 및 보건에 관한 계획은 중대재해처벌법 시행령 제4조 제1호에서 규정한 '안전보건에 관한 경영방침'과

133) 전형배(2021), 앞의 글, 272면.
134) 심재진, "중대재해처벌법 제정에 따른 산업안전보건법의 과제", 노동법연구, 51호, 서울대학교 노동법연구회(2021. 9.), 54면.
135) 김성룡, 앞의 글, 175면.
136) 심재진, 앞의 글, 53면.
137) 심재진, 앞의 글, 53면.

그 내용이 중복될 수 있으나, 대표이사가 수립하여 보고하는 안전보건계획은 '매년' 사업장의 상황을 고려한 것이라면, 중대재해처벌법이 요구하는 '경영방침'은 사업을 수행하면서 각 부문에서 항상 고려하여야 하는 안전보건에 관한 기본적인 경영철학과 의사결정의 일반적인 지침이라는 점에서 차이가 있다.[138] ③ 한편, 산안법 시행령 제14조 제2항은 사업주에 대하여 안전보건관리책임자로 하여금 그 업무를 원활하게 수행할 수 있도록 권한·시설·장비·예산, 그 밖에 필요한 지원을 하도록 규정하고 있고, 제53조 제2항에서 도급인의 사업장에 선임한 안전보건총괄책임자에 대한 지원에 관하여 위 제14조 제2항을 준용하고 있다. 반면, 중대재해처벌법 제4조 제1항 제1호, 시행령 제4조 제4호는 경영책임자등으로 하여금 재해예방을 위해 필요한 안전·보건에 관한 인력, 시설, 장비의 구비와 유해·위험요인의 개선 및 안전보건관리체계 구축 등을 위하여 필요한 예산을 편성하고 그 편성된 용도에 맞게 집행할 것을 규정하고 있고, 나아가 시행령 제4조 제5호는 각 사업장의 안전보건관리책임자, 안전보건총괄책임자 등이 각각의 업무를 각 사업장에서 충실히 수행할 수 있도록 위 안전보건관리책임자 등에게 해당 업무 수행에 필요한 권한과 예산을 주고, 위 안전보건관리책임자 등이 해당 업무를 충실하게 수행하는지를 평가하는 기준을 마련하여 그 기준에 따라 반기 1회 이상 평가·관리하도록 규정하고 있다. 위와 같은 중대재해처벌법의 규정은 산안법의 위 규정과 같이 단순히 지원에 그치는 것이 아니라 경영책임자등에게 직접 사업 전반의 안전보건관리체계에 관한 예산을 편성하고 집행할 의무, 안전보건관리책임자 등에게 독자적인 권한과 예산을 부여하고, 그 업무를 평가 및 관리할 의무를 부여하고 있다는 점에서 독자적인 의미가 있을 뿐만 아니라 그 내용상으로도 산안법의 그것과 동일하거나 유사한 의무라고 볼 수 없다.

이에 대하여는 산안법도 경영책임자등을 의무주체 및 처벌대상에서 제외하고 있지 않고, 특히 중소기업의 경우에는 중대재해 발생 시 산안법상 의무주체와 처벌대상이 대부분 사장(경영책임자)이기에 중대재해처벌법과 산안법의 수범자가 다르다는 이유로 양형상의 불균형을 설명할 수 없으며, 중대재해처벌법과 산안법에서 부과하는 각 의무의 내용도 동일·유사할 수밖에 없다는 취지의 반론이 있다.[139]

138) 고용노동부(2021. 11), 앞의 책, 44면.
139) 정진우(2022), 앞의 글, 524면; 임우택(2022), 앞의 글, 48면.

그러나 위 반론이 제시한 근거 중 산안법에 의하더라도 경영책임자등을 처벌할 수 있다는 부분은 앞서 본 바와 같이 산안법의 규정만으로는 사실상 경영책임자등에게 산업재해 발생에 대한 형사책임을 묻지 못하였던 기존의 법체계와 실무에 대한 반성에서 중대재해처벌법의 입법에 이르게 된 경과를 숙고하지 않거나 간과한 것이다. 특히 중소기업에서 개인사업주나 대표이사가 현장에 상주하는 등 경영책임자등과 안전보건관리책임자의 지위를 동시에 가지게 될 수 있는데, 이 경우에도 개인사업주나 대표이사가 준수하여야 할 산안법상 안전보건조치의무와 중대재해처벌법상 안전 및 보건 확보의무의 내용은 대부분 동일하지 않고 준별이 가능하며, 위 ① 내지 ③의 예에서와 같이 그 의무의 내용이 일부 유사하거나 중복되더라도 이러한 문제는 사업장의 규모 및 특성, 해당 중대재해 발생의 원인, 피해의 정도 등을 고려하여 사안에 따라 법관이 구체적인 양형을 통하여 시정할 수 있는 점, 앞서 본 바와 같이 헌법재판소는 체계정당성 원리를 적용함에 있어서도 입법자의 판단에 폭넓은 재량을 인정하고 있는 점 등을 고려하면, 경영책임자등과 안전보건관리책임자의 지위를 겸하게 되는 사안에서 그중 일부 의무의 내용이 중복된다는 사정만으로 중대재해처벌법의 처벌규정이 산안법의 그것과 비교하여 형벌체계상의 정당성과 균형을 상실하였다고 볼 것은 아니다.

(4) 중대재해의 결과 및 보호 대상의 측면에서 형벌체계상 정당성과 균형을 상실하였다고 평가할 수 있는지 여부

중대재해처벌법 제6조 제2항에서 산안법과는 달리 부상과 질병의 결과에 이른 중대재해의 발생에 관하여도 처벌하도록 규정한 것은 구성요건을 신설한 것으로 이는 입법자의 입법재량 내지 형성의 자유 범위 내에 있다고 봄이 타당하고, 산안법 체계와의 비교를 전제로 체계정당성을 논할 문제가 아니다.

또한, 중대재해처벌법에서 종사자의 범위에 사업주와 직접 근로계약관계에 있는 근로자뿐만 아니라 1인 사업자, 특수형태근로자 등까지 포함시킴으로써 그 보호 대상의 범위를 확대한 것과 중대재해처벌법의 법정형이 과중한지 여부는 직접적인 연관이 없을 뿐만 아니라 이들의 경우 보호의 필요성이 적다는 위 네 번째 주장에는 전혀 동의할 수 없다. 신체의 안전과 생명을 두고 노무에 종사하는 사람의 지위에 따라 그 보호의 정도를 달리 할 수는 없기 때문이다.

나. 중대재해처벌법의 가중처벌 규정의 위헌 주장에 관한 검토

중대재해처벌법 제6조 제3항 및 산안법 제167조 제2항은 재범 시 일정 요건 하에서 형의 2분의 1까지 가중하도록 규정하고 있어 가중의 범위는 동일하므로, 결국 산안법과의 비교를 전제로 중대재해처벌법의 가중처벌 규정이 과잉금지 원칙 내지 평등 원칙에 반한다는 주장은 앞서 본 각 그 기본범죄, 즉 산안법위반죄와 중대재해처벌법위반죄의 각 구성요건이 실질적으로 동일함을 전제로 한 위헌 주장과 그 논거를 같이 한다. 그런데 앞서 검토한 바에 의하면, 중대재해처벌법의 처벌규정이 산안법의 그것과 비교하여 형벌체계상의 정당성과 균형을 상실하였다고는 보기 어렵고, 그렇다면 체계정당성 원리에 기초하여 중대재해처벌법의 가중처벌 규정이 위헌이라는 주장에 관하여도 마찬가지의 결론에 이른다 할 수 있다.

또한, 중대재해처벌법에 의하면 사업주가 중한 처벌을 받게 될 경우의 수가 대폭 많아지게 되는 것은 중대재해처벌법에서 산안법과 달리 사망의 결과 뿐만 아니라 부상과 질병의 결과에 이른 중대재해의 발생에 관하여도 처벌하도록 규정하고 있기 때문이므로, 이 점을 들어 산안법과의 체계정당성을 논할 것은 아니라고 생각한다.

한편, 중대재해처벌법 제6조 제3항의 문언에 비추어 첫 번째 범행과 두 번째 범행이 같은 결과에 이른 중대재해로서 같은 조항의 죄에 해당되는 경우에만 적용되는 것은 아니라고 해석되므로, 첫 번째 범행에서 부상 또는 질병의 결과가 발생한 데 이어 두 번째 범행이 사망의 결과에 이른 경우 두 번째 범행의 형을 가중하는 것이 비례 원칙에 반하는지 여부가 문제될 수 있다. 그러나 앞서 책임원칙에서 검토한 바와 같이 중대재해처벌법 제6조 제3항을 둔 취지는 경영책임자등이 재차 안전 및 보건 확보의무를 위반한 것에 대한 행위책임이 가중된다고 보아 두 번째 범행을 가중처벌하려는 데 있고, 법 제6조 제1항과 제2항은 사망인지 부상 또는 질병인지 그 결과에 차이가 있을 뿐 모두 경영책임자등이 안전 및 보건 확보의무를 위반한데서 비롯된 동종의 범죄인 점[140] 등을 감안하면 비례 원칙에 반한다고 보기는 어렵다.

140) 정현희, 앞의 글, 38면.

Ⅴ. 명확성 원칙의 관점에서 본 중대재해처벌법의 합헌성

1. 헌법재판소의 명확성 원칙에 관한 해석 및 판단 기준

가. 명확성 원칙의 의의

명확성 원칙은 법치국가 원리의 한 표현으로서 기본권을 제한하는 법규범의 내용은 명확하여야 한다는 헌법상의 원칙이다.[141] 이는 법규범을 명확하게 규정함으로써 적용 대상자, 즉 수범자에게 그 규제내용을 미리 알 수 있도록 공정한 고지를 하여 장래의 행동지침을 제공하고, 동시에 법 집행자에게 객관적 판단지침을 주어 차별적이거나 자의적인 법해석 및 집행을 예방하기 위한 원칙이다.[142]

한편, 죄형법정주의는 이미 제정된 법률에 의하지 아니하고는 처벌되지 아니한다는 원칙으로, 이는 무엇이 처벌될 행위인가를 예측가능한 형식으로 정함으로써 개인의 법적 안정성을 보호하고, 성문의 형벌법규에 의한 실정법 질서를 확립하여 국가형벌권의 자의적 행사로부터 개인의 자유와 권리를 보장하려는 법치국가 형법의 기본원리이다.[143]

죄형법정주의에서 명확성 원칙이 적용되는 영역은 주로 형벌법규로서 형사처벌의 대상이 되는 범죄의 구성요건과 관련되어 있다. 즉, 죄형법정주의의 명확성 원칙은 형벌법규가 처벌하고자 하는 행위가 무엇이며 그에 대한 형벌이 어떠한 것인지를 누구나 예견할 수 있고, 그에 따라 자신의 행위를 결정할 수 있게끔 구성요건을 명확하게 규정할 것을 요구한다.[144] 형벌법규의 내용이 모호하거나 추상적이어서 불명확하다면 무엇이 금지된 행위인지 알 수 없어 법을 지키기 어려울 뿐만 아니라, 범죄의 성립 여부가 법관의 자의적인 해석에 맡겨져 죄형법정주의에 의해 국민의 자유와 권리를 보장하려는 법치주의의 이념을 실현할 수 없기 때문이다.[145]

---

141) 헌재 2011. 8. 30. 선고 2009헌바128 결정 등.
142) 헌재 2010. 10. 28. 선고 2008헌마638 결정; 헌재 2012. 2. 23. 선고 2009헌바34 결정; 헌재 2021. 10. 28. 선고 2020헌바488 결정 등.
143) 헌재 1991. 7. 8. 선고 91헌가4 결정.
144) 헌재 2021. 10. 28. 선고 2020헌바488 결정.
145) 헌재 2010. 4. 29. 선고 2008헌바118 결정.

나. 명확성의 판단 주체

명확한지 여부는 정도의 문제인데 이는 판단의 주체에 따라 다를 수밖에 없다. 일반적인 행위규범의 경우에는 일차적으로는 그 규범의 '수범자'가, 그리고 재판의 단계에 이르러서는 그 규범을 해석하고 적용하는 '법관'이 판단의 주체가 된다. 그러므로 판단 기준으로서 명확성이 요구된다는 것은 일차적으로는 건전한 일반상식을 가진 수범자에 의하여 법규정의 의미의 범위가 대체로 파악될 수 있는 정도여야 하고, 종국적으로는 법관이 관계 법규 전반에 대한 종합적이고 유기적인 이해를 기초로 이를 해석하여 그 의미의 범위를 일의적으로 귀결시킬 수 있는 정도여야 한다는 요청으로 보아야 한다.[146]

특히 헌법재판소는 어느 법규범의 수범자가 특정 집단인 경우와 관련하여, '수범자에 대한 행위규범으로서의 법령이 명확하여야 한다는 것은 일반 국민 누구나 그 뜻을 명확히 알게 하여야 한다는 것을 의미하지는 않고 사회의 평균인이 그 뜻을 이해하고 위반에 대한 위험을 고지받을 수 있을 정도면 충분하며, 일정한 신분 내지 직업 또는 지역에 거주하는 사람들에게만 적용되는 법령의 경우에는 그 사람들 중의 평균인을 기준으로 하여 판단하여야 한다'고 보고 있다.[147]

다. 명확성의 판단 기준

헌법재판소는 처벌법규의 명확성이 의미하는 바에 관하여, '법률이 처벌하고자 하는 행위가 무엇이며 그에 대한 형벌이 어떠한 것인지를 누구나 예견할 수 있고, 그에 따라 자신의 행위를 결정할 수 있도록 구성요건을 명확하게 규정할 것을 요구한다. 그러나 처벌법규의 구성요건이 명확하여야 한다고 하여 모든 구성요건을 단순한 서술적 개념으로 규정하여야 하는 것은 아니다. 다소 광범위하여 법관의 보충적인 해석을 필요로 하는 개념을 사용하였다고 하더라도, 통상의 해석방법에 의하여 건전한 상식과 통상적인 법감정을 가진 사람이 당해 처벌법규의 보호법익과 금지된 행위 및 처벌의 종류와 정도를 알 수 있도록 규정하였다면 헌

146) 이부하, "법적 안정성의 의미에서 명확성의 원칙", 세계헌법연구, 20권 1호, 세계헌법학회 한국학회(2014), 8-9면. 헌법재판소 역시 '건전한 상식과 통상적인 법감정을 가진 사람으로 하여금 그 적용 대상자가 누구이고 구체적으로 어떠한 행위가 금지되고 있는지를 충분히 알 수 있도록 규정하고 있다면 명확성 원칙에 위배되지 않는다고 보아야 한다'고 판시하고 있다. 헌재 1996. 12. 26. 선고 93헌바65 결정; 헌재 2002. 4. 25. 선고 2001헌바26 결정; 헌재 2006. 7. 27. 선고 2004헌바68 결정; 헌재 2010. 4. 29. 선고 2008헌바118 결정 등.

147) 헌재 2012. 2. 23. 선고 2009헌바34 결정.

법이 요구하는 처벌법규의 명확성에 배치되는 것은 아니다'라고 하여,[148] 죄형법정주의에서 요구되는 명확성의 정도에 대하여 처벌법규의 구성요건이 명확하여야 하되, 다만 입법자가 모든 구성요건을 단순한 의미의 서술적인 개념에 의하여 규정하여야 한다는 것은 아니라고 보고 있다.

즉, 입법자가 처벌법규의 구성요건을 일일이 세분하여 명확하게 하는 것은 입법기술상 불가능하거나 현저히 곤란하기 때문에 처벌법규의 구성요건이 다소 광범위하여 어떤 범위에서는 법관의 보충적인 해석을 필요로 하는 개념을 사용할 수 있다.[149] 만일 모든 구성요건을 단순한 서술적 확정개념으로만 규정할 것을 요구한다면 처벌법규의 구성요건이 지나치게 구체적이고 정형적이 되어 부단히 변화하는 다양한 생활관계를 제대로 규율할 수 없게 될 것이기 때문이다.[150] 따라서 법규범이 불확정개념을 사용하는 경우라도 법률해석을 통하여 법원의 자의적인 적용을 배제하는 합리적이고 객관적인 기준을 얻는 것이 가능한 경우는 명확성 원칙에 반하지 아니한다.[151] 이 때 법규의 의미내용은 그 문언뿐만 아니라 입법 목적이나 취지, 입법연혁, 그리고 법규범의 체계적 구조 등을 종합적으로 고려하는 해석방법에 의하여 구체화되므로, 결국 법규범이 명확성 원칙에 위배되는지 여부는 위와 같은 해석방법에 의하여 그 의미내용을 합리적으로 파악할 수 있는 해석기준을 얻을 수 있는지 여부에 달려 있다.[152]

한편, 헌법재판소는 앞서 본 바와 같이 어느 법규범의 수범자가 특정 집단인 경우, 즉 수범자가 일정한 범위로 제한되어 있는 경우에는 그 규정의 명확성에 대한 요구가 다소 완화될 수 있다고 본다.[153] 이에 관하여 구체적으로 살펴보면, 헌법재판소는 2007. 7. 26. 선고 2006헌가9 결정에서 징계에 관한 중요한 절차에 대한 사항을 단체협약으로 체결하고도 그 단체협약을 지키지 않은 자를 처벌하는 구 노동조합 및 노동관계조정법(2001. 3. 28. 법률 제6456호로 개정된 것) 제92조 제1호 다목의 규정이 명확성 원칙에 위배되지 않는다고 판단하면서, "단체협약 위반행위에 대한 처벌규정의 주된 수범자는 사용자와 근로자인데, 이와 같이 수범자들이 일정한 범위로 제한되어 있는 경우에는 그 규정의 명확성에 대한 요구

148) 헌재 2017. 11. 30. 선고 2015헌바336 결정; 헌재 2011. 10. 25. 선고 2010헌가29 결정.
149) 헌재 2000. 4. 27. 선고 98헌바95 결정.
150) 헌재 2005. 6. 30. 선고 2002헌바83 결정.
151) 헌재 2004. 7. 15. 선고 2003헌바35 등 결정.
152) 헌재 2015. 4. 30. 선고 2014헌바179 등 결정; 헌재 2017. 5. 25. 선고 2014헌바459 결정.
153) 이황희, 앞의 글, 30면.

가 다소 완화될 수 있다. 이 사건 법률조항의 주된 수범자인 사용자는 단체교섭에 참여하고 단체협약의 체결에 관여한 일방 당사자로서 단체협약의 내용이 된 '징계의 절차 중에서 중요하다고 볼 수 있는 사항'이 무엇인지를 충분히 파악하거나 예측할 수 있는 지위에 있다"고 판시하였다. 또, 금융투자업자가 투자권유를 함에 있어서 '불확실한 사항에 대하여 단정적 판단을 제공하거나 확실하다고 오인하게 할 소지가 있는 내용을 알리는 행위'를 처벌하는 구 자본시장과 금융투자업에 관한 법률(2007. 8. 3. 법률 제8635호로 제정된 것) 제445조 제6호의 규정이 명확성 원칙에 위반되지 않는다고 판단하면서 그 근거 중 하나로 위 처벌조항의 수범자는 금융투자업자로 한정되어 있고, 금융투자에 관한 전문가인 금융투자업자는 자신에게 금지되는 행위의 의미를 충분히 알고 이에 비추어 자신의 행위를 결정할 수 있다는 점을 들고 있다.[154)]

수범자가 법률전문가의 도움을 받아 무엇이 금지되는 행위인지에 관하여 예측하는 것이 가능한지 여부나 학설, 행정해석 및 판례 등을 통하여 법집행자에게 신뢰할 수 있는 합리적인 해석과 판단 기준이 확립되어 있는지도 명확성 원칙의 위반 여부를 판단하는 한 기준이 될 수 있다. 헌법재판소는 정당한 이유없이 근로자를 해고한 사용자를 처벌하는 근로기준법 제110조의 규정이 명확성 원칙에 위반되지 않는다고 판단하면서 그 근거 중 하나로, '비록 법문상으로는 정당한 이유라는 일반추상적 용어를 사용하고 있으나 일반인이라도 법률전문가의 도움을 받아 무엇이 금지되는 것인지 여부에 관하여 예측하는 것이 가능한 정도라고 할 것이어서 수범자인 사용자가 해고에 관하여 자신의 행위를 결정해 나가기에 충분한 기준이 될 정도의 의미내용을 가지고 있으며, 학설, 행정해석 및 판례의 집적을 통하여 실무적 기준이 충분히 확립되어 있으므로 그 집행자가 정당한 사유를 자의적으로 해석하는 것을 허용하지 아니하고 있다'는 점을 들었다.[155)]

라. 포괄위임입법금지 원칙과의 관계

법률로 정하여야 할 중요 사항은 의회가 제정하는 법률의 형식으로 반드시 정하여야 하고 이를 포괄적으로 법집행기관에게 위임해서는 안 된다는 원칙을 포괄위임입법금지 원칙이라 하며, 이는 위임입법의 영역에 있어 하위 법규범에 입법을 위임하는 수권 법률에 명확성 원칙이 적용되어 구체화된 것으로서의 성격을

154) 헌재 2017. 5. 25. 선고 2014헌바459 결정.
155) 헌재 2005. 3. 31. 선고 2003헌바12 결정.

가진다.[156)]

국회에서 법률을 제정하면서 구체적이지 않은 포괄적·일반적 위임의 방식으로 행정부에 입법을 위임하게 되면 헌법 제40조의 국회입법권의 형해화를 초래하게 되므로 위임입법과 위임명령에서 위임의 형식은 일반적·포괄적 위임이 아니라 특정적·구체적 위임이어야 한다.[157)] 따라서 구체성과 명확성은 포괄적 위임입법의 합헌성 판단의 가장 중요한 판단기준이 된다. 구체성이란 내용의 구체적인 적시를 의미하는 것이라는 점에서 사항의 구체화를 의미하며, 명확성이란 내용의 범위를 분명하게 하는 것이라는 점에서 내용의 구체화를 의미한다. 위임입법에 있어서 명확성이란 최대한이 아닌 최소한의 명확성을 요구하는 것이다.[158)]

위임의 구체성과 명확성의 준수 여부는 당해 특정조항 하나만을 가지고 판단하는 것이 아니라 관련 법조항 전체를 유기적·체계적으로 종합하여 판단하고, 위임된 사항의 성질에 따라 구체적·개별적으로 검토하여 판단한다.[159)] 위임의 구체성·명확성의 요구 정도는 그 규율대상의 종류와 성격에 따라 다르다. 포괄위임입법금지 원칙에서 명확성은 모든 법률에 동일한 정도로 요구되는 것은 아니고 개개의 법률이나 법조항의 성격에 따라 요구되는 정도에 차이가 있을 수 있으며 각각의 구성요건의 특수성과 법률의 제정 배경이나 상황에 따라 달라질 수 있다. 명확성이 엄격히 관철되도록 요구하는 것은 입법기술상 불가능하거나 매우 곤란하므로 어느 정도의 보편적 내지 일반적 개념의 용어 사용은 수긍할 수밖에 없으나, 당해 법률이 제정된 목적과 타 규범과의 연관성을 고려하여 합리적인 해석이 가능한지 여부에 따라 명확성의 구비 여부가 가려져야 할 것이다.[160)] 특히 처벌법

156) 이상경, "명확성의 원칙과 포괄위임입법금지원칙", 서울법학, 22권 3호, 서울시립대학교 법학연구소(2015. 2.), 459면.

157) 헌재 2005. 2. 3. 선고 2004헌바10 결정.

158) 정극원, "헌법재판과 명확성의 원칙", 공법학연구, 15권 1호, 한국비교공법학회(2014. 2.), 8면.

159) 헌법재판소는 헌법 제75조의 '법률에서 구체적인 범위를 정하여 위임받은 사항'은 법률에 이미 대통령령으로 규정될 내용 및 범위의 기본사항이 구체적으로 규정되어 있어서 누구라도 당해 법률로부터 대통령령에 규정될 내용의 대강을 예측할 수 있어야 하는 것이라고 한다. 즉, 법률의 규정에 의하여 이미 대통령령으로 규정될 내용 및 범위의 기본사항이 구체적으로 규정되어 있어 국민이 장래 대통령령으로 규정할 내용을 일일이 예견할 수는 없다고 하더라도 누구라도 당해 법률로부터 대통령령에 규정될 내용의 대강 내지 기본적인 윤곽을 예측할 수 있어야 한다고 본다. 당해 법률의 전반적인 체계와 관련 규정에 비추어 위임조항의 내재적인 위임의 범위나 한계를 객관적으로 분명히 확정할 수 있다면 이는 포괄적위임은 아니라고 본다(헌재 1995. 7. 21. 선고 94헌바51 결정; 헌재 2002. 3. 28. 선고 2001헌바24 결정).

160) 헌재 1992. 2. 25. 선고 89헌가104 결정; 헌재 2007. 10. 25. 선고 2005헌바96 결정; 헌재 2009. 10. 29. 선고 2007헌바63 결정.

규나 조세법규와 같이 국민의 기본권을 직접적으로 제한하거나 침해할 소지가 있는 법규에서는 포괄위임입법금지 원칙이 요구하는 구체성·명확성의 요구가 강화되어 그 위임의 요건과 범위가 일반적인 급부행정 법규보다 더 엄격하게 제한적으로 규정되어야 한다.[161)]

2. 현행법 및 시행령에 대한 명확성 원칙 위반 주장에 관한 검토

가. 중대산업재해, 중대시민재해의 개념

중대재해처벌법

제2조(정의)

2. "중대산업재해"란 「산안법」 제2조 제1호에 따른 산업재해 중 다음 각 목의 어느 하나에 해당하는 결과를 야기한 재해를 말한다.
   가. 사망자가 1명 이상 발생
   나. 동일한 사고로 6개월 이상 치료가 필요한 부상자가 2명 이상 발생
   다. 동일한 유해요인으로 급성중독 등 대통령령으로 정하는 직업성 질병자가 1년 이내에 3명 이상 발생
3. "중대시민재해"란 특정 원료 또는 제조물, 공중이용시설 또는 공중교통수단의 설계, 제조, 설치, 관리상의 결함을 원인으로 하여 발생한 재해로서 다음 각 목의 어느 하나에 해당하는 결과를 야기한 재해를 말한다. 다만, 중대산업재해에 해당하는 재해는 제외한다.
   가. 사망자가 1명 이상 발생
   나. 동일한 사고로 2개월 이상 치료가 필요한 부상자가 10명 이상 발생
   다. 동일한 원인으로 3개월 이상 치료가 필요한 질병자가 10명 이상 발생
6. "제조물"이란 제조되거나 가공된 동산(다른 동산이나 부동산의 일부를 구성하는 경우를 포함한다)을 말한다.

시행령

제2조(직업성 질병자)

중대재해처벌법 제2조 제2호 다목에서 "대통령령으로 정하는 직업성 질병자"란 별표 1에서 정하는 직업성 질병에 걸린 사람을 말한다.

(1) 사망 시점의 불특정 문제

(가) 위헌 주장의 내용

이에 관하여는 법에 사망 시점에 대한 아무런 기술이 없어 예컨대 심각한 부

161) 헌재 2002. 6. 27. 선고 2000헌가10 결정; 헌재 2007. 4. 26. 선고 2005헌바51 결정.

상으로 인하여 치료 중 사망하는 경우 1년 넘게 치료가 이어질 수도 있기 때문에 피해자의 치료 경과 및 사망 시점에 따라 피의자의 법적 지위는 항상 불안정한 상태에 놓이게 된다는 비판이 있다. 피해자의 사망 시점에 아무런 제한이 없는 까닭에 중대재해와 직접적 인과관계가 인정되어 사망한 경우 이외에도 피해자의 기왕증이 사망에 기여한 경우, 치료 과정에서 다른 경로로 감염되어 피해자가 사망에 이르는 경우 등에도 중대재해처벌법의 구성요건에 해당될 여지가 생기는 등 "1명 이상의 사망"에 대해 여러 해석이 가능하여 명확성 원칙에 반할 소지가 커지게 되었다고 한다.[162)]

(나) 검토

법률조항의 명확성과 법률의 적용은 구별하여야 한다. 법률의 의미가 명확하더라도 그 법률의 적용 과정에서 모호한 부분이나 해석의 어려움이 있을 수 있다. 이는 법률조항의 불명확성으로 인한 문제라기보다는 법률의 해석 및 적용에 관한 문제이다.[163)] 헌법재판소도 후자의 문제에 관하여는 헌법재판소의 심판대상이 되지 않는다고 보고 있다.[164)]

사고 발생 당시에는 피해자가 사망하지 않아 중대재해처벌법 제6조 제2항(산업재해치상)으로 처벌받을 것이 예상되었으나 일정 시간 경과 후 피해자가 사망하여 중대재해처벌법 제6조 제1항(산업재해치사)으로 처벌받게 되는 등 사망 여부에 따라 개인사업주 또는 경영책임자등에게 적용되는 처벌규정이 달라질 수 있고, 사망 시점이 늦어질수록 어느 처벌조항으로 처벌받을지 또한 늦게 결정되는 문제가 발생하는 것은 사실이다. 그런데 사람이 사망한 시점은 명확히 특정되는 것이고, 사망이라는 결과가 발생하여야 비로소 중대재해처벌법 제6조 제1항(산업재해치사)으로 의율된다는 점에는 의문의 여지가 없으므로, 위와 같은 문제는 법률의 적용 현실에서 야기되는 것일 뿐 중대재해처벌법의 처벌규정이 명확하지 않아 비롯된 것은 아니다.

중대재해처벌법위반죄의 기본적 구성요건은 개인사업주 또는 경영책임자등이 (행위의 주체) 법 제4조, 제5조, 제9조에서 정한 안전 및 보건 확보의무를 위반하여(행위의 태양) 중대산업재해 또는 중대시민재해에 이르게 한 경우(결과의 발생)

---

162) 김·장 법률사무소 중대재해대응팀, 앞의 책, 48면; 송지용, 앞의 글, 252면.
163) 이황희, 앞의 글, 34면.
164) 헌재 2003. 2. 27. 선고 2002헌바4 결정; 헌재 2017. 9. 28. 선고 2016헌바376 결정.

라 할 수 있다(제6조, 제10조). 나아가 중대재해처벌법위반죄가 성립하기 위해서는 위와 같은 구성요건적 사실뿐만 아니라 안전 및 보건 확보의무 위반에 대한 고의, 결과 발생에 대한 예견가능성, 안전 및 보건 확보의무 위반과 결과 발생 사이에 인과관계가 인정되어야 한다.

위 위헌 주장은 중대재해처벌법의 처벌규정에서 피해자의 사망 시점에 아무런 제한을 두고 있지 않아 "1명 이상의 사망"에 대해 여러 해석이 가능하므로 명확성의 원칙에 반할 소지가 커지게 되었다고 하나, 피해자의 기왕증이 사망에 기여한 경우, 치료 과정에서 다른 원인이 개입되어 피해자가 사망에 이르는 경우 등 위 위헌 주장에서 든 사례들은 안전 및 보건 확보의무 위반과 사망이라는 결과 사이에 인과관계를 인정할 수 있는지 여부를 판단함에 있어 고려하여야 하는 사정으로 실제 법 적용의 문제일 뿐 중대재해처벌법상 처벌규정의 명확성에 관한 판단 문제가 아니다.

한편, 사망 시점에 관하여 해석론으로 부상자가 발생하였을 때 처벌기준이 6개월 이상의 치료를 요구하는 점에 착안하여 6개월 미만의 치료 기간에 다른 원인이 개입되지 않은 사망 사례에 대해서만 사망자가 발생한 것으로 해석하는 방안과, 산안법 제159조에서 영업정지의 요청 대상이 되는 재해에서 사용하는 개념을 적용하여 최초 재해가 발생한 때로부터 재해자가 72시간 이내에 사망하면 사고 발생 즉시 사망한 것으로 보는 방안을 제시하는 견해가 있다.165) 그러나 입법론이든 해석론이든 위 견해와 같이 사망 시점을 제한하는 것이 오히려 작위적이고, 중대산업재해로 인한 사망 사고의 범위를 축소할 수 있기에 피해의 실질에도 부합하지 않는다.

(2) 치료기간 설정의 타당성

(가) 위헌 주장의 내용

중대산업재해의 '동일한 사고로 6개월 이상 치료가 필요한 경우'와 중대시민재해의 '동일한 사고로 2개월 이상 치료가 필요한 경우 또는 동일한 원인으로 3개월 이상 치료가 필요한 질병'에 대하여 명확성 원칙에 위배된다는 비판이 있다.166) 그 근거로는 치료가 필요한 기간에 대해서는 의사별로 의견이 다를 수 있

165) 전형배(2021), 앞의 글, 274면.

166) 송인택·안병익·정재욱·김영철·김부권, 앞의 책, 77, 79면에서는 실무에서 양형참작의 사유에 불과했던 예상 치료기간을 중대재해처벌법을 제정하면서 유례없이 형벌을 가하는 중대재해 범죄의

는 점, 전국의 의료인이 객관적으로 동일한 기준에 따라 진단을 내린다고 볼 수 없기에 엄중한 형사처벌의 기준으로서 치료기간의 객관성을 담보하기에는 여러모로 부족한 점, 법률로 규정해야 하는 구성요건을 의사에게 위임하는 것이 가능한 것인지가 문제되는 점, 최초 6개월 이상 치료기간이 필요하다고 진단했음에도 치료 경과에 따라 피해자의 상태가 4~5개월 만에 완치된 경우, 환자의 부주의 등으로 치료기간이 장기화되는 경우, 피해자가 다른 기왕증을 앓았거나 중대재해로 인한 치료 과정에 다른 질병에 추가로 감염되어 치료 기간이 장기화된 경우 등에 있어서 기간 산정은 어떻게 할 것인지 등 중대재해처벌법위반죄의 적용 여부가 문제될 수 있는 다양한 해석이 존재하기 때문이라고 한다.[167]

(나) 검토

일정 기간 이상의 치료가 필요한 부상이란 사고로 인하여 발생한 부상 및 그로 인한 합병증 등의 치료행위가 일정 기간 이상 필요한 경우를 말한다. 치료행위가 일정 기간 이상 필요한지 여부는 의사의 진단서 등을 기준으로 판단하여야 한다.[168]

'치료기간' 자체는 해석이 필요한 다의적 개념이라 할 수 없고, 다만, 치료기간 산정의 적정성이 문제될 뿐이다. 또한, 의사직을 일반화하여 의사마다 치료기간에 대해 의견이 다를 수 있다거나 객관성이 담보되지 않는다는 등의 주장은 전문가인 의사의 식견과 의료적 판단을 근거 없이 신뢰하지 않는 것이어서 받아들이기 어렵다.

위 위헌 주장에서 지적하는 바와 같이 치료의 경과에 따라 치료기간이 달라지거나 환자의 기왕증 내지 질병의 추가 등으로 치료기간이 장기화되는 경우 등이 실무상 문제될 수 있으나, 이 경우에도 진단서나 의사의 소견서, 진료기록 등을 기초로 하여 당해 중대재해와 직접 관련된 치료 및 그에 적정한 치료기간을 확정하여야 한다.

결국 이 부분 위헌 주장 역시 실제 법 적용에 따른 문제일 뿐 중대재해처벌법상 처벌규정의 명확성 여부와 직접 관련된 것은 아니다.

구성요건으로 격상시킨 것은 죄형법정주의의 명확성의 원칙을 몰각한 실수로 보인다면서, 즉시 개정되지 않으면 법 적용 일선에서는 큰 혼란을 초래할 것이라고 한다.

167) 송인택·안병익·정재욱·김영철·김부권, 앞의 책, 77-78면; 송지용, 앞의 글, 237면.

168) 온주 중대재해처벌법 해당 부분 해설 참조.

(3) 직업성 질병자의 범위

(가) 위헌 주장의 내용

중대재해처벌법 제2조 제2호 다.목에 규정되어 있는 "직업성 질병자" 범위에 중증도 기준이 없어 단기간의 치료로 회복이 가능한 경우에도 중대재해로 간주될 위험이 있다는 비판이 있다. 즉, 산안법 제2조 제2호와 같은 법 시행규칙 제3조 제3호에 의하면, '부상자 또는 직업성 질병자가 동시에 10명 이상 발생한 재해'를 중대재해로 보는데, 법정형이 훨씬 가중된 중대재해처벌법에서는 직업성 질병자가 1년 이내에 3명 이상 발생하면 중대재해가 발생된 것으로 간주하므로 보다 더 쉽게 중대재해처벌법으로 처벌될 위험성이 커지는 결과가 되며, 더욱이 중대재해처벌법 제2조 제3호 다.목에서는 '동일한 원인으로 3개월 이상 치료가 필요한 질병자가 10명 이상 발생'이라고 규정하여 중대시민재해에 대해서는 중증도 기준을 두었음에도 중대산업재해에 대해서는 중증도 기준을 두지 않고 있어 비례의 원칙 또는 평등의 원칙에도 반할 소지가 커지게 된다고 한다.[169]

(나) 검토

시행령 제2조 별표 1에서는 특정의 유해요인 및 그로 인한 직업성 질병자를 규정하고 있고, 죄형법정주의의 원칙에 비추어 보면, 별표 1에서 열거하는 유해요인과 직업성 질병은 예시적인 규정이 아니라 한정적인 규정으로 보아야 한다.[170]

위와 같은 법과 시행령의 규정 내용 및 입법의 형식에 비추어 보면, '직업성 질병자'의 경우 치료기간의 장단과 무관하게 1년 이내에 3명 이상 발생하면 중대산업재해에 해당하는 것으로 일의적 해석이 가능하다.

중대재해처벌법 제2조 제3호 다.목에서 중대시민재해의 한 유형으로 '동일한 원인으로 3개월 이상 치료가 필요한 질병자가 10명 이상 발생'하는 경우를 규정하여 3개월 이상 치료가 필요하다는 중증도 요건을 두고 있기는 하나, 산업재해의 경우와는 달리 '직업성 질병자'가 아닌 일반적인 '질병자'까지 포함하고 있으므로 위와 같이 '질병자'의 경우에는 중증도의 기준을 부가한 것이라고 볼 수 있다.

---

169) 송지용, 앞의 글, 238면.

170) 따라서 ① 별표 1에 열거되지 아니한 유해요인으로 인하여 별표 1에 규정된 직업성 질병에 걸린 경우나 ② 별표 1에 열거된 유해요인으로 인하여 별표 1에 규정되지 아니한 직업성 질병에 걸린 경우에는 모두 중대재해처벌법위반죄(산업재해치상)가 성립하지 아니한다. 온주 중대재해처벌법 해당 부분 해설 참조.

따라서 중대시민재해에서 중증도 기준(3개월 이상의 치료)을 둔 것과 단순 비교하여 중대산업재해에 관한 위 규정이 비례의 원칙 또는 평등의 원칙에 반한다고 단정하기 어렵다.

(4) '제조물'의 범위

(가) 위헌 주장의 내용

중대재해처벌법 제2조 제6호의 '제조물' 정의는 제조물책임법상의 '제조물' 정의 개념과 동일하다. 이에 관하여는 중대재해처벌법은 제조물의 설계, 제조, 관리상의 결함 등으로 인하여 중대시민재해가 발생한 경우 가중처벌토록 규정한 형법상 특별법 중 하나임에도 민법상 특별법에 해당하는 제조물책임법과 동일한 정의 개념을 도입하여 법체계의 혼란을 가져왔으며, 위험하지 않은 일반적인 제조물로 인해서도 사업자가 중한 처벌을 받을 수 있는 가능성을 내포하고 있고, 제조물의 범위가 무제한적으로 확장될 수 있는 점에서 명확성 원칙에 반할 뿐만 아니라 비례의 원칙에도 반할 소지가 매우 크다는 비판이 있다.[171)]

(나) 검토

먼저 중대재해처벌법이 '제조물' 정의 규정을 제조물책임법으로부터 차용한 것에 특별한 문제를 찾기 어렵고, 이 때문에 법체계에 어떠한 구체적 혼란이 초래되는지는 의문이다.

또한, 앞서 살펴 본 바와 같이 헌법재판소는 어느 법규범의 수범자가 특정 집단인 경우에는 그 집단의 평균인을 기준으로 법규범의 명확성 원칙 위반 여부를 판단하고 있다. 그런데 중대재해처벌법의 수범자는 사업주와 경영책임자등이다. 따라서 제조물의 의미와 범위는 평균적인 사업주 및 경영책임자등이 그 뜻을 이해하고 그와 관련한 의무 위반에 대한 위험을 인식할 수 있을 정도면 충분하다. 사업주 및 경영책임자등은 그가 실질적으로 지배·운영·관리하는 사업 또는 사업장에서 생산·제조·판매·유통 중인 제조물이 무엇인지를 분명히 알고 있고, 제조물의 설계, 제조, 관리상의 결함을 파악하여 이를 예방할 수 있는 지위에 있다. 오히려 수없이 다종다양한 제조물이 취급되는 현실에서 제조물의 범위를 미리 법 내지 시행령에서 일일이 특정하는 것은 입법기술상 불가능에 가까운 작업이라 할

---

171) 송지용, 앞의 글, 241면.

것이다.

위 위헌 주장에서는 위험하지 않은 일반적인 제조물로 인해서도 사업자가 중한 처벌을 받을 수 있는 가능성을 내포하고 있는 점을 지적하고 있으나, 설령 특정의 제조물에서 현대의 산업기술과 과학지식 등으로 전혀 예상할 수 없는 위험성이 발현되어 중대시민재해가 발생하는 경우가 있을 수 있다 하더라도, 이는 사업주와 경영책임자등이 이러한 종류의 제조물에 대하여 안전 및 보건 확보의무를 이행하지 못한 것이나 위 제조물로 인하여 중대시민재해가 발생할 수 있으리라는 사정에 대한 고의 내지 예견가능성을 인정할 수 있는지 여부의 문제로 충분히 해결 가능하다.

(5) '원료'에 대한 정의 규정의 부존재

(가) 위헌 주장의 내용

중대시민재해는 특정 원료 또는 제조물의 설계, 제조, 설치, 관리상의 결함을 원인으로 하여 재해가 발생할 경우에 문제되는데, '원료'에 대해서 아무런 정의 규정이 존재하지 않아 명확성의 원칙에 반하며, 원료의 의미가 무한으로 확장될 여지가 있어 법리상 심각한 문제를 초래할 여지가 크다는 비판이 있다.[172] 또한, 원료에서 발산하는 가스, 증기, 분진은 원료에 포함되는 것인지, 부산물은 원료에 포함되는 것인지 등에 대해 전문가에게 조언을 구하여도 정확히 예측할 수 없다고 한다.[173]

(나) 검토

중대재해처벌법에서 '원료'의 정의 규정을 두고 있지는 아니하나, '원료'의 문언적 의미는 '어떤 물건을 만드는 데 들어가는 재료'로서 다의적 개념이라고 볼 수 없다. 따라서 '원료'에 대한 정의 규정이 존재하지 않는다는 사정만으로 명확성 원칙에 반한다고 볼 수는 없다.

'원료'의 범위 역시 무한정으로 확대될 수 있다는 주장은 앞서 '제조물'의 개념에 관한 논의에서 본 것과 마찬가지로 중대재해처벌법위반죄의 수범자인 개인사업주 또는 경영책임자등이 그 의미와 범위, '원료'에 내포된 위험 등을 충분히 인식가능하다는 점에서 동의하기 어렵다.

---

172) 송지용, 앞의 글, 242면.
173) 정진우(2021), 앞의 글, 85면.

나. 사업주와 경영책임자등의 안전 및 보건 확보의무

중대재해처벌법

제4조(사업주와 경영책임자등의 안전 및 보건 확보의무)

① 사업주 또는 경영책임자등은 사업주나 법인 또는 기관이 실질적으로 지배·운영·관리하는 사업 또는 사업장에서 종사자의 안전·보건상 유해 또는 위험을 방지하기 위하여 그 사업 또는 사업장의 특성 및 규모 등을 고려하여 다음 각 호에 따른 조치를 하여야 한다.

1. 재해예방에 필요한 인력 및 예산 등 안전보건관리체계의 구축 및 그 이행에 관한 조치
2. 재해 발생 시 재발방지 대책의 수립 및 그 이행에 관한 조치
3. 중앙행정기관·지방자치단체가 관계 법령에 따라 개선, 시정 등을 명한 사항의 이행에 관한 조치
4. 안전·보건 관계 법령에 따른 의무이행에 필요한 관리상의 조치

② 제1항 제1호·제4호의 조치에 관한 구체적인 사항은 대통령령으로 정한다.

중대재해처벌법 시행령

제4조(안전보건관리체계의 구축 및 이행 조치)

법 제4조 제1항 제1호에 따른 조치의 구체적인 사항은 다음 각 호와 같다.

1. 사업 또는 사업장의 안전·보건에 관한 목표와 경영방침을 설정할 것
3. 사업 또는 사업장의 특성에 따른 유해·위험요인을 확인하여 개선하는 업무절차를 마련하고, 해당 업무절차에 따라 유해·위험요인의 확인 및 개선이 이루어지는지를 반기 1회 이상 점검한 후 필요한 조치를 할 것. 다만, 「산안법」 제36조에 따른 위험성평가를 하는 절차를 마련하고, 그 절차에 따라 위험성 평가를 직접 실시하거나 실시하도록 하여 실시 결과를 보고받은 경우에는 해당 업무절차에 따라 유해·위험요인의 확인 및 개선에 대한 점검을 한 것으로 본다.
4. 다음 각 목의 사항을 이행하는 데 필요한 예산을 편성하고 그 편성된 용도에 맞게 집행하도록 할 것
   가. 재해 예방을 위해 필요한 안전·보건에 관한 인력, 시설 및 장비의 구비
   나. 제3호에서 정한 유해·위험요인의 개선
   다. 그 밖에 안전보건관리체계 구축 등을 위해 필요한 사항으로서 고용노동부장관이 정하여 고시하는 사항

제5조(안전·보건 관계 법령에 따른 의무이행에 필요한 관리상의 조치)

① 법 제4조 제1항 제4호에서 "안전·보건 관계 법령"이란 해당 사업 또는 사업장에 적용되는 것으로서 종사자의 안전·보건을 확보하는 데 관련되는 법령을 말한다.

제11조(공중이용시설·공중교통수단 관련 안전·보건 관계 법령에 따른 의무이행에 필요한 관리상의 조치)

① 법 제9조 제2항 제4호에서 "안전·보건 관계 법령"이란 해당 공중이용시설·공중교통

수단에 적용되는 것으로서 이용자나 그 밖의 사람의 안전·보건을 확보하는 데 관련되는 법령을 말한다.

(1) 위헌 주장의 내용

중대재해처벌법 제4조 제1항 및 시행령 제4조, 제5조에서는 경영책임자등에게 안전 및 보건 확보의무를 부과하고, 법 제4조 제1항 제1호 및 제4호의 경우에는 경영책임자등이 취하여야 할 조치의 구체적인 사항을 대통령령으로 정하도록 위임하고 있다.

이와 관련된 위헌 주장의 요지는 법 및 시행령에서 규정한 경영책임자등의 안전 및 보건 확보의무의 내용이 모호하고 지나치게 광범위하여 경영책임자등으로서는 구체적으로 어떠한 의무를 준수하여야 하는지를 알 수 없어 명확성 원칙에 반하며, 법에서 구체적인 기준이나 범위를 정함이 없이 일부 의무의 내용을 대통령령에 포괄적으로 위임하여 포괄위임입법금지 원칙에 반한다는 것이다.

법 제4조 제1항 각호의 규정이 명확성 원칙에 위반된다는 주장에 관하여 구체적으로 살펴보면, ① 법 제4조 제1항 제1호의 '재해예방에 필요한 인력 및 예산 등 안전보건관리체계의 구축 및 그 이행에 관한 조치'에 관하여는 '안전보건관리체계'라는 표현이 무엇을 의미하는지 그에 대한 용어 정의도 없고 그 범위와 내용에 대해 학문적·실무적으로 합의된 개념도 아니라는 점과 '재해예방에 필요한' 이라는 표현만으로는 경영책임자등이 어느 정도 의무를 지켜야 하는지가 명확하지 않다는 점을,[174] ② 법 제4조 제1항 제2호의 '재해 발생 시 재발방지 대책의 수립 및 그 이행에 관한 조치'에 관하여는 포괄적 규정에 그쳐 경영책임자등이 어떤 재해를 예방하라는 것인지, 경영책임자가 어떤 재해에 대하여 어느 정도의 재발방지 대책을 수립하라는 것인지 명확하지 않다는 점을,[175] ③ 법 제4조 제1항 제3호의 '중앙행정기관·지방자치단체가 관계 법령에 따라 개선, 시정 등을 명

---

174) 구체적으로는, 산안법 제2장에서는 '안전보건관리체제'라는 용어를, 같은 법 시행령 제4조에서는 '산업안전보건경영체제'라는 표현을 각 사용하고 있고, 고용노동부의 공공기관의 안전활동 수준평가에 관한 고시에서는 '안전보건체제'라는 용어를 사용하고 있으며, 기획재정부의 공공기관의 안전관리지침(제19조 제2항)에서는 '안전경영시스템'이라는 용어를 사용하고 있는 등 유사한 용어가 서로 다른 표현으로 혼재하여 사용되고 있을 뿐만 아니라 '안전보건관리체계'라는 표현은 안전관리론이라는 학문에서 일반적으로 '안전보건관리체제', '안전보건관리(경영)시스템' 등의 표현을 사용하고 있는 것과도 부합하지 않는다는 점을 든다. 정진우(2021), 앞의 글, 71-72면.

175) 송인택·안병익·이태승·정재욱·윤상호, 중대재해처벌법 해설과 대응, 박영사(2022), 74면; 정진우(2021), 앞의 글, 74면.

한 사항의 이행에 관한 조치'에 관하여는 이행의 스펙트럼이 매우 광범위하고 다양한 점을 고려할 때, 경영책임자등이 어느 범위까지 '이행에 관한 조치'에 관여해야 하는지를 충분히 인식할 수 있을 정도로 법문이 구체화되어 있지 못하다는 점을,[176] ④ 법 제4조 제4호의 '안전·보건 관계 법령에 따른 의무이행에 필요한 관리상의 조치'에 관하여는 '관리상의 조치'라는 표현이 지나치게 광범위하고 애매하고 불명확하며, 각 개별법에 규정되어 있는 각종 선언적 의무, 추상적 의무, 벌칙이 없는 의무까지 모두 포함될 가능성이 있다는 점을[177] 지적한다.

시행령 제4조 및 제5조에 관하여는 중대재해처벌법의 애매하고 불명확한 부분을 시행령에서 보충적으로라도 해석하거나 설명하고 있지 않아 법의 위헌성이 해소되지 않았다는 비판이 있다. 준법의지가 아무리 강한 경영책임자라도 누가 무엇을 어떻게 해야 할지 판단할 수 없는 애매하고 불명확한 개념이 시행령에도 많이 규정되어 있다는 것이다.[178] 이를 구체적으로 살펴보면, ① 시행령 제4조 제3호의 '사업 또는 사업장의 특성에 따른 유해·위험요인을 확인하여 개선하는 업무절차를 마련하고' 부분에 관하여는 수범자가 해야 할 조치가 구체적으로 무엇인

176) 정진우(2021), 앞의 글, 75면.
177) 정진우(2021), 앞의 글, 76면.
178) 정진우, 앞의 책, 294-295면에서는 아래와 같이 시행령 중 애매하고 불명확한 개념을 표로 정리하고 있다.

제4조	제2호: 안전·보건에 관한 업무 제3호: 유해·위험요인을 확인, 필요한 조치 제4호: 안전·보건에 관한 인력, 유해·위험요인의 개선 제5호: 충실히 수행할 수 있도록, 충실하게 수행하는지를, 평가·관리할 것 제7호: 필요한 조치 제9호: 안전·보건을 위한 관리비용
제5조	제2항 제1호, 제2호, 제3호: 안전·보건 관계 법령 제2항 제2호: 등 해당 의무 이행에 필요한 조치 제2항 제3호: 등 교육 실시에 필요한 조치
제8조	제1호: 필요한 인력, 안전·보건 관계 법령, 유해·위험요인의 점검 제2호: 안전·보건 관계 법령, 인력·시설 및 장비 등의 확보·유지 제3호: 유해·위험요인의 주기적인 점검 제5호: 하는 등 중대시민재해 예방에 필요한 조치를 할 것
제9조	제2항 제1호, 제2호, 제3호: 안전·보건 관계 법령
제10조	제1호: 필요한 인력 제2호: 안전·보건 관계 법령, 인력·시설 및 장비 등의 확보·유지, 안전점검 등의 실시 제4호: 충실히 이행하도록 할 것 제6호: 하는 등 중대시민재해 예방에 필요한 조치를 할 것 제8호: 중대시민재해 예방을 위해 필요한 비용
제11조	제2항 제1호, 제2호, 제3호: 안전·보건 관계 법령

지, 그 정도는 어느 수준인지 전혀 알 수 없으며,[179] 시행령 제4조 제4호의 '필요한 예산을 편성하고' 부분에 관하여는 '필요한 예산'의 판단기준이 무엇인지 불명확하다고 한다.[180]

다음으로, 포괄위임입법금지 원칙에 반한다는 주장에 관하여 살펴보면, 법 제4조 제1항 제1호에서 '안전보건관리체계의 구축 및 그 이행에 관한 조치'라는 처벌법규의 구성요건에 대한 기본사항에 관하여, 보다 구체적인 기준이나 범위를 정함이 없이 그 내용을 모두 대통령령에 포괄적으로 위임함으로써 경영책임자로 하여금 광범위한 개념인 '안전보건관리체계의 구축 및 그 이행'과 관련하여 준수하여야 할 사항의 내용이나 범위를 구체적으로 예측할 수 없게 하고, 행정부의 자의적인 행정입법을 초래할 여지가 크다고 볼 수 있기 때문에 포괄위임입법금지 원칙에 위배되고,[181] 법 제4조 제1항 제4호의 '안전·보건 관계 법령에 따른 의무이행에 필요한 관리상의 조치' 역시 마찬가지의 이유에서 포괄위임입법금지 원칙에 위배된다고 한다.[182]

한편, 법 제4조 제2항에서는 "안전·보건 관계 법령에 따른 의무이행에 필요한 관리상의 조치"에 관한 구체적인 사항은 대통령령으로 위임하고 있는데, 조치사항에 관하여는 시행령 제4조에서 구체적으로 규정하고 있는 반면, 조치의무의 근거가 되는 안전·보건 관계 법령에 관하여는 시행령 제5조에서 '해당 사업 또는 사업장에 적용되는 것으로서 종사자의 안전·보건을 확보하는 데 관련되는 법령'이라고만 규정하여 구체적인 범위를 특정하여 한정적으로 열거한 것이 아니라 사실상 관계되는 법령이 모두 포함될 수 있도록 포괄적으로 정하고 있다는 비판이 있다.[183] 시행령에서 구성요건이 구체화된 것이 아니라 동어반복에 그치고 있어 그 적용범위가 너무 광범위하고 포괄적이어서 통상의 판단능력을 가진 국민이 법률에 의하여 금지된 행위가 무엇인가를 알 수 없게 되었다는 것이다.[184]

179) 송인택·안병익·이태승·정재욱·윤상호, 앞의 책, 73면.
180) 박정택·권순하, 앞의 글, 108면; 송인택·안병익·이태승·정재욱·윤상호, 앞의 책, 73면.
181) 정진우(2021), 앞의 글, 72-73면.
182) 정진우(2021), 앞의 글, 76면.
183) 박정택·권순하, 앞의 글, 109면.
184) 송지용, 앞의 글, 245면; 송인택·안병익·이태승·정재욱·윤상호, 앞의 책, 74면.

(2) 명확성 원칙 위반 여부에 관한 검토

(가) 판단의 기초 1 – 안전 및 보건 확보의무의 특성에 따른 입법기술적 한계

중대재해처벌법이 형벌의 부과를 그 법적 효과로 하는 만큼 죄형법정주의의 명확성 원칙에 충실하여야 함은 의문의 여지가 없다. 다만, 사업주와 경영책임자등에게 안전 및 보건 확보의무를 부과한 중대재해처벌법의 규정이 명확성 원칙에 반하는지 여부를 판단함에 있어서는 중대재해처벌법이 요구하는 위 의무가 산안법상 의무와 다르다는 점을 특히 염두에 두어야 한다.

산안법에서 규정하는 안전보건 조치의무는 안전 및 보건에 관한 기술적 또는 행정적 조치의무로서 사업장의 안전 및 보건에 관한 사항을 적법하고 적절하게 규율하기 위하여 필요한 구체적·직접적 조치의무인 반면, 중대재해처벌법에서 규정하는 안전 및 보건 확보의무는 사업을 경영할 때 항상 고려하여야 하는 안전보건시스템에 관한 관리의무이다.[185] 중대재해처벌법이 규정한 경영책임자등의 의무의 본래 취지가 안전보건체계를 갖추는 것과 같은 구조적인 성격을 가진다는 점도 일반적 의무조항의 성격을 더욱 강화시킨다. 따라서 경영책임자등이 준수해야 할 안전 및 보건 확보의무란 어느 정도 추상적이고 일반적이며 다소 포괄적인 내용으로 규정될 수밖에 없다.[186] 또한, 사업 및 사업장의 업종별 특성, 작업의 내용 및 그에 내포된 유해·위험요인의 종류와 정도, 산업기술의 발전 상황 등에 따라 각 사업에서 요구되는 안전 및 보건 확보의무가 제각기 다를 수밖에 없으므로 입법기술적으로 볼 때에도 경영책임자등의 안전 및 보건 확보의무를 규정함에 있어서 산안법의 직접적이고 구체적인 안전보건 조치의무와 같이 계량적 명확성과 획일성을 도모하여 일일이 구체적, 서술적으로 열거하도록 하는 것은 처음부터 불가능하거나 현저히 곤란한 측면이 있다.[187] 그리고 무엇보다 이러한 점은 법률안 심사과정에서도 충분히 고민하고 논의된 사항이다.[188] 즉, 입법자가 안전 및 보건

185) 온주 중대재해처벌법 해당 부분 해설 참조.

186) 최정학(2021), 앞의 글, 13-14면.

187) 권혁, "중대재해처벌법의 법체계적 지위와 입법정책적 의의 고찰", 노동법포럼, 34호, 노동법이론실무학회(2021. 11.), 13면; 이황희, 앞의 글, 30면.

188) 제3차 회의(회의록 제3호, 21면).
【소위원장 백혜련】 "안전 및 보건조치 확보의무는 명확성에서 한계를 가질 수밖에 없다고 봅니다. 명확성이라기보다는 포괄성에서 한계를 가질 수밖에 없다고 봅니다. 너무나 많은, 그리고 시대가 계속 변화·발전하기 때문에 그 안전·보건조치의무라는 것이 하나하나 계속 달라지는 거거든요. (중략) 그래서 저는 그것을 법령으로 명확하게 하나하나 규정할 수는 없다고 봅니다. 그렇다

확보의무 규정을 일반적이고 다소 포괄적으로 규정한 데는 위와 같은 입법기술상 한계를 고려한 것이다.

(나) 판단의 기초 2 – 중대재해처벌법의 수범자의 특수성

중대재해처벌법의 수범자는 불특정의 일반인이 아니라 개인사업주 또는 경영책임자등으로 한정되어 있다.

앞서 본 바와 같이 헌법재판소는 수범자가 특정 집단인 경우 처벌법규의 명확성에 대한 요구가 다소 완화될 수 있다고 보고 있다. 사업을 대표하고 총괄하는 경영책임자등은 사업 또는 사업장에서 종사자의 안전·보건상 유해 또는 위험을 방지하기 위하여 필요한 조치가 무엇인지에 관하여 누구보다 정확하고 깊은 인식과 이해를 할 수 있으며, 일반인 내지는 종사자와 비교할 때 안전 및 보건 관련 전문가나 법률전문가 등으로부터 폭넓은 조언을 받을 수 있는 지위에 있으므로[189] 자신에게 부여된 의무의 내용을 충분히 파악할 수 있고 그에 비추어 의무를 준수할 수 있다.[190] 이와 같은 중대재해처벌법의 수범자인 경영책임자등의 지위와 역할 또한 안전 및 보건 확보 의무 규정의 명확성 원칙 위반 여부를 판단함에 있어서 고려하여야 한다.

(다) 구체적 판단 1 – '안전 및 보건', '유해·위험', '안전보건관리체계'의 의미 관련

중대재해처벌법은 '안전·보건', '유해·위험', '안전보건관리체계'에 관한 정의 규정을 두고 있지 않으며, 산안법 역시 마찬가지이다. 그러나 앞서 살펴 본 바와 같이 명확성 원칙을 관철한다 하더라도 입법자가 모든 구성요건에 관하여 정의 규정을 두어야 한다거나 단순한 의미의 서술적인 개념에 의하여 규정하여야 하는 것은 아니고, 통상의 해석방법에 의하여 그 의미를 파악할 수 있다면 명확성 원칙에 위배되는 것은 아니다.

고 본다면 이 정도의 규정들이, 재해예방에 필요한 조직, 인력, 이행에 관한 조치 이게 명확성이 좀 부족하다고 비판을 하지만 지금의 현실 속에서는 어쩔 수 없는 부분이 아닌가, 이 정도면 그래도 구체성을 띠고 규정할 수 있지 않나 이런 생각이거든요."

189) 이황희, 앞의 글, 30-31면.

190) 법률안 심사과정에서도 이러한 측면이 고려된 것으로 보인다.
제3차 회의(회의록 제3호, 26면)
【고용노동부차관】 "안전 · 보건에 관한 책임은 정부가 구체적으로 지적해서 생기는 게 아니고, 저희 산안법의 취지도 그렇고 이 법의 취지도 그렇고 그 기업에서 사업장에서 사업주가 그 사업을 운영하면서 생기는 위험요인은 제거해 가지고 그 사업장에서 일하는 근로자가 사망사고에 이르지 않도록 조치를 해야 된다 하는 게 기본 토대입니다."

'안전 및 보건'의 의미에 관하여는 통상의 문언적 개념과 산안법의 내용을 종합하여 그 의미를 확정할 수 있다. '안전'이란 '위험이 생기거나 사고가 날 염려가 없음 또는 그러한 상태'이고, '보건'이란 '건강을 온전하게 잘 지킴. 병의 예방, 치료 따위로 사람의 건강과 생명을 보호하고 증진하는 일'을 이른다. 한편 산안법 제38조는 안전조치를 '위험으로 인한 산업재해를 예방하기 위하여 필요한 조치'라고 풀어서 규정하고 있고, 산안법 제39조는 보건조치를 '건강장해를 예방하기 위하여 필요한 조치'라고 풀어서 규정한다. 위와 같은 조항을 종합적으로 고려하면 '보건'이란 사고 등의 급격한 사건이 개재되지 않은 건강장해 등 신체의 완전성 훼손을 의미하고, '안전'이란 사고 등의 급격한 사건이 개재된 신체의 완전성 훼손이라고 이해할 수 있다.[191]

'유해·위험'의 의미에 관하여도, 통상적으로 '유해'란 '해로움이 있음', '위험'이란 '해로움이나 손실이 생길 우려가 있음 또는 그런 상태'라는 뜻이어서 양자의 개념에 큰 차이는 없다. 산안법 역시 유해·위험의 정도(제3조), 유해·위험 방지조치(제15조 제1항 제9호), 유해하거나 위험한 작업(제29조), 유해성·위험성이 있는 화학물질(제65조 제1항 제1호), 유해·위험요인(제67조 제1항 제1호) 등과 같이 두 용어를 같이 사용하는 예가 많다.

일반적으로 근로자의 건강장해를 일으키거나 인체에 나쁜 영향을 줄 수 있는 화학물질의 특성을 유해성(hazard)이라고 하며, 이러한 유해성은 중독과 같은 증상으로 발현이 된다. 위험성(risk)이란 위해성이나 잠재적 위험성(dangerous)이 특정한 상황에서 발현되어 사람에게 상해를 입히거나 건축물, 설비 등에 손상을 가져오는 정도를 의미한다. 따라서 종사자의 안전·보건상 유해 또는 위험의 방지를 목적으로 한다는 것은 종사자가 노무를 제공하면서 노출될 수 있는 모든 형태의 유해·위험으로부터 종사자를 보호하여야 한다는 뜻으로 해석할 수 있다.[192]

또한, '안전보건관리체계'란 위와 같은 '안전과 보건'의 의미를 고려하여 사업주가 산업재해를 예방하기 위해 사업장의 유해·위험 요인을 사전에 평가하고 그 위험의 내용과 정도에 따라 적절한 조치를 하는 등 사업장의 안전과 보건의 유지·

191) 온주 중대재해처벌법 해당 부분 해설 참조. 고용노동부(2021. 11.), 앞의 책, 41면에서는 '안전보건관리체계의 구축 및 이행'을 '근로자를 비롯한 모든 일하는 사람의 안전과 건강을 보호하기 위해 기업 스스로 유해하거나 위험한 요인을 파악하여 제거·대체 및 통제 방안을 마련·이행하며, 이를 지속적으로 개선하는 일련의 활동'을 의미한다고 해설하고 있다.

192) 온주 중대재해처벌법 해당 부분 해설 참조.

개선을 하는 일련의 관리 또는 경영체계를 뜻하는 것[193]으로 해석하는 데 무리가 없고, 산안법이나 다른 법규 등에서 이와 관련하여 통일적인 용어를 사용하지 않는다는 점이 명확성 원칙 위반 여부를 판단하는 데 있어 결정적인 근거가 되지는 않는다.

(라) 구체적 판단 2 – 법 제4조 제1항 제2호 및 제3호 관련

법 제4조 제1항 제2호의 '재해 발생 시 재발방지 대책의 수립 및 그 이행에 관한 조치' 및 법 제4조 제1항 제3호의 '중앙행정기관·지방자치단체가 관계 법령에 따라 개선, 시정 등을 명한 사항의 이행에 관한 조치' 부분은 산업재해가 발생하였음에도 경영책임자등이 재발방지를 위한 조치에 나서지 아니하거나(제2호) 행정기관 등으로부터 시정명령 등을 받았음에도 경영책임자등이 그 이행에 관한 조치를 취하지 아니한 경우 위 각 규정에서 정한 안전 및 보건 확보의무를 위반하였다고 판단할 수 있으므로 명확성 원칙의 관점에서 큰 문제는 없다.[194] 위 각 규정에서 '재발방지 대책', '이행에 관한 조치' 부분이 다소 포괄적으로 규정된 점은 있으나, 해당 사업장에 발생한 재해의 내용이나 행정기관 등이 개선, 시정을 명한 사항은 구체적 사안에 따라 상이할 수밖에 없으므로 이를 미리 일의적으로 규정하는 것 자체가 입법기술상 불가능에 가깝고, 위 각 규정의 취지, '재발방지 대책', '이행에 관한 조치'의 문언적 의미 등을 종합하면, 재발방지 대책이란 사업 또는 사업장에 발생한 재해의 원인을 조사·분석하는 절차의 마련, 보고체계의 수립, 재해 원인 해소 및 재발 방지를 위한 체계적 대응조치를 의미하는 것으로,[195] '이행에 관한 조치'는 행정기관의 개선, 시행명령의 구체적 내용에 따라 이행방안을 수립하고, 이에 필요한 예산과 인력을 확보하며, 제대로 이행되었는지를 확인하는 등의 조치를 뜻하는 것으로 각 그 행위 태양을 충분히 예측할 수 있다. 결국 위 각 규정이 모호하고 광범위하여 불명확한 것이라기보다는 사업 또는 사업장에서 발생할 수 있는 재해의 종류와 양상 및 행정기관 등의 개선, 시행명령의 구체적 내용이 아직 불확정적인 것에 불과하다.

이에 대하여 위 각 규정만으로는 경영책임자등이 어느 정도의 재발방지 대책을 수립하라는 것인지, 어느 범위까지 이행에 관한 조치에 관여해야 하는지 명확

193) 온주 중대재해처벌법 해당 부분 해설 참조.
194) 정현희, 앞의 글, 31면.
195) 강검윤, 앞의 글, 102면.

하지 않다고 하나, 이는 결국 경영책임자등이 취한 조치가 위 각 규정을 위반한 것인지 여부를 법관이 어떠한 기준과 방법으로 판단할 것인지, 즉 법률의 해석 및 적용에 관한 문제이지 위 각 규정 자체의 명확성 여부에 관한 문제는 아니다. 법관은 중대재해처벌법의 개별 조항에서 정한 의무의 내용과 해당 사업의 특성 및 규모 등을 토대로 입법 목적, 관련 규정이 경영책임자등에게 의무를 부과한 구체적 취지, 사업의 규모와 실제 사업장에서 이루어지는 작업의 성격, 이에 내재되어 있거나 합리적으로 예상되는 안전·보건상 위험의 내용, 산업재해의 발생빈도, 안전·보건조치에 필요한 기술 수준 등을 구체적으로 살펴 규범 목적에 부합하도록 객관적으로 경영책임자등이 위 각 규정에서 정한 의무를 위반하였는지 여부를 판단할 수 있다.[196] 설령 명확성 원칙의 관점에서 법규정을 살펴 보더라도 향후 학설과 행정해석, 판례 등이 축적되면 수범자인 경영책임자등이 취하여야 하는 조치의 정도와 범위 등에 관한 합리적 기준이 확립되어 경영책임자등으로서는 무엇이 법이 요구하는 안전 및 보건 확보의무의 내용인지를 예측하는 것이 가능하므로 명확성 원칙 위반에 대한 논란도 해결될 것으로 보인다.

(마) 구체적 판단 3 – '필요한 조치', '필요한 인력', '필요한 예산', '필요한 비용' 등의 의미 관련

시행령 제4조 제2호, 제7호, 제5조 제2항 제2항 제2호, 제8조 제5호 등에서는 경영책임자등에게 안전 및 보건 확보의무 이행이나 재해예방 등에 '필요한' 조치를 할 것을 규정하고 있고, 시행령 제4조 제4호. 제8조 제1호, 제10조 제1호, 제10조 제6호 등에서는 안전 및 보건확보 의무에 따른 조치의 이행에 '필요한' 예산, 인력, 비용 등을 갖출 것을 규정하고 있는데, 이때 경영책임자등이 어느 정도의 필요한 조치를 취하여야 하며, 어느 정도의 필요한 인력, 예산, 비용을 갖추어야 이행을 다한 것인지에 관한 기준은 구체적으로 규정하고 있지 않다.

그러나 이 부분 규정 역시 위 (라)항에서 본 바와 같이 결국 경영책임자등이 취한 조치의 실질적 내용, 안전·보건에 관한 인력의 규모, 예산 편성이나 비용 산출의 적정성 등을 살펴 경영책임자등이 법의 요구를 충족하는데 '필요한' 정도의 안전 및 보건 확보의무를 위반하였다고 평가할 수 있는지 여부를 법관이 사안에

196) 대법원 2021. 9. 30. 선고 2020도3996 판결. 위 판결은 산안법에서 정한 안전·보건조치 의무를 위반하였는지 여부를 판단하는 기준 내지 방법을 제시한 것이나, 중대재해처벌법에서 정한 안전 및 보건 확보의무를 위반하였는지 여부를 판단함에 있어서 원용할 만한 내용이다.

따라 제반 사정들을 종합적으로 고려하여 판단하여야 하는 법률의 해석 및 적용에 관한 문제이지 위 각 조항 자체의 명확성 여부에 관한 문제는 아니다. 입법기술적으로 보더라도 각 규정에서 요구하는 필요한 정도를 일일이 구체적으로 규정하기란 매우 어렵고, 각 사업의 특성이나 규모, 작업의 내용 등을 감안하지 않은 채 획일적 기준을 규정하는 것이 바람직하지도 않다.

(바) 구체적 판단 4 – '충실히', '충실하게' 등의 의미 관련

시행령 제4조 제5호에서는 경영책임자등으로 하여금 안전보건관리책임자등이 그 업무를 각 사업장에서 '충실히' 수행할 수 있도록 조치하되, 그러한 조치 중 하나로 안전보건관리책임자등이 해당 업무를 '충실하게' 수행하는지를 평가하는 기준을 마련할 것을 규정하고 있다.

'충실히', '충실하게' 등의 용어가 일견 모호한 것은 사실이다. 그러나 산안법 제15조에서는 안전보건관리책임자의 업무 내용을, 산안법 시행령 제15조에서는 관리감독자의 업무 내용을, 산안법 시행령 제53조에서는 안전보건총괄책임자의 업무 내용을 매우 구체적으로 상세히 규정하고 있으므로, 위 안전보건관리책임자등이 자신의 업무를 '충실히' 수행하게끔 조치하고 실제 '충실하게' 그 업무를 수행하는지를 평가함에 있어 '충실히', '충실하게'의 의미는 위 안전보건관리책임자등이 산안법에서 규정하고 있는 각 그 업무 내용을 '차질없이' '제대로' 수행하는 것을 뜻한다고 합리적 해석이 가능하다. 나아가 경영책임자등은 위 산안법 및 그 시행령의 규정을 참조하여 안전보건관리책임자등의 업무 수행의 '충실성'을 용이하게 판단할 수 있으므로, 위 각 규정에서 '충실히', '충실하게'라는 다소 추상적이고 가치 평가를 수반하는 용어를 사용하고 있다는 사정만으로 명확성 원칙에 위배된다고 볼 수 없다.

(3) 포괄위임입법금지 원칙 위반 여부에 관한 검토

(가) '재해예방에 필요한 인력 및 예산 등 안전보건관리체계의 구축 및 그 이행에 관한 조치'에 관한 구체적인 사항

중대재해처벌법 제4조 제2항은 법 제4조 제1항 제1호에서 규정한 '재해예방에 필요한 인력 및 예산 등 안전보건관리체계의 구축 및 그 이행에 관한 조치'에 관한 구체적인 사항을 대통령령으로 정하도록 위임하고 있다.

앞서 본 바와 같이 안전보건관리체계는 안전보건관리 업무를 담당하는 각종의

조직을 구성하여 필요한 예산과 인력을 확충하고 그에 맞는 역할과 권한을 부여하는 등의 일련의 절차를 의미하는데, 이는 각 사업 및 사업장의 규모와 특성에 따라 상이할 수밖에 없으므로, 이를 구축하고 이행함에 있어 요구되는 조치의 구체적인 내용을 일일이 법률에 규정하기는 어렵다. 이 때문에 안전보건관리체계의 구축 및 그 이행에 관한 조치에 관하여 하위법령인 행정입법에 위임할 필요성이 인정된다. 나아가 법 제4조 제1항 제1호는 안전보건관리체계의 필수적 내용으로 '재해예방에 필요한 인력 및 예산'을 제시하고 있고, 이를 구축하고 이행할 것을 의무의 내용으로 규정하고 있어 이를 통해 시행령이 어떤 내용을 규정할 것인지를 예측할 수 있으므로 위 법조항이 구체적인 기준이나 범위를 정함이 없이 그 내용을 모두 대통령령에 포괄적으로 위임하여 포괄위임입법 금지 원칙에 위반된다고 보기는 어렵다.

(나) '안전·보건 관계 법령에 따른 의무이행에 필요한 관리상의 조치'에 관한 구체적인 사항

중대재해처벌법 제4조 제2항은 법 제4조 제1항 제4호에서 규정한 '안전·보건 관계 법령에 따른 의무이행에 필요한 관리상의 조치'에 관한 구체적인 사항은 대통령령으로 정하도록 위임하고 있다.

이때 법률이 대통령령으로 위임한 부분이 '안전·보건 관계 법령'의 구체적 범위인지 아니면 '조치'에 관한 구체적인 사항인지 아니면 양자를 모두 포함하는 것인지가 문제될 수 있다. 고용노동부는 법 제4조 제2항에서 위임한 것은 '조치'의 구체적 내용으로 법 제4조 제1항 제4호의 '안전·보건 관계 법령'의 범위는 시행령에 위임되지 않았다고 보는 입장이다.[197]

다만, 시행령 제5조는 법 제4조 제1항 제4호에서 규정한 '안전·보건 관계 법령'이란 해당 사업 또는 사업장에 적용되는 것으로서 종사자의 안전·보건을 확보하는 데 관련되는 법령이라고 규정하고 있고, 안전·보건 관계 법령의 범위를 구체적으로 특정하는 것에 대하여는 시행령 제정 과정에 일부 논의가 있었으나 최종적으로 위와 같이 그 의미를 포괄적으로 규정하게 되었다고 한다.[198]

---

197) 고용노동부, '중대재해처벌법 시행령 설명자료 Q&A', 8면. 이에 대하여는 하위법령에서 정하는 사항은 반드시 법률에서 위임한 내용만 규정하는 것은 아니며, 법 시행에 필요한 사항도 정할 수 있기 때문에 정부가 위임근거 부재만을 이유로 '안전·보건 관계 법령'의 범위를 정하지 않은 것은 합당한 처사가 아니라는 비판이 있다. 한국경영자총협회, "중대재해처벌법 시행령" 개정에 대한 경영계 건의서(2022. 5.), 29면.

법 제4조 제2항은 '제1항 제1호·제4호의 조치에 관한 구체적인 사항은 대통령령으로 정한다'고 규정하고 있어 그 문언상으로는 '조치'에 관한 구체적인 내용을 대통령령에 위임한 것이지 '안전·보건 관계 법령'의 범위를 대통령령에 위임하고 있는 것으로 해석할 수 없다. 따라서 법이 '안전·보건 관계 법령'의 범위를 대통령령에 위임하였음을 전제로 포괄위임입법금지 원칙에 위반된다는 주장을 견지하기란 어려워 보인다.

그렇다면 법 제4조 제1항 제4호에서 규정한 '안전·보건 관계 법령'의 범위가 불명확하고 지나치게 확대될 가능성이 있어 명확성 원칙에 반하는 것이 아닌지가 문제될 수 있다.

이와 관련하여 고용노동부는 '안전·보건 관계 법령'이란 종사자의 안전·보건을 확보하는 데 그 목적을 두고 있는 산업안전보건법령을 중심으로 고려하되 이에 한정되는 것은 아니며 종사자의 안전·보건에 관계되는 법령을 모두 포함된다고 보고 있으며, 그 예시로 10개 법령, 즉 산안법, 광산안전법, 원자력안전법, 항공안전법, 선박안전법, 연구실 안전환경 조성에 관한 법률, 폐기물관리법, 생활물류서비스산업발전법, 선원법, 생활주변방사선안전관리법을 들고 있다.[199]

중대재해처벌법이 적용되는 사업은 그 종류를 불문하고, 해당 사업 또는 사업장에서 수행되는 작업의 내용에 따라 적용되는 안전·보건 관계 법령이 제각기 상이할 수밖에 없다. 따라서 법에서 안전·보건 관계 법령을 특정하는 데는 한계가 있다. 위와 같은 문제는 설령 법 제4조 제2항에서 '안전·보건 관계 법령'의 범위를 대통령령에서 정하도록 위임하였다고 해석하여 시행령에서 이를 규정하는 형식을 취하더라도 마찬가지이다.

중대재해처벌법의 수범자인 경영책임자등은 사업을 총괄하는 권한과 책임을 가진 사람으로서 자신이 경영하는 사업 또는 사업장에 적용되는 안전·보건 관계 법령이 구체적으로 어떤 법령을 의미하는 것인지를 예측할 수 있는 지식과 경험이 있고, 필요한 경우에는 안전보건에 관한 전문가나 법률전문가의 조력을 받을 수 있는 지위에 있다. 다종다양한 사업별로 그에 적용되는 안전·보건 관계 법령을 한정적으로 열거할 경우 오히려 처벌의 공백이 생겨 입법취지에 어긋난다. 다만, 평균적인 경영책임자등의 인식에 의하더라도 전혀 예상할 수 없는 극히 지엽

198) 김·장 법률사무소 중대재해대응팀, 앞의 책, 111면.
199) 고용노동부(2021. 11.), 앞의 책, 98, 104면.

적인 내용의 '안전·보건 관계 법령'에 따른 의무이행 여부가 문제되는 사안에서는 경영책임자등의 위 의무 위반에 대한 고의를 부정하는 방법으로 해결이 가능할 것이다.[200]

Ⅵ. 결 론

중대재해처벌법에 대한 위헌 주장은 전방위적으로 제기되고 있다고 해도 과언이 아니다. 이러한 위헌 주장에 대하여는 '중대재해처벌법에 대한 우려와 비판은 법의 본래 취지를 향하기보다는 처벌요건과 법정형의 가중을 향해 있는 것으로 보이지만, 사실상 중대재해처벌법 자체가 불필요하다는 논지에 가깝다'는 우려의 시선마저 존재한다.[201] 우려가 현실이 된 것인지 최근에는 중대재해처벌법을 폐지하는 것이 바람직한 입법방향이라는 주장까지 제기되고 있다.[202]

중대재해처벌법의 보호법익은 근로자와 일반 시민의 신체와 생명이며, 무엇보다 생명권은 우리 헌법질서의 최고 이념이라 할 수 있다. 법과 시행령을 둘러 싼 위헌 주장에, 내심 기업의 제도적·구조적 문제로 인하여 중대재해가 지속적으로 발생하고 있다는 현실을 외면하고, 이를 개선하고 시정할 수 있는 실질적 권한을 가진 경영책임자등의 책임을 회피하려는 의도가 있다고는 생각하지 않는다. 위헌 주장 역시 중대재해처벌법을 헌법에 합치하도록 보완하여 그 시행에 조금이라도 문제가 없도록 하려는 고언이라고 믿는다.

그러나 이론적 측면에서 살펴보더라도 중대재해처벌법은 앞서 검토한 바와 같이 위헌이라고 볼 수 없다. 입법 당시의 시대적 상황, 입법의 목적 및 경과, 국민 일반의 가치관 내지 법감정 그리고 범죄예방을 위한 형사정책적 측면 등을 종합하여 볼 때, 중대재해처벌법을 통하여 경영책임자등에게 고유의 독자적인 안전 및 보건 확보의무를 부과하고 이를 위반하여 중대재해가 발생한 경우 경영책임자등을 형사처벌하는 것은 입법자의 입법재량 내지 형성의 자유 범위 내에 있어 책임 원칙에 위배되지 않으며, 중대재해처벌법위반죄(산업재해치사)의 법정형 내지는 가중처벌 규정 또한 책임과 형벌의 비례를 요구하는 책임 원칙에 위반되지 않고, 체계정당성 원리에 비추어 과잉금지 원칙 내지 평등 원칙에 반한다고 볼 수 없

200) 온주 중대재해처벌법 해당 부분 해설 참조.
201) 김한균, 앞의 글, 106면.
202) 정진우(2022), 앞의 글, 550면.

다. 중대재해처벌법의 각종 개념 및 용어에 관하여 제기되는 명확성 원칙과 관련한 주장은 상당 부분 법률조항의 불명확성으로 인한 문제라기보다는 법의 해석 및 적용의 영역에 관한 것일 뿐만 아니라 향후 중대재해처벌법위반죄의 공소 제기와 판례의 축적 등을 통하여 해결될 수 있을 것이므로, 현행법과 시행령의 규정 내용 그 자체가 명확성 원칙에 반한다는 주장 역시 동의하기 어렵다.

중대재해처벌법은 길게는 20여년에 걸친 입법운동의 산물이라 할 수 있다. 산업재해를 추방하고 노동안전보건운동을 전개하기 위해 2001. 6. 30. 창립한 시민단체인 노동건강연대는 2003년 5월 113주년 노동절에 맞춰 “산재사망은 기업의 살인이다”라는 대중 캠페인에 착수하였고, 2003. 6. 20. 주최한 제2회 정책토론회에서 산업재해를 예방하기 위해 새로운 특별법을 제정할 것을 제안하였는데, 그 내용 중에 ‘산재사고 시 기업의 최고책임자에 대해 책임을 물을 수 있는 조항을 마련하는 것’이라는 방안이 최초로 등장하였다.[203] 민주노총, 한국노총, 노동건강연대 등은 2005년 4월 ‘산재사망 대책 마련 공동 캠페인단’을 발족하여 대중 캠페인은 물론 법 제정을 위한 운동을 꾸준히 전개하였고, 이후 참여연대, 민주사회를 위한변호사모임, 보건의료단체연합, 민주노총 등 21개의 노동시민단체는 2015. 7. 22. 중대재해 기업처벌법 제정연대를 출범하여 입법운동을 본격화하였으며, 이는 2020. 5. 28. 248개의 노동시민단체로 구성된 중대재해처벌법 제정 운동본부의 발족으로 이어져 2020. 9. 22. 10만인 국민 동의를 얻어 법 제정에 관한 청원을 제21대 국회에 제출하기에 이르렀다. 이처럼 중대재해처벌법은 국회에서 법안이 통과되는 순간까지 노동계와 시민들이 입법의 주체가 되었다는 점에서 매우 특별한 의미를 가지고 있으며,[204] 위와 같이 오랜 시간 동안의 노력과 각성에도 불구하고 전혀 개선되지 않고 빈발해 온 산업재해와 시민재해에 대하여 어떻게 하면 더욱 효과적으로 대응할 것인지에 관한 우리 사회 구성원의 합의이자 입법자의 결단이라 할 수 있다. 또한, 앞서 상세히 다룬 바와 같이 법률안 심사과정에서의 논의를 보면, 안전 및 보건 확보의무를 위반한 경영책임자등을 처벌함에 있어 책임 원칙, 죄형법정주의의 명확성 원칙 등에 위반되지 않도록 법을 제정하고자 하는 입법자의 고민과 노력을 확인할 수 있다. 중대재해처벌법의 위헌성을 논함에 있어서는 물론 이론적 정합성이 중요하나 법이 시행되기까지의 위 과정 또한 그

203) 강문대, “산업안전보건범죄자의 처벌을 강화하는 특별법 제정의 가능성 모색”, 산재사망은 왜 기업의 살인인가? 2003년 노동건강연대 제2회 정책토론회 자료집(2003. 6.), 24면.
204) 최명선, “중대재해처벌법 제정의 의미와 과제”, 노동법률, 357호, 중앙경제사(2021. 2.), 32면.

에 못지않게 염두에 두어야 할 것이다.

중대재해처벌법이 세상에 모습을 드러낸 지 8개월 남짓의 시간이 흘렀다. 법 시행 이후에도 이틀에 한 번꼴로 중대산업재해가 발생하고 있고, 141건의 사고가 중대재해처벌법위반으로 적발되었으나 그중 현재까지 공소 제기된 것은 1건에 불과하다고 한다.[205] 그러나 지금 입법의 성과를 논하기에는 시기적으로 너무 이르다 할 수 있고, 무엇보다 중대재해처벌법위반죄에 관한 단 한 건의 판례도 나오지 않은 상황에서 법의 기형을 주장하며 수술대에 올려 메스를 대기보다는 법이 규정한 안전 및 보건 확보의무를 준수하려는 겸손하고도 확고한 의지와 실행, 안전보건관리체계에 대한 집중적인 모니터링, 법 위반행위에 대한 신속하고 적극적인 대처 등을 독려하며 차분히 그 시행의 추이를 지켜볼 때가 아닌가 싶다. 이 글이 중대재해처벌법의 건강한 성장에 양분이 되어 더 이상 중대재해로 인하여 단 한 명의 근로자와 시민도 희생되지 않게끔 우리 사회의 건강성을 회복하는 데 미약하나마 도움이 되기를 바란다.

205) YTN 2022. 9. 26.자 기사, "'중대재해법 위반' 이틀에 한 번… 기소는 단 '1건'" 참조.

제3절

적용범위와 효력

문재원*

Ⅰ. 서 설

현대중공업 아르곤 가스 질식 사망사고, 태안화력발전소 압사사고, 물류창고 건설현장 화재사고와 같은 산업재해로 인한 사망사고와 함께 가습기 살균제 사건 및 4·16 세월호 사건과 같은 시민재해로 인한 사망사고와 같은 중대재해가 사회적 문제로 지적되어 옴에 따라 「중대재해 처벌 등에 관한 법률(이하 중대재해처벌법)」이 2021년 1월 26일에 제정되어 2022년 1월 27일부터 시행되었다.

이와 같은 중대재해처벌법의 내용은 사업주 또는 경영책임자들이 실질적으로 지배·운영하고 있는 사업장에서 일하는 근로자 등에 대한 안전보건확보의무를 규정하고, 이를 위반하여 중대산업재해가 발생하면 위 사업주 또는 경영책임자를 처벌하고(중대재해처벌법 제6조, 제10조), 양벌규정을 두었으며(중대재해처벌법 제7조, 제11조), 사업주 또는 경영책임자들이 공중이용시설 또는 공중교통수단을 운영하거나 위험한 원료 및 제조물을 취급하면서 안전·보건 조치의무를 위반하여 인명사고가 발생한 경우 위 사업주 또는 경영책임자들을 처벌하는 것과, 중대산업재해 또는 중대시민재해로 인한 피해자에 대한 실제 손해액의 5배 이내의 손해배상 책임을 부담하는 것(중대재해처벌법 제15조)[1]을 내용으로 하고 있다.

다만, i) 장소적 적용범위는 어떻게 되는지에 대하여 명문으로 정하고 있지는 아니하고, ii) 적용 대상을 정하고 있는 제3조나 부칙의 해석에 대하여는 논의의

* 文材源, 서울대학교 법과대학 일반대학원 석사과정

1) 중대재해 처벌 등에 관한 법률(시행 2022. 1. 27. 법률 제17907호) 제정·개정이유 참고.

여지가 있다.

Ⅱ. 중대재해처벌법의 장소적·인적 적용 범위에 대하여

1. 형사상 처벌 조항에 대하여

가. 중대재해처벌법의 내용

중대재해처벌법은 아래와 같이 기업 등에게 안전보건확보의무를 부과한 뒤, 이를 위반하여 사망 사고 등이 발생한 경우에는 이를 처벌하는 내용의 규정을 두고 있다.

> **중대재해처벌법**
>
> 제4조(사업주와 경영책임자등의 안전 및 보건 확보의무)
> ① 사업주 또는 경영책임자등은 사업주나 법인 또는 기관이 실질적으로 지배·운영·관리하는 사업 또는 사업장에서 종사자의 안전·보건상 유해 또는 위험을 방지하기 위하여 그 사업 또는 사업장의 특성 및 규모 등을 고려하여 다음 각 호에 따른 조치를 하여야 한다.
> 1~4. (중략)
>
> 제5조(도급, 용역, 위탁 등 관계에서의 안전 및 보건 확보의무)
> 사업주 또는 경영책임자등은 사업주나 법인 또는 기관이 제3자에게 도급, 용역, 위탁 등을 행한 경우에는 제3자의 종사자에게 중대산업재해가 발생하지 아니하도록 제4조의 조치를 하여야 한다. 다만, 사업주나 법인 또는 기관이 그 시설, 장비, 장소 등에 대하여 실질적으로 지배·운영·관리하는 책임이 있는 경우에 한정한다.
>
> 제6조(중대산업재해 사업주와 경영책임자등의 처벌)
> ① 제4조 또는 제5조를 위반하여 제2조 제2호 가목의 중대산업재해에 이르게 한 사업주 또는 경영책임자등은 1년 이상의 징역 또는 10억 원 이하의 벌금에 처한다. 이 경우 징역과 벌금을 병과할 수 있다.
> ② 제4조 또는 제5조를 위반하여 제2조 제2호 나목 또는 다목의 중대산업재해에 이르게 한 사업주 또는 경영책임자등은 7년 이하의 징역 또는 1억 원 이하의 벌금에 처한다.
> ③ 제1항 또는 제2항의 죄로 형을 선고받고 그 형이 확정된 후 5년 이내에 다시 제1항 또는 제2항의 죄를 저지른 자는 각 항에서 정한 형의 2분의 1까지 가중한다.
>
> 제9조(사업주와 경영책임자등의 안전 및 보건 확보의무)
> ① 사업주 또는 경영책임자등은 사업주나 법인 또는 기관이 실질적으로 지배·운영·관리하는 사업 또는 사업장에서 생산·제조·판매·유통 중인 원료나 제조물의 설계, 제조, 관리상의 결함으로 인한 그 이용자 또는 그 밖의 사람의 생명, 신체의 안전을 위하여

다음 각 호에 따른 조치를 하여야 한다.
1~4. (중략)
② 사업주 또는 경영책임자등은 사업주나 법인 또는 기관이 실질적으로 지배·운영·관리하는 공중이용시설 또는 공중교통수단의 설계, 설치, 관리상의 결함으로 인한 그 이용자 또는 그 밖의 사람의 생명, 신체의 안전을 위하여 다음 각 호에 따른 조치를 하여야 한다.
1~4. (중략)
③ 사업주 또는 경영책임자등은 사업주나 법인 또는 기관이 공중이용시설 또는 공중교통수단과 관련하여 제3자에게 도급, 용역, 위탁 등을 행한 경우에는 그 이용자 또는 그 밖의 사람의 생명, 신체의 안전을 위하여 제2항의 조치를 하여야 한다. 다만, 사업주나 법인 또는 기관이 그 시설, 장비, 장소 등에 대하여 실질적으로 지배·운영·관리하는 책임이 있는 경우에 한정한다.

제10조(중대시민재해 사업주와 경영책임자등의 처벌)
① 제9조를 위반하여 제2조제3호가목의 중대시민재해에 이르게 한 사업주 또는 경영책임자등은 1년 이상의 징역 또는 10억 원 이하의 벌금에 처한다. 이 경우 징역과 벌금을 병과할 수 있다.
② 제9조를 위반하여 제2조 제3호 나목 또는 다목의 중대시민재해에 이르게 한 사업주 또는 경영책임자등은 7년 이하의 징역 또는 1억 원 이하의 벌금에 처한다.

그러나 중대재해처벌법은 형사처벌 조항의 역외 조항에 대하여 별다른 규정을 두고 있지 않다. 그리고 또한 중대재해처벌법 중에는 국외범, 외국법인에 대한 처벌 조항 등을 따로 정하여 두고 있지 않기에, 형법 총칙의 내용은 특별한 규정이 없는 한 형법 이외의 법령에서 정한 형사처벌에 대하여도 적용된다는 점을 명시하고 있는 형법 제8조에 따라 중대재해처벌법에 대하여 적용되는 형법 내용에 대하여 살펴보도록 하겠다.

나. 중대재해처벌법에 적용될 수 있는 형법총칙의 내용

(1) 형법총칙의 내용

형법총칙은 아래에서 보는 것과 같이 적용 범위에 대하여 정하여 두고 있다.

형법
제2조(국내범)
본법은 대한민국영역내에서 죄를 범한 내국인과 외국인에게 적용한다.

제3조(내국인의 국외범)
본법은 대한민국영역외에서 죄를 범한 내국인에게 적용한다.

제4조(국외에 있는 내국선박 등에서 외국인이 범한 죄)
본법은 대한민국영역외에 있는 대한민국의 선박 또는 항공기내에서 죄를 범한 외국인에게 적용한다.

제5조(외국인의 국외범)
본법은 대한민국영역외에서 다음에 기재한 죄를 범한 외국인에게 적용한다.
1. 내란의 죄
2. 외환의 죄
3. 국기에 관한 죄
4. 통화에 관한 죄
5. 유가증권, 우표와 인지에 관한 죄
6. 문서에 관한 죄중 제225조 내지 제230조
7. 인장에 관한 죄중 제238조

제6조(대한민국과 대한민국국민에 대한 국외범)
본법은 대한민국영역외에서 대한민국 또는 대한민국국민에 대하여 전조에 기재한 이외의 죄를 범한 외국인에게 적용한다. 단 행위지의 법률에 의하여 범죄를 구성하지 아니하거나 소추 또는 형의 집행을 면제할 경우에는 예외로 한다.

이와 같은 내용에 의하면, 원칙적으로 대한민국 형법 등 형사처벌을 정하고 있는 법령의 적용 대상은 ① 대한민국 내에서 대한민국 법령에 따라 형사처벌을 받을 수 있는 행위를 한 자로서 대한민국 국적을 지닌 자(형법 제2조, 속지주의), ② 대한민국 내에서 대한민국 법령에 따라 형사처벌을 받을 수 있는 행위를 한 자로서 외국인에 해당하는 자(형법 제2조, 속지주의), ③ 대한민국 영역 외에서 대한민국 법령에 따라 형사처벌을 받을 수 있는 행위를 한 자로서 대한민국 국적을 지닌 자(형법 제3조, 속인주의의 보충적 적용)라고 할 것이고, 대한민국 영역 외에서 외국인에 해당하는 자가 행한 범죄는 대한민국 형법 등 형사처벌을 정하고 있는 법령이 적용되지 않는다고 할 것이다.[2)]

다만, 형법은 예외적으로 대한민국 영역 외에서 외국인에 해당하는 자가 행한 범죄라도, ① 그 직접적인 피해자가 대한민국 또는 대한민국 국민인 경우에 해당하거나(형법 제6조, 보호주의), ② 내란의 죄·외환의 죄·국기에 관한 죄·통화에 관한 죄·유가증권 등에 관한 죄·공문서에 관한 죄·공인장에 대한 죄에 해당하는 경우(형법 제5조, 보호주의)에는 형사처벌 대상이 된다고 정하고 있다.[3)]

2) 이주원, 형법총론, 박영사(2022), 32-34면.
3) 이주원, 앞의 책, 35-37면.

(2) 대법원 판결의 내용

이러한 형법총칙 내용에 따라 대법원은 필리핀으로 원정도박을 한 피고인을 도박죄로 처벌할 수 있다고 하고(대법원 2001. 9. 25. 선고 99도3337 판결), 치외법권 지역인 미국문화원에서 죄를 범한 대한민국 국민에 대하여도 재판권이 미친다고 판시하였는데(대법원 1986. 6. 24. 선고 86도403 판결), 이는 형법 제3조의 내용에 기초한 판시라고 할 것이다.

또한, 형법 제6조에 따른 형사처벌 가능성이 문제된 사안에서 대법원은 '형법 제6조의 대한민국 또는 대한민국 국민에 대하여 죄를 범한 때'란 "대한민국 또는 대한민국 국민의 법익이 직접적으로 침해되는 결과를 야기하는 죄를 범한 경우"라고 판시하고(대법원 1973. 5. 1. 선고 73도289 판결; 대법원 2008. 7. 24. 선고 2008도4085 판결; 대법원 2011. 8. 25. 선고 2011도6507 등 참조), 이와 같은 법리를 바탕으로 내국 법인의 대표자인 외국인이 내국 법인이 외국에 설립한 특수목적법인에 위탁해 둔 자금을 정해진 목적과 용도 외에 임의로 사용한 행위에 대하여 그 피해자는 내국 법인이므로, 위 대표자를 횡령죄로 처벌할 수 있다고 하였으며(대법원 2017. 3. 22. 선고 2016도17465 판결), 뉴질랜드 시민권자가 뉴질랜드에서 대한민국 국민을 기망하여 재물·재산상 이익을 편취한 경우에도 위 시민권자를 사기죄로 처벌할 수 있다고 하였으나(대법원 2008. 7. 24. 선고 2008도4085 판결)[4], 중국 국적자가 중국에서 대한민국 국적 주식회사의 인장을 위조한 행위(대법원 2002. 11. 26. 선고 2002도4929 판결)에 대하여는, '사문서 등에 대한 범죄는 대한민국 또는 대한민국 국민에 대하여 범한 죄에 해당하지 않는다'는 이유로 무죄 취지의 판결을 하였다. 이와 같은 판시 내용을 고려하면, 대법원은 "당해 외국인이 (주로) 강학상 개인적 법익에 관한 죄를 범하였고 그 피해자가 대한민국 국민인 경우"를 형법 제6조에 따른 처벌대상으로 하는 것으로 판단된다.

다만, 대법원은 대한민국의 국적자인 피고인이 일본국에서 안마시술소를 개소하여 안마사 자격이 없는 종업원을 고용한 후 위 종업원으로 하여금 안마사 업무 및 성매매 행위를 하게 하여 의료법 위반 및 성매매알선등행위의처벌에관한법률

---

4) 또한, 형법 제6조에 대한 법리 내용이 명시되어 있지는 아니하나 대법원 판례 중 중국 국적자들이 파나마 국적의 원양어선에 승선하여 남태평양 해상에서 근무하던 중 한국인 선원들을 살해하고 그 선박을 탈취한 행위에 대하여 대법원은 위 중국 국적자인 피고인들에 대하여 대한민국 형법에 따라 해상강도살인죄로 처벌할 수 있다고 판시한 사례가 있다(대법원 1997. 7. 25. 선고 97도1142 판결).

위반(성매매알선등)으로 기소된 사안에서, 위 피고인에 대하여 성매매알선등행위의 처벌에관한법률위반(성매매알선등)의 성립을 인정하는 한편, 의료법 위반에 대하여는 "의료법 제82조 제1항은 '안마사는 장애인복지법에 따른 시각장애인 중 다음 각 호의 어느 하나에 해당하는 자로서 시·도지사에게 자격인정을 받아야 한다'고 규정하고, 의료법 제88조 제3호는 위 제82조 제1항에 따른 안마사 자격인정을 받지 아니하고 영리를 목적으로 안마를 한 사람을 처벌하도록 규정하고 있다. 그런데 의료법 제82조 제1항에 따른 안마사의 자격은 우리나라 시·도지사의 자격인정에 의하여 부여되는 것으로서 안마사를 시·도지사의 자격인정을 받은 시각장애인으로 제한하는 위 규정의 목적이 시각장애인에게 안마업을 독점시킴으로써 그들의 생계를 지원하고 직업활동에 참여할 수 있는 기회를 제공하려는 데 있음을 고려하면, 대한민국 영역 외에서 안마업을 하려는 사람에게까지 시·도지사의 자격인정을 받아야 할 의무가 있다고 보기는 어렵다. 따라서 내국인이 대한민국 영역 외에서 안마업을 하는 경우에는 위와 같은 의무위반을 처벌하는 의료법 제88조 제3호의 구성요건 해당성이 없다(대법원 2018. 2. 8. 선고 2014도10051 판결)"라고 하면서 무죄 취지로 판시하였다.[5)]

이러한 판결은 성매매알선등행위의처벌에관한법률위반(성매매알선등)은 형법 제3조의 내국인의 국외범에 해당하여 이에 따라 처벌될 수 있는 행위지만, 의료법 위반은 공법상의 금지규정에 해당하는 의료법 제82조 제1항의 위반으로 처벌받는 것인데 이러한 의료법의 적용 범위는 국내에만 한정되고 이에 따른 의무도 국내에서만 발생할 뿐이기에, 해외에서는 이에 대한 의무 위반 여부도 문제될 수 없다는 취지로 해석된다.

다. 중대재해처벌법의 적용 범위에 대하여

(1) 중대재해처벌법이 적용되는 경우

중대재해처벌법 제1조에서 밝히는 입법 목적과 안전보건확보의무를 정하는 제4,5,9조의 내용을 보면 중대재해처벌법의 적용 대상은 "사업 또는 사업장, 공중이용시설 및 공중교통수단을 운영하거나 인체에 해로운 원료나 제조물을 취급하는 경우"라고 할 것이다.

---

5) 구길모, "행정형법의 장소적 적용범위-대법원 2018. 2. 8. 선고 2014도10051 판결-", 동아법학(82), 동아대학교 법학연구소(2019), 506-508면.

그러나 서설에 기재한 바와 같이 역외 적용 범위에 대하여는 별다른 정함이 존재하지 않는바, 먼저 중대재해처벌법의 구성요건, "사업 또는 사업장, 공중이용시설 및 공중교통수단을 운영하거나 인체에 해로운 원료나 제조물을 취급하는 경우"에 준수하여야 할 안전보건확보의무의 성격, "국내사업자가 국내에서 사업 또는 사업장, 공중이용시설 및 공중교통수단을 운영하거나 인체에 해로운 원료나 제조물을 취급하는 경우"에 한하여 안전보건확보의무를 부담하는지 여부를 유형을 구분하여 살피고자 한다.

(2) 중대재해처벌법의 구성요건에 대하여

중대재해처벌법은 중대산업재해 발생으로 인한 처벌 규정과, 중대시민재해 발생으로 인한 처벌 규정이 있고, 구성요건은 아래와 같다.

중대산업재해 발생으로 인한 처벌	중대시민재해 발생으로 인한 처벌
ⓐ 중대재해처벌법 제4조, 제5조에 따른 종사자에 대한 안전보건확보의무의 위반, ⓑ 중대산업재해[6]의 발생, ⓒ 안전보건확보의무 위반 행위와 중대산업재해 사이의 인과관계의 존재, ⓓ 위반 행위에 대한 고의	ⓐ 중대재해처벌법 제9조에 따른 제조 과정 등에서의 대한 안전보건확보의무의 위반, ⓑ 중대시민재해[7]의 발생, ⓒ 안전보건확보의무 위반 행위와 중대시민재해 사이의 인과관계의 존재, ⓓ 위반 행위에 대한 고의

이와 같은 내용에 의하면, 중 "사업 또는 사업장, 공중이용시설 및 공중교통수단을 운영하거나 인체에 해로운 원료나 제조물을 취급"하면서 중대산업재해 또는 중대시민재해에 해당하는 재해가 발생하였다고 할지라도, 사업주 등에 해당하는

---

6) **제2조(정의)** 이 법에서 사용하는 용어의 뜻은 다음과 같다.
1. "중대재해"란 "중대산업재해"와 "중대시민재해"를 말한다.
2. "중대산업재해"란 「산업안전보건법」 제2조제1호에 따른 산업재해 중 다음 각 목의 어느 하나에 해당하는 결과를 야기한 재해를 말한다.
   가. 사망자가 1명 이상 발생
   나. 동일한 사고로 6개월 이상 치료가 필요한 부상자가 2명 이상 발생
   다. 동일한 유해요인으로 급성중독 등 대통령령으로 정하는 직업성 질병자가 1년 이내에 3명 이상 발생

7) **제2조(정의)** 이 법에서 사용하는 용어의 뜻은 다음과 같다.
3. "중대시민재해"란 특정 원료 또는 제조물, 공중이용시설 또는 공중교통수단의 설계, 제조, 설치, 관리상의 결함을 원인으로 하여 발생한 재해로서 다음 각 목의 어느 하나에 해당하는 결과를 야기한 재해를 말한다. 다만, 중대산업재해에 해당하는 재해는 제외한다.
   가. 사망자가 1명 이상 발생
   나. 동일한 사고로 2개월 이상 치료가 필요한 부상자가 10명 이상 발생
   다. 동일한 원인으로 3개월 이상 치료가 필요한 질병자가 10명 이상 발생

자가 중대재해처벌법 소정의 안전보건확보의무를 이행하였다면 사업주 등은 중대재해처벌법에 따라 처벌되기는 어렵다. 그렇다면, 중대재해처벌법의 역외적용 가부를 논하기 위해서는 우선 안전보건확보의무가 대법원 2018. 2. 8. 선고 2014도10051 판결 사례의 "안마사는 장애인복지법에 따른 시각장애인 중 다음 각호의 어느 하나에 해당하는 자로서 시·도지사에게 자격인정을 받아야 한다"는 의료법 제82조 제1항에 따른 의무와 같은 "공법상 의무"에 해당하는지 살펴볼 필요가 있다.

(3) 안전보건확보의무의 성격: 공법상 의무

중대재해처벌법의 제정이유가 현대중공업 아르곤 가스 질식 사망사고, 태안화력발전소 압사사고, 물류창고 건설현장 화재사고와 같은 산업재해로 인한 사망사고와 함께 가습기 살균제 사건 및 4·16 세월호 사건과 같은 시민재해로 인한 사망사고 발생 등이 사회적 문제로 지적되어 옴에 따라 근로자를 포함한 종사자와 일반 시민의 안전권을 확보하고, 기업의 조직문화 또는 안전관리 시스템 미비로 인해 일어나는 중대재해사고를 사전에 방지하려는 것이라는 점을 밝히고 있다는 점, 헌법은 "국가는 재해를 예방하고 그 위험으로부터 국민을 보호하기 위하여 노력하여야" 하고(헌법 제34조 제6항), "모든 국민은 보건에 관하여 국가의 보호를 받을 권리를 갖는다"(헌법 제36조 제3항)라고 하고 있고, 위 중대재해처벌법은 이러한 헌법 등의 내용을 근거로 제정된 것이라는 점,[8] 중대재해처벌법 제4, 5, 9조 내용을 모두 통틀어보면 구체적인 안전보건확보의무의 내용으로 안전 보건 관계 법령의 준수를 들고 있는데 해당 법령들은 산업안전보건법과 같이 위반 시 행정상 제재 처분이 있는 법령들이라는 점 등을 모두 고려하면, 중대재해처벌법에 따른 안전보건확보의무는 그 근거가 사인간의 계약에 근거한 "사법상 의무"에 해당한다기보다는 "공법상 의무"에 해당한다. 그리고 안마사 판결에서 확인한 바와 같이 공법상 의무가 국외에서도 인정되는 경우에 한하여 국외에서의 위반 행위에 대하여 처벌된다고 할 것이고, 중대재해처벌법 역시 안전보건확보의무가 국외에서도 인정되는 경우에 위 의무 위반 및 이로 인한 중대산업재해 또는 중대시민재해가 발생하는 경우에 이에 따른 처벌을 받게 된다고 할 것이므로, 이는 결국 안전보건확보의무의 인정범위의 문제는 공법상 의무의 장소적 범위와도 관계되는 문제라고 할 것이다.

---

8) 권영국, "중대재해처벌법의 주요내용 및 법률적 검토", 중대재해처벌법 제정의 의미와 향후 과제를 위한 종합토론회(일자 2021. 2. 23.; 주최 정의당·중대재해기업처벌법제정운동본부) 자료집, 13면.

공법적 의무 관계를 규정하고 있는 각종 행정법령의 지역적 효력과 관련하여서는 "당해 행정법령을 제정한 기관의 권한이 미치는 지역 내에서만 효력을 가지는 것이 원칙", "속지주의에 따라 원칙적으로 그 영토 또는 구역 내에 있는 모든 인(내국인, 내국법인, 외국법인)에게 적용된다"라는 해석론이 일반적이다.[9] 이러한 해석론은 관할권이라는 개념이 국가가 국제법의 규율을 받는다는 전제하에 국제법이 부여하는 범위 내에서 유효하게 법률행위를 할 수 있는 국가의 주권적 권한을 의미하는 것이고, 이러한 관할권의 지역적 범위는 국가영역의 범위와 일치하는 것이 원칙이라는 관념의 영향으로 보인다.[10]

다만, 실제로 「독점규제 및 공정거래에 관한 법률(이하 "공정거래법")」, 「자본시장과 금융투자업에 관한 법률(이하 "자본시장법")」, 「외국환거래법」은 별도의 규정을 통해서 역외적용을 명시하고 있는데(하단 내용 참조),[11] 이와 같은 조항의 기재는 "원칙적으로는" 공법상 의무의 적용범위는 대한민국 영토 내에 한정된다는 전제하에서 예외를 인정하고자 하는 취지로 보인다.

공정거래법

제3조(국외에서의 행위에 대한 적용)

국외에서 이루어진 행위라도 그 행위가 국내 시장에 영향을 미치는 경우에는 이 법을 적용한다.[12]

자본시장법

제2조(국외행위에 대한 적용)

이 법은 국외에서 이루어진 행위로서 그 효과가 국내에 미치는 경우에도 적용한다.

외국환거래법

제2조(적용 대상)

① 이 법은 다음 각 호의 어느 하나에 해당하는 경우에 적용한다.

1. 대한민국에서의 외국환과 대한민국에서 하는 외국환거래 및 그 밖에 이와 관련되는 행위

---

9) 박균성, 행정법강의, 제16판, 박영사(2019). 48-49면.

10) 장준영·박규홍·이민영·박창준·최유리, 행정규제 위반 해외사업자에 대한 집행력 확보 방안 연구(방통융합정책연구 KCC-2017-19), 방송통신위원회, 2017.11 발간, 9-10면.

11) 앞의 책, 9-10면.

12) 관련하여 대법원은 '국내시장에 영향을 미치는 경우'는 문제 된 국외행위로 인하여 국내시장에 직접적이고 상당하며 합리적으로 예측가능한 영향을 미치는 경우로 해석해야 하고, 그 해당 여부는 문제 된 행위의 내용·의도, 행위의 대상인 재화 또는 용역의 특성, 거래 구조 및 그로 인하여 국내시장에 미치는 영향의 내용과 정도 등을 종합적으로 고려하여 구체적·개별적으로 판단"해야 한다고 판시하였다(대법원 2014. 12. 24. 선고 2012두6216 판결).

> 2. 대한민국과 외국 간의 거래 또는 지급·수령, 그 밖에 이와 관련되는 행위(외국에서 하는 행위로서 대한민국에서 그 효과가 발생하는 것을 포함한다)
> 3. 외국에 주소 또는 거소를 둔 개인과 외국에 주된 사무소를 둔 법인이 하는 거래로서 대한민국 통화(通貨)로 표시되거나 지급받을 수 있는 거래와 그 밖에 이와 관련되는 행위
> 4. 대한민국에 주소 또는 거소를 둔 개인 또는 그 대리인, 사용인, 그 밖의 종업원이 외국에서 그 개인의 재산 또는 업무에 관하여 한 행위

중대재해처벌법의 경우에는, 상기 공정거래법, 자본시장법, 외국환거래법과 같이 별도의 역외 적용 규정이 존재하지 않으므로, 안전보건확보의무의 이행 범위는 사업주등의 국적을 불문하고 국외 적용 가능성이 적다고 볼 여지가 있다고 할 것이고, 이에 유형을 분류하여 적용 가능성을 살피도록 하겠다.[13)]

라. 사안별 검토

(1) 국내에서 사업 또는 사업장, 공중이용시설 및 공중교통수단을 운영하거나 인체에 해로운 원료나 제조물을 취급하는 경우

사업주에 해당하는 자가 국내에 주사무소를 둔 기업 등에 해당하는지(이하 "국내사업자등"), 아니면 해외에 주사무소를 둔 기업(이하 "해외사업자등") 등에 해당하는지를 불문하고, 대한민국 법령의 관할권이 미치는 대한민국의 영역 내에서 사업 또는 사업장, 공중이용시설 및 공중교통수단을 운영하거나 인체에 해로운 원료나 제조물을 취급하는 경우에 해당한다면 중대재해처벌법에 따른 안전보건확보의무를 부담한다고 할 것이고, 위와 같은 안전보건확보의무의 위반으로 중대재해가 발생하게 된다면 이에 따른 형사처벌을 받게 될 것이다.

---

13) 안전보건확보의무 중 하나로서 중대재해처벌법은 "안전·보건 관계 법령에 따른 의무이행에 필요한 관리상의 조치(제4조 제1항 제4호)"와 "안전·보건 관계 법령에 따른 의무이행에 필요한 관리상의 조치(제9조 제1항 제4호, 제9조 제2항 제4호)"를 정하고 있고, 안전·보건 관계 법령의 의미로 "해당 사업 또는 사업장에 적용되는 것으로서 종사자의 안전·보건을 확보하는 데 관련되는 법령", "해당 사업 또는 사업장에서 생산·제조·판매·유통 중인 원료나 제조물에 적용되는 것으로서 그 원료나 제조물이 사람의 생명·신체에 미칠 수 있는 유해·위험 요인을 예방하고 안전하게 관리하는 데 관련되는 법령"이라고 하여 비교적 포괄적으로 정하고 있다는 점을 고려하면, 국외 법령도 포함될 수 있다는 주장이 제기될 여지가 있다고 할 것이나, 일반적으로 법률은 대한민국 헌법에서 정해진 절차에 따라 국회에서 제정된 법규범을 칭하는 것이고(헌법 제40조) 명령 역시 그 근거를 대한민국 헌법에 두고 있다는 점을 고려하면, 위 법령은 대한민국 법령으로 제한된다고 보는 것이 원칙적이라고 할 것이다.

(2) 해외사업자등이 해외에서 사업 또는 사업장, 공중이용시설 및 공중교통수단을 운영하거나 인체에 해로운 원료나 제조물을 취급하는 경우

일반적으로 해외사업자등이 대한민국 법령의 관할권이 미치지 않는 대한민국의 영역 외에서 사업 또는 사업장, 공중이용시설 및 공중교통수단을 운영하거나 인체에 해로운 원료나 제조물을 취급한다면, 이는 전형적인 "역외"에 있는 영역이라 중대재해처벌법의 적용 여지는 없다고 할 것이다(즉 위 해외사업자등이 해외 소재 사업 또는 사업장에서 안전보건확보의무를 부담할 여지는 존재하지 않는다).

또한, 위 해외사업자등의 해외에 소재한 사업 또는 사업장 등에서 대한민국 국적의 종사자들이 근무를 하는 경우, 해외사업자등의 해외사업장에서 제조 또는 생산된 제품 등이 국내에 수입되어 국내 소비자에게 판매되는 경우, 해외사업자등의 해외 소재 공중이용시설 등을 대한민국 국적자들이 이용하는 경우라고 할지라도, 위 해외사업자등에게는 대한민국 중대재해처벌법 법률에 따른 공법상 의무인 안전보건확보의무가 인정되지 않아, 동 의무 위반으로 인하여 발생한 중대재해에 대한 형사처벌이 문제될 여지는 없을 것으로 판단된다.[14] 다만, 해외사업자의 해외사업장에서 제조 또는 생산된 제품을 수입하여 판매, 유통하는 국내의 기업에 대하여는 중대재해처벌법 소정의 안전보건확보의무가 적용될 수 있다고 할 것이다.

(3) 국내사업자등이 해외에서 사업 또는 사업장, 공중이용시설 및 공중교통수단을 운영하거나 인체에 해로운 원료나 제조물을 취급하는 경우[15]

중대재해처벌법에 따른 형사처벌조항의 구성요건으로 "안전보건확보의무의 위반"을 요구하고 있고, 살펴본 바와 같이 중대재해처벌법 소정의 안전보건확보의무는 역외 적용을 인정하기 어렵다고 하므로 해외 소재의 사업 또는 사업장, 공중이용시설 및 공중교통수단에 대하여는 국내사업자의 안전보건확보의무의 발생을 부정할 여지가 있다.

---

14) 다만, 권오성, 중대재해처벌법의 체계, 도서출판 새빛(2022), 178면은 "중대재해처벌법은 대한민국 영역 외에서 대한민국 국민에 대하여 중대재해처벌법 위반의 죄를 범한 외국인인 개인사업주 또는 경영책임자등에게도 적용한다(형법 제6조). 다만 형법 제6조 단서는 행위지의 법률에 의하여 범죄를 구성하지 아니하거나 소추 또는 형의 집행을 면제할 경우에는 예외로 한다고 규정하고 있다. 그러므로 개인사업주 또는 경영책임자등이 행위지의 법률에 의해 처벌되지 않는 경우에는 중대재해처벌법이 적용되지 않는다"라고 하여 형법 제6조의 내용에 따라 처벌 가능성에 대한 판단을 하여야 한다는 입장이다.

15) 장기적으로는 다툼의 소지를 줄이기 위하여 "본 법에 따른 안전보건확보의무는 대한민국의 영역 외에서 사업 또는 사업장, 공중이용시설 및 공중교통수단을 운영하거나 인체에 해로운 원료나 제조물을 취급하는 경우에도 적용된다"라는 취지의 문언을 명시하는 것이 바람직할 것으로 보인다.

그러나 대한민국 국적기업의 제품이 해외공장에서 제작된 뒤 다시 국내로 유입되어 판매되는 경우와 같이, 국내에서 사업을 영위하는 자가 생산·제조를 해외에서 할 뿐 국내에서 판매·유통을 영위하는 경우(즉 소비자들이 대한민국 국민인 경우), 국내사업자등은 해외가 아니라 대한민국에 대한 판매 가능성도 함께 고려하고 제조에 착수하였을 가능성이 매우 높다는 점, 국내사업자등은 국내에서 해당 제조물 등을 판매 및 유통하는 이상 중대재해처벌법상 안전보건확보의무를 부담하게 된다는 점, 중대재해처벌법은 원칙적으로 "사업 또는 사업장, 공중이용시설 및 공중교통수단을 운영하거나 인체에 해로운 원료나 제조물을 취급하는 경우"에 적용되는 법률로서 위 사업주등의 해외사업장이 국내사업장과 동일한 수준으로 실질적 지배·관리가 인정되고 있음에도 불구하고 단지 해외에 있다는 사유만으로 위 의무가 면제된다고 단정할 수는 없다는 점 등을 모두 고려하면, 해외에서 사업 또는 사업장 등을 영위하고 있는 국내사업자등에 대하여 안전보건확보의무가 인정된다고 할 것이다.

또한, 종사자들이 대한민국 국민인 경우에도 위 종사자들의 업무 이행 장소가 국외에 있는지에 대하여 중대재해처벌법상 안전보건확보의무가 인정되는지 문제가 될 수 있다. 중대재해처벌법의 적용이 문제된 사안은 아니나, 국내 회사에 채용되어 국내 현장에서 토목과장으로 근무하다가 필리핀에서 댐과 용수로 및 부대시설을 시공하는 공사현장을 총괄 관리하던 甲이 '뇌출혈 진단'을 받은 사안에서 대법원은 "국내에서 행하여지는 사업의 사업주와의 사이에 산업재해보상보험관계가 성립한 근로자가 국외에 파견되어 근무하게 된 경우에 그 근무의 실태를 종합적으로 검토하여 보았을 때 단순히 근로의 장소가 국외에 있는 것일 뿐 실질적으로는 국내의 사업에 소속하여 당해 사업의 사용자의 지휘에 따라 근무하는 것이라면, 이러한 경우에는 국내 사업의 사업주와의 사이에 성립한 산업재해보상보험관계가 여전히 유지된다고 보아야 하므로 산재보험법의 적용을 받는다고 보아야 한다"라고 판시하였는데(대법원 2011. 2. 24. 선고 2010두23705 판결),[16] 이는 국내

16) 참고로 대법원은 대한민국의 회사가 국내에서 대한민국 국적의 기술자를 모집한 뒤, 위 기술자들로 하여금 월남에서 업무를 이행하게 하다가 월남전의 전황 변경 및 이로 인한 작업량 감소를 이유로 중간에 해고하자 위 기술자들이 구 근로기준법에 따른 휴업수당지급[구 근로기준법(법률 제791호, 시행 1961. 12. 4.) 제38조 (휴업지불) 사용자의 귀책사유로 인하여 휴업하는 경우에는 사용자는 휴업기간 중 당해근로자에 대하여 평균임금의 100분의 60이상의 수당을 지급하여야 한다. 단, 부득이한 사유로 인하여 사업계속이 불가능하여 노동위원회의 승인을 받은 경우에는 예외로 한다.]을 청구한 사건에서 "근로기준법은 대한민국의 국민간에서의 고용계약에 의한 근로인 이상 그 취업장소가 국내이거나 국외임을 가리지 않고 적용될 성질의 법률이라고 할 것"이라고 하면서

사업자등이 대한민국 국민인 근로자등에 대하여 지휘·명령을 하고 있다면 그 지휘·명령의 구체적인 이행 장소가 국내인지 아니면 국외인지를 불문하고 해당 근로자등에 대하여 근로관계에서 발생하는 공법상 권리인 산업재해보상보험수급권을 인정한다는 취지로서 근로관계에서 발생하는 공법상 의무가 문제되는 경우에도 유사한 해석론이 적용될 수 있을 것으로 보인다.

상기와 같은 대법원 판시 내용 이외에, 실제로 대한민국 국적의 종사자등이 국내사업자등의 지휘나 명령을 받음에도 불구하고 실제 이행 장소가 국외인지 아니면 해외인지에 따라 중대재해처벌법에 따른 보호 가능성 여부가 달라진다면 오히려 이는 중대재해처벌법의 헌법상 근거 중 하나라고 할 수 있는 "국가는 재해를 예방하고 그 위험으로부터 국민을 보호하기 위하여 노력하여야 한다."라는 헌법 제34조 제6항 및 "모든 국민은 보건에 관하여 국가의 보호를 받을 권리를 갖는다"는 헌법 제36조 제3항에 부합하지 않게 된다는 점 등을 고려하면, 국내사업자등이 운영하는 해외 사업 또는 사업장에서 근무하는 대한민국 국적의 종사자들에 대하여도 안전보건확보의무가 인정된다고 할 것이다. 그러나 고용노동부[17]가 산업안전보건법의 국외 적용 가부에 대한 질의에 회신한 내용과 같이 중대산업재해가 발생한다고 하더라도 대한민국의 수사기관의 조사, 증거 확보 등이 현실적으로는 어려울 것으로 보인다.

종사자들이 해외국적자들인 경우에 대하여도 안전보건확보의무가 인정될 수 있는지 문제될 수 있는데,[18] 중대재해처벌법은 "사업 또는 사업장, 공중이용시설

"월남전의 국지적인 전황변경에 따른 작업중단조치는 회사에 대한 관계에서는 주요한 사정변경에 해당되는 것이었다 할지라도 그것이 고용계약을 해지할 부득이한 사유나 정당한 사유는 되지 못하는 것이므로 회사는 위 조치가 있은 후 위 고용계약의 만료일까지 약정된 업무에 취업치 못하고 휴업하게 되었음에 대하여 소정의 휴업수당을 지급하여야 한다."라고 하여 대한민국 국적자 간 고용계약이 성립된 이상 근무지가 국내인지 아니면 해외인지를 불문하고 근로관계법이 적용된다고 판시하였다(대법원 1970. 5. 26. 선고 70다523 판결).

17) 고용노동부는 "베트남 현지 법인이 발주한 건설공사에서 ××플랜트 소속 근로자가 감전재해를 입어 발주처와 도급인, 1차 수급인 등을 상대로 산업안전보건법 위반으로 ○○지방검찰청에 고소한 사건에 대하여 베트남에서도 산업안전보건법 적용이 가능한지"라는 질의에 대하여, 해외사업장에서 산업안전보건법상 의무를 이행하지 않은 국내사업자에 대하여는 국가간 외교 문제, 국내의 산업안전보건법의 규제가 베트남의 환경에는 적합하지 않을 수 있다는 가능성, 국내의 관련 조사기관·수사기관 등이 해외에서 재해에 대한 조사 활동을 하기 어렵다는 현실적인 이유를 근거로 제재를 하기는 어려울 것이라며, "베트남 현지 법인이 발주한 하노이 소재 공사장에서 발생한 사고는 산업안전보건법 적용이 사실상 곤란할 것으로 사료됨"이라고 회신하였다(회시번호 산재예방정책과-2380, 회시일자 2016-07-19, 고용노동부, '산재예방정책과 질의회신(2007.~2020.7.)', 2020. 8. 공표, 35-36면).

18) 형법 제3조에 따라 내국인의 국외범에 해당하여 업무상과실치사상죄가 인정됨은 충분히 확인 가능

및 공중교통수단을 운영하거나 인체에 해로운 원료나 제조물을 취급하는 경우”에 적용되는 법률이라는 점, 중대재해처벌법은 수급인 등에 대한 안전보건확보의무의 인정 여부 판단에 있어 “실질적 지배·운영·관리” 여부를 판단 지표로 삼고 있음을 명시하고 있다는 점을 고려하면 해외사업장 등에 대한 국내사업주등의 실질적 지배·운영·관리가 인정된다면 사업장을 단지 해외로 이전하였을 뿐이지 그 실질은 국내 사업장을 영위하는 경위와 동일한 것으로 여전히 그 의무를 부담한다고 볼 수 있을 것이라는 점, 국내사업 또는 사업장에서 근무하는 외국인근로자나 수급인 소속 외국인근로자 등에 대하여는 국내사업주들의 중대재해처벌법에 따른 안전보건확보의무가 인정된다는 점, 중대재해처벌법의 입법 목적은 “시민과 종사자의 생명과 신체를 보호함”이라고 하고 시민과 종사자의 국적에 대한 정함은 없다는 점[19] 등을 고려하면, 대부분의 해외사업 또는 사업장에서 노무를 제공하는 종사자들이 해외국적자들인 경우에 대하여도 안전보건확보의무가 인정될 소지가 있을 것으로 보인다.[20][21]

2. 민사상 책임에 대하여

가. 중대재해처벌법의 내용 및 적용 양상에 대하여

중대재해처벌법은 중대재해를 발생하게 한 사업주 등에 대하여 아래와 같이 실제로 발생한 손해의 최대 5배에 해당하는 금액까지를 배상할 수 있다고 정하고 있다.[22]

하다.

19) 반면 약관규제법의 경우 제1조에서 “이를 통하여 소비자를 보호하고 국민생활을 균형 있게 향상시키는 것”이 입법목적임을 밝히고 있다.

20) 송인택·안병익·이태승·정재욱·윤상호, 중대재해처벌법 해설과 대응, 중판, 박영사(2022), 제87면; 권오성, 앞의 책, 제175-177면도 국내사업자등이 사업 또는 사업장, 공중이용시설 및 공중교통수단을 운영하거나 인체에 해로운 원료나 제조물을 취급하는 경우 그 장소가 대한민국 내인지 아니면 대한민국 영역 외인지와 무관하게 중대재해처벌법상 안전보건확보의무가 인정된다는 입장이다.

21) 다만, 이 경우에도 해당 국가간 외교 관계, 국내 수사기관의 해외에 대한 수사권 행사 과정에서 발생할 수 있는 주권 충돌 문제로 인하여 현실적으로는 수사가 쉽지는 않을 것으로 예상된다.

22) 대법원은, “사용자는 근로계약에 수반되는 신의칙상의 부수적 의무로서 피용자가 노무를 제공하는 과정에서 생명, 신체, 건강을 해치는 일이 없도록 인적·물적 환경을 정비하는 등 필요한 조치를 강구하여야 할 보호의무를 부담하고, 이러한 보호의무를 위반함으로써 피용자가 손해를 입은 경우 이를 배상할 책임이 있다(대법원 1999. 2. 23. 선고 97다12082 판결, 2000. 5. 16. 선고 99다47129 판결 등 참조)”라고 하여 사용자의 안전배려의무가 근로계약관계에서 수반되는 의무라는 전제로 하는 판결을 하였고, “원칙적으로 도급인에게는 수급인의 업무와 관련하여 사고방지에 필요한 안전조치를 취할 주의의무가 없으나, 법령에 의하여 도급인에게 수급인의 업무에 관하여 구체적인 관리·감독의무 등이 부여되어 있거나 도급인이 공사의 시공이나 개별 작업에 관하여 구체적

중대재해처벌법

제15조(손해배상의 책임)

① 사업주 또는 경영책임자등이 고의 또는 중대한 과실로 이 법에서 정한 의무를 위반하여 중대재해를 발생하게 한 경우 해당 사업주, 법인 또는 기관이 중대재해로 손해를 입은 사람에 대하여 그 손해액의 5배를 넘지 아니하는 범위에서 배상책임을 진다. 다만, 법인 또는 기관이 해당 업무에 관하여 상당한 주의와 감독을 게을리하지 아니한 경우에는 그러하지 아니하다.

② 법원은 제1항의 배상액을 정할 때에는 다음 각 호의 사항을 고려하여야 한다.

1. 고의 또는 중대한 과실의 정도
2. 이 법에서 정한 의무위반행위의 종류 및 내용
3. 이 법에서 정한 의무위반행위로 인하여 발생한 피해의 규모
4. 이 법에서 정한 의무위반행위로 인하여 사업주나 법인 또는 기관이 취득한 경제적 이익
5. 이 법에서 정한 의무위반행위의 기간·횟수 등
6. 사업주나 법인 또는 기관의 재산상태
7. 사업주나 법인 또는 기관의 피해구제 및 재발방지 노력의 정도

이러한 손해배상 책임의 발생의 요건사실은 형사처벌이 문제되는 사안에서의 구성요건과 거의 동일하다고 할 것이다.

으로 지시·감독하였다는 등의 특별한 사정이 있는 경우에는 도급인에게도 수급인의 업무와 관련하여 사고방지에 필요한 안전조치를 취할 주의의무가 있다(대법원 2009. 5. 28. 선고 2008도7030 판결, 대법원 2020. 6. 25. 선고 2017도1233 판결 등 참조).”라고 하거나, “건축공사의 일부분을 하도급받은 자가 구체적인 지휘·감독권을 유보한 채 재료와 설비는 자신이 공급하면서 시공 부분만을 시공기술자에게 재하도급하는 경우와 같은 노무도급의 경우에, 그 도급인과 수급인의 관계는 실질적으로 사용자와 피용자의 관계와 다를 바가 없으므로, 그 도급인은 수급인이 노무를 제공하는 과정에서 생명·신체 ·건강을 해치는 일이 없도록 물적 환경을 정비하고 필요한 조치를 강구할 보호의무를 부담하며, 이러한 보호의무는 실질적인 고용계약의 특수성을 고려하여 신의칙상 인정되는 부수적 의무로서...(중략)...산업안전보건법 제23조가 적용되지 아니하는 사용자일지라도 마찬가지로 인정된다고 할 것이고, 만일 실질적인 사용관계에 있는 노무도급인이 고의 또는 과실로 이러한 보호의무를 위반함으로써 그 노무수급인의 생명·신체·건강을 침해하여 손해를 입힌 경우 그 노무도급인은 노무도급계약상의 채무불이행책임과 경합하여 불법행위로 인한 손해배상책임을 부담한다(대법원 1997. 4. 25. 선고 96다53086 판결).”라고 하여, 도급인이 수급인의 작업에 대한 구체적 지시·감독의 사정이 있다거나 근로관계와 유사한 수준이라면 마찬가지로 안전배려의무가 인정된다는 판시를 하였다. 도라고 하여 사용자나 도급인의 안전배려의무가 근로계약관계나 도급계약관계에서 수반되는 의무라는 전제로 하는 판결을 하였다. 이와 같은 판시 내용을 고려하면, 중대재해처벌법이 정하고 있는 손해배상책임에 대한 내용은 통상손해의 배상을 원칙으로 하는 민법 제390조, 제393조에 대한 특칙이라고 할 것이다.

중대산업재해 발생으로 인한 손해배상	중대시민재해 발생으로 인한 손해배상
ⓐ 중대재해처벌법 제4조, 제5조에 따른 종사자에 대한 안전보건확보의무의 위반 사실, ⓑ 중대산업재해[23]의 발생 사실, ⓒ 안전보건확보의무 위반 행위와 중대산업재해 사이의 인과관계의 존재, ⓓ 위반 행위에 대한 고의 또는 중대한 과실	ⓐ 중대재해처벌법 제9조에 따른 제조 과정등에서의 대한 안전보건확보의무의 위반, ⓑ 중대시민재해[24]의 발생 사실, ⓒ 안전보건확보의무 위반 행위와 중대시민재해 사이의 인과관계의 존재, ⓓ 위반 행위에 대한 고의 또는 중대한 과실

형사처벌이 문제되는 사안과 달리 위반행위에 대한 고의가 있는 경우뿐만 아니라 중대한 과실이 있는 경우에도, 중대재해처벌법에 따른 손해배상책임이 인정된다는 점을 고려하면, 중대재해처벌법에 따른 사업주등의 형사처벌이 인정되지 않는다고 하더라도 중대재해처벌법 제15조의 손해배상책임이 인정된다고 할 것이나, 위 손해배상책임의 발생 역시 중대재해처벌법에 따른 "안전보건확보의무"의 인정 가부에 따라 달라진다고 할 것이다.

따라서 1.라.에서 살펴본 바와 같이 ① 국내에서 사업 또는 사업장, 공중이용시설 및 공중교통수단을 운영하거나 인체에 해로운 원료나 제조물을 취급하는 경우라면, 국내사업주등이나 해외사업주등 모두 안전보건확보의무가 인정되어, 위 의무의 불이행으로 중대재해가 발생하면 그 피해자들에 대하여 중대재해처벌법에 따른 손해배상책임이 인정된다고 할 것이고, ② 해외사업자등이 해외에서 사업 또는 사업장, 공중이용시설 및 공중교통수단을 운영하거나 인체에 해로운 원료나 제조물을 취급하는 경우에는 안전보건확보의무가 인정될 여지가 없어 중대재해처벌법상 중대재해가 발생한다고 하더라도 피해자들에 대하여 중대재해처벌법에 따

23) **제2조(정의)** 이 법에서 사용하는 용어의 뜻은 다음과 같다.
1. "중대재해"란 "중대산업재해"와 "중대시민재해"를 말한다.
2. "중대산업재해"란 「산업안전보건법」 제2조제1호에 따른 산업재해 중 다음 각 목의 어느 하나에 해당하는 결과를 야기한 재해를 말한다.
가. 사망자가 1명 이상 발생
나. 동일한 사고로 6개월 이상 치료가 필요한 부상자가 2명 이상 발생
다. 동일한 유해요인으로 급성중독 등 대통령령으로 정하는 직업성 질병자가 1년 이내에 3명 이상 발생

24) **제2조(정의)** 이 법에서 사용하는 용어의 뜻은 다음과 같다.
3. "중대시민재해"란 특정 원료 또는 제조물, 공중이용시설 또는 공중교통수단의 설계, 제조, 설치, 관리상의 결함을 원인으로 하여 발생한 재해로서 다음 각 목의 어느 하나에 해당하는 결과를 야기한 재해를 말한다. 다만, 중대산업재해에 해당하는 재해는 제외한다.
가. 사망자가 1명 이상 발생
나. 동일한 사고로 2개월 이상 치료가 필요한 부상자가 10명 이상 발생
다. 동일한 원인으로 3개월 이상 치료가 필요한 질병자가 10명 이상 발생

른 손해배상책임이 인정될 여지가 없고 위 피해자들이 대한민국 국적자라고 하더라도 마찬가지라고 할 것이며, ③ 국내사업자등이 사업 또는 사업장, 공중이용시설 및 공중교통수단을 운영하거나 인체에 해로운 원료나 제조물을 취급하는 경우라면 위 사업장 등이 해외에 소재한다는 것만을 이유로 중대재해처벌법의 적용을 배제할 수 없어 안전보건확보의무가 인정된다고 할 것이고 의무의 불이행으로 중대재해가 발생하면 그 피해자들에 대하여 중대재해처벌법에 따른 손해배상책임이 인정된다고 할 것이다.

나. 양 당사자의 합의로서 중대재해처벌법의 적용을 배제할 수 있는지에 대하여

(1) 서 설

국내사업자등이 국내에서 사업 또는 사업장, 공중이용시설 및 공중교통수단을 운영하거나 인체에 해로운 원료나 제조물을 취급하는 경우, 국내에서 사업 또는 사업장, 공중이용시설 및 공중교통수단을 운영하거나 인체에 해로운 원료나 제조물을 취급하는 경우, 국내사업자등이 해외에서 사업 또는 사업장, 공중이용시설 및 공중교통수단을 운영하거나 인체에 해로운 원료나 제조물을 취급하는 경우에는 살펴본 바와 같이 안전보건확보의무가 인정된다고 할 것이므로 중대재해처벌법에 따른 손해배상책임도 인정된다고 할 것이다. 이와 같이 중대재해처벌법에 따른 손해배상 청구가 인정되는 경우, 이것은 사인 간의 민사소송 등으로 진행될 것이 예상되는바, 양 당사자의 합의로서 중대재해처벌법의 적용을 회피하거나 중대재해처벌법에 따른 손해배상소송에 대한 부제소합의를 할 수 있는지가 문제될 수 있다.

(2) 해외사업자등이 국내에서 사업 또는 사업장, 공중이용시설 및 공중교통수단을 운영하거나 인체에 해로운 원료나 제조물을 취급하는 경우와 국내사업자등이 해외에서 사업 또는 사업장, 공중이용시설 및 공중교통수단을 운영하거나 인체에 해로운 원료나 제조물을 취급하는 경우이나 종사자나 소비자 등이 대한민국 국적자가 아닌 경우

국제사법

제7조(대한민국 법의 강행적 적용)

입법목적에 비추어 준거법에 관계없이 해당 법률관계에 적용되어야 하는 대한민국의 강행규정은 이 법에 의하여 외국법이 준거법으로 지정되는 경우에도 이를 적용한다.

제27조(소비자계약)
① 소비자가 직업 또는 영업활동 외의 목적으로 체결하는 계약이 다음 각 호중 어느 하나에 해당하는 경우에는 당사자가 준거법을 선택하더라도 소비자의 상거소가 있는 국가의 강행규정에 의하여 소비자에게 부여되는 보호를 박탈할 수 없다.
1. 소비자의 상대방이 계약체결에 앞서 그 국가에서 광고에 의한 거래의 권유 등 직업 또는 영업활동을 행하거나 그 국가 외의 지역에서 그 국가로 광고에 의한 거래의 권유 등 직업 또는 영업활동을 행하고, 소비자가 그 국가에서 계약체결에 필요한 행위를 한 경우
2. 소비자의 상대방이 그 국가에서 소비자의 주문을 받은 경우
3. 소비자의 상대방이 소비자로 하여금 외국에 가서 주문을 하도록 유도한 경우

이와 같은 경우 양 당사자 간 합의로서 대한민국의 법률 적용을 배제한다고 하는 경우, 중대재해처벌법의 적용을 배제할 수 있는지가 문제된다. 국제사법은 제7조와 같이 국내 강행규정의 적용 가능성을 인정하고 있는 바, 중대재해처벌법이 이러한 강행규정에 해당하는지 문제된다.

이와 관련하여, 국내 기업이 해외 기업을 상대로 위 해외 기업이 공정거래법상 불공정거래행위인 거래상지위남용을 하였음을 주장하면서 공정거래법에 따른 손해배상을 청구한 사안에서 대법원은 "공정거래법의 입법목적은, 사업자의 시장지배적 지위의 남용과 과도한 경제력의 집중을 방지하고, 부당한 공동행위 및 불공정거래행위를 규제하여 공정하고 자유로운 경쟁을 촉진함으로써 창의적인 기업활동을 조장하고 소비자를 보호함과 아울러 국민경제의 균형 있는 발전을 도모하는 것이다. 공정거래법은 제32조 제1항에서, 사업자 또는 사업자단체는 부당한 공동행위, 불공정거래행위 및 재판매가격 유지행위에 해당하는 사항을 내용으로 하는 것으로서 대통령령이 정하는 국제적 협정이나 계약을 체결하여서는 아니된다고 규정하면서,[25] 제34조에서, 위 제32조 제1항의 규정에 위반하거나 위반할 우려가 있는 국제계약이 있는 때에는 당해사업자 또는 사업자단체에 대하여 계약의 취

25) 과거 공정거래법 제32조 제1항은 "사업자 또는 사업자단체는 부당한 공동행위, 불공정거래행위 및 재판매가격유지행위에 해당하는 사항을 내용으로 하는 것으로서 대통령령이 정하는 국제적 협정이나 계약(이하 "國際契約"이라 한다)을 체결하여서는 아니된다. 다만, 당해 국제계약의 내용이 일정한 거래분야에 있어서 경쟁에 미치는 영향이 경미하거나 기타 부득이한 사유가 있다고 공정거래위원회가 인정하는 경우에는 그러하지 아니하다."라는 내용의 규정이 있었으나, 공정거래법 제2조의2의 "이 법은 국외에서 이루어진 행위라도 국내시장에 영향을 미치는 경우에는 적용한다."라는 내용으로도 해결가능하다는 이유로 삭제되었다[구 공정거래법(법률 제14137호, 개정 2016. 9. 30.) 중 개정이유 참조].

소, 계약내용의 수정·변경 기타 시정을 위한 필요한 조치를 명할 수 있다고 규정하고 있다(대법원 2010. 8. 26. 선고 2010다28185 판결)"라고 하면서 공정거래법은 국제사법 제7조에 따라 당사자의 합의에 의하여 적용을 배제할 수 없는 강행규정에 해당하여 대한민국 공정거래법상 거래상지위남용이 인정되면 공정거래법에 따른 손해배상책임도 인정된다고 판시하였으나, 반면 근보증채무의 최고액을 서면으로 합의하라는 내용의 민법 제428조의3이 준거법을 해외 법률로 한 경우에도 적용될 수 있는지에 대하여 서울고등법원은 "민법 제428조의3은 보증인이 보증을 함에 있어 법적 부담의 한도액을 미리 명확하게 알 수 있도록 하여 보증인을 보호하려는 데에 그 입법 취지가 있지만, 위와 같은 민법 개정이 국제적 거래관계에 따른 상사 보증도 고려하여 이루어졌다고 볼 만한 자료는 없는 점, 나라마다 강행법규가 다양한 상황에서, 미합중국 뉴욕주 법을 준거법으로 명시하여 체결된 위 보증계약에 대해 법정지인 대한민국의 민법 규정이 반드시 적용되어야 한다고 볼 만한 사정도 없는 점, 위 보증계약에서도 丙이 주된 의무자(primary obligor)로서 독립된 채무를 지고 그 책임의 범위에 각종 수수료와 경비가 포함됨을 명시하고 있는바, 丙의 책임이 위 보증계약 당시의 예상을 벗어나 지나치게 확대될 우려가 있다고 보이지도 않는 점 등을 종합하여 보면, 민법 제428조의3이 국제적인 계약관계에도 언제나 적용되어야 하는 '국제적 강행법규'에 해당한다고 보기 어렵다(서울고등법원 2021. 10. 14. 선고 2021나2003630 판결, 동 판결은 양 당사자의 상고포기로 그대로 확정되었다)"라고 판시하였다.

이러한 법원의 판시 내용은 사법적 법률관계에 대하여 일정한 의무를 부과하는 내용의 법령 적용 여부가 문제되는 경우, 당해 법령에 유관 기관에게 문제가 되는 계약 내용 수정 등의 제재를 가할 수 있는 권한을 부여하는 취지의 조항이 명시적으로 기재되어 있고[26], 나아가 대한민국의 영역 외에서 이루어지는 행위에 대한 적용 가능성을 명시적으로 인정하고 있다면, 해당 법령은 국제사법에 따라 준거법에 대한 상호 합의로 적용을 배제할 수 없는 "강행규정"에 해당한다는 취지로 이해된다.

중대재해처벌법의 경우, 공정거래법과 같은 규정을 두지는 않는다는 점을 고려

---

26) 가령 현행 공정거래법 제49조는 불공정거래행위 등이 있는 경우, 공정거래위원회가 해당 불공정거래행위, 재판매가격유지행위 또는 특수관계인에 대한 부당한 이익제공행위의 중지 및 재발방지를 위한 조치, 해당 보복조치의 금지, 계약조항의 삭제, 시정명령을 받은 사실의 공표, 그 밖에 필요한 시정조치를 명할 수 있다고 규정하고 있다.

하면 국제사법 소정의 "강행규정"에 해당한다고 보기는 어려울 것으로 판단될 여지가 있다. 그러나 공정거래법과 같이 양 당사자 간 합의로 정하여지는 구체적인 거래 조건에 대한 공법적 의무의 부과를 내용으로 하는 반면(민법 제428조의3 역시 양 당사자 간 합의의 방법에 대한 것을 규정하는 조항이라고 볼 수 있다.), 중대재해처벌법상의 안전보건확보의무는 구체적인 거래 조건에 대한 규제가 아니라 근로계약관계에서 당연하게 인정되어 왔던 사업자등의 안전배려의무[27]나 불특정다수의 소비자간의 거래 관계에서 응당 인정되어 왔던 기대가능한 범위 내의 안전성을 갖춘 제품 등이나 서비스를 제공하여야 한다는 사업자등의 의무[28]와 같이 거래의 일방이 부담하는 의무를 공법상 의무로서의 성격을 부여하고 그 내용 역시 보다 구체화하는 것이라서 위 대법원의 판시 내용이 그대로 적용되기는 어렵고 법률에 의하여 계약 내용을 변경하거나 계약 체결의 방식을 정하는 것 역시 현실적으로는 어렵기 때문에, 위 대법원 판시 내용을 그대로 적용하기는 어렵다는 점, 중대재해처벌법의 입법 경위·목적, 헌법상 근거, 위반 행위 및 이로 인한 중대재해발생에 대한 형사처벌 조항의 존재 등을 고려하면, 중대재해처벌법은 국제사법에 따라 적용을 배제할 수 없는 "강행규정"에 해당한다고 할 것이다.

다만, 향후 해석상의 논란을 줄이기 위해서는 중대재해처벌법 중에 "본 법에 따른 안전보건확보의무는 사업주 또는 경영책임자등이 운영, 지배, 관리하는 법인 또는 기관이 대한민국의 영역 외에서 사업 또는 사업장, 공중이용시설 및 공중교통수단을 운영하거나 인체에 해로운 원료나 제조물을 취급하는 경우에도 적용된다"라는 취지의 문언을 명시하는 것이 바람직할 것으로 보인다(私見).

---

27) "사용자는 고용 또는 근로계약에 수반되는 신의칙상의 부수적 의무로서 피용자가 노무를 제공하는 과정에서 생명, 신체, 건강을 해치는 일이 없도록 물적 환경을 정비하는 등 필요한 조치를 마련하여야 할 보호의무 또는 안전배려의무를 부담하고, 이러한 의무를 위반함으로써 피용자가 손해를 입은 경우 채무불이행으로 인한 손해배상책임을 진다(대법원 1999. 2. 23. 선고 97다12082 판결 등 참조)"

28) "일반적으로 제조물을 만들어 판매하는 자는 제조물의 구조, 품질, 성능 등에 있어서 현재의 기술 수준과 경제성 등에 비추어 기대가능한 범위 내의 안전성을 갖춘 제품을 제조하여야 하고, 이러한 안전성을 갖추지 못한 결함으로 인하여 그 사용자에게 손해가 발생한 경우에는 불법행위로 인한 배상책임을 부담하게 되는 것(대법원 2003. 9. 5. 선고 2002다17333 판결)"

(3) 국내사업자등이 국내에서 사업 또는 사업장, 공중이용시설 및 공중교통수단을 운영하거나 인체에 해로운 원료나 제조물을 취급하는 경우와 국내사업자등이 해외에서 사업 또는 사업장, 공중이용시설 및 공중교통수단을 운영하거나 인체에 해로운 원료나 제조물을 취급하는 경우이나 종사자나 소비자 등이 대한민국 국적자인 경우

대한민국 국내, 또는 대한민국 국적자 간의 계약관계라는 점에서 공법상 성격을 가지고 있는 중대재해처벌법의 적용을 배제하겠다는 양 당사자 간의 합의는 그 효력을 인정하기는 어려울 것으로 보인다. 그러나 양 당사자는 계약 체결 과정에서 중대재해처벌법 위반으로 인한 민사상 소송을 제기하지 않겠다는 취지의 부제소합의가 문제될 수 있을 것으로 보이므로 이에 대하여 살피기로 한다.

부제소 합의의 효력 요건과 관련하여 법원은 "권리의무의 주체인 당사자 간에서의 부제소합의라도 그 당사자가 처분할 수 있는 특정된 법률관계에 관한 것으로서 그 합의 당시 각 당사자가 예상할 수 있는 상황에 관한 것이어야 유효하게 된다(대법원 2019. 8. 14. 선고 2017다217151 판결)"고 한다. 이러한 법리를 바탕으로 근로계약해지에 따른 현장철수를 이유로 사용자의 지시에 의하여 근로자들이 사직서(근로계약해지동의서)를 일괄 제출하고 위 사직서에 '상기인은 본 근로계약해지통지서에 서명함으로써, 향후 그에 따른 고용관계 및 종결사항 등을 이유로 원고 상대로 노동법상, 기타 민·형사상 어떠한 이의 제기도 하지 않는다.'고 기재한 경우 법원은 "근로기준법은 근로자를 보호하기 위한 강행법규로서 당사자가 임의로 근로기준법상 제 규정의 적용을 배제할 수는 없는 것인바, 위 부제소합의는 참가인의 원고에 대한 근로자로서의 권리를 사전에 포기하는 것으로서 강행법규인 근로기준법에 위배되므로 효력이 없다(서울고등법원 2015. 3. 6. 선고 2014누52482 판결, 대법원에서 심리불속행으로 기각되어 확정됨)"라고 판시하고, "퇴직금은 사용자가 일정 기간을 계속근로하고 퇴직하는 근로자에게 계속근로에 대한 대가로서 지급하는 후불적 임금의 성질을 띤 금원으로서 구체적인 퇴직금청구권은 근로관계가 끝나는 퇴직이라는 사실을 요건으로 발생한다. 최종 퇴직 시 발생하는 퇴직금청구권을 미리 포기하는 것은 강행법규인 근로기준법, 근로자퇴직급여 보장법에 위반되어 무효이다. 그러나 근로자가 퇴직하여 더 이상 근로계약관계에 있지 않은 상황에서 퇴직 시 발생한 퇴직금청구권을 나중에 포기하는 것은 허용되고, 이러한 약정이 강행법규에 위반된다고 볼 수 없다(대법원 2018. 7. 12. 선고

2018다21821, 25502 판결)"라고 판시하여, 강행법규에 근거한 법률관계에 대한 사전 부제소합의는 불가능하다는 입장을 취하고 있다.

이와 같은 대법원 판시의 내용, 앞서 살펴본 중대재해처벌법의 입법 경위·목적, 헌법상 근거, 위반 행위 및 이로 인한 중대재해발생에 대한 형사처벌 조항의 존재는 중대재해로부터 시민 등을 보호하겠다는 입법자의 의사에서 기인한 것을 모두 고려하면 중대재해처벌법은 강행법규에 해당할 것이므로, 위 중대재해처벌법에 근거한 손해배상청구권의 행사를 사전에 포기한다는 취지의 사전 부제소 합의는 그 효력을 인정할 수 없을 것으로 보인다.[29]

Ⅲ. 중대재해처벌법의 적용 범위와 시기에 대하여 - 제3조, 부칙 제1조 제1항에 대한 해석

1. 관련 법령의 내용

중대재해처벌법은 그 적용범위나 사업 또는 사업장의 규모별 적용시기에 대하여 아래와 같이 정하고 있으나, 제3조와 부칙 제1조 모두 "상시근로자"의 의미나 산정 방법에 대하여 별다른 정함을 두지는 않았다.

중대재해처벌법
제2조(정의)
이 법에서 사용하는 용어의 뜻은 다음과 같다.
8. "사업주"란 자신의 사업을 영위하는 자, 타인의 노무를 제공받아 사업을 하는 자를 말한다.

제3조(적용범위)
상시 근로자가 5명 미만인 사업 또는 사업장의 사업주(개인사업주에 한정한다. 이하 같다) 또는 경영책임자등에게는 이 장(제2장 중대산업재해)의 규정을 적용하지 아니한다.

부 칙 〈법률 제17907호, 2021. 1. 26.〉
제1조(시행일)
① 이 법은 공포 후 1년이 경과한 날부터 시행한다. 다만, 이 법 시행 당시 개인사업자 또는 상시 근로자가 50명 미만인 사업 또는 사업장(건설업의 경우에는 공사금액 50억

29) 사후포기의 경우에는, 구체적인 피해 발생 사실을 인지하고 있는 상황에서 피해에 따른 권리행사를 포기하는 것이라는 점, 일반적으로 사후포기를 유도하는 과정에서 배상금의 지급 등이 이루어질 것이라는 점 등을 고려하면, 그 효력을 부정하기는 어려울 것으로 보인다.

원 미만의 공사)에 대해서는 공포 후 3년이 경과한 날부터 시행한다.

또한, 중대재해처벌법에서의 '사업주'에 대한 정의는 제2조에도 존재하고 제3조에도 사업주의 범위가 기재되어 있어 개인사업주에 한정되는 것인지 아니면 법인사업주까지 포함한다고 보아야 하는 것인지, 그리고 부칙의 구체적인 적용 양상에 대하여도 살펴볼 필요가 있다. 이에 먼저 "상시근로자"의 의미나 산정방법에 대하여 살핀 뒤, 중대재해처벌법에서의 '사업주'의 의미, 그리고 부칙의 구체적인 적용 양상에 대하여 살피도록 하겠다.

2. 중대재해처벌법 제3조 및 부칙의 "상시근로자" 수의 의미 및 산정 방법에 대하여

가. 소규모사업장에 대한 노동관계법상 규정에 대하여

중대재해처벌법은 '상시근로자' 5인 미만의 사업 또는 사업장에 대하여는 동법을 적용하지 않는다고 하고 있는데, 근로기준법 제11조 제1항은 "이 법은 상시 5명 이상의 근로자를 사용하는 모든 사업 또는 사업장에 적용한다. 다만, 동거하는 친족만을 사용하는 사업 또는 사업장과 가사(家事) 사용인에 대하여는 적용하지 아니한다."라고 정하고 있다.[30] 위 중대재해처벌법 제3조의 내용 역시 근로기준법이 소규모 사업장에 대한 배제 규정을 두고 있다는 점, 영세사업장의 경우에는 대기업과 달리 재정적·기술적 자원이 부족할 가능성이 높다는 점 등을 고려한 것으로 보인다.[31]

30) 한편, 이와 관련하여 국가인권위원회는 2008. 4. 30. 근로기준법을 5인 미만 사업장에도 적용할 것을 권고하였는데 해당 권고문에 의하면, i) 산업재해보상보험법은 2000. 7. 1.부터, ii) 고용보험법은 1998. 10. 1.부터, iii) 국민연금법은 2003.7.1.부터, iv) 국민건강보험법은 2003. 7. 1.부터, v) 최저임금법은 2005. 9. 1.부터 소규모사업장에도 확대 적용되었다고 한다(2008. 4. 30.자 국가인권위원회 보도자료 "5인 미만 사업장에도 근로기준법 확대 적용해야", 5면).

31) 이에 대하여는 "2019년을 기준으로 전체 사업체 중 79.8%를 차지하는 5인 미만의 사업체에서 전체 재해자의 31.6%, 재해 사망자의 24.5%가 발생한다."면서 현재 적용배제 조항이 있는 중대재해처벌법은 그 실효성에 대하여 의문이 있다는 비판이 제기되고 있다[최정학, "중대재해처벌법-기업경영자 처벌의 논리", 노동법연구(51), 서울대학교 노동법연구회(2021), 21면]. 그리고 국가인권위원회 역시 2022. 1. 26.자 "「중대재해 처벌 등에 관한 법률」 시행에 대한 국가인권위원장 성명"을 통해 "「중대재해처벌법」에 의한 예방과 보호의 필요성은 5인 미만과 50인 미만 사업장에서도 매우 절실"하다면서, 적용배제 조항 및 부칙의 삭제를 바란다는 입장을 표명한바 있다(2022. 1. 26.자 국가인권위원회 보도자료 "「중대재해 처벌 등에 관한 법률」 시행에 대한 국가인권위원장 성명", 2면).

나. 근로기준법상 상시 사용하는 근로자의 의미·산정방법과 중대재해처벌법상 "상시근로자"의 의미·산정방법

근로기준법상 "상시 사용하는 근로자"의 의미와 관련하여 대법원은 "상시 5인 이상의 근로자를 사용하는 사업 또는 사업장"이라 함은 "상시 근무하는 근로자의 수가 5인 이상인 사업 또는 사업장"을 뜻하는 것이 아니라 "사용하는 근로자의 수가 상시 5인 이상인 사업 또는 사업장"을 뜻하는 것임이 법문상 명백하고, 그 경우 상시라 함은 상태(常態)라고 하는 의미로 해석하여야 할 것이므로 근로자의 수가 때때로 5인 미만이 되는 경우가 있어도 상태적으로 보아 5인 이상이 되는 경우에는 이에 해당한다 할 것이며, 이 경우 근로자라고 함은 당해 사업장에 계속 근무하는 근로자뿐만 아니라 그때그때의 필요에 의하여 사용하는 일용근로자를 포함한다고 해석하여야 할 것이다(대법원 1987. 4. 14. 선고 87도153 판결; 1987. 7. 21. 선고 87다카831 판결; 대법원 2000. 3. 14. 선고 99도1243 판결 등)"라고 판시하여 근무 상태를 요구하는 취지라는 입장이다.[32)]

중대재해처벌법의 경우, 상시근로자가 상시 사용하는 근로자인지, 아니면 상시 근무하는 근로자인지에 대하여 별다른 정함이 없으나, 근로기준법 위반 여부 등이 문제된 사건에서 "상시 사용하는 근로자"를 "상시근로자"라고 표기하거나(대법원 2019. 9. 10. 선고 2019도9604 판결; 대구지방법원 2019. 6. 13. 선고 2018가합972 판결 등) 근로자퇴직급여보장법 위반 여부 등이 문제된 사건에서 동법 부칙 제8조[33)]의 "상시 사용하는 근로자"를 "상시근로자"라고 표기한 사례가 있다는 점(대법원 2013. 12. 26. 선고 2012도5875 판결; 대법원 2013. 12. 26. 선고 2012도10902 판결 등), 기업의 조직문화 또는 안전관리 시스템 미비로 인해 일어나는 중대재해사고를 사전에 방지하려는 것이라고 하고 있고, 동 법에 따른 보호대상은 단순히 고용관계에 있는 자들뿐만 아니라 도급·위탁관계에 있는 자들까지 포함되어 있어 광범위한 노무 제공자들의 보호를 목적으로 하고 있다는 점 등을 고려하면, 중대재해처벌법상 "상시근로자" 역시 "상시 사용하는 근로자"라는 의미로 상태적인

---

32) 이와 같은 법리에 따라, 상주직원 3인을 고용하고 이사작업에는 일용근로자를 사용하는 이삿짐운송업체가 근로기준법 적용대상인 '상시 5인 이상의 근로자를 사용하는 사업 또는 사업장'에 해당한다고 판단하였다(대법원 2000. 3. 14. 선고 99도1243 판결).

33) 부칙(제10967호, 2011. 7. 25) 제8조(상시 4명 이하의 근로자를 사용하는 사업의 시행시기, 급여 및 부담금 등에 관한 특례) ① 상시 4명 이하의 근로자를 사용하는 사업에 대하여는 법률 제7379호 근로자퇴직급여보장법 부칙 제1조 단서에 따라 2010년 12월 1일부터 퇴직급여제도가 시행된 것으로 본다.

의미로 이해하여야 할 것이고 일용근로자, 외국인근로자까지 포함하는 취지라고 할 것이다.[34)]

다만, 근로기준법의 경우 아래와 같은 시행령 제7조의2 제1항에서 상시근로자의 산정 시 "법 적용 사유 발생일 전 1개월 동안"을 기준으로 한다고 하는데 이러한 내용이 중대재해처벌법에도 적용될 수 있는지 문제될 수 있다.

> **근로기준법 시행령**
> 제7조의2(상시 사용하는 근로자 수의 산정 방법)
> ① 법 제11조제3항에 따른 "상시 사용하는 근로자 수"는 해당 사업 또는 사업장에서 법 적용 사유(휴업수당 지급, 근로시간 적용 등 법 또는 이 영의 적용 여부를 판단하여야 하는 사유를 말한다. 이하 이 조에서 같다) 발생일 전 1개월(사업이 성립한 날부터 1개월 미만인 경우에는 그 사업이 성립한 날 이후의 기간을 말한다. 이하 "산정기간"이라 한다) 동안 사용한 근로자의 연인원을 같은 기간 중의 가동 일수로 나누어 산정한다.

중대재해처벌법에는 상시근로자 수 산정에 있어 근로기준법 시행령 등을 준용한다는 취지의 조항이 존재하지는 않는다는 점, 상시 사용하는 근로자의 산정 방법과 관련하여 근로기준법을 준용하지 않는 근로자퇴직급여 보장법 부칙 제8조[35)] 내용이 문제되는 사안에서 대법원은 부칙 제8조의 상시 사용하는 근로자의 산정

---

34) 참고로 직장어린이집의 설치 등을 정하고 있는 영유아보육법 시행령 제20조도 "상시근로자"라는 단어를 사용하고 있다.
***영유아보육법 시행령 제20조(직장어린이집의 설치)** ① 법 제14조제1항에 따라 사업주가 직장어린이집을 설치하여야 하는 사업장은 상시 여성근로자 300명 이상 또는 상시근로자 500명 이상을 고용하고 있는 사업장으로 한다.

35) **근로자퇴직급여보장법 부칙** <제10967호, 2011. 7. 25>
제8조(상시 4명 이하의 근로자를 사용하는 사업의 시행시기, 급여 및 부담금 등에 관한 특례) ① 상시 4명 이하의 근로자를 사용하는 사업에 대하여는 법률 제7379호 근로자퇴직급여보장법 부칙 제1조 단서에 따라 2010년 12월 1일부터 퇴직급여제도가 시행된 것으로 본다.
② 상시 4명 이하의 근로자를 사용하는 사업에 적용되는 퇴직금, 확정급여형퇴직연금제도의 급여액, 확정기여형퇴직연금제도 및 제25조의 개정규정에 따른 개인형퇴직연금제도의 사용자 부담금의 수준은 제8조제1항, 제15조, 제20조제1항 및 제25조제2항제2호의 개정규정에도 불구하고 다음 각 호와 같이 정한다.
1. 2010년 12월 1일부터 2012년 12월 31일까지의 기간에 대한 퇴직금, 확정급여형퇴직연금제도의 급여액, 확정기여형퇴직연금제도 및 제25조의 개정규정에 따른 개인형퇴직연금제도의 사용자 부담금 수준: 제8조제1항, 제15조, 제20조제1항 및 제25조제2항제2호의 개정규정에서 정하는 수준의 100분의 50 이상
2. 2013년 1월 1일 이후의 기간에 대한 퇴직금, 확정급여형퇴직연금제도의 급여액, 확정기여형퇴직연금제도 및 제25조의 개정규정에 따른 개인형퇴직연금제도의 사용자 부담금 수준: 제8조 제1항, 제15조, 제20조 제1항 및 제25조 제2항 제2호의 개정규정에서 정하는 수준

③ 근로관계 당사자는 제1항 및 제2항을 이유로 기존의 근로조건을 낮출 수 없다.

방법과 관련하여 근로기준법 시행령 제7조의2 제1항이 적용되지 않는다는 점을 전제로 근로자퇴직급여 보장법에 따른 퇴직금 지급의무의 존부를 판단하기 위한 상시 근로자의 수는 해당 근로자의 전체 근무기간을 기준으로 산정하여야 한다고 판시하였다는 점(대법원 2013. 12. 26. 선고 2012도10902 판결), 근로기준법 시행령 제7조의2 제1항에 따라 중대재해의 발생 일자 등을 기준으로 1개월 동안의 상시 근로자 수를 산정하게 되면, 피해 종사자가 상시근로자 5인 이상인 사업장에서 장기간 근무하였음에도 중대재해의 발생일 전 1개월 동안의 상시근로자 수가 5인에 미달한다는 이유로 안전보건확보의무를 부담하지 않는다는 결과를 가져올 수 있어 부당할 수 있다는 점, 중대재해처벌법은 "기업의 조직문화 또는 안전관리 시스템 미비로 인해 일어나는 중대재해를 사전에 방지"하려는 목적에서 제정된 법률로[36)37)] 중대재해를 야기할 정도의 기업의 조직문화나 시스템의 미비는 단기간 동안 또는 일시적으로 발생하는 것이 아니라 장기간 축적되어 형성되는 것이기에 일시적인 근로자 수의 변동만으로 이러한 조직문화나 시스템 미비에 대한 판단을 회피하기는 어려울 것이라는 점 등을 고려하면, 중대재해처벌법상 상시근로자 산정 시 근로기준법 시행령 제7조의2 제1항을 적용하기는 어려울 것으로 보이며, 결국 중대재해 피해를 입은 종사자가 근무한 기간 전체를 기준으로 상시근로자 수가 5인 이상인지 여부를 판단하여야 할 것으로 보인다.

위 "상시근로자" 산정 시 특수형태 근로종사자나 사내하도급이 이루어지는 경

---

36) 고용노동부, '해설 중대재해처벌법 중대산업재해(이하 "중대재해처벌법해설서")', 2021. 11. 공표, 5면; 권영국, "삼표산업 사례를 통해 본 중대재해처벌법의 적용과 문제점", '중대재해 예방과 안전권 실현을 위한 학자 전문가 네크워크 중대재해전문가넷 창립총회 및 기념 심포지움 – 중대재해처벌법의 시행과안전사회실현을 위한 과제(일시 2022. 2. 22.; 주최·주관 중대재해전문가넷) 자료집', 48면.

37) 입법 과정에서도 동 법률의 목적이 구조적 문제를 극복하려는 것이라는 취지의 발언이 수차례 있었다.

*제383회 국회(임시회) 법제사법위원회회의록(법안심사제1소위원회) 제1호, 국회사무처, 2020. 12. 24., 제42–43면.

○ **강은미 의원** 위원장님, 이야기할 기회를 주셔서 감사합니다. ...(중략)... 그러니까 결국은 이 안전의무라고 하는 것이 기업주에게 포괄적으로 주어져야, 계속 매출을 점검하고 그리고 이익을 점검하는 것처럼 우리 회사에 안전하지 않은 곳이 없는지, 노동자가 잘못하면 사망할 곳이 없는지 이렇게 점검이 돼야 되거든요. ...(중략)... 그런 면에서 어떻게 하면 기업 전반적으로 안전사고를 줄일 것인지, 기업 시스템을 만드는데 과연 경영책임자가 책임지지 않고서 말단관리자가 '여기에 돈 얼마 들어가야 됩니다. 여기에 어떤 시스템이 필요합니다' 이런 것을 제안하고 실제로 예산까지 반영이 될 수 있겠냐, 이렇게 좀 봐 주셨으면 좋겠다는 말씀을 드리고요. 그리고 정말 이 법이 만들어져서 안전조치를 하는 기업이 손해 보는 상태가 아니라 안전조치를 하고 노동자가 안전하게 일하는 그런 기업이 오히려 더 성공하는 그런 대한민국의 기업문화를 만드는 데 이 법이 꼭 그런 역할을 하도록 제정됐으면 좋겠습니다.

우 해당 하도급업체 소속 근로자까지 포함시켜야 하는지가 문제될 수 있으나, 중대재해처벌법은 보호 대상인 "종사자"를 '「근로기준법」상의 근로자', '도급, 용역, 위탁 등 계약의 형식에 관계없이 그 사업의 수행을 위하여 대가를 목적으로 노무를 제공하는 자' 라고 정의하여 "종사자"와 "근로자"를 별개의 개념으로 사용하고 있다는 점("「근로기준법」상의 근로자"는 "종사자"에 해당하지만 반대로 "종사자"가 반드시 "「근로기준법」상의 근로자"에는 해당하는 것은 아님), 특수형태 근로종사자나 사내하도급업체 소속 근로자 역시 결국 사업주등의 보건확보의무의 이행 대상이 되는 종사자에 해당한다는 점 등을 고려하면, 특수형태 근로종사자나 사내하도급이 이루어지는 경우 해당 하도급업체 소속 근로자가 "상시근로자" 산정 대상에는 포함되지는 않을 것으로 판단된다.[38]

그리고 파견근로자의 경우 위 상시근로자에 포함되는지가 문제될 수 있으나, 파견근로자 보호 등에 관한 법률(이하 "파견법") 제35조 제1항은 "파견 중인 근로자의 파견근로에 관하여는 사용사업주를 「산업안전보건법」 제2조 제4호의 사업주로 보아 같은 법을 적용한다. 이 경우 「산업안전보건법」 제29조 제2항을 적용할 때에는 "근로자를 채용할 때"를 "근로자파견의 역무를 제공받은 경우"로 본다."라고 하여 파견근로자에 대한 사용사업주의 산업안전보건법에 따른 의무를 인정하고 있고, 중대재해처벌법상 안전보건확보의무의 내용 중에는 산업안전보건법 이행에 따른 의무 이행 여부 확인도 포함된다는 점 등을 고려하여 파견근로자는 상시근로자에 포함된다고 볼 여지가 있다.[39][40] 다만, 파견법에 따라 "사용사업주의 근로자"와 같은 지위를 인정받는 경우는 근로기준법의 일부 조항(파견법 제34조 제1항)과 산업안전보건법에 한정되고 중대재해처벌법은 포함되지 않았다는 점, 중대재해처벌법은 형사처벌을 주요 입법 목적으로 하고 있는 법률로서 그 법문의 의미는 한정적으로 해석되어야 할 것이라는 점 등을 고려하면, 결국 파견근로자는 위 상시근로자 산정 시 제외될 것으로 보인다.[41] 다만 이러한 해석에 의하더라도 중대재해처벌법에 따라 사업주등이 안전보건확보의무를 부담하여야 할 대상

38) 같은 취지로 고용노동부 중대재해처벌법 해설서, 89면.
39) 송인택 외 4, 87면.
40) 고용노동부 역시 산업안전보건법에서의 상시근로자 수 산정과 관련하여 "근로자라 함은 근로기준법 제14조의 규정에 의한 근로자로서 당해사업장에 계속 근무하는 근로자뿐만 아니라 임시직 근로자, 일용직 근로자,파견근로자 등 고용형태를 불문하고 모든 근로자를 포함함."이라고 하여, 파견근로자도 포함된다는 취지로 회신함(산보 68340-125, 2000. 2. 17., 고용노동부 산재예방보상정책관, 「산업안전보건법 질의회시집<2000. 1. 1.~2012. 12. 31.>」, 2013. 2.공표, 12면.)
41) 같은 취지로 김·장 법률사무소 중대재해대응팀, 중대재해처벌법, 박영사(2022), 45-46면.

은 단순 근로자뿐만 아니라 "종사자"를 포함하므로 사업주등은 "종사자"에 해당하는 파견근로자에 대하여도 안전보건확보의무를 이행하여야 할 것이다.[42)]

다. 산정 기준이 되는 "사업 또는 사업장"

일반적으로 "사업"의 의미와 관련하여서는 "사회생활상의 지위에서 하는 일('업'이라 부르기도 함)로서 계속적으로(계속할 의사로) 하는 작업조직(사업체)"라고 하고,[43)] 대법원 역시 이와 같은 개념을 전제로 하여 "근로기준에서 말하는 '사업'은 특별한 사정이 없는 한 경영상의 일체를 이루는 기업체(또는 사업체) 그 자체를 의미한다 할 것이고, 따라서 경영상의 일체를 이루면서 유기적으로 운영되는 기업조직은 하나의 사업으로 파악하여야 할 것(대법원 1993. 2. 9. 선고 91다21381 판결; 대법원 1993. 10. 12. 선고 93다18365 판결; 1997. 11. 28. 선고 97다24511 판결; 1999. 8. 20. 선고 98다765 판결 등)"이라고 판시하여 특별한 사정이 없는 이상 사업과 기업을 동일하게 보는 입장이다. 다만, 명목상 2개의 기업이라고 할지라도 "독자성이 없거나 독립성을 결여하여 타 기업의 한 부서와 동일시할 수 있는 등 그 존재가 형식적, 명목적인 것에 지나지 아니하고, 사실상 당해 근로자는 타 기업과 사용종속관계에 있다(대법원 2002. 11. 26. 선고 2002도649 판결)"고 평가될 수 있는 정도에 이른다면 1개의 사업이라고 평가될 수 있을 것이다.

"사업장"의 의미와 관련하여서는 일반적으로 "사업의 일부분으로서 업무·노무관리·회계를 독자적으로 수행하는 것(공장내의 진료소, 사업부 등) 또는 독자성은 없지만 장소적으로 분리되어 있는 것(본사와 분리된 공장, 공사장, 지점, 출장소 등)을 말한다"라고 하며,[44)] 1개의 사업에 복수의 사업장이 있는 경우 사업과 사업장 중 어느 쪽을 기준으로 산정할지에 대하여는 일반적으로는 "여러 사업장이 같은 장소에 있으면 사업장별로 산정해야 한다. 다만 같은 장소에 있더라도 업종, 인사·노무 관리체계, 노동조합 조직범위, 단체협약 적용범위 등에 관하여 독립성이 있는 사업장은 분리하여 산정하고, 장소적으로 분산되어 있더라도 현저히 소규모로서 독립성이 없는 것은 직근 상위 기구와 통합하여 산정하여야 한다"라고 한다.[45)46)]

---

42) 장기적으로는 파견법에도 파견근로자는 중대재해처벌법의 '사용사업주의 상시근로자'로 본다는 취지의 조항을 추가하는 방법으로, 이러한 의견 대립 여지를 피할 수 있을 것으로 보인다.
43) 임종률, 34면.
44) 임종률, 35면.
45) 임종률, 35면.

산업안전보건법 준수의 기준이 되는 단위로서의 '사업장'에 관하여 고용노동부는 "주로 장소적 관념에 따라 결정해야 할 것이고 동일한 장소에 있으면 원칙적으로 분리하지 않고 하나의 사업장으로 보며, 장소적으로 분산되어 있는 경우에는 원칙적으로 별개의 사업장으로 보아야 할 것이고, 다만, 동일한 장소에 있더라도 현저하게 근로의 양태가 다른 부분이 있고 그러한 부문이 주된 부문과 비교하여 노무관리 등이 명확하게 구분되고, 주된 부문과 분리하여 취급함으로써 산업안전보건법이 보다 적절하게 운용될 수 있는 경우에는 그러한 부문을 독립된 사업장으로 보아야 하며, 장소적으로 분산되어 있더라도 출장소, 사업소, 지점 등이 업무처리 능력 등을 감안할 때 하나의 사업장이라고 말할 정도의 독립성이 없으면 직근 상위조직(기구)와 일괄하여 하나의 사업장으로 보아야 할 것"이라고 해석하고 (2012. 7. 30.회신 산재예방정책과-7065; 2017. 9. 13.회신 산재예방정책과-4241),[47] 조직표와 근로자 현황뿐만 아니라 기관의 조직 체계, 위임전결규정, 예산편성 및 집행체계, 사업계획의 수립, 집행절차 등을 종합적으로 고려하여 판단하여야 할 것이나(2015. 11. 2.회신 산재예방정책과-3736),[48] 별도의 사업자등록이나 산재보험 가입 등이 되어 있지 않으며 그 외 특별히 근로형태나 인사, 회계, 조직, 노무관리 등에 있어서 독립성이 인정된다고 볼 수 없는 경우에는 별도의 사업장으로 인정하기 어렵다고 해석하였고(2017. 4. 7. 회신 산재예방정책과-1795),[49] 이후 "독립

46) 산업안전보건법 준수의 기준이 되는 단위로서 '사업장'에 관하여 고용노동부는 "주로 장소적 관념에 따라 결정해야 할 것이고 동일한 장소에 있으면 원칙적으로 분리하지 않고 하나의 사업장으로 보며, 장소적으로 분산되어 있는 경우에는 원칙적으로 별개의 사업장으로 보아야 할 것이고, 다만, 동일한 장소에 있더라도 현저하게 근로의 양태가 다른 부분이 있고 그러한 부문이 주된 부문과 비교하여 노무관리 등이 명확하게 구분되고, 주된 부문과 분리하여 취급함으로써 산업안전보건법이 보다 적절하게 운용될 수 있는 경우에는 그러한 부문을 독립된 사업장으로 보아야 하며, 장소적으로 분산되어 있더라도 출장소, 사업소, 지점 등이 업무처리 능력 등을 감안할 때 하나의 사업장이라고 말할 정도의 독립성이 없으면 직근 상위조직(기구)와 일괄하여 하나의 사업장으로 보아야 할 것"이라고 해석하고[2012. 7. 30.회신 산재예방정책과-7065; 2017. 9. 13.회신 산재예방정책과-4241; 고용노동부, '산재예방정책과 질의회신(2007.~2020. 7.)', 39-40면], "독립된 사업장인지" 여부와 관련하여서는, 조직표와 근로자 현황뿐만 아니라 기관의 조직 체계, 위임전결규정, 예산편성 및 집행체계, 사업계획의 수립, 집행절차 등을 종합적으로 고려하여 판단하여야 할 것이나 [2015. 11. 2.회신 산재예방정책과-3736; 고용노동부, '산재예방정책과 질의회신(2007.~2020. 7.)', 82-83면], 별도의 사업자등록이나 산재보험 가입 등이 되어 있지 않으며 그 외 특별히 근로형태나 인사, 회계, 조직, 노무관리 등에 있어서 독립성이 인정된다고 볼 수 없는 경우 별도의 사업장으로 인정하기 어렵다고 해석하는 입장임(2017. 4. 7. 회신 산재예방정책과-1795; 고용노동부, '산재예방정책과 질의회신(2007.~2020. 7.)', 112-113면). 이와 같은 고용노동부의 해석은 상기 판례들의 내용을 참고한 것으로 보인다.

47) 고용노동부, '산재예방정책과 질의회신(2007.~2020. 7.), 39-40면.

48) 앞의 책, 82-83면.

49) 앞의 책, 112-113면.

된 사업장인지"의 구체적 판단기준으로, "인사·노무관리·회계 등의 독립적 운영 여부, 각 사업장별로 사업경영담당자가 정해져 있고, 해당 사업장의 경영상 책임(근로조건의 결정권, 안전·보건에 관한 사항의 결정권)이 사업경영담당자에게 전속되어 있는지 여부, 조직운영·업무처리에 관한 사항을 각 사업장에서 독자적으로 결정하는지 여부, 서로 다른 단체협약 또는 취업규칙을 적용받는지 여부, 한국표준산업분류(통계청 고시)상 산업(업종)이 다른지 여부"를 제시하였다(산재예방정책과-3063, 2021. 6. 25.).[50]

이러한 원칙을 바탕으로 고용노동부는 대한송유관공사의 본사와 지사를 하나의 사업장으로 볼 수 있는지에 대하여, "공사는 전국적으로 연결된 송유관으로 석유제품을 공급하는 것을 주된 업무로 하되, 본사는 송유사업계획 수립, 운영시스템 운영 및 통제 업무를 주로 하나, 전국에 산재하여 장소적으로 분리된 각 지사(저유소, 가압장)는 현장 Line-up을 실시하고 설비 작동상태를 점검하는 등 원활한 송유 운영을 보조하는 업무를 하면서 각 사업용 시설을 관리토록 함. 또한 공사의 안전관리규정 및 산업안전·보건규정에 의하면 각 지사는 사업소장(안전관리총괄자) 및 SHE(Safety, Health, Environment) 경영 주관부서를 두어 독립적으로 사업장 내 안전보건관리를 하도록 함. – 이와 같은 조직운영·업무처리의 내용 및 안전관리체계의 운영 등에 제반 사정에 비추어보면 귀 공사의 본사와 지사는 독립된 사업장으로 보는 것이 합리적(산재예방정책과-553, 2021. 2. 2.)"이라고 하였으나, 한편 청사관리본부와 서울청사관리소, 과천청사관리소를 별개의 사업장으로 볼 수 있는지에 대하여 "서울청사관리소, 과천청사관리소 등이 별개의 장소에 분산되어 있으나, – 현업업무 종사자에 대한 노무관리, 근로조건결정 등이 청사관리본부차원에서 이뤄지므로 직근 상위조직인 청사관리본부와 하나의 사업장으로 봄이 타당할 것임(산재예방정책과-570, 2021. 2. 2.)"라는 해석을 한 적이 있다.[51] 상기와 같은 고용노동부의 해석론은 비록 산업안전보건법에 대한 해석론에 해당하지만, 근로기준법의 사업장 개념에 대한 해석론을 많이 참고한 것으로 보이고, 중대재해처벌법에서도 "사업장"이라는 개념을 그대로 사용하고 있고 "중대산업재해" 역시 산업재해의 일부 유형이므로, 위 고용노동부의 해석론은 중대재해처벌법의 "사업장" 개념 해석에 있어 중요한 참고가 될 것으로 보인다.

---

50) 고용노동부, '산업안전보건법 질의회시집(2013. 1. 1.~2021. 12. 31.)', 35면.
51) 앞의 책, 27-30면.

상기와 같은 “사업” 및 “사업장”에 대한 해석론, 앞서 설명한 바와 같이 중대재해처벌법은 “기업의 조직문화 또는 안전관리 시스템 미비로 인해 일어나는 중대재해를 사전에 방지”하는 것, 즉 기업 전반에 걸쳐 형성되어 있는 구조적·의식적인 문제를 방지하고자 하는 목적에서 제정된 법률이라는 점, 중대재해처벌법 제5조의 내용 및 상기 대법원 2002. 11. 26. 선고 2002도649 판결 내용을 고려하면 중대재해처벌법은 사업주나 경영책임자등의 안전보건확보의무 발생 여부 판단에 있어 “실질적 지배, 운영, 관리”의 존재를 하나의 표지로 삼고 있는데 한 기업체 등의 사업장이 전국적으로 산재하고 있다는 사실이 있다고 하더라도 산재되어 있는 각 사업장에 존재하는 직책자 등이 예산·회계·인사 권한을 독립하여 결정할 수 있다는 등의 특별한 사정이 없는 이상 기업의 사업주 또는 경영책임자 등의 실질적 지배, 운영, 관리가 인정될 것이라는 점 등을 모두 고려하면, 일반적으로 5인 이상 근로자의 산정 기준이 되는 “사업 또는 사업장”의 범위는 특별한 사정이 없는 이상 “기업체 전체”를 기준으로 삼아야 할 것이다.[52]

2. 중대재해처벌법 제3조의 “사업주”의 의미

‘자신의 사업을 영위하는 자, 타인의 노무를 제공받아 사업을 하는 자’에 해당하면 자연인인지 아니면 법인인지 여부를 불문하고 아래와 같은 중대재해처벌법 제2조 제8호에 따라 사업주에 해당한다고 할 것이다.

> **중대재해처벌법**
> 제1장 총칙 제2조(정의)
> 이 법에서 사용하는 용어의 뜻은 다음과 같다.
> 1~7. (중략)
> 8. “사업주”란 자신의 사업을 영위하는 자, 타인의 노무를 제공받아 사업을 하는 자를 말한다.

이때 영리를 위해 사업을 영위하는 자로 사업주의 의미를 한정할 수 있는지 의문이 있으나, 근로기준법을 포함한 각종 근로관계법령에서도 “사업주”란 “사업경영의 주체로서 근로자와 근로계약을 체결한 당사자(대법원 2015. 6. 11. 선고

52) 같은 취지로 로앤비 온주 중대재해처벌등에관한법률 제3조 Ⅱ.3.부분: “실무적으로 대부분 개인사업주의 경우에는 개인사업주가 영위하는 각 사업장의 전부를 하나의 사업으로 판단하고, 법인의 경우에는 특정 경영책임자등이 경영하는 하나의 법인 단위로 하나의 사업을 결정하게 될 것이다.”

2014도15915 판결 등 참조)"로서, 개인사업체에서는 개인, 회사 기타 법인체에서는 법인을 뜻하며, 사기업의 기업주뿐만 아니라 국가, 지방자치단체, 국영기업체 등도 사업주가 될 수 있고, 영리사업인지 비영리사업인지 불문하므로 공익사업, 종교사업, 그 외 비영리단체의 사업주도 근로관계법령상 사업주에 포함될 수 있음을 전제로 하고 있다는 점, 중대재해처벌법 역시 수범자의 범위를 영리기업 또는 영리사업자로 제한하고 있지는 않다는 점, 근로관계나 도급, 용역 등의 계약 체결이 이루어진다는 점 등을 고려하면, 영리를 위해 사업을 영위하지 않는 자 역시 중대재해처벌법의 '사업주'로 포섭된다고 할 것이다.[53]

다만, 앞서 살펴본 바와 같이 중대재해처벌법 제3조는 "사업주(개인사업주에 한정한다. 이하 같다.)"라고 하고 있어, 그 이하의 중대재해처벌법상 "사업주"의 의미도 개인사업주에 한정하여 해석하여야 하는지 의문이 발생할 수 있다.

그러나 법률의 해석은 법문언에 가장 부합하는 방향으로 해석하여야 하는데 중대재해처벌법 제3조는 '이하 본 장에서 같다'라는 표현이 아니라 '이하 같다'라는 표현을 통해 제3조의 정의를 제3조 이하부터는 전부 적용되는 것임을 명시하고 있다는 점, 사업주등의 의무를 정하고 있는 제4조 제1항, 제5조, 제9조는 "사업주 또는 경영책임자 등은 사업주나 법인 또는 기관이"라는 표현을 사용하고 있다는 점, 제6조 및 제10조의 처벌 조항에서도 처벌을 받는 당사자를 "사업주 또는 경영책임자등"이라고 하는 점, 제7조 및 제11조의 양벌규정에는 '사업주'라는 표현을 전혀 사용하고 있지 않다는 점 등을 고려하면, 결국 사업주는 "개인사업주"만을 의미한다고 보아야 할 것이다.[54]

3. 부칙의 내용에 대하여

중대재해처벌법 부칙 제1조 제1항 단서에는 "상시 근로자가 50명 미만인 사업 또는 사업장(건설업의 경우에는 공사금액 50억 미만의 공사)"는 중대재해처벌법의 적용을 공포 후 3년이 지난 2024년 1월 27일부터 적용한다고 하여 적용 유예 조항을 두었는바, 이러한 내용에 따라 개인사업자는 그 사업규모를 불문하고 2024년 1월 26일까지 중대재해처벌법에 따른 안전보건확보의무의 이행을 위하여 준비

53) 노동실무연구회, 근로기준법 주해 I (제2판), 박영사, 159면.
54) 같은 취지로 송인택 외 4, 앞의 책, 148면; 또한 송인택 외 4는 앞의 책 149면부터 153면에 걸쳐 이와 같이 사업주를 개인사업주로 제한하는 형태의 입법은 책임주의 원칙에 반한다고 판단될 소지가 있으므로, 법률 개정을 통해 이러한 법리상의 문제를 개선하여야 한다고 주장한다.

할 기간이 생겼고, 법인사업자인 경우에는 '상시근로자가 50명 미만인 사업 또는 사업장(건설업의 경우에는 공사금액 50억 미만의 공사)'에 해당하면 위 일자까지 중대재해처벌법에 따른 안전보건확보의무의 이행을 위하여 준비할 기간이 생겼다.

다만, 중대시민재해의 경우에는 중대산업재해와 달리 상시근로자가 5인 미만인 사업 또는 사업장 적용 배제 규정이 없으므로, 「소상공인 보호 및 지원에 관한 법률」에 따른 소상공인 등[55]에 해당하지 않는 이상 2024. 1. 27.부터는 그 규모와 무관하게 생산·제조·판매·유통 중인 원료나 제조물의 설계, 제조, 관리상의 결함이나 공중이용시설 또는 공중교통수단의 설계, 설치, 관리상의 결함이 발생하지 않도록 안전보건확보의무를 다하여야 할 것이다.[56]

---

55) 중대재해처벌법 제2조 제4호, 시행령 등은 아래와 같이 소상공인 등에 대한 면제 조항을 두고 있다.
중대재해처벌법 제2조(정의) 이 법에서 사용하는 용어의 뜻은 다음과 같다.
4. "공중이용시설"이란 다음 각 목의 시설 중 시설의 규모나 면적 등을 고려하여 대통령령으로 정하는 시설을 말한다. 다만, 「소상공인 보호 및 지원에 관한 법률」 제2조에 따른 소상공인의 사업 또는 사업장 및 이에 준하는 비영리시설과 「교육시설 등의 안전 및 유지관리 등에 관한 법률」 제2조제1호에 따른 교육시설은 제외한다.

시행령 제8조(원료·제조물 관련 안전보건관리체계의 구축 및 이행 조치) 법 제9조제1항제1호에 따른 조치의 구체적인 사항은 다음 각 호와 같다.
1. 다음 각 목의 사항을 이행하는 데 필요한 인력을 갖추어 중대시민재해 예방을 위한 업무를 수행하도록 할 것
2. 다음 각 목의 사항을 이행하는 데 필요한 예산을 편성·집행할 것
3. 별표 5에서 정하는 원료 또는 제조물로 인한 중대시민재해를 예방하기 위해 다음 각 목의 조치를 할 것
4. 제3호 각 목의 조치를 포함한 업무처리절차의 마련. 다만, 「소상공인기본법」 제2조에 따른 소상공인의 경우는 제외한다.

56) 같은 취지로 송인택·안병익·이태승·정재욱·윤상호, 중대재해처벌법 해설과 대응, 373-374면.

제4절

수범자의 개념과 범위

문재원*

Ⅰ. 서설 – 중대재해처벌법 제2조 제9호의 내용

중대재해처벌법은 제4조, 제5조, 제9조에서 안전보건확보의무의 이행주체를 “사업주 또는 경영책임자등”이라고 정하고 있고, 중대재해처벌법 제2조 제8호, 제9호는 아래와 같은 정의 조항을 두고 있다.

중대재해처벌법

제2조(정의)

이 법에서 사용하는 용어의 뜻은 다음과 같다.

8. “사업주”란 자신의 사업을 영위하는 자, 타인의 노무를 제공받아 사업을 하는 자를 말한다.
9. “경영책임자등”이란 다음 각 목의 어느 하나에 해당하는 자를 말한다.
   가. 사업을 대표하고 사업을 총괄하는 권한과 책임이 있는 사람 또는 이에 준하여 안전보건에 관한 업무를 담당하는 사람
   나. 중앙행정기관의 장, 지방자치단체의 장, 「지방공기업법」에 따른 지방공기업의 장, 「공공기관의 운영에 관한 법률」 제4조부터 제6조까지의 규정에 따라 지정된 공공기관의 장

사업주와 경영책임자등의 의미와 관련하여, ‘사업주’의 의미에 대하여 영리사업을 하는 자로 제한된다고 보기는 어렵다는 점, 중대재해처벌법은 제3조 이하부터 ‘사업주’는 개인사업주로 한정된다는 점을 위 제3절에서 확인한바 있다.

---

* 文材源, 서울대학교 법과대학 일반대학원 석사과정.

그러나 “경영책임자”등을 정의하는 제2조 제9호는, 가목에서 ‘또는’이라는 표현을 사용하고 있어 ‘사업을 대표하고 사업을 총괄하는 권한과 책임이 있는 사람에 준하여 안전보건에 관한 업무를 담당하는 사람’을 둔 경우에는 ‘사업을 대표하고 사업을 총괄하는 권한과 책임이 있는 사람’에 대하여는 중대재해처벌법의 수범자가 아닌 것인지 의문이 발생할 소지가 있고, 중대재해처벌법 제4조, 제5조, 제9조는 안전보건확보의무의 이행 통로를 “법인 또는 기관”이라고 정하고 있는데 이때 “기관”에 법인격 없는 단체도 포함된다고 볼 수 있는지 등에 대하여 별다른 정의는 없어(특히 “기관”에 대한 정의를 두고 있지는 아니하다.) 대립 발생 소지가 있으므로, 본 절에서는 중대재해처벌법 제2조 제9호의 의미를 중점적으로 살피고자 한다.

Ⅱ. 제2조 제9호 가목의 의미에 대하여

1. 사업을 대표하고 사업을 총괄하는 권한과 책임이 있는 사람

가. 의 미

중대재해처벌법 제2조 제9호는 가목의 ‘사업을 대표하고 사업을 총괄하는 권한과 책임이 있는 사람’이라고 할 뿐 대표이사(사장)나 이사와 같은 직급 등을 구체적으로 나타내는 표현을 하지는 않았다. 그리고 고용노동부는 “중대재해처벌법은 사업의 대표자이자 사업 경영의 총괄책임자에게 종사자의 중대산업재해를 예방하도록 안전 및 보건확보의무를 부여하고 있음”이라고 하면서, “사업을 대표하고 사업을 총괄하는 권한과 책임이 있는 사람”이란 “대외적으로 해당 사업을 대표하고 대내적으로 해당 사업의 사무를 총괄하여 집행할 권한과 책임이 있는 사람”을 말한다고 하고, “이에 준하여 안전보건에 관한 업무를 담당하는 사람”이란 “사업 또는 사업장 전반의 안전 및 보건에 관한 조직·인력·예산 등에 관하여 대표이사 등 경영책임자에 준하여 총괄하는 권한과 책임을 가지는 등 최종 결정권을 가진 사람”을 의미한다고 한다.[1)]

이와 같은 내용을 고려하면, 일반적으로 제2조 제9호 가목의 ‘사업을 대표하고 사업을 총괄하는 권한과 책임이 있는 사람’은 법령 또는 정관에 의하거나 사실상

1) 고용노동부, 해설 중대재해처벌법 중대산업재해(이하 “중대재해처벌법해설서”), 2021. 11. 공표, 21-22면.

사업체를 대외적으로 대표하고 대내적으로 업무집행을 담당하는 지위에 있는 자로, 주식회사나 유한회사의 대표이사(상법 제389조, 제562조), 합명회사나 합자회사의 대표업무집행사원(상법 제207조, 상법 제269조), 비영리법인의 이사(민법 제59조 제1항, 일반적으로 '이사장'이라는 단어 사용을 통하여 해당 법인을 대표할 자격이 있는 자임을 표현한다.), 협동조합의 이사장(협동조합기본법 제41조) 등은 응당 '사업을 대표하고 사업을 총괄하는 권한과 책임이 있는 사람'이라고 할 수 있다고 할 것이다.[2)]

나. 상법상 이사로서의 등기 여부나, 대표이사·사장·이사 등의 직위 부여가 반드시 필요한 것인지 여부

이른바 '회장'과 같이 대주주로서 대표이사 또는 그 외 임원의 직위에 있지는 않더라도 회사를 사실상 지배하며 경영하는 자들이 존재하는데, 이를 '사업을 대표하고 사업을 총괄하는 권한과 책임이 있는 사람'에 해당하는지 의문이 제기될 수 있다. 그러나 앞서 살펴본 것과 같이 제2조 제9호는 가목은 직급을 구체적으로 나타내는 표현을 하지는 않는데 이는 입법 과정에서도 확인되는 것과 같이 구체적인 직위가 없더라도 사업체에 영향력을 미치는 자에게도 본 법률의 수범자로 인정하기 위한 것으로 보인다는 점, 위 '회장'은 설령 아무런 직위가 없다고 하더라도 해당 회사에 대한 실질적 지배, 운영, 관리가 인정되며[3)] 대외적으로도 '회장'이 해당 회사를 대표하는 자로 인정되는 경우가 많다는 점 등을 고려하면, 반드시 직위의 부여 여부와 관계없이 '회장'과 같이 회사에 대한 결정 권한이 있는 사람이라면 중대재해처벌법 제2조 제9호는 가목의 '사업을 대표하고 사업을 총괄하는 권한과 책임이 있는 사람'에 해당할 수 있을 것으로 판단된다.

제383회 – 법제사법소위 제3차(2020년 12월 30일) 회의록 중 제7면

○ 박주민 위원 그런데 실질적으로 우리 사회에서는 명목상 대표이사가 아니더라도 사업이라든지 또는 회사 경영방침에 영향력을 미치는 분들이 계시잖아요. 그래서 그런 분들도 책임을 졌으면 좋겠다는 게 입법취지입니다.

2) 권오성, 중대재해처벌법의 체계, 도서출판 새빛(2022), 63-66면.
3) 참고로 상법 제401조의2 제1항의 '회사에 대한 자신의 영향력을 이용하여 이사에게 업무집행을 지시한 자', '이사의 이름으로 직접 업무를 집행한 자', '이사가 아니면서 명예회장·회장·사장·부사장·전무·상무·이사 기타 회사의 업무를 집행할 권한이 있는 것으로 인정될 만한 명칭을 사용하여 회사의 업무를 집행한 자' 중 하나에 해당하면(이른바 "업무집행지시자 등") 임무 해태로 인하여 회사나 제3자에 대한 손해배상책임 등을 부담하는 것을 인정하는 조항이 있다(상법 제399조, 제401조).

○ 김도읍 위원 그 예를 들어서?
○ 박주민 위원 등기이사가 아니지만 사실상 회사의 경영방침을 결정하시는 분들 있으시잖아요.
○ 김도읍 위원 그러니까 예를 들어서 어떤 경우가 있습니까, 그러면?
○ 박주민 위원 우리가 소위 얘기하는 회장님이나 이런 분들이지요.

다만, 대주주에 해당하는 자에 해당하더라도 경영 방침 등을 결정하는 것과 같이 회사 경영에 대하여 아무런 관여를 하지 않는다면, 지배력을 인정할 수는 없어 '사업을 대표하고 사업을 총괄하는 권한과 책임이 있는 사람'에 해당한다고 보기는 어려울 것이다.[4)]

다. 수 인의 대표이사가 존재하는 경우

상법은 한 기업 내부에도 대표이사 1인을 두는 것이 아니라, 수인의 대표이사의 선임을 인정하고 있고, 상법 제389조 제2항은 "수인의 대표이사가 공동으로 회사를 대표할 것을 정할 수 있다."라고 하여 별도로 정함이 없으면 수인의 대표이사가 각자 대표하는 것이 원칙이라고 정하고 있으며, 이에 따라 여러 개의 영업을 영위하는 일부 기업들은 각 영업을 대표하는 대표이사를 개별적으로 선임하는 경우가 있다. 이때 수인의 대표이사가 전부 '사업을 대표하고 사업을 총괄하는 권한과 책임이 있는 사람'으로서 회사에서 영위하는 영업 전부에 대한 안전보건확보의무를 부담하는지, 아니면 자신이 대표하고 총괄하는 영업에 한하여만 안전보건확보의무를 부담하는지 의문이 제기될 수 있다.[5)]

그러나 중대재해처벌법도 '사업을 대표하고 사업을 총괄하는 권한과 책임이 있는 사람'이라고 할 뿐 그 범위에 대하여는 별다른 제한을 두지는 아니한 점, 중대재해처벌법은 안전보건확보의무 발생에 있어 "실질적 지배, 운영, 관리"를 하나의 지표로 삼고 있다는 점 등을 고려하면, 수인의 대표이사는 각자 자신이 실질적 지배, 운영, 관리를 하는 영업 부문에 대하여 안전보건확보의무를 부담한다고 할 것이다. 다만, 이때 각 영업 부문은 인사, 예산도 따로 편성되어 있는 등 별개의

4) 법무법인(유한) 바른 중대재해처벌법 대응 특별팀, 중대재해처벌법연구 - 조문별 해석 중심, 법문사(2021), 61면도 "대표이사가 속칭 '바지사장'이라면(즉, 대표이사에게 실질적인 권한이 전혀 없는 경우) 또는 그룹 '회장'이나 '오너'가 해당 기업의 경영 활동 전반에 깊숙하게 관여한 경우에는 그룹 '회장'이나 '오너'가 책임의 주체가 될 수 있음"이라고 하여 같은 취지로 기술하였다.

5) 공동대표이사인 경우에는 안전보건확보의무를 공동으로 부담한다고 할 것이다[김·장 법률사무소 중대재해대응팀, 중대재해처벌법, 박영사(2022), 22면].

사업으로서 독립성이 인정되는 경우에 해당하여야 할 것이다.[6)]

라. 수 개의 회사들이 공동수급체를 형성하여 과업을 수행하는 경우

계약의 규모나 복잡성이 점점 증대됨에 따라, 수 개의 회사들이 공동수급체를 형성하여 과업을 수행하는 경우가 발생하고 있다. 이때 구성원들이 부담할 안전보건확보의무의 범위가 어떻게 되는지에 대하여 불분명하다고 의문이 제기될 수 있다.

(1) 분담이행방식의 경우

「건설산업기본법」 제48조, 같은 법 시행령 제40조에 따라 제정된 고시인 「건설공사 공동도급운영규정(국토교통부고시 제2020-609, "이하 공동도급운영규정")」은 분담이행방식을 '건설공사를 공동수급체구성원별로 분담하여 수행하는 공동도급계약'이라고 정의하고(공동도급운영규정 제3조 제2호), 분담이행방식으로 건설공사를 도급받은 공동수급체의 구성원은 자신이 분담한 부분에 대하여만 발주자에 대한 계약이행 및 안전·품질이행책임을 진다(공동도급운영규정 제9조 제2호)고 하고, 하자담보책임도 분담하여 자신이 시공한 내용에 대하여만 부담한다고(공동도급운영규정 제12조 단서) 규정하고 있다.

또한 위 공동도급운영규정 [별표 2] 공동수급표준협정서(분담이행방식)도 발주자 또는 제3자에 대한 책임은 분담내용에 따라 각자 책임을 부담하며[공동수급표준협정서(분담이행방식) 제6조, 제13조, 제14조 제1항], 하도급도 각 구성원이 각자 책임 하에 따라 한다[공동수급표준협정서(분담이행방식) 제7조].

중대재해처벌법이 아니라 산업안전보건법에 따른 책임이 문제된 사례였으나, 해당 건에서 하급심 법원은 분담이행방식의 공동수급체를 형성한 공사의 경우(구성원 A사는 전문공사시설공사 부분을, B사는 토건·전기 등 나머지 공사 부분을 분담), A사와 B사가 각자의 현장소장을 두고 지휘·감독을 실시한 경우에는, 타 구성원의 현장소장에 대하여 실질적인 고용관계가 있다거나 타 구성원의 현장소장에 대하여 지휘·감독을 하였다는 경우가 아닌 이상, 각 구성원별 현장소장의 안전보건조치의무 위반 행위에 대한 양벌규정은 각 구성원에 한하여 적용된다는 취지로 판시하였다(대구지방법원 2018. 5. 11. 선고 2017노4661 판결, 즉 A사 현장소장이 안전보건조치의무를 위반하면 A사는 처벌을 받지만 B사는 처벌되지 않음). 그리고 산업

---

6) 앞의 책 제61면, 김·장 법률사무소 제28면도 같은 취지.

안전보건법의 질의회시집[7] 역시 분담이행방식의 공동수급체를 구성한 경우 안전관리자 선임 방법에 대하여 "공동도급 분담이행방식에 의해 수행하는 공사라 함은 각 구성원이 공사를 미리 분할하여 각각의 분담공사에 대해 책임을 지고 시공하는 경우를 말하는 것으로, 안전관리자 선임에 대해서도 공사별로 각 분담내역의 공사규모에 따라 그 여부를 결정하여야 하는 바, 안전관리자를 선임하지 않은 다른 2개의 공사에 대해서는 개별 공사의 공사금액(귀 질의에서 밝힌 대로 30억원~70억 원이라면)에 따라 재해예방전문지도기관의 기술지도를 받아야 할 것으로 사료되며, 안전교육 및 점검 등도 각 공사별로 실시하여야 할 것으로 사료됨[산안(건안) 68307-10637, 2001. 12. 29.)]"이라고 하여 분담이행방식의 공동수급체가 형성된 경우에는 산업안전보건법 등에 따른 의무 발생 여부 및 그 이행 방법도 각자 분담된 역무 내용을 기준으로 판단한다는 취지의 해석론을 제시하였다.

상기와 같은 하급심 판결의 내용이나 고용노동부의 유권해석의 내용, 공동도급 운영규정이나 공동수급표준협정서에서 정하고 있는 분담이행방식의 정의 및 이행 양상 등을 고려하면, 분담이행방식의 공동수급체에서의 안전보건확보의무 역시 구성원들이 각자 분담하여 이행하는 역무에 한하여 안전보건확보의무를 부담하게 될 것으로 판단된다.

(2) 공동이행방식의 경우

「공동도급운영규정」은 공동이행방식을 '건설공사 계약이행에 필요한 자금과 인력 등을 공동수급체구성원이 공동으로 출자하거나 파견하여 건설공사를 수행하고 이에 따른 이익 또는 손실을 각 구성원의 출자비율에 따라 배당하거나 분담하는 공동도급계약'이라고 정의하고(공동도급운영규정 제3조 제2호), 공동이행방식으로 건설공사를 도급받은 공동수급체의 구성원은 연대하여 계약이행 및 안전·품질이행의 책임을 진다(공동도급운영규정 제9조 제1호)고 하며, 하자담보책임도 연대하여 진다고(공동도급운영규정 제12조 본문) 규정하고 있다.

또한 위 건설공사 공동도급운영규정 [별표1] 공동수급표준협정서(공동이행방식)도 발주자 에 대한 책임은 연대하여 책임을 부담하며[공동수급표준협정서(공동이행방식) 제6조, 제13조], 하도급을 하는 경우에도 다른 구성원의 동의가 필요하고 계약이행과 관련하여 하수급인 및 자재납품업체에 대하여 연대하여 책임을 진다고

---

7) 고용노동부 산재예방보상정책관, 산업안전보건법 질의회시집<2000. 1. 1.~2012. 12. 31.>, 2013. 2. 공표, 151면.

하고 있다[공동수급표준협정서(공동이행방식) 제7조]. 대법원은 일관되게 "공동수급체는 기본적으로 민법상의 조합의 성질을 가지는 것이므로 그 구성원의 일방이 공동수급체의 대표자로서 업무집행자의 지위에 있었다고 한다면 그 구성원들 사이에는 민법상의 조합에 있어서 조합의 업무집행자와 조합원의 관계에 있었다고 할 것이다(대법원 2000. 12. 12. 선고 99다49620 판결)."라고 하고, 이를 전제로 "조합대리에 있어서도 그 법률행위가 조합에게 상행위가 되는 경우에는 조합을 위한 것임을 표시하지 않았다고 하더라도 그 법률행위의 효력은 본인인 조합원 전원에게 미친다고 보아야 할 것이다(대법원 2009. 1. 30. 선고 2008다79340 판결)."라고 하는데, 이는 공동이행방식의 공동수급체의 정의나 이행 양상을 고려한 것으로 보인다.

이러한 내용을 고려하면, 공동수급체를 형성한 경우 구성원들이 전부 해당 역무에 투입되는 근로자 등 종사자들에 대하여 연대하여 안전보건확보의무를 부담하여야 할 것으로 볼 수 있다(즉, A·B·C사가 공동이행방식의 공동수급체를 형성한 경우, A사는 B사 소속 근로자나 그 외 종사자들에 대하여 안전보건확보의무를 부담한다고 볼 여지가 있다.). 그러나 중대재해처벌법은 안전보건확보의무의 이행 대상인 '종사자'를 정의할 때 "사업주" 또는 경영책임자등이 경영하는 "법인 또는 기관"과 근로관계, 도급관계, 용역관계, 위탁관계 등이 존재하거나, 사업주 또는 경영책임자등이 경영하는 "법인 또는 기관"과 도급계약을 체결한 자와 근로관계, 도급관계, 용역관계, 위탁관계 등이 존재할 것[8]을 요구하는 등 계약 관계의 존재를 요구하는데 일반적으로 직접적인 계약관계는 구성원 중 1인과 체결하게 되고 다른 구성원들의 동의를 요하는 경우도 있지만[공동수급표준협정서(공동이행방식) 제7조] 이와 같은 동의는 근로관계, 도급관계, 용역관계, 위탁관계 등의 형성을 내용으로 하는 계약을 체결하려는 구성원 일방에 대하여만 이루어지는 것이지 그 상대방인 종사자에게까지 이루어질 것을 요하는 것은 아니라는 점,[9] 실제로도 A사 소속 근

---

8) **제2조(정의)** 이 법에서 사용하는 용어의 뜻은 다음과 같다.
  7. "종사자"란 다음 각 목의 어느 하나에 해당하는 자를 말한다.
    가. 「근로기준법」상의 근로자
    나. 도급, 용역, 위탁 등 계약의 형식에 관계없이 그 사업의 수행을 위하여 대가를 목적으로 노무를 제공하는 자
    다. 사업이 여러 차례의 도급에 따라 행하여지는 경우에는 각 단계의 수급인 및 수급인과 가목 또는 나목의 관계가 있는 자

9) 또한, 공동수급체 구성원 간 하도급은 실제로 분담 역무의 내용 변경, 지분의 변경 등을 초래하는 것이고 건설공사 공동도급운영규정 제7조 및 공동수급표준협정서 모두 이러한 출자비율 변경을 제

로자 등은 A사만의 지휘·감독을 받으며 업무를 이행하게 될 것이라는 점 등을 고려하면, 공동수급체 구성원 전원과 근로계약, 도급계약, 용역계약, 위탁계약을 체결하였다거나, 공동수급체 구성원들 간의 역무 분담이 명확하지 않고, 이로 인하여 구성원들 소속 근로자 등이 다른 구성원 소속 근로자 등의 업무 수행에 대하여 실질적인 지배, 운영, 관리를 한다는 등의 특별한 사정이 없는 이상 구성원들이 각자의 종사자에 대하여 안전보건확보의무를 이행하여야 할 것으로 사료된다.

고용노동부 역시 산업안전보건법 관련 질의 중 역시 공동이행방식의 공동수급체에서 한 구성원의 하도급업체 소속 근로자가 사망한 사안에 대한 질의에 대하여, '산업안전보건법상 재해예방의 책임은 사업주에게 있으며 "사업주"라 함은 "근로자를 사용하여 사업을 행하는 자"를 말하는 것으로 재해예방의 책임은 도급계약 등에 관계없이 당해 근로자를 직접 사용하여 사업을 행한 사업주에게 직접적인 책임이 있음'이라고 하거나, '2개사가 공동이행방식으로 계약을 체결하였으나 내부협약 등에 의거 별도로 구역을 나누어 분담시공을 함으로써 사실관계에 있어서 고용관계, 작업의 지시, 하도급 등이 각각의 회사 책임 하에 이루어지는 경우라면 각각을 별도의 사업주로 보아 원청에게도 2차적인 책임 여부를 판단하여 법을 위반한 사업주를 처벌하여야 할 것임' 이라고 하여 공동이행방식의 공동수급체라도 무조건 구성원들 전원에게 산업안전보건법상의 책임을 부과하는 것이 아니라, 고용관계, 작업 지시, 하도급 등이 각각 회사 책임 하에 이루어지는지에 대하여 살핀 뒤 산업안전보건법상의 책임 주체가 누구인지 판단하여야 한다는 입장이다(안전보건지도과-1539, 2010. 6. 30.).[10]

마. 비법인사단·재단의 경우

비법인사단·재단, 민법상 조합, 상법상 익명조합, 상법상 합자조합 등 법인격이 인정되지 않는 조직체에 대하여도, 해당 조직체의 대표자나 구성원(업무집행조합원, 영업자 등)이 중대재해처벌법 제2조 제9호는 가목의 '사업을 대표하고 사업을 총괄하는 권한과 책임이 있는 사람'이라고 볼 수 있는지 의문이 제기될 수 있다.[11]

한하고 있다는 점 등을 고려하면, 공동수급체 구성원 간의 하도급계약 체결은 사실상 불가능하다고 할 것이다.

10) 고용노동부 산재예방보상정책관, 산업안전보건법 질의회시집<2000. 1. 1.~2012. 12. 31.>, 2013. 2. 공표, 제241-242면.

11) 민법상 조합, 상법상 익명조합, 상법상 합자조합 등의 경우도 역시 법인격이 부여되지 않은 조직체

특히, 비법인사단·재단은 민법상 조합, 상법상 익명조합, 상법상 합자조합의 경우와 같이 구성원의 개인성과는 별개로 권리·의무의 주체가 될 수 있는 독자적 존재로서의 단체적 조직을 가지는 특성이 있으므로(대법원 1999.4.23. 선고 99다4504 판결),[12] 위 비법인사단·재단의 대표자가 민법상 조합, 익명조합, 상법상 합자조합 등과 달리 "개인사업주"에 해당한다고 보기는 어렵기 때문이다.

그러나 하급심 판결례 중에는 비법인사단 역시 근로기준법상 "사용자"로서의 책임을 인정한 사례가 있다는 점(서울행정법원 2009. 2. 6. 선고 2008구합24668 판결, 이후 항소심 기각되고 상고하지 않아 2009. 11. 25. 확정됨), 중대재해처벌법 제2조 제9호 가목 역시 "사업"에 대하여 법인 또는 개인이 영위하는 사업으로 제한하지는 않으므로, 비법인사단·재단의 대표자 역시 "사업을 대표하고 사업을 총괄하는 권한과 책임이 있는 사람"으로서 안전보건확보의무를 부담하는 자에 해당한다고 볼 수 있을 것이다.

2. 이에 준하여 안전보건에 관한 업무를 담당하는 사람

가. 의 미

중대재해처벌법은 '이에 준하여 안전보건에 관한 업무를 담당하는 사람'에 대하여 별다른 정의 규정을 두지는 않았다. 고용노동부는 자체적으로 발간한 해설서에서 "사업 또는 사업장 전반의 안전 및 보건에 관한 조직·인력·예산 등에 관하여 대표이사 등 경영책임자에 준하여 총괄하는 권한과 책임을 가지는 등 최종 결정권을 가진 사람"을 의미한다면서, 안전보건 업무를 전담하는 최고책임자라 하

에 해당하나, 앞서 살펴본 바와 같이 '자신의 사업을 영위하는 자, 타인의 노무를 제공받아 사업을 하는 자'에 해당하면 자연인인지 아니면 법인인지 여부, 사업의 영리성 여부를 불문하고 중대재해처벌법 제2조 제8호에 따라 사업주에 해당한다고 할 것이라는 점과, 민법상 조합의 경우 구성원의 개인성이 강하게 드러나는 인적 결합체로서 권리 의무 관계 등이 합유로 귀속되는 점을 고려하면 조합원 개개인이 '개인사업주'에 해당한다고 할 것이고(민법 제271조 제1항, 제704조), 상법상 익명조합의 재산이나 권리·의무 관계는 원칙적으로 영업자에게 귀속된다는 점을 고려하면 상법상 익명조합의 영업자가 '개인사업주'에 해당한다고 볼 수 있으며(상법 제79조, 제80조), 상법상 합자조합은 원칙적으로 조합의 성격을 갖고 있고 다만 업무집행조합원이 합자조합의 대리할 권리·의무가 있을 뿐이라는 점을 고려하면(상법 제86조의5 제1항, 상법 제86조의8 제4항) 상법상 합자조합의 구성원이나 업무집행조합원이 '개인사업주'로서의 지위를 갖는다고 볼 수 있을 것이다(같은 취지로 권오성 제53면).

12) 민사소송법 제52조는 "법인이 아닌 사단이나 재단은 대표자 또는 관리인이 있는 경우에는 그 사단이나 재단이름으로 당사자가 될 수 있다."라고 하여 민사소송상의 당사자능력이 인정되고, 부동산등기법에 따른 등기권리자 또는 등기의무자로서의 지위가 인정되며(부동산등기법 제26조 제1항), 국세기본법이 적용되어 납세의무자로서의 지위가 인정된다(국세기본법 제13조).

더라도 사업 경영대표자 등으로부터 사업 또는 사업장 전반의 안전보건에 관한 조직 인력 예산에 관한 총괄 관리 및 최종 의사 결정권을 위임받은 경우로 평가될 수 있는 경우가 아니라면 이에 준하여 안전보건에 관한 업무를 담당하는 사람으로 볼 수 없다고 정의한다.[13][14]

이러한 고용노동부의 정의는 중대재해처벌법의 입법 목적은 기업의 조직문화 또는 안전관리 시스템 미비로 인해 일어나는 중대재해사고를 사전에 방지하려는 것이고, 이러한 기업의 조직문화 형성에 있어 가장 중대한 영향력을 행사하는 자, 즉 사업을 총괄하는 권한과 책임이 있는 자에게 안전보건확보의무를 부과하게 하려는 것이라는 점을 고려한 것으로 보인다.

나. 산업안전보건법상 안전보건관리책임자가 중대재해처벌법상 "경영책임자등"에 해당하는지 여부

산업안전보건법 제15조 제1항은 "사업장을 실질적으로 총괄하여 관리하는 사람"이 "안전보건관리책임자"라고 하면서, 위 안전보건관리책임자의 업무 중 하나로 "사업장의 산업재해 예방계획의 수립에 관한 사항"이라고 하는데 이는 중대재해처벌법 제4조 제1항 제1호에 따른 '재해예방에 필요한 인력 및 예산 등 안전보건관리체계의 구축 및 그 이행에 관한 조치' 중 하나인 "사업 또는 사업장의 안전·보건에 관한 목표와 경영방침을 설정할 것(시행령 제4조 제1호)"과 그 문언이 상당히 유사하다는 점, 과거 대법원은 "구 산업안전보건법 시행령 제9조 제2항을 해석하면서 공장장이나 작업소장 등 명칭의 여하를 묻지 아니하고 당해 사업장에서 사업의 실시를 실질적으로 총괄·관리하는 권한과 책임을 지는 자(대법원 2004. 5. 14. 선고 2004도74 판결)"라고 판시한 점 등을 근거로 산업안전보건법의 "안전보건관리책임자"가 중대재해처벌법에 따른 "경영책임자등"에 해당한다는 주장이 제기될 여지가 있다.[15]

그러나 ① 중대재해처벌법 시행령 제4조 제5호는 "「산업안전보건법」 제15조, 제16조 및 제62조에 따른 안전보건관리책임자, 관리감독자 및 안전보건총괄책임

---

13) 「중대재해처벌법 해설서」, 22면.

14) 권오성 제71면도 "법률상 대표권은 없지만 특정 사업부문에 대하여 포괄적 대리권을 수여 받아 해당 사업부문의 외부적 거래행위에 관하여 대표자에 준하여 대외적 의사표시를 할 수 있고, 또한 회사의 정관이나 이사회 결의 등에 따라 내부적으로 해당 사업부문의 경영활동을 총괄할 권한을 부여받은 사람"이 이에 해당한다고 하여 같은 취지로 기술하고 있다.

15) 전형배, "중대재해처벌법의 해석상 쟁점", 노동법포럼(34), 노동법이론실무학회(2021), 277-278면.

자(이하 이 조에서 "안전보건관리책임자등"이라 한다.)가 같은 조에서 규정한 각각의 업무를 각 사업장에서 충실히 수행할 수 있도록 다음 각 목의 조치를 할 것"이라고 하여 안전보건관리책임자가 경영책임자등의 지시나 감독을 받는 위치에 있다는 것을 전제로 한 문언이 있다는 점, ② '이에 준하여'라는 문언에 비추어 보더라도 경영책임자등에 해당하기 위해서는 기업 전체 또는 기업 내에서 영위하고 있는 영업/사업 전체를 총괄하는 지위 또는 이에 상응하는 위치에 있을 것을 요구한다는 점 등을 고려하면, 위 안전보건관리책임자는 사업을 대표하고 총괄하는 권한과 책임이 있다는 등의 특별한 사정이 없는 이상 "경영책임자등"에는 해당하지 않을 것으로 판단된다.[16]

다. 중대재해처벌법 제2조 제9호 가목의 "또는"의 의미

"사업을 대표하고 사업을 총괄하는 권한과 책임이 있는 사람"과 "이에 준하여 안전보건에 관한 업무를 담당하는 사람"을 같은 항목에 두고 '또는' 이라는 표현을 사용하고 있어서[17] 후자가 있는 경우에는 전자에 대하여 중대재해처벌법에 따른 안전보건확보의무를 부정할 수 있는지에 대한 의문이 발생할 수 있다.

관련하여 고용노동부는 '또는'은 선택적 관계를 규정한 것이 아니라고 하면서, "대표이사의 권한을 위임받아 안전보건에 관한 업무를 담당하는 사람이 있더라도 대표이사의 책임이 면책되는 것은 아니고, 실질적으로 이 법상 안전 및 보건 확보의무를 이행할 책임이 있는 사람이 누구인지를 개별적으로 판단하여 최종적으로 적용될 것임"이라고 하여, "사업을 대표하고 사업을 총괄하는 권한과 책임이 있는 사람"과 "이에 준하여 안전보건에 관한 업무를 담당하는 사람" 모두 안전보건확보의무를 부담할 여지가 있다는 취지의 해석론을 제시하였다.[18] 이와 같은

---

16) 같은 취지로 송인택·안병익·이태승·정재욱·윤상호, 중대재해처벌법 해설과 대응, 중판, 박영사(2022), 제157-158면; 김·장법률사무소, 21-22면.

17) 가령 앞서 살펴본 업무집행지시자 등에 대한 상법의 조항은 '회사에 대한 자신의 영향력을 이용하여 이사에게 업무집행을 지시한 자', '이사의 이름으로 직접 업무를 집행한 자', '이사가 아니면서 명예회장·회장·사장·부사장·전무·상무·이사 기타 회사의 업무를 집행할 권한이 있는 것으로 인정될 만한 명칭을 사용하여 회사의 업무를 집행한 자'을 별개의 항목으로 분리하고 있다.

***상법 제401조의2(업무집행지시자 등의 책임)** ① 다음 각 호의 어느 하나에 해당하는 자가 그 지시하거나 집행한 업무에 관하여 제399조, 제401조, 제403조 및 제406조의2를 적용하는 경우에는 그 자를 "이사"로 본다.

1. 회사에 대한 자신의 영향력을 이용하여 이사에게 업무집행을 지시한 자
2. 이사의 이름으로 직접 업무를 집행한 자
3. 이사가 아니면서 명예회장·회장·사장·부사장·전무·상무·이사 기타 회사의 업무를 집행할 권한이 있는 것으로 인정될 만한 명칭을 사용하여 회사의 업무를 집행한 자

해석론은 안전보건총괄이사와 같이 안전보건 관련 업무를 담당하는 임원(이하 "안전보건총괄이사")을 선임하여 관련 업무를 전부 일임하는 방법으로 중대재해처벌법상 안전보건확보의무를 회피하려는 시도를 우려한 것으로 보인다.[19]

그러나 본법에서 규정한 안전보건확보의무는 "경영책임자등"에 해당하는 자에 해당한다면 부과되는 공법상 의무로서 사규, 위임계약 등으로 그 의무를 회피할 수는 없다는 점,[20] 중대재해처벌법 제2조 제9호 가목의 규정은 오히려 중대재해처벌법이 규정하는 안전·보건확보의무의 수범자, 즉 신분자를 확장하려는 취지이지 '사업을 대표하고 사업을 총괄하는 권한과 책임이 있는 사람'의 책임을 제한하기 위한 것으로 보기는 어렵다는 점,[21] 입법 당시에도 "또는"이라는 문언을 사용한 것은 안전·보건에 관한 최종적인 책임 결정을 지는 자의 모습이 다양한 형태로 존재할 수 있음을 고려한 것으로 보인다는 점(하단 내용 참조) 등을 고려하면, "사업을 대표하고 사업을 총괄하는 권한과 책임이 있는 사람에 준하여 안전보건에 관한 업무를 담당하는 사람"이 있다고 하더라도 "사업을 대표하고 사업을 총괄하는 권한과 책임이 있는 사람" 역시 안전보건확보의무를 부담할 것으로 판단된다.[22]

제383회 – 법제사법위원회(법인심사제1소위원회) 제2차 회의록 중 제57~58면

○ 김도읍 위원 그러니까 '또는'으로 이렇게 열어 놔 줘야만 현재 현실 상황에 맞지 이런 식으로 해 놓으면 자칫 무슨 무슨 이쪽 파트 경영책임자, 이사 및 아무것도 모르는 총괄 무슨 회장, 경영책임자 같이 묶어 가지고 공동책임을 무조건 지운다는 이런 오심이, 오해가 있을 수가 있다. 그래서 또는으로 열어 놓고, 조금 전에 차장님이 말씀하셨는가 그것은 공동관계가 되면 또는으로

18) 고용노동부, 「중대재해처벌법 시행령 제정안 주요내용 설명자료」, 2021. 7. 공표, 12면.
19) 실제로 각 기업에서 별도로 CSO를 임명하는 등의 움직임이 발견되고 있다[2022. 1. 2.자 뉴데일리 경제 「[신년기획-중대재해법] CEO 대신 CSO… 감옥행 불안 '덜덜'」(최종 확인 및 열람일자 2022년 6월 3일)
20) 로앤비 온주 「중대재해처벌등에관한법률」 제2조 제9호 Ⅰ.2.다.
21) 권오성, 73면.
22) 고용노동부의 해석대로 하더라도, 대표이사는 형법 제33조 본문에 따라 공동정범, 교사범, 방조범으로서의 책임을 물을 수 있으므로, 형법상 공범의 책임 문제를 중대재해처벌법의 안전보건확보의무의 주체 설정 문제에 끌고 들어오는 것은 타당하지 않고 기업의 경영현실과 괴리가 있다는 비판이 있다(정진우, 산업안전보건법, 제4판, ㈜중앙경제(2022), 제695-696면).
*__형법 제33조(공범과 신분)__ 신분이 있어야 성립되는 범죄에 신분 없는 사람이 가담한 경우에는 그 신분 없는 사람에게도 제30조부터 제32조까지의 규정을 적용한다. 다만, 신분 때문에 형의 경중이 달라지는 경우에 신분이 없는 사람은 무거운 형으로 벌하지 아니한다.

묶어 버리는 거고 공동관계가 안 되면 최종책임을 지우고 이렇게 열어 놔야지……

(중략)

○ 김도읍 위원 …(중략)… 그러니까 총괄대표이사 이 사람 또 전문 분야의 책임을 지는 사람 이렇게 병렬적으로 놔 놓고 그다음에 의무 조항을 두는데 그 회사의 사정에 따라서 누가 의무를 지고 최종 책임을 지느냐 그런 것은 회사 규정이라든지 아니면 수사를 통해서 확인하는 게 맞지 이렇게 묶어 놔 놓으면 마치 안전에 관한 이사하고 그다음에 책임 있는 사람하고 두 사람이 꼼짝없이 엮여 가지고, 책임 소재와 관계없이 그런 오해를 불러일으킬 수 있는 문구다, 그러니까 명확하게 병렬적으로 해 주자 이 말이에요.

(중략)

○ 유상범 위원 지금 우리 차장님의 말씀은 김도읍 위원께서 말씀하신 '또는' 이라는 개념을 가, 나로 병렬적으로 쓴 것 그 개념으로 받아들이면 된다 이런 취지신가요?

○ 법원행정처차장 김인겸 그렇습니다.

제383회 – 법제사법위원회(법인심사제1소위원회) 제5차 회의록 중 제56~59면

○ 송기헌 위원 …(중략)… 그 부분의 대표이사가 아니더라도 안전에 관해서는 대표이사에 준하는 최고경영자를 둘 수가 있단 말이에요, 구조상. 그런 경우를 얘기한다고 하면, 그런 경우를 얘기하면 '또는'이라는 것이 맞는 것이 아닌가 싶은 생각이 들고. …(중략)…대표이사·이사. 그때 이에 준하는 지휘의 권한을 이사라고 생각한다고 하면 이사의 경우에는 이중으로, 그러니까 병렬적으로 처벌한다는 뜻인지 그게 좀 저는 궁금하더라고요. …(중략)… 이 법의 책임자는 기업에서의 최고경영자한테 안전에 관한 책임을 지운다고 하면 안전에 관한 최고책임을 두는 최고경영자를 대표이사로 하든 아니면 그 사람을 다른, 예를 들어서 CEO로 하든 CFO로 하든 안전경영책임자로 하든 그것은 그 회사가 택할 문제고 결국 그 회사의 안전에 관해서 최고책임을 지고 있는 사람을 처벌하면 되지 않느냐, 저는 그렇게 생각합니다.

(중략)

○ 법무부 차관 이용구 저는 이 가목의 규정 목표는 그 해당 사업 또는 사업장에서 종사자들의 건강, 안전을 지킬 수 있는 최종적인 의사결정을 하는 사람을 어떻게 쫓아가게 만들어 줄 것이냐에 대한 문제라고 생각을 합니다. 그래서 단순히 '사업을 대표하고 사업을 총괄하는 권한과 책임이 있는 사람'이라고만 적어 놓으면 실제로 내부 분업화 등등의 여러 가지 이유에 의해서 안전·보건에

관한 전문 최종 의사결정자가 따로 있는데 이 사람이 모든 것을 책임질 수 있는 구조가 아니기 때문에 그 사람을 찾아가는 길을 열어 두고 있는 규정이라고 생각을 하거든요. 어차피 이것은 수사입니다. 바지사장에 대한 걱정 때문에 그러실 거라고 저는 생각을 하는데 그것은 사실관계 수사의 문제입니다. 바지사장이 모든 것을 다 할 수 있는, 그렇게밖에 밝혀지지 않는 구조라면 그게 사업을 대표하고 총괄하는 권한이 있는 사람일 것입니다. 그런데 쫓아가면, 바지사장이 그럴 수밖에 없는 이유가 뒤에 숨어 있는 실질사장에 의한 것이었다라는게 쫓아가면 결국 그 사람이 등장을 하는 거겠지요. 그래서 그런 현실 때문에 이 규정에 위험이 있다라고 판단하는 것은 그것은 좀 아닌 것 같고, 저는 어떤 식이든 간에 쫓아갈 것 같습니다.

○ **박주민 위원** 알겠습니다.

○ **소위원장 백혜련** 그러면 그냥 '또는'으로 정리하겠습니다.

그러나 이미 입법 과정에서도 "두 사람 중에 하나를 마치 선택할 수 있다는 취지로 오해될 수 있다"는 지적이 있었던 것과 같이(제383회-법제사법위원회(법인심사제1소위원회) 제2차 회의록 중 제58면 소위원장 백혜련 발언 부분) 이러한 해석상 논란 여지를 불식하기 위해서는 아래와 같이 수정을 하는 것이 바람직할 것으로 보인다(私見).[23)]

개선안

제2조(정의)
이 법에서 사용하는 용어의 뜻은 다음과 같다.
9. "경영책임자등"이란 다음 각 목의 어느 하나에 해당하는 자를 말한다.
   가. 사업을 대표하고 사업을 총괄하는 권한과 책임이 있는 사람
   나. 사업에 있어 위 가목에 준하여 안전보건에 관한 업무를 담당하는 사람

3. 개인사업체의 '경영책임자등'의 인정 가부에 대하여

개인사업체의 사업주 역시 타인에게 자신과 공동하여 또는 자신을 대리하여 사업을 대표하고 총괄하는 권한을 부여할 수 있을 것이다.

이 경우 위 타인이 '경영책임자등'으로서 안전보건확보의무를 부담하는지에 대하여 의문이 제기될 수 있으나, '경영책임자등'이 안전보건확보의무를 이행하여야 하는 사업장에 대하여 중대재해처벌법은 '사업주나 법인 또는 기관이 실질적으로

23) 같은 취지로 권오성, 74면.

지배·운영·관리하는 사업 또는 사업장'이라고 하고 있다는 점,[24] 중대재해처벌법은 "실질적 지배, 운영, 관리" 여부를 안전보건 확보의무의 표지로 삼고 있다는 점, 중대재해처벌법은 사업체 안에서 사업을 대표하고 사업을 총괄하는 권한과 책임이 있는 사람 또는 이에 준하는 사람들이 복수로 존재하는 경우를 부정하지는 않고 '개인사업주'도 사업체 규모나 운영 양상을 고려하면 대부분 '사업을 대표하고 사업을 총괄하는 권한과 책임이 있는 사람'에 포섭될 것이라는 점 등을 모두 고려하면, 개인사업체에 대하여 '경영책임자등'이 부재할 이유는 없다고 할 것이므로, 개인사업체에 대하여도 사업주 이외에 '사업을 대표하고 사업을 총괄하는 권한과 책임이 있는 사람 또는 이에 준하여 안전보건에 관한 업무를 담당하는 사람'의 존재를 인정할 수 있다고 할 것이다.

Ⅲ. 제2조 제9호 나목의 의미에 대하여

1. 법문의 내용 및 일반적인 범위

중대재해처벌법 제2조 제9호 나목은 중앙행정기관의 장, 지방자치단체의 장, 「지방공기업법」에 따른 지방공기업의 장, 「공공기관의 운영에 관한 법률」 제4조부터 제6조까지의 규정에 따라 지정된 공공기관의 장 역시 중대재해처벌법상 안전보건확보의무를 부담하는 경영책임자등에 해당한다고 정의하고 있다.

---

24) 「중대재해처벌법」
제4조(사업주와 경영책임자등의 안전 및 보건 확보의무) ① 사업주 또는 경영책임자등은 사업주나 법인 또는 기관이 실질적으로 지배·운영·관리하는 사업 또는 사업장에서 ...(중략)...
제5조(도급, 용역, 위탁 등 관계에서의 안전 및 보건 확보의무) 사업주 또는 경영책임자등은 사업주나 법인 또는 기관이 제3자에게 도급, 용역, 위탁 등을 행한 경우에는 ...(중략)...
제9조(사업주와 경영책임자등의 안전 및 보건 확보의무) ① 사업주 또는 경영책임자등은 사업주나 법인 또는 기관이 실질적으로 지배·운영·관리하는 사업 또는 사업장에서 ...(중략)...
1~4. (중략)
② 사업주 또는 경영책임자등은 사업주나 법인 또는 기관이 실질적으로 지배·운영·관리하는 공중이용시설 또는 공중교통수단의 ...(중략)...
1~4. (중략)
③ 사업주 또는 경영책임자등은 사업주나 법인 또는 기관이 공중이용시설 또는 공중교통수단과 관련하여 제3자에게 도급, 용역, 위탁 등을 행한 경우에는 ...(중략)...

가. 중앙행정기관의 장

(1) 중앙행정기관의 범위

정부조직법 제2조 제2항은 아래와 같이 중앙행정기관의 설립근거를 제한하고 있다.

> **정부조직법**
> 제2조(중앙행정기관의 설치와 조직 등)
> ② 중앙행정기관은 이 법에 따라 설치된 부·처·청과 다음 각 호의 행정기관으로 하되, 중앙행정기관은 이 법 및 다음 각 호의 법률에 따르지 아니하고는 설치할 수 없다.
> 1. 「방송통신위원회의 설치 및 운영에 관한 법률」 제3조에 따른 방송통신위원회
> 2. 「독점규제 및 공정거래에 관한 법률」 제54조에 따른 공정거래위원회
> 3. 「부패방지 및 국민권익위원회의 설치와 운영에 관한 법률」 제11조에 따른 국민권익위원회
> 4. 「금융위원회의 설치 등에 관한 법률」 제3조에 따른 금융위원회
> 5. 「개인정보 보호법」 제7조에 따른 개인정보 보호위원회
> 6. 「원자력안전위원회의 설치 및 운영에 관한 법률」 제3조에 따른 원자력안전위원회
> 7. 「신행정수도 후속대책을 위한 연기·공주지역 행정중심복합도시 건설을 위한 특별법」 제38조에 따른 행정중심복합도시건설청
> 8. 「새만금사업 추진 및 지원에 관한 특별법」 제34조에 따른 새만금개발청

이에 따르면 기획재정부, 교육부, 과학기술정보통신부, 외교부, 통일부, 법무부, 국방부, 행정안전부, 문화체육관광부, 농림축산식품부, 산업통상자원부, 보건복지부, 환경부, 고용노동부, 여성가족부, 국토교통부, 해양수산부, 중소벤처기업부와 같은 정부조직법 제26조에 따른 18개의 부, 대통령경호처(제16조), 국가보훈처(제22조의2), 인사혁신처(제22조의3), 법제처(제23조), 식품의약품안전처(제25조), 국세청·관세청·조달청·통계청(제27조 제3,5,7,9항, 기획재정부 산하 조직), 검찰청(제32조 제2항, 법무부 산하 조직), 병무청·방위사업청(제33조 제3,5항, 국방부 산하 조직), 경찰청·소방청(제34조 제5,7항, 행정안전부 산하 조직), 문화재청(제35조 제3항, 문화체육관광부 산하 조직), 농촌진흥청·산림청(제36조 제3,5항, 농림축산식품부 산하 조직), 특허청(제37조 제4항, 산업통상자원부 산하 조직), 질병관리청(제38조 제2항, 보건복지부 산하 조직), 기상청(제39조 제2항, 환경부 산하 조직), 해양경찰청(제43조 제2항, 해양수산부 산하 조직), 제2조 제2항 각 호에 기재된 기관인 방송통신위원회, 공정

거래위원회, 국민권익위원회, 금융위원회, 개인정보보호위원회, 원자력안전위원회, 행정중심복합도시건설청, 새만금개발청(이하 "부·처·청")이 중앙행정기관에 해당한다.

(2) 정부조직법상 중앙행정기관에 해당하지 않는 헌법기관의 장의 지위

상기와 같은 "부·처·청" 이외에 국회, 대법원, 감사원, 선거관리위원회와 같이 헌법상 근거를 두고 있으나 중앙행정기관에 해당하지는 않는 헌법기관의 장이 중대재해처벌법 제2조 제9호 가목 또는 나목에 따른 경영책임자등에 해당할 수 있는지가 문제된다.

먼저 제2조 제9호 나목에 따른 경영책임자등 해당 여부에 살피자면, 경영책임자등에 해당할 수 있는 경우를 제한적으로 열거하고 있어 그 범위를 열거 대상이 되지 않은 헌법기관의 장까지 확대하는 것은 문언의 의미를 벗어나는 확대해석이라고 할 것이다. 또한, 헌법상 입법부에 해당하는 대한민국 국회나 헌법상 사법부에 해당하는 대법원의 경우에는 삼권분립의 원칙을 고려하더라도 "중앙행정기관"에 해당한다고 해석할 수 없다는 점을 고려하더라도, 위 헌법기관의 장은 제2조 제9호 나목에 따른 경영책임자등으로서 안전보건확보의무를 부담하는 자에 해당한다고 보기는 어려울 것으로 판단된다.[25][26]

나. 지방자치단체의 장

(1) 지방자치단체의 의미

지방자치법은 제2조 제1항은 특별시·광역시·특별자치시·도·특별자치도(이하 "광역자치단체")와 시·군·구("기초자치단체")로 규정하고 있고, 광역자치단체는 전국에 17개, 기초자치단체는 226개이다. 이러한 242개의 지방자치단체의 장이 중대재해처벌법 제2조 제9호 나목에 따른 "경영책임자등"에 해당한다고 할 것이다.

---

25) 같은 취지로 송인택 외 4, 앞의 책, 162-164면.
*제164면: "벌금형이 과해지는 '법인격 없는 기관' 중에는 해당 벌금을 국민의 혈세로 부담할 수밖에 없는 기관도 포함된다는 측면에서 중대재해처벌법 제7조와 제11조를 해석할 때 벌금형을 과할 수 있는 '법인격 없는 기관'의 범위를 엄격하게 해석하여야 할 것이다"

26) 또한, 위 헌법기관은 헌법에 근거하여 설립된 기관으로 조직구성, 운영 등이 모두 법률로 규정되어 있어, 헌법기관의 장이 변경되더라도 헌법기관은 여전히 유지·존속된다는 점을 고려하더라도, 사업주의 자율적인 판단에 따라 사업을 개시·영위·폐지하고 대표자의 변경이 사업체의 존속과 직결되는(이러한 점을 고려하여, 부가가치세법 시행령 제14조는 개인사업자의 대표자 변경 사유로 '사망으로 인한 상속', '공동사업자 구성원 변경'으로 한정하고 있다) 개인사업체의 '개인사업주'에 해당한다고도 보기는 어려울 것이다.

(2) 광역자치단체의 교육감의 지위에 대하여

지방자치법 제135조 제1항은 '지방자치단체의 교육·과학 및 체육에 관한 사무를 분장하기 위하여 별도의 기관을 둔다.'고 하고, 제2항은 '제1항에 따른 기관의 조직과 운영에 필요한 사항은 따로 법률로 정한다.'라고 하고, 위 제2항에 따라 제정된 「지방교육자치에 관한 법률」(이하 "지방교육법") 제2조는 광역자치단체별로 교육감을 둔다고 하고 있어 위 교육감(이하 "시·도교육감")의 지위가 문제될 수 있다.

이와 관련하여 고용노동부는 위 시·도교육감이 지방자치단체의 장이 지방자치단체를 대표하고 그 사무를 총괄하듯이 교육·학예에 관한 사항에 대하여는 시·도교육감이 지방자치단체를 대표하고 사무를 총괄하는 사람에 해당하여, 시·도교육감이 '경영책임자등'에 해당한다고 볼 수 있다는 입장이다.[27]

중대재해처벌법 제2조 제9항 나목에는 시·도교육감을 명시하지 않았다는 점을 고려하면, 상기 헌법기관과 마찬가지로 시·도교육감은 중대재해처벌법 제2조 제9항 나목의 경영책임자등에는 해당하지는 않을 것이다(또한 중대재해처벌법 제2조 제9항 나목 기재에 의하면 지방자치단체의 장의 경우에는 자신 이외에 다른 대표자를 두었는지와 무관하게 지방자치단체의 장만이 경영책임자등에 해당한다고 할 것이다.). 그리고 시·도교육청의 조직, 운영 등은 지방교육법이나 지방자치법에 정해져 있고 대표자인 시·도교육감의 변경에 관계없이 시·도교육청은 그대로 존속하고, 업무집행방법 역시 법률 등에 따라 정하여져 있다는 점을 고려하면 상기 헌법기관과 마찬가지로 '법인'에 가깝다고 할 것이나 지방교육법은 시·도교육청에 대하여 별다른 법인격을 부여하고 있지는 않으며(즉 법인이 아니다), 위 시·도교육청이 '기관'으로도 보기는 어렵다는 점, 비록 지방자치단체에 대하여는 시·도교육청과 달리 법인격을 부여하고 있으나(지방자치법 제3조 제1항) 지방자치단체는 중대재해처벌법상 '기관'이라고 보아야 할 것이지 '법인'이라고 보기 어렵다는 점(이하 Ⅳ 참조), 원칙적으로 지방자치법에 의하면 지방자치단체의 장은 지방자치단체를 대표하고, 그 사무를 총괄한다고 하는 점(지방자치법 제114조) 등을 모두 고려하면, 시·도교육감은 교육·학예에 관한 사무 집행 과정에서 중대재해가 발생한 경우 형법 제33조 본문에 따라 지방자치단체의 장과 공범으로 처벌받을 수 있음은 별론으로 하더라도 중대재해처벌법상 제2조 제9항 가목의 '경영책임자'에 해당한다고

---

27) 「중대재해처벌법 해설서」, 29면.

보기는 어려울 것이다.

그러나 사실상 시·도교육감이 광역자치단체의 교육·학예 관련 사무와 관련하여서는 교육감이 전결권을 가지고 있고, 실제로 광역자치단체의 교육·학예 관련 계약은 시·도교육청이 체결·관리하고 있으며, 시·도교육감도 지방자치단체의 장과 동일하게 선거를 통하여 선출되는 직위에 있다는 점을 고려하면, 이러한 불균형은 시정되어야 할 것으로 보이므로 아래와 같이 중대재해처벌법 제2조 제9호 나목을 수정하는 것이 바람직할 것이다(私見).[28]

개선안

중대재해처벌법
제2조(정의)
이 법에서 사용하는 용어의 뜻은 다음과 같다.
9. "경영책임자등"이란 다음 각 목의 어느 하나에 해당하는 자를 말한다.
가. 사업을 대표하고 사업을 총괄하는 권한과 책임이 있는 사람
나. 사업에 있어 위 가목에 준하여 안전보건에 관한 업무를 담당하는 사람
다. 중앙행정기관의 장, 지방자치단체의 장, 「지방교육자치에 관한 법률」에 따른 교육감, 「지방공기업법」에 따른 지방공기업의 장, 「공공기관의 운영에 관한 법률」 제4조부터 제6조까지의 규정에 따라 지정된 공공기관의 장

다. 「지방공기업법」에 따른 지방공기업의 장

지방공기업법은 조례에서 정하는 바에 따라 지방자치단체가 직접 설치·경영하는 수도사업(마을상수도사업은 제외한다.), 공업용수도사업, 궤도사업(도시철도사업을 포함한다.), 자동차운송사업, 지방도로사업(유료도로사업만 해당한다.), 하수도사업, 주택사업, 토지개발사업, 주택(대통령령으로 정하는 공공복리시설을 포함한다.)·토지 또는 공용·공공용건축물의 관리 등의 수탁, 「도시 및 주거환경정비법」 제2조 제2호에 따른 공공재개발사업 및 공공재건축사업을 하는 "지방직영기업", "지방공사", "지방공단"을 설립할 수 있다고 하고 있다(지방공기업법 제2조, 제5조, 제49조

28) 참고로 지방자치단체를 당사자로 하는 계약에 관한 법률 제2조는 "이 법은 지방자치단체(「지방자치법」 제2조에 따른 지방자치단체를 말한다. 이하 같다)가 계약상대자와 체결하는 수입 및 지출의 원인이 되는 계약 등에 대하여 적용한다."라고 하지만, 제3조에서 "이 법에서 교육·과학 및 체육에 관한 사항에 관하여는 "지방자치단체의 장" 또는 "특별시장·광역시장·도지사"는 "교육감"으로, "행정안전부장관"은 "교육부장관"으로, "행정안전부"는 "교육부"로 각각 본다."라고 하여, 시·도교육감의 독자적인 지위를 별도로 인정하고 있다.

제1,2항, 제76조).

일반적으로 "지방공사"나 "지방공단"의 경우 사장이나 이사장에 대한 정함이 있고(지방공기업법 제58조 제2항, 제76조 제2항) 법인으로서 인정되어 지방자치단체와 분리된 법인격을 보유하고 있기에(지방공기업법 제51조, 제76조 제2항) "지방공사"의 사장, "지방공단"의 이사장이 중대재해처벌법 제2조 제9호 나목에 따른 "경영책임자등"에 해당한다는 것에는 다툼의 여지가 없다.

그러나 "지방직영기업"의 경우에는 "지방자치단체가 직접 설치·경영하는 사업"으로 별도의 법인격이 부여되어 있지는 않다는 점, 지방공기업법은 "관리자"의 선임을 인정하나(지방공기업법 제7조 제1항), 명시적으로 대표권한을 인정한 조항이 없고 지방공사의 사장이나 지방공단의 이사장과 달리 지방자치단체의 공무원 중에서 임명이 된다는 점(지방공기업법 제7조 제2항), 지방자치단체의 장은 '지방직영기업 경영의 기본계획에 관한 사항'에 대하여 관리자를 지휘·감독한다고 하고 있고 예산안의 의회 제출 및 결산의 의회 승인에 대하여는 관리자의 권한이 인정되지 않는 점(지방공기업법 제8조, 제10조 제1호), 관련 조례를 살펴보면 기업관리규정의 제정 시에도 지방자치단체의 장의 승인을 요구하는 경우가 많고 지방채의 발급 명의자도 지방자치단체의 장인 경우가 많다는 점 등을 고려하면, "지방직영기업"은 지방자치단체의 장이 실질적인 지휘, 관리, 감독을 행사하는 조직이라 할 것이므로 "관리자"가 형법 제33조 본문에 따라 공범으로서 책임을 인정할 수 있음은 별론으로 하더라도 "관리자"가 중대재해처벌법 제2조 제9호 나목에 따른 "경영책임자등"에 해당한다고 보기는 어려울 것이다.[29]

라. 「공공기관의 운영에 관한 법률(이하 "공공기관운영법")」 제4조부터 제6조까지의 규정에 따라 지정된 공공기관의 장

공공기관운영법 제4조 제1항은 기획재정부장관은 국가·지방자치단체가 아닌 법인·단체 또는 기관으로서 '다른 법률에 따라 직접 설립되고 정부가 출연한 기관' 등에 해당하면, 공공기관으로 지정할 수 있다고 하고, 제6조 제1항에 의하면 기획재정부장관은 매 회계연도 개시 후 1개월 이내에 공공기관을 새로 지정하거나, 지정을 해제하거나, 구분을 변경하여 지정한다고 하고, 제3항은 이러한 지정 결과를 고시하여야 한다고 하고 있다. 이러한 공공기관운영법에 따라 2022년 현

29) 같은 취지로 조흠학, "중대재해처벌법에서의 경영책임자의 범위와 의무에 관한 소고", 노동법논총 (53), 한국비교노동법학회(2021). 6-7면.

재 총 350개의 기관이 공공기관으로 지정되었고, 위 각 기관의 장은 중대재해처벌법 제2조 제9호 나목에 따른 "경영책임자등"에 해당한다고 할 것이다.[30]

2. 위 각 기관의 장이 안전보건 관련 경영책임자를 둘 수 있는지 여부

이러한 중앙행정기관, 지방자치단체, 지방공기업, 공공기관(이하 "공무기관")이 중대재해처벌법 제2조 제9호 가목 후단에 따른 "사업을 대표하고 사업을 총괄하는 권한과 책임이 있는 사람에 준하여 안전보건에 관한 업무를 담당하는 사람"을 두고 그 사람에게 안전보건확보의무를 부과할 수 있는지에 대하여 문제가 될 수 있다.

그러나 제2조 제9호의 가목과 나목은 서로 분리되어 있다는 점, 제2조 제9호 나목에는 "중앙행정기관, 지방자치단체, 지방공기업, 공공기관의 장에 준하여 안전보건에 관한 업무를 담당하는 사람"에 대한 언급이 없다는 점, 일반적으로 정부조직법, 지방자치법, 지방공기업법, 공공기관운영법은 조직에 대하여도 구체적인 정함이 있는데, "중앙행정기관, 지방자치단체, 지방공기업, 공공기관의 장에 준하는 자"를 인정하는 것은 위 법률에 부합하지 않을 소지가 있다는 점 등을 고려하면, 공무기관의 경우에는 오로지 해당 공무기관을 대표하는 장만이 중대재해처벌법 제2조 제9호에 따른 "경영책임자등"으로서 안전보건확보의무를 부담한다고 할 것이다.[31]

Ⅳ. 私見 – "사업주나 법인 또는 기관" 중 "기관"의 의미에 대하여

중대재해처벌법에 의하면 '경영책임자등'이 안전보건확보의무를 이행하여야 하는 사업장은 아래와 같은 문언에 의하면 '사업주나 법인 또는 기관이 실질적으로 지배·운영·관리하는 사업 또는 사업장'이라고 볼 수 있다.

> **중대재해처벌법**
> 제4조(사업주와 경영책임자등의 안전 및 보건 확보의무)
> ① 사업주 또는 경영책임자등은 사업주나 법인 또는 기관이 실질적으로 지배·운영·관리하는 사업 또는 사업장에서 ...(중략)...

30) 기획재정부 2022. 1. 28.자 보도자료 "2022년도 공공기관 지정"
31) 같은 취지로 송인택 외 4, 앞의 책, 173-175면; 조흠학, 7면.

제5조(도급, 용역, 위탁 등 관계에서의 안전 및 보건 확보의무)
사업주 또는 경영책임자등은 사업주나 법인 또는 기관이 제3자에게 도급, 용역, 위탁 등을 행한 경우에는 ...(중략)...

제9조(사업주와 경영책임자등의 안전 및 보건 확보의무)
① 사업주 또는 경영책임자등은 사업주나 법인 또는 기관이 실질적으로 지배·운영·관리하는 사업 또는 사업장에서 ...(중략)...
② 사업주 또는 경영책임자등은 사업주나 법인 또는 기관이 실질적으로 지배·운영·관리하는 공중이용시설 또는 공중교통수단의 ..(중략)..
③ 사업주 또는 경영책임자등은 사업주나 법인 또는 기관이 공중이용시설 또는 공중교통수단과 관련하여 제3자에게 도급, 용역, 위탁 등을 행한 경우에는 ...(중략)...

이 중 “법인”은 자연인 이외에 법률상의 권리의무의 주체가 되는 대상을 의미한다는 점은 다툼이 없다고 할 것이나, 이때 “기관”에 대하여는 무슨 의미인지에 대하여는 중대재해처벌법상 구체적인 정의가 존재하지 않는다.

이러한 ‘기관’의 의미에 대하여는 ① 비법인사단이나 재단의 대표자 역시 중대재해처벌법상의 경영책임자등에는 해당할 수 있다는 점, “사회생활의 영역에서 일정한 역할과 목적을 위하여 설치한 기구나 조직”이라는 “기관”의 사전적 정의,[32] 중대재해처벌법 제2조 제9호 가목의 규정은 오히려 중대재해처벌법이 규정하는 안전·보건확보의무의 수범자, 즉 신분자를 확장하려는 취지로,[33] ‘경영책임자등’이 안전보건확보의무를 이행하여야 하는 사업장인 ‘사업주나 법인 또는 기관이 실질적으로 지배·운영·관리하는 사업 또는 사업장’의 의미 역시 마찬가지일 것이라는 점 등을 고려하면, “기관”의 범위에는 법인격을 갖추지 않은 조직도 포함할 수 있다고 볼 수 있다는 견해와, ② 중대재해처벌법 제2조 제9호는 경영책임자등을 정의할 때, ‘사업을 대표하고 사업을 총괄하는 권한과 책임이 있는 사람 또는 이에 준하여 안전보건에 관한 업무를 담당하는 사람’과 ‘중앙행정기관의 장, 지방자치단체의 장, 「지방공기업법」에 따른 지방공기업의 장, 「공공기관의 운영에 관한 법률」 제4조부터 제6조까지의 규정에 따라 지정된 공공기관의 장’으로 구분하고 있다는 점, “사업주나 법인 또는 기관”이라는 실질적으로 지배·운영·관리의 주체가 확인되는데, 사업주는 살펴본 바와 같이 개인사업주로만 한정된다는 점, 지방자치단체나 공공기관의 경우에는 대부분 근거 법률에 따라 법인격이 인

32) 출처: 네이버 국어사전
33) 권오성 73면.

정되는데 반면 중앙행정기관의 경우에는 별도의 법인격이 부여되지는 않았는데 중대재해처벌법에 따라 처벌가능성(중대재해처벌법 제7조, 제11조)이 인정된 것이라는 점 등을 고려하면, '기관'은 제2조 제9호 나목에 기재된 공무기관으로 한정하여 해석하는 것이 바람직하다는 견해가 존재한다.[34)]

중대재해처벌법 문언을 고려하면 후자의 견해도 일응 타당할 것으로 보이나 이에 따른다면, 이러한 비법인사단·재단의 대표자가 비록 '경영책임자등'에는 해당하나, '사업주나 법인 또는 기관이 실질적으로 지배·운영·관리하는 사업 또는 사업장'이라는 문언에서 "법인"에 해당하지 않는 비법인사단·재단의 대표자는 안전보건확보의무를 이행 대상이 되는 "법인 또는 기관이 실질적으로 지배·운영·관리하는 사업 또는 사업장"이 존재하지 않아 위 대표자는 실질적으로 안전보건확보의무를 부담하지 않게 된다는 주장이 제기될 수 있고,[35)] 이와 같은 주장에 의하게 된다면 5인 이상의 상시근로자가 있음에도 불구하고 중대재해처벌법이 적용되지 않는 사업 또는 사업장이 발생하여 중대재해를 예방하고 시민과 종사자의 생명과 신체를 보호한다는 중대재해처벌법상의 입법목적(제1조)가 저해될 우려가 있다.

따라서 이러한 점을 고려하면 아래와 같이 중대재해처벌법 제2조 제9호 다목을 추가하여 "기관"의 정의를 확대하거나, 아니면 중대재해처벌법에 등장하는 "사업주, 법인 또는 기관"이라는 표현을 "사업주, 법인, 단체·조직 또는 기관"이라고 대체하여 논란의 여지를 줄이는 것이 바람직할 것으로 사료된다.[36)]

개선안

중대재해처벌법

제2조(정의)

이 법에서 사용하는 용어의 뜻은 다음과 같다.

9. "경영책임자등"이란 다음 각 목의 어느 하나에 해당하는 자를 말한다.

가. 사업을 대표하고 사업을 총괄하는 권한과 책임이 있는 사람

나. 사업에 있어 위 가목에 준하여 안전보건에 관한 업무를 담당하는 사람

다. 중앙행정기관의 장, 지방자치단체의 장, 「지방교육자치에 관한 법률」에 따른 교

34) 권오성 51-53면도 "기관"은 법인격 없는 공공기관이라는 의미로 제한적으로 해석하는 것이 합리적이라는 입장이다.

35) 같은 취지로 송인택 외 4, 앞의 책, 190-193면.

36) 실제로 입법 과정에서 기관에 대한 정의가 필요할 것으로 보인다는 지적이 나오기도 하였다[제383회국회(임시회) 법제사법위원회회의록(법안심사제1소위원회) 제3호 19면].

육감, 「지방공기업법」에 따른 지방공기업의 장, 「공공기관의 운영에 관한 법률」 제4조부터 제6조까지의 규정에 따라 지정된 공공기관의 장

10. "기관"이란 다음 각 목의 어느 하나에 해당하는 조직을 말한다.

가. 제9호 나목에 기재된 중앙행정기관, 지방자치단체, 「지방교육자치에 관한 법률」에 따른 시·도교육청, 「지방공기업법」에 따른 지방공기업, 「공공기관의 운영에 관한 법률」 제4조부터 제6조까지의 규정에 따라 지정된 공공기관

나. 국내 법률에 근거하여 또는 고유의 목적을 가지고 형성되어, 법령 또는 자체적으로 작성한 규약을 작성하여 의사결정기관 및 집행기관인 대표자를 두고 있으며, 대표자 또는 구성원의 변경과 무관하게 존속되는 단체·조직

제5절

손해배상의 특칙

장혜진*

Ⅰ. 들어가며

중대재해처벌법은 손해배상의 특칙으로 징벌적 손해배상 규정을 도입하였다. 우리 민법의 손해배상제도가 전보배상을 원칙으로 하는 점과 다른 징벌적 손해배상제도의 개념 및 영미법계를 중심으로 도입되고 있는 징벌적 손해배상제도의 개관을 살펴보고 국내의 징벌적 손해배상제도의 도입 논의 및 도입현황을 간단히 살펴본다. 이후 중대재해처벌법이 도입한 징벌적 손해배상 규정의 내용, 입법 취지, 제정 경과, 문제점, 개정안 등을 살펴본 후, 징벌적 손해배상에 관한 판례의 추세를 간단히 살펴보기로 한다.

Ⅱ. 징벌적 손해배상제도의 개념 및 각국의 징벌적 손해배상 개관

1. 징벌적 손해배상의 개념

손해배상은 피해자에 대한 손해를 전보하는 것을 목적으로 하는 것이 원칙인데, 가해자 측에 대한 징벌을 목적으로 하는 예외적인 경우를 징벌적 배상이라고 한다.[1] 징벌적 손해배상제도란 가해자의 위법행위로 인하여 피해자가 손해를 입

* 변호사, 법무법인(유한) 강남.

1) 김제완, "징벌적 배상법리의 발전과정과 현황", 징벌적 손해배상제의 법리와 도입가능성, 한국법제연구원, 2007, 14면.

은 경우 가해자에게 전보배상 외 추가적 배상책임을 부과하는 제도이다. 이와 같은 손해배상 제도는 영미법에 기원을 두며, 2011년 「하도급거래 공정화에 관한 법률」이 개정되기 전까지 우리 법에서는 인정하지 않았다.[2)]

이 제도는 연혁적으로 영국, 미국, 호주, 케나다, 뉴질랜드 등 영미법계 국가에서 인정하고 있다. 대륙법계 국가들은 손해배상의 원칙으로 전보배상주의를 채택하고 있어, 독일, 프랑스, 일본 등과 같은 대륙법계 국가들은 일반적으로 위 제도를 인정하지 않고 있고, 예외적으로 특수한 경우에 특별법으로 인정한다.

2. 각국의 징벌적 손해배상제도 개관

가. 영 국

영국의 손해배상제도는 전보적 손해배상과 징벌적 손해배상의 이분법적 구조를 가진다기보다는 특정한 제도 속에 이러한 두 요소가 혼재되어있는 것이 그 특징이다.[3)] 영국 대법원의 1964년 Rookers v Barnard 판결 이후 정해진 유형에 해당하는 경우에 엄격하고 제한적으로만 징벌적 손해배상을 인정하게 되었다. 판결의 취지는 징벌적 배상을 몇 가지 예외적인 경우로 제한한다는 것인데 그 유형으로는 첫째, 개별 법령이 징벌적 손해배상을 허용하는 경우, 둘째, 가해자가 국가 또는 공공기관이면서 불법행위를 저지르는 과정에서 자의적, 억압적 또는 반헌법적인 행동을 한 경우, 셋째, 가해자가 불법행위를 통해서 얻는 이득이 그로 인하여 부담하게 되는 손해배상보다 클 것으로 예측하고 불법행위를 한 경우이다.[4)]

위 유형에 해당하는 경우에도 법관이나 배심원은 재량으로 징벌적 손해배상을 인정하지 않을 수 있고, 그 재량을 행사하는데 고려할 사항들이 판례를 통해 발전하면서 그 요건으로 최후수단일 것, 징벌적 손해배상을 구하는 원고가 피해자일 것, 가해자의 형사처벌 또는 기타제재가 있었는지 고려할 것, 다수의 피해자가 존재하는지 여부 등을 고려할 것, 피해자의 행위, 가해자의 선의 등을 고려하도록 하고 있다.[5)]

---

2) 고형석, “징벌적 손해배상제도에 관한 연구”, 비교사법 제29권 1호, 2022, 313면.
3) 김정환, “징벌적 손해배상의 적정한 운영방안에 관한 연구”, 대법원 사법정책연구원, 2019, 44면.
4) 김제완, “영국과 캐나다에서의 징벌적 배상 법리의 발전과정과 현황”, 인권과 정의, 2007. 376면.
5) 김정환, “징벌적 손해배상의 적정한 운영방안에 관한 연구”, 대법원 사법정책연구원, 2019, 62-64면.

나. 미 국

(1) 보통법(Common Law) 상의 징벌적 손해배상[6)]

징벌적 손해배상이 적용되는 범위가 명확하게 정해진 것은 아니며 판례들마다 다소 상이한 입장을 보이고 있으나 역사적으로 불법행위 사건에서 징벌적 손해배상이 많이 인정되었다. 계약위반으로 인한 손해배상은 그 배상액이 금전적인 것으로 한정되는 경우가 일반적이고 징벌적 손해배상은 그 목적이 불법행위로 인한 사적 피해구제보다는 공동체 차원에서의 징벌에 있기 때문에 불법행위적인 요소가 존재하지 않는 순수한 계약위반 사건 등에는 적용되지 않는 것이 일반적이다. 중재사건의 경우에도 일정 요건하에 인정하고 있다.

다만 실제 운용에 있어서 널리 인정되고 있지 않은 것으로 보이는데, 미국 법무부 통계국이 발표한 자료[7)]에 따르면, 2005년에 종결된 약 25,000건의 민사 소송 중 12%에서 원고가 징벌적 손해배상을 청구했으나, 원고가 승소한 14,359건의 소송 중 700건(5%)에서 징벌적 손해배상이 판결되어 손해배상액의 평균 액수는 64,000달러이었으며 징벌적 손해배상금이 선고된 사건의 13%는 100만 달러 이상의 손해를 입은 사건이었다. 위 자료에서는 징벌적 손해배상 소송의 76%에서 징벌적 손해배상액에 대한 배상금의 비율은 3:1 이하라는 결과를 확인하였다.

(2) 성문법상 배액배상제도[8)]

성문법상 배액배상제도란 연방 또는 주(州) 성문법에 실손해의 2배나 3배로 규정하는 법정손해배상을 말한다. 이러한 배액배상제도를 징벌적 손해배상으로 볼 수 있는가에 대해서는 이견이 있으나, 영국에서는 오늘날 거의 사용하지 않는 이 제도는 미국의 다양한 분야에서 활발히 활용되고 있으며 중요한 사회적 역할을 수행하는 것으로 평가된다.

일반적인 징벌적 손해배상과 비교할 때, 징벌적 손해배상은 보통법(Common Law)에 의해 인정되며 불법행위 전반에 적용되는 제도인 반면, 성문법상 배액배

---

6) 김정환, "징벌적 손해배상의 적정한 운영방안에 관한 연구", 대법원 사법정책연구원, 2019, 71-78면.

7) U.S. Department of Justice Office of Justice Programs Bureau of Justice Statistics, "Punitive Damage Awards in State Courts, 2005", 2011.3.: 위 보고서는 민사 소송에서 소송 당사자가 징벌적 손해 배상을 요청했는지 여부 및 그 결과에 대한 정보가 처음으로 통계적으로 수집된 보고서이다.

8) 김정환, "징벌적 손해배상의 적정한 운영방안에 관한 연구", 대법원 사법정책연구원, 2019, 122-124면.

상제도는 개별 법률에 근거하여 제한된 범위에 적용되고 있다는 점에서 큰 차이를 보인다. 성문법상 배액배상은 손해배상액을 전보적 손해배상액의 배수를 법으로 정하여 산정하므로 가해자의 입장에서는 징벌적 손해배상에 관한 예측가능성을 높이고 법원 입장에서는 배상액 산정에 대한 부담을 경감 할 수 있다는 장점을 가진다. 제도가 가진 불확정성을 줄이고 수범자들에게 명확한 기준을 제시한다는 점에는 법적 안정성을 높일 수 있는 반면, 가해자가 징벌적 손해배상 액수를 예측할 수 있다는 점에서는 불법행위 억제기능을 효과적으로 수행하기 어렵다는 단점이 된다.

현재 우리나라 관련 입법은 손해액의 3배 이내 배상을 가능케 하는 것으로 엄밀히 따지면 배상액의 한도를 두지 않는 영미법계의 보통법(Common Law)상의 징벌적 손해배상 제도와는 차이점이 있고, 미국의 독점금지법과 같이 법령으로 특정 불법행위에 대해 실손해의 3배 등 배액을 배상하게 하는 3배 배상제도 또는 배액배상제도에 가까우며, 위 두 경우를 엄밀히 구분하는 견해도 있으나 우리나라에서는 일반적으로 후자 또한 넓은 의미에서 징벌적 손해배상에 속하는 것으로 논의되고 있다.[9)]

다. 캐나다(퀘벡주 중심으로)[10)]

캐나다는 징벌적 손해배상에 대해 영국 및 미국의 영향을 많이 받은 것으로 평가된다. 그러나 징벌적 손해배상의 적용 범위에 대하여 Rookers v Barnard 판결을 받아들이지 않아, 다양한 유형의 사건에서 징벌적 손해배상이 활용되고 있으며 징벌적 손해배상이 활용되는 사안과 배상의 크기도 꾸준히 증가하고 있다. 캐나다 퀘벡주의 경우 프랑스 식민지배라는 역사적 영향으로 대륙법 체계에 속하면서도 징벌적 손해배상을 인정하고 있을 뿐 아니라 미국 보통법의 많은 영향을 받은 지역이다. 퀘벡주의 경우 1970년경 주(州) 헌법으로 징벌적 손해배상을 도입하고, 1991년 민법개정으로 법률의 근거가 있는 경우 징벌적 손해배상을 인정할 수 있다고 명문으로 인정한 후 다양한 법률에서 이를 받아들이고 있어, 징벌적 손해배상이 인정되는 영역이 징벌적 손해배상이 인정되지 않는 영역보다 더 많은 실정이다.[11)]

---

9) 양승현, "징벌적 손해배상 제도의 도입 논의 및 입법 현황 검토", kiri리포트, 2019, 3면.
10) 김정환, "징벌적 손해배상의 적정한 운영방안에 관한 연구", 대법원 사법정책연구원, 2019, 137-146면.

미국에서 징벌적 손해배상액이 통상 전보 손해배상액의 3배 정도인 것과 달리 퀘벡주를 포함한 캐나다에서는 이러한 제한이 거의 존재하지 않는다. 다만, 실제 판례를 분석해보면 퀘벡주에서는 징벌적 손해배상액이 전보배상액을 초과하는 경우도 거의 존재하지 않는다고 한다. 캐나다 연방대법원에서는 징벌적 손해배상액이 타당한지 검토하기 위해서 위자료를 포함한 전보배상 총액을 고려해야 하고 위 총액이 과다한 경우 징벌적 손해배상이 잘못되었다고 보는데, 이와 같은 원칙은 일반적인 것으로 퀘벡주에서도 적용된다.

라. 중 국[12)]

중국은 급격한 경제성장에 따라 소비자 보호를 위해 징벌적 손해배상제도를 적극적으로 도입하고 있다. 중국은 1993년 「소비자권익보호법」에 처음 도입한 이래로 「계약법」, 「불법행위법」, 「상표법」, 「식품안전법」등에 징벌적 손해배상제도를 도입하였다. 현재 징벌적 손해배상제도를 도입하는 개별법규가 확대되는 추세이다.

중국은 대륙법계 국가 중 가장 적극적으로 징벌적 손해배상제도를 도입하고 있다. 개혁개방 이후 시장경제체제로 전환하면서 경제발전에 따라 소비자를 보호하여야 할 필요성이 대두되었고 개별 입법으로 현실적 필요에 따라 보완하고 있다.

징벌적 손해배상제도의 가해행위에 대한 억지 및 징벌 기능, 소비자의 권리를 적극 보호하여 실질적 정의를 유지하는 장점, 사회경제발전에 대한 적극적 작용을 들어 이를 지지하는 학계의 학설이 대부분이다. 중국의 위 제도의 특징은 상품가격의 몇 배수 또는 손실의 몇 배수로 배상액을 정하고 있어 불법행위의 징벌과 억지 기능보다는 배상을 통해 불법행위를 견제하려는 개인 행동을 장려하는 정책이라는 평가와 징벌적 손해배상제도의 도입에 대한 충분한 논의 없이 각 요건이 다르게 징벌적 손해배상이 도입된 개별 법 규정이 먼저 입법되었다는 비난도 받고 있다.[13)]

---

11) 캐나다 다른 주의 경우에는 대체로 영국의 영향을 받아 미국에 비해서는 징벌적 손해배상을 좁게 인정하고 있다고 한다(김정환, "징벌적 손해배상의 적정한 운영방안에 관한 연구", 대법원 사법정책연구원, 2019, 150면 이하).

12) 김정환, "징벌적 손해배상의 적정한 운영방안에 관한 연구", 대법원 사법정책연구원, 2019, 157-166면.

13) 예를 들어, 소비자권익보호법에서는 사업자의 사기행위가 구성요건으로 되어있으나 식품안전법에서는 생산자 및 판매자에 대하여 명백히 알고 있을 것을 주관적 요건으로 규정하고 있다. 손해의 결과에 대해서도 식품안전법과 불법행위법은 각 손해, 타인의 사망이나 건강상 중대한 손해를 요

Ⅲ. 국내의 징벌적 손해배상제도

1. 국내 손해배상제도 및 징벌적 손해배상 제도 도입 논의

위에서 살펴본 바와 같이 "실질적 손해에 관한 전보"를 포함해 가해자의 주관적 요소에 근거해 배상을 인정하기도 하는 영미법과는 달리 "실질적 손해가 없을 경우 보상도 존재하지 않는다."는 전제를 하는 대륙법에서는 민사책임과 형사책임의 분화로 인해, 징벌적 손해배상제도를 배척하는 입장을 취해왔다.

우리의 손해배상은 전보적 손해배상을 원칙으로 한다. 불법행위에 대한 손해배상의 경우 우리나라 민법 제763조는 제393조를 준용하는바, 판례 및 통설은 채무불이행의 경우와 마찬가지로 통상의 인과관계가 성립이 존재하거나, 민법 제393조 제2항이 규정하고 있는 '특별한 사정으로 인한 손해의 경우, 채무자가 그 사정을 알았거나 알 수 있었을 때에 한하여 손해배상청구가 가능하다.'에 따라, 인과관계의 성립이 존재하여야 한다. 종래의 판례와 통설에 따르자면, 현행 민법에서는 대륙법계 국가에서의 가장 큰 성과라 볼 수 있는 민사책임과 형사책임의 분화에 따라 형사책임은 불법행위자의 불법행위에 관해 도의적 책임을 묻는 것이므로 주관적 사정을 중시하는 불법행위자에 대한 처벌을 하고, 민사책임의 목적은 불법행위로 인하여 생긴 손해의 전보만을 중요시한다고 할 수 있다. 즉, 손해의 보상과 제재는 별개의 제도로 이해하여, 민사법에 있어 가해자에 대한 제재적 기능은 가해자에 대한 가해행위의 억제보다 피해자의 권리회복에 편중되어 있다고 볼 수 있다.[14)]

징벌적 손해배상제도 도입 이전에는 기존 손해배상제도로는 피해자 구제에 충실치 못하고 악의적 불법행위를 억제할 수 없다는 점, 형사적 제재는 최소한도로 하여야 하므로 형벌을 부과하기 적절하지 않은 영역에서는 징벌적 손해배상이 효과적으로 기능할 수 있다는 점, 공적인 제재만으로 현대사회의 각종 권리침해 현상을 대응 하는데 한계가 있다는 점, 수범자의 법준수를 유도하여 결과적으로 법치주의의 실현에 기여할 수 있다는 점을 들어 징벌적 손해배상제도를 찬성하는 견해가 있었다. 반대하는 견해의 근거로는 징벌적 손해배상은 영미법계에서 발전한 것으로 대륙법계 국가인 우리나라와는 맞지 않는다는 점, 민사와 형사를 준별

건으로 하고 있어, 해석상 혼란을 가져와 제도의 발전에 장애가 된다는 비판을 받는다.

14) 이진성, "징벌적 손해배상제도에 관한 소고", 동아법학 78호, 432-434면.

하고 전보배상을 손해배상의 원칙으로 삼고 있는 우리 법체계에 부합하지 않는 점, 헌법상 이중처벌금지원칙이나 과잉금지원칙에 위반되어 위헌이 될 소지가 있는 점, 악의적 불법행위에 대한 억지는 기존 형사 절차나 행정절차를 정비하여 해결할 수 있는 점, 과다한 징벌적 손해배상액에 대한 부담이 결과적으로 기업활동의 위축을 가져올 수 있다는 우려 등이 있었다.[15]

결국, 국내의 징벌적 손해배상 제도 도입 논의는 가해행위의 악성 내지 귀책사유(고의·과실)를 묻지 않고 실제 발생한 손해만을 배상하는 현재의 전보배상제도가 가지는 한계에 대한 비판에서 출발하여, 현 제도로는 악성이 높거나 고의에 의한 불법행위를 충분히 억지할 수 없고, 개별적인 손해배상액이 크지 않은 대규모 소액피해 사건에 대하여 불법이 방치되고 있으며, 피해자들의 정신적·신체적 고통과 손해에 대한 충분한 보상이 이루어지기 어렵다는 비판을 근거[16]로 제도가 개별 법률에 도입되기에 이르렀다.

2. 국내 징벌적 손해배상 제도 도입 현황

민법상 손해배상의 원칙은 전보배상이다. 징벌적 손해배상을 확대하려는 이유는 기존의 손해배상제도로는 전보가 어려운 손해를 유발하는 기업 등 악덕 가해자의 위법행위에 대한 대응책을 마련하겠다는 것이다. 일반적 도입 논의는 학계, 2003년 대법원 산하 사법개혁위원회, 2005년 사법개혁추진위원회, 2009년 민법개정위원회에서도 이어지고 있으나 민·형사책임을 엄격히 구별하는 우리 법체계와의 부조화, 우발이익 기대에 따른 남소 가능성 및 그로 인한 기업활동 위축 우려, 징벌적 손해배상 성립 및 배상액에 관한 예측 가능성 결여, 비교법적 측면 등에서 우리 실정에 맞지 않는다는 반대 견해가 제기되고 있다.[17]

따라서 현행 전보 배상체계를 유지하면서, 개별 법령에서 사고의 유형, 피침해법익의 중대성, 피해의 광역성, 제재 및 억지효의 정도 등을 종합적으로 고려하여 제도의 도입 필요성을 판단하자는 견해[18] 등에 따르면 상대적으로 제도 도입에 대한 저항감이 적어 입법이 용이한 개별 법령에 징벌적 손해배상을 도입하고

15) 김정환, "징벌적 손해배상의 적정한 운영방안에 관한 연구", 대법원 사법정책연구원, 2019, 177면.
16) 양승현, "징벌적 손해배상 제도의 도입 논의 및 입법 현황 검토", kiri리포트, 2019, 3면.
17) 양승현, 앞의 글, 4면.
18) 이재목, "징벌적 손해배상 제도에 관한 국내 입법의 현황과 문제점", 홍익법학, 제9권 제4호, 2018, 259면.

있다.

2011. 3. 29. 「하도급거래 공정화에 관한 법률」이 개정되면서 징벌적 손해배상 제도가 처음으로 도입되었다. 이후 「가맹사업거래의 공정화에 관한 법률」, 「대리점거래의 공정화에 관한 법률」, 「신용정보의 이용 및 보호에 관한 법률」, 「기간제 및 단시간 근로자 보호 등에 관한 법률」, 「부정경쟁방지 및 영업비밀보호에 관한 법률」, 「자동차관리법」, 「독점규제 및 공정거래에 관한 법률」, 「축산계열화사업에 관한 법률」, 「개인정보보호법」, 「제조물책임법」, 「중대재해 처벌 등에 관한 법률」, 「공익신고자 보호법」, 「특허법」, 「부정경쟁방지법」 등 20여 개 정도의 개별 법률에 징벌적 손해배상이 규정되었다.

2019. 4. 기준 징벌적 손해배상이 규정된 개별법령 내용은 <표 1>과 같다.[19]

〈표 1〉 징벌적 손해배상 입법현황

구분	조문	대상 위법행위	주관적 요건 등
하도급거래 공정화에 관한 법률[20]	제35조 제2항	- 부당한 하도급대금의 결정 - 부당한 위탁취소 - 부당반품 - 부담감액 - 기술자료 유용	원사업자가 고의·과실이 없음을 증명하도록 되어 있어 법문상 경과실로도 성립가능한 것처럼 보이지만, 위법행위가 사실상 결과인식을 전제로 하므로 경과실에 의한 발생은 불가능하다고 보임
기간제법 /파견근로자법	제13조 제2항 /제21조의2 제4항	기간제 근로자 또는 파견근로자에 대한 차별적 처우	– 명백한 고의에 의한 차별 내지 반복적 차별 – 배상명령의 주체는 법원이 아닌 노동위원회
신용정보법	제43조 제2항	개인신용정보 누설, 분실·도난·누출·변조 또는 훼손	고의 또는 중과실
개인정보 보호법	제39조 제2항	개인정보 분실·도난·유출·위조·변조 또는 훼손	고의 또는 중과실
대리점거래 공정화에 관한 법률	제34조 제2항	- 구입강제행위 - 경제상 이익 제공 강요행위	하도급법 관련 부분 참조
정보통신망이용촉진 및 정보보호등에 관한법률	제32조 제2항	개인정보 분실·도난·유출·위조·변조 또는 훼손	고의 또는 중과실

19) 양승현, "징벌적 손해배상 제도의 도입 논의 및 입법 현황 검토", kiri리포트, 2019, 5-6면.

가맹사업거래의공정화에관한법률	제37조의2 제2항	- 허위·과장정보 또는 기만적인 정보제공 - 상품·용역 공급 또는 영업지원 등 부당한 중단·거절·현저한 제한 - 보복조치	하도급법 관련 부분 참조
제조물책임법	제3조 제2항	제조물의 결함을 알면서 필요한 조치를 취하지 아니함(생명·신체에 대한 중대한 손해 발생에 한함)	제조물책임 자체는 귀책사유를 요하지 않으나, 징벌적 배상에는 제조물의 결험을 알면서 그에 대하여 필요한 조치를 취하지 아니하였을 것을 요함
환경보건법	제19조 제2항	사업활동 등에서 생긴 환경유해인자로 다른 사람에게 환경성질환을 발생케 함	고의 또는 중과실
특허법	제128조 제8항	특허권 또는 전용실시권 침해	고의
부정경쟁방지및영업비밀보호에관한법률	제14조의2 제6항	영업비밀 침해행위	고의 2019. 7. 시행
대·중소기업상생협력촉진에관한법률	제40조의2 제2항	위탁기업의 준수사항위반 신고 및 납품대금 조정신청 등 관련 불이익 조치	하도급법 관련 부분 참조 2019. 7. 시행
독점규제및공정거래에관한법률	제56조 제3항	- 담합 - 불공정거래행위 신고 등 관련 보복조치	하도급법 관련 부분 참조 2019. 9. 시행
축산계열화사업에관한법률	제34조의2 제3항	계열화사업자의 준수사항위반(출하가축 수령거부, 사육경비 감액·미지급, 품질기준미달 사육자재 공급 등)	하도급법 관련 부분 참조 2020. 1. 시행

3. 노동법 분야의 경우

노동법 분야에서는 2002년 기업범죄와 징벌적 손해배상에 관한 논의[21]가 시작된 이후로 징벌적 손해배상이 필요한지 그 타당성 논의가 많이 있었으나, 최근에는 가해자에 대한 무거운 형사 처벌과 전보 손해만으로 부족한 손해의 보완을 위한다는 취지로 징벌적 손해배상 제도를 도입하는 법안이 확대되고 있다.

20) 이하 '하도급법'
21) 문환, "징벌적 손해배상제도의 도입", 노동법연구 제13호, 서울대학교 노동법연구회, 2002, 433-439면.

현재 산업안전보건법을 위반한 행위에 대하여는 형사처벌과 행정처분(과태료, 과징금, 영업정지 등)의 제재를 가할 수 있다. 하지만 형사처벌은 근로자의 사망이라는 심각한 결과를 고려할 때 그 선고형이 지나치게 낮다는 비판[22]이 계속적으로 제기되고 있다. 행정처분 중 비교적 높은 금액인 10억 원 이하의 금전적 제재를 가할 수 있는 과징금의 경우에도 산업안전보건법에 도입된 과징금은 안전관리전문기관 또는 보건관리전문기관 등 안전보건에 관하여 대외적으로 기업을 지원하는 전문기관의 업무와 관련된 위반행위를 제재하고 있을 뿐 안전조치나 보건조치 위반행위 일반에 대해서는 과징금 제도가 도입되어 있지 않다. 영업정지 요청 등의 행정처분은 사업에 상당한 영향을 미치는 점, 현행 규정에서 고용노동부 장관의 재량으로 규정되어 있고 의무사항으로 되어 있지 않는 등 위 처분의 실효성이 적다.[23]

Ⅳ. 중대재해처벌법상 손해배상의 특칙

1. 중대재해처벌법 제15조

중대재해처벌법

제15조(손해배상의 책임)

① 사업주 또는 경영책임자등이 고의 또는 중대한 과실로 이 법에서 정한 의무를 위반하여 중대재해를 발생하게 한 경우 해당 사업주, 법인 또는 기관이 중대재해로 손해를 입은 사람에 대하여 그 손해액의 5배를 넘지 아니하는 범위에서 배상책임을 진다. 다만, 법인 또는 기관이 해당 업무에 관하여 상당한 주의와 감독을 게을리하지 아니한 경우에는 그러하지 아니하다.

② 법원은 제1항의 배상액을 정할 때에는 다음 각 호의 사항을 고려하여야 한다.

1. 고의 또는 중대한 과실의 정도
2. 이 법에서 정한 의무위반행위의 종류 및 내용
3. 이 법에서 정한 의무위반행위로 인하여 발생한 피해의 규모
4. 이 법에서 정한 의무위반행위로 인하여 사업주나 법인 또는 기관이 취득한 경제적 이익
5. 이 법에서 정한 의무위반행위의 기간·횟수 등

---

22) 고용노동부가 발주한 연구용역과제의 결과를 보면 연구대상 판결 당시의 적용법조에 따르면 벌금형의 상한은 1억 원이었으나, 자연인에 대한 벌금형 평균 약 420만 원, 법인에 대한 벌금형 약 448만 원으로 낮은 금액임을 알 수 있다(김성룡·이진국·김도우·조흠학·김기영, 산업안전보건법 위반사건 판결분석 연구, 고용노동부, 2018, 159면).

23) 전형배, "산업안전보건법상 징벌적 손해배상제도 도입안 소고", 노동법논총 제50집, 2020, 118-120면.

> 6. 사업주나 법인 또는 기관의 재산상태
> 7. 사업주나 법인 또는 기관의 피해구제 및 재발방지 노력의 정도

가. 내 용

(1) 손해배상책임의 주체

의무위반행위의 주체가 개인사업주인 경우: 해당사업주

의무위반행위의 주체가 경영책임자등인 경우: 그 법인 또는 기관

> 제2조(정의)
> 이 법에서 사용하는 용어의 뜻은 다음과 같다.
> 9. "경영책임자등"이란 다음 각 목의 어느 하나에 해당하는 자를 말한다.
> 가. 사업을 대표하고 사업을 총괄하는 권한과 책임이 있는 사람 또는 이에 준하여 안전보건에 관한 업무를 담당하는 사람
> 나. 중앙행정기관의 장, 지방자치단체의 장, 「지방공기업법」에 따른 지방공기업의 장, 「공공기관의 운영에 관한 법률」 제4조부터 제6조까지의 규정에 따라 지정된 공공기관의 장

가.목의 "경영책임자등"은 사업전체를 대표하고 사업을 총괄하는 권한과 책임이 있는 자 또는 이에 준하여 안전보건에 관하여 업무를 담당하는 자로, 사업경영에 '실질적인 결정 권한'을 가지는 자를 뜻한다.[24)]

위 경영책임자등에 해당하는 자가 의무위반의 주체인 경우 "법인"이 손해배상책임의 주체가 된다.

나.목의 "중앙행정기관의 장"은 정부조직법 제2조 제2항에 따라 설치된 부·처·청과 방송통신위원회, 공정거래위원회, 국민권익위원회, 금융위원회, 개인정보보호위원회, 원자력안전위원회 등 행정기관의 장을 의미하며, 정부조직법에서 중앙행정기관으로 규정하지 않는 대법원, 국회, 감사원 등 헌법기관 등의 경우에는 중대재해처벌법 제2조 제9호 가목.에 따라 경영책임자를 판단하여야 한다.

"지방자치단체의 장"은 지방자치법 제2조 제1항의 특별시, 광역시, 특별자치시, 도, 특별자치도 및 시, 군, 구의 장을 의미하며, "공공기관"은 지방공기업법에 따른 지방공기업의 장, 공공기관의 운영에 관한 법률 제4조 내지 제6조의 규정에 따라 지정된 공공기관의 장을 의미하고, 이외의 공공기관의 경우에는 중대재해처

---

24) 고용노동부, 중대재해처벌법 해설, 2021, 23-26면.

벌법 제2조 제9호 가목.에 따라 경영책임자를 판단하여야 한다.

비법인사단의 경우에는 대표자가, 비법인재단의 경우에는 이사장이 경영책임자에 해당한다. 노동조합에서는 노조위원장, 교회에서는 담임목사, 종중에서는 회장등이 이에 해당하며, 민법상 조합에서는 업무집행조합원이 이에 해당한다.[25]

위 경영책임자등에 해당하는 자가 의무위반의 주체인 경우 "기관"이 손해배상책임의 주체가 된다.

(2) 주관적 요건

고의 또는 중대한 과실

민법 및 국가배상법상의 손해배상은 고의 또는 과실을 주관적 요건으로 정하고 있으나, 본법은 고의 또는 중대한 과실을 주관적 요건으로 본다.[26]

(3) 행위태양

중대재해처벌법이 정한 안전 및 보건 확보의무를 위반하여야 한다.

(4) 중대재해발생으로 인한 손해 발생

사업주 또는 경영책임자등이 고의 또는 중대한 과실로 중대재해처벌법이 정한 의무를 위반하여 중대재해를 야기하고 이로 인해 손해가 발생하여야 한다.

(5) 청구권자

민법 제750조는 피해자를, 민법 제752조는 생명침해로 인한 위자료의 경우 직계존속, 직계비속 및 배우자를 청구권자로 정하고 있는데 반해 본법의 손해배상의 청구권자는 중대재해로 손해를 입은 사람이다.[27]

(6) 손해배상책임의 면책

징벌적 손해배상제도를 도입한 대부분의 법률은 "법인 또는 기관이 고의 또는 과실이 없음을 증명한 경우에는 그러하지 아니하다."라고 규정하고 있는데 반해, "법인 또는 기관이 해당 업무에 관하여 상당한 주의와 감독을 게을리하지 아니한 경우에는 그러하지 아니하다."라고 규정하고 있어, 고의 또는 중대한 과실로 안전 및 보건 확보의무를 위반한 행위의 주체가 경영책임자 등인 경우 법인 또는 기관

25) 고용노동부, 중대재해처벌법 해설, 2021, 27면.
26) 온주 중대재해처벌법, 온주편집위원회
27) 온주 중대재해처벌법, 온주편집위원회

이 징벌적 손해배상책임을 면하기 위한 '상당한 주의와 감독'의 주체를 누구로 보아야 할 것인지에 대한 논란의 여지가 있다.[28)]

다만 개인사업주 또는 경영책임자등에게 민사상 손해배상책임까지 면제되는 것은 아니어서 민법 등에 따라 별도로 배상 책임을 질 수 있다.

(7) 손해배상액의 한도

그 손해액의 5배를 상한으로 정하고 있으며, 배상액을 정할 때에는 여러 가지 요소를 고려하도록 규정한다.

(8) 몬트리올 협약 적용여부

우리나라는 항공기 관련 운송인(항공사)의 책임과 권한에 대한 내용을 담고 있는 몬트리올 협약[29)]의 체약국이다. 몬트리올 협약이 적용되는 경우에는 여객, 수하물 및 화물 운송에 있어 운송인의 책임에 관한 소는 몬트리올 협약 article 29[30)]가 정하는 청구만 할 수 있으며, 별도로 징벌적 손해배상을 청구할 수 없다.

국내법인 중대재해처벌법과 국제협약인 몬트리올 협약이 충돌할 경우 어느 것을 적용할 것인가에 대하여는 "헌법에 의하여 체결·공포된 조약과 일반적으로 승인된 국제법규는 국내법과 같은 효력을 가진다."고 정하는 헌법 제6조 및 관련 대법원 판례들에 비추어 볼 때 중대재해처벌법에 앞서 몬트리올 협약이 우선 적용될 것이다.

---

28) 법무법인(유한)바른, 중대재해처벌법 연구, 법문사, 2022, 166면.

29) 바르샤바조약과 헤이그 의정서 등 여러 차례의 잦은 개정으로 복잡해진 조약체계와 각국의 차이를 통일하기 위하여 1999년 5월 28일에 몬트리올협약이 성립하였고, '2003년 11월 4일'부로 발효되었다.(정식 명칭은 '국제항공운송에 있어서의 일부 규칙 통일에 관한 협약'(Convention for the Unification of Certain Rules for International Carriage by Air Done at Montreal on 28 May 1999)이다. '항공기에 의하여 유상으로 수행되는 승객·수하물 또는 화물의 모든 국제운송'을 원칙적인 적용대상으로 하고(제1조 제1호), 여기에서 말하는 국제운송이라 함은 '운송의 중단 또는 환적이 있는지 여부를 불문하고 당사자 간 합의에 따라 출발지와 도착지가 두 개의 당사국의 영역 내에 있는 운송, 또는 출발지와 도착지가 단일의 당사국 영역 내에 있는 운송으로서 합의된 예정기항지가 타 국가의 영역 내에 존재하는 운송을 말한다'고 규정되어 있다(제1조 제2호). 따라서 국제항공운송계약에 몬트리올 협약이 적용되려면 출발지와 도착지가 모두 협약 당사국이어야 한다.

30) Article 29 – Basis of Claims
In the carriage of passengers, baggage and cargo, any action for damages, however founded, whether under this Convention or in contract or in tort or otherwise, can only be brought subject to the conditions and such limits of liability as are set out in this Convention without prejudice to the question as to who are the persons who have the right to bring suit and what are their respective rights. In any such action, punitive, exemplary or any other non–compensatory damages shall not be recoverable.

대법원은 "우리나라가 가입한 국제조약은 일반적으로 민법이나 상법 또는 국제사법보다 우선적으로 적용되지만, 적용대상은 조약에서 정한 바에 따라 엄격하게 판단하여야 한다. 「국제항공운송에 있어서의 일부 규칙 통일에 관한 협약」(이하 '몬트리올 협약')은 우리나라도 가입하여 2007. 12. 29. 국내에서 발효되었는데, 이는 '항공기에 의하여 유상으로 수행되는 승객·수하물 또는 화물의 모든 국제운송'을 원칙적인 적용대상으로 하고(제1조 제1호), 여기에서 말하는 국제운송이란 '운송의 중단 또는 환적이 있는지를 불문하고 당사자 간 합의에 따라 출발지와 도착지가 두 개의 당사국의 영역 내에 있는 운송, 또는 출발지와 도착지가 단일의 당사국 영역 내에 있는 운송으로서 합의된 예정 기항지가 타 국가의 영역 내에 존재하는 운송을 말한다'고 규정되어 있다(제1조 제2호). 따라서 국제항공운송계약에 몬트리올 협약이 적용되려면 출발지와 도착지가 모두 협약 당사국이어야 한다."[31] 라고 판시하여, 출발지와 도착지가 모두 협약 당사국인 경우 몬트리올 협약을 국내법보다 우선 적용함을 밝히고 있다.[32]

나. 입법취지

앞서 살펴본 바와 같이, 산업안전보건법은 사업주의 고의·과실로 안전보건조치 의무를 위반하여 산업재해가 발생한 경우 손해배상책임에 대해 별도의 규정을 두지 않는다. 따라서 사업주의 고의·과실이 있는 경우 민법상 불법행위책임으로 손해배상을 청구할 수 있을 뿐이었다. 중대재해처벌법에서는 생명과 신체의 안전에 대한 가치를 재평가하고 안전조치비용 대비 사고처리비용을 높여 안전투자유인을 제고하기 위한 목적으로 징벌적 손해배상제도를 도입하였다[33].

징벌적 손해배상제도가 도입되었고, 그 손해배상을 하청 사업주는 물론 원청 사업주에게 직접 청구할 수 있는 길이 열렸다는 점에서 의의가 있으나 징벌적 손해배상의 하한(손해액의 3배 이상 혹은 5배 이상)을 삭제하고, 경영책임자의 의무위반행위로 징벌적 손해배상의 범위를 제한하고[34],'사업주로의 입증책임 전환 조

31) 대법원 2016. 3. 24 선고 2013다81514 판결.
32) 同旨, "화물의 출발지와 도착지가 모두 '국제항공운송에 있어서의 일부 규칙 통일에 관한 협약'(이하 '몬트리올 협약')의 당사국이므로 위 국제항공운송에 관한 법률관계에는 몬트리올 협약이 민법이나 상법보다 우선적으로 적용한다"는 판시를 한 대법원 2018. 3. 15. 선고 2017다240496 판결 및 서울중앙지방법원 2021. 6. 10. 선고 2020가단5189556 판결 참조.
33) "중대재해처벌법 제정의 의미와 향후 과제를 위한 종합토론회 자료집", 정의당, 2021, 28면.
34) 사업주 또는 경영책임자 이외에 법인이나 기관의 대리인, 사용인, 종업원의 의무위반행위로 인해 중대재해가 발생한 경우에는 징벌적 손해배상책임이 적용되지 않는다.

항[35]'대신 '사업주 면책규정[36]'을 규정함으로써 징벌적 손해배상제도의 실효성을 반감시켜, 사람의 생명에 대한 가치 평가를 제고하고, 기업의 사고처리비용을 안전투자비용보다 높여 안전을 위한 예방조치를 자발적으로 유도하려던 제도의 취지를 크게 약화시켰다는 평가가 있다.[37]

다. 제정경과

(1) 강은미 의원 발의안[38]

> 제11조(손해배상의 책임)
> ① 사업주나 법인 또는 기관의 경영책임자 등, 대리인, 종사자, 또는 사용인이 고의 또는 중대한 과실로 생명·신체의 안전 또는 보건위생상의 유해·위험방지의무를 위반하여 사람을 사망 등 중대재해에 이르게 함으로써 해당 사업주, 법인 또는 기관이 피해자에 대하여 손해배상의 책임을 지는 때에는 그 손해액의 3배 이상 10배 이하의 범위에서 배상할 책임을 진다. 다만, 사업주나 법인 또는 기관이 고의 또는 중대한 과실이 없음을 증명한 때에는 그러하지 아니하다.
> ② 법원은 제1항의 배상액을 정할 때에는 다음 각 호의 사항을 고려하여야 한다.
> 1. 고의 또는 손해 발생의 우려를 인식한 정도
> 2. 위반행위로 인하여 입은 피해 규모
> 3. 위반행위로 인하여 취득한 가해자의 경제적 이익
> 4. 위반행위에 따른 처벌 수준
> 5. 위반행위의 기간·횟수 등
> 6. 가해자의 재산상태
> 7. 가해자의 피해구제 및 재발방지 노력의 정도
>
> ③ 제1항과 관련한 분쟁에서 입증책임은 사업주, 법인 또는 기관이 부담한다.

(2) 박주민 의원 발의안[39]

> 제18조(손해배상의 책임)
> ① 사업주나 공무원, 경영책임자 등, 대리인, 사용인, 종사자가 고의 또는 중대한 과실로 생명·신체의 안전 또는 보건위생상의 유해·위험방지의무를 위반하여 중대산업재해 또는 중대시민재해를 야기하여 해당 법인 또는 기관이 손해배상의 책임을 지는 경우

---

35) 다만, 사업주나 법인 또는 기관이 고의 또는 중대한 과실이 없음을 증명한 경우에는 그러하지 아니하다.
36) 법인 또는 기관이 해당 업무에 관하여 상당한 주의와 감독을 게을리 하지 아니한 경우에는 그러하지 아니하다.
37) "중대재해처벌법 제정의 의미와 향후 과제를 위한 종합토론회 자료집", 정의당, 2021, 38면.
38) 2020. 6. 11. 중대재해에 대한 기업 및 책임자 처벌 등에 관한 법률안(강은미의원 대표발의)
39) 2020. 11. 12. 중대재해에 대한 기업 및 정부 책임자 처벌법안(박주민의원 대표발의)

> 배상액은 그 손해액의 5배에 해당하는 금액을 최저한도로 한다. 다만, 사업주나 법인 또는 기관이 고의 또는 중대한 과실이 없음을 증명한 경우에는 그러하지 아니하다.
> ② 법원은 제1항의 배상액을 정할 때에는 다음 각 호의 사항을 고려하여야 한다.
> 1. 고의 또는 손해 발생의 우려를 인식한 정도
> 2. 위반행위로 인하여 입은 피해 규모
> 3. 위반행위로 인하여 취득한 가해자의 경제적 이익
> 4. 위반행위에 따른 처벌 수준
> 5. 위반행위의 기간·횟수 등
> 6. 가해자의 재산상태
> 7. 가해자의 피해구제 및 재발방지 노력의 정도

라. 중대재해처벌법상 징벌적 손해배상의 문제점

(1) 인과관계 증명책임 완화의 문제

산업재해 영역에서는 사고나 부상에 대해 인과관계를 다투는 사례가 거의 없다. 인과관계 문제는 화학물질의 유해성 여부, 노출 여부나 노출 정도를 가늠하기 어려운 질환, 유해위험요인의 노출과 그로 인한 질병 간에 긴 시간이 요구되는 질환 등에서 주로 나타나고 있다. 업무상 질병의 경우, 피해자의 지식과 경험, 자력의 부족 등으로 인하여 유해위험요인의 존재, 유해위험요인에 대한 노출, 그 노출로 인한 질병의 발생이라는 각 요소를 증명하는 것이 불가능한 경우가 적지 않다.[40]

현행법상 징벌적 손해배상제도를 도입한 여러 법률에서 인과관계 증명책임을 완화한 것은 제조물책임법뿐이다. 피해자는 ① 해당 제조물이 정상적으로 사용되는 상태에서 피해자의 손해가 발생한 사실, ② 발생한 손해가 제조업자의 실질적 지배영역에 속한 원인으로부터 초래되었다는 사실, ③ 손해가 해당 제조물의 결함 없이는 통상적으로 발생하지 아니한다는 사실, 위 세 가지를 증명한 경우에는 제조물을 공급할 당시에 해당 제조물에 결함이 있었고, 그 제조물의 결함으로 인하여 손해가 발생한 것으로 추정하도록 하여 피해자의 증명부담을 경감시키고 있다.[41]

당초 강은미 의원 발의안에는 입증책임 완화 규정이 있었으나, 현재 중대재해

---

40) 전형배, "산업안전보건법상 징벌적 손해배상제도 도입안 소고", 노동법논총 제50집, 2020, 129면.
41) 김정환, "징벌적 손해배상의 적정한 운영방안에 관한 연구", 대법원 사법정책연구원, 2019, 182면.

처벌법은 입증책임의 완화하는 규정을 두고 있지 않아 피해자가 입증책임을 지고 있어 피해자 구제에 어려움이 있다. 현재 관련하여 개정안이 발의되어 법제사법위원회에 회부되어 있다.

(2) 손해배상액의 범위

현재 징벌적 손해배상제도를 도입한 개별 법령은 대체로 그 상한을 전보배상의 3배로 정하고 있다. 당초 강은미 의원 발의안은 "그 손해액의 3배 이상 10배 이하의 범위"로 정하고, 박주민 의원 발의안은 "그 손해액의 5배에 해당하는 금액을 최저한도"로 정하고 있었다.

법제사법소위를 거치면서, 우리나라 손해배상의 전체적인 체계를 고려할 때 다른 불법행위 손해배상과 형평성 문제가 제기되었다. 배상액을 감액할 수 있는 규정이 삽입되므로 이 법의 취지를 살리기 위해 손해액의 하한을 정하는 것이 필요하다는 견해, 산재 사고에서 산재보험금을 제하고 나면 기업의 입장에서는 실질적으로 부담하는 금액의 규모가 상당히 줄어들게 되므로 배액을 더 늘려야 한다는 의견 등이 제시되었으나, 결국 법체계 정합성의 관점에서 현재 법의 내용으로 정해지게 되었다.[42)]

2. 일부개정법률안이 발의된 상태임

현재 2022. 1. 26. '중대재해 처벌 등에 관한 법률 일부개정법률안(강은미의원등 10인)[43)]'이 발의되어 2022. 1. 27. 법제사법위원회에 회부되어 있다. 일부개정법률안은 손해배상과 관련하여서는 법인에 대한 징벌적 손해배상의 하한이 정해지지 않아 그 실효성에 대한 의문이 제기되고 있다고 취지를 밝히면서, 징벌적 손해배상의 하한을 손해액의 3배 이상으로 도입하고, 인과관계 추정 규정을 신설하는 내용을 담고 있다.

위 개정안은 이하의 내용에 근거하여 발의되었다.[44)]

중대재해를 예방하기 위해서는 중대재해가 개인의 실수에 의한 사고가 아니라 위험을 제대로 예방하고 관리하지 않았기 때문에 발생하는 '기업범죄'임을 인식하게 하고, 기업이 사망 등 중대재해가 발생했을 때 부담해야 할 사고처리 비용이

---

42) 제383회 법제사법소위 제4차 회의록, 66-68면.
43) 제21대(2020~2024) 제392회
44) "중대재해처벌법 제정의 의미와 향후 과제를 위한 종합토론회 자료집", 정의당, 2021, 46면.

예방을 위한 투자비용을 능가하도록 만들어야 한다. 이를 통해 기업 등이 자율적으로 안전관리를 하도록 유도하는 입법이 필요하다. 사람 생명의 가치에 대한 재평가와 함께 경제적으로 사고처리 비용을 높여 안전조치와 투자를 자발적으로 유도할 필요성을 고려할 때 징벌적 손해배상의 하한을 정할 필요가 있다.

사업주의 증거 독점과 증거의 구조적 편재 현상을 고려하여 피해자가 재해의 발생과 손해의 존재를 증명하고 사업주에게 안전보건의무를 다하였음과 안전보건의무와 재해 사이에 인과관계가 없음을 증명하도록 입증책임을 배분하여 손해배상제도의 공평의 원칙이 실현될 수 있도록 하는 것이 타당하다.

Ⅴ. 징벌적 손해배상과 관련한 판례

1. 징벌적 손해배상을 명한 외국판결의 승인 및 집행 관련

(1) 미국판결의 강제집행을 위한 집행판결을 청구

"징벌적 배상이란 가해자에게 특히 고의 등의 주관적인 악사정이 있는 경우에 보상적 손해배상에 덧붙여 위법행위에 대한 징벌과 동종행위의 억지를 주목적으로 하여 과하여지는 손해배상으로 코몬로(common law)상 인정되고 있는 구제방법의 일종으로서, 불법행위의 효과로 손해의 전보만을 인정하는 우리의 민사법체계에서 인정되지 아니하는 형벌적 성질을 갖는 배상형태로서 우리나라의 공서양속에 반할 수 있다(서울지방법원 동부지원 1995. 2. 10. 선고 93가합19069 판결[45])."

이 사건은 미네소타주에 거주하던 재미교포인 원고가 한국유학생인 피고를 상대로, 피고가 1992년 3월 원고를 폭행, 강간하였다는 이유로 손해배상청구소송을 1992년 4월 미네소타주 지방법원에 제기하였다. 피고는 소장과 소환장을 송달받았으나 응소하지 않고 한국으로 귀국하였고, 원고는 청구금액을 500,000달러로 확정한 결석재판을 신청하였다. 1993년 1월 미국법원은 배심원의 평결을 거쳐 피고의 폭행, 강간 등 불법행위를 인정하고 원고에게 정신적 손해, 과거 및 장래의 임금상실, 치료비 기타 비용 등 합계 500,000달러의 지급을 명하는 판결을 선고

45) 법원이 미국판결에는 명시적으로는 징벌적 손해배상이 포함되어있지 않지만, 잠재적으로 고려되고 있다는 이유로 청구금액을 감액하였다는 점에서 비판하는 견해가 있다(윤동호, "징벌적 민사제재에 관한 연구", 한국형사정책연구원, 2014, 120-124면).

하였다. 이 판결은 1993년 1월 미국법원 서기에 의해 판결문서철에 등록되었으나, 판결의 송달을 요구하지 않는 미네소타주법에 따라 피고에게 송달되지는 않았고, 피고는 이에 대해 항소하지 않았다.

원고는 서울지방법원 동부지원에 피고를 상대로 이 미국판결의 강제집행을 위한 집행판결을 청구하였다. 이에 대해 서울지방법원 동부지원은 1995년 2월 10일 판결에서 250,000달러의 지급을 명하는 범위 내에서만 강제집행을 허가하였다.

(2) 민사소송법 제217조의2 제1항[46)]

"법원은 손해배상에 관한 확정재판 등이 대한민국의 법률 또는 대한민국이 체결한 국제조약의 기본질서에 현저히 반하는 결과를 초래할 경우에는 해당 확정재판 등의 전부 또는 일부를 승인할 수 없다."라고 규정하고 있는데, 이는 징벌적 손해배상과 같이 손해전보의 범위를 초과하는 배상액의 지급을 명한 외국법원의 확정판결 또는 이와 동일한 효력이 인정되는 재판(이하 '확정재판 등'이라 한다.)의 승인을 적정범위로 제한하기 위하여 마련된 규정이므로, 외국법원의 확정재판 등이 당사자가 실제로 입은 손해를 전보하는 손해배상을 명하는 경우에는 민사소송법 제217조의2 제1항을 근거로 그 승인을 제한할 수 없다(대법원 2015. 10. 15. 선고 2015다1284 판결).

이와 같은 법원의 태도는 우리 국민이나 기업에게 징벌적 배상을 명한 외국판결에 대하여 공서(公序) 위반을 이유로 승인을 거부함으로써 징벌적 제도의 남용으로부터 이들을 보호하기 위한 것으로 보인다.

하지만 우리나라에서도 징벌적 손해배상과 관련한 입법이 계속되는 현재의 추세라면, 외국의 판결에 대한 승인을 거부할 수가 없게 되므로, 결국 우리 국민이나 기업에 대한 보호막을 스스로 걷어차는 것이라는 견해[47)] 및 더 나아가 우리나라의 개별 법령에서 징벌적 손해배상을 인정한 이상 징벌적 손해배상을 명한 외국 판결에 관하여 우리나라의 손해배상책임체계와 다르다는 이유로 전보배상의 범위를 넘는 부분의 판결의 효력을 일률적으로 우리의 공서에 반한다고 판단할 수는 없으나, 개별 입법을 들어 우리나라에서 위와 같은 외국 판결의 승인과 집

---

46) [본조신설 2014. 5. 20.] 민사소송법 제217조의2가 신설되기 전에는 주로 징벌적 손해배상과 같이 미국의 고액 배상 판결을 승인하는 것은 같은 법 제217조 제1항 제3호에서 정한 '대한민국의 선량한 풍속이나 그 밖의 사회질서'를 기준으로 그 외국 판결의 적정성을 판단하여 승인과 집행 여부를 결정하였다(「국제거래재판실무편람」, 법원행정처, 2015, 117면).

47) 호문혁, '징벌적 손해배상이 손오공 여의봉인가?' 법률신문, 2021. 8. 23.

행을 무제한적으로 허용하는 것 역시 그 본질적 한계를 넘는 것이어서 부당하다는 견해[48]들이 있고 모두 타당하다.

(3) 대법원 2022. 3. 11. 선고 2018다231550 판결

우리나라 손해배상제도의 근본이념은 피해자 등이 실제 입은 손해를 전보함으로써 손해가 발생하기 전 상태로 회복시키는 것이었다(대법원 2003. 9. 5. 선고 2001다58528판결 등 참조). 그러다가 2011년 처음으로 「하도급거래 공정화에 관한 법률」에서 원사업자의 부당한 행위로 발생한 손해의 배상과 관련하여 실제 손해의 3배를 한도로 하여 손해전보의 범위를 초과하는 손해배상을 도입하였다(제35조). 이어서 「독점규제 및 공정거래에 관한 법률」(이하 '공정거래법'이라 한다.)에서도 사업자의 부당한 공동행위 등에 대하여 실제 손해의 3배를 한도로 하여 손해전보의 범위를 초과하는 손해배상 규정을 도입하였고, 계속해서 개인정보, 근로관계, 지적재산권, 소비자보호 등의 분야에서 개별 법률의 개정을 통해 일정한 행위유형에 대하여 3배 내지 5배를 한도로 하여 손해전보의 범위를 초과하는 손해배상을 허용하는 규정을 도입하였다. 이처럼 개별 법률에서 손해전보의 범위를 초과하는 손해배상을 허용하는 것은 그러한 배상을 통해 불법행위의 발생을 억제하고 피해자가 입은 손해를 실질적으로 배상하려는 것이다.

이와 같이 우리나라 손해배상제도가 손해전보를 원칙으로 하면서도 개별 법률을 통해 특정 영역에서 그에 해당하는 특수한 사정에 맞게 손해전보의 범위를 초과하는 손해배상을 허용하고 있는 점에 비추어 보면, 손해전보의 범위를 초과하는 손해배상을 명하는 외국재판이 손해배상의 원인으로 삼은 행위가 적어도 우리나라에서 손해전보의 범위를 초과하는 손해배상을 허용하는 개별 법률의 규율 영역에 속하는 경우에는 그 외국재판을 승인하는 것이 손해배상 관련 법률의 기본질서에 현저히 위배되어 허용될 수 없는 정도라고 보기 어렵다. 이때 외국재판에 적용된 외국 법률이 실제 손해액의 일정 배수를 자동적으로 최종 손해배상액으로 정하는 내용이라고 하더라도 그것만으로 그 외국재판의 승인을 거부할 수는 없고, 우리나라의 관련 법률에서 정한 손해배상액의 상한 등을 고려하여 외국재판의 승인 여부를 결정할 수 있다.

요컨대, 손해전보의 범위를 초과하는 손해배상을 명한 외국재판의 전부 또는

48) 남궁주현, "징벌적 손해배상을 명한 외국판결의 승인과 집행에 관한 소고", 상사판례연구, 제33권 제3호, 364면.

일부를 승인할 것인지는, 우리나라 손해배상제도의 근본원칙이나 이념, 체계를 전제로 하여 해당외국재판과 그와 관련된 우리나라 법률과의 관계, 그 외국재판이 손해배상의 원인으로 삼은 행위가 우리나라에서 손해전보의 범위를 초과하는 손해배상을 허용하는 개별 법률의 영역에 속하는 것인지, 만일 속한다면 그 외국재판에서 인정된 손해배상이 그 법률에서 규정하는 내용, 특히 손해배상액의 상한 등과 비교하여 어느 정도 차이가 있는지 등을 종합적으로 고려하여 개별적으로 판단하여야 한다고 판시하여 원심을 파기하였다.

이 사건은 피고가 원고들의 독점적 식료품 수입·판매계약을 방해하고 불공정한 경쟁방법을 사용하였다는 이유로 미국 하와이주 법에 따라 원고들이 입은 손해의 3배의 배상을 명하는 하와이주 판결('이 사건 하와이주 판결')에 대해 원고가 승인·집행판결을 구하는 사건이었다.

원심은 이 사건 하와이주 판결 중 손해전보의 범위를 초과하는 배상액 및 이에 대한 지연이자의 지급을 명하는 부분에 대하여 대한민국의 선량한 풍속이나 그 밖의 사회질서에 어긋난다고 판단하여 강제집행을 불허하였으나, 대법원은, 이 사건 하와이주 판결에서 손해배상의 대상으로 삼은 행위는 우리나라 공정거래법의 규율 대상에 해당할 수 있는데, 우리나라 공정거래법에서도 실제 손해액의 3배 내에서 손해배상을 허용하는 법조항을 두고 있으므로, 위와 같은 법리에 비추어 실제 손해액의 3배에 해당하는 손해배상을 명한 이 사건 하와이주 판결을 승인하는 것이 우리나라 손해배상제도의 원칙이나 이념, 체계 등에 비추어 도저히 허용할 수 없는 정도라고 할 수 없다고 보아, 이와 반대되는 결론의 원심판결을 파기하였다.

2. 징벌적 손해배상에 대한 일반적인 개념 판시

(1) 징벌적 손해배상이 인정되는 입법례와 달리, 우리나라의 민사적인 구제방법만으로는 형벌과 같은 예방이나 위하효과를 확보하기 어려우므로, 심판대상조항을 대체하여 입법목적을 동일하게 달성하면서도 덜 침익적인 다른 수단이 있다고 보기 어렵다(헌법재판소 2021. 7. 15. 선고 2021헌마88 결정).

(2) 징벌적 손해배상을 통해 형벌을 대체하는 위하력과 예방효과를 달성할 수 있는 입법례와 달리 우리나라의 경우에는 징벌적 손해배상이 인정되지 않기 때문에 일반 민사상 손해배상이나 명예회복에 적당한 처분만으로는 형벌과 같은 위하

력과 예방효과를 확보하기 어렵다(헌법재판소 2021. 3. 25. 선고 2015헌바438 결정).

(3) 원고는 징벌적 손해배상으로 실제 원고가 입은 손해인 305,064,000원의 3배에 해당하는 손해배상금 915,192,000원의 지급을 구하나, 하도급거래 공정화에 관한 법률 제35조 제2항의 취지가 이익탈취적 불법행위에 대하여 그 행위의 경제적 유인을 제거함으로써 해당 불공정행위가 관행화되는 것을 방지하고 가중된 배상액을 통하여 잠재적 불공정행위를 예방적으로 억제 하고자 함에 있는 점, 반면 피고도 당시 조선업계에 불어 닥친 수주절벽과 구조조정 등으로 상당히 어려움에 처한 상황에서 위와 같은 단가 인하에 이른 것으로 보이는 사정 등을 비롯하여 앞에서 인정한 사실관계에 나타난 바와 같은 원고와 피고 사이의 거래 경위, 기간 및 규모, 거래 단가의 결정 경위 및 단가의 적정성, 원고의 피해 규모 및 피고가 취득한 경제적 이익, 공정거래위원회의 심의 경위와 결과 등을 종합하여 보면, 피고가 원고에게 배상하여야 할 손해액은 5억 원[49]으로 정함이 타당하다(울산지방법원 2020. 10. 28. 선고 2018가합26457 판결).

3. 징벌적 손해배상을 인용한 최근의 판례

최근, 법원이 항소심에서 대기업인 한화가 중소기업의 기술을 빼돌렸다며 징벌적 손해배상을 하라는 판결을 내렸다.[50] 아직 대법원의 최종 판단이 남아 있지만 기술 유용과 관련해 기업에 징벌적 손해배상이 적용된 첫 사례로서 기술유용 배상액에 대해 두 배의 징벌적 배상을 적용하였다. 이전까진 하도급 납품대금 부당결정에 대해 징벌적 배상액 1.64배를 인정한 경우가 최대 적용 사례였다.

4. 소 결

징벌적 손해배상제도는 영미계 국가에 알맞게 고안되어진 제도이며, 대륙법계인 우리나라가 이를 당연히 받아들이는 것은 오랫동안 논의의 대상이 되어왔다. 하지만, 이미 개별법령에 징벌적 손해배상제도가 다수 도입되어 왔으며, 중대재해처벌법에도 손해배상의 특칙으로 도입되기에 이르렀다.

다만, 이를 법에 도입한 이상 입법의 취지를 잘 살려 징벌적 손해배상제도를 적절히 운용하는 것은 또 다른 문제로서 시행되지 얼마 되지 않아 이미 개정안이

49) 원고가 입은 손해의 2배까지는 되지 않음.
50) 서울고등법원 2021. 12. 23 선고 2020나2032402 판결.

발의된 상태이다.

앞서 살펴본 판례의 추세를 보아도 징벌적 손해배상을 인정하는데 소극적이었던 판결에서 점차 적극적인 방향으로 나아가는 것으로 보인다. 우리는 시대적 추세인 징벌적 손해배상 제도를 운영하는데 있어 피해자 보호와 행위자에 대한 징벌이라는 목적을 적절히 달성하기 위해 징벌적 손해배상제도의 구성 요건, 적용범위, 적용 조건 등 좀 더 많은 연구와 논의를 거쳐 합리적인 방식으로 재해석하는 과정이 필요하다.

Ⅵ. 마치며

여러 개별 법령에서 징벌적 손해배상제도를 도입하고 있는 상황에서 법원이 미국 법원의 징벌적 손해배상 판결을 승인하는데 소극적이었던 점이나 징벌적 손해배상판결을 함에 있어 손해액을 3배수를 정하고 있는 법령이 많음에도 판시에 있어 2배수까지 인정한 판시조차 찾아보기 어려운 점 등 법원은 그동안 징벌적 손해배상제도에 대해 매우 소극적인 자세를 보여왔다. 하지만 외국의 징벌적 손해배상 판결을 승인한 최근 대법원 판결이나 최근 항소심에서 기술유용배상액에 대한 징벌적 손해배상 판결에서 두 배의 배상액을 인정하는 판시의 추세로 볼 때, 향후 징벌적 손해배상제도가 좀 더 적극적으로 운용될 수 있을 것으로 기대한다.

제5장

중대산업재해

제1절

안전보건확보의무

안한열*

Ⅰ. 사업주와 경영책임자등의 안전 및 보건 확보의무

1.「중대재해처벌 등에 관한 법률」 제4조 제1항 제1호

「중대재해처벌 등에 관한 법률」(이하 "본법") 제4조는 아래와 같이 사업주와 경영책임자등에게 개인사업주나 법인 또는 기관이 실질적으로 지배·운영·관리하는 사업 또는 사업장에서 일하는 모든 종사자[1]에 대하여 제1항 제1호 내지 제4호에 규정하는 각각의 '조치'를 할 의무를 부과하며, 제2항에서는 제1항 제1호 및 제4호의 조치에 관한 구체적인 사항을 대통령령으로 정하도록 하고 있다.

> **중대재해처벌법**
> 제4조(사업주와 경영책임자등의 안전 및 보건 확보의무)
> ① 사업주 또는 경영책임자등은 사업주나 법인 또는 기관이 실질적으로 지배·운영·관리하는 사업 또는 사업장에서 종사자의 안전·보건상 유해 또는 위험을 방지하기 위하여 그 사업 또는 사업장의 특성 및 규모 등을 고려하여 다음 각 호에 따른 조치를 하여야 한다.
> 1. 재해예방에 필요한 인력 및 예산 등 안전보건관리체계의 구축 및 그 이행에 관한 조치
> 2. 재해 발생 시 재발방지 대책의 수립 및 그 이행에 관한 조치

---

* 安漢烈, ASML Korea 변호사, hanyul.ahn@gmail.com.

1) 김·장 법률사무소 중대재해대응팀, 중대재해처벌법, 박영사(2022), 54면.
'중대재해처벌법은 중대산업재해와 관련하여 개인사업주 또는 경영책임자등이 부담하는 안전 및 보건 확보의무의 인적 범위에 '종사자'라는 개념을 도입함으로써 기본적으로 근로자를 대상으로 하는 산업안전보건법에 비하여 그 범위를 확장하였다.'

> 3. 중앙행정기관·지방자치단체가 관계 법령에 따라 개선, 시정 등을 명한 사항의 이행에 관한 조치
> 4. 안전·보건 관계 법령에 따른 의무이행에 필요한 관리상의 조치
> ② 제1항 제1호·제4호의 조치에 관한 구체적인 사항은 대통령령으로 정한다.

그중 본법 제4조 제1항 제1호에서는 '재해예방에 필요한 인력 및 예산 등 안전보건관리체계의 구축 및 그 이행에 관한 조치'를 정하고 있으며, 본법 시행령(이하 "시행령") 제4조는 아래와 같이 구체적인 조치를 정하고 있다.

2. 시행령 제4조

시행령 제4조[2]는 i) 안전 및 보건에 관한 목표와 경영방침(1호), ii) 안전·보건에 관한 업무를 총괄·관리하는 전담 조직(2호), iii) 유해위험요인의 확인 및 개선에 관한 업무절차(3호), iv) 재해예방에 필요한 예산의 편성 및 집행(4호), v) 안전보건관리책임자등의 업무 수행을 위한 조치(5호), vi) 산업안전보건법상 안전관리자, 보건관리자 등의 배치(6호), vii) 종사자의 의견 청취 절차(7호), viii) 매뉴얼의 마련 및 준수와 점검(8호), ix) 도급 등의 경우 종사자의 안전 및 보건 확보 조치(9호) 등을 정하고 있다.

한편, 안전보건관리체계의 구축 및 그 이행에 관한 조치에 필요한 '예산'과 관련하여, 시행령 제4조 제4호는 i) 재해 예방을 위해 필요한 안전보건에 관한 인력, 시설 및 장비의 구비, ii) 제4조 제3호에서 정한 유해·위험요인의 개선, iii) 그 밖에 안전보건관리체계 구축 등을 위해 필요한 사항으로서 고용노동부장관이 정하여 고시하는 사항을 이행하는 데 필요한 예산을 편성하고 그 용도에 맞게 집행하도록 하고 있으며, 시행령 제4조 제5호 가목은 안전보건관리책임자, 관리감독자 및 안전보건관리책임자가 각각의 업무를 각 사업장에서 충실히 수행할 수 있도록 안전보건관리책임자등에게 해당 업무 수행에 필요한 권한과 예산을 줄 것을 정하고 있다.

---

2) 위의 글, 58면.
"기본적으로 시행령 내용은 중대산업재해 예방과 관련된 조문 위주로 구성되어 있어 중대재해 예방 측면에서는 의미가 있으나, 형사처벌 규정의 구성요건으로서 역할을 하기에는 불명확한 규정이 사용되어 있는 등 실제 형사처벌에 있어서는 한계가 있을 것으로 예상된다."

Ⅱ. 안전 및 보건 확보의무의 의의

1. 「산업안전보건법」상 안전보건조치의무와의 구분

「산업안전보건법」(이하 "산안법") 제38조가 '안전조치'라는 용어를 사용하고, 산안법 제39조가 '보건조치'라는 용어를 사용하는 것과 달리 본법은 '안전확보의무 및 보건확보의무'라는 용어[3]를 사용하는바, 본법이 산안법과 다른 용어를 사용하는 것은 개인사업주나 경영책임자등이 부담하는 의무의 내용이 다르기 때문이다. 산안법에서 규정하는 안전보건조치의무는 안전 및 보건에 관한 기술적 또는 행정적 조치의무로서 필요한 구체적·직접적 조치의무인 반면, 본법 제4조에서 정하는 4개의 안전 및 보건 확보의무는 안전 및 보건에 관한 구체적이고 직접적인 의무라기 보다는 사업을 경영할 때 항상 고려하여야 하는 안전보건경영에 관한 관리의무를 정한 것이다.[4]

2. 안전 및 보건 확보의무의 법적 지위

본법 제6조는 개인사업주 또는 경영책임자등을 처벌하는 구성요건으로 동법 제4조 및 제4조를 준용하는 동법 제5조의 위반을 규정하고 있어 본법 제4조를 명확히 살펴볼 필요가 있다.

그런데 본법 제4조의 안전 및 보건 확보의무는 산안법에서 정하고 있는 구체적이고 직접적인 안전보건조치의무의 내용보다 추상적이고 일반적인 내용으로, 향후 중대산업재해 발생에 따른 형사책임을 다루는 개별 사건에서는 제4조의 안전 및 보건 확보의무를 이행하였는지가 쟁점이 될 여지가 높으며, 안전 및 보건 확보의무의 불이행 또는 불완전 이행과 당해 중대산업재해 발생 사이에 직접적 인과관계의 존재를 요구하는 경우 개별 안전 및 보건 확보의무의 이행을 구성하는 구체적인 시행 내용 또한 쟁점이 될 것이다.[5]

---

3) 본법 제1조는 '안전 및 보건 확보의무'가 아니라 '안전보건 조치의무'라는 용어를 사용하고 있으며, 안전 및 보건 확보의무의 내용을 규정한 제4조는 "조치"라는 용어를 사용한다.

4) 전형배(대표집필: 권창영), 「온주 중대재해처벌등에관한법률」, 중대재해처벌등에관한법률 제4조, 2022, 1-2면.

5) 위의 글, 2면.

가. 주 체

본법 제4조는 사업주 또는 경영책임자등을 의무 부담의 주체로 규정하고 있는데 제3조에서 적용범위를 정하면서 사업주의 의미를 개인사업주에 한정한다고 정하고 있으므로 제4조에서 정한 사업주란 법인 사업주를 제외한 개인사업주가 될 것이며, 사업주 또는 개인사업주, 그리고 경영책임자등의 의미는 본법 제2조 제8호 및 제9호에서 정의하고 있다.[6]

나. 보호내용

안전 및 보건에 관한 정의는 본법에서 직접 정하고 있지 않고, 산안법에서도 명확한 정의 규정은 없으나, 본법 제4조의 안전과 보건의 의미를 산안법에서 사용하는 의미와 사실상 동일한 것으로 이해한다면, i) 보건이란 사고 등의 급격한 사건이 개재되지 않은 신체의 완전성 훼손을 의미하고, ii) 안전이란 사고 등의 급격한 사건이 개재된 신체의 완전성 훼손이라고 이해할 수 있다.[7]

다. 실질적으로 지배·운영·관리하는 사업 또는 사업장

'실질적 지배·운영·관리'와 관련하여 고용노동부는 하나의 사업 목적 아래 해당 사업 또는 사업장의 조직, 인력, 예산 등에 관한 결정을 총괄하여 행사하는 경우 실질적 지배·운영·관리를 인정한다.[8] 본법은 물적 범위와 관련하여 '실질적 지배·운영·관리하는 사업 또는 사업장'이라고 규정하여 기본적으로 사업장을 대상으로 하는 산안법에 비하여 그 범위를 확장하였다.[9]

그런데 '실질적 지배·운영·관리'의 해석은 본법 제4조 뿐만 아니라 제5조와 같이 제3자에게 도급, 용역, 위탁 등을 준 때와 관련하여도 의미가 있을 것이다.

3. 본법상 "안전보건관리체계"의 의미

본법은 "안전보건관리체계"의 구축과 이행에 관한 조치를 정하고 있는 반면, 산안법은 "안전보건관리체제"[10]라는 용어를 사용한다.

---

6) 위의 글, 3면.
7) 위의 글, 3-4면.
8) 고용노동부, 중대재해처벌법 해설(최종본) - 중대산업재해 관련 -, 2021. 11., 41면.
9) 김·장 법률사무소 중대재해대응팀(2022), 앞의 책, 54면.
10) 산안법 제2장은 제목을 "안전보건관리체제 등", 제1절은 제목을 "안전보건관리체제"로 하고 있다.

그런데 산안법에서 사용하는 "안전보건관리체제"는 사업장 안전보건의 관리에 필요한 조직(organization)을 의미하는 반면, 본법에서 사용하는 "안전보건관리체계"는 사업주가 산업재해를 예방하기 위해 사업장의 유해위험 요인을 사전에 평가하여 그 위험의 내용과 정도에 따라 적절한 조치를 하는 등 사업장의 안전과 보건의 유지개선을 하는 일련의 관리 또는 경영 체계를 의미하는 점에서 양자는 그 의미가 다르다.[11]

Ⅲ. 재해예방에 필요한 안전보건관리체계의 구축 및 이행조치

1. 안전 및 보건에 관한 목표와 경영방침 설정

시행령

제4조(안전보건관리체계의 구축 및 이행 조치)

법 제4조 제1항 제1호에 따른 조치의 구체적인 사항은 다음 각 호와 같다.

1. 사업 또는 사업장의 안전보건에 관한 목표와 경영방침을 설정할 것

시행령 제4조 제1호에 의하면 개인사업주 및 경영책임자등은 사업 또는 사업장의 안전보건에 관한 '목표'와 '경영방침'을 설정해야 한다.

산안법 제14조는 대표이사의 안전 및 보건에 관한 계획에 관하여 정하고 있으며, 동법 시행령 제13조 제2항은 안전 및 보건에 관한 계획에 포함되는 내용으로 i) 안전 및 보건에 관한 경영방침, ii) 안전보건관리 조직의 구성인원 및 역할, iii) 안전보건 관련 예산 및 시설 현황, iv) 안전 및 보건에 관한 전년도 활동 실적 및 다음연도 활동계획을 정하고 있는바, 본법상 안전보건에 관한 '목표'와 '경영방침'은 산안법 제14조가 정하는 대표이사의 '안전보건 계획'과 상당 부분 중첩된다고 볼 수 있을 것이다.[12][13]

11) 전형배(2022), 앞의 글, 6면.
"산안법 제2장 제1절 이하의 조항을 살펴보면 이사회(제14조), 안전보건관리책임자(제15조), 관리감독자(제16조), 안전관리자(제17조), 보건관리자(제18조), 안전보건관리담당자(제19조), 안전보건관리전문기관(제21조), 산업보건의(제22조), 산업안전보건위원회(제24조) 등 모두 사업장 안전보건관리를 위하여 필요한 조직 및 그 역할에 관하여 규정하고 있다."

12) 권오성, 중대재해처벌법의 체계, 도서출판 새빛(2022), 120면.

13) 정진우, "중대재해처벌법", 중앙경제(2022), 129-130면.
'시행령 제4조 제1호는 사업(회사) 또는 각 사업장의 안전보건에 관한 경영방침뿐만 아니라 목표도 설정하도록 규정하고 있는 반면, 산안법 시행령 제13조 제2항 제1호는 회사의 안전보건에 관한 경영방침만을 포함하여 수립하도록 규정하고 있으나, 양 법의 시행령 간의 의무이행의 내용이 상반

그러나 산안법에 따라 대표이사가 수립하고 보고하는 안전 및 보건에 관한 계획은 매년 사업장의 상황을 고려한 안전보건에 관한 '구체적'인 경영계획의 성격이 강한 반면, 본법 제4조 제1항에서 규정하는 안전보건에 관한 '목표'와 '경영방침'은 보다 '일반적이고 추상적'인 성격을 갖는바,[14] 반복적인 재해 등을 방지하기 위한 구체적인 대책 방안은 본법상 목표 및 경영방침 보다는 산안법상 안전 및 보건에 관한 계획에 반영하는 것이 적절할 것으로 보인다.

2021. 1. 1.부터 개정 산안법이 시행됨에 따라 상법 제170조에 따른 주식회사 중 상시근로자 500명 이상을 사용하는 회사와 시공능력 순위 1,000위 이내의 건설회사 대표이사는 매년 안전보건 계획을 수립하고 이를 이사회에 보고하고 승인을 얻어야 한다.[15]

한편, 안전보건목표와 경영방침의 내용은 전담 조직의 설치, 인력의 배치, 안전보건평가, 종사자 의견청취절차, 긴급대응 매뉴얼, 수급인의 관리 등으로 구체화되고, 그 내용에 따라 지원되는 예산의 편성 및 집행으로 그 이행이 확인될 수 있는바, 시행령 제4조 제1호의 내용은 제2호 내지 제9호의 내용들과 비교할 때 그 이행 여부를 판단하기가 실무상 곤란할 수 있다.[16]

고용노동부는 반복적인 재해 등에도 불구하고 이를 예방하기 위한 경영차원의 노력이나 구체적인 대책 등을 반영한 목표나 경영방침을 수립하지 아니한 경우에는 안전 및 보건을 확보하기 위한 수단으로서의 목표나 경영방침 수립을 명백히 해태한 것으로 볼 수 있다고 해석한다.[17] 다만, 본법 시행령 제4조 제1호가 개인사업주 또는 경영책임자등에게 요구하는 것은 '목표'와 '경영방침'의 설정이지 목표나 경영방침의 이행이 아니므로, 수립한 안전 및 보건에 관한 목표 내용을 구체적으로 달성하지 못하였다고 하여 제1호의 의무를 불이행하였다고 획일적으로 판단할 수는 없을 것이다.[18]

되는 것은 아니기 때문에, 산안법 제14조를 이유로 본법상 이에 준하는 자에게 업무와 권한을 위임하는 것 자체를 부정할 수는 없다.'

14) 전형배, "중대재해처벌법상의 해석상 쟁점", 노동법포럼 제34호, 노동법이론실무학회, 2021, 279면.
15) 김·장 법률사무소 중대재해대응팀(2022), 앞의 책, 61면.
16) 전형배(2022), 앞의 글, 8면.
17) 고용노동부(2021), 앞의 글, 46면.
18) 전형배(2022), 앞의 글, 9-10면.

2. 안전보건에 관한 업무를 총괄·관리하는 전담 조직

시행령

제4조(안전보건관리체계의 구축 및 이행 조치)

법 제4조 제1항 제1호에 따른 조치의 구체적인 사항은 다음 각 호와 같다.

2. 산안법 제17조부터 제19조까지 및 제22조에 따라 두어야 하는 인력이 총 3명 이상이고 다음 각 목의 어느 하나에 해당하는 사업 또는 사업장인 경우에는 안전·보건에 관한 업무를 총괄관리하는 전담 조직을 둘 것. 이 경우 나목에 해당하지 않던 건설업자가 나목에 해당하게 된 경우에는 공시한 연도의 다음 연도 1월 1일까지 해당 조직을 두어야 한다.
   가. 상시근로자 수가 500명 이상인 사업 또는 사업장
   나. 「건설산업기본법」 제8조 및 같은 법 시행령 별표 1에 따른 토목건축공사업에 대해 같은 법 제23조에 따라 평가하여 공시된 시공능력의 순위가 상위 200위 이내인 건설사업자

가. 의 의

본법은 일정한 사업 또는 사업주에게 일반적인 산안법상 의무를 넘어 일정한 사업 또는 사업주에게 일반적인 산안법상 의무를 넘어 안전 및 보건에 관한 업무를 총괄·관리하는 '전담 조직'의 설치라는 별도의 의무를 부과하고 있다. 구체적으로 시행령 제4조 제2호에 의하면 ii) 상시 근로자 수가 500명 이상인 사업 또는 사업장(가목)과 ii) 건설산업기본법 제8조 및 동법 시행령 별표 1에 따른 토목건축공사업[19]에 대해 같은 법 제23조에 따라 평가하여 공시된 시공능력의 순위가 상위 200위 이내인 건설사업자(나목)[20] 등의 경우 안전 및 보건에 관한 업무를 총괄·관리하는 '전담 조직'을 설치해야 한다.[21]

본법이 일정 규모 이상의 사업 또는 사업장에 안전 및 보건을 총괄하는 전담

---

19) 「건설산업기본법」 제8조 및 동법 시행령 별표 1에 따른 토목건축공사업이 아닌 사업을 영위하는 사업 또는 사업장은 상시 근로자 수가 500명 이상이면 전담 조직을 설치하여야 한다.

20) 권오성(2022), 앞의 책, 121면.
"이에 해당하지 않은 사업자가 추후 이에 해당하게 되는 경우에는 공사한 연도의 다음 연도 1월 1일까지 전담 조직을 두어야 한다."

21) 김·장 법률사무소 중대재해대응팀(2022), 앞의 책, 65면.
'시랭령 제4조 제2호에서는 '안전·보건에 관한 업무를 총괄·관리하는 전담 조직'의 설치를 의무로 규정하고 있으나, 구체적인 내용에 관하여는 아무런 규정이 없다. 위 전담 조직이 안전보건에 관한 업무를 총괄·관리한다고 규정하고 있을 뿐 조직의 구성이나 인원, 구체적인 역할, 산안법상 안전보건관리체제와의 관계 등에 대해서는 전적으로 해석에 맡기고 있다.'

조직을 두도록 한 이유는 일관되고 체계적이며 지속적인 안전보건경영을 할 수 있는 전문화된 기구가 필요하기 때문이다.[22)]

나. 3명 이상의 산업안전보건 인력을 두어야 하는 사업 또는 사업장

'전담 조직'을 두어야 하는 사업 또는 사업장은 3명 이상의 산업안전보건 인력을 두어야 하는 사업장[23)]인바, 각 산업안전보건 인력을 두어야 하는 사업 또는 사업장의 기준은 산안법에서 정하고 있으며[24)], 법의 적용 단위를 각 사업장이 아닌 전체 사업을 기준으로 설정한다면 산업안전보건 인력의 총수를 산정하는 단위도 사업 전체를 기준으로 하여야 할 것이다.[25)] 고용노동부는 전담조직은 사업장이 여러 곳에 분산되어 있는 경우 사업장 단위로 선임되어 있는 산안법상 안전관리자, 보건관리자 등과는 별개의 조직이므로 사업장 별로 전담조직을 설치하여야 한다고 하나,[26)] 법령상 사업장의 안전보건조직이 안전보건전담조직을 겸임할 수 없다는 제한 규정이 없고, 각 사업장별로 선임되어 있는 이러한 조직이 다른 업무를 겸하지 않고 안전보건에 관한 업무만을 수행한다면 전담조직을 둔 것으로 볼 수 있을 것이라고 한다.[27)]

한편, 산안법 시행규칙 제10조는 안전관리자 및 보건관리자를 두어야 할 수급인인 사업주는 산업안전보건법 시행령 제16조 제5항 및 제20조 제3항에 따라 도급인인 사업주가 ① 도급인인 사업주 자신이 선임해야 할 안전관리자 및 보건관리자를 두고, ② 안전관리자 및 보건관리자를 두어야 할 수급인인 사업주의 사업의 종류별로 상시 근로자 수를 합계하여 그 상시 근로자 수에 해당하는 안전관리자 및 보건관리자를 추가로 선임한 경우에는 안전관리자 및 보건관리자를 선임하지 않을 수 있다.[28)] 그리고 사업이 도급으로 수행되는 경우에도 도급인 사업주와

---

22) 전형배(2022), 앞의 글, 9면.

23) 따라서 산안법령에 따라 안전보건 인력을 두어야 할 의무가 없는 사업 또는 사업장은 전담 조직을 두어야 할 의무가 없을 것이다.

24) 안전관리자(산안법 제17조)에 관하여 산안법 시행령 제16조 제1항 별표 3에 구체화 되어 있으며, 보건관리자(산안법 제18조)에 관하여 산안법 시행령 제19조 제2항에서 정하고 있으며, 산업안전보건의에 관하여는 산안법 제22조에서 정하고 있다.

25) 전형배(2022), 앞의 글, 10면.

26) 고용노동부(2021), 앞의 글, 48면.

27) 김·장 법률사무소 중대재해대응팀(2022), 앞의 책, 70면.

28) "도급인의 사업장에서 이루어지는 도급사업에서 도급인이 그 사업의 관계수급인 근로자에 대한 안전관리를 전담하는 안전관리자를 선임한 경우에는 그 사업의 관계수급인은 해당 도급사업에 대한 안전관리자를 선임하지 않을 수 있다. 그러나 관계수급인이 실제로 위 규정에 따라 안전관리자를 선임하지 않았더라도 중대재해처벌법상 안전 전담 조직을 설치하는 요건인 안전관리자 등 전문 인

수급인 사업주는 모두 노무를 제공하는 사람에 대하여 각자 안전보건조치를 취해야 할 의무가 있고, 각 개인사업주 또는 경영책임자등은 각자 사업 수행에 요구되는 안전보건경영의무가 있으므로 전담 조직의 설치는 도급인과 수급인 사업주별로 독립적으로 검토하여야 한다.[29]

고용노동부는 산안법에서 정한 수급인 사업주의 안전관리자 및 보건관리자 선임의무 면제 규정이 있더라도 수급인 사업주의 안전관리자 배치 의무 자체가 없어지는 것은 아니므로 수급인 사업주도 법이 정한 요건을 충족하는 경우 전담 조직을 두어야 한다고 한다.[30] 사업이 도급으로 수행되더라도 도급인 사업주와 수급인 사업주는 모두 노무를 제공하는 사람에 대하여 각자 안전보건조치를 취하여야 할 의무를 부담하고, 각 개인사업주 또는 경영책임자등은 각자 사업 수행에 요구되는 안전보건경영의무가 있으므로 전담 조직의 설치는 도급인과 수급인 사업주별로 독립적으로 검토하여야 한다.[31]

다. 「건설산업기본법」 제8조 및 동법 시행령 별표 1에 따른 토목건축공사업

「건설산업기본법」 제8조 제2항은 건설업의 구체적인 종류 및 업무범위 등에 관하여 동법 시행령에 위임하는데, 동법 시행령 제7조 별표 1에 의하면, 건설업은 크게 종합공사를 시공하는 업종과 전문공사를 시공하는 업종으로 나뉘며, 그 중 종합공사를 시공하는 업종 중 토목건축공사업은 종합적인 계획관리 및 조정에 따라 토목공작물을 설치하거나 토지를 조성·개량하는 공사이고, 건축공사업은 종합적인 계획·관리 및 조정에 따라 토지에 정착하는 공작물 중 지붕과 기둥(또는 벽)이 있는 것과 이에 부수되는 시설물을 건설하는 공사이다.[32]

위 토목건축공사업 중 「건설산업기본법」 제23조에 따라 평가하여 공시된 시공능력의 순위가 상위 200위 이내인 건설사업자에만 전담 조직을 설치할 의무가 있다. 시공능력 순위가 상위 200위가 되지 않는 건설사업자라도 건설사의 상시 근로자 수가 500명 이상인 경우에는 전담 조직을 두어야 하는데,[33] 실무상 공사 대

력이 3인 이상인지 여부를 판단함에 있어서는 이를 고려하지 않고 원래 선임하여야 하는 안전관리자를 포함하여 3인 이상인지 여부를 판단하여야 한다."[김·장 법률사무소 중대재해대응팀(2022), 앞의 책, 67면].

29) 앞의 글, 10면.
30) 고용노동부(2021), 앞의 글, 51면.
31) 전형배(2022), 앞의 글, 11면.
32) 위의 글, 11면.
33) 고용노동부(2021), 앞의 글, 52면.

부분을 전문공사업을 하는 수급인에게 도급을 주어 시공하므로 이에 해당하는 경우는 드물 것이라고 한다.[34)]

라. 전담 조직의 설치

안전·보건에 관한 업무를 총괄·관리하는 전담 조직은 사업 또는 사업장의 안전보건관리체계를 관리·감독하는 등 개인사업주 또는 경영책임자등을 보좌하고 개인사업주나 법인 또는 기관의 안전·보건에 관한 컨트롤 타워로서의 역할을 하는 조직을 의미한다.[35)]

이러한 전담 조직은 최소 2명 이상으로 구성하되, 해당 기업의 모든 사업장의 특성, 유해·위험요인, 규모 등을 고려하여 안전 및 보건에 관한 업무를 총괄·관리하기에 충분한 인원으로 구성해야 한다.[36)] 한편, 사업장이 여러 개인 경우 산안법에 따라 각 사업장에 두어야 하는 안전관리자 등과 본법상 전담 조직 구성원은 그 의무와 역할이 다르므로 전담 조직은 안전관리자 등과는 별도의 인력으로 구성해야 한다.[37)] 다만, 하나의 사업장만 있는 경우에는 안전관리자 등 전문인력을 전담 조직의 구성원으로 포함할 수는 있으나, 그 전문인력이 본법상 안전보건관리체계의 구축 등 전담 조직의 업무를 수행하더라도, 이로 인해 본래의 업무인 산안법상 직무를 소홀히 하여 현장의 안전보건관리에 지장을 초래하지 않도록 전담 조직을 구성 및 운영해야 한다.[38)]

전담 조직이 사업 전체의 안전·보건에 관한 업무를 총괄·관리하여야 하므로 사업 내 모든 사업장을 총괄·관리할 수 있도록 기업의 조직도에 배치하여야 할 것이며, 따라서 개별 사업장 단위인 공장 등에 전담 조직을 설치하고 해당 공장 등의 안전·보건 업무만 전담하는 경우에는 본법상 전담 조직으로 평가받지 못할 수 있다.[39)]

한편, '전담' 조직이라는 문언상 그 조직은 안전·보건에 관한 업무만을 전적으

---

34) 전형배(2022), 앞의 글, 11-12면.
35) 고용노동부(2021), 앞의 글, 47면.
36) 고용노동부, 중대재해처벌법령 FAQ - 중대산업재해 부문, 2022, 26면.
37) 위의 글, 26면.
38) 위의 글, 28면.
39) 김·장 법률사무소 중대재해대응팀(2022), 앞의 책, 69면.
"다만, 기업의 특성상 본사가 아닌 특정 공장을 중심으로 안전보건 관련 이슈가 집중되어 있는 등의 사정으로 전담 조직을 특정 공장에 설치할 필요가 있다고 판단되는 경우 해당 공장에 조직을 설치하고 전사적인 안전·보건 업무를 총괄하는 것도 가능하다고 보아야 한다."

로 수행하여야 하며 안전·보건과 무관하거나 생산관리, 일반행정 등 안전·보건과 목표의 상충이 일어날 수 있는 업무를 함께 수행하여서는 아니 될 것이다.[40)]

3. 유해·위험요인의 확인 및 개선에 관한 업무절차 마련 및 점검

시행령

제4조(안전보건관리체계의 구축 및 이행 조치)

법 제4조 제1항 제1호에 따른 조치의 구체적인 사항은 다음 각 호와 같다.

3. 사업 또는 사업장의 특성에 따른 유해·위험요인을 확인하여 개선하는 업무절차를 마련하고, 해당 업무절차에 따라 유해·위험요인의 확인 및 개선이 이루어지는지를 반기 1회 이상 점검한 후 필요한 조치를 할 것. 다만, 「산업안전보건법」 제36조에 따른 위험성 평가[41)]를 하는 절차를 마련하고, 그 절차에 따라 위험성 평가를 직접 실시하거나 실시하도록 하여 결과를 보고받은 경우에는 해당 업무절차에 따라 유해·위험요인의 확인 및 개선에 대한 점검을 한 것으로 본다.

가. 의 의

개인사업주 또는 경영책임자등은 사업 또는 사업자의 특성에 따른 유해·위험요인의 확인 및 개선에 관한 업무절차를 마련하여야 한다(시행령 제4조 제3호).

업무절차의 수립 시 해당 평가 작업에서 실제 노무를 제공하는 종사자를 참여시켜 실태를 파악하고 평가하는 것이 중요하다. 이러한 종사자의 참여는 i) 해당 작업의 유해·위험요인을 찾을 때, ii) 평가결과에 따라 유해·위험성 감소대책을 수립할 때, iii) 평가 결과에 따른 감소대책의 이행 여부를 확인할 때 모두 고려하여야 한다. 산안법 제36조 제2항은 작업장의 근로자 참여만을 규정하나 법은 그 보호 대상을 넓게 정하고 있으므로 시행령에 따른 유해·위험요인평가를 할 때에는 해당 작업에서 노무를 제공하는 종사자를 참여시켜야 한다.[42)]

---

40) 정진우(2022), 앞의 책, 141면.
"유사한 업무라고 생각되는 환경, 보안 등의 업무도 이 전담 조직에서 담당해서는 안됨에 유의할 필요가 있다."

41) 전형배(2022), 앞의 글, 16-17면.
'유해·위험요인 평가와 위험성 평가는 본질적으로 동일한 것이나 시행령은 원칙적으로 유해·위험요인 평가를 실시하되 위험성평가로 이를 갈음할 수 있도록 규정하고 있으므로 양자가 반드시 일치하지 않을 수 있다. … 유해·위험요인 평가는 위험성 평가보다 다루는 유해·위험요인의 범위와 종류가 넓고 많다고 할 수 있다.'

42) 위의 글, 15면.
"사업 또는 사업장에 노동조합이 설립되어 있거나 근로자대표가 선출되어 있다면 노동조합의 대표자나 근로자대표의 참여 또는 그들이 지명하는 사람의 참여를 적극적으로 고려하는 것이 충분하고 실무상 전담 조직에서 관련 업무절차를 수립하여 개인사업주나 경영책임자등에게 보고하는 방식을 취하게 되는데 개인사업주 또는 경영책임자등은 업무 절차에 관한 보고 내용에 위와 같은 사항이 반영되어 있는지 살펴보아야 한다.[43)]

한편, 산안법 제36조에 따른 위험성 평가 제도를 도입하고 해당 절차에 따라 위험성 평가를 실시하고, 개인사업주 또는 경영책임자등이 그 결과를 보고받는 경우에는 개선 절차 마련 및 점검을 반기 1회씩 연 2회 모두 실시한 것으로 간주할 수 있다.[44)]

종래 산안법 위반 사건에서 대표이사 등이 사업장에서의 구체적인 유해·위험요인에 대한 인식이 없었다는 이유 등을 들어 산안법 위반에 대한 고의가 부정되는 판결 등이 존재하였으나, 본법 시행으로 실제 사건에서 위와 같은 주장을 하는 경우 본법상 경영책임자등의 유해·위험요인의 확인 및 개선에 관한 업무절차를 마련 등 의무를 위반한 것으로 평가받을 가능성이 높아 보이는바, 시행령 제4조 제3호는 안전보건관리체계 구축을 위한 가장 중요한 조항인 동시에 실제 수사나 재판에서도 쟁점이 될 가능성 또한 높다고 할 것이다.[45)]

나. 업무절차에 따른 이행점검 및 조치

개인사업주 또는 경영책임자등은 유해·위험요인 평가 절차에 따라 해당 업무가 충실히 이루어졌는지를 확인하고 실제 개선이 진행되는지를 반기 1회 이상 점검한 후 점검 결과에 따라 필요한 조치를 하여야 한다.[46)]

시행령은 이행점검의 주기를 반기 1회 이상으로 정하고 있는데, 이는 이행점검의 주기이지 유해·위험요인 평가의 주기가 아니며, 이행점검은 정기평가와 수시평가가 적절하게 이루어졌는지 적어도 반기 1회 이상 점검하라는 취지로 해석해야 한다.[47)]

그리고 본법에서 "점검한 후 필요한 조치를 할 것"이라고 정하고 있으므로, 유해·위험요인의 점검에 그칠 것이 아니라 작업방식을 변경하거나 유해·위험물질을 대체하는 등 유해·위험요인을 제거하고 통제하되, 유해·위험요인을 제거하고 통

실질적인 유해·위험요인 평가에 도움이 될 수 있다."

43) 위의 글, 15면.

44) 권오성(2022), 앞의 책, 152면.

45) 김·장 법률사무소 중대재해대응팀(2022), 앞의 책, 72-74면.

46) 고용노동부(2021), 위의 글, 53면.

47) 전형배(2022), 앞의 글, 15면.

제하는 것이 어려울 경우에는 작업중지를 하거나 개인에게 적절한 보호장구를 지급하는 등 조치를 하는 것이 모두 포함된다.[48]

앞서 본 바와 같이, 시행령 제4조 제3호는 실제 수사나 재판 과정에서 쟁점이 될 가능성이 높으므로 개인사업주 또는 경영책임자등은 유해·위험요인의 확인 및 개선 업무절차를 마련함과 동시에 실제 개선이 이루어지는지도 충실히 점검해야 할 것이며, 이행점검 및 그에 따른 조치사항에 관한 기록 또한 보관하여야 할 것이다.

4. 재해 예방에 필요한 예산의 편성 및 집행

시행령

제4조(안전보건관리체계의 구축 및 이행 조치)

법 제4조 제1항 제1호에 따른 조치의 구체적인 사항은 다음 각 호와 같다.

4. 다음 각 목의 사항을 이행하는데 필요한 예산을 편성하고 그 편성된 용도에 맞게 집행하도록 할 것
   가. 재해 예방을 위해 필요한 안전·보건에 관한 인력, 시설 및 장비의 구비
   나. 제3호에서 정한 유해위험요인의 개선
   다. 그 밖에 안전보건관리체계 구축 등을 위해 필요한 사항으로서 고용노동부장관이 정하여 고시하는 사항

가. 시행령 제4조 제4호에 따른 예산의 편성

시행령 제4조 제4호는 중대재해법 제4조 제1항 제1호에 따른 구체적인 이행 조치를 이행하는 데 필요한 예산을 편성하고 그 편성된 용도에 맞게 집행하도록 정하고 있다.

우선 재해 예방을 위해서는 i) 재해 예방에 필요한 유해·위험에 관한 인력, 시설 및 장비의 구비(시행령 제4조 제4호 가목), ii) 유해·위험요인의 개선(시행령 제4조 제4호 나목)이 불가결하며 이러한 인력, 시설 및 장비를 구비하기 위해서는 상당한 비용의 지출이 필요할 것인바, 시행령 제4조 제4호는 이를 위한 예산을 편성하고, 편성된 예산을 그 용도에 맞게 집행할 것을 개인사업주 또는 경영책임자등의 조치의무로 정하고 있으며, iii) 그 밖에도 안전보건관리체계 구축 등을 위해 필요한 사항으로서 고용노동부장관이 정하여 고시[49]하는 사항을 이행(시행령 제4

48) 고용노동부(2021), 앞의 글, 56면.
49) 김·장 법률사무소 중대재해대응팀(2022), 앞의 책, 77-78면.

조 제4호 다목)하는데 필요한 예산을 편성하고 그 편성된 용도에 맞게 집행하도록 개인사업주 또는 경영책임자등의 조치의무로 규정하고 있다.

우선 시행령 제4조 제4호 가목에서 '인력에 소요되는 예산'은 산안법에서 정하는 안전보건 인력(안전관리자, 보건관리자, 안전보건관리담당자, 산업보건의 등)의 채용 및 현장 배치에 소요되는 예산뿐만 아니라, 앞서 본 전담 조직을 구성하는 데 소요되는 인적 비용도 이에 포함될 것이며, 제3자에게 업무의 도급, 용역, 위탁 등을 한 경우에 필요한 안전·보건 확보의무를 포괄적으로 정하고 있으므로 이를 관리할 인력에 소요되는 예산도 고려되어야 할 것이다.

본법 제4조 제1항 제4호는 안전보건 관련 법령에 따른 의무의 이행을 요구하는데, 여기서 말하는 안전보건 법령에는 산안법령 이외에도 널리 사업 수행 시 적용될 수 있는 각종 안전보건법령이 포함될 것이므로 개별 법령에서 요구하는 인력 채용 시 소요되는 비용 역시 여기에 포함된다고 할 것이다. 고용노동부는 폐기물관리법 시행규칙 제16조의3 제2항 제3호 나목에서 규정한 3인 1조 작업에 소요되는 비용도 본 시행령에서 편성을 요구하는 예산에 해당한다고 한다.[50)]

다음으로 시행령 제4조 제4호 가목에서 '시설 및 장비'에 관한 예산의 경우 사업장의 유해·위험요인을 제거하거나 감소시키는데 필요한 시설 및 장비에 관한 것임이 분명하나, 구체적으로 어느 정도의 시설 및 장비를 구비하여야 할 것인지에 대해서는 해당 사업의 내용과 규모, 유해위험·요인의 정도, 해당 사업을 영위하는 회사의 경제여력 등 제반사정을 종합적으로 고려하여 결정하여야 할 것이다.

각 사업장에서는 연간 사업계획 수립 시 재해예방에 필요한 예산을 편성하여야 한다. 특히 500명 이상 또는 시공능력 순위 1,000위 이내의 건설회사는 산안법 제14조에 따른 '안전보건관리 계획'에 사업장에 필요한 안전보건관리 예산을 포함해야 한다.

나. 편성된 예산의 집행

이러한 예산의 편성과 집행 명세에는 시행령 제4조가 요구하는 각 사항이 어떻게 실현되고 있는지를 알 수 있도록 구성이 되어야 하고, 신빙성 있는 자료로

"'고용노동부장관의 고시'는 기존의 건설업의 경우 적용되는 산업안전보건법 제72조, 「건설업산업안전보건관리비 계상 및 사용기준(고용노동부고시 제2020-63)」에 따른 '산업안전보건관리비계상기준'이 재해예방을 위해 필요한 인력, 시설 및 장비의 구입에 필요한 예산의 기준이 될 수 있다."

50) 고용노동부(2021), 위의 글, 67면.

그 명세가 뒷받침 되어야 할 것이다.[51)]

편성된 예산이 재해 예방을 위하여 필요한 용도가 아닌 다른 용도로 사용되고 그로 인하여 중대산업재해가 발생할 경우 안전보건 확보의무를 제대로 이행하지 않은 것으로 평가될 수 있을 것이다.

다. 건설업 산업안전보건관리비

(1) 산안법 제72조 산업안전보건관리비의 의의

산안법 제72조에 의하면 건설공사발주자가 도급계약을 체결하거나 건설공사의 시공을 주도하여 총괄·관리하는 자(건설공사발주자로부터 건설공사를 최초로 도급받은 수급인은 제외한다)가 건설공사 사업 계획을 수립할 때에는 고용노동부장관이 정하여 고시하는 바에 따라 산업재해 예방을 위하여 사용하는 비용을 도급금액 또는 사업비에 계상하여야 하는데 이러한 비용을 산업안전보건관리비라 한다. 산재예방에 필요한 안전보건관리비는 사업주가 자율적으로 사업의 내용과 규모를 고려하여 자율적으로 결정할 사항이지만, 사망 등 중대재해가 건설업에서 상당수 발생하는 그간의 사정과 아울러 한 번의 사고로 큰 인명피해가 생길 수 있는 업종의 특성을 고려하여 도입된 제도로서, 본법에서 정한 안전보건 예산 편성과 유사한 제도이다.[52)]

발주자는 건설공사 과정에서 산업재해 예방을 위해 공사종류 및 규모에 따른 일정 금액을 도급금액에 별도로 계상하고, 시공자로 하여금 위 계상된 금액을 건설공사 과정에서의 안전관리자 인건비, 안전시설비 및 안전보건진단 등에 사용하도록 한다.[53)]

그 적용범위는 산안법 제2조 제11호에 따른 건설공사[54)] 중 총 공사금액 2천만원 이상인 공사이며, 다만, 일부 공사들[55)]의 경우 단가계약에 의하여 행하는 공사

51) 전형배(2022), 앞의 글, 18면.

52) 위의 글, 17-18면.
"안전보건관리비를 도급금액 또는 사업자에 계산하는 구체적인 기준은 '건설업 산업안전보건관리비 계상 및 사용기준(고용노동부고시 제2020-63호)'에 규정되어 있다."

53) 고용노동부 산업안전보건본부, 건설업 산업안전보건관리비 해설, 2022. 6., 3-4면.

54) 위의 글, 4면.
i) 「건설산업기본법」 제2조 제4호에 따른 건설공사, ii) 「전기공사업법」 제2조 제1호에 따른 전기공사, iii) 「정보통신공사업법」 제2조 제2호에 따른 정보통신공사, iv) 「소방시설공사업법」에 따른 소방시설공사, v) 「문화재수리 등에 관한 법률」에 따른 문화재수리공사.

55) 위의 글, 4면.
i) 「전기공사업법」 제2조에 따른 전기공사로서 저압·고압 또는 특별고압 작업으로 이루어지는 공

에 대하여는 총 계약금액을 기준으로 적용한다고 한다.

(2) 산업안전보건관리비의 계상

건설공사발주자 및 건설공사도급인은 산업안전보건관리비를 계상할 의무가 있는바(산안법 제72조), 발주자는 원가계산에 의한 예정가격 작성 시 산업안전보건관리비를 계상하여야 하고, 자기공사자는 원가계산에 의한 예정가격을 작성하거나 자체사업 계획을 수립하는 때에 계상하여야 하며, 그 대상액이 구분되지 않아 총 공사금액의 70%를 대상액으로 하여 산업안전보건관리비를 계상한 경우에는 추후 공사 시행 중 하도급 계약 등이 완료되어 대상액 구분이 가능하게 된 경우라도 산업안전보건관리비를 다시 계상할 필요가 없다.[56)]

산업안전보건관리비를 계상하지 아니하거나 계상한 금액이 필요 금액에 비하여 부족한 경우 건설공사도급인에게 법적 책임이 있는 것은 아니며, 그 경우 건설공사도급인은 발주자에게 계상 또는 재계상을 요구할 수 있다.[57)]

산업안전보건관리비 "대상액"은 그 산정의 기초가 되는 금액으로 공사내역의 구분 여부에 따라 대상액을 산정하여야 하는데, i) 공사내역이 구분되어 있는 경우 "대상액"은 원가계산에 의한 예정가격 작성기준에서 재료비(발주자가 재료를 제공할 경우에는 해당 재료비 또는 완제품의 가액을 포함한 금액)와 직접 노무비를 합한 금액을, ii) 공사내역이 구분되어 있지 않은 경우 총 공사금액의 70%에 해당하는 금액을 각 대상액으로 산정한다.[58)] 산업안전보건관리비는 아래 별표1[59)]의 공사종류 및 규모별 안전관리비 계상기준표에 따라 해당 공사종류에 비율을 곱하여 계상한다.

사, ii) 「정보통신공사업법」 제2조에 따른 정보통신공사.

56) 위의 글, 6-7면.

57) 위의 글, 6면.

58) 위의 글, 7-8면.

59) 위의 글, 10면.
"별표1에 따른 요율은 법정 최소금액을 규정한 것으로 발주자가 해당 건설공사의 위험도 등을 고려하여 최소기준 이상을 지급하더라도 법 위반이 아님"

[별표1] 공사 종류 및 규모별 안전보건관리비 계상기준표[60)]

구분 / 공사종류	대상액 5억원 미만인 경우 적용비율(%)	대상액 5억원 이상 50억원 미만인 경우		대상액 50억원 이상인 경우 적용비율(%)	영 별표5에 따른 보건관리자 선임 대상 건설공사의 적용비율(%)
		적용비율(%)	기초액		
일반건설공사(갑)	2.93%	1.86%	5,349,000원	1.97%	2.15%
일반건설공사(을)	3.09%	1.99%	5,499,000원	2.10%	2.29%
중건설공사	3.43%	2.35%	5,400,000원	2.44%	2.66%
철도 · 궤도신설공사	2.45%	1.57%	4,411,000원	1.66%	1.81%
특수및기타건설공사	1.85%	1.20%	3,250,000원	1.27%	1.38%

우선 공사내역이 구분되어 있는 경우 i) 산업안전보건관리비는 대상액(재료비+직접노무비)에 요율을 곱한 금액(대상액 5~50억 원 미만 공사의 경우 기초액까지 합산함)이며, ii) 발주자가 재료를 제공하거나 물품이 완제품의 형태로 제작 또는 납품되어 설치되는 경우 '해당 재료비 또는 완제품의 가액을 대상액에 포함시킬 때의 산업안전보건관리비'와 '해당 재료비 또는 완제품의 가액을 포함시키지 않은 때의 산업안전보건관리비'의 1.2배를 비교하여 작은 값 이상의 금액으로 계상한다.[61)]

다음으로 공사내역이 구분되어 있지 않은 경우 i) 총 공사금액(부가가치세 포함)의 70%에 요율을 곱한 금액으로 계상하되, ii) 공사내역이 구분되지 않으면서 완제품 또는 발주자 제공 재료가 포함된 경우 아래 중 작은 금액 이상으로 계상한다.[62)]

① {(총 공사금액×70%)}×요율+기초액(대상액이 5~50억 미만인 경우에 한함)
② [{(총 공사금액×70%)-발주자 제공 재료비 또는 완제품 가액×요율}+기초액(대상액이 5~50억 미만인 경우에 한함)]×1.2

60) 위의 글, 11면.
61) 위의 글, 12면.
62) 위의 글, 12면.
위 ii)와 관련하여 "둘 중 작은 금액이 음수로 나오는 경우 전체 공사금액에서 발주자 제공 재료비 또는 완제품의 가액을 제외한 금액의 70%를 대상액으로 산정"한다.

한편, i) 부가가치세가 면세인 공사의 경우에는 총 공사금액에는 부가가치세가 포함되어 있으므로 도급계약서상 명기된 총 공사금액에 따라 계상하여야 하고, ii) 평당 단가계약공사의 경우 산업안전보건관리비는 총 공사금액의 70%를 기준으로 계상하며, iii) 연차공사의 경우 산업안전보건관리비는 차수별 공사가 아닌 전체 공사의 총 공사금액을 기준으로 계상한다.[63]

(3) 산업안전보건관리비 사용

산업안전보건관리비는 건설공사 현장에서 근무하는 근로자의 산업재해 및 건강장해 예방을 위한 목적으로만 사용하는 것이 원칙이며, 위험성 평가를 통해 발굴한 품목, 스마트 안전시설·장비, 감염병 예방 품목 등 일부 항목에 대하여도 사용이 가능하다. 그 사용항목으로는 구체적으로 i) 안전관리자·보건관리자의 임금 등, ii) 안전시설비, iii) 보호구, iv) 안전보건 진단비, v) 안전보건교육비, vi) 근로자 건강장해예방비, vii) 건설재해예방전문지도기관의 지도에 대한 대가, viii) 본법 시행령 제4조 제2호 나목에 해당하는 건설사업자가 아닌 자가 운영하는 사업에서 안전보건 업무를 총괄·관리하는 3명 이상으로 구성된 본사 전담조직에 소속된 근로자의 임금 및 업무수행 출장비 전액 등이 있다.[64]

(4) 산업안전보건관리비의 확인 및 정산

발주자 등은 산업안전보건관리비의 목적 외 사용을 방지하기 위해 그 관리비의 사용내역 등을 수시로 확인할 수 있다. 구체적으로 i) 도급인은 안전보건관리비 사용내역에 대하여 공사 개시 후 6개월 마다 1회 이상 발주자 또는 감리자의 확인을 받아야 하고,[65] ii) 발주자, 감리자 및 근로감독관은 안전보건관리비 사용내역을 수시로 확인할 수 있고 도급인 등은 이에 따라야 하며,[66] iii) 발주자 또는 감리자는 안전보건관리비 사용내역 확인 시 기술지도 계약 체결, 기술지도 실시 및 개선 여부 등을 확인하여야 한다.[67][68]

---

63) 위의 글, 13면.

64) 위의 글, 15-20면.

65) 6개월 내 공사 종료되는 경우 종료 시 확인 받아야 함.

66) 안전보건관리비의 확인방법 및 내용 등에 대해서는 별도로 정하고 있지 않으나 그 사용내역에 대한 증빙자료 등을 제시할 것을 요구할 수 있음.

67) 다만, 산업안전보건관리비 확인을 이유로 필요한 사용시점을 늦추게 하거나 적법한 사용을 제한하여서는 아니 됨.

68) 위의 글, 23면.

산업안전보건관리비의 계상·사용 및 정산은 계약단위 공사별로 이루어져야 하는바, 장기계속공사의 경우 산업안전보건관리비는 차수별 금액이 아닌 총 공사금액을 대상으로 계상하고 정산에 있어서도 해당 차수가 아닌 총 공사기간에 대하여 정산한다. 그리고 산업안전보건관리비를 적법하게 지출한 경우에는 그 지출 시점 이후에도 실제 사용한 비용에 대하여 소급하여 정산이 가능하며, 당해 공사에 계상된 산업안전보건관리비를 초과하여 사용한 금액에 대하여는 발주자와 수급인 간에 협의하여 처리해야 한다.[69]

(5) 목적 외 사용금액에 대한 감액 등

발주자는 수급인이 산업안전보건관리비를 다른 목적으로 사용하거나 사용하지 아니한 금액에 대해서는 이를 계약금액에서 감액 조정하거나 반환을 요구할 수 있으며, 현장에 계상된 산업안전보건관리비를 공사 수행기간 내 적법하게 사용하였음에도 남은 잔여 금액에 대하여는 당사자 간 협의하여 처리한다. 한편, 산업안전보건관리비는 법정 최소 요율로 정한 것이므로 초과 계상된 산업안전보건관리비의 감액 등에 대해서는 공사계약 관계 법령에서 정하는 바에 따라 처리한다고 한다.[70]

5. 안전보건관리책임자등에게 필요한 권한과 예산 부여 및 업무수행 평가

시행령

제4조(안전보건관리체계의 구축 및 이행 조치)

법 제4조 제1항 제1호에 따른 조치의 구체적인 사항은 다음 각 호와 같다.

5. 「산업안전보건법」 제15조, 제16조 및 제62조에 따른 안전보건관리책임자, 관리감독자 및 안전보건총괄책임자가 같은 조에서 규정한 각각의 업무를 각 사업장에서 충실히 수행할 수 있도록 다음 각 목의 조치를 할 것
   가. 안전보건관리책임자등에게 해당 업무 수행에 필요한 권한과 예산을 줄 것
   나. 안전보건관리책임자등이 해당 업무를 충실하게 수행하는지를 평가하는 기준을 마련하고, 그 기준에 따라 반기 1회 이상 평가·관리할 것

시행령 제4조 제5호는 산안법 제15조의 안전보건관리책임자, 동법 제16조의 관리감독자 및 동법 제62조의 안전보건관리책임자를 총칭하여 '안전보건관리책임자

69) 위의 글, 24-25면.
70) 위의 글, 26면.

등'이라고 정의하고, 이들이 산안법 관련 조항에서 규정하는 각각의 업무들을 충실히 수행할 수 있도록 본법 제4조 제1항 제1호에 따른 각목의 조치를 정하고 있다.

가. 안전보건관리책임자등

(1) 안전보건관리책임자

안전보건관리책임자는 사업장을 실질적으로 총괄하여 관리하는 사람을 의미한다(산안법 제15조 제1항). 안전보건관리책임자는 제조업에서 통상 공장장의 지위에 있는 임원급 안전담당자로서 본법상 책임의 주체인 개인사업주나 경영책임자등과 매우 밀접한 관계를 가지면서 안전보건에 관한 총괄업무를 수행하므로, 이들과 경영책임자등의 협업이 안정적인 안전보건관리체계를 운용하는데 매우 중요하다.[71)]

안전보건관리책임자는 사업장의 산업재해 예방 계획의 수립 등 안전 및 보건에 관한 업무를 총괄·관리하고, 안전관리자와 보건관리자를 지휘감독해야 하며(산안법 제15조 제1항 및 제2항), 산안법상 사업주는 안전보건관리책임자가 동법 제15조 제1항에 따른 업무를 원활하게 수행할 수 있도록 권한·시설·장비·예산 그 밖에 필요한 지원을 하여야 한다(동법 시행령 제14조 제2항).

(2) 관리감독자

관리감독자는 사업장의 생산과 관련된 업무 및 그 소속 직원을 직접 지휘감독하는 지위에 있는 사람을 의미한다(산안법 제16조). 관리감독자는 가령 건설업에서는 직장조장 및 반장의 지위에서 그 작업을 지휘감독하는 사람인바, 이들은 해당 작업에서 직접 안전 및 보건에 관한 조치를 취하여야 할 의무를 부담하는 자로서 산안법 위반 사건에서 위반행위자의 지위에 있는 때가 많다.[72)]

---

71) 위의 글, 20-21면.
i) 사업장의 산업재해 예방계획의 수립에 관한 사항, ii) 안전보건관리규정의 작성 및 변경에 관한 사항, iii) 안전보건교육에 관한 사항, iv) 작업환경의 점검 및 개선에 관한 사항, v) 근로자의 건강진단 등 건강관리에 관한 사항, vi) 산업재해의 원인 조사 및 재발 방지대책 수립에 관한 사항, vii) 산업재해 관련 통계의 기록 및 유지에 관한 사항, viii) 안전장치 및 보호구 구입 시 적격품 여부 확인에 관한 사항, ix), 그 밖에 근로자의 유해위험 방지조치에 관한 사항 등이 안전보건관리책임자의 업무의 내용이다.

72) 위의 글, 21면.
i) 사업장 내 관리감독자가 지휘감독하는 작업과 관련된 기계·기구 또는 설비의 안전·보건 점검 및 이상 유무의 확인, ii) 관리감독자에게 소속된 근로자의 작업복·보호구 및 방호장치의 점검과 그 착용·사용에 관한 교육·지도, iii) 관리감독자가 지휘·감독하는 작업에서 발생한 산업재해에 관

이러한 관리감독자는 주로 사업장내 부서 단위에서의 소속 직원을 직접 지휘감독하는 자로서 해당 작업과 관련된 기계기구 또는 설비의 안전보건점검, 자신에 소속된 근로자의 작업복, 보호구 착용 등 점검, 작업 전 안전미팅 진행 등 작업과 관련하여 종사자와 가장 밀접하게 안전보건에 관한 업무를 수행한다(산안법 제16조 제1항, 동법 시행령 제15조).

(3) 안전보건총괄책임자

안전보건총괄책임자는 도급인의 사업장에서 관계수급인 근로자가 작업을 하는 경우, 도급인의 근로자와 관계수급인 근로자의 산업재해를 예방하기 위한 업무를 총괄하여 관리하도록 도급인에 의해 지정된 그 사업장의 안전보건관리책임자를 의미한다(산안법 제62조). 도급인이 안전보건관리책임자를 두지 아니하여도 되는 사업장인 경우에도 도급인의 사업장에서 관계수급인 근로자가 작업을 하는 경우에는 그 사업장에서 사업을 총괄하여 관리하는 사람을 안전보건총괄책임자로 지정하여야 한다(산안법 제62조 제1항).

안전보건총괄책임자는 산안법 제64조에 따른 도급시 산업재해 예방조치, 동법 제72조 제1항에 따른 산업안전보건관리비의 관계수급인 간의 사용에 관한 협의조정 및 그 집행의 감독 등의 직무를 수행한다(동법 시행령 제53조 제1항).[73]

나. 안전보건관리책임자등에 대한 업무 수행에 필요한 권한과 예산 부여

시행령 제4조 제5호 가목은 "안전보건관리책임자등에게 해당 업무 수행에 필요한 권한과 예산을 줄 것"을 개인사업주 및 경영책임자등의 의무로 정하고 있다. 따라서 개인사업주와 경영책임자등은 안전보건관리책임자등에게 안전보건관리책임자등이 산안법령에 따른 각자의 업무를 수행함에 필요한 직무상 권한을 부여하고, 또한 산안법령에 따른 각자의 업무를 수행함에 필요한 예산을 편성하여

한 보고 및 이에 관한 응급조치, iv) 관리감독자가 지휘감독하는 작업의 작업장 정리·정돈 및 통로 확보에 대한 확인·감독, v) 사업장의 안전관리자, 보건관리자, 안전보건관리담당자, 산업보건의 또는 안전관리 전문기관, 보건관리 전문기관의 해당 사업장 담당자의 지도·조언에 대한 협조, vi) 위험성평가 중 유해·위험 요인의 파악에 대한 참여 및 개선조치의 시행에 대한 참여, vii) 그 밖에 관리감독자가 지휘감독하는 작업의 안전 및 보건에 관한 사항으로서 안전보건규칙 제35조에서 정하는 유해·위험을 방지하기 위한 업무 등이 관리감독자의 업무이다.

73) 위의 글, 21-22면.
i) 위험성평가의 실시에 관한 사항, ii) 작업의 중지, iii) 도급 시 산업재해 예방조치, iv) 산업안전보건관리비의 관계수급인 간의 사용에 관한 협의·조정 및 그 집행의 감독, v) 안전인증대상기계등과 자율안전확인대상기계 등의 사용 여부 확인 등이 안전보건총괄책임자의 업무의 내용이다.

안전보건관리책임자등에게 이를 집행할 권한을 부여해야 한다.

한편, 산안법은 산업재해 예방을 위하여 안전보건관리책임자, 관리감독자 및 안전보건총괄책임자를 두도록 하고 있으며, 동법 시행령은 사업주에게 안전보건관리책임자와 안전보건총괄책임자가 업무를 원활하게 수행할 수 있도록 권한·시설·장비·예산, 그 밖에 필요한 지원을 하여야 한다고 정하고 있다(산안법령 시행령 제53조 제2항, 제14조 제2항).

업무수행에 필요한 예산은 단순히 안전보건관리책임자등에 소요되는 인건비나 보직수행경비를 의미하는 것이 아니라 이들이 담당하는 업무에 소요되는 전반적인 비용의 기준으로 판단하여야 한다.[74]

다. 평가기준 마련

시행령 제4조 제5호 나목은 개인사업주 및 경영책임자등은 안전보건관리책임자등이 해당 업무를 '충실하게 수행하는지를 평가하는 기준'을 마련하도록 정하고 있다. 여기서 해당 업무를 '충실하게 수행하는지를 평가하는 기준'이란 안전보건관리책임자등이 산안법령이 규정하는 의무를 충실히 수행하는지를 평가하는 기준을 의미한다.

안전보건관리책임자등의 업무 수행에 대한 평가 및 관리는 평가기준에 따라 반기 1회 이상 실시되어야 한다. 개인사업주 또는 경영책임자등은 다른 업무수행 평가 시 안전보건관리책임등에 대하여 산안법에 따른 업무 수행에 대해 평가를 함께 수행하면 되며, 위 업무 수행 평가와 별도로 할 필요는 없다. 다만, 본법에 따른 안전보건관리책임 등에 대한 업무수행 평가는 반기 1회 이상 하여야 하므로, 다른 업무 수행 평가와 그 평가시기 및 회수가 다를 경우에는 별도로 진행하여야 할 것이다.[75]

6. 산안법상 안전관리자, 보건관리자등의 배치

시행령

제4조(안전보건관리체계의 구축 및 이행 조치)

법 제4조 제1항 제1호에 따른 조치의 구체적인 사항은 다음 각 호와 같다.

6. 「산업안전보건법」 제17조부터 제19조까지 및 제22조에 따라 정해진 수 이상의 안

74) 위의 글, 22-23면.

75) 김·장 법률사무소 중대재해대응팀(2022), 앞의 책, 84면.

> 전관리자, 보건관리자, 안전보건관리담당자 및 산업보건의를 배치할 것. 다만, 다른 법령에서 해당 인력의 배치에 대해 달리 정하고 있는 경우에는 그에 따르고, 배치해야 할 인력이 다른 업무를 겸직하는 경우에는 고용노동부장관이 정하여 고시하는 기준에 따라 안전·보건에 관한 업무 수행시간을 보장해야 한다.

가. 산안법상 안전보건전문인력의 배치 기준

개인사업주 및 경영책임자등은 산안법 제17조부터 제19조까지 및 제22조에 따라 정해진 수 이상의 안전관리자, 보건관리자, 안전보건관리담당자 및 산업보건의를 배치해야 한다(시행령 제4조 제6호).

(1) 안전관리자

안전관리자는 안전에 관한 기술적인 사항에 관하여 사업주 또는 안전보건관리책임자를 보좌하고 관리감독자에게 지도조언하는 업무를 수행하는 자를 의미한다(산안법 제17조, 동법 시행령 제16조). 상시 근로자 50명 이상 사업장 또는 공사금액 80억 원[76] 이상인 건설공사부터 안전관리자를 두어야 한다. 배치하여야 하는 안전관리자의 수는 사업의 종류와 사업장의 상시근로자의 수에 따라 다르다.

안전관리자의 업무는 건설업을 제외한 상시 근로자 300명 미만의 사업장의 경우 안전관리전문기관에 위탁할 수 있다.

(2) 보건관리자

보건관리자는 보건에 관한 기술적인 사항에 관하여 사업주 또는 안전보건관리책임자를 보좌하고 관리감독자에게 지도조언하는 업무를 수행하는 자를 의미한다(산안법 제18조, 동법 시행령 제20조). 상시 근로자 50명 이상 사업장 또는 공사금액 800억 원 이상인 건설업 사업장부터 보건관리자를 두어야 한다. 배치하여야 하는 보건관리자의 수는 사업의 종류와 상시 근로자의 수에 따라 다르다.

보건관리자의 업무는 건설업을 제외한 상시근로자 300명 미만인 사업장의 경우 보건관리전문기관에 위탁할 수 있다.

(3) 안전보건관리담당자

안전보건관리담당자는 안전 및 보건에 관하여 사업주를 보좌하고 관리감독자에

---

76) 권오성(2022), 앞의 책, 137면.
2022년 7월 1일부터는 60억 원 이상, 2023년 7월 1일부터는 공사금액 50억 원 이상.

게 지도조언하는 업무를 수행하는 사람을 의미한다(산안법 제19조, 동법 시행령 제24조). 제조업, 임업, 하수폐수 및 분뇨 처리업, 폐기물 수집·운반·처리 및 원료재생업, 환경정화 및 복원업에 해당하는 사업의 경우 상시 근로자가 20명 이상 50명 미만의 사업장에 1명 이상의 안전보건관리담당자를 선임해야 한다. 다만, 안전관리자 또는 보건관리자가 있거나 이를 두어야 하는 경우에는 그러하지 아니하다.

안전보건관리담당자를 두어야 하는 사업장의 경우에는 상시근로자 수에 관계없이 안전관리전문기관 또는 보건관리전문기관에 업무를 위탁할 수 있다.

(4) 산업보건의

산업보건의는 근로자의 건강관리나 그 밖에 보건관리자의 업무를 지도하는 사람을 의미한다. 상시 근로자 수가 50명 이상으로 보건관리자를 두어야 하는 사업장에 해당하는 경우 산업보건의를 두어야 한다. 다만, 의사를 보건관리자로 선임하였거나, 보건관리전문기관에 보건관리자의 업무를 위탁한 경우는 산업보건의를 별도로 두지 않을 수 있다.

산업보건의는 외부에서 위촉할 수 있으며 이 경우 근로자 2천명당 1명의 산업보건의를 위촉하여야 한다(산안법 시행령 제29조 제4항, 산업보건의 관리규정 제2조).

나. 다른 법령에서 해당 인력의 배치에 대해 달리 정하고 있는 경우

기업활동 규제완화에 관한 특별조치법에서 안전관리자, 보건관리자, 산업보건의의 배치 의무를 면제하거나 안전관리자 또는 보건관리자를 채용한 것으로 간주하는 요건을 충족한 경우에는 시행령 제4조 제6호 단서[77]에 따라 같은 호 본문의 규정이 적용되지 않는다.

다. 겸직 시 안전보건에 관한 업무수행시간을 보장

산안법 제17조 제3항은 "대통령령으로 정하는 사업의 종류 및 사업장의 상시 근로자 수에 해당하는 사업장의 사업주는 안전관리자에게 그 업무만을 전담하도록 하여야 한다"고 규정하며, 여기서 "대통령령으로 정하는 사업의 종류 및 사업장의 상시근로자 수에 해당하는 사업장"은 상시 근로자 300명 이상을 사용하는 사업장을 의미한다(산안법 시행령 제16조 제2항). 따라서 상시 근로자 300명 미만

---

77) "다른 법령에서 해당 인력의 배치에 대해 달리 정하고 있는 경우에는 그에 따르고, 배치해야 할 인력이 다른 업무를 겸직하는 경우에는 고용노동부장관이 정하여 고시하는 기준에 따라 안전보건에 관한 업무 수행 시간을 보장해야 한다."

을 사용하는 사업장 또는 건설업의 공사금액 120억 원 미만인 사업장[78]의 경우에는 안전관리자가 다른 업무와의 겸직이 가능하다.[79]

한편, 산안법 제18조 제3항은 "대통령령으로 정하는 사업의 종류 및 사업장의 상시근로자 수에 해당하는 사업장"의 사업주는 보건관리자에게 그 업무만을 전담하도록 하여야 한다고 정하고 있으며, 동법 시행령 제20조 제2항은 "대통령령으로 정하는 사업의 종류 및 사업장의 상시 근로자 수에 해당하는 사업장"을 상시근로자 300명 이상을 사용하는 사업장을 말한다고 정하고 있다. 따라서 상시 근로자 300명 미만을 사용하는 사업장의 경우 안전관리자가 다른 업무와의 겸직이 가능할 것이다.

그리고 안전보건관리담당자는 산안법 시행령 제25조 각 호에 따른 업무에 지장이 없는 범위에서 다른 업무를 겸할 수 있다(산안법 시행령 제24조 제3항).

시행령 제4조 제6호 단서는 안전관리자, 보건관리자 및 안전보건관리담당자가 다른 업무를 겸직하는 경우에는 고용노동부장관이 정하여 고시하는 기준에 따라 안전·보건에 관한 업무 수행시간을 보장해야 한다고 정하고 있으며, 고용노동부의 「안전·보건에 관한 업무 수행시간의 고시(제2022-14호)」 제3조에 의하면, 안전관리자, 보건관리자 및 안전보건관리담당자 각각의 안전보건에 관한 업무수행을 위한 최소시간은 연간 585시간 이상이 되어야 하며, 다만, 재해위험이 높은 업종에 속하는 사업장의 경우 사업장의 안전관리자, 보건관리자 및 안전보건관리담당자 각각의 최소 업무수행시간은 연간 702시간 이상으로 한다.

7. 종사자의 의견 청취 절차

시행령

제4조(안전보건관리체계의 구축 및 이행 조치)

법 제4조 제1항 제1호에 따른 조치의 구체적인 사항은 다음 각 호와 같다.

7. 사업 또는 사업장의 안전·보건에 관한 사항에 대해 종사자의 의견을 듣는 절차를 마련하고, 그 절차에 따라 의견을 들어 재해 예방에 필요하다고 인정하는 경우에는 그에 대한 개선방안을 마련하여 이행하는지를 반기 1회 이상 점검한 후 필요한 조치를 할 것. 다만, 「산업안전보건법」 제24조에 따른 산업안전보건위원회 및 같은 법 제64조·제75조에 따른 안전 및 보건에 관한 협의체에서 사업 또는 사업장의 안전보건에 관하여 논의하거나 심의·의결할 경우에는 해당 종사자의 의견을 들은 것으로 본다.

---

78) 토목공사의 경우 150억 원 미만 사업장.
79) 권오성(2022), 앞의 책, 146면.

가. 종사자의 의견 청취 절차 도입

개인사업주 또는 경영책임자등은 사업 또는 사업장의 안전·보건에 관한 사항에 대해 종사자의 의견을 듣는 절차를 마련해야 한다(시행령 제4조 제7호). 이러한 절차는 종사자라면 누구나 자유롭게 유해·위험요인 등을 포함하여 안전·보건에 관한 의견을 개진할 수 있도록 하되, 종사자의 의견을 듣는 절차는 사업 또는 사업장의 규모, 특성에 따라 달리 정할 수 있으며, 다양한 방법을 중첩적으로 활용하는 것도 가능할 것이다.[80)]

나. 종사자의 의견 청취 및 이에 따른 개선방안 강구

(1) 의견의 청취

개인사업주 또는 경영책임자등은 마련된 절차에 따라 종사자 의견을 청취해야 한다. 다만, 산안법이 정하고 있는 산업안전보건위원회(제24조), 안전보건협의체(제64조), 건설업의 노사협의체(제75조)에서 사업 또는 사업장의 안전보건에 관하여 논의하거나 심의·의결하는 경우에는 해당 종사자의 의견을 들은 것으로 본다.[81)] 이에 대하여 본법 제2조 제7호의 종사자에 관한 정의규정 내용에 비추어 볼 때 시행령 제4조 제7호 단서에서 자사 근로자만을 포괄하는 산업안전보건위원회나 도급인 사업주와 수급인 사업주만으로 구성되는 안전 및 보건에 관한 협의체로 갈음할 수 있다고 정하는 것은 정합성 측면에서 문제가 있다는 견해가 있다.[82)]

산업안전보건위원회는 사용자위원과 사업주에 직접 고용된 근로자위원으로 구성되므로 근로자가 아닌 종사자의 의견을 수렴할 기구로서 적합하지 않을 수 있으므로 산업안전보건위원회를 통하여 종사자의 의견을 수렴하고자 한다면 근로자가 아닌 종사자를 대표하는 종사자위원을 참여시키는 것이 법의 취지에 부합하며, 안전보건협의체는 통상 근로자를 대표하는 자가 참여하는 것보다 도급인과 수급인인 사업주를 대표하는 자가 참여하는 형태로 운영되는데, 법의 취지를 반영하려면 안전보건협의체에 도급인과 수급인의 종사자가 참여하는 방식으로 운영해야 한다는 견해도 있다.[83)]

---

80) 고용노동부,(2021), 앞의 글, 82면.
81) 권오성(2022), 앞의 책, 149면.
82) 정진우(2022), 앞의 책, 146면.
83) 전형배(2022), 앞의 글, 29면.

(2) 개선방안 도출 및 이행

그리고 개인사업주 또는 경영책임자등은 종사자 의견이 재해 예방에 필요하다고 인정하는 경우에는 그에 대한 개선방안을 마련하여 이행하는지를 반기 1회 이상 점검한 후 필요한 조치를 하여야 한다.

8. 급박한 위험에 대비한 매뉴얼의 마련 및 준수와 점검

시행령

제4조(안전보건관리체계의 구축 및 이행 조치)

법 제4조 제1항 제1호에 따른 조치의 구체적인 사항은 다음 각 호와 같다.

8. 사업 또는 사업장에 대한 중대산업재해가 발생하거나 발생한 급박한 위험이 있을 경우를 대비하여 다음 각 목의 조치에 관한 매뉴얼을 마련하고, 해당 매뉴얼에 따라 조치하는지를 반기 1회 이상 점검할 것
   가. 작업 중지, 근로자 대피, 위험요인 제거 등 대응조치
   나. 중대산업재해를 입은 사람에 대한 구호조치
   다. 추가 피해방지를 위한 조치

가. 작업 중지, 근로자 대피, 위험요인 제거 등 대응조치

작업 중지와 관련하여, 산안법 제51조는 산업재해가 발생할 급박한 위험이 발생할 경우 사업주의 작업중지, 제52조는 산업재해가 발생할 급박한 위험이 있는 경우 근로자의 작업 중지 및 대피권한, 제54조는 중대재해가 발생하였을 때 사업주의 해당 작업 중지 및 근로자의 대피 등을 정하고 있는바, 매뉴얼에 포함될 작업중지는 사업주의 작업 중지뿐만 아니라 근로자의 작업 중지에 관한 내용도 포함되어야 한다.[84]

그리고 근로자, 종사자의 대피는 대피 방법과 경로 등을 상세히 규정하여야 하고, 해당 방법과 경로에 따른 대피 훈련을 사전에 정기적으로 하는 것이 중요하며, 그 타당성을 검증하고 매뉴얼을 보완하는 절차를 거쳐야 하며, 위험요인의 파악 및 제거 절차와 방법에 관하여도 매뉴얼에 정하여야 한다.

나. 중대산업재해를 입은 사람에 대한 구호조치

중대산업재해를 입은 사람에 대하여는 즉각적인 구호 조치가 취하여질 수 있

84) 위의 글, 31-32면.

는 절차를 마련하여야 하며, 매뉴얼에는 상해의 부위와 정도를 파악하고 누가 어떤 절차를 거쳐 어떻게 구호 조치를 취할 것인지 구체적으로 명시하여야 한다.[85]

다. 추가 피해방지를 위한 조치

추가 피해를 방지하려면 사업주의 작업중지는 중대재해가 발생한 작업뿐 아니라 중대재해가 발생한 작업과 동일한 작업도 유해위험을 평가하여 작업중지를 고려하여야 한다.[86]

9. 도급 등의 경우 종사자의 안전 및 보건확보 조치

시행령

제4조(안전보건관리체계의 구축 및 이행 조치)

법 제4조 제1항 제1호에 따른 조치의 구체적인 사항은 다음 각 호와 같다.

9. 제3자에게 업무의 도급, 용역, 위탁 등을 하는 경우에는 종사자의 안전보건을 확보하기 위해 다음 각 목의 기준과 절차를 마련하고, 그 기준과 절차에 따라 도급, 용역, 위탁 등이 이루어지는지를 반기 1회 이상 점검할 것
   가. 도급, 용역, 위탁 등을 받는 자의 산업재해 예방을 위한 조치 능력과 기술에 관한 평가기준·절차
   나. 도급, 용역, 위탁 등을 받는 자의 안전보건을 위한 관리비용에 관한 기준
   다. 건설업 및 조선업의 경우 도급, 용역, 위탁 등을 받는 자의 안전보건을 위한 공사기간 또는 건조기간에 관한 기준

가. 의 의

개인사업주 또는 경영책임자등이 도급, 용역, 위탁 등을 하는 경우 종사자의 안전·보건을 확보하기 위해 도급, 용역, 위탁 등을 받는 자의 산업재해 예방을 위한 조치 능력과 기술에 관한 평가기준절차, 도급, 용역, 위탁 등을 받는 자의 안전·보건을 위한 관리비용에 관한 기준, 건설업 및 조선업의 경우 도급, 용역, 위탁 등을 받는 자의 안전·보건을 위한 공사기간 또는 건조기간에 관한 기준과 절차를 마련하고, 마련한 기준과 절차에 따라 도급, 용역, 위탁 등이 이루어지는지를 반기 1회 이상 점검하여야 한다(시행령 제4조 제9호).

한편, 산안법에서는 적격 수급인을 선정할 때 고려하여야 할 구체적인 요소들

85) 위의 글, 32면.
86) 위의 글, 31-32면.

에 대하여 구체적으로 정하고 있지 않은데, 본법 및 시행령은 이러한 산안법의 흠을 보완하는 동시에 적격 수급인이 그 능력과 기술에 따라 온전히 도급받은 사업을 수행할 수 있도록 관리비용과 공사 및 건조 기간에 대한 규정을 추가로 두고 있다.[87]

나. 시행령 제4조 제9호 각목의 기준

(1) 도급, 용역, 위탁 등을 받는 자의 산업재해 예방을 위한 조치 능력과 기술에 관한 평가기준·절차

도급 등을 받는 자의 산업재해 예방을 위한 조치 능력과 기술 수준은 기본적으로 산안법 등 안전 및 보건 법령이 요구하는 기준을 충족하고 있는지를 가지고 평가하므로, i) 산안법이 정하고 있는 사업장 안전보건관리체제를 갖추고 있는지, ii) 안전보건관리체제가 사업의 내용과 규모에 비추어 적절하게 운용되고 있는지, iii) 그 밖에 산안법에서 정하고 있는 각종 의무를 성실하게 이행하고 있는지 등을 고려하여 평가한다.[88]

(2) 도급, 용역, 위탁 등을 받는 자의 안전·보건을 위한 관리비용에 관한 기준

시행령 제4조 제9호 나목은 도급등을 주는 자가 주도적으로 도급 등을 받는 자의 안전·보건을 위한 관리비용에 관한 기준을 정립하고 이행하도록 요구하고 있는바, 도급 등을 받는 자의 안전·보건을 위한 관리비용은 도급 등을 받은 사업을 수행하는데 실제 필요한 도급액에 맞춰 정해질 것이다.

한편, 산안법 제72조는 건설공사발주자에게 산업안전보건관리비를 도급금액 또는 사업비에 계상하도록 정하고 있는바, 법은 해당 제도와 같은 취지를 가진 제도를 도급 등을 주는 사업 전반에 확대한 것으로 이해할 수 있으므로, 관리비용에는 산업안전보건관리비의 사용 기준을 규정한 산안법 시행령 제7조의 취지를 고려하여 정하여야 한다.[89]

(3) 건설업 및 조선업의 경우 도급, 용역, 위탁 등을 받는 자의 안전·보건을 위한 공사기간 또는 건조기간에 관한 기준

시행령 제4조 제9호 다목은 도급 등을 받은 자와 그에게 노무를 제공하는 사

87) 위의 글, 33면.
88) 위의 글, 34-35면.
89) 위의 글, 33-34면.

람의 안전 및 보건을 확보하기 위하여 필요한 기준에 관한 기준을 정하도록 하고 있는바, 이는 건설업 및 조선업에서 도급 등을 받은 자의 안전·보건에 관한 고려 없이 공사기간 내지 건조기간이 지나치게 짧게 잡힐 경우 중대재해가 발생할 가능성이 높을 수 있어, 안전·보건의 확보를 위하여 필요한 기간을 공사기간 내지 건조기간을 정할 때 고려하라는 취지로 보인다.

다. 본법 제5조와의 관계

시행령 제4조 제9호는 사업주가 제3자에게 업무를 도급, 용역, 위탁하는 단계, 즉, 사업주가 도급계약 등의 상대방을 선정하고 계약을 체결하는 과정에서 상대방의 산업재해 예방을 위한 조치 능력과 기술, 계약금액에 반영될 안전·보건을 위한 관리비용, 건설업 및 조선업의 경우 안전·보건을 위한 공사기간 또는 건조기간 등에 관한 기준과 절차를 마련하고, 반기 1회 이상 이러한 기준과 절차의 준수 여부를 점검하라고 정하는 반면, 본법 제5조는 도급계약이 체결된 후 수급인 등이 실제로 도급받은 업무를 수행하는 단계에서, 도급인이 실질적으로 지배·운영·관리하는 시설·장비·장소 등에 관하여 마치 도급인 스스로 해당 시설, 장비, 장소를 사용하여 직접 사업을 하는 경우와 동일하게 해당 시설, 장비 및 장소와 관련하여 동법 제4조에서 정한 안전·보건 확보의무를 이행하라는 것이다. 이러한 시행령 제4조 제9호에 따른 의무는 도급 등에 관한 계약이 체결된 후 수급인이 도급계약 등에 따른 업무를 수행하는 단계에서 준수해야 하는 의무가 아니라, 도급 등에 관한 계약을 체결하는 단계에서 확보해야 하는 의무라는 점에서 본법 제5조의 도급, 용역 및 위탁 등 관계에서의 안전 및 보건 확보의무와 구별된다고 한다.[90]

한편, 제3자에게 도급 등을 준 경우로서 시설, 장소를 실질적으로 지배·운영·관리하는 자와 장비를 실질적으로 지배·운영·관리하는 자가 다른 경우, 본법상의 의무를 누가 이행해야 하는지에 관하여 본법 제4조 및 제5조가 충돌되는 문제가 발생할 수 있는데, 제3자에게 도급 등을 준 경우에 대해서는 제5조가 제4조의 특별규정에 해당하는 것으로 보아 제5조에 따라 해석하는 것이 합리적으로 보인다.[91]

---

90) 권오성(2022), 앞의 책, 152면.
91) 정진우(2022), 앞의 책, 163면.

제2절

도급인의 의무

이효은*

Ⅰ. 서 론

1. 도급계약 일반론

일반적으로 도급계약은 일의 완성을 목적으로 보수를 지급할 것을 약정하는 계약이다(민법 제644조). 도급은 일의 완성을 목적으로 하기 때문에, 민법은 수급인의 목적물 인도의무와 도급인의 보수 지급의무를 동시이행의무로 규정하고 있고(민법 제665조 제1항), 인도된 목적물에 하자가 있는 경우에 관하여 하자담보책임을 규정하고 있는(민법 제667조 이하) 반면, 그 밖에 일의 진행 방법이나 과정에 관하여는 규정하고 있지 않다.

즉, 도급에서 수급인은 일을 완성할 수 있다면 일 자체를 반드시 자신의 노무로만 해야 하는 것은 아니고, 약정한 일의 완성을 위하여 어떠한 노무를 어떠한 방식으로 사용할지는 원칙적으로 그의 자유이므로 제3자를 이용할 수도 있다.[1]

일을 하는 방식이 수급인의 재량에 맡겨진 이상, 일을 완성할 때까지 생기는

* 李曉恩, 서울대학교 대학원 법학과 석사과정 재학, 서울남부지방법원 판사.

1) 대법원 2002. 4. 12. 선고 2001다82545, 82552 판결("공사도급계약에 있어서 당사자 사이에 특약이 있거나 일의 성질상 수급인 자신이 하지 않으면 채무의 본지에 따른 이행이 될 수 없다는 등의 특별한 사정이 없는 한 반드시 수급인 자신이 직접 일을 완성하여야 하는 것은 아니고, 이행보조자 또는 이행대행자를 사용하더라도 공사도급계약에서 정한 대로 공사를 이행하는 한 계약을 불이행하였다고 볼 수 없다").

위험도 수급인이 부담하는 것이 자기책임의 원칙에 부합하므로, 원칙적으로 도급인에게는 수급인의 업무와 관련하여 사고방지에 필요한 안전조치를 취할 주의의무가 없다.[2)]

따라서 민사상 책임으로서 문제되는 민법 제756조 사용자책임의 성립 여부를 판단함에 있어서도 '도급인'과 '수급인의 근로자' 사이에 사용관계 즉, 업무상 실질적인 지휘·감독 등이 존재하지 않는다면 도급인의 사용자책임 성립은 부정되고,[3)] 도급인의 책임에 관한 민법 제757조("도급인은 수급인이 그 일에 관하여 제삼자에게 가한 손해를 배상할 책임이 없다. 그러나 도급 또는 지시에 관하여 도급인에게 중대한 과실이 있는 때에는 그러하지 아니하다")는 이를 확인하는 규정으로 이해되고 있다.

위와 같은 도급에 관한 민사 법리는, 근로자의 산업재해와 관련한 도급인의 안전조치의무 위반에 따른 형사책임의 성립 여부에도 그대로 수용되어, 대법원은 도급인 사업주의 업무상과실치사상죄 내지 산안법위반죄가 문제된 다수의 판결에서 '도급계약의 경우 원칙적으로 도급인에게는 수급인의 업무와 관련하여 사고방지에 필요한 안전조치를 취할 주의의무가 없으나, 법령에 의하여 도급인에게 수급인의 업무에 관하여 구체적인 관리·감독의무 등이 부여되어 있거나 도급인이 공사의 시공이나 개별 작업에 관하여 구체적으로 지시·감독하였다는 등의 특별한 사정이 있는 경우에는 도급인에게도 수급인의 업무와 관련하여 사고방지에 필요한 안전조치를 취할 주의의무가 있다'고 판시함으로써, 원칙(안전조치의무 부정)과 예외(안전조치의무 긍정)를 분명히 하고 있다.[4)5)]

---

2) 오상호, "산업안전보건법상 도급인 사업주의 책임 인정기준과 유형", 노동법포럼 제23호, 노동법이론실무학회, 2018, 182면.

3) 권혁, "산업안전보건법상 도급사업주의 책임강화에 관한 입법론적 평가", 노동법논총 제43집, 한국비교노동법학회, 2018, 62면. 이때의 사용관계란 근로계약관계로서의 실질을 긍정하는 정도에 이르는 것을 요구하는 것은 아니고, 수급인의 노동력에 대해 도급인이 영향을 주고 도급인으로서의 지시권을 행사하는 등의 경우를 의미하며 그 결과 도급인이 이익을 향유하게 되는 관계를 의미한다(같은 글, 59-60면).

4) 대법원 1996. 1. 26. 선고 95도2263 판결; 대법원 2009. 5. 28. 선고 2008도7030 판결; 대법원 2015. 10. 29. 선고 2015도5545 판결; 대법원 2016. 3. 24. 선고 2015도8621 판결 등.

5) 다만 이와 같은 판례의 태도에 대해서는, 원칙적으로 수급인에 대한 도급인의 책임을 부정함으로써 수급인의 근로자에 대해서는 도급인을 산안법위반으로 처벌하기 어려운 강력한 면책 근거를 제공한다는 비판이 있다(전형배, "산업안전보건법상 도급인 사업주의 책임구조: 영국 법제와의 비교연구", 강원법학 제48권, 강원대학교 비교법학연구소, 2016, 12면)

2. 산업현장에서 도급 규제의 필요성과 산안법상 도급인의 책임 도입

현대의 산업현장에서 사업구조와 기업조직의 변화로 사업주가 자신의 사업장에서 영위하는 사업 내지 생산 공정의 일부를 외부 기업에게 맡기는 이른바 '기업 간 분업화' 현상이 나타났고, 이는 '아웃소싱(Outsourcing)' 또는 '외주화'라 불리며 산업 전반에 확산되었다. 이러한 분업화 내지 외주화를 위한 사업주와 외부 기업 사이의 계약관계로서 도급계약이 널리 이용되었는데,[6] 문제는 전문적인 영역의 분업화 외에도 업무수행형(노무제공형) 분업 방식에서 청소나 경비와 같은 비핵심 업무 영역의 외주화 현상이 두드러질 뿐만 아니라, 나아가 핵심 업무 영역에서도 사내도급의 형태로 외주화가 이루어진다는 것이다. 업무의 외주화는 비용 절감, 효율성 향상이라는 장점의 이면에, 산업재해 발생 위험이 증가한다는 치명적인 문제점을 가지고 있으므로, 결국 업무의 외주화는 곧 '위험의 외주화'를 내포하고 있는 경우가 많다.

특히, 사내도급의 경우 수급인은 도급사업의 사업장에서 발생할 수 있는 위험을 직접 지배·관리하기가 용이하지 않아 근로자를 산재로부터 충분히 보호하기 어렵다. 반면, 도급인은 사업장의 위험을 지배·관리할 수 있으므로, 수급인의 근로자라 하더라도 도급인의 영향 하에 업무를 수행하는 경우에는 도급인에게 안전조치의무를 이행하도록 할 필요성이 대두된다.

도급인의 책임을 규제하기 위한 노력은 기존에 산안법을 통해 이루어져왔다. 1981. 12. 31. 제정된 산안법은 기본적으로 사업주와 소속 근로자의 관계를 규율 대상으로 하였는데, 1990. 1. 13. 전부 개정 시 사내도급을 규제하기 위해 구 산안법 제29조를 도입하여 도급인에게 '수급인의 근로자'에 대해서도 도급인의 사업장에 내재하는 위험을 예방·방지할 의무를 명시적으로 부과하였다. 그러나 그 뒤에도 수급인 소속 근로자의 산업재해는 빈번하게 발생하였고 특히 2018년 12월 충남 태안 화력발전소 협력업체의 비정규직 노동자 고 김용균씨가 운송설비 점검 중 사고로 사망하는 사건이 발생하였다. 이 사건이 계기가 되어 도급인의 책임을 대폭 강화하는 내용의 2019. 1. 15. 산안법 전부 개정이 이루어졌다(이하에서는 '2019년 개정 산안법'을 '개정 산안법'이라 하고, 2019년 개정 이전의 산안법을 '구 산안

6) 권혁(2018), 앞의 글, 54면에서는 도급계약의 부활이라고 설명한다. 즉, 도급계약은 공방제 생산방식에 기초한 전형계약이었는데 산업혁명을 계기로 공장제 대량생산 체제가 도입된 이후 도급계약의 비중이 낮아졌으나, 현대에 이르러 이른바 기업간 분업의 확대로 다시금 그 비중이 높아졌다고 한다.

법'이라 한다.).[7)]

개정 산안법은 도급과 관련하여, 먼저 도급, 도급인, 건설공사발주자 등의 정의 규정을 두어 개념을 명확히 하고, 도급인의 의무를 강화하는 대신 건설공사발주자를 도급인에서 분리하여 별도의 의무 규정을 두었으며, 도급인의 책임을 제한하는 도급의 유형(일부 도급 또는 전문분야 공사의 전부 도급에 해당하는지 등)에 관한 규정을 삭제하였으며, 구 산안법 제29조 제1항의 해석상 '본래 사업과 그 사업의 목적 달성을 위해 반드시 수반되는 업무'에 해당하는 경우만 도급인책임이 발생했던 것과 달리 '도급인의 사업장'이라면 사업의 목적 여부 등에 관계없이 도급인에게 안전보건조치의무가 발생하도록 하는 등 도급인의 책임을 대폭 확대하였다.

나아가 사업주에 대한 처벌의 법정형을 상향하면서 이를 도급인에게도 적용하도록 하였고, 구 산안법 제66조의2는 도급인 사업주의 안전보건조치의무 위반으로 수급인 근로자가 사망한 경우를 처벌대상으로 삼고 있지 않았으나, 개정법 제167조는 처벌대상에 포함하였다.

구 산안법에서 사업주의 안전조치의무를 규정한 제23조, 보건조치의무를 규정한 제24조는 개정법에서 각 제38조, 제39조로 개편되었고, 구 산안법에서 도급인의 안전보건조치의무를 규정한 제29조 제1항은 개정법에서 제63조로 개편되었다.

3. 중처법에 의한 도급 규제

산안법 개정을 통해 도급인의 책임이 강화되었지만, 재해예방 효과로 이어졌다고 보기는 어렵다. 산안법은 본래 사업장의 안전 기준을 제시하고, 그 기준을 준수하기 위한 제반 조치의무를 부과함으로써 산업재해를 예방하기 위해 설계된 법이다.[8)] 즉, 제재수단으로 형벌을 사용하고 있지만 형사제재 그 자체가 목적이 아

---

7) 산안법은 1981년 12월 제정되어 1990년 1월 전부 개정된 후 약 28년 만에 전부 개정안이 마련되어 2018년 말에 국회를 통과하고 2019. 1. 15. 공포되었다. 2019년 개정 산안법은 김용균법으로 불리기도 한다. 개정법의 시행일에 관하여는 부칙 1조에서 다음과 같이 정하였다.

2019 개정 산안법 부칙 제1조(시행일) 이 법은 공포 후 1년이 경과한 날부터 시행한다. 다만, 제14조 및 제175조 제4항 제2호의 개정규정은 공포 후 1년이 경과한 날이 속한 해의 다음 해 1월 1일부터 시행하고, 제35조 제5호, 제110조부터 제116조까지, 제162조 제9호 및 제10호, 제163조 제1항 제3호 및 제2항(제112조 제8항에 관한 부분에 한정한다), 제165조 제2항 제25호부터 제27호까지, 제166조 제1항 제9호, 제175조 제5항 제3호(제114조 제1항에 관한 부분에 한정한다) 및 제5호부터 제12호까지, 같은 조 제6항 제2호(제35조 제5호에 관한 부분에 한정한다) 및 제9호부터 제11호까지의 개정규정은 공포 후 2년이 경과한 날부터 시행한다.

8) 권혁, "중대재해처벌법의 법체계적 지위와 입법정책적 의의 고찰", 노동법포럼 제34호, 노동법이론실무학회, 2021, 3면.

니고 제반 의무의 이행을 효과적으로 담보하기 위한 수단이기 때문에, 산안법 위반행위에 대한 처벌 강도를 높이는 데에는 한계가 있을 수밖에 없다. 처벌대상 측면에서도 도급인의 현장소장 등 실무자 위주의 처벌이 주를 이루고 있어서, 제재의 실효성 즉, 재해 예방효과에 대해서도 의문이 제기되어 왔다.

이에 2021. 1. 26. 제정되어 2022. 1. 27.부터 시행되고 있는 제정 중처법에서는 사업주 외에도 '경영책임자등'을 직접적인 수범자로 삼고, '종사자' 개념을 도입하여 보호대상을 확장하였다(제4조, 제2조 제7호). 또한 도급, 용역, 위탁 등을 한 사업주 또는 경영책임자등을 수범자로 하는 제5조 규정을 두어 수급인 등 하청업체 사업주 또는 경영책임자등의 책임과는 별개로 도급인 등의 책임을 명시적으로 규정하였다. 중처법에 따르면 도급인이 안전보건확보의무를 위반하여 중대산업재해에 해당하는 중한 결과가 발생한 경우 사업주의 책임과 동일한 법정형을 규정하여, 1년 이상의 징역 또는 10억 원 이하의 벌금(제2조 제2호 가목의 경우), 7년 이하의 징역 또는 1억 원 이하의 벌금(제2조 제2호 나목 또는 다목의 경우)에 처하도록 하였다(제6조).

이하에서는 산업재해와 관련하여 도급인의 형사 책임의 관점에서, 중처법상 도급인의 책임에 관한 해석을 충실히 하기 위해 먼저 산안법상 도급인의 책임의 내용을 살피고, 이어서 중처법상 도급인의 책임의 내용을 살피기로 한다. 그 밖에 도급에 관련된 쟁점으로서 중처법 중 중대산업재해 규정의 적용범위에 관한 제3조 '상시 근로자'의 해석론에 대해서도 간략히 검토하기로 한다.

다만 중처법상 도급인의 책임 규정은 상당히 추상적인 개념으로 이루어져 있고, 이에 대해 관계 부처 및 학계에서 다양한 해석론이 제시되고 있는 상황이므로, 이 글에서 제시하는 해석론은 제정 중처법령에 대한 하나의 해석론에 불과하고 절대적인 것이 아님을 밝혀둔다. 추후 중처법령 개정을 통해 해석의 폭이 좁혀지거나 실제 사례에서 판례를 통해 법리가 구체화되어야 할 것으로 보인다.

Ⅱ. 산안법에 의한 도급인의 책임

1. 도급 관련 규정 개관

산안법은 제5장에서 '도급 시 산업재해 예방'에 관하여 규정하고 있다.

먼저 제1절(제58조 내지 제61조)에서는 도급의 제한에 관하여, 수급업체의 독자적인 노력만으로는 당해 작업과 관련된 작업환경개선을 할 수 없는 유해하거나 위험한 작업(도금작업 등)에 대해서 원칙적으로 도급을 금지하고 예외적으로 고용노동부장관의 승인을 받아 도급할 수 있도록 하고(제58조 도급금지 제도),[9] 그 밖에 급성 독성, 피부 부식성 등이 있는 물질의 취급 작업 등의 도급에 대해 고용노동부장관의 승인을 받도록 하고 있으며(제59조 도급승인 제도), 승인받은 도급작업에 관하여 하도급을 금지하고 있고(제60조 승인작업 하도급 금지), 승인 시 하도급을 도급인에게 산재예방조치 능력을 갖춘 사업주에게 도급할 의무를 부과하고 있다(제61조 적격 수급인 선정 의무).

제2절(제62조 내지 제66조)에서는 도급인의 안전보건조치에 관하여, 도급인의 사업장에서 수급인 근로자의 작업이 이루어지는 경우 도급인에게 도급인 근로자와 수급인 근로자의 산재 예방을 위한 업무를 총괄하여 관리하는 안전보건총괄책임자를 지정하도록 하고(제62조), 산재 예방을 위한 안전 및 보건 시설의 설치 등 필요한 안전조치 및 보건조치를 할 의무를 부과하고 있으며(제63조 도급인의 안전보건조치의무), 구체적인 예방조치로서 '1. 도급인과 수급인을 구성원으로 하는 안전 및 보건에 관한 협의체의 구성 및 운영, 2. 작업장 순회점검, 3. 관계수급인[10]의 안전보건교육을 위한 장소 및 자료의 제공 등 지원, 4. 관계수급인이 근로자에게 하는 안전보건교육의 실시 확인, 5. 발파작업이나 붕괴 또는 지진에 대비한 경보체계 운영과 대피방법 등 훈련, 6. 위생시설 등 고용노동부령으로 정하는 시설의 설치 등을 위하여 필요한 장소의 제공 또는 도급인이 설치한 위생시설 이용의 협조, 7. 같은 장소에서 이루어지는 도급인과 관계수급인 등의 작업에 있어서 관계수급인 등의 작업시기·내용, 안전조치 및 보건조치 등의 확인, 8. 제7호에 따른 확인 결과 관계수급인 등의 작업 혼재로 인하여 화재·폭발 등 대통령령으로 정하는 위험이 발생할 우려가 있는 경우 관계수급인 등의 작업시기·내용 등의 조정'을 규정하고 있다(제64조 도급인의 재해예방조치). 또한 도급인의 특정 화학물질 등과 관련한 작업 등에서 수급인에게 안전 및 보건에 관한 정보를 제공할 의무를

---

9) 이는 종전의 도급인가제도가 실질적 변경 없이 도급금지 제도로 바뀐 것에 불과한데, 당초 이 규정은 1988년 5월 문송면 수은 중독사고(온도계 제조공장에서 일하던 15세 소년이 취업 두 달여 만에 수은중독으로 사망한 사건), 1980년대 후반 잇달아 발생한 중금속 중독사고 등 발생 이후 예방 차원에서 1990년 전부 개정시 도입되었다. 그러다보니 안전사고보다는 직업병 예방에 초점이 맞추어져 있다(정진우, 산업안전보건법 개정증보4판, 중앙경제, 2022, 229-230면).

10) 산안법 제2조 제8호는 '수급인'이란 '도급인으로부터 물건의 제조·건설·수리 또는 서비스의 제공, 그 밖의 업무를 도급받은 사업주를 말한다'고 정의하고 있고, 제9호는 '관계수급인'이란 '도급이 여러 단계에 걸쳐 체결된 경우에 각 단계별로 도급받은 사업주 전부를 말한다'고 정의하고 있다.

부과하고(제65조), 관계수급인 또는 관계수급인 근로자가 이 법 또는 이 법에 따른 명령을 위반하면 도급인이 관계수급인에 대해 시정하도록 필요한 조치를 할 수 있게 하였다(제65조).

제3절에서는 특히 도급이 빈번하게 이루어지는 건설업 등의 산재 예방에 관하여, 도급인과 구별하여 건설공사발주자의 의무 규정을 두고(제67조 내지 제72조), 일정 공사금액에 해당하는 건설공사에서 건설재해예방전문지도기관의 지도를 받도록 하며(제73조, 제74조), 일정 공사금액 이상 규모의 건설공사도급인은 공사현장에 근로자위원과 사용자위원이 동수로 구성되는 노사협의체를 운영할 수 있고(제75조), 타워크레인 등 기계·기구 또는 설비 등이 설치되어 있거나 작동하고 있는 경우, 이를 설치·해체·조립하는 등의 작업이 행해지는 경우 안전조치 및 보건조치를 할 의무를 부과하고 있다(제76조).

제4절에서는 그 밖의 고용형태에서의 산재 예방에 관하여, 특수형태근로종사자에 대한 안전조치 및 보건조치(제77조), 배달종사자에 대한 안전조치 및 보건조치(제78조), 가맹본부에서 가맹점사업자에게 가맹점의 설비, 기계, 원자재, 상품 등을 공급하는 경우 가맹본부가 취해야할 산재 예방조치를 규정하고 있다(제79조).

벌칙으로는 제63조를 위반하여 근로자를 사망에 이르게 한 자는 7년 이하의 징역 또는 1억 원 이하의 벌금에 처하고(제167조 제1항), 제63조, 제76조를 위반한 자는 3년 이하의 징역 또는 3천만 원 이하의 벌금에 처하며(제169조), 제65조 제1항을 위반한 자는 1년 이하의 징역 또는 1천만 원 이하의 벌금에 처하고(제170조), 제69조 제1항, 제2항을 위반한 자는 1천만 원 이하의 벌금에 처하며(제171조), 제64조 제1항, 제2항을 위반한 자는 500만 원 이하의 벌금에 처한다(제172조)는 규정을 두고 있다. 제173조에서는 양벌규정을 두고 있는데 이에 관하여는 후술한다. 그 밖에 과태료가 부과되는 경우가 있다(제175조).

이 중 산업재해 발생에 대해 도급인에게 형벌을 부과하는 경우는 제63조 위반에 대한 제167조 제1항에 의한 처벌과 이와 관련한 제173조 양벌규정에 의한 처벌이 있다. 이하에서는 이에 관하여 서술한다.

2. 산안법 제63조에 의한 도급인의 책임

가. 법 규정

산업안전보건법

제63조(도급인의 안전조치 및 보건조치)

도급인은 관계수급인 근로자가 도급인의 사업장에서 작업을 하는 경우에 자신의 근로자와 관계수급인 근로자의 산업재해를 예방하기 위하여 안전 및 보건 시설의 설치 등 필요한 안전조치 및 보건조치를 하여야 한다. 다만, 보호구 착용의 지시 등 관계수급인 근로자의 작업행동에 관한 직접적인 조치는 제외한다.

제167조(벌칙)

① 제38조 제1항부터 제3항까지(제166조의2에서 준용하는 경우를 포함한다), 제39조 제1항(제166조의2에서 준용하는 경우를 포함한다) 또는 제63조(제166조의2에서 준용하는 경우를 포함한다)를 위반하여 근로자를 사망에 이르게 한 자는 7년 이하의 징역 또는 1억 원 이하의 벌금에 처한다.

제169조(벌칙)

다음 각 호의 어느 하나에 해당하는 자는 3년 이하의 징역 또는 3천만 원 이하의 벌금에 처한다.

(나머지 조항 생략) 제63조를 위반한 자

나. '도급인'의 의미

(1) 도급인과 건설공사발주자의 개념

산안법은 2019년 개정에서 도급에 대한 정의 규정을 신설하여, 제2조 제6호에서 "도급"이란 '명칭에 관계없이 물건의 제조·건설·수리 또는 서비스의 제공, 그 밖의 업무를 타인에게 맡기는 계약을 말한다'라고 정의하고 있다. 이에 의하면 민법상 도급계약 뿐만 아니라 위임계약 등도 포함될 수 있으므로 산안법은 민법의 도급과는 다른 개념을 사용하고 있다고 할 수 있다.

한편 산안법 제2조 제7호는 '도급인'이란 '물건의 제조·건설·수리 또는 서비스의 제공, 그 밖의 업무를 도급하는 사업주를 말한다. 다만, 건설공사발주자는 제외한다'라고 하여, 일반적으로는 도급인의 개념에 포함되는 건설공사발주자를 도급인과 구분하고 있고, 제10호는 '건설공사발주자'란 '건설공사를 도급하는 자로서 건설공사의 시공을 주도하여 총괄·관리하지 아니하는 자를 말한다. 다만, 도급받은 건설공사를 다시 도급하는 자는 제외한다'[11]라고 정의하고 있다.

따라서 건설공사에 있어서는 최초 도급인인 발주자는 시공을 주도하여 총괄·관리하는 경우가 아닌 한 산안법상 도급인에 대한 규정이 적용되지 않고, 건설공사발주자에 관한 규정이 적용된다. 시공을 주도하여 총괄·관리하지 않는 발주자에게까지 산안법상 도급인의 책임을 적용하는 것은 부당하지만, 발주자가 시공을 주도하여 총괄·관리하지 않는 경우라 하더라도 설계 변경 등 실제로 영향력을 행사하여 산업재해의 발생에 영향을 미치고 있기 때문에 산안법은 이 점을 고려하여 건설공사발주자에게 고유한 의무를 부과하고 있는 것이다.[12)]

[산업안전보건법상 도급인의 의무[13)]]

- 유해작업 도급금지 의무(제58조)
- 도급의 승인을 받아야 하는 의무(제59조)
- 재하도급 금지의무(제60조)
- 적격수급인 선임의무(제61조)
- 안전보건총괄책임자 지정 의무(제62조)
- 안전조치 및 보건조치의무(제63조)
- 도급에 따른 산업재해예방 조치의무(제64조)
- 안전 및 보건에 관한 정보제공의무(제65조)
- 관계수급인에 대한 시정조치 권한(제66조)
- 작업환경측정 의무(제125조)

[산업안전보건법상 건설공사발주자의 의무]

- 안전보건관련 대장작성 및 그 이행 여부 확인의무(제67조)
- 안전보건조정자 선임의무(제68조)
- 공사기간단축 및 공법 변경금지 의무(제69조)
- 건설공사기간의 연장의무(제70조)
- 설계변경 의무(제71조)
- 산업안전보건관리비 계상의무(제72조)

---

11) 이때 건설공사란, 「건설산업기본법」 제2조 제4호에 따른 건설공사, 「전기공사업법」 제2조 제1호에 따른 전기공사, 「정보통신공사업법」 제2조 제2호에 따른 정보통신공사, 「소방시설공사업법」에 따른 소방시설공사, 「문화재수리 등에 관한 법률」에 따른 문화재수리공사를 말한다(산안법 제2조 제11호).

12) 다만, 산안법상 건설공사발주자에 대한 규제는 총 공사금액 50억 원 이상인 경우에만 적용되는데(시행령 제55조), 50억 원 미만의 건설공사에서 발주자가 도급인에 대한 규제와 건설공사발주자에 대한 규제 모두에서 적용이 배제되는 것은 문제라는 지적이 있다(정진우, 앞의 책, 249면).

13) 2019년 개정 산안법 도급인에게만 해당되는 '독자적인 의무'로서 협의체의 구성 및 운영, 순회점검, 관계수급인의 안전보건교육에 대한 지원, 정보제공, 시정조치 등 다양한 조치를 의무화하고 있다.

(2) 도급의 유형

2019년 개정 전 산안법 제29조 제1항은 도급인의 안전보건조치의무 주체인 도급인 사업주에 관하여 "'사업의 일부를 분리하여 도급을 주어 하는 사업(제1호)', '사업이 전문분야의 공사로 이루어져 시행되는 경우 각 전문분야에 대한 공사의 전부를 도급을 주어 하는 사업(제2호)' 중 하나에 해당하고 대통령령으로 정하는 사업의 사업주"라고 규정하고 있었고, 대법원 판례 또한 동일한 장소에서 행하여지는 사업의 일부가 아닌 '전부'를 도급에 의하여 행하는 사업의 사업주는 구 산안법 제29조의 도급인 사업주에 해당하지 않는다고 판결하였었다.[14)]

이에 대해서는 발주자로부터 공사를 도급 받은 건설회사가 공정 중 일부를 직접 담당하여 시행하지 않고 이른바 일괄하도급에 의해 사업의 전부를 하도급주어 행한 경우, 위 건설회사는 구 산안법 제29조의 사업주에 해당하지 않게 되는데 이러한 책임구조가 중층적 도급관계를 조장할 수 있다는 비판이 있었다.[15)] 이를 반영하여 2019년 개정법은 전부 도급인지 일부 도급인지를 불문하고 도급인 사업주에게 의무를 부과하고 있다.

다. '도급인의 사업장에서 작업을 하는 경우'의 의미

산안법 제63조는 '도급인의 사업장'에서 수급인의 근로자가 작업하는 경우에 수급인 근로자의 산업재해 예방을 위해 도급인에게 안전보건조치를 실시하도록 규정하고 있다.[16)] 따라서 도급인이 의무적으로 안전보건조치를 해야 하는 도급작업은 도급인의 사업장에서 행해지는 작업이다. '도급인의 사업장'의 의미에 대해 산안법 제10조 제2항[17)]은 '도급인이 장소를 제공하거나 지정한 경우로서 도급인이 지배·관리하는 대통령령으로 정하는 장소를 포함한다'라고 규정하고 있다.[18)]

---

14) 대법원 2005. 10. 28. 선고 2005도4802 판결, 대법원 2008. 7. 10. 선고 2007도5782 판결, 대법원 2009. 5. 28. 선고 2008도7030 판결 등.

15) 오상호, 앞의 글, 190면.

16) '도급인의 사업장' 개념은 도급인의 안전조치 및 보건조치(산업안전보건법 제63조)의 기준이 될 뿐만 아니라 안전보건총괄책임자(산업안전보건법 제62조)의 지정 및 그에 따른 업무수행의 기준, 도급에 따른 산업재해 예방조치(산업안전보건법 제64조)를 실시해야 하는 경우 그 기준이 된다.

17) **제10조(산업재해 발생건수 등의 공표)** ② 고용노동부장관은 도급인의 사업장(도급인이 제공하거나 지정한 경우로서 도급인이 지배·관리하는 대통령령으로 정하는 장소를 포함한다. 이하 같다) 중 대통령령으로 정하는 사업장에서 관계수급인 근로자가 작업을 하는 경우에 도급인의 산업재해발생건수등에 관계수급인의 산업재해발생건수등을 포함하여 제1항에 따라 공표하여야 한다.

18) 이에 관하여 지배·관리의 의미가 매우 불명확하여 명확성의 원칙에 반한다는 견해가 있다(정진우, 앞의 책, 241-243면).

즉, '도급인의 사업장' 개념은 사업장에 국한되지 않고 '도급인이 장소를 제공하거나 지정한 경우'로 넓게 규정되어 있다. 위 '대통령령이 정하는 장소'는 산안법 시행령 제11조[19] 제1호부터 제14호까지에 규정된 14개 장소와 제15호의 위임에 의해 산안법 시행규칙 제6조[20]에 규정된 7개 장소를 합한 총 21개 장소를 의미한다.

결국 도급인의 사업장 개념의 해석상 쟁점은 '도급인이 지배·관리하는 장소'에 해당하는지 여부로 수렴한다. 이에 대해 고용노동부는 '지배·관리'란 '도급인이 해당 장소의 유해·위험요인을 인지하고 파악하여 유해·위험요인을 관리하고, 개선·제거하는 등 통제할 수 있는 정도를 의미한다'고 해석하고 있다.[21]

따라서 사업장 밖의 안전시설이나 주요설비의 경우에도 ① 수급인이 임의로 설치, 해체 및 변경할 수 없거나 도급인과 협의하여야 가능한 경우, ② 도급인이 자신의 업무를 관계수급인에게 맡기기 위하여 작업장소나 설비를 임대계약의 형

---

19) 1. 토사(土砂)·구축물·인공구조물 등이 붕괴될 우려가 있는 장소, 2. 기계·기구 등이 넘어지거나 무너질 우려가 있는 장소, 3. 안전난간의 설치가 필요한 장소, 4. 비계(飛階) 또는 거푸집을 설치하거나 해체하는 장소, 5. 건설용 리프트를 운행하는 장소, 6. 지반(地盤)을 굴착하거나 발파작업을 하는 장소, 7. 엘리베이터홀 등 근로자가 추락할 위험이 있는 장소, 8. 석면이 붙어 있는 물질을 파쇄하거나 해체하는 작업을 하는 장소, 9. 공중 전선에 가까운 장소로서 시설물의 설치·해체·점검 및 수리 등의 작업을 할 때 감전의 위험이 있는 장소, 10. 물체가 떨어지거나 날아올 위험이 있는 장소, 11. 프레스 또는 전단기(剪斷機)를 사용하여 작업을 하는 장소, 12. 차량계(車輛系) 하역운반기계 또는 차량계 건설기계를 사용하여 작업하는 장소, 13. 전기 기계·기구를 사용하여 감전의 위험이 있는 작업을 하는 장소, 14. 「철도산업발전기본법」 제3조 제4호에 따른 철도차량(「도시철도법」에 따른 도시철도차량을 포함한다)에 의한 충돌 또는 협착의 위험이 있는 작업을 하는 장소, 15. 그 밖에 화재·폭발 등 사고발생 위험이 높은 장소로서 고용노동부령으로 정하는 장소

20) **제6조(도급인의 안전·보건 조치 장소)** 「산업안전보건법 시행령」(이하 "영"이라 한다) 제11조 제15호에서 "고용노동부령으로 정하는 장소"란 다음 각 호의 어느 하나에 해당하는 장소를 말한다.

1. 화재·폭발 우려가 있는 다음 각 목의 어느 하나에 해당하는 작업을 하는 장소
   가. 선박 내부에서의 용접·용단작업
   나. 안전보건규칙 제225조 제4호에 따른 인화성 액체를 취급·저장하는 설비 및 용기에서의 용접·용단작업
   다. 안전보건규칙 제273조에 따른 특수화학설비에서의 용접·용단작업
   라. 가연물(可燃物)이 있는 곳에서의 용접·용단 및 금속의 가열 등 화기를 사용하는 작업이나 연삭숫돌에 의한 건식연마작업 등 불꽃이 발생할 우려가 있는 작업
2. 안전보건규칙 제132조에 따른 양중기(揚重機)에 의한 충돌 또는 협착(狹窄)의 위험이 있는 작업을 하는 장소
3. 안전보건규칙 제420조 제7호에 따른 유기화합물 취급 특별장소
4. 안전보건규칙 제574조 제1항 각 호에 따른 방사선 업무를 하는 장소
5. 안전보건규칙 제618조 제1호에 따른 밀폐공간
6. 안전보건규칙 별표 1에 따른 위험물질을 제조하거나 취급하는 장소
7. 안전보건규칙 별표 7에 따른 화학설비 및 그 부속설비에 대한 정비·보수 작업이 이루어지는 장소

21) 고용노동부, 개정 산업안전보건법 시행에 따른 도급 시 산업재해 예방 운영 지침, 2020. 3., 23면.

식으로 지정·제공하였다 하더라도 계약의 실질이 도급인이 해당 장소의 유해·위험요인을 인지하고 이를 관리·개선하는 등 통제할 수 있는 경우, ③ 도급인이 수급인에게 작업장소나 시설 등을 무상임대하고 이를 관리하는 경우 등에는 도급인이 지배·관리하는 장소로 볼 수 있고, 이와 달리 ① 수급인 자신이 작업장소나 시설·설비 등을 소유하거나 도급인이 아닌 제3자로부터 임차하여 사용하는 경우, ② 시설·설비 및 장비에 대한 변경 및 안전장치 설치·해체를 수급인의 필요에 따라 임의로 행하는 경우 등은 도급인의 지배·관리 영역 밖으로 본다.

대법원은 "구 산안법 제29조 제1항은 사업의 전체적인 진행과정을 총괄하고 조율할 능력이나 의무가 있는 사업주에게 그가 관리하는 작업장에서 발생할 수 있는 산업재해를 예방하기 위한 조치를 하여야 할 의무를 규정한 조항으로, 구 산안법 제29조 제1항의 '같은 장소에서 행하여지는 사업'은 사업주와 그의 수급인이 같은 장소에서 작업을 하는 사업을 의미하고, 장소적 동일성 외에 시간적 동일성까지 필요하다고 볼 수 없다."고 판시하였다.[22)]

결국 산안법 제63조는 '해당 장소의 유해·위험요인을 인지하고 파악하여 유해·위험요인을 관리하고, 개선·제거하는 등 통제할 수 있는 사업주'에게 안전보건조치의무를 부과하는 규정으로 볼 수 있다.

라. 도급인의 안전보건조치의무

(1) 산안법 제63조 본문

산안법 제63조는 '안전 및 보건 시설의 설치 등 필요한 안전조치 및 보건조치를 하여야 한다'고 규정하고 있을 뿐 도급인이 취할 조치의 구체적인 내용에 대해서는 별도의 규정이 없다. 이에 대해 고용노동부는 도급인의 안전보건조치의무를 관계수급인의 안전보건조치의무와 동일하다고 해석하고, 구체적인 조치의무는 산안법의 하위 규칙인 '산업안전보건기준에 관한 규칙'을 따르도록 하고 있다.[23)]

사업주의 안전보건조치의무 규정인 제38조, 제39조는 조치의 구체적인 사항을 고용노동부령으로 정하도록 하고 있고, 이에 따라 고용노동부령으로 제정된 것이 '산업안전보건기준에 관한 규칙'(이하 '산업안전보건규칙')이다. 산업안전보건규칙은 총 4편, 13장, 673개의 방대한 조항으로 다양한 작업환경과 상황에서 구체적으로

---

22) 대법원 2016. 3. 24. 선고 2015도8621 판결.
23) 고용노동부, 산안법 전부개정법률 주요내용 설명자료, 2019, 52면, 46면.

취하여야 할 조치를 열거하고 있으나, 도급관계에서 해당 의무들이 어떻게 준수되어야 하는지에 대해서는 다루지 않는다.[24] 따라서 도급인이 취해야 하는 조치가 관계수급인과 공동으로 이행되어야 하는 것인지, 도급인 단독으로 이행되어야 하는 것인지, 아니면 도급인은 관계수급인의 안전보건조치에 대해 지도·감독 등 관리를 하는 것으로 족한 것인지 등이 불분명하다.

이에 대해 도급이 이루어지는 사업장의 경우 위험성평가를 통해 도급인과 수급인이 취해야 할 역할을 결정하고 협업으로 사업장 전체의 안전보건을 확립해야 한다는 견해[25]가 있는데, 타당해 보인다.

개정 전 사안으로서 수급인 사업주의 책임이 문제된 사안이기는 하나, 대법원은 “사업주가 고용한 근로자가 타인의 사업장에서 근로를 제공하는 경우 그 작업장을 사업주가 직접 관리·통제하고 있지 아니한다는 사정만으로 사업주의 재해발생 방지의무가 당연히 부정되는 것이 아니고, 당해 근로관계가 근로자파견관계에 해당한다는 등의 특별한 사정이 없는 한 사업주는 산안법 제24조 제1항 제1호에 따른 보건조치의무가 있으며, 사업주가 근로자의 건강장해를 예방하기 위한 조치를 취하지 아니한 채 타인의 사업장에서 작업을 하도록 지시하거나 보건조치가 취해지지 아니한 상태에서 작업이 이루어지고 있다는 사정을 알면서도 이를 방치하는 등 규정 위반행위가 사업주에 의하여 이루어졌다고 인정되는 경우 법 제66조의2, 제24조 제1항의 위반죄가 성립하므로, 비록 본건 사업장이 원청 사업주에 의하여 관리되는 곳으로 소속 근로자들이 해당 공장에 진입한 이후에는 현실적으로 근로자들의 작업을 직접적으로 관리·감독을 하는 등으로 관여하지 않았더라도, 산소농도 측정, 송기마스크 비치 등의 조치는 밀폐된 작업장소를 직접 관리·통제하지 않는다 하더라도 그와 관계없이 취할 수 있는 조치라고 볼 여지가 있으므로, 피해 근로자들의 건강장해를 예방하기 위하여 위와 같은 조치를 취하지 아

24) 심재진, “중대재해처벌법 제정에 따른 산업안전보건법의 과제”, 노동법연구 제51호, 서울대학교 노동법연구회, 2021, 64-66면.

25) 전형배, “산업안전보건법의 해석과 정책방향”, 노동리뷰 2021년 11월호, 한국노동연구원, 2021, 13-14면. 서구에서는 1970년대부터 자율안전규제와 책임을 강조하면서 정부는 안전과 보건조치의 표준적인 수준을 모델로 제시하고 각 사업장에서 필요한 조치의 내용은 사업주가 위험성평가(risk assessment)를 통해 결정하도록 하고 있으므로, 산안법 제63조가 도급인에게 요구하는 안전보건조치의 내용과 수준은 결국 위험성평가를 통해 결정되어야 한다는 것이다. 산안법 제36조는 위험성평가제도를 규정하고 있는데 대부분의 위험성평가가 외부의 전문업체가 대행하여 작성하는 서류작업에 불과한 실정이어서 실질적인 위험성평가는 작동하지 않고 있는 실정이고, 서구와 달리 사업주에게 권고적 효력만 있다.

니한 채 원청 사업주의 작업장에서 작업을 하도록 지시하거나 그 보건조치가 취해지지 아니한 상태에서 위 작업이 이루어지고 있다는 사정을 알면서도 이를 방치하는 등의 법 위반 여부를 심리 판단하여야 한다."고 판시한바 있다.[26]

이 판결은 수급인의 근로자가 도급인의 사업장에서 작업할 경우, 도급인이 해당 사업장을 관리·통제하고 있더라도 수급인에게 일정한 조치의무를 인정할 수 있고, 도급인과 수급인 각각의 안전보건조치의무의 내용은 작업환경에 따라 개별적·구체적으로 정해질 수 있다고 보았다는 점에서 의미가 있다.

위 판결에 대해 근로자 배치 권한의 관점에서, 기본적으로 근로자 배치 권한은 소속 사업주에게 있으므로 사업주가 근로자를 안전보건조치가 이루어지지 않는 사업장 혹은 사업주 자신이 안전보건조치의무를 다할 수 없는 사업장에 배치하는 것 자체만으로 안전보건조치의무 이행의 해태로 볼 수도 있다는 견해도 있다.[27] '사업주가 안전조치의무를 다할 수 없는 사업장'에 해당하는지를 판단하는 기준에 대해서는 논란의 여지가 있겠으나, 위 견해의 큰 틀은 타당해 보인다.

도급인이 제63조의 안전보건조치의무를 위반한 경우 3년 이하의 징역 또는 3천만 원 이하의 벌금에 처하고(산안법 제169조), 위 의무 위반으로 근로자가 사망에 이른 경우 7년 이하의 징역 또는 1억 원 이하의 벌금에 처하도록 하고 있다(산안법 제167조 제1항).

(2) 산안법 제63조 단서

제63조 단서는 '다만 보호구 착용의 지시 등 관계수급인 근로자의 작업행동에 관한 직접적인 조치는 제외한다'라고 규정하여 도급인의 안전보건조치 중 보호구 착용의 지시 등을 도급인의 안전보건조치의무에서 제외하고 있다. 이 단서 규정은 작업행동에 관한 직접적인 조치는 파견법상 파견근로관계의 징표가 될 수 있는 점을 고려한 규정으로 보이나, 도급인이 관계수급인 근로자의 작업행동에 대한 직접적인 조치를 할 필요가 없거나 또는 해서는 안 된다는 식으로 이해될 소지가 있어 도급인의 역할에 혼란을 줄 수 있다.[28] 도급인이 관계수급인 근로자의 보호를 위해 취할 필요가 있는 조치 중 상당 부분이 근로자의 작업행동에 관한

---

26) 대법원 2020. 4. 9. 선고 2016도14559 판결.
27) 양승광, "산업안전보건법상 안전보건조치의무의 장소적 범위", 노동법학 제74호, 한국노동법학회, 2020, 2011-2212면.
28) 정진우, 앞의 책, 253면.

직접적인 조치에 해당할 수 있는데, 불법파견의 소지 등을 이유로 도급인이 이와 같은 조치를 하지 않게 된다면 관계수급인 근로자의 보호는 그만큼 미흡해질 수 밖에 없다.[29)]

3. 산안법상 도급인 책임에 관한 판례의 태도

가. 기본적인 법리

(1) 서론에서 전술하였듯이 대법원은 도급인 사업주의 산안법 위반 여부가 쟁점이 된 다수의 판결에서 '원칙적으로 수급인의 업무와 관련하여 안전조치를 취할 주의의무가 없으나, 법령에 의하여 도급인에게 수급인의 업무에 관하여 구체적인 관리·감독의무 등이 부여되어 있거나 도급인이 공사의 시공이나 개별 작업에 관하여 구체적으로 지시·감독하였다는 등의 특별한 사정이 있는 경우에는 도급인에게 수급인의 업무와 관련하여 사고방지에 필요한 안전조치를 취할 주의의무가 있다'고 판시하고 있다.[30)]

(2) 또한 도급인의 안전보건조치의무 규정에 관하여 '사업의 전체적인 진행과정을 총괄하고 조율할 능력이나 의무가 있는 사업주에게 그가 관리하는 작업장에서 발생할 수 있는 산업재해를 예방하기 위한 조치를 하여야 할 의무를 규정한 조항으로, 구 산안법 제29조 제1항의 "같은 장소에서 행하여지는 사업"은 사업주와 그의 수급인이 같은 장소에서 작업을 하는 사업을 의미하고, 장소적 동일성 외에 시간적 동일성까지 필요하다고 볼 수 없다'고 판시하고 있다.[31)]

(3) 산업재해에 대한 산안법위반죄를 고의범으로 보는 태도는 도급인에 대해서도 동일하다. 즉, '사업주에 대한 구 산안법 제66조의2(현행 제167조 제1항), 제23조 제3항(현행 제38조) 위반죄는 사업주가 자신이 운영하는 사업장에서 구 법 제23조 제3항에 규정된 안전상의 위험성이 있는 작업을 규칙이 정하고 있는 바에 따른 안전조치를 취하지 않은 채 하도록 지시하거나, 그 안전조치가 취해지지 않은 상태에서 위 작업이 이루어지고 있다는 사실을 알면서도 이를 방치하는 등 그

---

29) 정진우, 앞의 책, 283-284면에서는 산업재해 예방의 목적을 달성하기 위해서는, 작업행동에 관한 직접적인 조치를 도급인의 의무에서 제외하기 보다는, 작업행동에 관한 조치 중 산업안전과 관련된 조치는 불법파견의 판단 징표로 보지 않는 것이 타당하고, 중처법에 의한 조치의무도 파견법의 특례규정으로 보아 불법파견의 판단지표가 되어서는 안 된다고 한다.

30) 대법원 1996. 1. 26. 선고 95도2263 판결, 대법원 2009. 5. 28. 선고 2008도7030 판결, 대법원 2015. 10. 29. 선고 2015도5545 판결. 2016. 3. 24. 선고 2015도8621 판결.

31) 대법원 2016. 3. 24. 선고 2015도8621 판결.

위반행위가 사업주에 의하여 이루어졌다고 인정되는 경우에 한하여 성립하는 것이지, 단지 사업주의 사업장에서 위와 같은 위험성이 있는 작업이 필요한 안전조치가 취해지지 않고 이루어졌다는 사실만으로 성립하는 것은 아니라고 할 것이다. 그러나 사업주가 사업장에서 안전조치가 취해지지 않은 상태에서의 작업이 이루어지고 있고 향후 그러한 작업이 계속될 것이라는 사정을 미필적으로 인식하고서도 이를 그대로 방치하고, 이로 인하여 사업장에서 안전조치가 취해지지 않은 채로 작업이 이루어졌다면 사업주가 그러한 작업을 개별적·구체적으로 지시하지 않았더라도 위 죄는 성립하며, 위와 같은 법리는 도급인 사업주에 대한 구 산안법 제29조 제2항 위반죄(현행 63조)에서도 마찬가지로 적용된다'고 판시하였다.[32)]

나. 양벌규정에 관한 판례

(1) 양벌규정

산업안전보건법

제173조(양벌규정)

법인의 대표자나 법인 또는 개인의 대리인, 사용인, 그 밖의 종업원이 그 법인 또는 개인의 업무에 관하여 제167조 제1항 또는 제168조부터 제172조까지의 어느 하나에 해당하는 위반행위를 하면 그 행위자를 벌하는 외에 그 법인에게 다음 각 호의 구분에 따른 벌금형을, 그 개인에게는 해당 조문의 벌금형을 과(科)한다. 다만, 법인 또는 개인이 그 위반행위를 방지하기 위하여 해당 업무에 관하여 상당한 주의와 감독을 게을리하지 아니한 경우에는 그러하지 아니하다.

1. 제167조 제1항의 경우: 10억 원 이하의 벌금
2. 제168조부터 제172조까지의 경우: 해당 조문의 벌금형

(2) 판 례

산안법에서 위반행위자가 아닌 사업주는 양벌규정을 통해 벌금형으로 처벌될 수 있다. 양벌규정이 특히 의미를 갖는 것은 자연인이 아닌 '법인사업주'의 경우이다. 산안법 제173조 본문은 '법인의 대표자, 법인의 대리인, 사용인, 그 밖의 종업업이 위반행위를 하면 행위자를 벌하는 외에 법인에게 벌금을 과한다'고 규정하고 있으므로, 도급인인 법인사업주에게 양벌규정을 적용하기 위해서는 먼저 도급인 소속 피용자의 위반행위가 특정되어야 한다.[33)] 구체적인 사건에서 누가 위

32) 대법원 2011. 9. 29. 선고 2009도12515 판결.

반행위자인지를 특정하는 문제는 법인사업주의 처벌 가능성을 좌우하므로 중요한 쟁점이 된다.[34)][35)]

도급관계에서 산업재해가 발생한 경우 산업안전의 감독과 수사 등 실무에서 대체로 안전보건총괄책임자 내지 안전보건관리책임자를 위반행위자로 보아왔다. 그런데 대법원은 2018년 선고한 S전자 불산 누출 사건[36)]에서 '산안법령이 규정한 구체적이고 직접적인 의무를 부담하는 자'를 위반행위자라고 하면서, 도급인인 S전자 소속 전무(안전보건총괄책임자)는 불산의 관리와 누출 시 안전조치 등을 할 구체적이고 직접적인 의무를 부담하지 않는다고 보았고, 위반행위자의 유죄가 인정되지 않는 이상 S전자를 양벌규정으로 처벌할 수 없다고 판단하였다.[37)]

이에 대해, 사업장의 안전보건체계를 설계하고 운영하는 총괄책임을 부담하는 자가 바로 안전보건총괄책임자 또는 안전보건관리감독자임에도 단지 이들이 설계한 지휘체계에 따라 실행하는 일종의 이행보조자에 불과한 말단 근로자를 처벌대상인 행위자로 삼는 것은 부당하다는 비판이 있었다.[38)]

이 판결 이후, 이른바 S중공업 거제조선소 사건[39)]에 대해 선고된 1, 2심 판결

33) 법인의 법 위반 행위에 대하여 법인의 대표자, 현장소장, 공장장 또는 중간관리자인 관리감독자 중 누구를 행위자로 처벌할 것인지 여부는 회사 규모, 구체적인 업무분장, 안전관리에 관한 실질적인 권한 위임 여부 등을 종합적으로 고려하여 판단한다. 그러나 사업주는 안전보건관리책임자를 두어 산업재해 예방을 총괄하도록 하므로 안전보건관리책임자인 현장소장 등이 행위자로서 처벌받게 되고 대표자는 책임을 묻기 어려운 경우가 대부분이다[(고용노동부(2019), 앞의 글, 41면)].

34) 전형배, "산업안전보건법 양벌규정 적용시 위반행위자의 규범적 의미", 노동법포럼 제26호, 노동법이론실무학회, 2019, 162면.

35) 산안법은 사업주를 처벌대상으로 하는 신분범의 성격을 가지므로 사업주가 아닌 위반행위자(종업원 등)를 양벌규정을 근거로 처벌하는 것이 가능한지 이른바 '양벌규정의 역적용'이 문제되었으나, 이 문제에 대해 대법원은 '양벌규정의 취지가 사업주인 법인이나 개인이 각 본조의 위반행위를 직접 하지 아니한 경우에 그 행위자나 사업주 쌍방을 모두 처벌하려는 데에 있으므로 양벌규정에 의하여 사업주가 아닌 행위자도 사업주에 대한 각 본조의 벌칙규정이 적용된다'는 입장이다(대법원 2010. 9. 9. 선고 2008도7834 판결, 대법원 2011. 9. 29. 선고 2009도12515 판결 등). 양벌규정의 역적용 문제에 관한 견해 대립의 소개는 이순욱, "산업안전보건법상 형사처벌 규정에 관한 소고", 법학연구 제62권 제1호, 부산대학교 법학연구소, 2021, 16-18면 참조.

36) 이 사건은 2013. 1. 28. S전자의 화성 소재 반도체 제조공장에서 반도체 제조과정에서 사용되는 불산(불화수소)가 누출되어 이를 수급인 소속 근로자들이 보수하던 중 불산에 노출되어 사망 또는 부상을 입은 사건이다. 검사는 S전자 소속 전무(S전자의 안전보건총괄책임자)를 양벌규정의 '위반행위자'로 특정하여 산안법위반죄와 형법상 업무상과실치사상죄를 적용하고, S전자에 대해 양벌규정을 적용하여 산안법위반죄로 각 기소하였는데, 이들에 대해 1심 법원은 모두 무죄를 선고하였다. 검사는 항소심에서 S전자를 직접적인 수범자로 하는 예비적 공소사실(산안법 제29조 적용)을 추가하였으나, 항소심 법원은 예비적 공소사실에 대해서도 무죄를 선고하였고, 상고심에서 그대로 확정되었다.

37) 대법원 2018. 10. 25. 선고 2016도11847 판결.

38) 전형배, "중대재해기업처벌법 입법안 소고", 노동법포럼 제30호, 노동법이론실무학회, 2020, 256면.

39) 이 사건은 2017. 5. 1. 대규모 조선소 작업 현장에서 크레인 간 충돌 사고로 여러 명의 근로자들

은 모두 위 대법원 판결과 유사한 이유로 상급 관리감독자의 책임을 부정하고 도급인 회사의 산안법위반죄 성립을 부정하는 등 위 대법원 판결은 하급심 판결에 영향을 미쳤던 것으로 보인다.[40)]

그런데 S중공업 거제조선소 사건의 대법원 판결은 1, 2심 판결과 결론을 달리하여 이목을 끈다. 즉, 2021년에 선고된 이 사건의 대법원 판결[41)]은 도급인과 수급인 모두에게 산안법령에 따라 크레인 간 충돌로 인한 산업안전사고 예방에 합리적으로 필요한 정도의 안전조치의무가 부과되어 있다고 보고, 양자가 모두 작업계획서에 충돌 사고를 방지할 수 있는 구체적인 조치를 포함시키지 않는 등 그 의무를 다하지 않았다고 하면서 유죄의 취지로 원심판결을 파기환송하였다.

이 판결에 의하면, 산업안전보건규칙의 규정의 취지와 사업장의 현황, 과거 사고 발생 사례와 같은 사정 등을 종합하여 사업주의 조치가 안전보건규칙의 해당 규정이 달성하고자 하는 목적에 부합하는지를 기준으로 의무 위반 여부를 판단하였는데, 이는 기존 판례에서의 접근방식과는 차이가 있다. 판결문에 양벌규정의 위반행위자에 관한 직접적인 언급은 없어서 이 판결이 양벌규정에서 위반행위자 특정에 관한 기존의 위 2018년 대법원 판결의 입장을 변경하였다고 단정할 수는 없지만, 기존의 방식과는 다른 접근방식을 취하고 1, 2심 판단과 달리 도급인과 수급인 사업주의 안전조치의무 위반을 인정하는 취지로 판시하였다는 데에 의의가 있다고 할 수 있고, 양벌규정에 관한 향후의 판단에도 영향을 줄 것으로 보인다.

한편, 양벌규정의 단서 조항은 '다만, 법인 또는 개인이 그 위반행위를 방지하기 위하여 해당 업무에 관하여 상당한 주의와 감독을 게을리 하지 아니한 경우에는 그러하지 아니하다'고 규정하고 있는데, 대법원은 도급인인 법인의 현장소장의 행위가 산안법위반죄에 해당한다는 이유만으로 법인의 주의의무 내용이나 그 위반 여부에 관하여 나아가 살피지 아니한 채 양벌규정에 따라 법인을 처벌하는 것은 위법하다고 판시하고 있다.[42)]

이 사망하거나 부상을 당한 사건이었는데, 검사는 도급인 회사와 수급인인 협력업체 대표를 구 산안법위반죄로 기소하였다.

40) 1심 창원지방법원 통영지원 2019. 5. 7. 선고 2017고단940, 2018고단368(병합) 판결. 2심 창원지방법원 2020. 2. 21. 선고 2019노941 판결.

41) 대법원 2021. 9. 30. 선고 2020도3996 판결.

42) 대법원 2010. 9. 9. 선고 2008도7834 판결; 대법원 2010. 2. 25. 선고 2009도5824 판결 등.

4. 산안법상 도급인 책임의 한계

산안법상 도급인의 책임은 2019년 개정법에서 대폭 강화되었지만, 그럼에도 불구하고 여전히 여러 한계점을 가지고 있다.

가. 보호대상의 한계

산안법 제63조 도급인의 안전보건조치는 '도급인의 근로자'와 '관계수급인의 근로자'를 보호대상으로 규정하고 있기 때문에, 수급인의 근로자는 도급인과 계약관계가 없어도 보호대상이 되는 반면, 1인 자영업자인 '수급인'은 도급인과 계약관계에 의해 직접 노무를 제공하더라도 산안법의 보호를 받지 못하는 상황이 발생한다.[43] 또한 '도급인의 근로자 외의 노무제공자' 및 '관계수급인의 근로자 외의 노무제공자'도 보호대상에서 제외된다.

기본적으로 산안법은 근로기준법상 근로자에 대한 보호를 목적으로 제정되었고, 대법원은 보호대상인 근로자에 대해 '실질적인 고용관계'가 존재할 것을 요구하고 있으므로,[44][45] 도급인의 사업장에서 노무를 제공하고 있더라도 도급인 또는 수급인과 실질적인 고용관계가 인정되지 않는 자는 산안법에 의한 보호를 받을 수 없게 되어 보호의 공백이 발생한다.[46]

업무의 분업화, 외주화로 인하여 기존의 직접고용 방식이 비전형적인 계약 형태로 전환되고 있고, 또 한편으로는 플랫폼 노동 형태가 증가함에 따라, 이러한 보호 공백의 영역은 점차 확대되고 있다.[47]

2019년 개정 산안법에서는 제1조 목적 규정에 기존의 '근로자' 대신 '노무를 제공하는 사람'이라는 표현을 사용함으로써 목적 범위를 넓히고, 일부 특수형태근로종사자(제77조),[48] 배달종사자(제78조)[49]에 대한 안전조치의무 규정을 신설하였지

---

43) 나민오, "사내하도급에서 산업안전보건법의 보호대상에 관한 연구", 동아법학 제88호, 동아대학교 법학연구소, 2020, 180-181면.

44) 대법원 2002. 8. 27. 선고 2002도27판결, 대법원 2009. 5. 14. 선고 2008도101 판결, 대법원 2010. 6. 24. 선고 2010도2615 판결 등

45) 이에 대하여 전형배(2021, 노동리뷰), 앞의 글, 12면에서는 대법원이 실질적인 고용관계라는 개념을 도입하여 보호대상을 넓히려는 시도를 하고 있다고 평가하기도 한다.

46) 최근 산업현장에서는 사내하도급에 있어서 수급인이 근로자 대신 프리랜서를 사용하여 도급인의 사업장에 노무를 제공하게 하는 경우가 증가하고 있는데, 이 경우 1차 프리랜서는 사업주로서 책임을 부담하지 않으면서 재하도급을 통해 자신의 업무를 나누어 처리할 수 있어 2차 프리랜서 계약이 체결되는 등 중첩적으로 프리랜서 계약이 체결되는 경우가 많다고 한다(나민오, 위의 글, 206면).

47) 고용노동부(2019), 앞의 글, 6면, 11면.

만, 보호되는 특수형태근로종사자는 '주로 하나의 사업에 노무를 상시적으로 제공하고, 타인을 사용하지 않고 자신의 노무를 제공하며, 대통령령에 정한 직종에 종사하는 자', 즉 '근로자와 유사하게 지속적인 관계에서 노무를 제공하는 자영업자'에 한정되고, 조치의무를 위반하더라도 과태료 부과에 그치고 있다(산안법 제175조 제4항 제3호).

개정 이후에도 도급인의 사업장에 일회성 또는 단기 작업, 간헐적 작업(승강기 점검, 에어컨 등 시설물 설치 및 수리 등)을 하기 위해 방문하는 수급인은 여전히 보호를 받지 못하고 있다.[50]

나. 책임주체의 한계

산안법 제38조, 제39조, 제63조는 사업주에게 안전보건조치의무를 부과하고 있지만, 산안법령상 그 의무의 내용은 산업현장에서 취해져야 할 구체적이고 직접적인 조치가 대부분이어서, 의무 이행에 있어서는 현장소장 등 안전보건관리책임자의 책임 하에 현장 직원에 의해 수행될 수밖에 없다는 본질적 한계가 있다.

게다가 위반행위자가 처벌받을 것을 요건으로 하는 양벌규정으로 인해, 중층적 도급관계의 상위에 해당하는 도급인을 산안법위반죄로 처벌하기란 현실적으로 매우 어렵고, 설령 처벌한다고 하더라도 중하게 처벌하는 데에 한계가 있다. 도급인의 규모가 크면 클수록 도급인 내에서 안전보건관리책임자의 위치는 낮아질 수밖에 없고 경영책임자가 안전보건관리책임자로 될 확률은 낮아지며, 그러한 경우

---

48) **제77조(특수형태근로종사자에 대한 안전조치 및 보건조치 등)** ① 계약의 형식에 관계없이 근로자와 유사하게 노무를 제공하여 업무상의 재해로부터 보호할 필요가 있음에도 「근로기준법」 등이 적용되지 아니하는 사람으로서 다음 각 호의 요건을 모두 충족하는 사람(이하 "특수형태근로종사자"라 한다)의 노무를 제공받는 자는 특수형태근로종사자의 산업재해 예방을 위하여 필요한 안전조치 및 보건조치를 하여야 한다.
1. 대통령령으로 정하는 직종에 종사할 것
2. 주로 하나의 사업에 노무를 상시적으로 제공하고 보수를 받아 생활할 것
3. 노무를 제공할 때 타인을 사용하지 아니할 것
② 대통령령으로 정하는 특수형태근로종사자로부터 노무를 제공받는 자는 고용노동부령으로 정하는 바에 따라 안전 및 보건에 관한 교육을 실시하여야 한다.
③ 정부는 특수형태근로종사자의 안전 및 보건의 유지·증진에 사용하는 비용의 일부 또는 전부를 지원할 수 있다.

49) **제78조(배달종사자에 대한 안전조치)** 「이동통신단말장치 유통구조 개선에 관한 법률」 제2조 제4호에 따른 이동통신단말장치로 물건의 수거·배달 등을 중개하는 자는 그 중개를 통하여 「자동차관리법」 제3조 제1항 제5호에 따른 이륜자동차로 물건을 수거·배달 등을 하는 사람의 산업재해 예방을 위하여 필요한 안전조치 및 보건조치를 하여야 한다.

50) 나민오, 앞의 글, 207면.

안전보건관리책임자는 전반적인 안전보건체계에 관한 의사결정권한이 없는 경우가 많기 때문에, 안전보건관리책임자에 대한 처벌이 재해 예방으로 이어지기도 어렵다.

경영책임자는 기업경영 전반에 걸쳐 중요한 의사결정을 담당하는 자이다. 기업의 재해는 기업 규모, 기계장치 비중, 복리후생비 비율 뿐만 아니라 안전을 경영목표에 포함하는지 여부, 위험 노출 정도, 노동자 숙련도, 비정규직 비율, 사업장 안전교육, 조직의 안전문화, 노사관계 요인에 따라 영향을 받기 때문에 재해 방지는 경영능력과 책임의 중요한 내용이고, 특히 최고경영자의 안전에 대한 관심은 재해에 영향을 주는 큰 요인이 된다.[51)]

기업의 경영책임자는 상법과 기타 여러 법률에 의해 기업의 전체적인 조직을 합법적이고 정당하게 관리할 책임과 의무를 지며, 이 의무에는 안전시스템을 만들고 유지해야 하는 내용이 포함되어 있다고 보아야 하고, 이는 중간관리자와 별도로 경영책임자에게 독자적인 형사책임을 지우는 근거가 될 수 있다.[52)] 산업현장의 중층적인 도급관계에서 산업재해의 위험을 제대로 관리할 수 있는 권한과 능력을 가진 자는 도급인이고, 도급인의 산업안전보건체계를 경영적 관점에서 갖출 수 있는 자는 도급인의 경영책임자라는 점에서 산업재해 관련 책임을 부과할 필요가 있음에도, 산안법을 통해 도급인의 경영책임자를 처벌하는 것은 사실상 어렵다는 한계가 있다.

다. 처벌수위의 한계

구 산안법은 양벌규정에서 사업주에 대해 행위자와 동일한 벌금형을 규정하고 있었는데,[53)] 기업의 규모가 클수록, 자산규모가 상당할수록 행위자와 같은 벌금형은 소액으로 볼 수 있기 때문에, 범죄 억제라는 효과가 미미할 수밖에 없었다.[54)]

법인에 대한 형벌의 예방적 기능을 강화하기 위해 2019년 개정법에서 양벌규

51) 김한균, "안전·보건확보의무의 형법적 부과 -중대재해처벌법과 그 제정의 형사정책적 평가-", 형사정책 제33권 제1호, 2021, 104면.

52) 김진영, "중대재해처벌법의 제정과 향후 과제", 법이론실무연구 제9권 제4호, 한국법이론실무학회, 2021, 54-55면.

53) **제71조(양벌규정)** 법인의 대표자나 법인 또는 개인의 대리인, 사용인, 그 밖의 종업원이 그 법인 또는 개인의 업무에 관하여 제66조의2, 제67조, 제67조의2 또는 제68조부터 제70조까지의 어느 하나에 해당하는 위반행위를 하면 그 행위자를 벌하는 외에 그 법인 또는 개인에게도 해당 조문의 벌금형을 과(科)한다. 다만, 법인 또는 개인이 그 위반행위를 방지하기 위하여 해당 업무에 관하여 상당한 주의와 감독을 게을리하지 아니한 경우에는 그러하지 아니하다.

54) 고용노동부(2019), 앞의 글, 142면.

정을 이원화하여 대표자나 그 밖의 종업원이 안전 및 보건조치의무를 위반하여 근로자가 사망한 경우 법인 사업주 또는 도급인에게 10억 원 이하 벌금을 부과하도록 하였다. 이에 따라 개정법 하에서는 중층적 도급관계의 최상위에 위치한 도급인에 대한 처벌수위도 상향될 것으로 예상된다.

그러나 산안법은 행정형벌에 해당한다는 점, 안전보건조치의무의 내용이 대부분 현장에서의 구체적인 조치에 집중되어 있다는 점에서, 도급인에 대한 과도한 벌금형은 자칫 그 근거가 미약하다는 비판이 가해질 수 있다.

Ⅲ. 중처법에 의한 도급인 등[55]의 책임

1. 중처법상 도급의 개념

가. 도급의 의미

산안법과 달리 중처법은 도급의 정의 규정을 두고 있지 않아서 도급의 개념에 대한 해석이 요구된다. 중처법의 기본이자 핵심 규정인 제4조 규정은 종사자를 보호대상으로 하는데 종사자에는 법 제2조 제7호[56] 다목의 '사업이 여러 차례의 도급에 따라 행하여지는 경우에는 각 단계의 수급인 및 수급인과 가목 또는 나목의 관계가 있는 자'가 포함되므로, 도급의 의미를 어떻게 해석하는지에 따라 제4조 책임의 적용범위가 달라질 수 있다.

중처법상 '도급'의 정의에 관하여, 중처법이 중대산업재해 등 안전에 관한 법률임을 고려하여 원칙적으로 산안법의 도급과 동일하게 해석해야 한다는 견해가 있다.[57] 이 견해는 산안법에서 '도급'이란 '명칭에 관계없이 물건의 제조·건설·수리 또는 서비스의 제공, 그 밖의 업무를 타인에게 맡기는 계약'이라고 정의하고 있고 (산안법 제2조 제6호), 그 밖에 건설산업기본법[58]과 고용노동부의 지침[59] 등에서도

---

55) 도급, 용역, 위탁 등을 행한 자를 포괄하여 '도급인 등'이라 하였다.
56) **제2조(정의)** 이 법에서 사용하는 용어의 뜻은 다음과 같다.
7. "종사자"란 다음 각 목의 어느 하나에 해당하는 자를 말한다.
가. 「근로기준법」상의 근로자
나. 도급, 용역, 위탁 등 계약의 형식에 관계없이 그 사업의 수행을 위하여 대가를 목적으로 노무를 제공하는 자
다. 사업이 여러 차례의 도급에 따라 행하여지는 경우에는 각 단계의 수급인 및 수급인과 가목 또는 나목의 관계가 있는 자
57) 대검찰청, 중대재해처벌법 벌칙해설, 2022, 233-234면.
58) 건설산업기본법 제2조 제11호에서도 "도급이란 원도급, 하도급, 위탁 등 명칭에 관계없이 건설공사

대체로 유사하게 규정하고 있으므로, 중처법상 도급의 개념 또한 '그 계약의 명칭이나 형식에 관계없이 자신의 업무를 타인에게 맡기는 계약'을 의미한다고 본다.

그러나 그와 같이 해석할 경우 중처법의 체계와 맞지 않는 경향이 있다. 중처법에는 '도급'만을 언급한 규정이 있는가 하면(제2조 제7호 다목), '도급, 용역, 위탁 등'이라고 언급한 규정도 있는데(제2조 제7호 나목, 제5조), 중처법의 도급을 산안법의 도급 개념으로 해석할 경우 '도급, 용역, 위탁 등'이 모두 도급에 포함되어 별도로 '용역, 위탁 등'을 언급한 실익이나 '도급'과 '도급, 용역, 위탁 등'을 구별하여 규정하고 있는 실익이 없어진다.

중처법에는 '도급' 외에도 산안법과 동일한 용어를 사용하지만 정의 규정을 두지 않은 경우가 있는데, 그와 같은 용어를 모두 산안법과 같은 개념으로 보아야 하는지도 의문이다. 예를 들어 산안법 제63조의 '사업장'의 개념은 동법 제10조 제2항에서 '도급인이 장소를 제공하거나 지정한 경우로서 도급인이 지배·관리하는 대통령령으로 정하는 장소를 포함한다'고 규정하여 사실상 도급인의 사업장 안팎을 구분하지 않고 있는데, 중처법의 '사업장' 의미를 위와 동일하게 해석할 수는 없을 것이다(만일 중처법 제4조가 적용되는 '사업 또는 사업장'에서 사업장의 개념을 산안법과 동일하게 해석한다면, 제5조가 적용되는 '시설, 장비, 장소 등'과 개념적으로 구별하기가 매우 어려워져 혼란을 초래할 것이다). 도급의 경우에만 특별히 산안법의 개념을 따르는 것도 가능은 하겠지만, 그 경우 일부 개념만 산안법을 따라야 할 특별한 근거도 없는 상황에서 두 법 사이에 용어와 관련한 혼란을 가중시킬 것으로 보인다.

도급에 대해 산안법은 별도의 정의 규정을 두고 있지만 중처법은 별도의 정의 규정을 두지 않았고, 산안법의 도급 개념을 원용하고 있지도 않은데, 민법상 도급과는 다른 산안법상 도급 개념을 좇아 해석하는 것은 형사책임 규정의 명확성의 원칙 측면에서도 바람직하다고 볼 수 없다.

따라서 중처법 제2조 제7호 다목의 도급을 해석함에 있어서는, 원칙으로 돌아가 민법상 도급의 개념 즉, 일의 완성을 목적으로 보수를 지급할 것을 약정하는

를 완성할 것을 약정하고, 상대방이 그 공사의 결과에 대하여 대가를 지급할 것을 약정하는 계약을 말한다."고 규정하고 있다.

59) '도급 시 산업재해예방 운영지침(2020. 3.)'에서 "산업안전보건법상 도급은 일의 완성 또는 결과에 대하여 보수를 지급할 것을 요건으로 하는 민법상 도급계약 뿐만 아니라 그 명칭이나 형식에 관계없이 자신의 업무를 타인에게 맡기는 계약을 의미하며 이때 타인에게 맡기는 업무가 부수적이거나 보조적인 경우에도 적용된다."고 해석하고 있다[고용노동부(2020), 앞의 글, 8면].

계약(민법 제644조)으로 해석하는 것이 타당하다고 생각한다. 도급에 해당하는지 여부는 계약의 형식과 상관없이 계약의 실질이 일의 완성을 목적으로 보수를 지급할 것을 약정하는 계약에 해당하는지를 기준으로 결정하여야 할 것이므로, 용역, 위임 등 다른 형식으로 체결되었더라도 실질을 따져 도급에 해당한다면 제2조 제7호 다목으로 포섭할 수 있을 것이다.[60]

다만, 입법론으로는 사업 또는 사업장 내 모든 종사자를 보호하기 위한 중처법의 입법 취지에 부합하도록 제2조 제7호 다목의 도급을 '도급, 용역, 위탁 등'이라고 규정하거나 산안법상 도급의 개념을 중처법에도 준용하는 규정을 두어 제4조의 보호범위를 확대하는 것이 타당해 보인다.

이하에서는 중처법 제2조 제7호 다목의 도급을 비롯한 중처법상 도급의 의미를 민법상 도급계약의 의미로 보고 논의를 전개한다.

나. 건설공사발주자

중처법에서는 건설공사발주자에 대한 언급이 없지만, 산안법에서는 도급인과 건설공사발주자의 개념을 구분하고 부과되는 의무를 달리 규정하고 있으므로, 중처법에서도 도급인의 개념에서 건설공사발주자를 제외해야 하는지 또는 제4조와 제5조의 수범자인 사업주 개념에서 건설공사발주자를 제외해야 하는지 등의 의문이 제기된다. 이는 결국 건설공사발주자에 대해서도 중처법 제4조 또는 제5조를 적용할 수 있는지의 문제이다.

결론부터 말하면 중처법 수범자인 사업주 또는 도급인에는 건설공사발주자도 포함된다고 보는 것이 타당하다. 중처법에는 도급인이나 건설공사발주자의 정의 규정이 없고, 산안법의 정의 규정을 원용하고 있는 것도 아니다. 일반적으로 건설공사발주는 도급의 일종으로 도급의 개념에 포함되는 것으로 이해되고, 국회의 법안 심사과정에서도 제5조의 '도급, 용역, 위탁 등' 외에 '발주'를 포함시킬지 여부가 쟁점이 되었으나 발주는 도급에 포함된다는 점을 고려하여 발주를 제외한 것으로 보인다.[61] 나아가 중처법 수범자인 '사업주'의 개념에 관하여 중처법 제2조 제8호는 '자신의 사업을 영위하는 자', '타인의 노무를 제공받아 사업을 하는 자'라고 정의하면서 다른 제한적 요소를 두지 않고 있으므로 건설공사발주자의

---

60) 특히 용역의 경우 민법상 전형계약에 포함되지 않으므로 실질을 따져 도급계약으로 포섭되는 경우가 많을 것으로 보인다.

61) 국회 법제사법소위원회 제5차 회의록 53-54면.

경우도 사업주의 위 개념에 포섭된다면 일응 중처법 제4조 내지 제5조의 적용이 가능하다고 볼 수 있다.

한편, 산안법에서는 '시공을 주도하여 총괄·관리하는지 여부'(산안법 제2조 제10호)를 기준으로 도급인과 건설공사발주자를 구분하고 있는데, '시공을 주도하여 총괄·관리하는지 여부'와 중처법상 책임 규정의 판단기준인 '실질적인 지배·운영·관리 여부'는 문언적 의미에서부터 차이가 있기 때문에 이를 동일하게 볼 수는 없을 것이다. 그러므로 산안법상 건설공사발주자에 해당하더라도 중처법상 안전보건확보의무를 부담하지 않는다고 일률적으로 말할 수 없고, '산안법상 건설공사발주자'에 대하여 중처법의 적용이 문제되는 경우에는 다른 도급인과 마찬가지로 '실질적으로 지배·운영·관리하는 사업 또는 사업장인지 여부'(제4조) 또는 '실질적으로 지배·운영·관리하는 책임이 있는 시설, 장비, 장소 등인지 여부'(제5조)를 기준으로 안전보건확보의무 부담 여부를 판단하여야 할 것이다.

예를 들어, 기업이 자신의 사업장 내에서 이루어지는 건설공사를 발주한 경우 시행사로서 시공을 주도하여 총괄·관리하지 않더라도, 시설, 장비, 장소 등에 대해 실질적으로 지배·운영·관리하는 책임이 있는 경우가 있을 수 있다.[62] 다만 이 경우 건설공사발주자는 산안법상 도급인의 의무 규정은 적용되지 않고 산안법상 건설공사발주자의 의무 규정이 적용되므로, 건설공사발주자의 경영책임자에게 부과되는 안전보건확보의무의 범위는 산안법상 건설공사발주자에게 부여된 공사기간 단축 및 공법변경 금지, 건설공사기간의 연장의무 등(산안법 제67조 내지 제76조)을 이행할 수 있도록 하는 범위라고 해석하는 것이 타당해 보인다.

2. 제4조에 의한 도급인의 책임

가. 법 규정

중대재해처벌법

제4조(사업주와 경영책임자등의 안전 및 보건 확보의무)

① 사업주 또는 경영책임자등은 사업주나 법인 또는 기관이 실질적으로 지배·운영·관리하는 사업 또는 사업장에서 종사자의 안전·보건상 유해 또는 위험을 방지하기 위하여 그 사업 또는 사업장의 특성 및 규모 등을 고려하여 다음 각 호에 따른 조치를 하여야 한다.

1. 재해예방에 필요한 인력 및 예산 등 안전보건관리체계의 구축 및 그 이행에 관한 조치

62) 대검찰청, 앞의 책, 236-237면.

2. 재해 발생 시 재발방지 대책의 수립 및 그 이행에 관한 조치
3. 중앙행정기관·지방자치단체가 관계 법령에 따라 개선, 시정 등을 명한 사항의 이행에 관한 조치
4. 안전·보건 관계 법령에 따른 의무이행에 필요한 관리상의 조치
② 제1항 제1호·제4호의 조치에 관한 구체적인 사항은 대통령령으로 정한다.

나. 도급인에게 제4조 책임이 인정되는 경우

법 제4조는 개인사업주 또는 경영책임자등에게 안전보건확보의무를 부과하는 규정으로 중대산업재해 관련 규정 중 핵심적인 규정이다. 제4조는 개인사업주 또는 경영책임자등에게 사업주나 법인 등이 '실질적으로 지배·운영·관리하는 사업 또는 사업장'에서 '종사자'의 안전·보건상 유해 또는 위험을 방지하기 위하여 사업 또는 사업장의 특성 및 규모 등을 고려한 안전보건확보의무를 부과하고 있다.

제4조 문언상 '도급'이라는 표현이 없어서 직접 사용자 또는 경영책임자만 수범자처럼 보이지만, 제4조의 보호대상인 '종사자'에는 중처법 제2조 제7호[63] 다목의 '사업이 여러 차례의 도급에 따라 행하여지는 경우에는 각 단계의 수급인 및 수급인의 근로자 또는 노무제공자'도 포함되므로, 이 범위에서는 제4조가 도급인의 책임을 규율하게 된다.[64]

법 제2조 제7호 나목의 '도급, 용역, 위탁 등 계약의 형식에 관계없이 그 사업의 수행을 위하여 대가를 목적으로 노무를 제공하는 자'도 종사자에 포함되나, 이는 사업주가 원청과 하청 간의 관계에서 도급인 등으로서의 지위가 아니라 노무제공자와 직접 노무제공계약을 체결한 계약 당사자의 지위에서 사업주로서 직접 노무를 제공받는 경우를 의미하므로, '도급, 용역, 위탁 등'의 용어가 되었지만 '도급인의 책임'으로 논할 성질의 것은 아니다.

---

63) **제2조(정의)** 이 법에서 사용하는 용어의 뜻은 다음과 같다.
7. "종사자"란 다음 각 목의 어느 하나에 해당하는 자를 말한다.
가. 「근로기준법」상의 근로자
나. 도급, 용역, 위탁 등 계약의 형식에 관계없이 그 사업의 수행을 위하여 대가를 목적으로 노무를 제공하는 자
다. 사업이 여러 차례의 도급에 따라 행하여지는 경우에는 각 단계의 수급인 및 수급인과 가목 또는 나목의 관계가 있는 자

64) 이는 어떠한 '사업'이 여러 차례의 도급에 따라 행하여지는 경우 그러한 '사업'의 원래 '사업주'는 자신이 직접 사용하는 종사자(근로기준법상 근로자와 근로자 이외의 노무제공자) 뿐만 아니라 수급인 및 수급인의 종사자와의 관계에 있어서도 '사업주'가 된다는 의미이다(전형배, 온주 중대재해처벌등에관한법률 제5조, 2022).

한편, 법 제5조에서는 도급, 용역, 위탁 등을 행한 경우에 '사업 또는 사업장'이라는 제한을 두지 않고 '시설, 장비, 장소 등에 대하여 실질적으로 지배·운영·관리하는 책임이 있는 경우' 도급인 등의 경영책임자에게 안전보건확보의무를 부과하고 있으므로, 제5조와의 관계에서 제4조의 도급인의 책임이 문제되는 경우란 '사업 또는 사업장' 내에서 작업이 이루어지는 경우, 즉 주로 '사내'도급 사안일 것으로 보인다.[65)]

제4조와 제5조의 관계에 관하여는 제5조 책임 부분에서 상술(詳述)한다.

제4조에서 도급인의 책임이 성립하는 경우에도 수급인에게 제4조의 적용이 배제되는 것은 아니므로 수급인의 제4조 위반 책임은 별도로 성립할 수 있다.

다. '실질적으로 지배·운영·관리하는 사업 또는 사업장'

(1) 의 미

'실질적으로 지배·운영·관리하는 사업 또는 사업장'의 의미는 중처법령에 나타나 있지 않고 해석에 맡겨져 있다.

'사업 또는 사업장'은 경영상 일체를 이루면서 유기적으로 운영되는 기업 등 조직 그 자체를 의미하고,[66)] 반드시 하나의 장소일 것을 요하는 것은 아니므로 예를 들어 본사와 생산 공장도 하나의 사업 또는 사업장에 해당될 수 있다.

'실질적인 지배·운영·관리'의 의미에 대해, 고용노동부는 '하나의 사업 목적 하에 해당 사업 또는 사업장의 조직, 인력, 예산 등에 대한 결정을 총괄하여 행사하는 경우를 의미한다'고 본다.[67)] 그러나 이와 같이 해석하는 것은 도급을 준 개인사업주나 경영책임자등이 수급인의 사업에 관하여 조직, 인력, 예산 등 결정을 총괄하는 경우는 일반적인 경우라 할 수 없다는 점에서 타당한 해석인지 의문이다.

'도급인의 실질적인 지배·운영·관리'의 판단기준은 그 사업 경영 전반에 대한 실질적 지배·운영·관리가 아니라 '수급인이 도급을 받는 사업을 운영하는 데 요구되는 안전보건확보의무를 이행할 때 도급을 준 개인사업주 또는 경영책임자등의 실질적인 관여가 필요하고 가능한 경우'로 해석하는 것이 타당해 보인다.[68)]

---

65) 사내도급이더라도 구체적인 사안에 따라서는 제4조의 '실질적으로 지배·운영·관리' 요건이 인정되지 않아 도급인의 책임이 발생하지 않는 경우가 있을 수 있다. 예를 들어 자동차부품 제조 공장 내의 구내식당 운영 업무를 도급 준 경우와 같이 도급인의 사업과는 무관한 업무여서 도급인이 개입할 여지가 없는 경우가 여기에 해당할 수 있다.

66) 대법원 1993. 2. 9. 선고 91다21381 판결, 대법원 1997. 11. 28. 선고 97다24511 판결 등.

67) 고용노동부, 중대재해처벌법 해설(최종본) -중대산업재해 관련-, 2021, 41면.

한편, '지배·운영·관리'에서 '지배', '운영', '관리' 중 어느 하나에 해당한다면(지배·운영·관리의 관계를 or의 의미로 파악) 제4조 책임을 부담하는 것으로 해석해야 한다는 견해가 있다.[69] 이 견해는 재해예방이라는 목적을 고려하여 제4조 책임을 넓게 인정하고자 하는 취지에서, 만약 '지배'와 '운영'과 '관리'를 모두 행하는 경영책임자만 책임주체가 된다고 본다면(지배·운영·관리의 관계를 and의 의미로 파악) 제4조 책임의 인정범위가 좁아진다는 점을 고려한 것으로 보인다.

그러나 지배, 운영, 관리 각각의 해당 여부를 개별적으로 판단하여 3가지 개념에 모두 포섭된 경우에만 제4조 책임을 인정한다거나, 셋 중 하나의 개념에만 포섭되는 경우에도 제4조 책임을 인정한다거나 하는 것이 타당한 접근인지는 검토를 요한다.

사견으로는 '지배·운영·관리'는 하나의 요건으로 보아 앞서 본 '지배·운영·관리'의 해석론에 따라 그 해당 여부를 총체적으로 한 번에 판단하는 것이 타당하다고 생각한다. 이 경우 '지배·운영·관리'의 인정 범위가 넓어질 수도 좁아질 수도 있을 것으로 보이는데, 법의 적용자는 입법취지가 몰각되지 않도록 사건의 구체적 타당성을 고려하여 위 판단기준을 적용해야 할 것이다.

이와 달리 지배, 운영, 관리 각각의 해당 여부를 따로 판단하여 어느 하나에 해당하면 책임을 부과하는 것은, 지배, 운영, 관리 각각의 개념이 모두 다소 추상적이기 때문에 각각의 개념에 포섭되는지 여부도 논란이 될 수 있어 오히려 판단을 복잡하게 하고, 소유권자의 사실상의 지배만으로도 '지배' 요건을 충족한다고 해석할 여지가 있게 되어 부당하게 제4조 책임이 부과될 가능성이 있다.

'지배·운영·관리'를 하나의 요건으로 볼 경우 '수급인이 도급을 받는 사업을 운영하는 데 요구되는 안전보건확보의무를 이행할 때 도급을 준 개인사업주 또는 경영책임자등의 실질적인 관여가 필요하고 또 가능한 경우인지'를 기준으로 판단하므로, 단순히 '지배하지 않았다', 혹은 '관리하지 않았다' 등의 이유로 제4조 책임에서 벗어날 수는 없을 것이므로, 처벌 범위가 좁아진다고 볼 수 없다.

총체적인 개념으로서 '지배·운영·관리'를 구체적으로 판단함에 있어서는, 1차적

---

68) 전형배, 온주, 제4조에서는 '수급인이 도급을 받는 사업을 운영하는 데 요구되는 안전보건확보의무를 이행할 때 도급을 준 개인사업주 또는 경영책임자등의 실질적인 관여가 필요한 경우'라고 해석하고 있으나, 사견으로는 '실질적인 관여가 필요하고 또 가능한 경우'로 해석하는 것이 타당하다고 생각한다.

69) 조흠학, "중대재해처벌법에서의 경영책임자의 범위와 의무에 관한 소고", 노동법논총 제53집, 한국비교노동법학회, 2021, 28면.

으로는 위험 요인의 통제가능성 여부와 사업장의 특성 및 규모 등을 고려하고, ① 해당 작업이 이루어지는 장소에 사업주 등의 지시권이 미칠 수 있는 관리자의 파견 여부, ② 해당 장소에서 일어나는 업무 및 비상 상황 등에 대한 보고가 이루어질 수 있는 체계가 있는지 여부, ③ 일상적 또는 비일상적 작업이나 경영상 판단이 필요한 중요 업무 결정에 대해 사업주 또는 경영책임자등이 관여하는지 여부, ④ 해당 장소의 시설·설비의 소유권이 누구에게 있는지 여부, ⑤ 사업 운영예산의 편성 및 집행 권한이 누구에게 있는지 여부 등도 추가적으로 확인하여,[70] 종합적으로 판단하여야 할 것이다.

(2) 수급인의 제4조 책임 관련

'도급인이 실질적으로 지배·운영·관리하는 사업 또는 사업장'으로 인정될 경우에도 '수급인이 실질적으로 지배·운영·관리하는 사업 또는 사업장'에 해당될 가능성은 열려 있다. 즉, 도급의 특성상 하나의 장소에 도급인의 통제권과 수급인의 통제권이 혼재하는 경우가 있을 수 있는데, 수급인의 제4조 책임은 도급인의 제4조(또는 제5조) 책임과 별개로 성립할 수 있다고 보아야 한다.

앞서 본 산안법 위반 사안에서 대법원은 수급인 소속 근로자가 도급인의 사업장에서 근무할 경우, 도급인이 해당 사업장을 배타적으로 지배·관리하는 사정만으로 수급인에게 사업주로서의 안전보건조치의무가 면제된다고 할 수 없다는 판단을 한 바 있고,[71] 이와 같은 논리는 중처법의 경우에도 마찬가지로 적용될 수 있을 것으로 보인다.

예를 들어, 자동차 제조업 사업주가 자동차 생산 공장 내 생산 공정 중 일부 공정에 관하여 사내도급 형식으로 수급업체와 도급계약을 체결하고 수급업체가 작업을 수행하는 경우(파견근로관계가 아닌 경우를 상정한다), 사내도급의 작업장소인 공장은 도급인인 자동차 제조업 사업주의 사업장이므로 '도급인이 실질적으로 지배·운영·관리하는 사업 또는 사업장'에 해당하여 도급인에게 제4조 책임이 성립할 수 있고, 또한 수급인의 입장에서 도급인 사업장 내 수급인 소속 근로자들의 작업 장소 및 해당 업무는 '수급인의 사업 또는 사업장'이라고도 볼 수 있으므로, 이에 대한 수급인의 실질적인 지배·운영·관리가 인정된다면 수급인에게도 제4조 책임이 성립할 수 있다.

---

70) 대검찰청, 앞의 책, 159면.
71) 대법원 2020. 4. 9. 선고 2016도14559 판결.

이때 수급인의 '실질적인 지배·운영·관리'의 판단에 있어서 그 대상을 시설, 장비, 장소와 같은 물적 요소 외에 근로자 관리와 같은 인적 요소도 대상으로 삼을 수 있는지가 논점이 될 수 있다. 왜냐하면 사내 노무도급의 경우 시설, 장비, 장소 등 물적인 요소는 모두 도급인의 지배·운영·관리 하에 있고, 인적인 요소만 수급인의 지배·운영·관리 하에 있는 경우가 적지 않을 것으로 보이는데, 인적 요소가 실질적인 지배·운영·관리의 판단 대상에서 제외된다고 본다면, 수급인의 제4조 책임은 항상 부정되는 부당한 결론에 이르기 때문이다. 따라서 '실질적인 지배·운영·관리'의 대상인 '사업 또는 사업장'(제4조)이나 '시설, 장비, 장소 등'(제5조)에 물적 요소뿐만 아니라 인적 요소도 고려 요소로서 포함된다고 해석하는 것이 타당해 보인다.

중처법상 도급인의 책임은 어디까지나 사업 또는 사업장 내에서 일하는 종사자를 두텁게 보호하고자 보호대상을 확장한 한 결과이지, 직접 고용주인 수급인의 책임 인정범위를 축소하고자 한 것은 아니므로, 도급인의 책임이 인정된다고 해서 수급인의 책임을 축소하는 방향으로 적용 또는 해석하는 것은 지양하여야 할 것이다.

물론 도급인이 수급인의 근로자에 대해 실질적인 지휘·감독까지 행사하는 경우라면 도급인의 제4조 책임만 인정되고 수급인의 제4조 책임은 부정될 가능성이 크고,[72] 반대로 수급인이 전문적인 기술을 가지고 도급인의 사업장 내 구분된 공간에서 독자적인 작업을 수행하거나 도급인의 사업과 전혀 다른 내용의 업무(공장 내 구내식당 운영위탁을 도급 형식으로 한 경우)를 도급 준 경우라면, 도급인의 책임은 부정되고 수급인의 제4조 책임만 인정될 가능성이 클 것이다.

도급인과 수급인의 제4조 책임 성립 여부는 위 해석론에 의하여 사건마다 개별적, 구체적으로 판단해야 할 것이다.

라. 도급인 사업주 또는 경영책임자의 안전보건확보의무 내용

중처법 제4조 제1항 각호는 경영책임자등의 안전보건확보의무의 내용으로 '1. 재해예방에 필요한 인력 및 예산 등 안전보건관리체계의 구축 및 그 이행에 관한

72) 이 경우 파견법상 근로자파견관계로 인정될 수 있을 것이다. 한편, 파견법 제35조 제1항은 파견근로에 관하여는 사용사업주를 산안법상 사업주로 간주하는 규정을 두고 있는데, 중처법의 적용에 관하여도 사용사업주를 중처법상 사업주로 간주하고, 사용사업주의 경영책임자를 중처법상 경영책임자로 간주하는 규정을 둘 필요가 있어 보인다.

조치, 2. 재해 발생 시 재발방지 대책의 수립 및 그 이행에 관한 조치, 3. 중앙행정기관·지방자치단체가 관계 법령에 따라 개선, 시정 등을 명한 사항의 이행에 관한 조치, 4. 안전·보건 관계 법령에 따른 의무이행에 필요한 관리상의 조치'를 규정하고 있다.

법 제4조 제1항 제1호 '재해예방에 필요한 인력 및 예산 등 안전보건관리체계의 구축 및 그 이행에 관한 조치'는 시행령 제4조 제1호 내지 제9호에서 구체화하고 있는데 ① 안전·보건 목표와 경영방침의 설정(제1호), ② 안전·보건 업무를 총괄·관리하는 전담 조직 설치(제2호), ③ 사업 또는 사업장 특성에 따른 유해·위험요인 확인하고 개선하는 절차 마련, 확인·개선 여부를 점검 및 필요한 조치(제3호), ④ 재해예방에 필요한 안전보건 인력·시설·장비 구비, 유해·위험요인 개선에 필요한 예산 편성 및 집행(제4호), ⑤ 안전보건관리책임자등[73]의 충실한 업무수행 지원을 위한 권한과 예산 부여, 평가기준 마련 및 평가·관리 등(제5호), ⑥ 산안법에 따른 안전관리자, 보건관리자, 안전보건관리담당자, 산업보건의 등 전문 인력 배치(제6호), ⑦ 종사자 의견 청취 절차 마련, 청취 및 개선방안 마련 후 이행 여부 점검(제7호), ⑧ 중대산업재해 발생 또는 급박한 위험 발생 시 조치 매뉴얼 마련 및 조치 여부 점검(제8호), ⑨ 도급, 용역, 위탁한 경우 수급인 등에 대한 평가, 수급인 등의 관리비용 등에 관한 기준과 점검(제9호) 등이다.

법 제4조 제1항 제4호 '안전·보건 관계 법령에 따른 의무이행에 필요한 관리상의 조치'는 시행령 제5조 제2항 제1호 내지 제4호에서 구체화하고 있는데, 안전·보건 관계 법령에 따른 의무 이행의 점검과 이행 조치(제1호·제2호), 안전·보건 교육의 실시 점검과 이행 조치(제3호·제4호) 등이다.

법 제4조 제1항 각 호, 시행령 제4조 각 호, 시행령 제5조 제2항 각 호에 관한 일반적인 해석은 도급인의 경우에도 동일하게 적용되므로, 제4조 제1항에서 규정한 '사업 또는 사업장의 특성과 규모'를 고려하되, 자신의 근로자·노무제공자 뿐만 아니라 사업 또는 사업장 내의 각 단계의 수급인 및 그들의 근로자·노무제공자들까지 모두 고려하여 조치를 이행하여야 할 것이다.

도급인의 경우 주의할 부분은, 시행령 제4조 제7호에서 종사자의 의견 청취 절차는 산안법상 산업안전보건위원회(산안법 제24조), 안전보건협의체(산안법 제64

73) 산안법 제15조, 제16조, 제62조에 따른 안전보건관리책임자, 관리감독자, 안전보건총괄책임자를 의미한다(중처법 시행령 제4조 제5호).

조), 건설업의 노사협의체(산안법 제75조)로 갈음할 수 있는데(중처법 시행령 제4조 제7호 단서), 산업안전보건위원회의 경우 사업주에게 고용된 근로자만이 근로자위원으로 참여할 뿐 그 밖의 종사자는 참가할 권한이 없으므로, 산업안전보건위원회로 종사자 의견 청취를 갈음할 때에는 사업주의 근로자 외에 노무제공자, 사내하청 소속 근로자·노무제공자 등 종사자들이 참여할 기회를 제공한 때에만 이를 준수한 것으로 해석하여야 한다.[74] 안전보건협의체도 산안법의 법문이 도급인과 수급인만을 구성원으로 하고 있으므로 사업 또는 사업장 내의 그 밖의 종사자의 참여 기회를 보장한 때에만 법령 준수를 한 것으로 보아야 한다.[75]

시행령 제4조 제4호의 경우 예산 편성 및 집행에 있어서 도급인이 수급인의 자체 예산 편성 및 집행 권한·의무를 침해해서는 안 될 것이므로, 수급인의 의무 이행 여부를 관리·감독하는 데에 필요한 예산을 편성하고 집행하는 것으로 해석하는 것이 타당하다.

시행령 제4조 제9호는 제3자에게 도급, 용역, 위탁 등을 행한 경우에 관한 직접적인 의무 규정으로, 이에 따르면 도급, 용역, 위탁 등을 행한 자('도급인 등')는 '가. 도급, 용역, 위탁 등을 받는 자의 산업재해 예방을 위한 조치 능력과 기술에 관한 평가기준·절차, 나. 도급, 용역, 위탁 등을 받는 자의 안전·보건을 위한 관리비용에 관한 기준, 다. 건설업 및 조선업의 경우 도급, 용역, 위탁 등을 받는 자의 안전·보건을 위한 공사기간 또는 건조기간에 관한 기준' 등을 마련하고, 그 기준과 절차에 따라 도급, 용역, 위탁 등이 이루어지는지를 반기 1회 이상 점검하여야 한다. 이는 도급인 등으로 하여금 수급인의 안전보건 경영 능력을 평가하도록 하는 것으로, 도급인 등이 직접 제3자의 근로자나 종사자의 안전보건에 필요한 사항에 관여하라는 취지가 아니라 제3자가 충분한 예산과 인력을 투입하여 그들의 근로자와 종사자의 안전보건을 관리하는지를 감독하라는 취지이다.[76] 이는 산안법 제61조가 규정한 '적격 수급인 선정 의무'를 구체화한 것으로 이해되므로, 이제 도급인 등은 중대재해예방에 있어서 적격 수급인을 선정하고 도급관계를 유지하는 데 있어서 시행령 제4조 제9호가 요구하는 평가를 하고 그 결과에 따라 필요한 조치를 하여야 한다.[77]

---

74) 전형배, "중대재해처벌법의 해석상 쟁점", 노동법포럼 제34호, 2021, 281면.
75) 전형배(2021, 노동법포럼), 위의 글, 281면.
76) 전형배(2021, 노동법포럼), 위의 글, 282면.
77) 전형배(2021, 노동법포럼), 위의 글, 282면.

이상의 안전보건확보조치는 중대산업재해가 발생한 직접적인 원인인 개별 안전보건조치가 아니라 그러한 개별 조치들이 이루어지는 경영시스템 즉, 체계를 갖추거나 사업 내 산업안전 인프라(infra)를 구축하는 등의 의무이므로 기업의 경영에 관한 관리상의 책임으로 이해된다.[78] 따라서 제4조에 의한 도급인의 책임 또한 수급인 및 수급인의 근로자·노무제공자까지도 보호대상으로 하여 경영상 관리 책임을 이행하라는 취지로 이해하여야 한다. 이러한 관리상 조치의무의 내용은 단순히 확인하는 것에 그치는 것이 아니라 점검 결과를 보고받아 미이행된 사항이 이행될 수 있도록 필요한 조치를 취하는 것까지 포함한다.[79] 다만, 경영책임자가 최선을 다해 안전경영을 실천하고 안전에 관한 인적, 물적 인프라를 구축하여 왔다면 중대산업재해가 발생하였다고 하여 결과책임의 관점에서 의무위반을 쉽게 인정하는 일은 없어야 할 것이다.

3. 제5조에 의한 도급인 등의 책임

가. 법 규정

중대재해처벌법

제5조(도급, 용역, 위탁 등 관계에서의 안전 및 보건 확보의무)

사업주 또는 경영책임자등은 사업주나 법인 또는 기관이 제3자에게 도급, 용역, 위탁 등을 행한 경우에는 제3자의 종사자에게 중대산업재해가 발생하지 아니하도록 제4조의 조치를 하여야 한다. 다만, 사업주나 법인 또는 기관이 그 시설, 장비, 장소 등에 대하여 실질적으로 지배·운영·관리하는 책임이 있는 경우에 한정한다.

나. 의 의

중처법 제5조는 제3자에게 도급, 용역, 위탁 등을 행한 경우에도 도급인 등에게 중처법상 책임을 부과하기 위한 규정이다. 그런데 앞서 보았듯이 제4조에서도 도급인의 책임이 규율될 수 있어서 두 규정의 관계가 문제된다. 이에 대해서는 항을 바꾸어 후술하기로 하고, 그에 앞서 먼저 제5조의 구조와 의미를 살핀다.

제5조는 본문과 단서로 구성되어 있으나, 그 내용을 살펴보면 본문과 단서가 원칙과 예외의 관계가 아니어서 제5조의 해석이나 입증책임과 관련하여 혼란을 초래할 수 있다.

---

78) 권혁(2021), 앞의 글, 13면. 입법기술적으로 볼 때에도 직접적이고 구체적인 안전보건조치의무와 같이 계량적 명확성과 획일성을 도모하기는 처음부터 어렵다고 보아야 하고, 오히려 안전 인프라의 구축 여부는 사업의 종류, 장소, 규모 등에 따라 구체적으로 판단되어야 한다고 한다.

79) 김진영, 앞의 글, 51면.

즉, 제5조 본문은 '사업주 또는 경영책임자등은 사업주나 법인 또는 기관이 제3자에게 도급, 용역, 위탁 등을 행한 경우에는 제3자의 종사자에게 중대산업재해가 발생하지 아니하도록 제4조의 조치를 하여야 한다'고 규정하여, 도급, 용역, 위탁 등을 행한 경우 장소적 제한 없이 제4조의 조치를 취할 의무가 발생하는 것으로 넓게 규정하고 있는 반면, 단서는 '다만, 사업주나 법인 또는 기관이 그 시설, 장비, 장소 등에 대하여 실질적으로 지배·운영·관리하는 책임이 있는 경우에 한정한다'라고 규정하여, 본문에 더하여 추가적인 적용 요건을 적극적으로 규정하고 있다.

이는 본문에서 적용 내용을 담고 단서에서 소극적으로 적용을 배제하는 내용을 담고 있는 일반적인 본문·단서 조항과는 구별된다. 제5조는 본문에 의해서 적용 여부가 결정될 수 없고 본문과 단서 모두에 의해서 적용 여부가 결정되므로, 제5조 본문에는 해당하면서 단서에는 해당하지 않는 경우는 애초에 제5조의 적용범위를 벗어나게 되고, 이 경우를 제5조 적용영역으로서 논할 실익은 없게 된다.

따라서 제5조 본문의 적용범위와 단서의 적용범위를 구별할 실익이 없고, 본문과 단서를 종합하여, '개인사업주나 법인 또는 기관이 제3자에게 도급, 용역, 위탁 등을 행한 경우 제3자가 사업 수행에 사용하는 시설, 장비, 장소 등에 대하여 도급인 등이 실질적으로 지배·운영·관리하는 책임이 있다면 사업주 또는 경영책임자등은 제3자의 종사자에게 중대산업재해가 발생하지 않도록 해당 시설, 장비, 장소 등에 관하여 제4조의 조치를 하여야 한다'는 취지로 이해하는 것이 타당하다.[80] 입증책임에 있어서도 단서 조항에 입증책임 전환의 법리가 적용된다고 보기 어려울 것이다.

다. 제4조와 제5조의 관계

(1) 도급인 책임에 있어서 제4조와 제5조의 적용범위

	제4조	제5조
제목	사업주와 경영책임자등의 안전 및 보건 확보의무	도급, 용역, 위탁 등 관계에서의 안전 및 보건 확보의무
의무주체	개인사업주 또는 경영책임자등	개인사업주 또는 경영책임자등

80) 동일한 취지로 권오성, 중대재해처벌법의 체계, 도서출판 새빛, 2022, 164면.

적용대상	사업주나 법인 또는 기관이 실질적으로 지배·운영·관리하는 사업 또는 사업장	사업주나 법인 또는 기관이 제3자에게 도급, 용역, 위탁 등을 행하였고, 사업주나 법인 또는 기관이 그 시설, 장비, 장소 등에 대하여 실질적으로 지배·운영·관리하는 책임이 있는 경우
목적	종사자의 안전·보건상 유해 또는 위험 방지	제3자의 종사자에게 중대산업재해 발생 방지
고려사항	사업 또는 사업장의 특성 및 규모 등 고려	
의무내용	법 4조 1항 1호~4호에 따른 조치	법 4조에 의한 조치

제4조 책임이 사업주 또는 경영책임자등으로 하여금 '사업 또는 사업장 내'의 종사자를 보호하도록 하는 규정이라면, 5조 책임은 도급, 용역, 위탁 등의 상대방인 독립된 '제3자'의 존재를 전제로 하여 사업 또는 사업장이라는 장소적 제한 없이 '제3자의 종사자'를 보호하는 규정이므로, 장소적 측면과 보호범위 측면에서 의무 범위를 확장하였다고 평가할 수 있다.

필자는 중처법상 도급을 민법상 도급으로 해석하는 입장이므로, 제4조의 도급인 책임은 제2조 제7호 다목에 의해 '도급'의 경우만 성립 가능하고, 도급 외의 경우에는 제4조 책임은 성립할 수 없다고 본다. 따라서 '사업 또는 사업장 내에서 이루어지는 도급계약'의 경우에는 제4조와 제5조가 모두 적용될 수 있고, 사외도급, 사내·사외를 불문한 용역, 위탁 등의 경우에는 제4조는 적용될 수 없고 제5조만 적용 가능하다.

두 규정을 모두 적용할 수 있는 경우에 제4조와 제5조의 관계가 문제될 수 있다. 일반적으로 제4조와 제5조의 관계에 관하여는, 제4조가 중처법에서 가장 기본적이고 핵심적인 규정이므로 제4조가 적용될 수 있으면 제4조를 우선하여 적용하자는 견해,[81] 제3자에게 도급, 용역, 위탁 등을 준 경우에는 제5조가 제4조의 특별규정에 해당하는 것으로 보아 제5조를 적용해야 한다는 견해[82] 등이 있다.

그러나 두 규정이 모두 적용 가능한 경우에 해석론으로서 하나의 규정의 적용을 배제시켜 적용 가능한 법규를 사전에 제한해 놓는 것은 바람직하지 않다. 두 규정이 모두 적용 가능한 경우에 각 규정을 적용한 결과, 양자 중 하나의 책임만 성립하는 경우가 발생할 수도 있으므로,[83] 두 규정을 모두 적용 가능한 경우에는

81) 대검찰청, 앞의 책, 240면.
82) 정진우, 중대재해처벌법, 중앙경제, 2022, 163면.

제4조와 제5조를 선택적으로 적용할 수 있도록 하되, 다만 검토의 우선순위는 제5조의 도급인 등 책임이 제4조의 도급인 책임을 포괄할 수 있는 점, 제4조가 중처법의 기본적인 규정인 점을 고려하여 제4조 책임을 주위적으로 5조 책임을 예비적으로 검토하는 것이 더 적절할 것으로 보인다.

한편, 입법론으로는 앞에서도 언급하였듯이 제2조 제7호 다목의 범위를 '도급, 용역, 위탁 등'으로 확대하여 제4조의 보호범위를 사업 또는 사업장 내 모든 종사자에 적용되도록 하고, 또한 제5조에 '제4조가 적용되는 장소 외의' 문구를 추가하여 제4조와 제5조의 적용 범위를 명시적으로 구분하는 것이 타당하다고 생각한다. 그렇게 하면, 제4조를 도급, 용역, 위탁 등을 행한 경우 사업 또는 사업장 내에서의 의무 부과 규정으로 볼 수 있고, 따라서 도급, 용역, 위탁 등이 이루어진 경우 사업 또는 사업장 내의 규율은 제4조로, 그 밖의 시설, 설비, 장소 등에 대한 규율은 제5조로 하게 되어 두 규정의 관계가 보다 간명해질 것이다.

(2) '시설', '장비', '장소'별로 지배·운영·관리하는 자가 상이한 경우

제3자에게 도급, 용역, 위탁 등을 준 경우로서 '시설이나 장소'를 실질적으로 지배·운영·관리하는 자와 해당 장소에 있는 '장비'를 실질적으로 지배·운영·관리하는 자가 다른 경우, 또는 '사업장(장소)'을 실질적으로 지배·운영·관리하는 자와 '시설이나 장비'를 실질적으로 지배·운영·관리하는 자가 다른 경우가 있을 수 있다.

이러한 경우 '누가 의무를 이행해야 하는지'에 관하여 제4조와 제5조가 충돌하는 문제로 파악하면서 제5조에 의해 해결해야 한다는 견해가 있다.[84] 그러나 전술하였듯이 제5조를 항상 제4조에 우선하여 적용하는 것이 타당하다고 볼 수 없고, 두 규정이 중첩되지 않는 범위에서는 제5조만, 중첩되는 범위에서는 제4조와 제5조가 선택적으로 혹은 순차적으로 적용 가능하다는 입장을 취하는 것이 타당함은 전술한 바와 같다. 시설, 장비, 장소별로 실질적인 지배·운영·관리자가 다른 경우는 제4조와 제5조가 충돌하는 문제로 볼 것이 아니라, 구체적인 사안에서 제

---

83) 사업 또는 사업장에 대한 실질적인 지배·운영·관리가 인정되는 경우(제4조의 책임이 성립하는 경우)는 제5조의 요건인 '시설, 장비, 장소 등에 대한 실질적인 지배·운영·관리 책임'도 인정될 가능성이 크므로, 어느 하나의 규정의 적용을 배제하더라도 결과에 있어서 책임 성립 여부가 달라지지는 않는 경우가 대부분일 것으로 보이지만, 현실에서 중대산업재해가 발생하는 구체적인 사안은 매우 복잡하여 예상치 못한 책임구조로 나타날 수 있고, '사업 또는 사업장'에 포섭 가능한 범위도 보는 관점에 따라 유동적일 수 있다. 따라서 반드시 양 규정의 적용 결과가 동일하다고 볼 수만은 없다.

84) 정진우(중대재해처벌법), 앞의 책, 163면.

4조 또는 제5조 각 규정의 책임 성립 여부를 검토할 때에 '실질적인 지배·운영·관리자'를 특정하는 문제로 보아야 할 것이다. 즉, ① 먼저 1단계로, 제4조와 제5조가 모두 적용되는 사안인지, 제5조만 적용되는 사안인지를 결정하고, ② 다음 2단계로, 해당 규정의 요건을 검토하여 책임 성립 여부를 결정하는데, 지배, 운영, 관리의 주체가 각각 다른 경우는 2단계에서 고려하면 족하다.

이때 시설, 장비, 장소 중 무엇을 기준으로 '실질적인 지배·운영·관리' 해당 여부를 판단할지는 '중대산업재해의 구체적인 내용과 발생 원인 등을 살펴' 사고와 관련 있는 부분(시설, 장비, 장소 중 일부일 수도 있고 전부일 수도 있다)을 기준으로 하여 이를 실질적으로 지배·운영·관리하는 자를 책임주체(복수일 수도 있다)로 특정하는 것이 타당하다고 생각한다.

예를 들어, 도급인의 공사현장 내에서 수급인이 자재를 반입하여 독자적으로 적재·관리하던 중 보관상의 부주의로 적재된 자재가 무너져 공사현장 내 도급인의 노무제공자 수급인의 노무제공자 등에게 중대산업재해가 발생했다고 가정하면, 이 경우 일견 사업장인 장소에 대한 실질적인 지배·운영·관리자는 도급인이지만, 자재를 기준으로 하면 시설, 장비 등[85]에 대한 실질적인 지배·운영·관리자는 수급인으로 볼 수 있어 '장소에 대한 지배·운영·관리자'와 '시설 또는 장비에 대한 지배·운영·관리자'가 상이한 경우에 해당한다.

먼저 ① 적용법조를 정하는데, 사내도급 사안으로 제4조와 제5조 모두 적용 가능하므로, 제4조→제5조 순서로 책임 성립 여부를 검토하기로 한다. 다음으로 ② 각 규정에 따른 책임 성립 여부를 판단하는데, ㉮ 먼저 제4조부터 검토하여, 사고의 구체적인 내용과 발생 원인 등을 살펴 그 재해가 자재 관리의 부주의로 발생한 것이고 자재의 관리에 도급인이 개입할 여지가 없다면 그 재해는 '도급인이 실질적으로 지배·운영·관리하는 사업 또는 사업장'에서의 위험이 구체화된 결과라고 보기 어려울 것이다. 반면 수급인은 비록 전체 공사현장에 대한 지배·운영·관리 권한은 없더라도 도급계약에 따라 자재를 적재하고 업무를 수행하고 있었다면 '그 범위 내에서는 수급인이 실질적으로 지배·운영·관리하는 사업 또는 사업장'에 해당할 수 있으므로 수급인에게 제4조 책임이 성립할 것이다. 물론 경우에 따라서는 도급인과 수급인에게 각각 제4조 책임이 성립하는 것도 가능하다.

---

85) 자재는 장비의 일종으로 볼 수 있을 것이고, 설령 장비로 볼 수 없더라도 장비 '등'에 해당할 수 있을 것이다.

㉯ 다음으로 제5조를 검토하여, 사고 발생지가 도급인의 사업장 내라는 점에서 장소에 대한 도급인의 실질적인 지배·운영·관리 책임과 장비 등에 대한 수급인의 실질적인 지배·운영·관리 책임이 충돌하는 것처럼 보이지만, 재해의 구체적인 내용과 발생 원인을 살펴보면 자재 즉, 장비 등으로 인해 발생한 사고이므로 이를 기준으로 실질적인 지배·운영·관리 책임자를 특정하여야 하고, 도급인에게 자재 관리에 개입할 책임을 인정하기 어렵다면 도급인은 책임이 성립할 수 없다. 이 경우에도 도급인의 책임 성립 여부와는 별개로 수급인에게 제4조 책임이 성립할 수 있을 것이다.

사외도급 또는 용역, 위탁 등의 사안이라면 제5조만 적용될 수 있고, 제5조 책임의 성립 여부를 검토함에 있어서는, 마찬가지로 사고의 구체적인 내용과 발생 원인을 살펴 시설, 장비, 장소 중 사고의 원인이 된 지점을 특정하고, 그에 대한 실질적인 지배·운영·관리 책임이 도급인에게 있는지를 살피면 될 것이다.

요컨대, 시설, 장비, 장소별로 지배·운영·관리자가 상이한 경우는 '제4조와 제5조의 충돌 문제'로 보기 보다는 제4조 또는 제5조의 책임 성립 여부를 결정하는 단계에서 '책임주체의 특정 문제'로 이해하는 것이 간명하다.

라. '도급, 용역, 위탁 등을 행한 경우'의 의미

제5조는 계약의 형식에 관하여 도급 외에도 용역, 위탁 등을 규정하여 원청·하청 구조에 대한 규율에 있어서 제4조보다 규율대상이 되는 계약의 범위를 넓다고 평가할 수 있다. 여기서 도급, 용역, 위탁은 모두 사업주가 타인에게 업무를 맡기는 계약이라는 공통점이 있다. 따라서 산안법상 도급의 개념인 '명칭에 관계없이 물건의 제조·건설·수리 또는 서비스의 제공, 그 밖의 업무를 타인에게 맡기는 계약'(산안법 제2조 제6호)과 제5조의 '도급, 용역, 위탁 등'을 동일한 의미로 보아도 무방하고, 도급, 용역, 위탁은 제3자에 업무를 맡기는 형식의 일부를 예시한 것으로 위임, 아웃소싱 등 그 명칭을 달리하는 계약형식을 취한다고 하더라도 그 형식이 기업 외부의 제3자 또는 제3자에 속한 종사자의 인력을 사용하는 것이라면 법 제5조가 적용될 수 있다.[86] 도급, 용역, 위탁 등이 사업의 전부에 관한 것인지 일부에 관한 것인지도 불문한다.

일반적으로 '행한 경우'는 직접 계약을 행한다는 의미이므로, 사업주가 제3자인

---

86) 전형배, 온주, 제5조.

수급업체와 직접 계약을 체결하는 것으로 해석된다.[87]

마. '제3자의 종사자'의 의미

(1) 보호대상

'제3자'는 도급, 용역, 위탁 등의 상대방 즉 도급, 용역, 위탁 등을 받은 자(이하 '수급인 등'이라 한다)를 의미하고, '종사자'는 중처법 제2조 제7호[88] 각목에 해당하는 자를 의미하므로, 제5조의 보호대상인 '제3자의 종사자'는 제3자(수급인 등)를 기준으로 하여 '수급인 등의 근로자·노무제공자, 수급인 등과 다시 도급계약을 체결한 각 단계의 수급인(하수급인을 의미) 및 수급인(하수급인을 의미)의 근로자·노무제공자'가 된다.

'제3자'가 자연인인 경우 제5조의 보호대상에 포함되는지 문제되는데, 종사자를 보호하기 위한 중처법의 입법취지를 고려하여 '제3자의 종사자'에 '제3자'도 포함된다고 해석하는 견해가 있을 수 있다. 그러나 이와 같이 해석하는 것은 법 문언의 해석 가능한 범위를 벗어나는 것으로 보이므로,[89] 입법으로 '제3자의 종사자'를 '제3자 및 제3자의 종사자'로 개정하여 제3자도 보호대상으로 명시하는 것이 타당하다고 생각한다.

현행 규정에 따르면, 예를 들어 A(도급인)가 B(1차 수급인, 개인사업주)와 청소용역계약을 체결하고, B가 다시 그중 일부 청소업무에 대해 C(2차 수급인, 개인사업주)와 재차 청소용역계약을 체결한 경우, B 및 그의 소속 근로자 b 그리고 C 및 그의 소속 근로자 c 이렇게 4인이 청소작업을 하다가 모두 중대산업재해를 당했다고 가정하면, b, C, c는 5조의 보호대상에 포함되지만, B는 5조의 보호대상에서 제외된다.

제4조가 적용되는 사내도급의 경우는 도급인을 기준으로 제2조 제7호 다목의

87) 조흠학, 앞의 글, 31면(제5조가 '행한 경우'라는 표현을 사용한 것에 대한 비판적 입장).
88) **제2조(정의)** 이 법에서 사용하는 용어의 뜻은 다음과 같다.
7. "종사자"란 다음 각 목의 어느 하나에 해당하는 자를 말한다.
가. 「근로기준법」상의 근로자
나. 도급, 용역, 위탁 등 계약의 형식에 관계없이 그 사업의 수행을 위하여 대가를 목적으로 노무를 제공하는 자
다. 사업이 여러 차례의 도급에 따라 행하여지는 경우에는 각 단계의 수급인 및 수급인과 가목 또는 나목의 관계가 있는 자
89) 조흠학, 앞의 글, 32면도 제3자에 대한 책임은 없다고 해석하고 있다. 한편, 산안법 제63조 도급인의 책임 규정에서, '관계수급인의 근로자'에 관계수급인은 포함하지 않는 것으로 해석하는 것이 일반적이고, 그와 같이 해석하는 것에 대하여 이견은 없는 것으로 보인다.

종사자의 범위가 결정되므로 수급인이 자연인일 경우 수급인도 종사자에 포함된다. 따라서 1차 수급인에 대한 보호 공백의 문제는 제4조는 적용할 수 없고 제5조만 적용할 수 있는 사안 즉, 용역, 위탁 등의 경우와 사외도급의 경우에 발생하게 된다.

다만, 제3자가 1인 자영업자라면 제2조 제7호 나목 '대가를 목적으로 직접 노무를 제공하는 자'에 해당하여 제4조의 보호대상에 포함되므로(이 경우 도급인의 책임으로서가 아니라 사업주로서의 책임의 성질을 갖는다), 위와 같은 보호 공백의 문제는 제2조 제7호 나목에 해당하지 않는 경우 즉, '계약의 해석상 수급인(제3자)인 개인사업주 자신의 노무제공까지 예정하고 있다고 보기 어려운 경우'로 한정될 것으로 보이지만(예컨대, 위의 사례에서 B가 계약 상 노무 제공을 위해 현장에 있었던 것이 아니라 자신의 소속 근로자 및 하수급 업체의 작업을 감독하고 돕기 위해 현장을 방문하였다가 중대산업재해를 당한 경우 등을 상정할 수 있을 것이다), 동일한 재해 상황에서 2차 수급인은 제5조에 의해 보호되는 점을 고려하면, 1차 수급인(제3자) 또한 동일하게 보호해야 할 필요성은 있어 보인다.[90]

(2) 사업주 또는 경영책임자 관점에서의 종사자[91]

여러 단계로 도급이 이루어지는 경우 노무를 제공하는 자의 노무제공 대상은 도급인 사업주의 '사업 수행'에 포함된다고 볼 수 있는 것이어야 하고, 도급, 용역, 위탁 등의 주체는 사업주 또는 경영책임자이어야 한다. 따라서 사업주 소속 근로자가 도급, 용역, 위탁 등을 통해 대가를 목적으로 하는 노무제공자를 업무에 투입한 경우, 이는 사업주의 사업수행으로 이루어지는 것이 아니라 해당 근로자가 주체가 되어 이루어지는 인력 활용 방식이라는 점에서 원칙적으로는 이 법에서의 종사자 개념에 포함된다고 보기 어렵다. 그러므로 근로자에 의해 수행되어야 할 업무가 위탁되어 제3자가 노무를 제공하고 있음을 해당 근로자가 은폐하는 등으로 인해 사업주가 알거나 알 수 없었다고 판단되는 경우에는 사업주 또는 경영책임자에 의한 안전경영체계에 의한 보호대상 범위에 포함된다고 보기 어려울 것이다. 물론 근로자에 의해 업무수행이 위탁되었다는 사실을 알거나 알 수 있었

---

90) 이에 대해 정진우, "중대재해처벌법 제정과정에서의 법적 쟁점과 남겨진 과제", 과학기술연구 27집 2호, 한남대학교 과학기술법연구원, 2021, 86면에서는 종사자에 대한 정의규정(제2조 제7호)에서는 1차 수급인이 포함되고, 제5조에서 보호대상에서 1차 수급인이 제외되어 의미가 서로 일치하지 않는 것은 문제라고 한다.

91) 전형배, 온주, 제5조.

던 경우에 해당한다면 경영책임자에 의한 안전경영체계에 의한 보호대상으로서 이 법의 종사자에 해당한다고 보아야 할 것이다.

바. '실질적으로 지배·운영·관리하는 책임이 있는 시설, 장비, 장소 등'의 의미

고용노동부는 제5조의 '실질적으로 지배·운영·관리하는 책임이 있는 경우'란 '중대산업재해 발생 원인을 살펴 해당 시설 또는 장비 또는 장소에 관한 소유권, 임차권, 그 밖에 사실상의 지배력을 가지고 위험에 대한 제어 능력이 있다고 볼 수 있는 경우'를 의미한다고 보고 있다.[92] 따라서 도급인의 사업장 내 또는 사업장 밖이라도 해당 작업과 관련한 시설, 장비, 장소 등에 대해 소유권, 임차권, 그 밖에 사실상의 지배력을 행사하고 있다면 제5조 책임을 부담한다고 본다.[93]

그러나 소유권, 임차권 등 민사법적 권한 유무는 어디까지나 장소 등에 대한 '지배' 여부를 판단하는 하나의 요소로만 보는 것이 타당하고,[94] 실질적인 지배·운영·관리는 '위험에 대한 제어 능력'에 방점을 두고 판단해야 할 것으로 보인다. 즉, 제3자의 종사자가 형식적으로 소유자로서 장비를 반입하여 사용하는 경우에도 도급 등을 준 개인사업주 또는 법인, 기관이 장비에 대한 관리처분권에 본질적인 제약을 가하고 있다면 도급인 등에게 실질적 지배·운영·관리 책임을 인정할 여지가 있다고 보아야 한다.[95]

결국 '실질적인 지배·운영·관리'의 의미는 제4조 책임에서 살핀 바와 같이 '제3자가 도급을 받는 사업을 운영하는 데 요구되는 안전보건확보의무를 이행할 때 도급을 준 개인사업주 또는 경영책임자등이 시설, 장비, 장소 등에 대하여 유해·위험요인 등을 통제할 가능성이 있고 실질적인 관여가 필요한 경우'로 해석하는 것이 타당하다. 이에 의할 경우, 제3자가 사업을 수행하는 데 도급 등을 준 사업주가 제공한 장소·기계·설비 및 화학물질을 사용하거나 제3자가 소유하고 제공하는 것을 사용하더라도, 도급 등을 준 개인사업주 또는 경영책임자등이 그 사용방

---

92) 고용노동부(2021), 앞의 글, 109면.
93) 위의 글, 109면.
94) 극단적인 예이기는 하지만, A 기관이 소유하고 있는 시설, 건물 등을 B 기업이 임차하여 제조업 등을 운영하는 경우, A 기관이 소유권을 가지고 차임 등 경제적 이익을 취한다는 이유로 그곳에서 발생하는 산업재해에 대해 형사책임을 지게 된다면 중처법 5조의 의무를 지나치게 확대하는 결과를 초래하고, 형법의 책임주의 원칙, 명확성의 원칙에도 반한다(송인택 외 4명, 중대재해처벌법 해설과 대응, 박영사, 2022, 279면).
95) 전형배, 온주, 제5조.

식 자체에 관여하는 등 작업에 수반하는 위해·위험요인을 직접 통제할 권한이나 책임이 있다면 제5조 책임이 부과될 수 있다.[96]

제5조에서는 제4조와 달리 실질적으로 지배·운영·관리하는 '책임'이라는 표현을 사용하고 있으므로 실제로 지배·운영·관리를 이행한 적이 없더라도 계약의 내용과 이행 상황을 살펴 이를 행사할 권한이나 책임이 있다고 평가되는 경우에는 지배·운영·관리할 '책임'이 인정되어 제5조 책임이 성립하는 것으로 볼 수 있을 것이다. 위 '책임'의 의미는 사실상 결과 책임으로 지나치게 확대되지 않도록 '법률 또는 계약관계에 의한 책임'으로 해석하는 것이 타당하다.[97] 사안에 따라서는 도급인 등이 책임 없이 호의로 안전보건 관련 조치를 이행하는 경우가 있을 수 있는데 이 경우에는 조치에 미비점이 있더라도 제5조 책임을 물어서는 안 될 것이므로 지배·운영·관리하는 책임이 있는지 여부를 객관적으로 판단해야 할 것이다.

'시설, 장비, 장소 등'은 누구의 사업 또는 누구의 사업장인지 불문한다. 시설, 장비, 장소별로 지배·운영·관리 책임자가 다른 경우에는 재해의 구체적인 내용과 발생 원인을 살펴 책임주체를 특정해야 한다는 점은 앞서 위 다.의 (2)항에서 서술한 바와 같다.[98]

사. '제4조의 조치'

법 제5조는 제3자의 종사자에 대한 안전 및 보건 확보의무의 내용으로 법 제4조를 준용하고 있다. 따라서 도급 등을 준 개인사업주와 경영책임자등은 제4조의 안전보건확보의무에서 요구하는 개별 의무를 이행할 때 반드시 제3자의 종사자에 대한 안전 및 보건이 확보되도록 고려하여야 한다.

구체적으로는 법 제4조 제1항 제1호 '재해예방에 필요한 인력 및 예산 등 안전보건관리체계의 구축 및 그 이행에 관한 조치'로서, 안전·보건 목표와 경영방침에 제3자의 종사자에 대한 기본 원칙이 제시되어야 하고(시행령 제4조 제1호), 전담조직의 역할에도 제3자의 종사자의 안전·보건에 관한 사항이 포함되어야 하며(시

---

96) 전형배, 온주, 제4조.

97) 대검찰청, 앞의 책, 244면.

98) 예를 들어 A회사가 사옥 내의 구내식당을 B업체에게 운영위탁을 행한 경우(위탁의 경우 사내·사외를 불문하고 5조로 의율하여야 함은 앞서 설명한 바와 같다) B업체가 위탁받아 독자적으로 시설, 장비 등을 갖추고 구내식당을 운영하던 중 구내식당의 시설, 장비 등과 관련하여 중대산업재해가 발생했다면, A회사는 사고 발생의 원인이 된 시설, 장비 등을 실질적으로 지배·운영·관리하는 책임이 있다고 볼 수 없으므로 5조 책임이 성립할 수 없다. 이와 별개로 B업체는 4조 책임이 성립할 수 있다.

행령 제4조 제2호), 유해·위험요인의 평가시에도 제3자의 종사자의 안전과 보건에 영향을 미칠 수 있는 유해·위험요인을 평가하고 그 결과를 바탕으로 작업환경을 개선하여야 한다(시행령 제4조 제3호). 산업재해 예방을 위한 예산을 편성하고 집행할 때에도 제3자의 종사자를 고려한 편성과 집행이 필요하고(시행령 제4조 제4호), 안전보건관리책임자등의 업무를 설계하고 업무수행을 평가할 때에도 제3자의 종사자에 대한 업무가 포함되고 수행한 업무의 적절성을 평가하여야 하며(시행령 제4조 제5호), 배치된 안전보건 전문 인력은 자신과 직접 고용관계가 있는 도급 등을 준 사업주의 종사자만을 고려한 지도·조언만을 할 것이 아니라 널리 사업장에서 노무를 제공하는 전체 종사자의 안전·보건을 고려한 업무 수행을 하여야 한다(시행령 제4조 제6호). 종사자의 의견청취절차에도 제3자의 종사자가 포함되어야 한다. 특히, 산업안전보건법의 형식적 법문상 제3자의 종사자의 의견이 반영되기 어려운 기구를 통해서 의견을 청취하고자 할 때에는 별도로 제3자의 종사자가 의견을 밝힐 수 있는 기구 운영의 유연성이 필요하다(시행령 제4조 제7호). 중대산업재해가 발생하거나 발생할 급박한 위험이 있을 경우의 대비조치는 제3자의 종사자를 고려하여 설계하고 훈련하여야 한다(시행령 제4조 제8호). 도급 등을 받는 제3자의 적격성을 평가할 때에도 제3자가 그의 종사자에 대한 안전 및 보건 확보의무를 충실히 이행하는지를 평가하는 척도를 도입하여야 한다(시행령 제4조 제9호).[99]

최초 법안은 도급인 등에게 수급인 등과 '공동으로' 유해위험방지의무 이행할 것을 규정하고 있었는데, 도급인의 의무와 수급인의 의무를 민법상 공동책임으로 오해할 소지가 있다는 지적이 제기되어 공동으로 의무를 부담한다는 규정은 삭제하고 수급업체와 동일한 의무를 독자적으로 부담하는 것으로 변경되었다.[100] 다만 도급인과 수급인에게 적용되는 의무 규정은 동일하더라도 실제 사업에서 도급인과 수급인의 경영책임자등이 취해야할 구체적인 의무의 내용이 완전히 동일하다고 볼 수는 없으므로, 위에서 서술한 법 제4조 제1항 제1호를 비롯하여 제2호 '재해 발생 시 재발방지 대책의 수립 및 그 이행에 관한 조치', 제3호 '중앙행정기관·지방자치단체가 관계 법령에 따라 개선, 시정 등을 명한 사항의 이행에 관한 조치', 제4호 '안전·보건 관계 법령에 따른 의무이행에 필요한 관리상의 조치'의

99) 이상 전형배, 온주, 제5조.
100) 국회 법제사법소위원회 제5차 회의록 62면.

범위는 도급인의 의무가 관리감독상의 의무인 점을 충분히 고려하여 정해져야 할 것이다.

4. 제4조 또는 제5조를 위반한 중대산업재해에 대한 형사처벌

가. 처벌 규정

중대재해처벌법

제6조(중대산업재해 사업주와 경영책임자등의 처벌)

① 제4조 또는 제5조를 위반하여 제2조 제2호 가목의 중대산업재해에 이르게 한 사업주 또는 경영책임자등은 1년 이상의 징역 또는 10억 원 이하의 벌금에 처한다. 이 경우 징역과 벌금을 병과할 수 있다.

② 제4조 또는 제5조를 위반하여 제2조 제2호 나목 또는 다목의 중대산업재해에 이르게 한 사업주 또는 경영책임자등은 7년 이하의 징역 또는 1억 원 이하의 벌금에 처한다.

③ 제1항 또는 제2항의 죄로 형을 선고받고 그 형이 확정된 후 5년 이내에 다시 제1항 또는 제2항의 죄를 저지른 자는 각 항에서 정한 형의 2분의 1까지 가중한다.

나. 해 설

책임주의 원칙상 도급인의 경영책임자에 대한 중처법상 형이 지나치게 과하다는 평가도 있을 수 있다. 그러나 중처법 제6조가 사업주 자신의 종사자에 대한 안전보건확보의무 위반뿐만 아니라 도급, 용역, 위탁 등 관계에서 제3자의 종사자에 대한 안전보건확보의무를 위반하여 중대산업재해에 이르게 한 사업주 또는 경영책임자도 동일한 법정형으로 처벌하는 것은, 책임전가나 결과책임을 묻는 것이 아니라, 위험의 외주화를 통해 안전보건확보책임을 하청에게 전가하려는 악의적 경영행위에 대해 직접적인 의무 위반 행위책임을 묻는 것으로 볼 수 있고,[101] 이와 같이 본다면 이 책임은 제3자에게 도급, 용역, 위탁을 행한 사업주 또는 경영책임자의 고유 책임이다. 다만, 경영책임자의 책임 성립과 책임의 경중을 판단함에 있어서는 결과책임이라는 평가가 이루어지지 않도록 구체적인 사안의 내용과 의무 위반의 정도, 의무 이행에 대한 기대가능성의 정도 등을 충분히 고려하여야 할 것이다.

---

101) 김한균, 앞의 글, 109면.

Ⅳ. 산안법상 도급인 책임과 중처법상 도급인 책임의 관계

1. 산안법 제63조 v. 중처법 제4조·제5조의 도급인 책임

중처법 제5조는 도급인 사업주 또는 경영책임자등의 안전보건확보의무를 규정하고 있다는 점에서 도급인의 안전보건조치의무를 규정한 산안법 제63조와 유사하지만, 그 요건과 보호범위, 책임주체, 조치의무의 내용 등에 차이가 있고, 중처법은 산안법보다 도급인 책임에서 처벌범위와 처벌정도를 강화하였다고 볼 수 있다.

산안법상 도급인의 안전보건조치 위반의 주체는 근로자를 사용하여 사업을 하는 자(사업주)를 기본으로 하고, 위반행위로 사망결과에 이른 경우 징역 7년 이하, 1억 원 이하의 벌금에 처하며, 재범의 경우 2분의 1 가중된다.[102] 도급인의 재해예방조치 위반의 경우(산안법 제64조) 주체는 물건의 제조·건설·수리 또는 서비스의 제공, 그 밖의 업무를 도급하는 사업주(도급인)에 한정되고, 위반행위에 대해서는 500만 원 이하의 벌금에 처해진다(산안법 제172조).

반면 중처법은 중대산업재해를 방지하기 위한 안전보건확보의무의 주체를 개인사업주 뿐만 아니라 사업을 대표하고 사업을 총괄하는 권한과 책임이 있는 경영책임자등에게 확대하였다.[103] 이에 따라 법인인 도급인의 경우 곧바로 법인의 대표이사 등이 경영책임자로서 안전보건확보의무 위반으로 인한 중대산업재해에 대하여 형사책임을 지게 된다. 안전보건확보의무 위반으로 사망의 중대재해 결과가 발생한 경우 사업주 또는 경영책임자등에 대하여 1년 이상의 징역 또는 10억 원 이하의 벌금에 처한다(병과 가능).

산안법 제63조는 '관계수급인 근로자가 도급인의 사업장에서 작업을 하는 경우'(다만 산안법 제10조 제2항을 통해 사업장의 범위를 넓게 보고 있다)에 도급인 사업주에게 안전보건조치의무를 부과하는 반면, 중처법은 제4조에서는 '도급인이 실질적으로 지배·운영·관리하는 사업 또는 사업장의 종사자'를 적용범위로 하여 인

102) 물론 양벌규정의 역적용을 통해 위반행위자인 안전 담당자(도급인이 법인인 경우 안전보건총괄책임자가 위반행위자에 해당할 가능성이 크고, 대표이사가 안전보건총괄책임자나 안전보건관리책임자인 경우 대표이사를 위반행위자로 특정하는 것도 가능하다)가 처벌되는 경우도 있지만 이는 산안법이 예정한 원칙적인 처벌의 모습은 아니고, 그렇기 때문에 처벌 수위 또한 경한 수준에 머물고 있다.

103) 산안법상 안전보건 조치의무 규정에 비해, 중처법의 안전보건 확보의무의 내용인 조치들은 확대된 행위주체의 행위들을 포섭하기 위하여 좀 더 포괄적인 규정형식을 취하였다(김한균, 앞의 글, 104면).

적 적용범위를 넓혔고, 제5조에서는 '실질적으로 지배·운영·관리하는 책임이 있는 시설, 장비, 장소 등'이라고 하여 장소적 적용범위 또한 확대하고 있다.

산안법 사안에서 대규모 기업의 대표이사 등 경영책임자를 처벌대상으로 특정하는 데 엄격했던 이유는 산안법에서는 일정한 규모의 사업주로 하여금 '사업장' 단위로 안전보건관리책임자를 선임하고 사업장의 안전보건에 관한 업무를 위임하도록 하고 있고, 산안법에 규정된 안전보건조치는 각 업종, 작업장의 특성 및 작업내용 등에 따라 매우 기술적이고 세밀한 내용을 담고 있어 '경영을 총괄하는 대표이사'가 구체적인 내용을 모두 알고 챙기기 어렵다고 보았기 때문이라 할 수 있다.

산안법에 따른 안전보건조치는 현장 중심의 전문적이고 실무적인 기술상 조치인 반면, 중처법상 안전보건확보의무는 인력 투입, 예산 확보 등 경영상·관리상의 조치로서 경영책임자 본연의 업무에 해당하는 고유한 의무를 부과하고 있다. 다만, 중처법은 중대재해라는 인명피해 결과가 발생한 경우에 비로소 그 죄책을 묻는다는 점에서 단순히 안전보건조치의무 위반만으로도 형사제재를 하고 있는 산안법과 구별된다.

중처법은 산업안전 인프라 구축을 통해 안전경영을 경영 주변부에서 경영 중심부로 옮기는 데 주된 목적을 가진다. 따라서 세부적인 산업재해 예방기준을 제시하는 산안법과 차이가 있고 그에 따른 의무 내용의 구체성과 계량성에서도 차이가 있을 수밖에 없다.[104)]

2. 산안법과 중처법의 중첩 적용 문제

수급인의 근로자에게 중대산업재해가 발생한 경우, 산안법 제63조와 중처법 제4조(또는 제5조)가 모두 적용 가능한 경우가 있을 수 있다. 이때 책임주체가 다른 경우 즉, 예컨대, A건설회사가 시공하는 사업장에서 수급인 근로자에게 중대산업재해가 발생하였고 A회사의 현장소장이 안전보건총괄책임자라면, A의 현장소장이 산안법위반의 형사책임을, A의 대표이사가 경영책임자로서 중처법위반의 형사책임을 질 수 있을 것이다.

그런데 만일 도급인의 안전보건총괄책임자와 경영책임자가 동일인이라면 산안법과 중처법이 중첩적으로 적용되는지 문제된다. 이에 대해 중처법이 특별법에

---

104) 대검찰청, 앞의 책, 112면.

해당하고 법정형이 더 중하므로 법조경합 관계로 보아 중처법이 우선 적용된다는 견해, 하나의 행위가 두 개의 법률 위반에 해당하므로 상상적 경합 관계에 해당한다는 견해, 산안법과 중처법이 규정하는 의무의 내용과 성격이 다르고 의무의 귀속주체도 개념적으로 다르므로 실체적 경합 관계에 해당한다는 견해 등이 있을 수 있다. 다만 현실의 운영에서는 법정형이 중한 중처법이 사실상 우선 적용되는 결과가 될 것으로 보인다.

3. 사례에의 적용 – 구의역 스크린도어 정비원 사망 사건[105)]

가. 사실관계

S메트로는 서울시가 전액 출자하여 설립한 서울시 산하 지방공기업으로 승객을 수송하는 회사이고, Y회사는 S메트로와 '승강장안전문 유지관리 위탁협약'을 체결하고 도시철도 스크린도어 유지관리 위탁업무를 수행하였다. 협약의 특약조건으로 '스크린도어 장애신고 접수 시 1시간 이내 출동 완료, 고장 접수 24시간 이내 미처리의 경우 지연배상금 부과'가 포함되어 있다. S메트로는 2011년 최초 계약 시 Y회사 정비원들의 2인1조 작업이 불가능하고 실제로 2인1조 작업이 실시되지 않고 있다는 사실을 인지하고 정비원 인력을 증원해주기로 약속하였고, Y회사는 2015. 8. 29. 서울지하철 2호선 강남역 선로 측 사고 후 2015. 12. 4. 부족 인원 28명을 증원하여 줄 것을 요구하였으나 S메트로는 17명을 증원하면서 그 중 8명은 신설된 스크린도어센서 점검팀에 배치하고 결국 스크린도어 장애발생 현장에 출동하는 정비원은 9명 증원됨에 그쳤다. Y 소속 정비원은 2016. 5. 28. 지하철 2호선 구의역 내선 승강장 선로 내에서 혼자 출동하여 스크린도어 수리작업을 하던 중 역사 내부로 진입하는 열차에 충돌하여 현장에서 사망하였다.

나. 사건의 경과

검사는 S메트로 사장, 전자사업소장, 임직원, Y회사 대표 등 11명을 업무상과실치사죄로 불구속 기소하였고, 그중 S메트로 전자사업소장과 Y회사 대표에 대해서는 안전조치의무 위반을 이유로 산안법위반죄로도 기소하였다(S메트로 전자사업소장에 대한 공소사실은 Y회사 소속 정비원과 S메트로 사이에 실질적인 고용관계가 존

105) 대검찰청, 앞의 책, 393-408면을 참고하여, 과거 발생하였던 대표적인 중대산업재해 중 하나인 '구의역 스크린도어 정비원 사망 사건'을 통해 산안법, 중처법이 어떻게 적용될 수 있는지 살펴보았다.

재함을 전제로 하고 있다).

1심 법원은 S메트로 전자사업소장의 산안법위반죄에 대해 Y회사가 노무관리를 S메트로와 무관하게 행한 점 등을 이유로 S메트로와 피해자 사이에 실질적인 고용관계를 부정하여 무죄를 선고하였다.[106]

항소심에서 '전자사업소장은 도급사업주인 S메트로의 안전관리책임자로서 수급인의 근로자인 피해자에 대하여 산안법위반의 책임을 진다'는 내용의 예비적 공소사실을 추가하였으나, 항소심 법원은 '같은 장소에 행하여지는 사업의 일부를 분리하여 도급을 주어 하는 사업'에 해당한다고 볼 수 없다는 이유로 무죄를 선고하였고,[107] 대법원에서 그대로 확정되었다[108](당시 구 산안법이 적용되는 사안이었다). 한편, S메트로의 사장에 대해서는 업무상과실치사죄 성립이 인정되었고, Y회사 대표에게 피해자 사망에 대한 업무상과실치사죄와 산안법위반죄 성립이 인정되었다.

다. 현행 산안법 적용 시

현행 산안법 제63조에 의하면 다른 제한적 요건 없이 도급인에게 '도급인의 사업장'에서 작업을 하는 관계수급인 근로자에 대해 안전보건조치의무를 부과하고 있으므로 전부 도급 사안임에도 S메트로의 전자사업소장에 대해 제63조에 의한 산안법상 안전보건조치의무 위반의 책임이 인정될 가능성이 크다. 따라서 산안법위반죄가 성립할 수 있을 것으로 보인다.

라. 중처법 적용 시

(1) S메트로 사장

검사는 S메트로 사장에 대해 업무상과실치사죄로만 기소하였으나, 중처법을 적용하는 경우 S메트로 사장은 지방공기업의 장으로서 경영책임자에 해당하고, ① 2인1조 작업을 실시하는 것이 사실상 불가능하여 사업장 내 위험요인이 명확한 상황에서 경영책임자가 재해예방에 필요한 인력 및 예산 등 안전보건관리체계의 구축에 소홀하였다는 점에서 안전보건관리체계의 구축 등 의무 위반(법 제4조 제1항 제1호)[109]이 인정될 수 있고, ② 사고 발생 9개월 전인 2015. 8. 29. 동일한 사

106) 서울동부지법 2018. 6. 8. 선고 2017고단1506 판결.
107) 서울동부지법 2019. 8. 22. 선고 2018노831 판결.
108) 대법원 2019. 11. 14. 선고 2019도13257 판결.

업 또는 사업장 범위에 포함되는 지하철 2호선 강남역에서 S메트로의 종사자가 정비작업을 혼자 하던 중 사망한 사고가 있었음에도 다시 동종 사고가 발생하였다는 점에서 재발방지 대책의 수립 등 의무 위반(법 제4조 제1항 제2호)이 인정될 가능성이 크다.

또한 S메트로는 용역계약을 통해 Y회사에게 스크린도어 점검 및 수리를 완전히 일임한 것이 아니라 용역계약에 부수된 과업지시서 등을 통해 용역 수행의 구체적인 방법과 절차 등을 정하고 지속적으로 용역 수행내용을 통제하고 관리하는 지위에 있었고 지하철 역사 운영사업의 조직·인력·예산 등에 있어 전체적인 결정권을 행사하고 있는 것으로 볼 수 있다는 점에서 실질적으로 지하철 역사 운영사업을 지배·운영·관리하였다고 볼 수 있다.

위험요인 통제·관리를 위한 적극적인 인력 투입을 통해 안전보건관리체계를 구축하였다거나 재발방지 대책을 제대로 이행하였다면 이 사건 사망 사고를 방지할 수 있었을 것이므로 인과관계도 인정된다. 따라서 제5조 위반에 의한 중처법 위반죄가 성립 가능하다.

(2) Y회사 대표

Y회사 대표의 경우 중처법상 안전보건관리체계의 구축 등 의무(법 제4조 제1항 제1호) 및 안전·보건 관계 법령에 따른 의무이행에 필요한 관리상의 조치의무(법 제4조 제1항 제4호) 등을 불이행한 것으로 볼 여지가 많다. 다만, 위와 같이 특정된 안전보건확보의무의 위반 여부를 판단할 때는 Y회사의 '사업 또는 사업장의 특성 및 규모' 등을 고려하여야 한다. 또한 Y회사의 실질적인 지배·운영·관리 여부는 Y회사와 S메트로의 스크린도어 관리업무에서의 각 역할, 구체적인 업무 내용, 인력 충원 및 배치 방법, 소속 근로자 업무의 지휘·감독 여부 등을 종합적으로 검토하여 판단해야 하므로, 이 사고의 핵심 원인인 2인1조의 인력구조 개선을 위해 Y회사 스스로 해결할 수 있는 결정 권한이나 책임이 전혀 없는 경우라면 안전보건확보의무 이행을 기대하기 어려워 중처법위반으로 의율하기 어려울 것이다.

---

109) 구체적으로는 정비원들의 1인 작업 실태로 인한 위험요인이 문제되어 사고재발 방지를 위한 특별안전대책이 시행되고 있었으나 위험요인의 확인 및 개선이 이루어지고 있지 않았던 점(시행령 제4조 제3호), 재해 예방을 위한 스크린도어 유지·보수 정비원들의 인력구조가 개선되지 않은 점(시행령 제4조 제4호), 중대산업재해가 발생할 급박한 위험이 있을 경우를 대비한 매뉴얼을 마련하고 위 매뉴얼에 따라 조치하는지를 제대로 점검하지 않은 점(시행령 제4조 제8호) 등이 문제될 수 있을 것이다.

V. 도급 관련 쟁점 - 법 제3조 '상시근로자'의 해석론

1. 법 규정

> **중대재해처벌법**
> 제3조(적용범위)
> 상시 근로자가 5명 미만인 사업 또는 사업장의 사업주(개인사업주에 한정한다. 이하 같다) 또는 경영책임자등에게는 이 장의 규정을 적용하지 아니한다.[110]

2. 해석론

법 제3조에 따르면 중대산업재해에 관한 규정은 상시 근로자 5명 이상인 사업 또는 사업장의 사업주 또는 경영책임자등에게 적용된다. 그런데 중처법은 '상시 근로자'의 개념에 대하여 별도로 규정하고 있지 않아서 상시 근로자를 근기법상 근로자로 해석할지, 특히 도급인의 사업장 내에서 근무하는 '수급인의 근로자'나 '파견근로자'를 제3조의 '상시 근로자'에 포함해야 할지에 관하여 견해가 나뉘고 있다.[111]

한편, 근기법상 '상시 사용 근로자'에는, 정규직 근로자뿐만 아니라 사업주와 직접 계약관계가 존재하는 임시직·일용직 근로자, 단시간 근로자 등은 포함되나,[112] 근기법상 근로자에 해당하지 않는 골프장 캐디, 대리운전기사, 배달종사자 등 특수형태 근로종사자는 제외된다.[113] 나아가 도급인과 도급, 용역, 위탁 등의

---

110) 제3조는 5인 미만인 '개인사업주'와 '경영책임자등'에게 적용을 배제하고 있으므로 5인 미만인 법인사업주를 양벌규정(제7조)에 의하여 처벌하는 것이 가능한지 문제될 수 있으나, 경영책임자등이 제3조에 따라 제6조의 위반주체에 해당하지 않는 점, 영세 사업장에 제7조에 따라 과중한 벌금형을 부과하는 것은 입법의도에 부합하지 않는 점 등을 이유로 법인사업주의 경우에도 2장의 적용이 배제된다고 본다(대검찰청, 앞의 책, 145면).

111) 상시 근로자 수의 산정방법에 대하여는 대체로 근기법 시행령 제7조의2 제1항에 따라 산정한다고 보고 있다.
근기법 시행령 제7조의2(상시 사용하는 근로자 수의 산정 방법) ① 법 제11조 제3항에 따른 "상시 사용하는 근로자 수"는 해당 사업 또는 사업장에서 법 적용 사유(휴업수당 지급, 근로시간 적용 등 법 또는 이 영의 적용 여부를 판단하여야 하는 사유를 말한다. 이하 이 조에서 같다) 발생일 전 1개월(사업이 성립한 날부터 1개월 미만인 경우에는 그 사업이 성립한 날 이후의 기간을 말한다. 이하 "산정기간"이라 한다) 동안 사용한 근로자의 연인원을 같은 기간 중의 가동 일수로 나누어 산정한다.

112) 대법원 2000. 3. 14. 선고 99도1243 판결(근로기준법상 '상시 사용 근로자'에 일용근로자도 포함된다는 취지).

113) 다만 중처법상 '종사자'에 해당하여 안전보건확보의무의 보호대상에는 포함된다.

계약관계를 맺은 수급인 등 제3자의 근로자는 근기법상 '상시 사용 근로자'에 포함되지 않고, 파견근로자의 경우 근기법 시행령 제7조의2 제4항[114]에 따라 근기법상 근로자에서 제외된다.

중처법의 '상시 근로자'의 해석에 관한 견해는 크게 세 가지로 나뉜다.

가. 근기법의 '상시 사용 근로자 수'와 동일하게 보되 파견근로자는 달리 보는 견해

고용노동부를 비롯한 다수 견해는 중처법 제3조의 상시 근로자를 기본적으로 근기법상 근로자의 개념으로 파악하되, 다만, 파견근로자의 경우 근기법 규정과 달리 중처법 제3조의 상시 근로자에 포함된다고 본다.[115] 이 견해는 중처법이 종사자라는 개념을 두고 있음에도 제3조에서는 근로자라는 용어를 사용하고 있는 점, 중처법에 '근로자'의 개념에 관한 직접적인 규정은 없지만 종사자의 정의에 관한 제2조 제7호 가목에서 근로자에 관하여 '근로기준법상 근로자'라고 규정하고 있는 점을 근거로 중처법의 근로자는 근기법상 근로자를 의미하므로, 기본적으로 중처법의 '상시 근로자 수'는 근기법의 상시 사용 근로자 수와 동일하게 파악한다.[116] 다만, 파견의 경우 파견법 제35조 제1항에서 사용사업주를 산안법의 사업주로 보는 점을 근거로, 산안법과 성격이 유사한 중처법에서도 파견근로자를 상시 근로자 수에 포함해야 한다고 한다.[117]

나. 근기법의 '상시 사용 근로자 수'와 완전히 동일하게 보는 견해

위 견해와 같이 중처법의 상시 근로자를 근기법상 근로자로 보면서, 파견근로자에 대해 예외를 인정하지 않고 근기법 시행령 제7조의2 제4항에 따라 근로자에서 제외된다고 보는 견해이다.[118] 이 견해는 파견법 제35조가 산안법의 경우에만

---

114) **근기법 시행령 제7조의2** ④ 제1항의 연인원에는 「파견근로자보호 등에 관한 법률」 제2조 제5호에 따른 파견근로자를 제외한 다음 각 호의 근로자 모두를 포함한다.

1. 해당 사업 또는 사업장에서 사용하는 통상 근로자, 「기간제 및 단시간근로자 보호 등에 관한 법률」 제2조 제1호에 따른 기간제근로자, 단시간근로자 등 고용형태를 불문하고 하나의 사업 또는 사업장에서 근로하는 모든 근로자
2. 해당 사업 또는 사업장에 동거하는 친족과 함께 제1호에 해당하는 근로자가 1명이라도 있으면 동거하는 친족인 근로자

115) 송인택 외 4명, 앞의 책, 88-89면; 정진우(중대재해처벌법), 앞의 책, 124-125면; 고용노동부(2021), 앞의 글, 33면.

116) 정진우(중대재해처벌법), 앞의 책, 124면.

117) 송인택 외 4명, 앞의 책, 89면; 정진우(중대재해처벌법), 앞의 책, 125면; 고용노동부(2021), 앞의 글, 33-34면.

명시적으로 사용사업주를 산안법상 사업주로 본다고 규정되어 있을 뿐 중처법의 경우를 포함하는 규정을 두고 있지 않은 점, 근기법 시행령 제7조의2 제4항에서 파견근로자는 제외하고 있는 점, 중처법은 엄격한 형벌 규정인 점 등을 근거로 중처법의 상시 근로자에는 파견근로자나 수급인의 근로자 등이 제외된다고 본다.

다. 근기법과 달리 보는 견해(파견근로자 뿐만 아니라 수급인 등의 근로자도 모두 포함된다고 보는 견해)

(1) 1설

중처법의 상시 근로자 수는 중처법의 입법취지를 고려하여 독자적으로 해석해야 한다는 견해이다.[119] 이 견해는 근기법 시행령 제7조의2 제1항은 근기법 제11조 제3항의 위임을 받아 근기법의 적용 여부를 판단하기 위해 마련된 규정일 뿐이므로 이를 중처법에 적용할 수 없고,[120] 근기법 제11조 제1항 본문이 '이 법은 상시 5명 이상의 근로자를 "사용하는" 모든 사업 또는 사업장에 적용한다'고 규정하고 있는 반면, 중처법 제3조는 '상시 근로자가 5명 미만인 사업 또는 사업장'이라고만 규정하고 있으므로 중처법의 '상시 근로자'를 반드시 사업주와 직접 근로계약을 체결한 근로자에 한정하여 해석할 필요가 없다고 한다. 이에 따르면 파견근로자는 물론이고 도급인의 사업 또는 사업장 내에서 상시적으로 노무를 제공하는 수급인의 근로자도 도급인의 상시 근로자에 포함된다.

(2) 2설

중처법의 '상시 근로자 수'를 근기법의 '상시 사용 근로자 수'와 달리 보는 점은 1설과 동일하나, 2설은 중처법의 입법취지를 고려하여 '상시 근로자'는 근로자 뿐만 아니라 사업장 내의 '노무제공자'를 모두 포함하여 산정해야 한다는 견해이다.[121] 이에 따르면, 중처법은 노무를 제공하는 모든 사람의 생명과 신체를 보호하는 것이 목적이고, 중처법 제3조가 5인 미만 사업주를 제외한 것은 영세 사업장의 안전보건 현실과 실제 사망사고 등에서 산안법으로 처벌되는 주된 사업장이

118) 대검찰청, 앞의 책, 138-139면.

119) 권오성, 앞의 책, 109면.

120) 권오성, 앞의 책, 109면에서는 대법원 2013. 12. 26. 선고 2012도5875 판결(근로기준법 시행령 제7조의2 규정은 근로자퇴직급여 보장법 적용에 관한 상시 근로자 수 산정에는 적용되지 않는다고 판시)을 인용하고 있다.

121) 전형배(2021, 노동법포럼), 앞의 글, 276면.

었던 점 등을 고려하여 가중 처벌 규정의 적용을 제외한다는 취지일 뿐이므로, 하나의 사업장 안에서 노무를 제공하는 방식이 무엇이든 동일한 사고의 위험에 노출되어 노무를 제공하는 사람의 수가 상시로 5명 이상이라면 중처법 적용을 제외할 이유가 없다는 입장이다.

3. 검 토

생각건대, 중처법의 산업안전보건에 관한 책임 강화의 취지를 고려하면 근기법상 상시 사용 근로자 수를 기준으로 중대산업재해에 관한 규정의 적용을 제한하는 것이 과연 타당한지 의문이 든다.[122] 왜냐하면 도급이 행해지는 사업장에서는 사업장 내 노무제공자가 아무리 많아도 직접 고용관계가 있는 근로자 수가 5인 미만이라면 중처법의 보호를 받을 수 없는 상황이 발생하는데, 이는 중대재해의 감소라는 본래의 목표에 배치되고, 법 적용을 피하기 위해 근로자 쪼개기, 형식적 도급의 증가 등 탈법행위가 발생할 가능성도 크기 때문이다. 따라서 개정 입법론으로서 위 견해들 특히, 다.항의 견해를 충분히 검토할 필요가 있다.

다만, 현행 중처법에 대한 해석론으로는, 법 제3조에서 '근로자'라는 표현을 사용하고 있으므로 다.항 중 2설을 취하기는 어렵다. 특히, 우리나라 전체 노동법 체계에서 '근로자'란 근로기준법상 근로자를 일컫는 것이 보편화되어 있고, 입법자도 이러한 보편적인 시각에서 제3조 규정을 둔 것으로 보이는 점,[123] 이러한 해석을 전제로 5인 미만 사업장을 중처법의 적용범위에서 제외한 것에 대해 비판하는 견해가 주를 이루고 있는 점[124] 등을 고려하면, 현실적으로는 근기법을 기준으로 상시 근로자를 산정하는 것이 조리에 부합하는 해석일 것으로 보인다. 또한 죄형법정주의의 원칙상 파견근로자의 경우에도 근기법 규정에 따르는 것이 보다 타당할 것으로 보인다.

또한 중처법 부칙 제1조에서 '상시 근로자가 50인 미만 사업 또는 사업장'에

---

122) 일각에서는 중처법 제3조 때문에 영세사업장의 안전조치에 대해 정부가 지원할 근거도 사라졌다고 비판하는데, 제3조에 의해 적용이 배제되는 것은 2장에 한정되고, 정부의 지원 등을 규정한 16조(정부의 사업주 등에 대한 지원 및 보고)는 법률 4장 보칙에 규정된 것이므로 제3조 소정의 영세 사업장에 대해서도 제16조는 적용된다(이근우, 앞의 글, 237면).

123) 이근우, "중대재해처벌법 경과와 제정 법률에 대한 비판적 검토", 형사정책 제32권 제4호, 한국형사정책학회, 2021, 238면.

124) 이근우, 위의 글, 237면. 안요환, "우리나라 중대재해처벌 관련 법제의 개선방안 연구: 중대재해처벌법을 중심으로", 입법과 정책 제13권 제1호, 국회입법조사처, 2021, 75면.

대해 법 시행 후 3년간 적용을 유예하고 있는데, 부칙 제1조의 '상시 근로자 수'와 법 제3조의 '상시 근로자 수'를 통일적으로 해석할 필요가 있다는 점도 주의하여야 할 것이다.

제3절

양벌규정과 실효성 확보방안

정혜원*

Ⅰ. 서 론

중대재해처벌법은 단순히 중대산업재해가 발생한 법인 또는 기관의 경영책임자등을 처벌하는데 그치지 않고, 보다 실효성 있는 의무이행을 확보하고 중대산업재해 예방에 관한 인식을 개선하며 근본적인 대책 수립을 촉구함으로써, 궁극적으로는 중대재해 예방 및 종사자의 생명과 신체 보호라는 입법목적을 달성하기 위한 여러 가지 수단들을 규정하고 있다(제1조 참조).

구체적으로 중대재해처벌법은 벌칙규정의 실효성을 확보하고 행정규제의 목적을 달성하기 위하여 안전보건 확보의무를 위반하여 중대산업재해에 이르게 한 경영책임자등 행위자를 벌하는 외에 법인 또는 기관을 처벌하는 양벌규정을 두고 있고(제7조), 해당 경영책임자등의 명예나 신용에 대한 침해 위협을 통해 종사자에 대한 안전보건 확보의무 이행을 간접적으로 강제하기 위하여 안전보건 확보의무를 위반하여 발생한 중대산업재해의 발생사실을 공표할 수 있도록 규정하고 있다(제12조, 제13조).

나아가 중대산업재해 예방에 관한 인식을 개선하고 재발을 방지하기 위하여 중대산업재해가 발생한 법인 또는 기관의 경영책임자등에 대한 안전보건교육 수강명령을 규정하고 있다(제8조).

이하에서는 중대재해처벌법이 취하고 있는 위와 같은 다양한 의무이행 확보

---

* 鄭惠媛, 박사과정 재학, 변호사.

수단들의 내용을 살펴본다.

Ⅱ. 중대산업재해의 양벌규정

> **중대재해처벌법**
> 제7조(중대산업재해의 양벌규정)
> 법인 또는 기관의 경영책임자등이 그 법인 또는 기관의 업무에 관하여 제6조에 해당하는 위반행위를 하면 그 행위자를 벌하는 외에 그 법인 또는 기관에 다음 각 호의 구분에 따른 벌금형을 과(科)한다. 다만, 법인 또는 기관이 그 위반행위를 방지하기 위하여 해당 업무에 관하여 상당한 주의와 감독을 게을리하지 아니한 경우에는 그러하지 아니하다.
> 1. 제6조 제1항의 경우: 50억 원 이하의 벌금
> 2. 제6조 제2항의 경우: 10억 원 이하의 벌금

1. 의 의

중대재해처벌법은 법인 또는 기관의 경영책임자등이 그 법인 또는 기관의 업무에 관하여 안전보건 확보의무를 위반하여 중대산업재해에 이르게 한 경우, 해당 경영책임자등 행위자를 벌하는 외에 그 법인 또는 기관을 처벌하는 양벌규정을 두고 있다. 경영책임자등이 안전보건확보의무를 위반하여 사망자가 1명 이상 발생한 경우 50억 원 이하의 벌금에, 동일한 사고로 6개월 이상 치료가 필요한 부상자가 2명 이상 발생하거나, 동일한 유해요인으로 급성중독 등의 직업성 질병자가 1년 이내에 3명 이상 발생한 경우 10억 원 이하의 벌금에 처한다.[1)]

양벌규정은 어떤 범죄가 이루어진 경우에 직접 행위를 한 당사자를 벌하는 외에 그 행위자와 일정한 관계가 있는 타인도 처벌하는 규정이다.[2)] 법인의 범죄능력에 대해서는 견해의 대립이 있는데, 판례는 "법인은 기관인 자연인을 통하여 행위를 하게 되는 것이기 때문에, 자연인이 법인의 기관으로서 범죄행위를 한 경우에도 행위자인 자연인이 범죄행위에 대한 형사책임을 지는 것이고, 다만 법률이 목적을 달성하기 위하여 특별히 규정하고 있는 경우에만 행위자를 벌하는 외

---

1) 산업안전보건법 제173조가 사망사고의 경우 10억 원 이하의 벌금, 사망사고 외의 사고의 경우 5천만 원 이하의 벌금을 규정하고 있다는 점에서 양벌규정에 있어서도 산업안전보건법보다 강화된 형사처벌을 규정하고 있음을 확인할 수 있다.
2) 국회 법제실, 법제이론과 실제 전면개정판, 2019, 686면.

에 법률효과가 귀속되는 법인에 대하여도 벌금형을 과할 수 있을 뿐이다."라고 하여, 법인의 범죄능력은 부정하면서도 한편 법인을 처벌하는 양벌규정이 있는 경우에는 형벌능력을 긍정하고 있다(대법원 1994. 2. 8. 선고 93도1483 판결 등). 이에 중대재해처벌법은 경영책임자등 행위자를 벌하는 외에 양벌규정을 통하여 법인에 대하여 형사책임을 부담시키는 형식을 취하고 있다.

이윤추구나 조직유지와 생존에 대한 기업·법인의 본성에 비추어 볼 때 그 단체를 구성하는 대표자 등에 대한 처벌로는 범죄억지력·응보효과 등이 충분하지 않다는 인식[3]과 죄형법정주의 원칙상 벌칙규정이 기본적으로 행위자만을 처벌하는 것을 전제하고 있기 때문에 법인이나 단체 등을 처벌할 수 없게 되는 형사적인 결함을 시정하기 위한 목적에서 도입된 제도로 이해된다.

2. 양벌규정 적용대상이 되는 '법인 또는 기관'

가. 법 인

비법인단체가 영위하는 사업의 경우 그러한 단체의 경영책임자등이 중대재해처벌법의 수범자로서 처벌의 대상이 될 것인데, 그렇다면 비법인단체 자체가 양벌규정의 적용대상인 '법인'이라고 볼 수 있을지 의문이 제기될 수 있다.

그러나 자동차운수사업법 제72조 제5호는 같은 법 제58조의 규정에 의한 허가를 받지 아니하고 자가용자동차를 유상으로 운송용에 제공하거나 임대한 자를 처벌한다고 규정하고, 같은 법 제74조는 이른바 양벌규정으로서 "법인의 대표자나 법인 또는 개인의 대리인, 사용인 기타의 종업원이 그 법인 또는 개인의 업무와 관련하여 같은 법 제72조의 위반행위를 한 때에는 행위자를 벌하는 외에 그 법인 또는 개인에 대하여도 각 해당 조항의 벌금형에 처한다"고 규정하고 있을 뿐이고 법인격 없는 사단에 대하여서도 위 양벌규정을 적용할 것인가에 관하여는 아무런 명문의 규정을 두고 있지 아니하므로, 죄형법정주의의 원칙상 법인격 없는 사단에 대하여는 같은 법 제74조에 의하여 처벌할 수 없고, 나아가 법인격 없는 사단에 고용된 사람이 유상운송행위를 하였다 하여 법인격 없는 사단의 구성원 개개인이 위 법 제74조 소정의 "개인"의 지위에 있다 하여 처벌할 수도 없다는 대법원 판례[4]의 취지를 고려할 때, 비법인단체의 경영책임자등이 처벌을 받는 경우에

---

3) 장성원, "양벌규정에서 개인책임과 단체책임: 책임주의에 입각한 법인 형사책임의 구조", 형사정책 제28권 제3호, 한국형사정책학회, 2016, 325-326면.

도 비법인단체에 대해서는 양벌규정을 적용할 수 없다고 보는 것이 죄형법정주의에 부합할 것이다.

공법인인 국가는 형벌권의 주체이지 객체가 될 수 없으므로 양벌규정의 적용대상이 되지 않는다. 한편 공법인인 지방자치단체의 경우, 국가가 본래 그의 사무의 일부를 지방자치단체의 장에게 위임하여 처리하게 하는 기관위임사무의 경우 지방자치단체는 국가기관의 일부로 볼 수 있고, 지방자치단체가 그 고유의 자치사무를 처리하는 경우 지방자치단체는 국가기관의 일부가 아니라 국가기관과는 별도의 독립한 공법인으로서 양벌규정에 의한 처벌대상이 되는 법인에 해당한다는 대법원 판례[5]의 취지를 고려할 때, 국가의 기관위임사무를 수행하는 지방자치단체는 양벌규정의 적용대상이 되지 않으나 자치사무를 수행하는 경우에는 양벌규정의 적용대상이 될 것이다.

나. 기 관

중대재해처벌법은 '기관'에 관하여는 정의 규정을 두고 있지 않아 해석상 견해대립이 있을 수 있다. 이에 대하여는 '법인격 없는 공공기관'을 의미한다고 보는 견해가 있다.[6] 한편 법인격 없는 공공기관뿐만 아니라 중대재해 발생 가능성이 있는 일정한 단체성을 가진 비법인사단, 조합 등을 포괄하는 개념이라는 견해도 있을 수 있다. 법인 외에 '기관'이라는 추가 규정을 두고 있어 규정 형식상 '기관'은 법인 아닌 단체 등을 예정한 것이라고 이해하는 것이 자연스러운 점, 국회 입법 논의 과정을 살펴보면 입법자는 비법인사단, 조합 등을 포함한 개념으로 이해하고 있는 것이 비교적 명백한 점,[7] 「질서위반행위규제법」 제2조 제3호는 '당사자'를 "질서위반행위를 한 자연인 또는 법인(법인이 아닌 사단 또는 재단으로서 대표자 또는 관리인이 있는 것을 포함한다. 이하 같다)을 말한다"라고 정의하여 비법인사단·재단 역시 질서위반행위의 주체로서 과태료 부과대상이 될 수 있음을 명확히 하고 있는 점[8] 등을 고려하면, 비법인사단이나 조합 역시 중대재해처벌법상 양벌

---

4) 대법원 1995. 7. 28. 선고 94도3325 판결.
5) 대법원 2005. 11. 10. 선고 2004도2657 판결.
6) 권오성, 중대재해처벌법의 체계, 도서출판 새빛, 2022.; 로앤비 온주 주석서, 중대재해처벌법 제7조 주석(김희수 집필).
7) 제383회 국회 법제사법위원회회의록(법안심사제1소위원회) 제3호(2020. 12. 30.), 국회사무처, 13-15면.
8) 「질서위반행위규제법」 제정 전에는 비법인사단은 질서위반행위의 당사자로서 과태료 부과 대상이 될 수 없다는 의견이 지배적이었고, 실무에서도 비법인사단이나 재단이 아닌 대표자나 관리인 개

규정의 적용대상인 '기관'에서 배제할 이유는 없다고 생각된다. 다만 죄형법정주의 원칙과 관련하여 해석상 다툼의 여지가 있어 보이므로, 향후 법개정 시에는 정의 조항을 통해 입법자의 결단을 명확히 반영하는 것이 필요해 보인다.

3. 양벌규정의 적용범위 – 역적용 문제가 발생하는지 여부

산업안전보건법 제38조(안전조치), 제39조(보건조치)의 수범자는 '사업주'로, 산업안전보건법 제167조 제1항 등 벌칙규정의 행위주체가 '사업주'로 한정되는 신분범이다. 그런데 산업안전보건법 제173조 양벌규정은 "법인의 대표자나 법인 또는 개인의 대리인, 사용인, 그 밖의 종업원이 그 법인 또는 개인의 업무에 관하여 제167조제1항 또는 제168조부터 제172조까지의 어느 하나에 해당하는 위반행위를 하면 그 행위자를 벌하는 외에 그 법인에게 다음 각 호의 구분에 따른 벌금형을, 그 개인에게는 해당 조문의 벌금형을 과(科)한다."라고 규정하여, '법인의 대표자나 법인 또는 개인의 대리인, 사용인, 그 밖의 종업원'이 산업안전보건법 제167조 제1항에 해당하는 위반행위를 한 경우 신분자인 '사업주'를 처벌하는 외에 실제 행위자를 처벌할 수 있는지, 이른바 양벌규정의 역적용을 인정할지 여부가 논란이 되어 왔다.

종래 판례는 양벌규정의 취지는 벌칙규정의 실효성을 확보하기 위하여 그 행위자와 사업주 쌍방을 모두 처벌하려는 데에 그 취지가 있다고 보아 양벌규정이 행위자에 대한 처벌규정임과 동시에 그 위반행위의 이익귀속주체인 사업주에 대한 처벌규정이라는 입장에서 행위자에 대한 처벌을 긍정한바 있다(대법원 1999. 7. 15. 선고 95도2870 전원합의체 판결).

그러나 산업안전보건법과 달리 중대재해처벌법은 안전보건 확보의무의 수범자를 '개인사업주 또는 경영책임자등'으로 규정하고 있고, 벌칙규정에서도 '개인사업주 또는 경영책임자등' 자연인을 행위주체로 상정하여 징역과 벌금을 병과하고 있다. 즉, 앞서 본 산업안전보건법의 경우 본래의 행위주체는 사업주이고, 사업주가 아닌 행위자는 소위 '양벌규정의 역적용'이라는 방식으로 처벌되는 것과 달리

인에게 과태료를 부과하고 있었다. 이에 따르면 사회적 실체가 있고 현실적으로 활동하는 비법인사단 또는 재단의 질서위반행위에 대하여 법인격이 다른 대표자 또는 관리자를 처벌하는 결과를 초래하여 책임주의에 반하게 된다는 점이 지적되어 왔다. 「질서위반행위규제법」은 이와 같은 점을 고려하여 비법인사단 또는 재단을 당사자에 포함시킴으로써 책임주의를 구체화하였다(법무부, 질서위반행위규제법 해설집, 2018, 21면).

중대재해처벌법은 본래의 행위주체는 개인사업주 및 법인 또는 기관의 경영책임자 등 개인이고, 사업주가 법인 또는 기관인 경우에는 경영책임자의 위반행위가 있는 경우 그 법인 등을 벌금형에 처하는 방식을 취한다는 점에서 차이가 있고,[9] 따라서 양벌규정의 역적용 문제는 발생하지 아니한다.

4. 면책규정

가. 주의·감독책임의 주체

헌법상 법치국가원리로부터 도출되는 형사법의 기본원리인 '책임주의원칙'에 따라 '책임 없는 자'에게는 형벌을 부과할 수 없다. 법인의 경우에도 자연인과 마찬가지로 책임주의원칙은 적용된다. 헌법재판소는 "구 산업안전보건법(2006. 3. 24. 법률 제7920호로 개정되고, 2009. 2. 6. 법률 제9434호로 개정되기 전의 것) 제71조 본문 중'법인의 대리인·사용인(관리감독자를 포함한다.) 기타 종업원이 그 법인의 업무에 관하여 제67조 제1호, 제69조 제2호의 위반행위를 한 때에는 그 법인에 대하여도 동조의 벌금형을 과한다.'는 부분은 헌법에 위반된다."라고 결정하였는데, 구체적으로 "이 사건 심판 대상 조항들은 종업원 등의 범죄행위에 관하여 비난할 근거가 되는 법인의 의사결정 및 행위구조, 즉 종업원 등이 저지른 행위의 결과에 대한 법인의 독자적인 책임에 관하여 전혀 규정하지 않은 채, 단순히 법인이 고용한 종업원 등이 업무에 관하여 범죄행위를 하였다는 이유만으로 법인에 대하여 형사처벌을 과하고 있는바, 이는 다른 사람의 범죄에 대하여 그 책임의 유무를 묻지 않고 형벌을 부과하는 것으로서, 헌법상 법치국가의 원리 및 죄형법정주의로부터 도출되는 자기책임원칙에 반하여 헌법에 위반된다."라고 판시한 바 있다.[10)11)]

이에 중대재해처벌법은 책임주의원칙에 맞게 법인 또는 기관이 그 위반행위를 방지하기 위하여 해당 업무에 관하여 상당한 주의와 감독을 게을리한 경우에 한하여 적용된다는 면책규정을 함께 규정하고 있다.

---

9) 권오성, "중대재해처벌법의 해석상 쟁점", 산업보건 394권, 대한산업보건협회, 2021, 24-29면.
10) 헌재 2019. 4. 11. 선고 2017헌가30 결정.
11) 2007년 11월 양벌규정에 관한 헌법재판소의 첫 위헌결정이 있은 이후, 양벌규정에 "법인 또는 개인이 위반행위를 방지하기 위해 상당한 주의와 감독을 게을리하지 아니한 경우에는 벌하지 아니한다"는 단서조항을 신설하는 일련의 법 개정이 이루어졌다. 국회 법제실에 따르면 2020년 2월 24일 기준 총 361건의 개정이 이루어졌다.

여기서 '상당한' 주의와 감독을 게을리 하지 않은 주의·감독책임의 주체가 누구인지를 확정할 필요가 있다. 이에 관해서는 실제 위반행위자의 '상위감독자'가 주의·감독책임의 주체임을 전제로, 경영책임자등이 실제 위반행위자인 경우 이들이 최상위 감독자인 경우가 대부분이므로 이 경우에는 이들이 관리상의 책임을 지는 이상, 상당한 주의와 감독을 게을리 한 것으로 보아 원칙적으로 면책규정의 적용이 부정되어야 할 것이라는 견해가 있다.[12]

그러나 중대재해처벌법은 기본적으로 CEO와 같이 사업을 대표하고 사업을 총괄하는 권한과 책임이 있는 사람을 경영책임자등으로 정의하고(제2조 제9호 가목), 이러한 경영책임자등을 위반행위의 주체로 상정하고 있는데, 위반행위자의 상위감독자의 존재를 전제로 그 상위감독자가 주의·감독책임의 주체라는 해석에는 의문이 있다. 오히려 면책규정의 문언 그대로 '법인 또는 기관' 자체가 주의·감독책임의 주체라고 보고, 구체적인 주의·감독의무를 게을리 하였는지 여부를 판단함에 있어서는 해당 법인 또는 기관의 준법 문화나 컴플라이언스 프로그램(Compliance Program)을 중요한 판단자료 중 하나로 삼아야 한다고 생각한다.[13] 이렇게 보는 것이 형벌의 자기책임원칙에도 부합하고, 기업들로 하여금 보다 충실한 산업재해예방 프로세스를 설계하고 준수하도록 할 유인이 될 것으로 생각된다.

나. 주의·감독의 정도

어느 정도의 주의·감독을 한 경우 면책규정을 적용하여 양벌규정을 적용하지 않을 것인지도 문제된다. 대법원은 구체적 사안에서 법인 또는 기관이 상당한 주의 또는 감독의무를 게을리 하였는지 여부는 "당해 위반행위와 관련된 모든 사정, 즉 당해 법률의 입법 취지, 처벌조항 위반으로 예상되는 법익 침해의 정도, 그 위반행위에 관하여 양벌규정을 마련한 취지 등은 물론 위반행위의 구체적인 모습과 그로 인하여 실제 야기된 피해 또는 결과의 정도, 법인의 영업 규모 및 행위자에 대한 감독가능성 또는 구체적인 지휘감독 관계, 법인이 위반행위 방지를 위하여 실제 행한 조치 등을 전체적으로 종합하여 판단하여야 한다."라고 판시하고 있다.[14]

즉, 판례는 양벌규정에 따른 법인에 대한 책임추궁요건과 관련하여, 피고인 회

12) 대검찰청, 「중대재해처벌법 벌칙해설」, 2022, 273면.
13) 관계부처합동, 「중대재해처벌법 관계부처 해설 모음집」, 2021, 114면.
14) 대법원 2010. 2. 25. 선고 2009도5824 판결.

사의 직원 수 등 규모와 직원들에 대한 지휘·감독 관계, 평소 피고인 회사가 위험방지를 위하여 필요한 조치를 취하거나 시설을 설치하도록 관리·감독하였는지 여부, 피고인 회사가 현장소장의 위반행위를 예상하여 이를 방지하기 위한 상당한 주의를 기울이거나 관리·감독을 철저히 할 필요가 있었는지, 그러한 필요가 있다면 그와 같은 의무를 충실히 이행하였는지 여부 등을 심리·판단할 필요가 있다는 입장이다.[15)]

한편 양벌규정에서의 사업주의 의무는 '상당한 주의·감독'의 의무이므로, 일반적이고 추상적인 감독을 하는 것만으로는 양벌규정 단서의 면책사유에 해당하지 않는다.[16)] 따라서 단순히 자체적인 산업재해예방 프로그램이나 컴플라이언스 프로그램을 운영하고 있는 정도로는 충분하지 않고, 실제로 그러한 프로그램이 실효성 있게 작동하고 있고 산업재해예방에 충실히 기여하고 있다고 인정되는 정도이어야 할 것이다.

Ⅲ. 중대산업재해 형 확정 사실의 통보

중대재해처벌법
제12조(형 확정 사실의 통보)
법무부장관은 제6조, 제7조, 제10조 또는 제11조에 따른 범죄의 형이 확정되면 그 범죄사실을 관계 행정기관의 장에게 통보하여야 한다.

1. 의 의

법무부장관은 제6조(중대산업재해 사업주와 경영책임자등의 처벌), 제7조(중대산업재해의 양벌규정), 제10조(중대시민재해 사업주와 경영책임자등의 처벌), 제11조(중대시민재해의 양벌규정)에 따른 범죄의 형이 확정된 경우 그 범죄사실을 관계 행정기관에 통보하여야 한다.

위 규정의 취지를 형의 실효 등에 관한 법률(이하 '형실효법') 규정과 연관지어 이해하는 견해가 있으나,[17)] 형실효법은 전과기록 관리 등을 목적으로 하는 법률로 중대재해처벌법과 입법목적을 전혀 달리하는 점, 중대재해처벌법상 위 규정에

15) 대법원 2011. 7. 28. 선고 2009도6303 판결.
16) 대법원 1992. 8. 18. 선고 92도1395 판결.
17) 송인택·안병익·정재욱·김영철·김부권, 중대재해처벌법 해설, 박영사, 2021, 208면.

따른 통보의무의 주체, 내용, 상대방 등에서도 차이가 있는 점을 고려하면, 그와 같이 이해할 합리적 논거는 없어 보인다.

2. 통보의무의 주체, 내용, 시기, 상대방

통보의 주체는 형 확정 여부 및 범죄사실을 가장 잘 알 수 있는 법무부장관이고, 통보의 내용은 형 확정 사실이 아닌 범죄사실이며, 통보의 시기는 확정 후이다. 통보의 상대방으로 규정된 관계 행정기관에 대하여는 아무런 정함이 없으나, 관련 주무관청에서 인허가 취소 등 행정처분을 누락하는 것을 방지할 필요가 있는 점을 고려하면 각종 행정법규상 인허가권자인 지방자치단체가 포함될 것이다.

Ⅳ. 중대산업재해 발생사실의 공표

중대재해처벌법

제13조(중대산업재해 발생사실 공표)

① 고용노동부장관은 제4조에 따른 의무를 위반하여 발생한 중대산업재해에 대하여 사업장의 명칭, 발생 일시와 장소, 재해의 내용 및 원인 등 그 발생사실을 공표할 수 있다.

② 제1항에 따른 공표의 방법, 기준 및 절차 등은 대통령령으로 정한다.

시행령 제12조(중대산업재해 발생사실의 공표)

① 법 제13조제1항에 따른 공표(이하 이 조에서 "공표"라 한다)는 법 제4조에 따른 의무를 위반하여 발생한 중대산업재해로 법 제12조에 따라 범죄의 형이 확정되어 통보된 사업장을 대상으로 한다.

② 공표 내용은 다음 각 호의 사항으로 한다.

1. "중대산업재해 발생사실의 공표"라는 공표의 제목
2. 해당 사업장의 명칭
3. 중대산업재해가 발생한 일시·장소
4. 중대산업재해를 입은 사람의 수
5. 중대산업재해의 내용과 그 원인(사업주 또는 경영책임자등의 위반사항을 포함한다)
6. 해당 사업장에서 최근 5년 내 중대산업재해의 발생 여부

③ 고용노동부장관은 공표하기 전에 해당 사업장의 사업주 또는 경영책임자등에게 공표하려는 내용을 통지하고 30일 이상의 기간을 정하여 그에 대해 소명자료를 제출하게 하거나 의견을 진술할 수 있는 기회를 주어야 한다.

④ 공표는 관보, 고용노동부나 「한국산업안전보건공단법」에 따른 한국산업안전보건공단의 홈페이지에 게시하는 방법으로 한다.

⑤ 제4항에 따라 홈페이지에 게시하는 방법으로 공표하는 경우 공표기간은 1년으로 한다.

1. 의 의

중대재해처벌법은 사업주 또는 경영책임자등이 안전보건 확보의무를 위반하여 발생한 중대산업재해에 대하여 사업장의 명칭, 발생 일시와 장소, 재해의 내용 및 원인 등 중대산업재해 발생사실을 공표할 수 있다고 규정하고 있다.

본래 공표는 불특정 다수인에게 일정한 사실을 알리는 사실행위로서, 국민에게 예측가능성이나 기대가능성을 주어 법률생활의 안정을 도모하는 측면에서 국민의 알권리를 실현하는데 기여하는 행정수단을 말하고, 중대재해처벌법상 공표제도 역시 이처럼 법 위반사실에 대한 국민의 알권리를 실현하는데 기여하고 해당 기업에 대한 사회적 평가를 가능하게 하는 수단으로 기능할 것으로 기대된다.

그러나 중대재해처벌법상 공표제도는 보다 근본적으로는 위반행위자의 명예심이나 수치심을 자극함으로써 안전보건 확보의무 이행을 간접적으로 강제하기 위한 실효성 확보수단으로서의 공표, 즉 제재적 공표로서 도입된 것으로 이해된다.[18] 오늘날의 정보화 사회·신용사회에 있어서는 의무위반사실에 대한 공표는 그들의 명예뿐만 아니라 신용을 추락시키고 그에 의해 유형·무형의 불이익을 가져다 줄 수 있으므로, 이러한 행위는 상당히 실효성 있는 의무이행 확보수단으로 기능할 것으로 기대된다.[19]

2. 공표대상

법문상 '안전보건 확보의무를 위반하여 발생한 중대산업재해'로서 해당 범죄의 형이 확정되어야 하며, 법 제12조에 따라 범죄의 형이 확정되어 법무부장관으로부터 고용노동부장관에게 그 범죄사실이 통보된 사업장을 대상으로 한다(시행령 제12조 제1항).[20]

한편 산업안전보건법은 산업재해를 예방하기 위해 대통령령으로 정하는 사업장[21]의 근로자 산업재해 발생건수, 재해율 또는 그 순위 등을 공표하도록 규정하

18) 국회 입법 논의 과정을 살펴보더라도 명예나 신용의 침해 위협을 통한 의무이행강제효과를 주로 염두에 두고 동 제도를 도입한 것으로 보인다[21대 국회 제383회 법제사법소위 제4차(2021년 1월 5일) 회의록 51면 등 참조].

19) 김남진·김연태, 행정법 I, 법문사, 2012, 549면.

20) 후술할 법 제8조에 따른 안전보건교육의 수강은 안전보건 확보의무의 위반을 요건으로 하지 않는다는 점에서 비교된다.

21) ① 사망재해자 연간 2명 이상 발생, ② 사망만인율이 규모별 같은 업종 평균 이상, ③ 중대산업사고 발생, ④ 산업재해 발생사실 은폐, ⑤ 산업재해 발생 보고 최근 3년간 2회 이상 누락.

고 있는바(산업안전보건법 제10조), 중대재해처벌법과 목적, 공표 대상, 내용 및 절차 등이 상이하다.

3. 공표 내용 및 절차

공표 내용은 다음 각 호의 사항이다.

① "중대산업재해 발생사실의 공표"라는 공표의 제목
② 해당 사업장의 명칭
③ 중대산업재해가 발생한 일시·장소
④ 중대산업재해를 입은 사람의 수
⑤ 중대산업재해의 내용과 그 원인(사업주 또는 경영책임자등의 위반 사항을 포함)
⑥ 해당 사업장에서 최근 5년 내 중대산업재해의 발생 여부

고용노동부장관은 공표하기 전에 해당 사업장의 사업주 또는 경영책임자등에게 공표하려는 내용을 통지하고, 30일 이상의 기간을 정하여 그에 대해 소명자료를 제출하게 하거나 의견 진술 기회를 주어야 한다(시행령 제12조 제3항).

관보 또는 고용노동부나 「한국산업안전보건공단법」에 따른 한국산업안전보건공단의 홈페이지에 게시하는 방법으로 공표하며, 홈페이지에 게시하는 방법으로 공표하는 경우 공표기간은 1년으로 한다(시행령 제12조 제4항, 제5항).

4. 행정처분에 해당하는지 여부

행정상 공표 자체는 단지 사실상의 결과만을 가져오기 때문에 '사실행위'에 속한다. 다만 공표가 권력적 사실행위인지, 비권력적 사실행위인지에 관하여는 학설이 대립하는데, 만일 권력적 사실행위로 보아 그 처분성이 인정되면 그 위법성에 관하여 행정소송으로 다툴 수 있다는 점에서 실익이 있다. 대법원은 "항고소송의 대상이 되는 행정처분이라 함은 행정청의 공법상 행위로서 특정사항에 대하여 법규에 의한 권리의 설정 또는 의무의 부담을 명하며 기타 법률상 효과를 발생하게 하는 등 국민의 구체적 권리의무에 직접적 변동을 초래하는 행위를 말하고 행정권 내부에서의 행위나 알선, 권유, 사실상의 통지 등과 같이 상대방 또는 기타 관계자들의 법률상 지위에 직접적인 법률적 변동을 일으키지 아니하는 행위는 항고소송의 대상이 될 수 없다."고 판시하고 있는바,[22] 공표의 법적 성격을 판단함에 있어서도 위 판시를 일응의 기준으로 삼을 수 있을 것이다.

이에 대하여는 하급심 판례이기는 하나, 고용노동부장관이 환산재해율 확정 결과를 한국산업안전공단 홈페이지를 통하여 통보한 행위는 '각 건설업체로 하여금 그 지위에 있어서 변동을 가져오게 하는 것으로 직접적인 이해관계가 있으며, 피고가 통보하거나 게시한 산업재해발생률이 관계 행정기관의 장 등의 별도의 행위나 판단의 개입 없이 그대로 적용되어 신인도평가액이 감액되거나 신인도점수가 배점됨으로써 곧바로 수급인 등 자격의 제한과 입찰참가자격 등의 변동이 있을 수 있다고 할 것'이라는 이유로 항고소송의 대상이 되는 행정처분에 해당한다고 판시한 것이 있다.[23] 이를 유추하면, 경영책임자등은 법률상 지위에 직접적 변동을 주는 공표에 대하여 항고소송을 제기할 수 있는 것으로 생각된다.

5. 제3자의 공표청구권 인정 여부

법문은 고용노동부장관은 '공표할 수 있다'고 하여 재량 사항으로 규정하고 있는데,[24] 그렇다면 해당 공표내용에 대하여 이해관계를 가지는 자가 고용노동부장관이나 의무위반자에 대하여 중대산업재해 발생사실에 대하여 공표할 것을 요청할 수 있는지 문제될 수 있다. 그러나 일반적으로 행정청의 위반사실의 공표 내지 공표명령은 대부분의 경우 행정청의 권한으로 재량 사항으로 되어 있고, 공표 자체는 사실행위이기 때문에 제3자가 행정청의 공표에 관하여 법률상 이해관계를 갖는다고 보기 어렵고, 따라서 제3자가 행정청으로 하여금 위반사실의 공표를 하거나 공표명령을 하도록 요구할 수 있는 권리를 인정하기는 어렵다고 생각한다.

6. 병과의 문제

공표 자체는 사실행위이나 실제 행정제재적 효과를 가진다는 점을 고려하면 처벌과 유사하기 때문에 공표를 다른 행정 제재수단과 병과하는 것이 가능한지, 즉 이중처벌금지 원칙에 위반하는지 문제될 수 있다.

그러나 비록 행정상의 의무위반자에 대한 공표제도에 관한 사안은 아니지만, 헌법재판소는 청소년 성매수자의 신상공개제도가 이중처벌금지 원칙에 위반되는지 문제된 사안에서 "신상공개제도가 당사자에게 일종의 수치심과 불명예를 줄

---

22) 대법원 1993. 10. 26. 선고 93누6331 판결 등.

23) 서울행정법원 2008. 12. 24. 선고 2008구합30441 판결(확정).

24) 강민정 의원 등 10인이 2022. 1. 25. 발의한 중대재해처벌법 일부개정법률안은 '공표하여야 한다'고 하여 공표를 재량이 아닌 의무사항으로 규정하고 있다(안 제13조).

수 있다고 하여도, 이는 어디까지나 신상공개제도가 추구하는 입법목적에 부수적인 것이지 주된 것은 아니다. 또한, 공개되는 신상과 범죄사실은 이미 공개재판에서 확정된 유죄판결의 일부로서, 개인의 신상 내지 사생활에 관한 새로운 내용이 아니고, 공익목적을 위하여 이를 공개하는 과정에서 부수적으로 수치심 등이 발생된다고 하여 이것을 기존의 형벌 외에 또 다른 형벌로서 수치형이나 명예형에 해당한다고 볼 수는 없다."라고 결정한 바 있는 점을 고려하면(헌법재판소 2003. 6. 26. 선고 2002헌가14 전원재판부 결정), 공표는 형사처벌 등 다른 제재수단과 병과될 수 있다고 생각된다.

Ⅴ. 안전보건교육 수강

중대재해처벌법

제8조(안전보건교육의 수강)

① 중대산업재해가 발생한 법인 또는 기관의 경영책임자등은 대통령령으로 정하는 바에 따라 안전보건교육을 이수하여야 한다.

② 제1항의 안전보건교육을 정당한 사유 없이 이행하지 아니한 경우에는 5천만 원 이하의 과태료를 부과한다.

③ 제2항에 따른 과태료는 대통령령으로 정하는 바에 따라 고용노동부장관이 부과·징수한다.

시행령

제6조(안전보건교육의 실시 등)

① 법 제8조제1항에 따른 안전보건교육(이하 "안전보건교육"이라 한다)은 총 20시간의 범위에서 고용노동부장관이 정하는 바에 따라 이수해야 한다.

② 안전보건교육에는 다음 각 호의 사항이 포함되어야 한다.

1. 안전보건관리체계의 구축 등 안전·보건에 관한 경영 방안
2. 중대산업재해의 원인 분석과 재발 방지 방안

③ 고용노동부장관은 「한국산업안전보건공단법」에 따른 한국산업안전보건공단이나 「산업안전보건법」 제33조에 따라 등록된 안전보건교육기관(이하 "안전보건교육기관등"이라 한다)에 안전보건교육을 의뢰하여 실시할 수 있다.

④ 고용노동부장관은 분기별로 중대산업재해가 발생한 법인 또는 기관을 대상으로 안전보건교육을 이수해야 할 교육대상자를 확정하고 안전보건교육 실시일 30일 전까지 다음 각 호의 사항을 해당 교육대상자에게 통보해야 한다.

1. 안전보건교육을 실시하는 안전보건교육기관등
2. 교육일정

> 3. 그 밖에 안전보건교육의 실시에 필요한 사항
> ⑤ 제4항에 따른 통보를 받은 교육대상자는 해당 교육일정에 참여할 수 없는 정당한 사유가 있는 경우에는 안전보건교육 실시일 7일 전까지 고용노동부장관에게 안전보건교육의 연기를 한 번만 요청할 수 있다.
> ⑥ 고용노동부장관은 제5항에 따른 연기 요청을 받은 날부터 3일 이내에 연기 가능 여부를 교육대상자에게 통보해야 한다.
> ⑦ 안전보건교육을 연기하는 경우 교육일정 등의 통보에 관하여는 제4항을 준용한다.
> ⑧ 안전보건교육에 드는 비용은 안전보건교육기관등에서 수강하는 교육대상자가 부담한다.
> ⑨ 안전보건교육기관등은 안전보건교육을 실시한 경우에는 지체 없이 안전보건교육 이수자 명단을 고용노동부장관에게 통보해야 한다.
> ⑩ 안전보건교육을 이수한 교육대상자는 필요한 경우 안전보건교육이수확인서를 발급해 줄 것을 고용노동부장관에게 요청할 수 있다.
> ⑪ 제10항에 따른 요청을 받은 고용노동부장관은 고용노동부장관이 정하는 바에 따라 안전보건교육이수확인서를 지체 없이 내주어야 한다.
>
> **제7조(과태료의 부과기준)**
> 법 제8조 제2항에 따른 과태료의 부과기준은 별표 4와 같다.

1. 의 의

중대재해처벌법은 중대산업재해가 발생한 법인 또는 기관의 경영책임자등은 대통령령으로 정하는 바에 따라 안전보건교육을 이수하여야 한다고 규정하고, 이수해야 할 구체적 교육과정과 절차, 내용, 시간 등은 대통령령에서 정하도록 위임하고 있다.

중대산업재해가 발생하였음에도 불구하고 이미 발생한 재해에 대한 대책 수립을 간과하여 동일한 유형의 재해가 발생하는 상황을 방지하고, 중대산업재해 예방에 관한 인식을 개선하며, 안전보건관리체계를 구축하는 등 보다 근본적인 대책 수립을 촉진하고자 하는 점에 그 의의가 있다.

한편 안전보건 확보의무 위반 여부를 요건으로 규정하지 않고 있다는 점에서도 의무 위반에 대한 제재적 성격이 아니라 중대산업재해 예방 강화 및 재발 방지라고 하는 근본적 대책 수립을 촉진하기 위한 제도라는 점을 확인할 수 있으며, 이는 앞서 살펴본 제재적 성격이 강한 양벌규정 또는 공표제도와의 차이점이라고도 볼 수 있다.

2. 안전보건교육 이수 대상

안전보건교육 이수 대상은 '중대산업재해가 발생한 법인 또는 기관의 경영책임자등'으로, 우선 중대산업재해가 아닌 중대시민재해가 발생한 경우에 대하여는 적용이 없다.

또한 중대산업재해 발생사실 공표에 관한 법 제13조가 '법 제4조에 따른 의무를 위반하여 발생한 중대산업재해'를 요건으로 하고 있음에 반하여, 안전보건교육 수강은 '중대산업재해의 발생'만을 요건으로 규정하여, 경영책임자등이 안전보건 확보의무를 위반하여 중대산업재해가 발생하였는지 여부는 고려하지 않는다.

한편 법인 또는 기관의 경영책임자등이 아닌 개인사업주는 교육 이수 대상에서 제외된다.

3. 안전보건교육의 내용과 시간

안전보건교육은 총 20시간의 범위 내에서 고용노동부장관이 정하는 바에 따라 ① 안전보건관리체계 구축 및 이행방법 등 안전보건경영 방안, ② 산업안전보건법 등 안전보건 관계 법령의 주요 내용, ③ 정부의 산업재해예방 정책이 포함된 교육을 이수하여야 한다.

한편 산업안전보건법 제174조는 "안전보건 조치의무를 위반하여 근로자를 사망에 이르게 한 사람에게 유죄의 판결(선고유예는 제외)을 선고하거나 약식명령을 고지하는 경우에 200시간의 범위에서 산업재해 예방에 필요한 수강명령 또는 산업안전보건프로그램의 이수명령을 병과할 수 있다."라고 규정하여, 산업안전보건법상 수강명령은 200시간 이하[25]에서 판사의 판결에 따라 결정된다는 점에서, 중대재해처벌법상 수강명령과 차이가 있다.

4. 안전보건교육의 시기 및 방법 등

고용노동부장관은 한국산업안전보건공단법에 따른 한국산업안전보건공단이나 산업안전보건법 제33조에 따라 등록된 안전보건교육기관에 안전보건교육을 위탁하여 실시할 수 있다(시행령 제6조 제3항).

---

25) 실제로는 약 40~80시간의 범위 내에서 판결이 이루어지고 있다고 한다(관계부처합동, 앞의 책, 117면).

고용노동부장관은 분기별로 중대산업재해가 발생한 법인 또는 기관을 대상으로 안전보건교육을 이수해야 할 교육대상자를 확정하여야 하고, 교육대상자를 확정하기 전에 여러 건의 중대산업재해가 발생하였다면 이를 모두 포괄하여 하나의 분기에 교육을 이수하도록 하며, 안전보건교육 수강 중 또는 수강 후 다시 중대산업재해가 발생하였다면 해당 재해에 대해서는 종건에 수강한 안전보건교육과는 별도로 다른 분기에 교육을 이수하도록 조치를 취하여야 한다(동조 제4항).

안전보건교육 실시일 30일 전까지 ① 안전보건교육을 실시하는 안전보건교육기관 등, ② 교육일정, ③ 그 밖에 안전보건교육의 실시에 필요한 사항을 해당 교육대상자에게 통보하여야 한다(동조 제7항).

안전보건교육 대상자임을 통보받은 경영책임자등이 해당 교육일정에 참여할 수 없는 정당한 사유가 있는 경우에는 교육 실시일 7일 전까지 고용노동부장관에게 1회에 한하여 연기를 요청할 수 있고, 고용노동부장관은 연기 요청을 받은 날부터 3일 이내에 연기 가능 여부를 교육대상자에게 통보하여야 한다(동조 제5항, 제6항).

안전보건교육의 당사자 부담원칙에 따라 교육에 드는 비용은 교육대상자가 부담하여야 한다(동조 제8항).

또한 안전보건교육기관 등은 안전보건교육을 실시한 경우 지체없이 안전보건교육 이수자 명단을 고용노동부장관에게 통보하여야 하고, 안전보건교육을 이수한 교육대상자는 필요한 경우 안전보건교육 이수확인서 발급을 요청할 수 있고, 고용노동부장관은 '안전보건교육 이수확인서'를 지체없이 내주어야 한다(동조 제9항, 제10항, 제11항).

5. 미이수 시 과태료 부과기준

중대재해처벌법 제8조 제1항을 위반하여 경영책임자등이 정당한 사유 없이 안전보건교육을 이수하지 아니한 경우에는 5천만 원 이하의 과태료 부과 대상이 되는데, 1차 위반 시 1,000만 원, 2차 위반 시 3,000만 원, 3차 위반 시 5,000만 원의 과태료가 부과된다.

위반횟수에 따른 과태료 가중 부과는 최근 1년간 같은 위반행위로 과태료 부과처분을 받은 경우에 적용한다. 가중처분 적용 차수는 그 위반행위 전 부과처분 차수(가중처분 적용기간 내에 과태료 부과처분이 둘 이상 있었던 경우 높은 차수)의 다음 차수로 한다(예컨대, 1년 내 종전 2차까지 과태료 부과 시 다음 차수인 3차를 부과).

한편 사업 또는 사업장의 규모나 공사 규모에 따른 과태료 감경이 가능하다. 상시근로자 수가 50명 미만인 사업 또는 사업장이거나 공사금액이 50억 원 미만인 건설공사의 사업 또는 사업장인 경우 과태료의 2분의 1 범위에서 감경이 가능하다. 또한 다음의 사유에 해당하는 경우에는 추가로 과태료의 2분의 1 범위에서 감경이 가능하다.

(a) 위반행위자가 자연재해·화재 등으로 재산에 현저한 손실을 입었거나 사업 여건의 악화로 사업이 중대한 위기에 처하는 등의 사정이 있는 경우
(b) 위반행위가 사소한 부주의나 오류로 인한 것으로 인정되는 경우
(c) 위반행위자가 법 위반상태를 시정하거나 해소하기 위해 노력한 것이 인정되는 경우
(d) 그 밖에 위반행위의 정도, 위반행위의 동기와 그 결과 등을 고려하여 과태료 금액을 줄일 필요가 있다고 인정되는 경우

행정질서벌인 과태료는 범죄에 대한 제재인 형벌과는 그 성질이나 목적을 달리하므로, 그 과벌 절차도 형사소송법이 아닌 비송사건절차법이나 질서위반행위규제법에 의하며, 과태료에 관한 불복 절차 역시 행정소송 등이 아닌 질서위반행위규제법에 따른 이의제기 절차에 의한다.

Ⅵ. 결 론

중대재해처벌법은 중대재해 예방 및 시민과 종사자의 생명과 신체 보호라고 하는 입법목적을 달성하기 위하여 다양한 의무이행 확보 수단을 동원하고 있다. 첫째, 행위자 외에 법인 또는 기관으로 처벌대상을 확장함으로써 법인 또는 기관 자체로 하여금 재해예방을 위한 보다 실효성 있는 시스템을 구축하도록 촉구하고 있고, 둘째, 경영책임자의 명예나 신용에 대한 침해 위협을 통해 의무이행을 간접강제하고 있으며, 나아가 셋째, 안전보건교육을 통해 재발방지를 비롯하여 보다 근본적인 대책 수립을 촉구하고 있다. 사전적·사후적 수단을 다각도로 활용하고 있다는 점에서 긍정적으로 평가할 수 있을 것이다.

다만 안전보건교육 수강제도나 공표제도는 중대시민재해와 관련해서는 적용이 없어, 종사자와 비교하여 상대적으로 시민의 생명과 신체 보호에는 소홀한 것이

아닌가 생각된다. 시민의 생명과 신체 보호 역시 중대재해처벌법이 달성하고자 하는 중요한 입법목적 중 하나라는 점에서, 향후 중대시민재해와 관련하여서도 이러한 행정수단들을 확대할 필요가 있을 것으로 보인다.

제6장

중대시민재해

제1절

개념과 적용 범위

신원재*

Ⅰ. 중대시민재해에 관한 형사책임

1. 중대시민재해 관련 형사적 책임 (중대재해처벌법 제정 이전)

중대재해처벌법은 중대시민재해가 발생한 경우에 있어서의 형사책임을 규정하고 있다. 중대시민재해란 특정 원료 또는 제조물, 공중이용시설 또는 공중교통수단의 설계, 제조, 설치, 관리상의 결함을 원인으로 하여 발생한 재해로서 일정한 수 이상의 사망자, 부상자 또는 질병자가 발생한 재해를 의미한다(법 제2조 제3호).

중대재해처벌법이 제정되기 이전에도 중대시민재해가 발생하는 경우, 사고 발생에 책임이 있는 자에 대하여 형사적인 책임을 물을 수는 있었다. 인명 사고가 발생하는 경우, 고의 또는 과실로 사고를 야기한 자에 대해서 살인 내지 과실치사상의 책임을 물을 수 있을 것이다.

뿐만 아니라, 중대시민재해를 야기할 수 있는 각종 위험을 방지하기 위한 여러 특별법이 제정되어 있다. 특별법에서 정하고 있는 구체적인 의무사항을 위반하는 경우, 해당 특별법 위반에 대한 형사적인 책임을 부담한다. 예컨대, 생활화학제품의 위해성(危害性) 평가, 살생물물질(殺生物物質) 및 살생물제품의 승인, 살생물처리제품의 기준, 살생물제품에 의한 피해의 구제 등에 관한 사항을 규정함으로써 국민의 건강 및 환경을 보호하고 공공의 안전에 이바지하는 것을 목적으로 제정[1)]

* 申元載, 서울대학교 법학전문박사 과정, 법무법인 더프라임 대표변호사, wjshin@primelaw.co.kr

1) 「생활화학제품 및 살생물제의 안전관리에 관한 법률」 제1조.

된 생활화학제품 및 살생물제의 안전관리에 관한 법률은 화학물질의 취급 및 관리에 관하여 안전 사고를 예방하기 위한 여러 의무를 부과하고 있다. 그리고 법에서 정한 의무를 위반하는 경우, 형사적인 책임을 규정[2]하고 있으며, 법 위반 행위로 말미암아 사람을 사상에 이르게 한 경우에 대한 형벌 규정도 마련하고 있다.[3]

2. 중대재해처벌법상 중대시민재해에 관한 형사적 책임

중대재해처벌법은 중대시민재해가 발생한 경우, 경영책임자 등에 대한 형사책임을 규정하고 있다. 법의 제정 이유를 보면, "중대산업재해와 공중이용시설 또는 공중교통수단을 운영하거나 위험한 원료 및 제조물을 취급하면서 안전·보건 조치 의무를 위반하여 인명사고가 발생한 중대시민재해의 경우, 사업주와 경영책임자 및 법인 등을 처벌함으로써 근로자를 포함한 종사자와 일반 시민의 안전권을 확보하고, 기업의 조직문화 또는 안전관리 시스템 미비로 인해 일어나는 중대재해 사고를 사전에 방지"하고자 한다는 점[4]이 분명하다.

일반적인 사기업(私企業)에 있어서 사업을 대표하고 총괄하는 권한과 책임이 있는 사람 또는 이에 준하여 안전보건에 관한 업무를 담당하는 사람이 경영책임자 등에 해당한다(법 제2조 제9호). 중대재해처벌법은 중대시민재해와 관련하여 경영책임자의 안전 및 보건 확보의무를 규정하고 있으며(법 제9조), 경영책임자등이 안전보건 확보의무를 위반하여 중대시민재해가 발생한 경우 형사적인 책임을 규정하고 있다(법 제10조).

중대재해처벌법은 처벌 대상을 경영책임자등으로 정하여 두고 있다. 나아가 경영책임자등의 안전 및 보건 확보의무를 명확히 규정하고 있다는 점이 특징이다. 과거에는 중대시민재해 해당하는 사고가 발생하게 되는 경우, 사고 발생과 직접적인 인과관계가 있는 자들이 주로 처벌 대상이 되었다면, 중대재해처벌법으로 인하여 조직 문화를 정립할 종국적인 책임과 권한이 있는 경영책임자등 역시 추가적인 형사 책임 주체가 될 가능성이 높아졌다.

---

2) 「생활화학제품 및 살생물제의 안전관리에 관한 법률」 제56조 내지 제59조.

3) 「생활화학제품 및 살생물제의 안전관리에 관한 법률」 제56조 제3항, 제57조 제3항.

4) 「중대재해처벌 등에 관한 법률」 제정 이유.

Ⅱ. 중대시민재해의 개념

중대산업재해의 경우, 기존의 산업안전보건법이나 기타 산업 현장의 안전이나 보건 관계 법령을 통하여 어느 정도 개념이 정립되어 있었다. 반면, 중대시민재해는 중대재해처벌법에서 처음으로 소개되는 개념이다. 중대재해처벌법은 막중한 형사적인 책임을 묻는 형사특별법적 성격을 가지고 있는바, 법에서 정하고 있는 용어의 의미를 명확히 하고 외연을 뚜렷하게 확정할 필요가 있다.

1. 법률 규정의 검토

중대재해처벌법은 중대시민재해를 다음과 같이 정의한다.

> **중대재해처벌법**
> 제2조(정의)
> 이 법에서 사용하는 용어의 뜻은 다음과 같다.
> 3. "중대시민재해"란 특정 원료 또는 제조물, 공중이용시설 또는 공중교통수단의 설계, 제조, 설치, 관리상의 결함을 원인으로 하여 발생한 재해로서 다음 각 목의 어느 하나에 해당하는 결과를 야기한 재해를 말한다. 다만, 중대산업재해에 해당하는 재해는 제외한다.
> 가. 사망자가 1명 이상 발생
> 나. 동일한 사고로 2개월 이상 치료가 필요한 부상자가 10명 이상 발생
> 다. 동일한 원인으로 3개월 이상 치료가 필요한 질병자가 10명 이상 발생

중대시민재해가 무엇인지 여부를 파악하기 위해서는, 원료 또는 제조물이 무엇을 의미하는 것인지, 공중이용시설 또는 공중교통수단의 범위가 어떻게 되는지, 어떠한 경우에 설계, 제조, 설치, 관리상의 결함이 존재하는 것으로 판단될 것인지 여부를 살펴볼 필요가 있다.

2. 원료 또는 제조물의 의미

가. 원료의 의미

중대재해처벌법은 원료가 무엇을 의미하는지에 관한 정의 규정을 두고 있지 않다. 이와 관련하여, 환경부는 원료란 제조에 투입되는 것을 말하며, 일반적으로 어떤 물건을 만드는데 들어가는 재료라는 의미로 사용된다고 설명한다.[5] 한편,

"원료는 자연상에 존재하는 재료뿐만 아니라 이를 물리적·화학적으로 가공·합성한 재료도 포함"되며, "재료는 물건을 만드는데 사용되는 것이므로, 완성된 물건인 제조물과는 구별"된다.[6]

중대재해처벌법상 중대시민재해에서 말하고 있는 원료에는 인체에 위해한 원료만 포함되는 것인지 여부가 문제될 수 있다. 이와 관련하여, 인체유해성이나 위험성이 발생할 가능성을 종합하여 원료에 해당하는지를 구체적, 개별적으로 정하여야 한다는 입장이 있다.[7] 한편, 환경부는 "중대재해처벌법은 원료 및 제조물의 범위를 제한하거나 하위 법령에 위임하지 않음. 기본적으로 인체에 해로운 원료, 제조물이 포함되며, 유해성을 기본적 속성으로 하지 않은 경우에도 생산, 제조, 판매, 유통 단계에서 설계, 제조, 관리상 결함이 있다면 동법의 적용대상이 됨"이라는 입장을 취한 바 있다.[8] (12. 29.자 환경부 보도자료 발췌)

중대재해처벌법이 원료라고만 정하고 있기에, 원료의 의미를 제한하거나 축소해서 해석할 수는 없을 것으로 보인다. 특히 중대재해처벌법의 경우, 취급상 위험을 수반하는 원료(시행령 별표5)에 대해서는 일반적인 원료에 비하여 강화된 안전 및 보건 확보의무를 요구하고 있다. 바꾸어 말하면 특별한 위험성을 수반하지 않는 일반적인 원료의 경우라고 하더라도 최소한의 안전 및 보건 확보의무를 다하여야 한다는 취지로 이해된다.

나. 제조물의 의미

중대재해처벌법은 제조물의 정의에 관하여 아래와 같이 규정하고 있다.

> **중대재해처벌법**
> 제2조(정의)
> 이 법에서 사용하는 용어의 뜻은 다음과 같다.
> 6. "제조물"이란 제조되거나 가공된 동산(다른 동산이나 부동산의 일부를 구성하는 경우를 포함한다)을 말한다.

한편, 중대재해처벌법상 제조물의 정의 규정은 제조물책임법 상의 제조물 정의 규정과 동일하다. 이와 관련하여, 중대재해처벌법상 제조물과 제조물책임법 상의

---

5) 환경부, 중대재해처벌법해설 - 중대시민재해(원료·제조물), 2021. 12., 16면.
6) 온주 중대재해처벌법 제2조 제3호, 권창영 집필.
7) 김·장 법률사무소 중대재해대응팀, 중대재해처벌법, 박영사(2022), 138면.
8) 환경부(2021), 앞의 책, 48면.

제조물을 동일한 개념으로 파악하여야 하는지 여부에 관한 논의가 있을 수 있으나, 중대재해처벌법의 경우 제조물의 결함으로 말미암아 발생한 사고에 대해서 형사적인 책임을 부과하는 것이 입법 취지인 점, 제조물로 인하여 중대시민재해가 발생하는 경우 민사적으로는 제조물책임법이 문제되고 형사적으로는 중대재해처벌법이 동시에 문제되는 경우가 발생할 수 있는데 두 법률의 적용에 있어서 제조물의 개념을 달리 상정하는 경우 오히려 혼란이 가중될 것으로 보이는 점 등에 비추어 볼 때, 제조물책임법과 중대재해처벌법의 제조물은 같은 개념이며, 중대재해처벌법은 제조물책임법을 형사법화한 것으로 이해하는 것이 적절해 보인다.[9]

참고로 대법원은 "제조물책임의 대상이 되는 제조물은 원재료에 설계·가공 등의 행위를 가하여 새로운 물품으로 제조 또는 가공된 동산으로서 상업적 유통에 제공되는 것을 말하고, 여기에는 여러 단계의 상업적 유통을 거쳐 불특정 다수 소비자에게 공급되는 것뿐만 아니라 특정 소비자와의 공급계약에 따라 그 소비자에게 직접 납품되어 사용되는 것도 포함된다"고 판시한 바 있다.[10]

3. 공중이용시설

중대재해처벌법은 공중이용시설을 아래와 같이 정의하고 있다.

> **중대재해처벌법**
> 제2조(정의)
> 이 법에서 사용하는 용어의 뜻은 다음과 같다.
> 4. "공중이용시설"이란 다음 각 목의 시설 중 시설의 규모나 면적 등을 고려하여 대통령령으로 정하는 시설을 말한다. 다만, 「소상공인 보호 및 지원에 관한 법률」 제2조에 따른 소상공인의 사업 또는 사업장 및 이에 준하는 비영리시설과 「교육시설 등의 안전 및 유지관리 등에 관한 법률」 제2조 제1호에 따른 교육시설은 제외한다.
>   가. 「실내공기질 관리법」 제3조 제1항의 시설(「다중이용업소의 안전관리에 관한 특별법」 제2조 제1항 제1호에 따른 영업장은 제외한다)
>   나. 「시설물의 안전 및 유지관리에 관한 특별법」 제2조 제1호의 시설물(공동주택은 제외한다)
>   다. 「다중이용업소의 안전관리에 관한 특별법」 제2조 제1항 제1호에 따른 영업장 중 해당 영업에 사용하는 바닥면적(「건축법」 제84조에 따라 산정한 면적을 말한다)의 합계가 1천제곱미터 이상인 것

9) 온주 중대재해처벌법 제2조 제3호, 권창영 집필.
10) 대법원 2013. 7. 12. 선고 2006다17539 판결.

> 라. 그 밖에 가목부터 다목까지에 준하는 시설로서 재해 발생 시 생명·신체상의 피해가 발생할 우려가 높은 장소

중대재해처벌법은 공중이용시설을 나열하면서, 그 밖에 가목부터 다목까지에 준하는 시설로서 재해 발생시 생명, 신체상의 피해가 발생할 우려가 높은 장소를 규정하고 있다(법 제2조 제4호 라목). 이에 따라 중대재해처벌법이나 동법 시행령에 구체적으로 열거되어 있지 아니한 장소로서 재해 발생 시 생명, 신체상의 피해가 발생할 우려가 높은 장소도 공중이용시설에 해당하는 것인지 여부가 문제된다. 이와 관련하여, 중대재해처벌법 제2조 제4호은 공중이용시설이란 다음 각 목의 시설 중 시설의 규모나 면적 등을 고려하여 대통령령으로 정하는 시설을 말한다고 명시하고 있는바, '가목부터 다목까지에 준하는 시설로서 재해 발생 시 생명·신체상의 피해가 발생할 우려가 높은 장소'에 해당한다고 하더라도 구체적인 시설의 범위가 대통령령으로 정해진 시설에 한하여 중대재해처벌법 상의 공중이용시설에 해당한다고 파악하는 것이 적절할 것으로 보인다.

가. 중대재해처벌법 제2조 제4호 가목 관련 시설

중대재해처벌법 제2조 제4호 가목은 실내공기질 관리법에서 정하고 있는 시설 중 일부 시설을 공중이용시설에 포함하고 있다. 실내공기질 관리법은 "다중이용시설, 신축되는 공동주택 및 대중교통차량의 실내공기질을 알맞게 유지하고 관리함으로써 그 시설을 이용하는 국민의 건강을 보호하고 환경상의 위해를 예방"함을 목적으로 제정된 법률이다.[11] 중대재해처벌법 시행령은 법 제2조 제4호 가목 관련 시설에 관하여 아래와 같이 규정하고 있다.

> **시행령**
> 제3조(공중이용시설)
> 법 제2조 제4호 각 목 외의 부분 본문에서 "대통령령으로 정하는 시설"이란 다음 각 호의 시설을 말한다.
> 1. 법 제2조 제4호 가목의 시설 중 별표 2에서 정하는 시설

11) 「실내공기질 관리법」 제1조.

중대재해 처벌 등에 관한 법률 시행령 [별표 2]

- 법 제2조 제4호 가목의 시설물 중 공중이용시설(제3조 제1호 관련)

1. 모든 지하역사(출입통로·대합실·승강장 및 환승통로와 이에 딸린 시설을 포함한다)
2. 연면적 2천㎡ 이상인 지하도상가(지상건물에 딸린 지하층의 시설을 포함한다. 이하 같다). 이 경우 연속되어 있는 둘 이상의 지하도상가의 연면적 합계가 2천㎡ 이상인 경우를 포함한다.
3. 철도역사의 시설 중 연면적 2천㎡ 이상인 대합실
4. 「여객자동차 운수사업법」 제2조 제5호의 여객자동차터미널 중 연면적 2천㎡ 이상인 대합실
5. 「항만법」 제2조 제5호의 항만시설 중 연면적 5천㎡ 이상인 대합실
6. 「공항시설법」 제2조 제7호의 공항시설 중 연면적 1천5백㎡ 이상인 여객터미널
7. 「도서관법」 제2조 제1호의 도서관 중 연면적 3천㎡ 이상인 것
8. 「박물관 및 미술관 진흥법」 제2조 제1호 및 제2호의 박물관 및 미술관 중 연면적 3천㎡ 이상인 것
9. 「의료법」 제3조제2항의 의료기관 중 연면적 2천㎡ 이상이거나 병상 수 100개 이상인 것
10. 「노인복지법」 제34조 제1항 제1호의 노인요양시설 중 연면적 1천㎡ 이상인 것
11. 「영유아보육법」 제2조 제3호의 어린이집 중 연면적 430㎡ 이상인 것
12. 「어린이놀이시설 안전관리법」 제2조 제2호의 어린이놀이시설 중 연면적 430㎡ 이상인 실내 어린이놀이시설
13. 「유통산업발전법」 제2조 제3호의 대규모점포. 다만, 「전통시장 및 상점가 육성을 위한 특별법」 제2조 제1호의 전통시장은 제외한다.
14. 「장사 등에 관한 법률」 제29조에 따른 장례식장 중 지하에 위치한 시설로서 연면적 1천㎡ 이상인 것
15. 「전시산업발전법」 제2조 제4호의 전시시설 중 옥내시설로서 연면적 2천㎡이상인 것
16. 「건축법」 제2조 제2항 제14호의 업무시설 중 연면적 3천㎡ 이상인 것. 다만, 「건축법 시행령」 별표 1 제14호 나목2)의 오피스텔은 제외한다.
17. 「건축법」 제2조 제2항에 따라 구분된 용도 중 둘 이상의 용도에 사용되는 건축물로서 연면적 2천㎡ 이상인 것. 다만, 「건축법 시행령」 별표 1 제2호의 공동주택 또는 같은 표 제14호 나목2)의 오피스텔이 포함된 경우는 제외한다.
18. 「공연법」 제2조 제4호의 공연장 중 객석 수 1천석 이상인 실내 공연장
19. 「체육시설의 설치·이용에 관한 법률」 제2조 제1호의 체육시설 중 관람석 수 1천석 이상인 실내 체육시설

비고

둘 이상의 건축물로 이루어진 시설의 연면적은 개별 건축물의 연면적을 모두 합산한 면적으로 한다.

나. 중대재해처벌법 제2조 제4호 나목 관련 시설

중대재해처벌법 제2조 제4호 나목은 시설물의 안전 및 유지에 관한 특별법에서 정하고 있는 시설 중 일부 시설을 공중이용시설에 포함하고 있다. 시설물의 안전 및 유지에 관한 특별법은 시설물의 안전점검과 적정한 유지관리를 통하여 재해와 재난을 예방하고 시설물의 효용을 증진시킴으로써 공중(公衆)의 안전을 확보하고 나아가 국민의 복리증진에 기여함을 목적으로 한다.[12] 중대재해처벌법 시행령은 법 제2조 제4호 나목 관련 시설에 관하여 아래와 같이 규정하고 있다.

참고로 시설물안전법 대상 시설물의 경우 시설물통합정보관리시스템(FMS)을 통하여 관리 중이므로, 제1, 2종 시설물의 경우 FMS에서 공중이용시설의 범위에 해당하는 것인지 여부를 확인할 수 있다.[13] 나아가 주거용 시설물의 경우, 공중이용시설의 범위에서 제외되어 있다는 점도 감안할 필요가 있다.

중대재해처벌법 시행령

제3조(공중이용시설)

법 제2조 제4호 각 목 외의 부분 본문에서 "대통령령으로 정하는 시설"이란 다음 각 호의 시설을 말한다.

2. 법 제2조제4호나목의 시설물 중 별표 3에서 정하는 시설물. 다만, 다음 각 목의 건축물은 제외한다.
   가. 주택과 주택 외의 시설을 동일 건축물로 건축한 건축물
   나. 건축물의 주용도가 「건축법 시행령」 별표 1 제14호 나목2)[14]의 오피스텔인 건축물

중대재해 처벌 등에 관한 법률 시행령 [별표 3]

- 법 제2조 제4호 나목의 시설물 중 공중이용시설(제3조 제2호 관련)

1. 교량	
가. 도로교량	1) 상부구조형식이 현수교, 사장교, 아치교 및 트러스교인 교량 2) 최대 경간장 50미터 이상의 교량 3) 연장 100미터 이상의 교량 4) 폭 6미터 이상이고 연장 100미터 이상인 복개구조물

12) 「시설물의 안전 및 유지에 관한 특별법」 제1조.
13) 국토교통부, 중대재해처벌법해설 - 중대시민재해(시설물, 공중교통수단), 2021, 14면.
14) 오피스텔(업무를 주로 하며, 분양하거나 임대하는 구획 중 일부 구획에서 숙식을 할 수 있도록 한 건축물로서 국토교통부장관이 고시하는 기준에 적합한 것을 말한다) (「건축법 시행령」 별표 1 제14호나목 2).

나. 철도교량	1) 고속철도 교량 2) 도시철도의 교량 및 고가교 3) 상부구조형식이 트러스교 및 아치교인 교량 4) 연장 100미터 이상의 교량
2. 터널	
가. 도로터널	1) 연장 1천미터 이상의 터널 2) 3차로 이상의 터널 3) 터널구간이 연장 100미터 이상인 지하차도 4) 고속국도, 일반국도, 특별시도 및 광역시도의 터널 5) 연장 300미터 이상의 지방도, 시도, 군도 및 구도의 터널
나. 철도터널	1) 고속철도 터널 2) 도시철도 터널 3) 연장 1천미터 이상의 터널 4) 특별시 또는 광역시에 있는 터널
3. 항만	
가. 방파제, 파제제(波除堤) 및 호안(護岸)	1) 연장 500미터 이상의 방파제 2) 연장 500미터 이상의 파제제 3) 방파제 기능을 하는 연장 500미터 이상의 호안
나. 계류시설	1) 1만톤급 이상의 원유부이식 계류시설(부대시설인 해저송유관을 포함한다) 2) 1만톤급 이상의 말뚝구조의 계류시설 3) 1만톤급 이상의 중력식 계류시설
4. 댐	1) 다목적댐, 발전용댐, 홍수전용댐 2) 지방상수도전용댐 3) 총저수용량 1백만톤 이상의 용수전용댐
5. 건축물	1) 고속철도, 도시철도 및 광역철도 역 시설 2) 16층 이상이거나 연면적 3만제곱미터 이상의 건축물 3) 연면적 5천제곱미터 이상(각 용도별 시설의 합계를 말한다)의 문화·집회 시설, 종교시설, 판매시설, 운수시설 중 여객용 시설, 의료시설, 노유자시설, 수련시설, 운동시설, 숙박시설 중 관광숙박시설 및 관광휴게시설
6. 하천	
가. 하구둑	1) 하구둑 2) 포용조수량 1천만톤 이상의 방조제
나. 제방	국가하천의 제방[부속시설인 통관(通管) 및 호안(護岸)을 포함한다]
다. 보	국가하천에 설치된 다기능 보
7. 상하수도	
가. 상수도	1) 광역상수도 2) 공업용수도 3) 지방상수도

나. 하수도	공공하수처리시설 중 1일 최대처리용량 500톤 이상인 시설
8. 옹벽 및 절토사면(깎기비탈면)	1) 지면으로부터 노출된 높이가 5미터 이상인 부분의 합이 100미터 이상인 옹벽 2) 지면으로부터 연직(鉛直)높이(옹벽이 있는 경우 옹벽 상단으로부터의 높이를 말한다) 30미터 이상을 포함한 절토부(땅깎기를 한 부분을 말한다)로서 단일 수평연장 100미터 이상인 절토사면

비고

1. "도로"란 「도로법」 제10조의 도로를 말한다.
2. 교량의 "최대 경간장"이란 한 경간(徑間)에서 상부구조의 교각과 교각의 중심선 간의 거리를 경간장으로 정의할 때, 교량의 경간장 중에서 최댓값을 말한다. 한 경간 교량에 대해서는 교량 양측 교대의 흉벽 사이를 교량 중심선에 따라 측정한 거리를 말한다.
3. 교량의 "연장"이란 교량 양측 교대의 흉벽 사이를 교량 중심선에 따라 측정한 거리를 말한다.
4. 도로교량의 "복개구조물"이란 하천 등을 복개하여 도로의 용도로 사용하는 모든 구조물을 말한다.
5. 터널 및 지하차도의 "연장"이란 각 본체 구간과 하나의 구조로 연결된 구간을 포함한 거리를 말한다.
6. "방파제, 파제제 및 호안"이란 「항만법」 제2조제5호가목2)의 외곽시설을 말한다.
7. "계류시설"이란 「항만법」 제2조제5호가목4)의 계류시설을 말한다.
8. "댐"이란 「저수지·댐의 안전관리 및 재해예방에 관한 법률」 제2조제1호의 저수지·댐을 말한다.
9. 위 표 제4호의 지방상수도전용댐과 용수전용댐이 위 표 제7호가목의 광역상수도·공업용수도 또는 지방상수도의 수원지시설에 해당하는 경우에는 위 표 제7호의 상하수도시설로 본다.
10. 위 표의 건축물에는 그 부대시설인 옹벽과 절토사면을 포함하며, 건축설비, 소방설비, 승강기설비 및 전기설비는 포함하지 않는다.
11. 건축물의 연면적은 지하층을 포함한 동별로 계산한다. 다만, 2동 이상의 건축물이 하나의 구조로 연결된 경우와 둘 이상의 지하도상가가 연속되어 있는 경우에는 연면적의 합계로 한다.
12. 건축물의 층수에는 필로티나 그 밖에 이와 비슷한 구조로 된 층을 포함한다.
13. "건축물"은 「건축법 시행령」 별표 1에서 정한 용도별 분류를 따른다.
14. "운수시설 중 여객용 시설"이란 「건축법 시행령」 별표 1 제8호의 운수시설 중 여객자동차터미널, 일반철도역사, 공항청사, 항만여객터미널을 말한다.
15. "철도 역 시설"이란 「철도의 건설 및 철도시설 유지관리에 관한 법률」 제2조제6호가목의 역 시설(물류시설은 제외한다)을 말한다. 다만, 선하역사(시설이 선로 아래 설치되는 역사를 말한다)의 선로구간은 연속되는 교량시설물에 포함하고, 지하역사

의 선로구간은 연속되는 터널시설물에 포함한다.
16. 하천시설물이 행정구역 경계에 있는 경우 상위 행정구역에 위치한 것으로 한다.
17. "포용조수량"이란 최고 만조(滿潮) 시 간척지에 유입될 조수(潮水)의 양을 말한다.
18. "방조제"란 「공유수면 관리 및 매립에 관한 법률」 제37조, 「농어촌정비법」 제2조 제6호, 「방조제 관리법」 제2조제1호 및 「산업입지 및 개발에 관한 법률」 제20조 제1항에 따라 설치한 방조제를 말한다.
19. 하천의 "통관"이란 제방을 관통하여 설치한 원형 단면의 문짝을 가진 구조물을 말한다.
20. 하천의 "다기능 보"란 용수 확보, 소수력 발전이나 도로(하천을 횡단하는 것으로 한정한다) 등 두 가지 이상의 기능을 갖는 보를 말한다.
21. 위 표 제7호의 상하수도의 광역상수도, 공업용수도 및 지방상수도에는 수원지시설, 도수관로·송수관로(터널을 포함한다) 및 취수시설을 포함하고, 정수장, 취수·가압펌프장, 배수지, 배수관로 및 급수시설은 제외한다.

다. 중대재해처벌법 제2조 제4호 다목 관련 시설

중대재해처벌법 제2조 제4호 다목은 다중이용업소의 안전관리에 관한 특별법에서 정하고 있는 시설 중 일부 시설을 공중이용시설에 포함하고 있다. 다중이용업소의 안전관리에 관한 특별법은 화재 등 재난이나 그 밖의 위급한 상황으로부터 국민의 생명·신체 및 재산을 보호하기 위하여 다중이용업소의 안전시설등의 설치·유지 및 안전관리와 화재위험평가, 다중이용업주의 화재배상책임보험에 필요한 사항을 정함으로써 공공의 안전과 복리 증진에 이바지함을 목적으로 한다.[15] 중대재해처벌법 시행령은 법 제2조 제4호의 내용을 그대로 규정하고 있는바, 법 제2조 제4호서 정하고 있는 시설은 아래와 같다.

참고로 법 제2조 제4호는 다목은 다중이용업소의 안전관리에 관한 특별법에서 정하고 있는 영업장 중에서 바닥면적의 합계가 1천제곱미터 이상인 영업장을 공중이용시설로 정하고 있다.

중대재해처벌법

제2조(정의)

이 법에서 사용하는 용어의 뜻은 다음과 같다.

4. "공중이용시설"이란 다음 각 목의 시설 중 시설의 규모나 면적 등을 고려하여 대통령령으로 정하는 시설을 말한다. 다만, 「소상공인 보호 및 지원에 관한 법률」 제2조에 따른 소상공인의 사업 또는 사업장 및 이에 준하는 비영리시설과 「교육시설 등

15) 「다중이용업소의 안전관리에 관한 특별법」 제1조.

의 안전 및 유지관리 등에 관한 법률」 제2조제1호에 따른 교육시설은 제외한다.

다. 「다중이용업소의 안전관리에 관한 특별법」 제2조제1항제1호에 따른 영업장 중 해당 영업에 사용하는 바닥면적(「건축법」 제84조에 따라 산정한 면적을 말한다)의 합계가 1천제곱미터 이상인 것

다중이용업소의 안전관리에 관한 특별법

제2조(정의)

① 이 법에서 사용하는 용어의 뜻은 다음과 같다.

1. "다중이용업"이란 불특정 다수인이 이용하는 영업 중 화재 등 재난 발생 시 생명·신체·재산상의 피해가 발생할 우려가 높은 것으로서 대통령령으로 정하는 영업을 말한다.

다중이용업소의 안전관리에 관한 특별법 시행령

제2조(다중이용업)

「다중이용업소의 안전관리에 관한 특별법」(이하 "법"이라 한다) 제2조 제1항 제1호에서 "대통령령으로 정하는 영업"이란 다음 각 호의 영업을 말한다. 다만, 영업을 옥외 시설 또는 옥외 장소에서 하는 경우 그 영업은 제외한다.

1. 「식품위생법 시행령」 제21조 제8호에 따른 식품접객업 중 다음 각 목의 어느 하나에 해당하는 것

가. 휴게음식점영업·제과점영업 또는 일반음식점영업으로서 영업장으로 사용하는 바닥면적(「건축법 시행령」 제119조제1항제3호에 따라 산정한 면적을 말한다. 이하 같다)의 합계가 100제곱미터(영업장이 지하층에 설치된 경우에는 그 영업장의 바닥면적 합계가 66제곱미터) 이상인 것. 다만, 영업장(내부계단으로 연결된 복층구조의 영업장을 제외한다)이 다음의 어느 하나에 해당하는 층에 설치되고 그 영업장의 주된 출입구가 건축물 외부의 지면과 직접 연결되는 곳에서 하는 영업을 제외한다. 1) 지상 1층 2) 지상과 직접 접하는 층

나. 단란주점영업과 유흥주점영업

1의2. 「식품위생법 시행령」 제21조 제9호에 따른 공유주방 운영업 중 휴게음식점영업·제과점영업 또는 일반음식점영업에 사용되는 공유주방을 운영하는 영업으로서 영업장 바닥면적의 합계가 100제곱미터(영업장이 지하층에 설치된 경우에는 그 바닥면적 합계가 66제곱미터) 이상인 것. 다만, 영업장(내부계단으로 연결된 복층구조의 영업장은 제외한다)이 다음 각 목의 어느 하나에 해당하는 층에 설치되고 그 영업장의 주된 출입구가 건축물 외부의 지면과 직접 연결되는 곳에서 하는 영업은 제외한다.

가. 지상 1층

나. 지상과 직접 접하는 층

2. 「영화 및 비디오물의 진흥에 관한 법률」 제2조 제10호, 같은 조 제16호 가목·나목 및 라목에 따른 영화상영관·비디오물감상실업·비디오물소극장업 및 복합영상물제공업

3. 「학원의 설립·운영 및 과외교습에 관한 법률」 제2조제1호에 따른 학원(이하 "학원"이라 한다)으로서 다음 각 목의 어느 하나에 해당하는 것

가. 「화재예방, 소방시설 설치·유지 및 안전관리에 관한 법률 시행령」 별표 4에 따

라 산정된 수용인원(이하 "수용인원"이라 한다)이 300명 이상인 것

나. 수용인원 100명 이상 300명 미만으로서 다음의 어느 하나에 해당하는 것. 다만, 학원으로 사용하는 부분과 다른 용도로 사용하는 부분(학원의 운영권자를 달리하는 학원과 학원을 포함한다)이 「건축법 시행령」 제46조에 따른 방화구획으로 나누어진 경우는 제외한다. (1) 하나의 건축물에 학원과 기숙사가 함께 있는 학원 (2) 하나의 건축물에 학원이 둘 이상 있는 경우로서 학원의 수용인원이 300명 이상인 학원 (3) 하나의 건축물에 제1호, 제2호, 제4호부터 제7호까지, 제7호의2부터 제7호의5까지 및 제8호의 다중이용업 중 어느 하나 이상의 다중이용업과 학원이 함께 있는 경우

4. 목욕장업으로서 다음 각 목에 해당하는 것

가. 하나의 영업장에서 「공중위생관리법」 제2조 제1항 제3호가목에 따른 목욕장업 중 맥반석·황토·옥 등을 직접 또는 간접 가열하여 발생하는 열기나 원적외선 등을 이용하여 땀을 배출하게 할 수 있는 시설 및 설비를 갖춘 것으로서 수용인원(물로 목욕을 할 수 있는 시설부분의 수용인원은 제외한다)이 100명 이상인 것

나. 「공중위생관리법」 제2조 제1항 제3호 나목의 시설 및 설비를 갖춘 목욕장업

5. 「게임산업진흥에 관한 법률」 제2조 제6호·제6호의2·제7호 및 제8호의 게임제공업·인터넷컴퓨터게임시설제공업 및 복합유통게임제공업. 다만, 게임제공업 및 인터넷컴퓨터게임시설제공업의 경우에는 영업장(내부계단으로 연결된 복층구조의 영업장은 제외한다)이 다음 각 목의 어느 하나에 해당하는 층에 설치되고 그 영업장의 주된 출입구가 건축물 외부의 지면과 직접 연결된 구조에 해당하는 경우는 제외한다.

가. 지상 1층

나. 지상과 직접 접하는 층

6. 「음악산업진흥에 관한 법률」 제2조 제13호에 따른 노래연습장업

7. 「모자보건법」 제2조 제10호에 따른 산후조리업

7의2. 고시원업[구획된 실(室) 안에 학습자가 공부할 수 있는 시설을 갖추고 숙박 또는 숙식을 제공하는 형태의 영업]

7의3. 「사격 및 사격장 안전관리에 관한 법률 시행령」 제2조제1항 및 별표 1에 따른 권총사격장(실내사격장에 한정하며, 같은 조 제1항에 따른 종합사격장에 설치된 경우를 포함한다)

7의4. 「체육시설의 설치·이용에 관한 법률」 제10조제1항제2호에 따른 가상체험 체육시설업(실내에 1개 이상의 별도의 구획된 실을 만들어 골프 종목의 운동이 가능한 시설을 경영하는 영업으로 한정한다)

7의5. 「의료법」 제82조제4항에 따른 안마시술소

8. 법 제15조제2항에 따른 화재위험평가결과 위험유발지수가 제11조제1항에 해당하거나 화재발생시 인명피해가 발생할 우려가 높은 불특정다수인이 출입하는 영업으로서 행정안전부령으로 정하는 영업. 이 경우 소방청장은 관계 중앙행정기관의 장과 미리 협의하여야 한다.

다중이용업소의 안전관리에 관한 특별법 시행규칙

제2조(다중이용업) 「다중이용업소의 안전관리에 관한 특별법 시행령」(이하 "영"이라 한다) 제2조제8호에서 "행정안전부령으로 정하는 영업"이란 다음 각 호의 어느 하나에 해당하는 영업을 말한다.

1. 전화방업·화상대화방업: 구획된 실(室) 안에 전화기·텔레비전·모니터 또는 카메라 등 상대방과 대화할 수 있는 시설을 갖춘 형태의 영업
2. 수면방업: 구획된 실(室) 안에 침대·간이침대 그 밖에 휴식을 취할 수 있는 시설을 갖춘 형태의 영업
3. 콜라텍업: 손님이 춤을 추는 시설 등을 갖춘 형태의 영업으로서 주류판매가 허용되지 아니하는 영업
4. 방탈출카페업: 제한된 시간 내에 방을 탈출하는 놀이 형태의 영업
5. 키즈카페업: 다음 각 목의 영업
   가. 「관광진흥법 시행령」 제2조제1항제5호다목에 따른 기타유원시설업으로서 실내공간에서 어린이(「어린이안전관리에 관한 법률」 제3조제1호에 따른 어린이를 말한다. 이하 같다)에게 놀이를 제공하는 영업
   나. 실내에 「어린이놀이시설 안전관리법」 제2조제2호 및 같은 법 시행령 별표 2 제13호에 해당하는 어린이놀이시설을 갖춘 영업
   다. 「식품위생법 시행령」 제21조제8호가목에 따른 휴게음식점영업으로서 실내공간에서 어린이에게 놀이를 제공하고 부수적으로 음식류를 판매·제공하는 영업
6. 만화카페업: 만화책 등 다수의 도서를 갖춘 다음 각 목의 영업. 다만, 도서를 대여·판매만 하는 영업인 경우와 영업장으로 사용하는 바닥면적의 합계가 50제곱미터 미만인 경우는 제외한다.
   가. 「식품위생법 시행령」 제21조제8호가목에 따른 휴게음식점영업
   나. 도서의 열람, 휴식공간 등을 제공할 목적으로 실내에 다수의 구획된 실(室)을 만들거나 입체 형태의 구조물을 설치한 영업

라. 중대재해처벌법 제2조 제4호 라목 관련 시설

중대재해처벌법 제2조 제4호 라목은 가목부터 다목까지에 준하는 시설로서 재해 발생 시 생명·신체상의 피해가 발생할 우려가 높은 장소를 공중이용시설로 분류하고 있다. 중대재해처벌법 시행령은 중대재새처벌법 제2조 제4호 라목과 관련하여 아래 각 시설을 공중이용시설로 규정하고 있다.

중대재해처벌법 시행령

제3조(공중이용시설)

법 제2조제4호 각 목 외의 부분 본문에서 "대통령령으로 정하는 시설"이란 다음 각 호의 시설을 말한다.

4. 법 제2조 제4호 라목의 시설 중 다음 각 목의 시설(제2호의 시설물은 제외한다)
   가. 「도로법」 제10조 각 호의 도로에 설치된 연장 20미터 이상인 도로교량 중 준공 후 10년이 지난 도로교량
   나. 「도로법」 제10조 제4호부터 제7호까지에서 정한 지방도·시도·군도·구도의 도로터널과 「농어촌도로 정비법 시행령」 제2조제1호의 터널 중 준공 후 10년이 지난 도로터널
   다. 「철도산업발전기본법」 제3조 제2호의 철도시설 중 준공 후 10년이 지난 철도교량
   라. 「철도산업발전기본법」 제3조 제2호의 철도시설 중 준공 후 10년이 지난 철도터널(특별시 및 광역시 외의 지역에 있는 철도터널로 한정한다)
   마. 다음의 시설 중 개별 사업장 면적이 2천㎡ 이상인 시설
      1) 「석유 및 석유대체연료 사업법 시행령」 제2조 제3호의 주유소
      2) 「액화석유가스의 안전관리 및 사업법」 제2조 제4호의 액화석유가스 충전사업의 사업소
   바. 「관광진흥법 시행령」 제2조 제1항 제5호 가목의 종합유원시설업의 시설 중 같은 법 제33조제1항에 따른 안전성검사 대상인 유기시설 또는 유기기구

4. 공중교통수단

중대재해처벌법은 공중이용시설을 아래와 같이 정의하고 있다.

중대재해처벌법

제2조(정의)

이 법에서 사용하는 용어의 뜻은 다음과 같다.

5. "공중교통수단"이란 불특정다수인이 이용하는 다음 각 목의 어느 하나에 해당하는 시설을 말한다.
   가. 「도시철도법」 제2조 제2호에 따른 도시철도의 운행에 사용되는 도시철도차량
   나. 「철도산업발전기본법」 제3조 제4호에 따른 철도차량 중 동력차·객차(「철도사업법」 제2조 제5호에 따른 전용철도에 사용되는 경우는 제외한다)
   다. 「여객자동차 운수사업법 시행령」 제3조 제1호 라목에 따른 노선 여객자동차운송사업에 사용되는 승합자동차
   라. 「해운법」 제2조 제1호의2의 여객선
   마. 「항공사업법」 제2조 제7호에 따른 항공운송사업에 사용되는 항공기

「도시철도법」상 도시철도란 "도시교통의 원활한 소통을 위하여 도시교통권역에서 건설·운영하는 철도·모노레일·노면전차(路面電車)·선형유도전동기(線形誘導電動機)·자기부상열차(磁氣浮上列車) 등 궤도(軌道)에 의한 교통시설 및 교통수단"을

말한다.[16]

「철도산업발전기본법」상 철도차량은 "선로를 운행할 목적으로 제작된 동력차·객차·화차 및 특수차"를 말하며,[17] "동력차"라 함은 동력에 의하여 선로를 이동하는 것을 목적으로 제작된 기관차 및 동차(제어차를 포함한다)를 말하고, "객차"라 함은 여객·수화물 및 우편물을 운송할 수 있는 구조로 제작된 철도차량을 말한다.[18]

「여객자동차 운수사업법 시행령」 제3조제1호라목에 따른 운송사업은 시외버스 운송사업으로서, 운행계통을 정하고 국토교통부령으로 정하는 자동차를 사용하여 여객을 운송하는 사업을 의미한다.[19]

「해운법」상 여객선은 「선박안전법」 제2조제10호에 따른 선박으로서 해양수산부령으로 정하는 선박을 의미하는데,[20] 「선박안전법」 제2조제10호는 여객선을 13인 이상의 여객을 운송할 수 있는 선박이라고 정의하고 있다.[21] 아울러, 해운법 시행규칙은 여객 전용 여객선 이외에 여객 및 화물 겸용 여객선도 여객선에 포함된다고 규정하고 있다.[22]

「항공사업법」 "항공운송사업"이란 국내항공운송사업, 국제항공운송사업 및 소형항공운송사업을 말한다.[23] 참고로 "항공운송사업의 범위에 외국인 국제항공운송사업은 포함되지 아니하므로, 외국인 국제항공운송사업자는 본법의 적용범위에서 제외"된다.[24]

5. 설계, 제조, 설치, 관리상의 결함

중대재해처벌법상 중대시민재해에 해당하기 위해서는 특정 사고가 원료 또는 제조물, 공중이용시설 또는 공중교통수단의 설계, 제조, 설치, 관리상의 결함에 기인하여야 한다. 따라서 중대시민재해라는 개념을 파악하기 위해서는 설계, 제조, 설치, 관리상의 결함이 무엇인지를 살펴볼 필요가 있다.

16) 「도시철도법」 제2조 제2호.
17) 「철도산업발전기본법」 제3조 제4호.
18) 「철도차량 안전기준에 관한 규칙」 제2조 제4호, 제5호.
19) 「여객자동차 운수사업법 시행령」 제3조 제1호 라목.
20) 「해운법」 제2조 제1호의 2.
21) 「선박안전법」 제2조 제10호.
22) 「해운법 시행규칙」 제1조의 2.
23) 「항공사업법」 제2조 제7호.
24) 온주 중대재해처벌법 제2조 제5호, 권창영 집필.

형사적 책임을 부과할 수 있는지 여부를 판단하는 징표의 하나로서의 설계, 제조, 설치, 관리상의 결함은 추후 실제 사실관계에 관한 여러 선례가 누적되면서 구체화될 것으로 보인다. 다만, 법 시행 이후 얼마 지나지 않아 참고할 만한 선례가 축적되지 않은 시점에 있어서는 제조물 책임법과 같은 민사적 책임을 규율하는 법률 내지 대법원 판결에서 말하고 있는 설계, 제조, 설치, 관리상의 책임이 무엇인지 여부를 살펴봄으로써 중대재해처벌법 상의 설계, 제조, 설치, 관리상이 결함이 무엇을 의미하는지 어느 정도 가늠할 수 있을 것이다.

참고로, 여러 단계의 결함이 결합되어 사고가 발생한 경우라고 하더라도, 각 단계의 결함에 대해서 각 경영책임자등은 개별적인 책임을 부담하게 될 것으로 보인다.[25]

가. 설계상의 결함

제조물 책임법은 설계상의 결함을 제조업자가 합리적인 대체설계(代替設計)를 채용하였더라면 피해나 위험을 줄이거나 피할 수 있었음에도 대체설계를 채용하지 아니하여 해당 제조물이 안전하지 못하게 된 경우라고 정의하고 있다.[26] 대법원은 설계상의 결함에 관하여 “일반적으로 제조물을 만들어 판매하는 사람은 제조물의 구조, 품질, 성능 등에서 현재의 기술 수준과 경제성 등에 비추어 기대가능한 범위 내의 안전성을 갖춘 제품을 제조하여야 하고, 이러한 안전성을 갖추지 못한 결함으로 인하여 사용자에게 손해가 발생한 경우에는 불법행위로 인한 배상책임을 부담하게 되는데, 그와 같은 결함 중 주로 제조자가 합리적인 대체설계를 채용하였더라면 피해나 위험을 줄이거나 피할 수 있었음에도 대체 설계를 채용하지 아니하여 제조물이 안전하지 못하게 된 경우를 말하는 이른바 설계상의 결함이 있는지는 제품의 특성 및 용도, 제조물에 대한 사용자의 기대의 내용, 예상되는 위험의 내용, 위험에 대한 사용자의 인식, 사용자에 의한 위험회피의 가능성, 대체설계의 가능성 및 경제적 비용, 채택된 설계와 대체설계의 상대적 장단점 등

25) 성수대교 붕괴 사고에 관하여 대법원은 “성수대교와 같은 교량이 그 수명을 유지하기 위하여는 건설업자의 완벽한 시공, 감독공무원들의 철저한 제작시공상의 감독 및 유지·관리를 담당하고 있는 공무원들의 철저한 유지·관리라는 조건이 합치되어야 하는 것이므로, 위 각 단계에서의 과실 그것만으로 붕괴원인이 되지 못한다고 하더라도, 그것이 합쳐지면 교량이 붕괴될 수 있다는 점은 쉽게 예상할 수 있고, 따라서 위 각 단계에 관여한 자는 전혀 과실이 없다거나 과실이 있다고 하여도 교량붕괴의 원인이 되지 않았다는 등의 특별한 사정이 있는 경우를 제외하고는 붕괴에 대한 공동책임을 면할 수 없다.”라고 판시하였다(대법원 1997. 11. 28 선고 97도1740 판결).

26) 「제조물 책임법」 제2조 제2호 나목.

여러 사정을 종합적으로 고려하여 사회통념에 비추어 판단하여야 한다."라는 기준을 제시하고 있다.[27]

참고로 대법원은 화학제품의 설계상의 결함 여부에 관하여 "제조업자가 인체에 유해한 독성물질이 혼합된 화학제품을 설계·제조하는 경우, 그 화학제품의 사용 용도와 방법 등에 비추어 사용자나 그 주변 사람이 그 독성물질에 계속적·반복적으로 노출될 수 있고, 그 독성물질이 가진 기능적 효용은 없거나 극히 미미한 반면, 그 독성물질에 계속적·반복적으로 노출됨으로써 사용자 등의 생명·신체에 위해가 발생할 위험이 있으며 제조업자가 사전에 적절한 위험방지 조치를 취하기 전에는 사용자 등이 그 피해를 회피하기 어려운 때에는, 제조업자는 고도의 위험방지의무를 부담한다. 즉 이러한 경우 제조업자는 그 시점에서의 최고의 기술 수준으로 그 제조물의 안전성을 철저히 검증하고 조사·연구를 통하여 발생 가능성 있는 위험을 제거·최소화하여야 하며, 만약 그 위험이 제대로 제거·최소화되었는지 불분명하고 더욱이 실제 사용자 등에게 그 위험을 적절히 경고하기 곤란한 사정도 존재하는 때에는, 안전성이 충분히 확보될 정도로 그 위험이 제거·최소화되었다고 확인되기 전에는 그 화학제품을 유통시키지 말아야 한다. 따라서 제조업자가 이러한 고도의 위험방지 의무를 위반한 채 생명·신체에 위해를 발생시킬 위험이 있는 화학제품을 설계하여 그대로 제조·판매한 경우에는 특별한 사정이 없는 한 그 화학제품에는 사회통념상 통상적으로 기대되는 안전성이 결여된 설계상의 결함이 존재한다고 봄이 타당하다."라고 판시한 바 있다.[28]

나. 제조상의 결함

제조물 책임법은 제조상의 결함을 제조업자가 제조물에 대하여 제조상·가공상의 주의의무를 이행하였는지에 관계없이 제조물이 원래 의도한 설계와 다르게 제조·가공됨으로써 안전하지 못하게 된 경우를 말한다고 정의하고 있다.[29]

참고로 대법원은 제조물 책임법과 관련한 책임을 부담하는지 여부에 관한 사안에서, "물품을 제조·판매하는 제조업자는 그 제품의 구조·품질·성능 등에 있어서 그 유통 당시의 기술수준과 경제성에 비추어 기대 가능한 범위 내의 안전성과 내구성을 갖춘 제품을 제조·판매하여야 할 책임이 있고, 이러한 안전성과 내구성

27) 대법원 2014. 4. 10. 선고 2011다22092 판결.
28) 대법원 2013. 7. 12. 선고 2006다17539 판결.
29) 「제조물 책임법」 제2조 제2호 가목.

을 갖추지 못한 결함으로 인하여 소비자에게 손해가 발생한 경우에는 불법행위로 인한 손해배상의무를 부담한다"고 판시하였다.[30]

다. 설치, 관리상의 결함

설치 및 관리상의 결함이 무엇을 의미하는지 여부의 경우 영조물의 설치와 관리상의 하자에 관한 선례를 살펴보는 것이 도움이 될 것으로 보인다.[31] 실제 공중이용시설에는 영조물 중 일부가 포함되어 있다는 점에 있어서도 영조물의 설치와 관리상의 하자에 관한 선례를 참고할 수 있을 것이다. 나아가 설치상의 결함은 주로 공중이용시설이나 공중교통수단과 관련하여 문제될 여지가 있는바, 설치상의 결함이 있는지 여부는 기본적으로 건축 관련 법령을 준수한 것인지 여부가 문제될 수 있다.[32] 관리상의 결함 역시 해당 시설이나 원료, 제조물 등의 관리 기준을 정한 법령을 준수하였는지 여부가 결함 판단의 기준이 될 수 있을 것으로 보인다.[33]

참고로 대법원은 "국가배상법 제5조 제1항에 정해진 영조물의 설치 또는 관리의 하자란 영조물이 그 용도에 따라 통상 갖추어야 할 안전성을 갖추지 못한 상태를 의미한다. 다만, 영조물이 그 기능상 어떠한 결함이 있기만 하면 설치 또는 관리에 하자가 있다고 할 수는 없고, 그 영조물의 용도,설치장소의 현황 및 이용상황 등 여러 사정을 종합적으로 고려해 볼 때 설치·관리자가 그 영조물의 위험성에 비례하여 사회통념상 일반적으로 요구되는 정도의 방호조치의무를 다하였는지에 따라 안전성의 구비 여부를 판단하여야 한다. 한편, 법령 또는 행정청의 내부준칙에 정하여진 안전성의 기준이 있다면 이것이 영조물의 설치 또는 관리상의 하자 여부를 판단하는 하나의 기준이 될 수 있다"라고 판시하였다.[34]

나아가 대법원은 "객관적으로 보아 시간적·장소적으로 영조물의 기능상 결함으로 인한 손해발생의 예견가능성과 회피가능성이 없는 경우, 즉 그 영조물의 결함이 영조물의 설치관리자의 관리행위가 미칠 수 없는 상황 아래에 있는 경우에는 영조물의 설치관리상의 하자가 인정되지 아니한다"고 설시하였다. 해당 판결은 갑이 음주 상태에서 차량을 운전한 과실로 도로가에 설치된 철제울타리를 들이받

30) 대법원 2004. 3. 12. 선고 2003다16771 판결.
31) 온주 중대재해처벌법 제2조 제3호, 권창영 집필.
32) 김·장 법률사무소 중대재해대응팀(2022), 앞의 책, 142면.
33) 위의 책, 143면.
34) 대법원 2016. 3. 10. 선고 2013다204539 판결.

는 사고가 발생하여 차량 조수석에 같이 탄 을이 사망한 사안에 관한 것이었다. 당사자는 사고장소는 내리막길의 도로가 왼쪽으로 급격히 꺾이는 구간으로 특히 야간에는 사고위험이 큰 구간이므로, 이 사건 사고지점 도로를 관리하는 피고로서는 교통사고를 방지하기 위하여 도로의 구조·시설 기준에 관한 규칙 제38조 제1항에서 정한 시선유도 시설 등을 설치, 관리하여야 할 의무가 있는데, 이 사건 사고지점 도로에 설치된 점등식 시선유도 시설이 이 사건 사고 당시 꺼져 있는 등 피고에게 영조물의 설치, 관리를 소홀히 한 잘못이 있다고 주장하였는데, 대법원은 사고는 술에 취한 상태에서 전방주시 의무 등을 게을리한 차량 운전자의 운전미숙이나 과실 때문에 발생한 것일 뿐, 이 사건 사고지점 도로의 관리청인 피고에게 영조물의 위험성에 비례하여 사회통념상 일반적으로 요구되는 정도의 주의의무를 게을리한 영조물 설치, 관리상의 하자가 있다고 보기 어렵다면서 국가의 책임을 주장하는 당사자의 주장을 배척하였다.[35]

6. 인과관계

"중대시민재해"란 특정 원료 또는 제조물, 공중이용시설 또는 공중교통수단의 설계, 제조, 설치, 관리상의 결함을 원인으로 하여 발생한 재해를 의미한다. 즉 설계, 제조, 설치, 관리상의 결함과 재해 사이에 인과관계가 인정되어야 하는 것이다.

참고로 대법원은 "공작물의 설치·보존상의 하자는 공작물이 그 용도에 따라 통상 갖추어야 할 안전성이 없는 것을 말한다. 여기에서 본래 갖추어야 할 안전성은 공작물 자체만의 용도에 한정된 안전성만이 아니라 공작물이 현실적으로 설치되어 사용되고 있는 상황에서 요구되는 안전성을 뜻한다. 또한 공작물의 설치·보존상의 하자로 인한 사고는 공작물의 설치·보존상의 하자만이 손해발생의 원인이 되는 경우만을 말하는 것이 아니고, 공작물의 설치·보존상의 하자가 사고의 공동원인 중 하나가 되는 이상 사고로 인한 손해는 공작물의 설치·보존상의 하자로 생긴 것이라고 보아야 한다"라고 판시한 바 있다.[36]

---

35) 대법원 2014. 4. 24. 선고 2014다201087 판결.
36) 대법원 2017. 8. 29. 선고 2017다227103 판결.

Ⅲ. 적용 범위

중대재해처벌법이 제정되면서 중대시민재해라는 개념이 처음으로 도입되었다. 중대시민재해라는 개념이 포괄적이고 추상적으로 규정되어 있기에, 어떠한 시민재해에 대해서까지 중대시민재해에 포함시키고 중대재해처벌법 위반 혐의로 의율할지 추후 법의 운용을 유심히 살펴보아야 할 것이다. 다만, 가습기 살균제 사건 및 4·16 세월호 사건과 같은 시민재해로 인한 사망사고와 관련하여 형사적인 책임을 묻고자 하는 것이 중대재해처벌법의 기본 취지인바, (제정 이유) 동법의 문언 및 목적을 감안할 때, 각종 소비재(제조물)의 설계, 제조, 유통 등의 과정에서 발생한 결함으로 소비자에게 인명 피해가 발생한 경우, 유독 물질의 유출로 인하여 인근 지역에 시민재해가 발생한 경우, 의약품 관련 사고로 인하여 인명 피해가 발생한 경우, 시설물의 붕괴 및 관리상의 결함으로 인한 안전사고, 공중교통수단에서 발생하는 시민재해 등의 사고에 있어서 중대재해처벌법이 적용되어 경영책임자등에 대한 수사가 이루어질 수 있을 것으로 예상한다.

참고로 중대시민재해의 경우, 중대산업재해와는 달리 5인 미만 사업 또는 사업장에 관한 배제 특약이 존재하지 않기에, 소규모 사업장 역시 중대시민재해에 관한 안전 및 보건 확보의무를 다하여야 한다는 점을 유의할 필요가 있다.[37)]

---

37) 대검찰청, 「중대재해처벌법 벌칙해설」, 2022, 288면.

제2절

안전 및 보건 확보의무

신원재

Ⅰ. 중대시민재해 관련 안전 및 보건 확보의무

중대재해처벌법은 중대시민재해에 관하여 안전 및 보건 확보의무를 규정하고 있으며(법 제9조), 확보의무를 이행하지 못하여 중대시민재해가 발생한 경우에 관한 형사 처벌 규정을 마련하고 있다(법 제10조, 제11조). 이하에서는 중대산업재해의 설명과 중복되지 아니하는 범위에서 중대시민재해의 안전 및 보건 확보의무에 관하여 살펴본다.

참고로 원료나 제조물의 경우, 최종 소비자에 이르기까지 여러 단계를 거치게 되며, 원료 및 제조물의 공급망을 구성하는 전 과정에서의 사업주를 의무 주체로 포섭하고 있다는 점에서 제조물 책임법 상의 제조업자보다 확대된 개념이라고 볼 수 있다.[1)]

Ⅱ. 원료 및 제조물 관련 안전 및 보건 확보의무

중대재해처벌법은 원료 및 제조물의 안전 및 보건 확보의무에 관하여 아래와 같이 규정하고 있다.

1) 위의 책, 287면.

중대재해처벌법

제9조(사업주와 경영책임자등의 안전 및 보건 확보의무)

① 사업주 또는 경영책임자등은 사업주나 법인 또는 기관이 실질적으로 지배·운영·관리하는 사업 또는 사업장에서 생산·제조·판매·유통 중인 원료나 제조물의 설계, 제조, 관리상의 결함으로 인한 그 이용자 또는 그 밖의 사람의 생명, 신체의 안전을 위하여 다음 각 호에 따른 조치를 하여야 한다.

1. 재해예방에 필요한 인력·예산·점검 등 안전보건관리체계의 구축 및 그 이행에 관한 조치
2. 재해 발생 시 재발방지 대책의 수립 및 그 이행에 관한 조치
3. 중앙행정기관·지방자치단체가 관계 법령에 따라 개선, 시정 등을 명한 사항의 이행에 관한 조치
4. 안전·보건 관계 법령에 따른 의무이행에 필요한 관리상의 조치

개인사업주나 법인 또는 기관이 사업 또는 사업장을 실질적으로 지배·운영·관리한다는 것은 하나의 사업 목적 하에 해당 사업 또는 사업장의 조직, 인력, 예산 등에 대한 결정을 총괄하여 행사하는 경우를 의미한다.[2] 환경부는 '소유권, 점유권, 임차권 등 장소, 시설, 설비에 대한 권리를 가지고 있는 경우', '사업 또는 사업장의 생산, 제조, 판매, 유통 중인 원료나 제조물로 인한 유해, 위험요인을 통제할 수 있는 경우', '보수, 보강을 실시하여 안전하게 관리해야 하는 의무를 가지는 경우' 일반적으로 실질적으로 지배, 운영, 관리하는 경우로 볼 수 있다고 설명하고 있다.[3]

원료나 제조물의 '생산·제조·판매·유통'에서 생산은 자연물에 인력을 가하여 재화를 만들어 내거나 증가시키는 일을 말하고, 제조는 원료를 가공해 제품을 만드는 일을 말하며, 판매는 상품 등을 파는 행위를 말하고, 유통은 상품 등이 생산자·상인·소비자 사이에 거래되는 행위를 말한다.[4] 따라서 원료나 제조물의 '생산·제조·판매·유통'은 원료의 조달, 보관, 가공 및 제조물의 보관, 이동, 판매 기타 사업자의 모든 영업 과정을 의미한다고 보아야 하고, 이러한 일련의 영업 과정에서 이용되는 원료 및 제조물이 중대재해처벌법 제9조 제1항의 적용대상이 된다.[5]

한편, 환경부는 원료 및 제조물 관련 안전, 보건 관계 법령으로 산업안전보건

---

2) 고용노동부, 중대재해처벌법 해설 -중대산업재해-, 2021. 11., 41면.
3) 환경부(2021), 앞의 책, 7면.
4) 권오성, 중대재해처벌법의 체계, 도서출판 새빛(2022), 241면.
5) 환경부(2021), 앞의 책, 21면.

법, 수입식품안전관리 특별법, 원자력안전법, 어린이제품 안전 특별법, 약사법, 어린이놀이시설 안전관리법, 마약류 관리에 관한 법률, 승강기 안전관리법, 화장품법, 위험물안전관리법, 농약관리법, 해사안전법, 비료관리법, 지하수법, 사료관리법, 수도법, 총포·도검·화약류 등의 안전관리에 관한 법률, 먹는물관리법, 건강기능식품에 관한 법률, 도시가스사업법, 의료기기법, 선박안전법, 고압가스 안전관리법, 액화석유가스의 안전관리 및 사업법, 화학제품안전법, 전기안전관리법, 식품위생법, 자동차관리법, 화학물질관리법, 석면안전관리법, 광산안전법, 전기생활용품안전법 등을 예시로 들고 있다.[6)]

중대재해처벌법 시행령

제8조(원료·제조물 관련 안전보건관리체계의 구축 및 이행 조치)

법 제9조 제1항 제1호에 따른 조치의 구체적인 사항은 다음 각 호와 같다.

1. 다음 각 목의 사항을 이행하는 데 필요한 인력을 갖추어 중대시민재해 예방을 위한 업무를 수행하도록 할 것
   가. 법 제9조 제1항 제4호의 안전·보건 관계 법령에 따른 안전·보건 관리 업무의 수행
   나. 유해·위험요인의 점검과 위험징후 발생 시 대응
   다. 그 밖에 원료·제조물 관련 안전·보건 관리를 위해 환경부장관이 정하여 고시하는 사항
2. 다음 각 목의 사항을 이행하는 데 필요한 예산을 편성·집행할 것
   가. 법 제9조제1항제4호의 안전·보건 관계 법령에 따른 인력·시설 및 장비 등의 확보·유지
   나. 유해·위험요인의 점검과 위험징후 발생 시 대응
   다. 그 밖에 원료·제조물 관련 안전·보건 관리를 위해 환경부장관이 정하여 고시하는 사항
3. 별표 5에서 정하는 원료 또는 제조물로 인한 중대시민재해를 예방하기 위해 다음 각 목의 조치를 할 것
   가. 유해·위험요인의 주기적인 점검
   나. 제보나 위험징후의 감지 등을 통해 발견된 유해·위험요인을 확인한 결과 중대시민재해의 발생 우려가 있는 경우의 신고 및 조치
   다. 중대시민재해가 발생한 경우의 보고, 신고 및 조치
   라. 중대시민재해 원인조사에 따른 개선조치
4. 제3호 각 목의 조치를 포함한 업무처리절차의 마련. 다만, 「소상공인기본법」 제2조에 따른 소상공인[7)]의 경우는 제외한다.

---

6) 환경부(2021), 앞의 책, 22면.

소상공인기본법 제2조(정의) ① 이 법에서 “소상공인”이란 「중소기업기본법」 제2조제2항에 따른

5. 제1호 및 제2호의 사항을 반기 1회 이상 점검하고, 점검 결과에 따라 인력을 배치하거나 예산을 추가로 편성·집행하도록 하는 등 중대시민재해 예방에 필요한 조치를 할 것

제9조(원료·제조물 관련 안전·보건 관계 법령에 따른 의무이행에 필요한 관리상의 조치)

① 법 제9조 제1항 제4호에서 "안전·보건 관계 법령"이란 해당 사업 또는 사업장에서 생산·제조·판매·유통 중인 원료나 제조물에 적용되는 것으로서 그 원료나 제조물이 사람의 생명·신체에 미칠 수 있는 유해·위험 요인을 예방하고 안전하게 관리하는 데 관련되는 법령을 말한다.

② 법 제9조 제1항 제4호에 따른 조치의 구체적인 사항은 다음 각 호와 같다.

1. 안전·보건 관계 법령에 따른 의무를 이행했는지를 반기 1회 이상 점검(해당 안전·보건 관계 법령에 따라 중앙행정기관의 장이 지정한 기관 등에 위탁하여 점검하는 경우를 포함한다. 이하 이 호에서 같다)하고, 직접 점검하지 않은 경우에는 점검이 끝난 후 지체 없이 점검 결과를 보고받을 것
2. 제1호에 따른 점검 또는 보고 결과 안전·보건 관계 법령에 따른 의무가 이행되지 않은 사실이 확인되는 경우에는 인력을 배치하거나 예산을 추가로 편성·집행하도록 하는 등 해당 의무 이행에 필요한 조치를 할 것
3. 안전·보건 관계 법령에 따라 의무적으로 실시해야 하는 교육이 실시되는지를 반기 1회 이상 점검하고, 직접 점검하지 않은 경우에는 점검이 끝난 후 지체 없이 점검 결과를 보고받을 것
4. 제3호에 따른 점검 또는 보고 결과 실시되지 않은 교육에 대해서는 지체 없이 그 이행의 지시, 예산의 확보 등 교육 실시에 필요한 조치를 할 것

한편, 중대재해처벌법 시행령 별표 5에 해당하는 원료 및 제조물의 경우, 유해·위험요인의 주기적인 점검, 제보나 위험징후의 감지 등을 통해 발견된 유해·위험요인을 확인한 결과 중대시민재해의 발생 우려가 있는 경우의 신고 및 조치, 중대시민재해가 발생한 경우의 보고, 신고 및 조치, 중대시민재해 원인조사에 따른 개선조치도 이행하여야 한다. 이에 해당하는 원료 및 제조물은 아래와 같다.

소기업(小企業) 중 다음 각 호의 요건을 모두 갖춘 자를 말한다.
1. 상시 근로자 수가 10명 미만일 것
2. 업종별 상시 근로자 수 등이 대통령령으로 정하는 기준에 해당할 것
② 제1항을 적용할 때 소상공인이 그 규모의 확대 등으로 소상공인에 해당하지 아니하게 된 경우 그 사유가 발생한 연도의 다음 연도부터 3년간은 소상공인으로 본다. 다만, 소기업 외의 기업과 합병하거나 그 밖에 대통령령으로 정하는 사유로 소상공인에 해당하지 아니하게 된 경우에는 그러하지 아니하다.

중대재해 처벌 등에 관한 법률 시행령 [별표 5]

– 제8조 제3호에 따른 조치 대상 원료 또는 제조물(제8조 제3호 관련)

1. 「고압가스 안전관리법」 제28조 제2항 제13호의 독성가스
2. 「농약관리법」 제2조 제1호, 제1호의2, 제3호 및 제3호의2의 농약, 천연식물보호제, 원제(原劑) 및 농약활용기자재
3. 「마약류 관리에 관한 법률」 제2조 제1호의 마약류
4. 「비료관리법」 제2조 제2호 및 제3호의 보통비료 및 부산물비료
5. 「생활화학제품 및 살생물제의 안전관리에 관한 법률」 제3조 제7호 및 제8호의 살생물물질 및 살생물제품
6. 「식품위생법」 제2조 제1호, 제2호, 제4호 및 제5호의 식품, 식품첨가물, 기구 및 용기·포장
7. 「약사법」 제2조 제4호의 의약품, 같은 조 제7호의 의약외품(醫藥外品) 및 같은 법 제85조 제1항의 동물용 의약품·의약외품
8. 「원자력안전법」 제2조 제5호의 방사성물질
9. 「의료기기법」 제2조 제1항의 의료기기
10. 「총포·도검·화약류 등의 안전관리에 관한 법률」 제2조 제3항의 화약류
11. 「화학물질관리법」 제2조 제7호의 유해화학물질
12. 그 밖에 제1호부터 제11호까지의 규정에 준하는 것으로서 관계 중앙행정기관의 장이 정하여 고시하는 생명·신체에 해로운 원료 또는 제조물

환경부는 중대재해처벌법 시행령 상 환경부장관이 고시 사항으로 위임된 사항에 관하여 아래 고시를 제정하였다.

원료 및 제조물로 인한 중대시민재해 예방에 필요한 인력 및 예산 편성 지침

제1조(목적) 이 지침은 「중대재해 처벌 등에 관한 법률 시행령」 제8조에 따른 원료나 제조물 관련 안전보건관리체계 구축 및 이행을 위해서 필요한 인력과 예산의 기준을 정하는 것을 목적으로 한다.

제2조(정의) 이 지침에서 사용하는 용어의 정의는 다음과 같다.

1. "제조물"이란 「중대재해 처벌 등에 관한 법률」(이하 "법"이라 한다) 제2조 제6호에 따른 제조물을 말한다.
2. "사업주"란 법 제2조 제8호에 따른 사업주를 말한다.
3. "경영책임자등"이란 법 제2조 제9호에 따른 경영책임자등을 말한다.

제3조(인력 확보) 사업주와 경영책임자등은 다음 각 호의 사항을 이행하는 데 필요한 인력을 확보한다.

1. 법 제9조 제1항 제4호의 안전·보건 관계 법령에 따른 안전·보건 관리 업무
2. 원료, 제조물의 생산·제조시 안전점검, 안전진단, 성능시험, 성능평가, 품질검사, 안전

정보 알림, 품질관리체계 운영, 유해·위험요인 신고접수 및 처리 등 유해·위험요인 점검업무

3. 원료, 제조물의 보관·유통시 보관·진열 위생관리, 제품표시확인, 부패·변질·유통기한 관리, 안전정보 알림, 안전운송, 유해·위험요인 신고접수 및 처리 등 유해·위험요인 점검업무
4. 유해·위험요인이 발견 또는 신고 접수된 경우 제2호 또는 제3호에 따른 긴급안전점검을 실시하고 사업주 또는 경영책임자등에게 보고하고, 조치가 필요한 경우 해당 원료 및 제조물의 파기, 수거, 판매중지 또는 관련 시설 등의 정비, 보수, 보강 등 긴급안전조치 및 조치결과통보 업무
5. 법 제9조 제1항 제4호의 안전·보건 관계 법령에 따른 안전보건교육, 직무교육, 관리자교육, 판매자교육, 기술교육, 위생관리교육 등 의무교육

제4조(예산 편성·집행) 사업주와 경영책임자등은 다음 각 호의 사항을 이행하는 데 필요한 예산을 편성·집행한다.

1. 법 제9조 제1항 제4호의 안전·보건 관계 법령에 따른 인력·시설 및 장비 등의 확보·유지
2. 유해·위험요인의 점검을 위한 인력·시설 및 장비 등의 확보·유지
3. 유해·위험요인이 발견 또는 신고 접수된 경우 긴급안전점검 및 조치가 필요한 경우 긴급안전조치
4. 법 제9조제1항제4호의 안전·보건 관계 법령에 따른 안전보건교육, 직무교육, 관리자교육, 판매자교육, 기술교육, 위생관리교육 등 의무교육

제5조(재검토기한) 환경부장관은 「훈령·예규 등의 발령 및 관리에 관한 규정」에 따라 이 고시에 대하여 2022년 7월 1일 기준으로 매 3년이 되는 시점(매 3년째의 6월 30일까지를 말한다)마다 그 타당성을 검토하여 개선 등의 조치를 하여야 한다.

Ⅲ. 공중이용시설, 공중교통수단 관련 안전 및 보건 확보의무

중대재해처벌법은 공중이용시설, 공중교통수단 관련 안전 및 보건 확보의무에 관하여 아래와 같이 규정하고 있다.

중대재해처벌법

제9조(사업주와 경영책임자등의 안전 및 보건 확보의무)

② 사업주 또는 경영책임자등은 사업주나 법인 또는 기관이 실질적으로 지배·운영·관리하는 공중이용시설 또는 공중교통수단의 설계, 설치, 관리상의 결함으로 인한 그 이용자 또는 그 밖의 사람의 생명, 신체의 안전을 위하여 다음 각 호에 따른 조치를 하여야 한다.

1. 재해예방에 필요한 인력·예산·점검 등 안전보건관리체계의 구축 및 그 이행에 관한

조치
2. 재해 발생 시 재발방지 대책의 수립 및 그 이행에 관한 조치
3. 중앙행정기관·지방자치단체가 관계 법령에 따라 개선, 시정 등을 명한 사항의 이행에 관한 조치
4. 안전·보건 관계 법령에 따른 의무이행에 필요한 관리상의 조치

③ 사업주 또는 경영책임자등은 사업주나 법인 또는 기관이 공중이용시설 또는 공중교통수단과 관련하여 제3자에게 도급, 용역, 위탁 등을 행한 경우에는 그 이용자 또는 그 밖의 사람의 생명, 신체의 안전을 위하여 제2항의 조치를 하여야 한다. 다만, 사업주나 법인 또는 기관이 그 시설, 장비, 장소 등에 대하여 실질적으로 지배·운영·관리하는 책임이 있는 경우에 한정한다.

중대재해처벌법 시행령

제10조(공중이용시설·공중교통수단 관련 안전보건관리체계 구축 및 이행에 관한 조치)

법 제9조 제2항 제1호에 따른 조치의 구체적인 사항은 다음 각 호와 같다.

1. 다음 각 목의 사항을 이행하는 데 필요한 인력을 갖추어 중대시민재해 예방을 위한 업무를 수행하도록 할 것
   가. 법 제9조 제2항 제4호의 안전·보건 관계 법령에 따른 안전관리 업무의 수행
   나. 제4호에 따라 수립된 안전계획의 이행
   다. 그 밖에 공중이용시설 또는 공중교통수단과 그 이용자나 그 밖의 사람의 안전에 관하여 국토교통부장관이 정하여 고시하는 사항
2. 다음 각 목의 사항을 이행하는 데 필요한 예산을 편성·집행할 것
   가. 법 제9조 제2항 제4호의 안전·보건 관계 법령에 따른 인력·시설 및 장비 등의 확보·유지와 안전점검 등의 실시
   나. 제4호에 따라 수립된 안전계획의 이행
   다. 그 밖에 공중이용시설 또는 공중교통수단과 그 이용자나 그 밖의 사람의 안전에 관하여 국토교통부장관이 정하여 고시하는 사항
3. 공중이용시설 또는 공중교통수단에 대한 법 제9조 제2항 제4호의 안전·보건 관계 법령에 따른 안전점검 등을 계획하여 수행되도록 할 것
4. 공중이용시설 또는 공중교통수단에 대해 연 1회 이상 다음 각 목의 내용이 포함된 안전계획을 수립하게 하고, 충실히 이행하도록 할 것. 다만, 공중이용시설에 대해「시설물의 안전 및 유지관리에 관한 특별법」 제6조에 따라 시설물에 대한 안전 및 유지관리계획을 수립·시행하거나 공중이용시설 또는 공중교통수단에 대해 철도운영자가「철도안전법」 제6조에 따라 연차별 시행계획을 수립·추진하는 경우로서 사업주 또는 경영책임자등이 그 수립 여부 및 내용을 직접 확인하거나 보고받은 경우에는 안전계획을 수립하여 이행한 것으로 본다.
   가. 공중이용시설 또는 공중교통수단의 안전과 유지관리를 위한 인력의 확보에 관한 사항
   나. 공중이용시설의 안전점검 또는 정밀안전진단의 실시와 공중교통수단의 점검·정

비(점검·정비에 필요한 장비를 확보하는 것을 포함한다)에 관한 사항
다. 공중이용시설 또는 공중교통수단의 보수·보강 등 유지관리에 관한 사항
5. 제1호부터 제4호까지에서 규정한 사항을 반기 1회 이상 점검하고, 직접 점검하지 않은 경우에는 점검이 끝난 후 지체 없이 점검 결과를 보고받을 것
6. 제5호에 따른 점검 또는 보고 결과에 따라 인력을 배치하거나 예산을 추가로 편성·집행하도록 하는 등 중대시민재해 예방에 필요한 조치를 할 것
7. 중대시민재해 예방을 위해 다음 각 목의 사항이 포함된 업무처리절차를 마련하여 이행할 것. 다만, 철도운영자가 「철도안전법」 제7조에 따라 비상대응계획을 포함한 철도안전관리체계를 수립하여 시행하거나 항공운송사업자가 「항공안전법」 제58조제2항에 따라 위기대응계획을 포함한 항공안전관리시스템을 마련하여 운용한 경우로서 사업주 또는 경영책임자등이 그 수립 여부 및 내용을 직접 점검하거나 점검 결과를 보고받은 경우에는 업무처리절차를 마련하여 이행한 것으로 본다.
가. 공중이용시설 또는 공중교통수단의 유해·위험요인의 확인·점검에 관한 사항
나. 공중이용시설 또는 공중교통수단의 유해·위험요인을 발견한 경우 해당 사항의 신고·조치요구, 이용 제한, 보수·보강 등 그 개선에 관한 사항
다. 중대시민재해가 발생한 경우 사상자 등에 대한 긴급구호조치, 공중이용시설 또는 공중교통수단에 대한 긴급안전점검, 위험표지 설치 등 추가 피해방지 조치, 관계 행정기관 등에 대한 신고와 원인조사에 따른 개선조치에 관한 사항
라. 공중교통수단 또는 「시설물의 안전 및 유지관리에 관한 특별법」 제7조제1호의 제1종시설물에서 비상상황이나 위급상황 발생 시 대피훈련에 관한 사항
8. 제3자에게 공중이용시설 또는 공중교통수단의 운영·관리 업무의 도급, 용역, 위탁 등을 하는 경우 공중이용시설 또는 공중교통수단과 그 이용자나 그 밖의 사람의 안전을 확보하기 위해 다음 각 목에 따른 기준과 절차를 마련하고, 그 기준과 절차에 따라 도급, 용역, 위탁 등이 이루어지는지를 연 1회 이상 점검하고, 직접 점검하지 않은 경우에는 점검이 끝난 후 지체 없이 점검 결과를 보고받을 것
가. 중대시민재해 예방을 위한 조치능력 및 안전관리능력에 관한 평가기준·절차
나. 도급, 용역, 위탁 등의 업무 수행 시 중대시민재해 예방을 위해 필요한 비용에 관한 기준

중대재해처벌법 시행령

제11조(공중이용시설·공중교통수단 관련 안전·보건 관계 법령에 따른 의무이행에 필요한 관리상의 조치)

① 법 제9조 제2항 제4호에서 "안전·보건 관계 법령"이란 해당 공중이용시설·공중교통수단에 적용되는 것으로서 이용자나 그 밖의 사람의 안전·보건을 확보하는 데 관련되는 법령을 말한다.

② 법 제9조제2항제4호에 따른 조치의 구체적인 사항은 다음 각 호와 같다.
1. 안전·보건 관계 법령에 따른 의무를 이행했는지를 연 1회 이상 점검(해당 안전·보건 관계 법령에 따라 중앙행정기관의 장이 지정한 기관 등에 위탁하여 점검하는 경

우를 포함한다. 이하 이 호에서 같다)하고, 직접 점검하지 않은 경우에는 점검이 끝난 후 지체 없이 점검 결과를 보고받을 것

2. 제1호에 따른 점검 또는 보고 결과 안전·보건 관계 법령에 따른 의무가 이행되지 않은 사실이 확인되는 경우에는 인력을 배치하거나 예산을 추가로 편성·집행하도록 하는 등 해당 의무 이행에 필요한 조치를 할 것
3. 안전·보건 관계 법령에 따라 공중이용시설의 안전을 관리하는 자나 공중교통수단의 시설 및 설비를 정비·점검하는 종사자가 의무적으로 이수해야 하는 교육을 이수했는지를 연 1회 이상 점검하고, 직접 점검하지 않은 경우에는 점검이 끝난 후 지체 없이 점검 결과를 보고받을 것
4. 제3호에 따른 점검 또는 보고 결과 실시되지 않은 교육에 대해서는 지체 없이 그 이행의 지시 등 교육 실시에 필요한 조치를 할 것

한편, 국토부는 중대재해처벌법 시행령 상 국토부장관 고시 사항으로 위임된 사항에 관하여 필요한 인력과 예산에 관한 아래 고시를 제정하였다.

공중이용시설 및 공중교통수단의 재해예방에 필요한 인력 및 예산 편성 지침

제1조(목적)

이 기준은 「중대재해 처벌 등에 관한 법률」 시행령 제10조에 따른 공중이용시설 또는 공중교통수단 및 이용자 또는 그 밖의 사람의 안전에 대하여 필요한 인력과 예산의 기준을 정하는 것을 목적으로 한다.

이 법에서 사용하는 용어의 정의는 다음과 같다.

1. "공중이용시설"이란 「중대재해 처벌 등에 관한 법률」 제2조 제4호에 따른 공중이용시설을 말한다.
2. "공중교통수단"이란 「중대재해 처벌 등에 관한 법률」 제2조 제5호에 따른 공중교통수단을 말한다.
3. "사업주"란 「중대재해 처벌 등에 관한 법률」 제2조 제8호에 따른 사업주를 말한다.
4. "경영책임자등"이란 「중대재해 처벌 등에 관한 법률」 제2조 제9호에 따른 경영책임자등을 말한다.

제3조(공중이용시설 관련)

① 사업주와 경영책임자등은 다음 각 목의 사항이 이행되도록 인력을 확보·편성한다.

1. 공중이용시설의 유해·위험요인 확인·점검
2. 공중이용시설의 유해·위험요인이 발견 또는 신고 접수된 경우 긴급안전점검, 긴급안전조치(이용제한, 위험표지설치 등), 정비·보수·보강 등 개선

② 사업주와 경영책임자등은 다음 각 목의 사항이 이행되도록 예산을 편성·집행한다.

1. 공중이용시설의 유해·위험요인 확인·점검
2. 공중이용시설의 유해·위험요인이 발견 또는 신고 접수된 경우 긴급안전점검, 긴급안전조치(이용제한, 위험표지설치 등), 정비·보수·보강 등 개선

3. 중대시민재해 발생 시 원인 개선과 유사사례 방지 등을 위한 종사자 교육 또는 이용자 안내 조치
4. 안전관리에 필요한 시설 및 설비의 설치, 물품·보호구 및 장비의 구입
5. 시행령 제11조에 따른 안전의무 이행 점검

제4조(공중교통수단 관련)
① 사업주와 경영책임자등은 다음 각 목의 사항이 이행되도록 인력을 확보·편성한다.
1. 공중교통수단의 유해·위험요인 확인·점검
2. 공중교통수단의 유해·위험요인이 발견 또는 신고 접수된 경우 긴급안전점검, 긴급안전조치(운행제한 등), 차량 등의 정비·보수·보강·교체 등 개선
② 사업주와 경영책임자등은 다음 각 목의 사항이 이행되도록 예산을 편성·집행한다.
1. 공중교통수단의 유해·위험요인 확인·점검
2. 공중교통수단의 유해·위험요인이 발견 또는 신고 접수된 경우 긴급안전점검, 긴급안전조치(운행제한 등), 차량 등의 정비·보수·보강·교체 등 개선
3. 중대시민재해 발생 시 원인 개선과 유사사례 방지 등을 위한 종사자 교육 또는 이용자 안내 조치
4. 안전관리에 필요한 설비의 설치, 물품·보호구 및 장비의 구입
5. 시행령 제11조에 따른 안전의무 이행 점검

제5조(재검토기한) 국토교통부장관은 「훈령·예규 등의 발령 및 관리에 관한 규정」에 따라 이 고시에 대하여 2022년 1월 1일 기준으로 매 3년이 되는 시점(매 3년째의 12월 31일까지를 말한다)마다 그 타당성을 검토하여 개선 등의 조치를 하여야 한다.

제3절

중대시민재해치사상죄

신원재

Ⅰ. 관련 규정

중대재해처벌법은 경영책임자등이 법에서 정하고 있는 안전 및 보건 확보의무를 다하지 못하여 중대시민재해가 발생한 경우, 이에 관한 형사적인 책임을 규정하고 있다. 나아가 법인에 대한 양벌 규정도 마련하고 있다. 구체적인 규정은 아래와 같다.

> **중대재해처벌법**
>
> 제10조 (중대시민재해 사업주와 경영책임자등의 처벌)
>
> ① 제9조를 위반하여 제2조 제3호 가목의 중대시민재해에 이르게 한 사업주 또는 경영책임자등은 1년 이상의 징역 또는 10억 원 이하의 벌금에 처한다. 이 경우 징역과 벌금을 병과할 수 있다.
>
> ② 제9조를 위반하여 제2조 제3호 나목 또는 다목의 중대시민재해에 이르게 한 사업주 또는 경영책임자등은 7년 이하의 징역 또는 1억 원 이하의 벌금에 처한다.
>
> 제11조 (중대시민재해의 양벌규정)
>
> 법인 또는 기관의 경영책임자등이 그 법인 또는 기관의 업무에 관하여 제10조에 해당하는 위반행위를 하면 그 행위자를 벌하는 외에 그 법인 또는 기관에게 다음 각 호의 구분에 따른 벌금형을 과(科)한다. 다만, 법인 또는 기관이 그 위반행위를 방지하기 위하여 해당 업무에 관하여 상당한 주의와 감독을 게을리하지 아니한 경우에는 그러하지 아니하다.
>
> 1. 제10조 제1항의 경우: 50억 원 이하의 벌금
> 2. 제10조 제2항의 경우: 10억 원 이하의 벌금

Ⅱ. 중대시민재해치사상죄의 성격

중대재해처벌법위반죄에 관해서는 기본적으로 중대재해처벌법위반죄 부분에서 살펴보았다. 이하에서는 중대시민재해치사상죄 부분의 특유한 성질을 개관하고자 한다.

중대시민재해치사상죄의 경우 역시 누구나 정범이 될 수 있는 것은 아니며, '사업주 또는 경영책임자등'이라는 일정한 신분을 필요로 하는 신분범의 성격을 지니고 있다.[1] 나아가 중대재해처벌법은 경영책임자등에게 중대재해를 예방하기 위한 안전 및 보건 확보의무를 부과하고 있으며, 그러한 의무를 이행하지 않은 경우 그에 대한 책임을 묻고 있다. 중대시민재해치사상죄는 행위 주체가 특정 의무를 이행하지 않은 부작위에 대한 책임을 묻고 있다는 점에서 중대재해치사상죄의 경우 부작위범의 성격을 지닌 것으로 볼 수 있다.[2]

중대재해처벌법위반죄의 일반론적인 검토를 통해서 살펴보았듯이, 중대시민재해치사상죄의 경우 어느 정도에 대해서까지 고의가 필요한 것인지에 관한 논의가 있을 수 있다. 법에서 특정 의무를 정하고 있으면서 해당 의무를 위반한 경우를 처벌 대상으로 삼고 있다는 점, 비슷한 입법목적을 지니고 있는 산업안전보건법에 관하여 대법원은 위반행위가 사업주에 의하여 이루어졌다고 인정되는 경우에 한하여 산업안전보건법위반죄가 성립한다고 판시하고 있는 점[3] 등에 비추어 볼 때, 적어도 경영책임자 등에게 안전 및 보건 확보의무 위반에 관한 고의는 필요할 것으로 보인다.[4] 다만 중대시민재해치사상죄의 경우 중대재해라는 결과 발생에 대해서까지 고의를 요구하지는 않는 것으로 보인다.[5]

---

1) 김·장 법률사무소 중대재해대응팀(2022), 앞의 책, 226면.
2) 김·장 법률사무소 중대재해대응팀(2022), 앞의 책, 226면.
3) 대법원은 산업안전보건법위반죄가 문제된 사안에서 "구 산업안전보건법(2007. 5. 17. 법률 제8475호로 개정되기 전의 것)은 제23조 제1항에서 사업주의 안전상의 조치의무를 규정하면서 제71조에서 사업주가 아닌 자에 의하여 위 법 위반행위가 이루어진 경우에도 사업주를 처벌할 수 있도록 규정하고 있으므로, 위 법 제67조 제호, 제23조 제3항 위반죄는 사업주가 자신이 운영하는 사업장에서 산업안전 기준에 관한 규칙이 정하고 있는 안전조치를 하지 않은 채 제23조 제3항에 규정된 안전상의 위험이 있는 작업을 하도록 지시하거나 그 안전조치를 하지 않은 상태에서 위 작업이 이루어지고 있다는 사실을 알면서도 이를 방치하는 등 그 위반행위가 사업주에 의하여 이루어졌다고 인정되는 경우에 한하여 성립하는 것이지, 단지 사업주의 사업장에서 위와 같은 위험성이 있는 작업이 필요한 안전조치를 하지 않은 채 이루어졌다는 사실만으로 성립하는 것은 아니다."라고 판시하였다(대법원 2010. 9. 9. 선고 2008도7834 판결).
4) 온주 중대재해처벌법 제10조 김희수 집필.
5) 온주 중대재해처벌법 제10조 김희수 집필.

중대재해처벌법의 경우, 중대재해가 발생하지 아니하는 한 안전 및 보건 확보의무 위반에 대해서는 별도의 처벌 규정을 두고 있지 않기 때문에, 중대재해처벌법위반죄가 전통적인 의미에서의 결과적 가중범에 해당한다고 보기는 어려울 것이지만, 안전 및 보건 확보의무 위반에 대한 고의가 요구되며 이에 따라 중대재해라는 특정 결과가 발생한 경우에 처벌한다는 점에 있어서 결과적 가중범과 중대재해처벌법위반죄를 구별할 실익은 크지 않아 보인다.[6)]

Ⅲ. 중대시민재해치사상죄의 성립

1. 주 체

중대시민재해치시상죄의 주체는 사업주 또는 경영책임자등이다.

2. 객 체

중대재해처벌법 제10조 위반죄는 중대시민재해에 따라 사상을 입은 피해자의 지위를 한정하는 규정을 두고 있지는 않지만, 중대시민재해의 정의 규정을 보면 중대산업재해에 해당하는 재해는 중대시민재해에서 제외하고 있으므로, 중대산업재해로 인한 피해자인 종사자의 경우 중대재해처벌법 제10조 위반죄의 객체에 해당하지 않는다.[7)]

3. 행 위

중대시민재해치시상죄는 법에서 정하고 있는 주체가 법 제9조의 안전 및 보건 확보의무를 위반하였고, 그로 인하여 중대시민재해가 발생한 경우에 성립한다. 나아가 법 제9조의 안전 및 보건 확보의무 위반과 중대재해 발생이라는 결과 사이에 인과관계가 인정되어야 할 것이다.[8)]

---

6) 김·장 법률사무소 중대재해대응팀(2022), 앞의 책, 230면.
7) 온주 중대재해처벌법 제10조 김희수 집필.
8) 권오성(2022), 앞의 책, 290면.

4. 처벌 규정

법 제9조에서 정하고 있는 안전 및 보건 확보의무를 다하지 못하여 사망자가 1명 이상 발생하는 중대시민재해가 발생하는 경우, 1년 이상의 징역 또는 10억 원 이하의 벌금에 처하며, 이 경우 징역과 벌금을 병과할 수 있다. 법 제9조를 위반하여 법 제2조 제3호 나목 또는 다목의 중대시민재해에 이르게 한 사업주 또는 경영책임자등은 7년 이하의 징역 또는 1억 원 이하의 벌금에 처한다.

참고로 중대산업재해의 경우, 형이 확정된 후 5년 이내에 다시 법 제6조 제1항 또는 제2항의 죄를 저지른 자는 각 항에서 정한 형의 2분의 1까지 가중하게 되는 반면(법 제6조), 중대시민재해치사상죄의 경우 재범에 대한 가중 처벌 규정을 마련하고 있지 않다.

Ⅳ. 양벌규정

중대시민재해치사상죄의 경우, 법인 또는 기관의 경영책임자등이 그 법인 또는 기관의 업무에 관하여 제10조에 해당하는 위반행위를 하면 그 행위자를 벌하는 외에 그 법인 또는 기관에게 법 제10조 제1항의 경우 50억 원 이하의 벌금을, 법 제10조 제2항의 경우 10억 원 이하의 벌금을 과한다. 다만, 법인 또는 기관이 그 위반행위를 방지하기 위하여 해당 업무에 관하여 상당한 주의와 감독을 게을리하지 아니한 경우에는 그러하지 아니하다.

찾아보기

ㅈ